译者序

与字面含义有所不同，真实的"百年战争"并非某场旷日持久、持续长达一个世纪的战事；它更多是后世历史学家描述英法关系某一阶段时的用语。其间，大体发生过三轮战争（1337～1360，1369～1389，1415～1453），同代人也经历了两个和平时期（1360～1369，1389～1415）。与此同时，战争天平的两端并非仅有英格兰和法兰西，而是整个中西欧都被牵扯进来，无论皇帝还是国王，贵族抑或平民，他们都在时代大潮的裹挟下，以自己的方式卷入这场纷争。

对英法这两个西欧主要国家而言，这一阶段承前启后：在一个多世纪的岁月中，英法自诺曼征服（1066）以来迁延日久的历史纠葛，由刀剑和权谋推向高潮。在战场上，在谈判桌前，这些纠葛带来的矛盾得以释放，两国的政治、经济与社会蓝图也因此重塑。最终，在经历了几轮胜负之后，筋疲力尽的双方偃旗息鼓，一切纷争退居幕后，静默地等待着下一个引爆点到来。

就芸芸众生而言，那个时代的生活可谓兴亡皆苦。战争本身固然残酷无情——战火所及，道路两旁肥沃广阔的土地已变得无人耕种；无论田村地舍，还是城镇楼宇，都饱受兵祸蹂躏；即便神圣的教堂修院，也无力庇护藏身其中的难民。不仅如此，相比最闻名于世的激烈交锋，休战同样可怖——缺少酬劳的军队甫一解散，便将怒火倾泻到所经之处的平民身上。对于战争带来的苦痛，平民阶层的反弹同样十分强烈：在低地地区，手工业者的自建政权相继涌现；至于整个西欧，这一时期的农民起义也是此起彼伏。

这个阶段的种种野蛮行径，从长远来看反而促进了国家的内部团结。在民族主义情绪的弥漫中，英法分别开始了新一轮整合。对法兰西而言，尽管领土遭受了严重侵袭，但百年战争使得这个国家由松散的封建制开始向中央集权转变；至于英格兰，战败结局引发的政治与经济危机，更是将整个国家推向了对统治体系自我修复的另一场战事——玫瑰战争（1455 ~ 1487）。百年战争对整个西欧造成了巨大的创伤，硝烟散去，重生的法兰西与英格兰依旧强大而不可忽视，并继续在欧洲乃至世界的历史进程中扮演着极为重要的角色。

*

作为这部鸿篇的首卷，本书讲述的只是这段历史的开端。从战前折冲樽俎的尝试，到双方小试牛刀的开局，不到二十年（1328 ~ 1345）的光景转瞬即逝。至本卷完结时，甚至连三场战争的第一场，即爱德华战争（Edwardian War, 1337 ~ 1360）都尚未结束。如同书名所体现的，这段时光不啻为一场试炼，检验了两部国家机器在各个领域的优劣——而对国家与民族真正意义的重大考验，会在此后汹涌而来。

本书作者的身份颇为特殊。在英格兰法律界，乔纳森·菲利普·查德威克·萨姆欣（Jonathan Philip Chadwick Sumption）声名显赫——1970 年代时他便加入了伦敦内殿律师学院

(Inner Temple)；到了 1986 年，38 岁的他受命成为女王御用大律师（Queen's Counsel）；1990 年代初，又升任高等法院大法官法庭（Chancery）助理法官。2012 年，萨姆欣先生被擢升为最高法院大法官，与 11 名同僚一起运作整个联合王国的法律体系。

同时，作为牛津大学历史专业一等荣誉学士学位（First Class Honours）获得者，工作后的萨姆欣笔耕不辍，出版了大量的专业历史著作，诸如《朝圣者：一幅中世纪宗教图景》（*Pilgrimage：An Image of Medieval Religion*，1975）和《阿尔比十字军》（*The Albigensian Crusade*，1978）等。至于巨著《百年战争》系列，时至今日已有四部作品问世，分别出版于 1990、1999、2009 和 2015 年。结合萨姆欣先生在本职工作领域不断取得成就的各个时间节点来看，可以称为本职工作与业余爱好两不耽误的典范，值得有志于此的学人仿效。在此，也衷心希望萨姆欣先生能够顺利完成第五卷的撰写，为本系列画上一个圆满的句号。

*

作为译者，在翻译过程中准确传递作者表达的信息，并充分保证译文的易读性尤为重要。作者作为法律界从业人士，在撰写本书时行文严谨且多用复句，为此，译者对部分内容的句式结构进行了较大调整，力求在保证语义完整的前提下，最大限度地优化中文阅读体验。毫无疑问，这是一次很大的挑战，而在后期与编辑老师们的沟通中，我们的做法也得到了相当的认可。

此外，封建社会中各国间你中有我、我中有你的特点，在某种程度上也困扰着译者团队：原书由英语撰写，但书中的人名、地名等历史称谓则涉及英、法、德、西四种语言；不仅如此，各国上层的密切联姻——那个时代，国家与民族的重要性远不及血亲世系——也为人物的身份认定带来了很大的困难。

有鉴于此，译文大体采用了如下规则：作为通用准则，各国人名、地名等遵从所在国语言音译；在此之上，著名的历史人物和名胜古迹，则按照约定俗成的通译名翻译——比如法兰西国王依旧译为查理（英译中）而非夏尔（法译中）。这样一方面可以较好地保留原书体例，另一方面又不至于因著名人物选用较生僻的译名而降低读者的体验。

对于那些较为生僻的专有词汇，本卷主要参考了《欧洲历史大辞典》（王觉非主编，上海辞书出版社，2007）；对于文中出现的各式地名、人名，本卷主要参考了《新华社世界人名翻译大辞典》（新华通讯社译名室主编，中国对外翻译出版公司，2007）和《世界地名翻译大辞典》（周定国主编，中国对外翻译出版公司，2007）。

本卷翻译的具体分工如下：前言及 1~6 章由王一峰负责；7~11 章由傅翀负责；12~15 章由吴畋负责；文中地图翻译由傅翀、王一峰合作完成；文末地图翻译由王一峰、傅翀、吴畋合作完成；索引由傅翀负责；自校由吴畋、傅翀负责；其余相关内容由傅翀负责。本书卷帙浩繁且内容艰深，许多细节问题的处理都经过了多轮资料查询与讨论方得完成，并在后期校对过程中得到了诸位编辑老师的悉心指导与帮助，在此也一并表示感谢。

*

作为译者，同时也作为一群在各自领域术有专攻的历史爱好者，我们无疑是幸运的——对于如此鸿篇巨制和激荡岁月，我们能够率先细细品味，进而将这段历史的更多细节分享给有兴趣的读者。愿以这份微薄之力，传播对历史的热爱，对过往的遐想，以及对文明的反思。

序幕已经缓缓拉开，此后波澜壮阔的百年沉浮，还请读者拭目以待。

l. t. 和 l. p. 分别代表图尔利弗尔（livres tournois）
或者图尔磅（pounds of Tours），以及巴黎利弗尔
（livres parisis）或者巴黎磅（pounds of Paris）。1 英镑
通常等值于 5 图尔利弗尔和 4 巴黎利弗尔。除非特别
注明，本书中利弗尔指图尔利弗尔。

目　录

·上·

·下·

地图与作战计划

文　中

文　末

前　言

　　本书是描述百年战争相关历史的第一卷，时间范围从战争在 1330 年代的爆发开始，直到 15 世纪中叶英格兰人最终被逐出法兰西为止。这一系列的毁灭性战争被那些间隔短暂的休战协定以及不甚可靠而且是暂时性的和约分隔开来。它是英格兰和法兰西历史上的重要事件之一，而且在那些先后被卷入此事的，诸如苏格兰、德意志、意大利和西班牙这些与它们相邻国家的历史中也是如此。虽然它摧毁了法兰西曾经享有的繁荣以及显赫的政治地位，但是它也为法兰西民族意识的产生奠定了基础。它促进了她的那些体制机构的形成，使她在控制混乱和击败入侵的努力中出现了十七八世纪那种专制主义国家制度的萌芽。在英格兰，它带来了极大的辛劳和苦难，一股爱国主义的巨大浪潮，以及紧随巨大财富之后的破产、瓦解和彻底的挫败。

　　我将英格兰和法兰西写成一体，几乎就像它们是一个单一的共同体。这个共同体陷于一场内战中——在某些方面，它们表现得确实如此。我不仅试图描绘发生的事件，还试图描述发生的原因，以及它如何影响了那些经历过这些事件的人，无论他们近在咫尺，如战场上的士兵以及无数被烧毁的城镇和乡村中的居民，还是在远处目睹，如银行家、战争承包商、官僚和纳税人，以及时事信札和公告的读者们。但是，本书最终采用

了一种叙事体形式。通过对诸多事件的概述为其提供一个轮
廓。我无意对此辩解。虽然叙事体史学并不总是流行，但事实
在一些时候比起任何与它们相关的分析都更能自我辩白。此外，
如今已经存在许多关于百年战争各个方面的宝贵专著，一些有
关单一事件和战役的优秀简史作品，以及一篇关于一位统治者
（法兰西的查理五世）的伟大说明，但尚没有按照这场战争的
应有规模编写的通史。最好的著作仍旧出自伟大的法国历史学
家以及亲英人士爱德华·佩鲁瓦（Edouard Perroy）之手。二
战后期，这位作者在同法国抵抗组织合作期间没有查阅其他书
籍便独立完成了他的著作。然而，即便是佩鲁瓦也难以在他关
于英格兰和法兰西文献渊博知识的支持下，在一本涵盖 120 年
历史的单册中表达比事件的轮廓更为丰富的内容，或者是透过
帷幕研究那些人的生活，他们从来没有妄想过掌控事件的走
向，只是战争的旁观者和牺牲品。

　　我的研究主要从英格兰和法兰西的相关文献——已出版
的和未出版的——着手，之后几卷还将参考意大利和西班牙
的档案文件。那些编年史作家的著述在其中占据着一个重要
却偏向于从属性的位置。他们对这场战争中的人物角色留下
了浓墨重彩的记录，而且这些人的逸闻轶事往往非常具有启
发性。他们提供的关于贵族思想状态的洞见，记录档案鲜于
表现。凭借其资料来源的特性，它们可以成为探究那些事件
进程的可靠线索。但是它们中的大部分都形式松散、带有偏
见、不准确并且略有延迟。傅华萨（Jean Froissart）尤其不可
靠。再者，作为本质上的新闻工作者，编年史作家们也是附
庸风雅的，他们很少对那些没有公爵、伯爵（earl or count）
参与的事件表现出很大的兴趣。因此，除了那场在 1340 年发

生于斯卢伊斯①的大战之外，他们几乎没有叙及任何由那些处于次等地位的人发动的海上战斗。1345 年以前的加斯科涅（Gascony）历史几乎都被忽略——直到那一年第一位伯爵在此地作战后，它才开始被记载。但是，记录档案会充分阐明这些事件的经过。它们是自然而客观的证据，由无意记录历史的文书们写下。对于本书正文叙及的内容，我已在注释中作了说明。除了极个别的情况，我不会就证据间的冲突进行讨论或者争论学者间的不同意见。我只是按自己满意的方式来简单地解决分歧，而且我希望它们也能让您满意。

乔纳森·菲利普·查德威克·萨姆欣

于格林尼治

1989 年 5 月

---

① 斯卢伊斯海战（battle of Sluys），法方称为埃克吕兹（Écluse）海战，是 1340 年 6 月 24 日发生于今荷兰斯勒伊斯（Sluis，法文名称为埃克吕兹）港外海的战斗，英军击败法兰西—卡斯蒂利亚联军，控制了英吉利海峡。（本书页下注均为译者注或编者注，如无特殊情况，后不再说明。）

1 1328 年的法兰西

查理四世（Charles IV），法兰西卡佩王朝（Capetian Dynasty）的末代国王，于 1328 年 2 月 1 日死于巴黎东面的万塞讷王室庄园。在 14 世纪早期，一位国王的葬礼已经演变成一场精心布置的典礼仪式。它以精心安排的象征手法划分出一代君权的结束以及另一代君权的开始。逝世国王的遗体经醋、盐以及芬芳香料等物品简单防腐处理后，被放置在巴黎圣母院大教堂内。遗体穿着由金线织物与白色貂皮织成的厚重长袍，头戴王冠，面容祖露，手执王权徽章、君主节杖、指环、正义之杖，仿佛置身于一场对加冕礼可怕的逆转仪式中。在接下来的这个星期五，即 2 月 5 日，遗体被装入一具开启的棺材中运往位于圣但尼（Saint-Denis）的法国君主陵墓安葬。陪伴它的是一支事先已经指定好每个人的确切位置的送葬队伍。巴黎主教、他身后的各位主教、圣母院的全体教士、城中的牧师们走在最前头；王室成员和显要贵族们跟随其后；最后面的是巴黎富裕市民中的领袖，他们穿着黑衣，宽大的兜帽遮住了面孔；而靠近并围绕着棺材的还有城中的穷人们。对他们来说，国王的葬礼是一个获得慷慨施舍的机会，这也是任何王室都不会忽略的仪式。

从巴黎圣母院到圣但尼的道路穿过巴黎的街区，在抵达北边的空旷郊区前只有几乎不到 2 英里的路程。然而 1328 年的巴黎，尽管它只覆盖现代城市的一小部分，却依旧是欧洲北部规模最大、人口最稠密且最富裕的城市。在它的城墙内部以及北边的新郊区中至少生活着 100000 人，同时代的伦敦可能只有不到 40000 居民。巴黎市民们拥挤在大量高耸、逼仄且密集的木质房屋里，被杂乱无章的狭街小巷分割开来。住在颇有秩序的南岸大学城区的让丹的让（Jean de Jandun）将那些小巷比作"众多头颅上的头发，丰收后积聚成堆的谷穗，或者是密林里的树叶"。[1]他们每天都生活在由沙哑的叫喊声，隆隆的货车声，被驱赶牲畜的嘶叫声，叮当响的钟声以及伴随着从楼上的窗户中泼出的污水溅到大街上时的"当心，水来了！"的警告声所组成的难以形容的喧嚣中。只有在靠近外面的空旷地区才能从永无止境的时疫中逃得一命。这座城市在 1374 年以前都没有下水道，而且只有三座公共喷泉。所有这些设施都在塞纳河以北。在那里，更加讲究者每周都清空他们的厕所，并将污物装进车里倒在城墙外。猪群野狗和老鼠便在那成堆的垃圾中生根繁衍。屠夫们当街宰杀牲畜，而麻风病人则到处游荡。

在健康条件极为恶劣的中世纪，没有城市能依靠自身自然而然地兴旺发达。而巴黎长久以来也是通过吸纳那些被首都的财富、名声和自由吸引而至的移民来增加人口。一个日渐庞大的官僚式君主政体在那里建立了它的宫廷和档案馆。那些王国国土内的大贵族，如勃艮第（Burgundy）、布列塔尼（Brittany）、佛兰德（Flanders）以及香槟（Champagne）的伯爵们，王室宗族里的王子们以及更为重要的主教们和修道院院长们，因公务前来访问这座城市。一大群仆人和攀附权贵者也陪伴他们同行。大批城墙内的宅第公馆被提供给他们居住。日用品投机商、银行家、食品批发商们迅速收获大量财富，在贫富差异上形成鲜明的对比，并为奢侈品贸易行业提供了一个市场，巴黎也因此闻名欧洲，从业者有画家、珠宝商、金匠、皮货商。一个由佛罗伦萨和锡耶纳的银行家组成的庞大社区已经在塞纳河右岸的商业区中形成。在左岸，大学吸引来了一个属于不守规矩的教士们的底层社会，它有数千人之多。在所有这些人之下，领取薪水的临时工、家庭仆人以及靠行乞为生的穷人如潮水一般涌来，他们是中世纪城市的基层。生存并不容易，而安逸的时光则十分罕见。

在 1328 年，巴黎圣母院的外貌已经和现在十分相似。但是处于一片钢筋混凝土建筑尽头的它看起来将不会那么笔直，而从围绕着它的街区中一瞥却与此相反。走出教堂的暗影后，送葬队伍将会来到一个有狭窄门廊的广场。乞丐、街头小贩和教会的书商们生活于此。在装饰有雕塑的大教堂入口的几米之外，送葬队伍可能已经隐身于西岱岛（Ile de la Cité）的街道和小路中。转而进入新圣母院路，一条宽阔笔直的大街。大教堂的教士们在 1163 年开辟此路，以便载有建筑教堂所需材料的负重马车得以通行。这项工程意味着中世纪的巴黎至此已开始城镇规划。新圣母院路（rue Neuve Notre-Dame）在抵达市场路（Marché Palu）时戛然而止。这是西岱岛的主要街道之一，它向南朝着小桥（Petit Pont）和南岸方向延伸。一个肮脏邋遢的城区在其左方面对着桥梁。那些乞讨者、浪荡子以及妓女自从 1250 年代成为体面的巴黎人的一种威胁后，就被王室法令流放至此。右方是通向犹太区的南面入口。在这条短街上其余受排挤的犹太人经营着他们的货摊，出入于他们的犹太教堂，直至二十年前他们被从法国驱逐为止。送葬队伍沿着轧光机路（rue de la Calandre）继续前行（现在这里被警用营房和警察局占用）来到王家宫殿的东墙下。此时占据岛西部整个末端位置的是司法宫和附属监狱。一座庞大、布局凌乱、规划不周的宫殿，历代国王都在不断对其增扩，以至于它变得如同一座小城市一样。所有建筑都聚集在自己的大教堂即圣礼拜堂（Sainte-Chapelle）的尖塔之下。将宫殿与城市划分开来的是坐落于侧翼的，由逝去的这位国王亲自为安置王室国库的官员们而增添的建筑。查理四世建筑计划的适度性至少是毋庸置疑的。当他的灵柩在制桶街① ［现在的皇宫大道（Boulevard du Palais)］接近塞纳河时，人们抬着它经过国王大厅，那是一项"令人惊叹且耗资巨大的杰作"，这栋建筑现在被更名为古监狱（Conciergerie)，主要以曾经关在其中的大革命的牺牲者而闻名。马里尼的昂盖朗（Enguerran de Marigny）是美男子腓力（Philip the Fair）麾下那行事肆无忌惮的财政大臣，曾在二十多年前建造了它。在那些曾被没收了房子和沿河的水力磨坊的市民看来，这是一段回忆起来仍会带着苦涩滋味的辛酸往事。

送葬队伍穿过大桥（Grand Pont)，这是一段宽阔的木制桥梁，两岸均排列着装有百叶窗的货摊以及银匠和货币兑换商的房屋，他们在那里一直交易到 18 世纪，并且赋予了这座桥梁以它的现代名字——兑换桥（Pont-au-Change)。在其他的日子里，这座桥是城市生活的枢纽。因为其与贯穿城市的主要道路相连，所以成群的购物顾客、闲逛之人、马车和成群的家畜总是不断使它处于堵塞状态。送葬队伍在桥梁的北端跨过河

---

① 这条街因大量生产葡萄酒酒桶而得名。

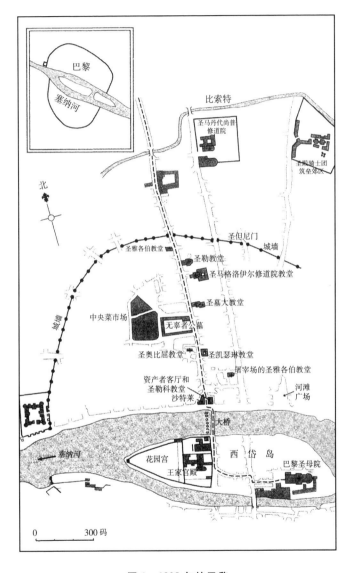

图1 1328 年的巴黎

岸。1328 年，塞纳河还没有筑堤，与之相反的是，土地逐渐从河中升起并与城市的街道融合，形成了一个由泥土和河水混合而成的泥潭，此地在夏季成了一片由小店主的货摊组成的狭长地带，在冬季则成为一封对洪水的邀请函。从河的右岸往回看，人们可以看到旧大桥的残余部分。那些精美的石质建筑被1296 年的洪水带走。巴黎人曾在桥墩上建造过水力磨坊，它们相互之间由摇摇欲坠的木质过道相连。大量的运输船在中心桥墩前排起长队等待缴纳市政当局征收的通行税，或者将货物卸往河岸，经营者忙着向站在他们上方的看客们提供样品。

5　　当跨过桥后，送葬队伍列队走过一个建在河中桩柱之上的形状古怪的公共仓库，然后挤进一条位于沙特莱围墙下的狭窄小街。沙特莱（Châtelet）是一所古老的建筑：一座可以回溯至 12 世纪早期的小城堡（而且一直存在到 1810 年才被毁坏），一度守卫着巴黎的入口。现在，由于城市在向周边扩展，它失去了这项职责，已经变成一座国家监狱和官员的办公场所。首都长官［或总督］的所在地环绕在东侧，正对着它，送葬队伍从资产者客厅（Parloir aux Bourgeois）的右侧经过。这是一组给巴黎市政当局提供居所的、拥挤且毫无规律的建筑群，一直到它们在 1357 年搬迁至现在的位置河滩广场（Place de Grève）为止。在资产者客厅的北侧是圣勒科教堂（St Leufroy），它一度是巴黎首屈一指的郊外教堂，现在已陷入这个城市最忙碌的城区中，而且就像邻近的建筑一样，一度被移交给官方使用。它收藏着一块用于商业社团标准度量的石头，一种原始而粗糙的，代表通用千克质量的铂合金原器的同类制品。离开身后的沙特莱，送葬者走过位于他们右方的，通向一个散发着恶臭气味地区的隐蔽入口。在那里，巴黎屠夫们的房屋围绕在屠宰场的圣雅各伯教堂（St Jacques-la-Boucherie）教区的四周。他们是一些肥重、粗暴之人，组成了这个城市中古老而最有特权的行会，并且将为未来延续一个世纪之久的巴黎革命提供民众首领。

送葬队伍进入大道（Grand' Rue，14 世纪末期，这里已开始被称作圣但尼街），巴黎的许多武器制造者在一个以今天的沙特莱广场（Place du Châtelet）西北角为标记的地方经营着他们的买卖。在 1858 年喧哗的塞瓦斯托波尔大道（Boulevard de Sebastopol）使它黯然失色之前，这条著名的大街一度是首都的主街道，沿途挤满了沿街叫卖的小贩和打哈欠的人，以及每逢周五满载货物前往中央菜市场（Les Halles）的运货马车，偶尔还有朝相反方向路过的囚车以及大批扭送犯人前往位于巴黎北部平原上的绞刑架的民众。这就是从西岱岛的王家宫殿到圣但尼修道院的王家大道，呈现了历代法兰西国王凯旋进城及送葬队伍出殡时的场景。腓力六世（Philip VI）的军队就是通过这条道路奔向其位于克雷西之战的毁灭之地的。大道揭示了巴黎的许多特征。它的块石路面炫耀着财富，在中世纪的城市中这是非常奢侈的。它那坚实的资产者豪宅中住着一些最富裕的市民。一系列教堂和宗教建筑营造出一种浓厚的基督教氛围："令人惊叹地供给了许多修道院和教会，建造得富丽堂皇且冠以高耸的尖顶。"就像一位爱尔兰旅游者五年前描述的那样，这种气氛今日已荡然无存。[2]大道是一条中轴线，巴黎在 12 和 13 世纪时便是沿此向北伸展。这一进程改变了城市的特征，位于道路两旁的庞大修道院庄园延伸至全新且整齐的郊区。中世纪的城市从没有完全失去自己的田园气息。最主要的慈善医院，巴黎天主医院（Hôtel-Dieu）曾在距巴黎圣母院 10

码之内的餐厅附近养猪。西岱岛的对面曾有一些著名的葡萄园立在左岸。市民们也曾在郊外种下他们的粮食，并在城墙之下种植果树。尽管如此，城市和乡村之间的区别依然鲜明，就像那不断延展的建筑之流已经将先前所有这些景象冲到更加遥不可及的地方一样。除了那些隐修院，它们所拥有的小心翼翼围拢的果园和用墙围绕的葡萄园与蔬菜园才是迄今为止唯一能使人想起这里还有过乡间时光的标志。

穿过位于现在的圣但尼街南端的盐商区，这些哀悼者来到远离尘世的圣凯瑟琳教堂（St Catherine）的地基前，在那里这条道路被现今的隆巴街（rue des Lombards）穿过。它的修士和修女负责收寻并埋葬倒毙路边的旅人。与它直接相对着的是圣奥比屈教堂（St Opportune）的后殿，一所世俗教士的房屋①，并且维持着一家重要的朝圣者招待所（hospice）。在圣凯瑟琳的门口和无辜者公墓（cemetery of the Innocents）之间再往前走一点的地方，哀悼者的队伍已经过数条街道，平素时分那里总是水泄不通。沿街叫卖的小贩和来回兜售古董旧货的商人把这个地区当作他们的推销营地。

无辜者公墓是一块广阔的被围墙环绕、处于大桥和北部大门中途的圈地，是巴黎数个世纪以来最主要的公墓。它有着最大面积的空地以及在每个周日最为忙碌的菜市场，那是一个以拥挤的人群和喧闹之声而闻名的地方，有时比起公墓来它缺少了几许庄重。在附近诵经的礼拜堂旁，无辜者之泉为巴黎北部提供了大量的公共用水，它也是这座城市现今最壮丽喷泉的肇始。在这个地区的西面，当那些哀悼者沿着大道前行时会瞥见

---

① 与修道院式的房屋相对。

一条弯弯曲曲的狭窄街道，它可以折回中央菜市场。在那里腓力·奥古斯都（Philip Augustus）于 150 多年前设立了延续八个世纪的巴黎主要市场。就在公墓的北边，沿着送葬队伍的路线，仍然没有完工的圣墓大教堂（church of the Holy Sepulchre）矗立于建筑者的脚手架的笼罩中。英格兰的爱德华二世（Edward II）曾经赞助过它的建设，而与他不和的妻子以及他的儿子，那位未来大半个法国的征服者，曾在两年前参加过它的奠基仪式。建造教堂的热潮还没有结束，但离延续了两个世纪的扩展尾声已不再遥远，而先前预定要投入使用的朝圣者招待所则从来就未能建造。

在那些沿着起自圣墓的街道向北延伸的建筑后面，矗立着样式普通但经常得到大量捐赠的圣马格洛伊尔修道院教堂（abbey church of St Magloire），它被一片宽阔的圈地围绕，是这里大部分地区的地主。只是不久以前周围街道中常去教堂做礼拜的居民才能勉强凑合使用供奉着圣吉勒（St Gilles）和圣勒（St Leu）一侧的圣坛。现在他们的人口压力使得这里急需一座教区教堂。于是在北面离老修道院 40 码远的位置，过去十年曾建起了圣吉勒教堂和圣勒教堂。自从后堂被建起后，圣勒教堂有了很大改变。尽管在 1850 年代它与塞瓦斯托波尔大道已经不成一条直线，但是它仍然是查理四世的哀悼者现今在圣但尼街上唯一可以认出的建筑。

送葬队伍通向巴黎大门的最后 100 码路程将国王的遗体带进了一个新近才建好的地区。这里已经变成这座城市的工艺者之区，而并不是流浪的乞讨者的家园，即由一群产量比匠心更为著名的小作坊经营者所组成的街区。当行列接近这座城市的城区边界时，圣詹姆斯兄弟会的房子，即另一座朝圣者的基地，矗立在左侧。它刚刚在一年前完工，是博韦主教马里尼的让（Jean de Marigny, Bishop of Beauvais）侍奉上帝的献礼。他将自己垂暮之年的时间全部用于在法兰西西南部对抗英格兰人。在这些招待所建筑的后面可以看见阿图瓦宫的屋顶（不久它将变成勃艮第宫），即一大群全部可以追溯到半个多世纪之前的建筑。它曾是令人敬畏的老阿图瓦女伯爵的家。它也是巴黎最壮丽的贵族宅邸之一。大片的玻璃窗保证了房屋的光照，并且用管道把无辜者之泉的泉水从数百码之外输送过来。这是两项14世纪的富人能获得的最高等的奢侈享受。

　　送葬队伍在腓力·奥古斯都的城墙下到达了这座城市的城区边界。当腓力在12世纪开始建造时只有两组并不重要的建筑位于它们的外面。属于圣殿骑士团的修筑了防御工事的郊区位于一处环境恶劣的沼地的中央，处在新城墙东北面大约半英里处，即是今共和国广场（Place de la République）的南面。几乎在城市正北方的同等距离上，坐落着富裕的圣马丹代尚普修道院（priory of St Martin-des-Champs）——一座克吕尼修道院——的相对简易设防的圈地。这两处地方现在都没有保留住它们那颇显高贵的孤立状态。虽然那些僧侣们还在照料着他们在北边田野和葡萄园里的建筑。南面，它们的一条由房屋组成的连续的线沿着圣但尼街以及圣马丹街伸展开来。而其他的建筑正搬进道路旁边以填满它们自己的围墙和首都城墙之间的大片土地。当送葬人群从圣但尼门走出来时，在今日圣但尼街与图尔比戈街（rue de Turbigo）的交会处，他们会发现难以分辨熙熙攘攘的郊区和他们刚刚走过的城区。城墙很早就已经失去了它们的军事意义，而且在一个世纪的和平年代里，巴黎人早已对这个事实处之泰然。在开始建造时，腓力·奥古斯都就已经将塔楼和城门出租给了私人租户。圣但尼门的外墙有着一个被简单筑垒加强的入口，并被两个加强过的塔楼伴随左右，现在它的第一层被极不相称地饰以一扇优雅的尖顶窗户，而且还附有一尊圣母玛利亚的雕像。真正的巴黎分界线恰恰在它的北面，被一条停滞而且污浊的，被称为圣马丹的拉比索特（La Pissotte de St Martin）的河流所标识。城市的污水即倾倒至此。

大约在圣但尼街现今与雷奥米尔街（rue Réaumur）交会的地方，靠近雷奥米尔－塞瓦斯托波尔地铁站的位置，送葬队伍走进一片旷野之中。穿过一片围绕在这座城市北面的宽阔的土地，这里泥泞的地面和散发着恶臭的河流对潜在的移民们来说有着足够大的威慑力。但是它对于住在那里的不受欢迎之人来说倒十分合适。东边的半英里外就是蒙福孔（Montfaucon）①的巨大三角绞刑架。近在咫尺处，在经过比索特河左边的不远处，"天主之女（Filles-Dieu）"里安置着 200 名赎身的妓女，她们生活的境况是一个耳熟能详的巴黎笑话。再往北的数百码外，圣拉扎尔礼拜堂（chapel of St Lazare）周围，巴黎主要麻风病患者聚居地的棚屋和餐厅与法兰西国王们在其凯旋进城仪式前夜的临时住处并排而立。华丽与贫困并存是此时此地的典型特征。这两种建筑都是巴黎的富裕市民将他们的财富套用于一种由古老的贵族阶层所确立的方式的结果。这是一个关于社会地位的声明，和巴黎显贵家族的其他虚饰一样引人注目：乡村地产、贵族专利，还有查理去世两年后，在右侧的圣马丹代尚普修道院旁边的平原上举行的比武锦标赛。衣着华丽的巴黎商人子孙们于此在模拟战中再次展现了特洛伊战争的情景以及

---

① 又译鹰山。

圆桌骑士们的事迹。[3]

　　沼泽让位给坚实的土地，而送葬队伍疲惫地穿过肥沃、空旷的长有 4 英里多的圣但尼平原。在左侧，群山组成了一条跟随着塞纳河的低长线条，就像是要环绕巴黎北面一样。它们之中较为显著的是蒙马特尔小丘（hill of Montmartre）。在接近山顶处环绕着一个小乡村，而且还有一座女修道院，如今唯一遗留下来的只剩它的名字，女修道院广场。一排排的葡萄树向下延伸至处于低洼地带的村落边缘。它们以此标出了一个因葡萄酒而闻名的地区，直到 19 世纪时巴黎将它吞并为止。王室不是从波尔多，而是从克利尼扬库尔（Clignancourt）、圣旺（St Ouen）以及阿让特伊（Argenteuil）获取供给，就像 13 世纪的一首诗歌所唱的那样。[4]

　　　　经过法兰西国王的品尝

　　　　他的仁慈、他的权威

　　　　令每一种佳酿都变得更为名贵

　　晨曦即将结束之时，送葬队伍将会到达拉沙佩勒（La Chapelle），一个栽培葡萄、酿造葡萄酒的小村庄，它的这份产业仍然通过幸存的教区教堂（在拉沙佩勒路）得到留存。一百年之后，贞德（Joan of Arc）将在这里为即将发动的一场试图从英格兰人手中夺回巴黎但未成功的战役祈祷。靠在它北部边缘的是圣但尼修道院领地的边界。一个立在路上的倾斜的十字架是它的标记。修道院院长和修士们在这里迎接送葬队伍。这是一座修道院彰显尊贵的时刻，它源于同法兰西王室的长期联系。巴黎主教在此是没有管辖权的，而且在脱下他的官

方礼袍之前，他已被要求完全接受来自一份加盖了印章的文件
上的要求。他和所有他的牧师以及相伴的主教们穿着朴实的宗
教制服进入圣但尼的土地。那些抬棺者被更换，送葬队伍排在
圣但尼的修士们之后一起走完最后的 3 英里旅程。他们穿过和
煦的乡村郊野，这里如今已成为一片荒凉而丑陋的工业区。当
这群哀悼者进入圣但尼城中接近修道院的围栏时，大部分普通
教徒和低等教士都离开了。只留下了修道士、少数教会显贵和
一些更重要的王室王公以及拥有安葬王室逝者权限的内廷
官员。

*

1328 年的法兰西处于一种表面强大但实际虚弱的地位。
查理四世曾统治过的法国领土比现代法国要稍微小一些。在北
方它包括了整个佛兰德伯国和现在比利时西部的部分领土。但
在东方它只延伸到未超过默兹河、索恩河以及罗讷河的位置。
埃诺、洛林、部分勃艮第、多菲内、萨伏依以及整个普罗旺斯
均在其边界之外，虽然这些领土中的大部分属于法语区而且他
们的统治者已经融进法国的政治势力范围。查理四世去世时距
离里昂成为法国领土还不到二十年，而且位于里昂东面的领土
表面上仍然是德意志帝国的一部分。一位法学家教皇（lawyer
–Pope）在 1265 年写信给法兰西国王，他很可能想搞清楚维
维耶（Viviers），一座位于罗讷河西岸的座堂城市①，到底是
在法国还是在德意志帝国境内："我们发现您的王国和帝国之
间的分界线没有任何的书面记录，而且我们一点也不知道它们

① "座堂城市（cathedral city）"指教会有主教派驻座堂的城镇。

是向哪里延伸的。"⁵ 法国不是高卢。

尽管如此，她依然是欧洲无可争辩的最为富裕、人口也最稠密的国家。1328 年，一份由王室国库官员编制的关于纳税户的统计档案列举了在大约 24000 个教区中划分的 2469987 户家庭。那些大片的采邑和王公的封地（国王没有在这些地方征税）没有包括其中，而普查的方法毫无疑问会比那些容易使人误解的精确数字所暗示的内容要粗略一些。尽管如此，1328 年的法兰西居民总数几乎不可能少于 1600 万，这大约是同时代英格兰人口的三倍。

这些在那个年代密度惊人的人口靠三百年来不断增长的农业资源支撑。13 世纪下半叶，乡村已经到达了它最繁荣的时期。耕作面积已经达到了极限。长期对荒野、森林以及沼泽垦荒的成果一度覆盖了这个王国的许多地方。傅华萨①在回忆文章中写道："在那时，法兰西是饱食、惬意而且强大的，它的人民富裕兴旺，而且他们中没有一人知道战争一词的意义。"⁶

回想起来，早可以看出这个社会已经越过了它的巅峰，每个省的模式都和其他省不同。繁荣的高峰可能早在 1260 年代就已到来，尽管这与编年史作家们意识到经济变化的征兆并没有间隔多少年。法兰西的许多乡村已经变得不仅人丁兴旺而且拥挤不堪。对森林的垦荒行动已经停滞不前，除非他们开发那

---

① 傅华萨（Jean Froissart，约 1337～约 1405），法国诗人，编年史作家，生于瓦朗谢讷。1360 年，其应同乡，即英格兰国王爱德华三世王后埃诺的菲莉帕之邀，前往英伦为英格兰王室效力。此后游历多国，并于 1394 年最后一次前往英伦。因阅历广泛，并与当时的重大事件当事人和亲历者多有交谈，他收集了诸多一手资料，在 1367～1400 年间撰写了《编年史》（Froissart's Chronicles）四卷，主要记述了 1325～1400 年间法兰西、英格兰、苏格兰和伊比利亚发生的历史事件。

些要用于放牧牲畜、打猎以及蓄积木材的林地。临近 13 世纪末，耕作面积的扩张已经停止。但人口还在继续增长。实际工资徘徊不前且尔后开始下降。物价也开始加速上涨。人口平均预期寿命——在营养不良的中世纪农村社会从来都不会很高——跌回至大约 20 岁。起初这些压力主要影响着城镇和穷人。地主以及租佃农场主的事业兴隆，粮食价格在 1315 ~ 1317 年的饥荒时期上升到了一个前所未有、日后也可能不及的顶点。这是他们时运的转折点。1320 年代，农产品的价格开始急剧下跌，甚至当饥荒再次来临时也没有恢复。租金也跟随着一同下跌。因而开启了 14 世纪漫长的农业萧条时代。贵族的收入下降，而且在一些省份是灾难性的下跌。在那些标记出每个村落公社边界的十字架外面，在由草草树立的木屋所组成的一些邋遢凌乱的棚屋乡村里，出现了一些由居无定所的穷人组成的群体。他们依靠乞讨和在收获季节出租自己的劳动力打工求生。在 1320 和 1321 年，这些心怀不满的流浪者以及其他因境况窘迫而坠入他们之中的人，曾突然爆发了一连串的局部暴乱。在此期间，有些地方还发生了恶性的袭击教堂以及屠杀犹太人事件。1323 ~ 1328 年间的佛兰德西部，一场空前野蛮的内战在地主和农民之间展开。这些事件也预示着更为严峻的问题即将到来。

　　一些人只是简单地逃避他们的麻烦。小农场开始收缩或者消失不见，它们以前的主人流向了城镇。然而，城镇接纳他们的能力取决于一种脆弱的经济平衡，而它已开始显示衰退的迹象。在 12 和 13 世纪时，城镇人口增速比法国其他地区的人口增速要快得多。那些大城市用不断开展的扩建城墙的方式扩大它们的限围，而其他城市则靠略显寒酸的壕沟和在边缘处连接在一起的门面标识它们的边界。它们像围绕着参天古树核心的年轮一样增设新街,或者在杂乱无章的郊区中扩展开来,这些郊区逐渐融进围绕在它们周围的田野中。在南方,一些大贵族王公和教会团体在移民们从未到过的地方组建了数百个新乡镇(bastide,设防村镇)。在老城镇中,人们大量挤入那些历来是移民居住的邋遢角落,从而使得这些地方的卫生状况比以往更加恶劣而且进一步加剧了物资供应的困难。在一个于陆上运载庞大体积的供应品,即便能够做到也需费尽力气的时代,所面临的那种困难程度很容易被人低估。一个典型的大约有 3000 名居民的地方城镇一年要消耗超过 1000 吨的谷物。它们大概需要 8000 英亩的耕地来种植。大城镇不能指望用自己的土地养活自身。它们还要依靠从相当远的地方买来的供应品。佛兰德,法国城市化程度最高的地区,它的陆路和水路粮食供给线越过了与其交界的省份延伸进法国北部、埃诺(Hainault)、布拉班特(Brabant)和莱茵兰(Rhineland)。巴黎的供应由一群有特许权的批发商行会把持,水上商人公会(Hanse des Marchands de l'Eau)享受着由王室赐予的控制从诺让(Nogent)直达大海的整个塞纳河谷及连同瓦兹河谷在内的许多地区的商业往来。[7]这虽是商业组织上的一个奇迹,但还很不够。首次警兆伴随着饥荒在 1305 年来临,那些面包师当时不得不用木板把店铺封起来以免遭受暴徒破坏。随后,接踵而至的是 1315~1317 年的饥荒以及 1320 年代和 1330 年代的时疫。一些北部城市在灾祸中失去了十分之一的人口。在佛兰德,死亡率则更高。越稠密的人口导致越深重的危难。佩里格(Périgueux)是法兰西南部人口最密集的城市之一,它在 1330 年代的饥荒中失去了三分之一的人口。战争是另一个让这些地方深陷苦难的原因。它们比一个世纪以前更易受到攻击。它们日益膨胀的郊区很容易被己方拆掉或者被敌方烧毁。一条道路或者河流被切断意味着数星期的饥馑。收获季节的庄稼被烧毁则意味着一年的大部分时间都将遭受饥荒。[8]

法国的产业财富曾高度集中在一个产业，即纺织工业，并且集中于一个地区，即西北部的佛兰德、阿图瓦和皮卡第，以及一小部分位于诺曼底和香槟等邻近省份中的城镇。在佛兰德，纺织工业曾在一场商业活动的爆发性增长中促使许多和村庄一般大小的地区成长为大城市。19 世纪前的欧洲，类似的情况很为少见。大约有 60000 人口的根特（Ghent），是继巴黎之后欧洲北部最大的城市。阿拉斯、杜埃、布鲁日、伊普尔以及里尔，虽然小于根特，但是按照任何地区的标准来看也是十分可观的。大量无产者涌入并挤满了这个王国的狭窄一隅。他们生产毛织品。这是国际贸易的主要产品，也是整个中世纪时代唯一为了出口而大量生产的工业品。这种规模的生产需要严格的管理和大量的资金。这两者都由一小部分商人来提供。他们也构成了几乎掌控这座城市所有事物的寡头统治集团。他们从英格兰买进未加工的羊毛，并将其卖给个体经营的工匠，让他们在许多小作坊中将羊毛编织、清洗并染色。许多时候，这些商人也会提供设备且出租房屋。在这项工程的最后阶段，他们会买回制成品并再转卖给中间商，主要是意大利人。之后货物被远销至西班牙、俄罗斯以及近东地区。大量的财富由此产生。

在处于封闭环境下的中世纪城镇，贫富差距对比是不容易被掩盖的。在城墙内拥挤的房屋中以及墙外由茅屋组成的不断扩展的棚户区里，工匠们的居住条件可能不会比北部平常的农

13　民更加贫苦和污秽。但是他们因着共同经历也对那些他们所依靠的、非常吝啬而且喜欢炫耀财富的金融资本家感到强烈憎恨。在 1280 年，伊普尔、布鲁日和杜埃爆发了起义。1301 年，一场更严重的叛乱在一位名为彼得·科宁克（Peter Koninck）的"和蔼可亲而且能言善道"的织工领导下，在布鲁日和根特爆发，并一度成功取代了由那些商业寡头组成的政府。这些事件被证明是第一次在佛兰德出现的一系列城市革命，它们严重损害了法兰西唯一重要的工业。佛兰德失去的部分买卖向南移到了更古老、更安宁的城市，比如亚眠（Amiens）和鲁昂（Rouen）。但失去的更多部分则移到了越过王国边境的帝国领土埃诺和布拉班特上。

　　比起让一些资本家破产以及取代北部城市寡头政府，这些事件对法国产生了更为重大的影响。佛兰德的纺织行业曾经吸引来一条跨越法国东部的欧洲主要商路。在查理四世去世前三十年，香槟的国际贸易集市在拉尼（Lagny）、奥布河畔巴尔（Bar-sur-Aube）、普罗万（Provins）以及特鲁瓦（Troyes）连续举行。它们曾经是欧洲银行业的中心。在那里，呢绒布匹商人会与为贸易提供融资的意大利经销商面谈。但到了 1328 年，集市已经失去了它们的银行业务，而且它们作为一个商品交易地的重要性也在急剧下降。部分原因在于一些不可避免的地理环境变迁造成的自然结果：新的贸易模式穿过阿尔卑斯山通道，将主要商道引向更远的东边，而且意大利人开创了经过直布罗陀海峡完全绕开法兰西直达北欧的海路。但是佛兰德的动乱以及法兰西王权的政策也加速了这个进程。国王不断地以扣押其领地臣民货物的方式持续与佛兰德伯爵争辩。1297 年，佛兰德人曾失去了他们在整个法国的货物。1302～1305年间，他们曾被美男子腓力禁止参加集市，并且在 1315 年又再次被他的儿子禁止。他们只得离开此地。那些在佛罗伦萨和米兰拥有初具规模的制衣业的意大利商人开始与这些越发前往其他地方寻找机会的佛兰德人展开竞争。美男子腓力以迫害、逼迫他们接受强制性借贷以及歧视性税收的方式加速了他们的离去。[9]

税收关卡的记录是关于经济衰退的有力证据。在阿拉斯的南面，巴波姆（Bapaume）的十字路口，一座巨大的税收关卡立在从巴黎到佛兰德工业城市以及从东面的香槟通往大西洋港口的主要道路上。它在很久以前就标示了佛兰德的边界。通行税在 1302 年佛兰德动乱的事后余波中下降了三分之二，而且在 1313～1315 年的危机中再一次下降，虽然程度有所减缓。通向阿尔卑斯山关口道路上的通行税征收人员讲述了与此相似的故事，自 13 世纪后期的黄金时代过后，通行税的征收工作虽飘忽不定却在持续下降。[10]

14

*

尽管法国社会已经遭受了那些因 14 世纪早期困难而造就的明显压力，但很少有同代人可以预见接下来两代君主统治时期的政治灾难。他们在 1328 年依旧像过去一样保持着对法兰西的敬畏之心。他们所见的仍然是那个散发着富饶光辉的黄金 13 世纪，圣路易的世纪，《玫瑰传奇》（*Roman de la Rose*）的世纪以及在一种诚挚而高涨的气氛中建起宏伟的哥特式大教堂和修道院的世纪。编年史作家茹安维尔（Joinville）将它们比作一本蔚蓝以及金色手抄珍本所散发的启示之光。巴黎大学确实就像一位爱尔兰游客在 1323 年将它描述成的那样，是"神学以及哲学学科的家与看护，人文学科之母，公义的情人和道德的标准，所有神学美德的明灯和写照"。法兰西岛（Ile de France）的建筑风格已经征服了每一个西欧国家的本土传统，而且在一段时间内完全占据了主导地位。意大利的贵族仿效着法国的服饰风尚而且在学习用法语交谈。他们将其形容为现存的最美丽的语言。但丁的注释者，将上述现象告诉我们的伊莫拉的本韦努托（Benvenuto of Imola）是众多对法国式习俗入侵感到愤怒的同代人之———就像诗人对法国在 13 世纪用以立足意大利的财富和暴力感到厌恶一样。[11]

　　某位德意志王公所抨击的"除了他们自己之外，啰唆的法国人总是嘲笑其他国家"，[12]曾是最恶劣的外交言辞。但是在把这个理由用于一个突然爆发的、反对趾高气扬的高卢人的场合时，他说出了许多与他同时代人的相同感受，此外还对实现这种趾高气扬的力量作了一次含蓄的称赞。在 13 世纪期间，法兰西军队曾经在英格兰和低地诸国、西班牙、意大利和中东作战。法国人的王朝统治着普罗旺斯、那不勒斯、纳瓦拉、塞浦路斯以及希腊，而且在最近的记忆中，他们还统治了西西里岛以及君士坦丁堡。教廷被安驻在法国的外门阿维尼翁（Avignon），被一连串的法兰西教皇以及一群法国人占压倒性多数的红衣主教统治。"统治大地的政府，"让丹的让在他有关巴黎的颂文中宣称，"理所当然地属于威严的而且至高无上的法兰西君主家族。"[13]

　　按照 14 世纪欧洲国家的标准来看，法国的军事力量是庞大的。按照惯例来估算，它的统治者能筹集的可用于野战的军队数量在 20000 ~ 25000 人之间，他们中的四分之一是骑兵。计划在 1304 年入侵佛兰德，打算在 1323 年组织的十字军以及在 1326、1329 及 1330 年拟定的在加斯科涅开展战役的军队都达到了这个规模。但是有时也可以征召比这个规模还要庞大得多的军队。为 1339 年（与爱德华三世作战的第三年）战事而计划的一支军队有 50000 人。而且这一数目划分在两条阵线上，在第二年实际上还加上了为舰队而动员起来的 20000 人。相比之下英格兰人虽然在 14 世纪一度能聚集起 32000 人，却很少能成功地在野战场合组织起不少于 10000 人的部队。人数上占完全优势的法国军队在重装骑兵方面尤为突出。它是中世纪军队中最为显赫的武装力量。在他们军事力量达到顶峰之际（1340 年 9 月），法国人部署了超过 27000 名骑兵。再次对比后极富启迪，英格兰在同一时间内能部署的最多骑兵数量大约是 5000 人。数量当然不能代表一切，而且到 14 世纪初，中世纪重骑兵的伟大时代已经过去。然而，数量所能做的是显示法兰西能利用的资源范围，她军事制度的力量以及她机构的能力。一支军队的集结和范围是一个中世纪社会所要承担的最伟大的集体性事业。[14]

1328 年正在运转的法兰西国家是 14 位卡佩王朝国王持续经营的产物，他们从公元 987 年开始持续统治法国。在欧洲中世纪的诸多伟大王朝中唯独他们能够存在三个世纪之久，每任君主都留下一个男性继承人来承继他的工作。时运眷顾着他们。这些统治者中的大部分都是具有显著能力的人。没有人有过明显不能胜任的表现。法国国王在他们的加冕礼上被圣膏涂抹，被君主制的鼓吹者赋予具有奇迹般治愈的力量，被官方文件宣称为其他所有人的上级。他们已经采纳了专制主义的象征。"蒙上帝恩宠被置于所有其他人之上，上帝将我们变得如此卓越，我们注定要执行祂的意志。"[15]然而权力的现实性远比文字准则要难以捉摸。在 11 世纪初，罗贝尔二世（Robert II）——在他的名义下上述文字得以宣布——在不到他王国十分之一的领地上行使直接权力。那是一小片菱形领土，从北部的巴黎延伸至南部的奥尔良。在这里他是直接的封建领主，在其他地方他仅仅是个不得不通过替他行使王权的封臣（vassal）① 来维持统治的国王。但是封臣只以自己的名义行事，且他们有很大的独立性，这种独立性使得君主逐渐缩小成一种虚张声势的荣誉性尊号。王公贵族可以并且经常和他以及其他贵族发生战争，此外他们还同教廷以及外国势力保有直接联系。

从 1031 年罗贝尔二世去世到 1328 年查理四世去世，已经过去了三个世纪。在这段时期内，君主政治在王室领土的领地范围以及他们可以在领地内加以运用权力方面都有持续提高。王室渐次获得新领地的行动一直贯穿于这个时代，但是到目前为止最具重大意义的是三次大规模的拓展领地事件。它们使得卡佩王朝国王们的领土在 13 世纪期间第一次扩展至大西洋和地中海。其中，第一次的成果由腓力·奥古斯都和他的儿子路易八世（Louis VIII）取得。他们在 1202～1224 年之间摧毁了

---

① 又称附庸（vassal）。中世纪西欧领受封地（采邑）的封建主。在封建制下，封建主之间通过土地封授形成一定的臣属关系，封赐者称领主或封主，受封者称封臣或附庸，双方各有权利与义务，载入册封文书。除宗主（国王、大公、公爵）外，各级封建主都是附庸，而直接由宗主封授领地的附庸称"直属封臣（tenants-in-chief）"。附庸对领主的主要义务是服兵役（骑兵兵役），其他义务包括出席领主法院、提供意见并共同裁决某些案件，以及提供传统的封建财政帮助（aids），如在领主的长子成为骑士和长女结婚时缴纳贺礼，在领主被俘时代缴赎金等。附庸若不履行义务，将受到领主法院的审判和处罚，直至没收封地；若附庸认为封主未尽应尽义务，亦可解除臣属关系，另投其他封主。

英格兰的安茹诸王（Angevin kings）的大陆帝国，兼并了诺曼底、卢瓦尔河畔诸省（Loire provinces）、普瓦图（Poitou）和圣通日（Saintonge）。在多尔多涅河的南部，阿尔比十字军（Albigensian crusades）已经推毁了图卢兹的王公家族。他们一度是"国王的伙伴"，就像英格兰人蒂尔伯里的杰维斯（Gervase of Tilbury）曾经在 13 世纪初期称呼他们的那样。在 1271 年，一系列由专门的司法技术性操作、好运气以及武力胁迫组成的联合行动最终使这片庞大的遗产落入王室手中。三年后，香槟和布里伯爵们的男性谱系绝嗣，而他们的领土，包括一些法兰西最富庶的农业土地以及那些为香槟集市提供场地的城镇，通过一系列巧妙的联姻手段转到王室手中。除这些颇为可观的收益外王室还添加了许多较小的领地，它们填补了原有领土间的空隙或者为未来的扩张埋下了种子。美男子腓力在 1285～1314 年的统治期间就独自以购买的方式获得了沙特尔（Chartres）、博让西（Beaugency）以及蒙彼利埃（Montpellier），以没收的方式得到了莫尔塔涅（Mortagne）和图尔奈（Tournai），并在一次抵押交易中通过取消赎回权的方式取得了拉马什伯国（county of La Marche）和昂古莱姆伯国（county of Angoulême）。沿着王国东面的边界地带，他获得了里昂以及帝国的勃艮第自由伯国（free county of Burgundy），而且逐渐使他的官员们渗入了巴鲁瓦地区（Barrois）。

回过头看，尽管这些并入王室的领地以及随后获得的部分已被证明是民族国家的基础，但卡佩诸王不太可能从那个角度来看待它们。他们只是扩大家族的利益，只有在这方面他们才含糊地将其与民族（nation）视为一体。而且在一只手攫取领地并入王室的同时，他们又用另一只手将部分领地分发出去。

王室领地不可让与和变动的说法直到 1566 年颁布《穆兰敕令》（Edict of Moulins）后才成为王室政策的公开准则。路易九世将一块领地归还给英格兰的阿基坦公爵们（dukes of Aquitaine），这块领地占他父亲从英格兰人手中夺来的领土中的很大一部分。并非因为，正如他告诉那些反对的顾问大臣那样，是他必须这么做，"而是只有这样做，我和他的孩子间，他们是表兄弟，也许才会充满友爱之情"。与其说是公众举动，不如说这也是一种私人行为。不仅是路易，这个王朝中的大部分统治者都将王室领地当作一种赞助制的来源，以一种令一些行政部门感到震惊的方式授予权力、给予豁免。国王们不像教会那样热心于囤积土地。他们将整片整片的法国地区赠送给兄弟和儿子们，使封地被这些人以及他们的继承者永久统治，许多出于各种目的建立的公国均独立于王室之外。路易八世在 1226 年去世，他在位时并入王室领地的领土比任何一代卡佩王朝国王所获的都要多。但是按照他的意愿，他将阿图瓦留给了次子，普瓦图和奥弗涅给了三子，而安茹和曼恩则留给了四子。王位继承人继承了诺曼底以及比故有的法兰西岛稍微大一些的领地。14 世纪初期，美男子腓力和他的儿子们几乎也是如此慷慨，而且他们依次放弃了所继承的大片土地。王室能从它历次慷慨施舍的自然后果中被解救出来只是因为非凡的运气：那些最近分出的卡佩王朝旁支命运短暂且人丁单薄，与此同时那些主干却子嗣众多而健康兴旺。

　　1328 年，由王室直接统治的领地范围达到了顶峰，从此刻开始它将在一个世纪中持续衰退并伴随着相当程度上的政治解体。内战和外国占领相继发生。战火几乎覆盖了法兰西王国三分之二的土地：巴黎和法兰西岛，皮卡第、诺曼底和曼恩

（Maine），安茹（Anjou）、都兰（Touraine）和在卢瓦尔河河谷流域内的奥尔良地区（Orléanais），普瓦图的中部诸省、利穆赞（Limousin）和贝里（Berry）的大部分地区，以及南方的朗格多克（Languedoc）。法兰西国王们在某些情况下间接地统治法国的其余部分，其他情况下则无能为力。那里有居于首位的三片"大封地（great fiefs）"，佛兰德、布列塔尼以及阿基坦，这些实际自治的公国由独立的统治家族统治。其中的王公只是时断时续地构成了法国政治共同体的一部分。在那时还有许多先王为他们的幼子创立的王子封地：1328 年的勃艮第公爵和波旁公爵以及阿图瓦伯爵，阿朗松（Alençon）伯爵和埃夫勒（Évreux）伯爵。它们都沿着相似的世系延续，享有着许多相同的自由权，但是由同王室联系在一起的人所统治。他们通过血缘、感情以及政治利益的密切联系，使得自己在大多数时间内都是王国政府的一部分。即使对于他们之中最古老的勃艮第来说也是如此。它从王室领地上分立出去已有三百年了，但是它的公爵仍然位于法兰西国王最亲密的联盟伙伴之列，直到他们的世系在 14 世纪中叶嗣绝为止。少数规模更小的领地，虽然他们不是王子封地却也享有十分相似的自治特权，如布卢瓦（Blois）伯爵们，蒙莫朗西（Montmorency）、茹安维尔（Joinville）和库西（Coucy）领主们的领地；围绕着阿布维尔（Abbeville）的蓬蒂厄伯国（county of Ponthieu）是一个十分特殊的案例，英格兰国王在 13 世纪末通过联姻获得此地。还有位于比利牛斯山地区的富瓦—贝阿恩（Foix-Béarn）领地，它过于偏远的位置使得王室难以有效干涉，而且似乎更值得作为一个对抗在阿基坦的英格兰王朝的盟友。

　　基本上，这些尊贵的王公与王室领地中小贵族之间的区别是，国王的法官们有没有司法管辖权，而且他的官员们对他们领地中的居民有没有控制权。大片王子封地以及自治采邑的持有者们承认他们对王室负有封建义务，这些义务通过习俗以及他们授给物的附带条款还有他们宣誓效忠的行为来定义和限制。但是他们保留了自己的宫廷而且维持着自己的行政机构，这些机构通常是同时代王室政府机构的精确缩影。他们颁布自己的法律。其中的一些人还铸造自己的钱币。如果他们有责任履行兵役服务（有时这是一个争论不休的难题），他们会收到国王的召集令，然后自己出钱征召军队，并自行征收税款，承担开支。他们实际上是一个处于中间阶层的政府，其义务与其说由法律规定，不如说由行政惯例指定。尽管如此，他们的身份虽然高贵，却没有看上去的那么特殊。甚至王室领地内由王室直接控制的领主在一个较小范围内都具有许多相同的权力，就像那些领土上的大人物那样，他们也保留着他们自己的宫廷。他们通过在自己领土边境竖起绞首架的方式来宣示权威。他们向他们的下属封臣征税并且回应国王的军事召令，他们的兵役义务不仅包括自身还有他们的封臣和家臣（vassals and retainers），就像博马努瓦（Beaumanoir）写的那样，"每个领主在他们自己的领地内都是最高统治者"。[16]事实上他们的法官和官员必须和那些国王掌控的同僚一起工作，而且必要时应当被传唤至王室宫廷，为他们的玩忽职守和违法行为作出解释。一个并不容易的共存过程逐步削弱了他们的权威。但是这种日益增多的现象也是众多大封地和王子封地中的官员们正在经历的。

百年战争前夕的法兰西国家是众人经营的产物。但是有一个朝代给它烙下了直到中世纪结束之前都未曾失去的深刻印记。那是美男子腓力的时代。他于 1314 年去世，结束了一段近三十年的统治时代。尽管他的统治期如此漫长和重要，人们还是对这个著名人物的性格特点知之甚少，除了知道他冷酷、不苟言笑而且缺乏自信。"他不是一个常人或者野兽，"他的一个敌人宣称，"他是一尊塑出的偶像。"[17]腓力让一小圈专业顾问围绕着自己。这些高级文职官员中很多人出身低微、野心勃勃、能干而且因此不受欢迎。国王到底是那些政策的制定者还是他的顾问们的工具，这是一个甚至同时代的人们都不能作出有根据判断的问题。而且历史学家也只能以他们的猜测为依据。显然，腓力（或者可能是他的顾问们）对他的王室行政机构的重要性有一种炽热的、几乎虔诚般的信念。"国王位于法律之上，位于所有的惯有权利以及私人特权之上。"一位官方资料作者在答复教皇卜尼法斯八世（Pope Boniface VIII，他曾冒险地向法王对教士的征税权发起挑战）时写道，"制定法律，或者修改法律，或者当向他的臣民征求意见后，他在认为合适之时，将法律取消都是他（国王）的天赋神权。"[18]

美男子腓力拥有充分准备的基础性优势，其中的大部分是他祖辈腓力·奥古斯都以及圣路易的成果。这两位国王在统治时期开始了中世纪欧洲最引人注目的行政机构创设。古老的王室宫廷已逐渐演变成了五个主要部门，它们的职能只是模糊定义而且人员也相互重叠。这些部门分别是王室内廷（royal household）和中书院（Chancery），二者仍然会同国王一道在乡间巡游，还有国库、审计庭（Chambre des Comptes）以及高等法院，这些机构由在巴黎工作的专业管理者直接指导。在腓力的儿子们和瓦卢瓦（Valois）第一代国王腓力六世统治时期，中书院是一个为政府整体运行而服务的总秘书处，后逐渐变成了一个以巴黎为总部的常驻部门，就像国家的司法和财政机构一样。西岱岛的王家宫殿里挤满了文书、法学家和官员。美男子腓力和他的儿子们将宫殿扩大了三倍，以便容纳他们。行政薪水的支出也因此有了跳跃性增长。一些在早期的对英战争时代里递交腓力六世的统计数据勾勒出了一幅关于政府职能和中央官僚机构以不可阻挡之势膨胀的引人注目的图画。在1314~1343年之间，巴黎的各种王室宫廷中的主要司法官员数量增加了四倍。公证员的数量大致与此相当，那些被迫遵从国王的大臣以及法官命令的"廷吏（sergeant）"增长了七倍。1326年时，王室中书院用了不少于1.25吨的石蜡来密封公文。[19]

王室政策的大致轮廓由御前大会（Great Council）决定。如此称呼并不是由于它的规模而是因为它负责处理王国的重大事件。它实际上非常小，由一小圈颇有影响力的管理者和国王的朋友们以及一个不断变动的显贵团体，如王室家族中的王公和大贵族，以及一些按惯例其席位允许靠近国王，并被流传偏见所期待的教会领主组成。在腓力统治期间，一部分专业人员大量取代了显贵。这个政策不但招致来自显贵团体的消极评论，而且在他继承者统治的时代还被推翻。大部分专业人员来自于能指望其成员粗通文墨的平民社会的最底层。他们出身于外省的乡绅阶层。这些人的家族在繁荣的13世纪时常常被抛在后面，而且他们的一切都源自国王。腓力的两个权臣，皮埃尔·弗洛特（Pierre Flote）和诺加雷的纪尧姆（Guillaume de Nogaret）都是以民事律师的身份在南方开始他们微贱的仕途生涯。弗洛特是一个来自沃莱（Velay）的骑士小贵族家庭的次子。诺加雷是一个来自图卢兹资本家家庭的外省法官。马里尼的昂盖朗是腓力的宫廷总管，而且是他统治末期实际上的首席大臣，此人是一个普通的诺曼底封建领主之子。对他来说，为王室服务意味着权力和财富，以及在王宫内的一幅画像和一尊塑像，还有用多少有些可疑的手段所积聚的大笔财富。它们以巨大的庄园以及一个完好的学院教堂的形式展示出来，此外还有一些收集的奇异的宗教雕塑。如今它们仍然可以在他位于诺曼底埃库伊（Ecouis）的家乡中见到。他们这类人赚得了高额的回报。他们将强烈的忠心、专业的技能以及在某些情况下敏锐的政治判断力带入王室的服务中。没有他们，一个在规模和重要性方面不断增长的政府将会脱离国王的控制，正如在他的继承者们如此行事后事实上显现的迹象那样。

王室的外省官僚机构在某些方面更值得注意，因为即使是在中世纪组织最完善的政府机构中，地方行政往往也是其薄弱环节。王室直接管理的领土被划分为 36 个管理区域，它们被称为执法官辖区（baillage，在传统的王室领地内）或者总管辖区（sénéchaussée，在新获得的中部和南方各省中），国王在这些地区内的利益被委托给执法官和总管照看。在他们身旁，其他官员做着下属或专门的工作，如法官、副执法官、城镇市长、子爵以及收款人，而那些无处不在的王室行政机构小职员们、"廷吏们（差役们）"，他们用所必需的权力执行着其他人的命令。执法官和总管的地位很重要，而且领取高薪。他们中的许多人，就像他们在中央行政机构中围绕着国王的上级们一样，在仕途中谋求发迹，而生活中的其他任何职业都不会像这里一样对他们敞开大门。蒙布里松的巴泰勒米（Barthélemy de Montbrison）在 1336 年担任里昂的副执法官，十年里一直是城市最有权力的人。他和大主教以及公社平起平坐处理公务；然而如果他在年轻时没有离开自己的家乡去学习法律，他很可能会像父亲一样变成一个皮革商人。[20] 在少数地区，那些靠近边

21

境或者王室新近获得的领地，他们发挥着十分重要的政治作用。韦尔芒地区（Vermandois）的执法官在佛兰德的政治骚乱中代表国王行动。佩里戈尔（Périgord）以及（随后）阿让（Agen）的总管们在阿基坦做着相同的事情。但是他们的正常职责更加平凡。他们维持公共秩序，他们也征收领地内的税收，而他们运用的那种混合着公共和私人性质的奇特权力其实是中世纪君权的本质：大量由王室通过继承或者从先前的封建领主处获得而来的五花八门的司法管辖权与特权必须与其他权力——那些仍然在私人手里的权力——一同合作才能运转，它们几个世纪以来不断增加、层层堆积，在被发现时就像揭露了某些复杂的考古遗址一样。武断专横成为条理清晰的替代品。外省官员们常常变得比国王还要维护王室，侵入他们司法管辖范围之外的领域，努力实现他们的主张，而且对王室赐予这些地方的特权和豁免权不予理会。通过干预其他人的争辩，给予失败者从低级司法管辖区提起上诉的权利，并将王室庇护权扩展至那些与省内大人物发生冲突的人们身上，无论正确与否，通过以上这些孜孜不倦的碾磨，这些人侵蚀着封建领主权利，直到它们被废弃不用或被那些王室权力征服。

1270～1328年，卡佩王朝最后五任国王统治期内的法学家们取得的显著成果是，从王室那些迥然不同并混杂在一起的权利中建立起一个关于公法和国家权威的一致概念。但它仍然只是种凤愿，在17世纪以前都没有被政治实例所证实。但即使是1328年，在某一领域内这些思想已产生了具有重大意义的实际影响。从13世纪中期开始，王室的法理学家们已经发展出一种新的学说：当有人指控地方法官在其诉讼过程中处理失当或犯下了一个法律错误，从而做出"否认正义"之举时，国王可以听取上诉，甚至包括王国中那些他的权力还未扩展到的部分的诉讼。这种学说的运行方式严重冒犯了那些残余的领主司法管辖权的持有者。因为一位向国王的法院上诉的当事人有权获得其官员的保护（sauvegarde）。为了达到诉讼目的，当事人必须从他的直接领主的权威下脱身出来并将自己立即置于国王的权威中。他的领地变成一个飘扬着国王旗帜的，拥有域外司法管辖权的孤岛，而且以鸢尾花（fleur-de-lys）纹章装饰，作为象征的绞首架则标示界限。所以，凭借听取上诉的权利，他们渗透进那些仍然遗留私人领主统治权的区域，而忙碌的王室官员、文书、公证人员以及负责保护上诉人的廷吏们则开始进行强制性的调查询问、整理文件并引诱其他那些在传统讨论会上败诉的人向其告发，另觅良途。

这些围绕司法管辖权而不断开展的斗争的最终受益人是巴黎高等法院（Parlement of Paris），它并不是一个类似于英格兰观念中的议会，而是一个受理上诉的最高法庭。在数量与日俱增的诉讼案件中，被官吏们声称收至国王名下的那部分案件将交与它审理。表面上国王御前会议（King's Council）担负着一些司法职能，高等法院处在被法理学专家接管的过程中。在查理四世逝世时，高等法院已设有数个部门，逐渐积累起无穷无尽的档案文件，而且有一大群公职人员为其服务。在巴黎王家宫殿的中央大厅（Salle des Pas Perdus）里环围着历代法兰西国王的雕像，聚集着成群的诉讼当事人和上诉人，他们关心的是将他们的诉讼案件置于国王自己法院面前。在王国的部分地区中，这些行为已经将领主法院的诉讼进程削弱至仅仅是为在其他地方发生的争辩做形式上的准备工作的状态。上诉人的数量已经变得如此之多，以至于要定期作出将次要的诉讼纠纷案件转回至执法官和总管手中的尝试。但是最终采纳的解决方案进一步增加了一个笨拙的特别法院的规模。调查庭（Chambre des Enquêtes）的特派调查员负责在法院审理前评估证据，美男子腓力统治时期总共有 4 人，其子腓力五世统治时代已有 33 人。法院的主要部门负责受理涉及"重大理由……大人物，重要大员"的上诉，1319 年时已有至少 23 名法官。[21]

中世纪时代十分热衷于诉讼。它们的制度机构被相互争夺司法权的竞争所分裂，它们被一股看起来很倾向于无意义以及无理性的激情所追逐。但同时代的人们并不这么认为。司法行政管理不仅是一项重要的税收来源，还是统治权的最高特征。那些王室的仆从开始蓄意给执法过程加上王室垄断权，以至于比起士兵们和政治人物的贡献，他们有更好的理由被当作法兰西国家的建立者，因为这更有英雄气概且更广为人知。

正因这些国家公仆是善于清晰描绘其事业的宣传者，很容易得到他们完全成功的印象。实际上他们只是部分成功。的确，他们创造了一个官僚机构，使一位巴黎君主能在正常情况下对一个位于欧洲最大而且最复杂之列的国家保持控制。诚然，在一些突发事件中，它可以显示令人惊叹的执行能力。比如 1307 年 10 月 13 日，曾秘密地在巴黎策划了几个星期的，对几乎包含所有成员的圣殿骑士团实施的同时抓捕行动，其效率将会超越 14 世纪的所有其他欧洲国家。尽管这些国家的代理人们保持了局面上的领先，但位于他们下面的基础还没有忙碌起来。就像被统治者的态度一样，统治者的态度也没有同样且深刻的改变。

对公共秩序的看法发人深省。"国王的和平是整个王国的和平，而王国的和平是教会的和平，是对一切知识、美德和正义的捍卫，"一位宣传者在他的讲坛上宣称，"……因此，无论谁对抗国王也就是对抗整个教会，天主教信仰，以及所有神圣的和公正的事物。"[22]也许在佛兰德战争的压力之下（布道的时代背景）听众们愿意接受它。这种公共权威的观念将国内暴力视为一种对国家的冒犯行为。从 12 世纪开始，它就已经在英格兰完善发展，但是 15 世纪以前，它在法兰西只是断断续续地被接受。叛乱（rebellion）只是另一种手段的政治。甚至那种认为它也许是叛国的想法也花费了很长时间才渗入官方领域。其渗入阶段可以通过对待不成功的叛乱者的处理方式来追溯。在 12 和 13 世纪，他们作为叛逆者（traitor）被处决的行为极其罕见。例如，佛兰德伯爵当皮埃尔的居伊（Guy of Dampierre），尽管他对美男子腓力发动了公开战争并落入敌人的权力处置中，可最后几乎没有受到惩罚。第一位被卷入并以叛国罪绞死的贵族是伊勒茹尔丹的茹尔丹（Jourdain de l'Isle-Jourdain），一个来自西南部的男爵抢劫犯。"血统高贵但行径可耻"，他于 1323 年在巴黎被处决。1328 年，一些佛兰德反抗者的首脑被拷问至死。在百年战争的头十年里，当腓力六世必须处理一场公共秩序的严重危机，并面对因政治和军事受挫引起自然忠诚的瓦解时，他诉诸这种公开处决的方式，并按可怕的规则来执行。这些场面壮观的维护最高统治权的行为反映了政府的害怕和不安。它们是真正的最高统治权的一个替代品。腓力对背叛的憎恶之情，有很多人不能感同身受，甚至在战争的压力下也是如此。处决令他们奇怪和震惊。编年史作家们更以万分惊恐的语气传播这种行为。它们大幅增加了对政府的不满。[23]

*

24   国家自然权威的极限的不确定性是一个难题，其主要症状表现为王室日益严重的财政拮据问题。传统的理论家期望法兰西国王应该像大多数中世纪君主一样，从他自己的收入中支付政府开支，这些收入包括他的私人地产收入以及从司法制度中获得的收益，还有他作为自己领地的领主所享有的封建权利。在 1320 年代末期，这些收入来源每年可以提供 400000 ~ 600000 图尔利弗尔的收入，是英格兰国王一般收入的三到四倍。[24]尽管如此，它只能勉强支撑一个日益膨胀的官僚机构的重担而完全不足以支付发动战争的开销。这并不是一个法国特有的麻烦，几乎每个西欧国家都有这种经历，当官僚体制由聪明而且野心勃勃的人供职后，就开始尝试更加普遍深入的，更加趋向强势的管理方式。结构性的赤字变成他们账目中的一个常见特征，而在 13 世纪最后二十年的法国，这种状况特别明显。腓力三世在 1285 年征服阿拉贡（Aragon）的失败尝试花费了三倍于岁入的资金，这使他濒临破产。在 1293 ~ 1303 年间，当他的儿子美男子腓力试图同时在佛兰德、加斯科涅以及海上开战时，也同样被置于难以忍受的财政压力之下。1303 年，他在北方前线的部队曾为了索取军饷而发生兵变。

  法国政府在支付战争费用方面日益困难是有几个原因的。比起圣路易的时代，它们从事的战争更加频繁而且规模更大。美男子腓力为他的许多部队提供铠甲和武器。甚至他的继承者（他们放弃了这种做法）不得不替换在服役期间消耗的马匹和装备。此外，13 世纪最后二十年间在纳尔榜（Narbonne）和鲁昂建立了带来沉重负担的王室兵工厂，它使得法兰西第一次成为重要的海上强国。但是，使得王室战争开销不断上涨的最重要的原因是，13 世纪的最后三十年法国最终放弃了古老的军事征募体制。这个体制曾经依靠那些兵役封地的持有者以及某些城镇的居民所提供的免费服务。它一直是一个非常令人不满的体制，曾在强制执行上颇有难度，提供的部队在质量和士气上都极不稳定。而且它还受到基于地方习惯或契约的资质条件以及例外情况的限制。14 世纪时兵役仍然是强制性的（除非用钱代替），然而鉴于此前的报酬通常只给予那些远离家乡或者在惯例时间之外服役的人员，现在它被赋予至整个战役进行期间服役的所有部队。这样做的结果是创建的军队更庞大、纪律更严明而且士气更高涨，但是开销也更加昂贵。

　　他们欠缺的是一个关于国家税收的有序体系。在 14 世纪初期，使法国政府最接近这个体系的是指向教会的征税制度。无可否认的是，到目前为止教会是王国中最大也是最富有的土地所有者。法国教会经常在教会政务会或者教皇（更为常见）的同意下被征税。无论选择哪种方式，教会税收的最大益处是不需要任何更进一步的许可。通常这项税收会自觉交付，而且它给王室预算提供了一笔虽可变化但有规律的捐助。在 1320 年代，其金额的总数大约占收入的五分之一。[25] 无论如何，大部分的王室税收必定要来自世俗教徒，而向他们征税却没有任何制度可循，除了仅有的一系列杂乱无章的权宜之计。

　　风暴发生之前，改良一直被断断续续地尝试。民事法学家们多年以来一直在发展理论，这种理论认为：因为国王担负着保护王国利益的公共职责，他可以凭借公共责任向他所有的臣民征税。伟大的道德哲学家托马斯·阿奎纳（Thomas Aquinas）从另一条不同的路上得到了与此相同的结论。在他看来，"一个不可预见的情况出现而必须增加为共同利益花费的开支之时，或者常规收入以及税收不足以维持宫廷的尊严之时"，按稳妥比例征收的税收总是可以被容许。[26] 尽管如此，并没有很多法兰西人会欣然赞同，而实际操作肯定是迥然不同的。传统的观点认为国王可通过以获得他自己或他儿子的骑士爵位，或者以他女儿联姻的名义来要求获得"补助"，但是一切到此为止。甚至这些补助只能在国王自己的直属封臣中征收。当美男子腓力在1285 年试图为了他自己的骑士受封礼而向他的臣民们广泛收集补助时，就曾爆发了猛烈的且大体上成功的反对活动。从那些陪臣（rear-vassals）身上收集来的钱被退回了。[27]

佛兰德战争期间一种更有希望的征税方式被采用了。在1302 年布鲁日叛乱后，腓力恢复了被称为总动员令（arrière-ban）的古老的军事召集令。凭借一项先王们拥有的不甚明了但不容置辩的权利，他召集至阿拉斯的军队"包含了各色各样的人，贵族或非贵族，持有我们自己或者其他领主之土地者"。[28] 腓力并不想看到全体国民全副武装集合在阿拉斯。贵族被期望能提供骑兵部队。主要从城镇中召集的、经过挑选的非贵族分队，被要求以弓箭手和步兵的身份作战。剩下的人被期望可以以一份价值其财产 2% 或者更多的价钱，如果征收者能确查它们的话，购买免服兵役的权利。这次收益的数额之大十分令人满意。因此这种尝试在第二年以及 1314 年重复出现了两次。作为战争正式开始的标记时刻，总动员令的宣布呈现了一种强大的心理效果。但是对它的抵制，或者至少是对它所涉经费负担问题的抵制，也开始增长。贵族不可能被迫出钱。他们可在战争开始时亲自带领扈从们参与作战，以凭此维护自己的身份地位并赚取战争收益。此外，他们还指望自己的臣民对他们数量可观的花销有所贡献，因而可以扭转国王的收税人使他们陷入的贫困境地。许多城镇觉得它们已经通过修理并守卫它们自己城墙壁垒的方式履行了保卫王国的职责。其他城镇也不愿意认可一份要求他们保卫一些与自己毫无关系，远在千里之外的，处于危险之中的法国地区的召集令。此外，事实证明恢复总动员令却不恢复附在其中的细致的法律判别是非常困难的。而其中之一规定了这种手段只能用在战争开始之后。因为为战争做的准备工作无论多么迫在眉睫也还是需要其他的收入来源。国王绝不能事先做好打算。

面对这些困难，腓力几次以简单要求他的臣民提供财产的方式回应，其理由是他需要这些。那些要求提供更好理由的人，比如 1305 年图尔（Tours）的教士，被告知他们是这个王国政治体中的一部分，他们应该对伙伴们的共同利益有所贡献，因此他们可以缴纳自己的款项或者被强制给付。[29] 不管怎样，总的来说国王并没有不经至少是其臣民表面上的同意就课征税收。这不是出于对政制的顾虑。他别无选择。如果没有这项措施，实际中不可能征得任何税金。国家没有足够的数据对每一个臣民进行评估，也没有足够多的，将被要求在纳税人的强烈反对中征集强制性税收的官员和士兵。贵族们在纳税时完全是自己定价。向城镇征收的税金由市民们收集。伦巴第（Lombard）商人交易业务中的税务工作由伦巴第人执行。既然国王没有纳税人的配合就无法做事，那么便有足够的空间用来就每一项估价税收的相关条款和数额进行协商。在这些为了无数的个人赞同的讨价还价中，国王的手段并不强势。甚至在最后时刻看起来即将达成的赞同都可以被推迟。但是国王很可能已经召集了他的大军。他迫切需要这笔资金而且承担不起因显得不合理或专横而推迟征收工作的后果。这就是为什么腓力的官员们被教导在接近纳税人时要"和气地说话和劝阻",以向他们指出国王有多么急切地需要这笔钱,对穷人的要求是多么的适中,对富人的课税又是多么的公正。[30]如果这些讨好的话语仍然未能赢得赞同,那在这件事上能采取的办法就非常少了。那些抗拒不从的贵族和城镇的名字将会被记录下来,而国王的冷遇在之后也许将立即降临到他们头上,但从另一方面看也许它也不会发生。

缓和这种由政治宣传产生的冷酷无情的印象是十分必要的。宣传资料和布告解释了国王在与佛兰德或者教皇发生争执时理由的正义性。从城镇和外省召集而来的会众被传唤前往聆听大臣们关于政府政策以及需求的高谈阔论。在这里有一份关于其中一场议会的详细记述,它于 1314 年在巴黎的王家宫殿举行,当时正值佛兰德危机重启之际,马里尼的昂盖朗回顾了国王与佛兰德打交道的全部历史,而且解释了新税开征的必要性。当他结束演讲后,国王从他的座位上起身查看有哪些出席者将会婉言拒绝帮助他。其中一位最富裕的巴黎市民允诺,会以一种小心翼翼的方式调停,而这些出席者将各自按照他们自己的方式来帮助政府。[31]然而就像在这之前的几次议会一样,这次议会只是为了听从而开。他们没有权力约束他们的选民。他们的认可对在各自行程中的收税人来说只不过是另一个可资利用的论点。与每名贵族以及王国城镇的谈判还有冗长的回合需要进行。在 1314 年 9 月的这场危机过后,税金的征收被证明变得更加困难,尼姆(Nîmes)的领事们没有上交任何东西,即使在因其顽固不化而入狱后也是如此。10 月,这笔税款在法国南部的大部分地方被免除。到 11 月时,它被全部取消。然而国王已经自己承担起开支。

在伊比利亚诸王国，在西西里，在德意志的一部分地方，而且尤其是在英格兰，召集的议会拥有约束国家的权力，能够使国家征税体系缓慢发展，从而极大程度地改善政府的财政状况。但是小规模、相对同质且权力集中的社会可能产生的进程，在一个像法兰西那样庞大而且多样化的国家中却不那么容易实现。在这种国家，代表议会制最迟出现且发展最慢。最终的结果是国王摒弃了代议制机构，凭借其君主特权独自征税。17 世纪的专制政体在 14 世纪就诞生了。但这些都是长远的结果。直接的后果是法国政府在每次危机来临之时都趋于瘫痪。国王向臣民征税的能力总是取决于他的个人威望，而且要依赖他在那时的政治地位。在 1290 年代，美男子腓力在很大程度上可以侥幸征到税款，但在他统治后期这被证明是不可能的。当他在 1302 年库特赖之战①中遭到灾难性惨败的消息传遍法国各省后，为了能充分征收税金而大幅度提高免缴财产税的限度就变得十分的必要。[32]以这种方式，挫败接连不断。而小挫折终于引发了大灾难。

为了避免破产，政府被迫实施了多种短期的应急措施：功利地设法将那些数目可观的私人财产没收充公，加剧对不受欢迎的少数群体的搜刮；在 1306 年最终驱逐犹太人之前，就已对他们施加了一连串没收充公的处罚；逮捕伦巴第以及卡奥尔高利贷放贷人；解散圣殿骑士团并没收他们的财产；几乎每年都进行数额巨大的而且多少有点强制性的借款；以及为了财政

① 库特赖（Courtai），荷兰语名为科特赖克（Kortrijk）。库特赖之战，即金马刺之战。

目的冷酷无情地操纵王室司法——通过派遣遍及王室领地各省的专员，调查探究各种违反法律的小案件，它们可能被判定要强行缴纳罚金或者购买一份免罪符。

国王操纵货币制度的行为更加严重地损害了法兰西内部的福祉。它正变为筹措战争经费的一种主要来源。其方法是每隔一段时间便以一个新价（通常更低）重新发行货币，并以法令固定币值，这使国王的铸币厂运转起来。与此同时铸币值（monnayage，即硬币的表面价值与它们实际等值银价之间的差值）也在增加，因此产生了大量的铸币利润。在 1295 ～ 1306 年间，一再重复的货币贬值使得钱币的等值银价减少了三分之二。这些收益是巨大的。在 1290 年代，王室铸币厂的利润一度给国库提供了三分之二的进项，并填补了大部分因同英格兰作战而引发的亏空。以严格的法学理论来看，腓力认为铸币权是属于国王个人权利的观点可能是正确的，他可以凭借此点为所欲为。他处理铸币的方式，无论如何实际上就是一种无须同意而且在征收方面没有困难的税收。它们同样也引起了那些依靠固定收入为生，以记账货币作为估量手段的人们，包括许多贵族阶层的巨大痛苦。它们加重了法国当时的经济压力，而且激起了被征收者们对政府的强烈仇恨。腓力在教会的压力下于 1306 年暂时放弃了这种手段。但是它作为一种应急的财政来源过于有效因而使他难以忘记。在 1311 年又发生了一次货币贬值。1313 年，伴随着一场席卷佛兰德的新危机，铸币值上升到前所未有的比例，超过了 30%。[33]

29

＊

美男子腓力在 1314 年 11 月去世。他的统治将法兰西国家带到了权力的顶峰，但是也到达了它能力的极限。在他逝世前几个星期，遍及法国中部和北部的贵族已然结成同盟，为他们失去的豁免权以及特权反抗这个膨胀的政府。在勃艮第，当地的贵族阶层领袖与高级教士和城镇代表一起控诉他们的不满。他们形成了一个拥有定期会议、专门人员以及常务委员会的常设性组织。他们与其他横跨法国首都以北的众多省份结成了那种同主权国家之间相似的联合性质的同盟：香槟、博韦地区（Beauvaisis）、阿图瓦以及一些皮卡第的辖区。诺曼底人则单独组织起来。在南部（Midi），朗格多克和鲁埃格也形成了联盟。王室宫廷的侵蚀、王室收税人的勒索以及向他们封臣发出的总动员令公告都被列于抱怨清单的最显著位置，这些清单被交至腓力的继承者，路易十世手中。他短暂的统治（1314～1316）几乎全部致力于制定一系列安抚性的特权许可，顺从他们的要求。过去的二十年政府肆无忌惮地操纵着货币，他承诺要重返圣路易时代那种币值稳定的状态；在外省的王室官员的数量将被削减；国王的法官侵蚀残存的领主司法管辖权的行为将会停止；税金将只在万一有迫切需求时才征收；在勃艮第，国王的仆从甚至要发誓遵守特许状中的章程，而如果他们没有这么做，他的臣民就可以免于服从其责任和义务。那些已逝国王的主要顾问被丢进大牢，而他们的财产也被王室宫廷中的王公贵族们瓜分。马里尼的昂盖朗被吊死在蒙福孔的公众绞首架上。专断的政府几乎不受人欢迎，但是比起对法律约束的粗暴愤恨，贵族的抗议有过之而无不及。1314 和 1315 年的反抗活动开启了一个王室和它最重要的臣民关系日趋紧张的时代，长期的战争和 14 世纪的内部危机使之不断加剧。

贵族阶层是总人口中一个庞大、无组织的部分，大概由总人口中 1%~2% 的法兰西家庭组成。谁是贵族以及谁不是贵族原则上是清晰的。贵族身份由整个骑士阶层构成，这些人被他们的军事目的定义，是重骑兵中的精锐，以骑士身份作战。

30 还有数量更多的有资格变为骑士的人们，他们凭借自己的财富、生活方式以及最重要的出身获得晋升。博马努瓦在 1280年代写作时已经把贵族身份视为特殊人群的特权，他们"像国王、公爵、伯爵和骑士那样"继承它，是一个几乎处于封闭状态的社会等级。君主的财政官员从狭隘的财政动机上看，也持相同的观点。但是法学家们习惯以绝对的原则来处理。在边缘区域是很难加以区分的。贵族们遭逢艰难时世而且不再负担得起那些能表明身份的耀眼标记。"那里有大量的人因其血统而高贵，"就像 1318 年审计庭告诉收税人的那样，"在许多年前就像商人一样以贩卖衣服、谷物、酒以及其他物件维持生计，或者做起买卖并变成皮革商、编绳师、裁缝师等诸如此类的人。"其他贵族家族趋于灭绝，成为高死亡率和低生育率或者战争创伤的牺牲品。现存最好的统计证据显示，每个世纪均有约占总数一半的父系贵族家族绝嗣。他们被暴发户们取代：因向国王或者一位大王公提供服务和资金而受封为贵族的人；或者仅仅获得了封地然后在时机成熟时自称为贵族而且凭借其名义资格被人们所承认的人。贵族身份的传说被传承下来，新成员自然地与其融为一体。[34]

在 13 世纪后期，有超过 40000 图尔利弗尔岁入的香槟伯爵与有着 200 图尔利弗尔岁入，被视为勉强能够维持骑士地位身份的人之间没有多少共同点。[35] 尽管如此，几乎所有的贵族在其中一点上还颇有共鸣：他们从 13 世纪下半叶开始就一直遭遇不断增长的财务困境。它主要可以归因于法国的农业经济问题，但法国政府使它进一步加剧。他们受到的压力有几个来源：他们几乎无一例外地要忍受生活成本严重的持续上涨之苦。一个重装骑兵必须自备行装。根据他的等级，他最多需要六匹战马，除去他的骑矛外，他需要一把剑、一顶头盔以及一套全身甲，后者正变得越来越昂贵，因为板甲取代了皮革以及锁子甲。他需要一组随从与他一起骑马参加战斗或者在和平时期参加比武大会。他需要空闲时间来磨炼自己的技艺，这意味着要雇用开销昂贵的仆人以及管理人员。再者，他的生活方式，尤其是处于贵族社会的上层时，即使在和平时代也逐渐变得更加昂贵。大贵族则要持有城内住宅、雇用数量庞大的扈从、连续不断的旅行、用美丽的珠宝首饰打扮自己和他们的贵妇以及举办华丽的娱乐招待活动。当他们去世后，他们会留下举行隆重葬礼的指示，以及因向教会施以奢侈的馈赠而使其继承者陷于贫困的遗嘱。大体上看，这些人的资源被那些专业人员有效管理，而且他们在提高其收入以应对他们日益增长的开销时比法国社会中其他任何等级（除了教会）都要成功。但是，即便如此，勃艮第公爵们也被迫将他们的部分收益抵押给来自意大利或者卡奥尔（Cahors）的放贷人。勃艮第的罗贝尔二世（1306 年去世）亲自出面与他的犹太债主们讨价还价。美男子腓力的弟弟瓦卢瓦的查理（Charles of Valois，1325 年去世）有着巨大的收入却时常大幅超支，要通过数百种渠道借款。其中包括国王、伦巴底人、圣殿骑士团、犹太人以及不计其数的法国高利贷者。据显示，佛兰德伯爵讷韦尔的路易（Louis of Nevers）在 1332 年以 80000 图尔利弗尔每年的速率花费钱财，于是积累了 342000 图尔利弗尔的债务。[36]

很多小贵族的情况更加糟糕。他们的生活方式无疑更加简

31

朴，但是他们也希望能在他们的小社群中引人注目。当他们需要寻求来自于他们债权人的保护时，却没有大人物那种敏锐的听觉，而且他们没有像瓦卢瓦的查理和勃艮第公爵们那种在困窘之时可以从王室获得利润丰厚的礼物和恩宠的地位。此外，他们的庄园管理水平也较为低下，而且他们的资金也较为匮乏。在 13 世纪的农业繁荣中没有一个乡村社会的等级比他们的收益更少，而这些小贵族曾经是它们的领导者。他们的问题在于所持有的地产规模太小。这是一代代宗教遗赠以及分家的结果。长子继承制即使在从理论上将其奉为统治法则的法国西部以及北部也从来没有被严格执行。在别处，人们甚至没有在原则上接受它。因此，在 14 世纪开始时，许多小贵族持有的地产已经减少成一块勉强能被耕种的狭地。通货膨胀和货币贬值加剧了这场灾难。这些人中的一部分利用自己的一项特权将他们的土地抵押出去以换取现金，这种特权由刚刚开始为像他们这样陷入困境的人制定的律法所规定。其他人则全部卖给富裕的农民或者是邻近大庄园的所有者。在法兰西岛，封建领主家族的数量在一个多世纪中日趋减少，当收入锐减和开支上涨所带来的压力加剧时，他们的世系断绝或者他们的子孙与周围的农民融合。在附属于巴黎众多修道院以及王室（唯一一个被详细了解的区域）的贵族附庸中，至少有四分之一的人只有不足 10 利弗尔的年收入，这笔钱大约等于一桶酒的价格。[37]

32　法理学家博马努瓦通过在一个大贵族家庭里服务的方式谋生。他也许像许多与他年纪相仿并处于同一阶层的人一样，已经参加了为国王或教会服务的工作，或者开始着手自降身价寻求那些地位较低，来自城镇的资产阶级的女继承人们。在即将到来的那个世纪，这些日渐贫穷的乡绅阶层幸存者将为了生存而求助于战争，并最终沦为土匪与强盗。

从表面上看，贵族在 1314～1315 年的叛乱行动中一无所获。在三年的时间里，他们的势头逐渐减弱，而路易十世的让步仅仅被当作良好意愿的声明，只是偶尔才被遵守。虽然路易被迫将许多在他前任政府中曾经颇有名气的专业公职人员免职，但他的两位弟弟继位后，在 1316～1328 年的统治期间还是听从了很多几乎和前者是同类人的建议，除了以往的经验教会这些人要更谨慎点以外。

尽管如此，整整一代社会阶层的愤怒和失意还是在政府中留下了自己的印记，后者失去了它以前的一些自信。其结果之一就是使一个合适的税收体系的创建被向后推迟了至少三十年，直到军事灾难的压力迫使政府和那些人改变为止。国王对开辟常规收入的新来源的需求同往常一样强烈，但是目前还是很难找到实现它的方式。虽然路易十世在 1315 年发动的讨伐佛兰德的战役得到了普遍支持，但希望为其提供资金的征税工作却失败了。四年后当腓力五世试图同佛兰德开战时，他也遭受了相同的经历。在 1321 年他寻求一项财政援助以便能加强其领土内的行政管理并且实施一些相当合理的内部改革。尽管事先已对公共舆论作了仔细的准备，它还是几乎在每一处都被拒绝。当与英格兰的大规模战争于 1337 年开始时，法兰西已经有八年没有课征一般性税收了。既然政府必须继续统治，那比起迄今为止的所得，它对非常规来源的收入有着更为严重的依赖。特别是当国王们遇到和美男子腓力当年相同的财政压力时，他们不得不回头重拾美男子腓力的货币政策。查理四世以颇像其父早前三十年所做的那种方式为他与英格兰的战争筹措资金。腓力六世在百年战争的最初

十年里要为一场滥发货币的恶行负责，其影响比他的前任们
曾经所做的还要严重得多。

*

　　当1314年的联盟以省份为基础各自组织起来时，它们还
揭示了法兰西的另一个由来已久的弱点。那些长期被扩展的王
室领地包围着的省份依然保留着他们自己的民族，它们依靠根
源于近代历史以及地理状况的传统习惯来维持。在一个骑马信
使最好条件下一天也只能走30英里的时代，巴黎与法国的大
部分地区确实相距甚远。即使地理上没有彼此隔绝，习俗和保
守主义也使这些社群相互孤立，陌生人会被教区教堂驱逐出
境。这就像省级教会会议从来没有停止宣告的法令一样。村民
们用成排的木桩以及十字架标出他们领地的界线。在这些边界
之内，坐落着座堂城市，集市城镇，一位当地圣徒的圣祠，再
无其他。在大城镇里，政府关于国家政事的意见有时可以从那
些效忠布道中探知。这些布道是教士们被要求在政治危机发生
时宣讲的。有关国家大事的消息经常以扭曲的形式缓慢地渗
入。在一块被十多处地区的各种不同习俗以及几百个城镇的特
许状分裂的，没有一种共同的货币制度、一部共同的法律以及
一种共同的语言的领土内，是不足以建立一种民族共同体意识
的。相比从前，这些分裂的地区在1328年已不那么难以对付
了。但一位维维耶的主教仍然可以威胁剥夺他侄子们的继承
权，如果他们用法语替代那门"我出生后就在使用的，而且
先于我的父亲也在使用的语言"的话。教皇约翰二十二世
（Pope John XXII）在卡奥尔出生，在奥尔良受教育并在阿维尼
翁统治，但是尽管如此，他仍然不能理解一封国王寄给他的用

33

法语写的信件。[38]

　　一个民族（nation），根据 18 世纪法兰西学院（Académie Française）词典的作者的观点，意指"在一个单一国家中生活在同一领土内，处于同一种法律之下并且使用着相同语言的所有居民"。若以此为测试标准，1328 年的法国还不可成其为一个民族。一位像诺加雷的纪尧姆这样沉湎于罗马法中的国家主义传统信仰的忠实仆人，也许会宣布他"为国王和祖国"献身的意愿，[39]但是在他出生的南方，这种思想会给大部分人留下过分狂热的印象。在法国的各处地区，由国王领导的有效统治是一个过于新鲜的体验。当政治危机削弱了政府的行动能力之后，那种情感可能也收效甚微。为什么普瓦图或者鲁埃格的居民要为一个居于巴黎的国王和佛兰德伯爵之间的争吵付钱？为什么他们要关心他和英格兰国王之间的战争直到他们因这二人而卷入其中？

　　此外，这里依然有三个因不同文化和传统习惯而趋向明显政治分歧的省份，佛兰德、布列塔尼以及阿基坦。它们是那些曾经统治法兰西大部分地区的庞大的封建公国的最后一批幸存者。它们不再按照封建系统来组织。那些灵活善变的本地统治家族已经模仿卡佩王朝的政府样式在其领地中建立了小型国家。由于它们的法兰西王室封臣身份无疑受到削弱，但出于多种目的它们仍独立于王室之外。这三个省份中的人们是百年战争的主要参与者和牺牲者。他们的存在以其最尖锐的方式引发了王室的相应问题，而且在很大程度上解释了许多关于法国人看到他们的部分国土被英格兰军队占领后无动于衷的奇怪景象。

　　"毫无疑问，"1341 年一位法学家在关于布列塔尼的文章

34

中写道，"在其臣民的眼里，这个公国曾经是一个王国，而且仍然享有着一个王国的地位。"[40]在约翰王（King John）被打败后，从安茹帝国的废墟上组合而来，布列塔尼应把它的力量和独立归功于四位曾经在 1213～1305 年期间继承爵位并统治它的伯爵。在他们统治期间，这些人曾经剥夺了布列塔尼西部和北部那些独立领主们的封地，并将其并入自己的领地中。通过购买和征服，他们已经使自己成为他们大部分领土中的直接领主。他们已经建成了一个中央集权的行政机构，它建立在依靠一个由法学家以及官僚组成的紧密团结的机构来监督地方官员的基础上。伯爵政务会（comital council）主持正式的司法裁决，不久便被冠以故作腔调的"高等法院（Parlements）"称号，增加威严。这个复杂而昂贵的政府的部分经费来自于对伯爵私有领地的高效压榨，以及来自于在法国大西洋港口中出售的许可证明。这种证明使持有者免于承担伯爵索取他们货物的要求——如果他们在遍布岩石的布列塔尼海滩失事的话。到 14 世纪初期，这个制度实际上已经变成了一项针对大西洋海岸海运贸易征收的通行税，一项常规的财富来源。它使得布列塔尼的伯爵们远比他们那个狭小而相对贫穷的领地所应显示的地位更为重要。美男子腓力意识到了他们的成就。在 1297 年，他竭力通过将他们提升到与公爵身份相当的地位，并成为法兰西国王的伙伴的方式来使他们更深入地参与他的宫廷事务。

在 13 世纪，法国政府偶尔会作出侵蚀布列塔尼国家自治权的尝试。腓力就曾试图在公国内征税。他意图指定主教到布列塔尼教区。此外，还出现了一种由图尔以及库唐斯（Coutances）的王室执法官听取布列塔尼人的争论以及由巴黎高等法院来受理布列塔尼人上诉的趋势。这些尝试引起了公爵

们的怨恨，他们将自己的臣民投往国王法院的上诉行为视同造
反。但是由于美男子腓力不愿意像对待佛兰德和阿基坦那样对
付布列塔尼，公爵们可以用在高等法院的司法管辖范围之外的 35
特许状来维护自己。与其他法兰西王公贵族相比，他们为保持
自身法院独立自主权的努力异常成功。到 1328 年时，法兰西
王室在布列塔尼几乎没再行使过直接管辖权。

在布列塔尼和英格兰之间存在着一些古老的联系，它们使
得公爵们成了法国不稳定的朋友，这缘于他们在法国贵族名录
中的崇高地位。别的方式几乎是不可能的，它们的地理位置决
定了走向。这不仅仅是因为英格兰是布列塔尼出口商品的一个
重要市场，主要是食盐、帆布以及衣物，甚至也不只是因为公
国横跨在英格兰与阿基坦之间的交通线上。作为位于约克郡的
里士满伯爵（earls of Richmond），公爵家族中的贵族们被授予
了英格兰政治体系中的一块封地。自从征服者威廉因其为
1066 年的入侵提供服务而将它们赐给布列塔尼的艾伦（Alan
of Brittany）以后，他们已经持有从达勒姆到东安格利亚的散
布在英格兰各地的地产。这些地产的收入不能被精确定量，但
它可能超过了他们在布列塔尼领地中的收入。[41] 这个公爵家族
的成员在英格兰宫廷里是频繁而且广受欢迎的访问者。公爵的
叔叔，布列塔尼的让，从 1305 年直到 1334 年去世期间一直持
有里士满的封号，曾将他生命中的大部分时间花在为英格兰国
王们服务的事业上。他在贵族院占有一席之地；在爱德华二世
统治时的内战中扮演了显要的角色；与英格兰军队一起在苏格
兰作战并且在阿基坦领导了对抗美男子腓力的将军们的战斗；
也成为未来的爱德华三世的教父。他的家族中很少有人如此全
面地参与政治事业，但是他们保持的一个矛盾的立场几乎对历

届英格兰政府都有所助益。

佛兰德的情况与布列塔尼十分不同。一个先进工业经济体使这个北方的伯国成为一块更为诱人的奖品，而与之相应的社会冲突又使它更容易被夺取。但是它和布列塔尼的相同之处是跟英格兰有着密切的依赖关系，这使得它在英法战争中有着自己的利益。佛兰德的伯爵们与英格兰国王结为盟友的频繁程度和他们与法国发生的争吵一样多；在1280年当皮埃尔的居伊成为佛兰德伯爵时，他是爱德华一世的一位跟班。然而这两个国家之间的联系远强于短暂的便利性友谊。自从在12世纪佛兰德开启工业化以后，英格兰曾供应着几乎所有用于佛兰德织机上的原毛，并要买回部分制成品。这种境况赋予英格兰国王们的政治影响力也被他们充分领会。从13世纪开始，经济制裁已经成为英格兰对法兰西最富裕省份施加压力的主要手段。在1208年，关于没收佛兰德商人在英格兰大批存货的威胁已足以将圣奥梅尔、根特、布鲁日、里尔、杜埃以及伊普尔的联盟从法兰西国王手中抢走。1270年，一场真正的贸易战在英格兰和佛兰德之间爆发。英格兰政府对结果相当满意，以至于他们在1290年代重启战争，而且在之后的爱德华二世统治时期，当佛兰德再次在一场与自己没有直接关系的英法两国的争吵中摇摆不定时，其又故技重施。[42] 最重要的是，那些个体工匠们在每次物资紧缺时都会受到影响，他们会因此失业或者被迫花费更高的价钱来购买稀少的羊毛。在14世纪早期的城市革命后，这些人不可能认为这是理所当然的。而且他们的势力也越来越多地投向天平上偏于英格兰的一侧。

凭借着那些制衣大城镇的产业财富支持，佛兰德的伯爵们曾经长期执行着他们自己的外交政策，同欧洲的王室家族联

1 1328 年的法兰西 / 051

姻、领导对中东的十字军远征，并一直享有王室般的生活待遇。像布列塔尼的公爵们一样，他们模仿了卡佩王朝的行政惯例，即通过地方执法官和一个由专业会计人员、法学家以及同时也就职于最高上诉法院的行政人员所组成的政务会。他们的才智理应保证他们的成功。但是他们的成果不像布列塔尼的公爵们那样，而是被自己家族内部相互竞争的野心以及外部的社会矛盾击败了。法兰西国王们耐心地等待着他们的机会。总部设在拉昂（Laon）的韦尔芒地区王室执法官，以及他在亚眠的同僚把监督伯爵政府的几乎每一个方面当作自己的事业来进行。他们不停地介入伯爵宫廷中的工作，由如圣康坦市长（Provost of Saint-Quentin）这样卑微的官员发布傲慢的命令，而且有时甚至通过普通的廷吏执行此事。1289 年，美男子腓力做得更加出格。他竟然下令当他的官员在场时，伯爵法院中的诉讼应用法语替代佛兰德语进行，"因此他们也许才可能送给我们关于这次诉讼的准确报告"。[43]

比单纯的好奇心更为危险的是国王与那些城镇贵族寡头势力的结盟。伯爵曾出于捍卫普通市民利益的目的而试图抑制他们的要求。1289 年，根特的市政会将他们反对伯爵的活动发展到向巴黎高等法院提出上诉的程度。在其统治者眼里这是他的大自治封地（fiefs）做出的一个仍然意味着叛乱的举动。这次上诉立即将这个城市置于腓力的保护之下，他任命了一位守护人，鸢尾花的旗帜在城中最高的钟塔上升起。王室军队被派来保护提出上诉的市民，伯爵的司法权被暂时中止。其余城镇乃至不满的个人都纷纷效仿。当皮埃尔的居伊发觉他自己要被传唤至高等法院，在一群出身低下、自命不凡的律师面前为自己辩护。

在佛兰德，迅速发展的王权专制主义与残存的王公贵族封

37

地所含的独立性之间的冲突需要靠战争来解决。在布列塔尼和阿基坦，那里有一场连续不断的尝试，它试图通过外交手段以及在巴黎高等法院中对争议未决问题以持续不断的辩论来解决。关于封建权利与公共法的敌对性辩论掩盖了这样一个事实，即持有这三个法兰西西部领地的王公贵族们寻求达到的区域性目标和国王的全国性目标完全一样，而且都是通过十分相似的方法。他们想用一个由自己授予的、单一公共权威来取代其国内犹如马赛克拼图般的相互交叠的权利与义务。国王则希望将相同的原则运用至他们身上。这些相互矛盾的目标不能同时存在。在具有地理统一性、当地语言和法律以及政治独立传统的地区中，领地内王公贵族们所做事项的最终结果是使他们的领土从法兰西王国中分离出去。这确实是佛兰德在百年战争初期发生的事实，而且在 15 世纪时它将再次上演。

百年战争不仅是一场国家之间的战争。它的根源存在于法兰西的国内政策中。位于大西洋沿岸的这三块公（伯）国，其中一块被英格兰国王统治，而另两块通过政治上的便利以及经济上的利益与英格兰紧密相连，它们不仅是英格兰进入法国的桥头堡，还是法兰西内战中的一方派系。在这场内战中一些古老的领地试图挑战法兰西国王在 12 和 13 世纪中开始构建的宏伟的政体大厦，它们在其冒险活动中依靠不断变化的同盟来获得帮助，其中包括小贵族和少数在法国内部、试图抓住这个机会借以摆脱贫困以及官僚集权化带来的束缚的大贵族们。只有当回溯历史的时候才能发现这种努力注定归于失败，在那个时代，它几近成功。事实上，创造一个统一的法兰西国家向后被推迟了一百年，而且即便如此，其也只能以极其严重的毁灭和苦难为代价来实现。

2 爱德华三世的英格兰

在 1327 年，当爱德华三世（Edward III）继承王位之时，英格兰和法兰西已经是两个分道扬镳的民族。诺曼征服（Norman conquest）以及紧随其后长达一个世纪的贵族移民已经给英格兰印上带有法国风俗与法国体制的印记，并给予英格兰一个在本土以及法国都差不多的统治阶级。男爵们在 1204 年告诉约翰王，即便他们的身体远在海峡另一边与他的敌人们相伴，他们的内心始终跟随着国王。他们的发言指认了一个重要事实：在 13 世纪中期以前，大部分的英法战争（Anglo-French Wars）都有一些内战的特性。[1] 一百年以后，这不再是事实。最后一代重要的法兰西移民是蒙福尔的西蒙（Simon de Montfort）的同辈人。他是一位来自朗布依埃（Rambouillet）森林地区的小贵族，并于 1265 年在一场英格兰内战中战死。在随后的那个世纪中，一些英格兰人仍然在法国拥有很重要的利益。彭布罗克伯爵瓦朗斯的艾梅（Aymer de Valence，Earl of Pembroke），他的姓氏源自罗讷河畔的一座城市，在法国中部持有广阔的领地，曾两次与重要的法兰西贵族联姻。在他生命的最后十年，他至少访问了法国 10 次。少数法国世俗教徒和大量法国修道院仍然在英格兰拥有重要的庄园。这是旧时代的模式。

当爱德华开始他的统治时，一种关于民族认同的强烈意识

业已存在。那些大贵族家族的子嗣们已经接受诸如爱德华
（Edward）、汉弗莱（Humphrey）和托马斯（Thomas）等英格
兰教名。当爱德华二世打算仿效他的法国小舅子，将自己的继
承人叫作路易的时候这些人也表示反对。英格兰人不喜欢外国
人，而且一个天然的孤岛可以将大部分阶层的人们联合起来。
这里每隔一段时间就会发生骚动，他们反对国王的外国顾问、
在英格兰城镇中开展贸易活动的外国商人、教皇派遣来继任英
格兰圣职的外国牧师以及外国的修道院，它的成员被认为正在
为协助一场武装入侵做准备工作。爱德华一世正式采纳了不列
颠的民族神话，并将它作为官方历史。他在 1278 年打开了位
于格拉斯顿伯里（Glastonbury）的亚瑟王和格温尼维尔的陵
墓，并将他们的遗骨改葬在主祭坛（high altar）之前。对于暗
示其无权对苏格兰提出要求的教皇，爱德华向他讲述了一小段
不列颠历史。这个故事以与预言家伊莱（Eli）和塞缪尔
（Samuel）同时代的特洛伊避难者占领这座岛开始。其中大部
分都是战争时期的政治宣传，不过这些神话故事被继续传播也
是因为当时的听众都认为它是可以接受的。当 1295 年爱德华
指控法兰西国王正在歼灭英格兰语言时，他必定考虑过自己正
在激起一片有所共鸣的弦音。他几乎可以肯定自己是正确的。[2]

语言是一种重要的象征符号。按照傅华萨所说，英格兰
的外交人员以假装听不懂的方式来回避令人窘迫的问题已是一
个众所周知的把戏。[3]但是这个借口虚假到何种程度，而且这种
外交欺骗传闻的真实性又有多少呢？先前几代贵族以及高级神
职人员可以理所当然地用法语交谈。然而，法语语法的学习手
册暗示：在 13 世纪末的英格兰，甚至在那些出身名门的贵族
中，法语仍是一门要靠后天努力习得的语言。即便它在后半个

世纪中仍然保持着公共事务的通用语地位。但早在乔叟之前，它已经在鲍桥畔斯特拉特福德学校（school of Stratford-at-Bow）被教授了。英语已经逐渐成为一种用于祈祷、商务、休闲阅读和友好交谈的语言。

英语的统一性并不比法兰西的法语多多少。那位坚定的爱国者雷纳夫·希格登（Ranulph Higden）赞成这个观点："英格兰人所独有的语言在一个小小的岛屿上却有着如此多种多样的发音方式，这真是一个奇迹。"约克郡和诺森伯兰（Northumberland）的口音是"如此的尖锐、狭促而且摩擦刺耳还飘忽不定，以致我们这些南方人也许很难［几乎不能］听懂那些话语"。[4]尽管如此，英格兰依然是个小国家，而且用大陆的标准看是一个明显同质度较高的国家。外乡的差异和地方的忠诚，虽然它们一直存在，并在一个相对浅显的层面运行：口音、穿着与任期。英格兰的政治体制几乎在全国各地保持一致运转。而且她的政治家和管理者把他们自己视作属于一个共同体的成员。他们的认同感也因对外部敌人的意识而增强。海洋定下了王国在东部和南部的边界，而且把它和最强大的敌手分割开来。在北部和西部它与一些大部分依旧处于乡村和部落状态下的外国社会接壤。在粗鲁的蔑视以及狠毒的憎恶中，和平只能断断续续地存在。

这是一个以乡村为绝对主体的社会，甚至与法国对比后也是如此。大概有 500 万～600 万人口集中于中东部和中南部地区、东安格利亚地区，而且在东南方向从汉普郡到肯特，都是肥沃的低地地区，采取集约化的耕作模式。城镇数量庞大但规模较小，甚至伦敦——那时是它们之中最大的城市，而且是唯一比得上欧陆城市的英格兰城市——可能只有不到 50000 居 40

民。大范围的砍伐森林、适宜的气候条件以及专业化的土地管理，在整个 13 世纪给英格兰带来了极高的产出，并使它有能力供养起一批比当时的法国更为密集且分布更不均衡的人口。

在外国人的眼里，英格兰有时看起来是一片富裕繁荣之地。一位编年史作家让·勒贝尔（Jean le Bel）曾于 1327 年跟随英军在约克附近宿营，"从来没有停止过对如此富足之地的惊叹"就像一股源源不断的廉价粮食之泉由村镇周围涌出，与从海外运来的加斯科涅和莱茵河流域的美酒一起顺流而下。[5]他是幸运的，但他的好奇心十分肤浅。那里拥有庞大而且可察觉得到的财产。但它们无法体现这个王国的财富多寡，因为分布是不均衡的。这一点英格兰比法兰西更明显。在 13 世纪的蓬勃发展中，那些主要农业庄园的所有者们的事业一度欣欣向荣。他们拥有大片耕地、资本，此外还有利用一场关于土地经营方面的革命来获利的先见之明。他们的庄园都经过测量和估价，并通过明智的购买行动使其扩展增加，他们的要求被记录下来并得以成体系地施行。他们的生产指标被事先评估，而他们的账目被交由一批专业人员——应这些大型农业企业的需求，这类人员迅速涌现——细致而精确地拟备和审计。但大多数地方的整体繁荣水平可能比法国的程度要稍微低一些。过剩的人口和对肥沃土地的强烈需求逐渐减少了小自耕农土地的规模。而大部分英格兰人正是靠此维生。在英格兰中部和南部，大部分人口由没有自由的农民组成，他们其中超过一半的人只拥有能维持生存所必需的最少量耕地，或者更少。他们依靠以不怎么稳定的机会挣取报酬的方式生存，或者依靠廉价出售他们的一小片土地来维持。那些自由的土地持有者和少数乡绅阶层有更少的负担和更多的土地。但即使是他们，在歉收、自然灾害以及经济萧条面前也显得极度脆弱。他们的时运也总是在收益和损失之间保持脆弱的平衡。

14世纪的头三十年间这种平衡经常被打破。在1315～1316年，第一场一系列的农业灾难带来了饥荒、失业以及在人们与牲畜间流行的疫病。一连串严重的歉收一直持续到1320年代。在一些地方，羊群、牛以及用于耕作的牲畜数量一直没有恢复，直到二十年以后才有所增加。农作物的产量开始下降。价格和租金也在下跌。边际土地（marginal land）开始荒芜，那里有明显的土壤耗竭迹象。在这些方面，英格兰的经济史也反映了法兰西一方的状况。两国卷入战争时的经济都十分脆弱，而刚开始的打击便使它们变得更为支离破碎。

在英格兰，那里并没有较大规模的工业来吸纳贫困的乡村人口，就像那些在法国北部和佛兰德的工业一定程度上所做的那样。那里有重要的煤和金属矿藏（铁、铅和锡），生产方式低效，技术相对落后，而且经营规模也不大。制盐业产生了一定规模的出口贸易，而海洋捕鱼业支撑了一大批临靠东部和南部海岸的港口。制衣业是英格兰正在运行的主要工业，有着明亮的往昔和辉煌的未来，但在这个时代它很可能正处于波谷：资本不足、零乱分散以及效率低下，并且被和它竞争的位于佛兰德的那些大工业城市夺去了不少的本土市场份额。

英格兰的主要经济资源是羊毛。这个国家是欧洲最主要的高档羊毛生产地。很大一部分的意大利制衣工业以及实质上整个法兰西还有德意志低地诸国都要依赖它。1297年男爵们告诉爱德华一世的，关于羊毛占据国家财富一半的话语表明了一个政治观点，而他们其实有所夸大。但它无疑在英格兰人的生活中处于一个特殊位置。养羊业也分享了厄运，但它长期供养着一大批人口，从林肯伯爵莱西的亨利（Henry de Lacy, Earl of Lincoln），他在 1303 年拥有 13400 只绵羊，到乔叟只拥有 1 只绵羊的 "有点步履蹒跚的显赫寡妇（powre widowe somdel stope in age）"，此外还有一支由中间商、贸易商以及船主所组成的贸易大军。它的政治意义甚至远大于它的经济价值。在形形色色的国民收入组成中，羊毛贸易的收益最容易因政府意愿而转向。羊毛是一种体积庞大的商品，它被收集起来从少数港口输出。它的直接目的地可以被限制，以便切断国王的敌人的需求。羊毛出口许可证可以以现金赠款或以优惠条件贷款的方式售出。如果没有一个过于庞大的官僚机构，它可能会被课以重税或者被强制性购买，并通过国王的账户出口。在 1290 年代的一小段时间以及 1337 年以后，英格兰的对外政策基本上是依靠这些暂时或者经常使用的手段来提供资金。

13 世纪时，英格兰的对外贸易一度完全被外国人掌控。羊毛贸易曾经被那些佛兰德的大商人以及卢卡（Lucca）和佛罗伦萨的银行家掌握。他们拥有为大宗货物出口融资的资本而且有能力分销至大陆。但是到了这个世纪的末尾，爱德华一世在佛兰德的那些为数众多的贸易战多多少少地排挤了佛兰德人。意大利人幸存下来，但是处于一种日趋不利的状况。在爱德华三世即位之际，商业贸易被逐渐聚集到英格兰商业资本家的特许公司手中。这个时代，国王的许可证是商业贸易活动的基本工具。这些资本家在这个时代前所未有地活跃起来。他们飞黄腾达的事迹被载入了海关备案。1275 ~ 1276 年，赫尔（Hull）的海关账目中有一份单独的遗存文献，它表明了从这个重要的羊毛贸易港口运离英格兰的制品中，英格兰人出口的比例曾经不足 4%；但在 1304 ~ 1311 年间，其平均比例已经超过 14% ；而在 1329～1336 年，这个比例已经接近 90% 。就在这个地方，威廉·波尔（William Pole），"英格兰独一无二的商人和赫尔市的首席公民"，这些年积累的巨额财富使他成为爱德华三世最重要的银行家和战争承包商集团中的一员。而且他的后代继承了萨福克伯爵（Earl of Suffolk），直到 1504 年为止。他们是英格兰最古老的、曾经建立在商业财富基础上的贵族家族。[6]

本地商人接管英格兰商业活动是 14 世纪初羊毛贸易标示的一个普遍现象，其发生仅仅由于羊毛贸易的迅速发展与完善。它只是在惨淡的经济背景下，工商业财富逐步集中到少数人手中进程的一部分，就像一个多世纪以前，农业收益出于完全不同的原因也发生过的那样。约翰·普尔特尼（John Pulteney）是布料商、毛织品商、都市大房东，他四次出任伦敦市长，而且有时还是战争融资者。他是以一个无名苏塞克斯（Sussex）乡绅的儿子身份开始人生之旅的，但在 1349 年去世时，他已经在五个郡中拥有 23 处庄园。他在肯特建造了彭斯赫特宫（Penshurst Place），并在伦敦拥有两处大宅邸，其中一处后来成了威尔士亲王在这座城市的公馆。普尔特尼提供爱德华三世贷款的目的远不只是报答在 1337 年授予他的骑士资格和王室津贴。像他这类人在金融操纵方面举足轻重，而这正成为战争融资的自然组成之一。

*

英格兰的政制已显示它在形式和本质之间所独有的特征。"人世间治理得最好的领地"是傅华萨对于英格兰的评价。[7]英格兰国家的制度在表面上给人留有深刻印象。从 11 世纪开始，这个国家就被作为一块单一的领土来统治。这里有一种高度发展的公共权威观念。在英格兰，国家的权利在理论上被认可要远早于它在法国获得任何程度上的公众意见肯定之时。而在处理反叛者、间谍和叛国者时，英格兰国王诉诸国家审判和可怕的叛国罪处罚也远早于它们在法国成为常见光景的时期。他们的权威不仅限于国王领地或者他们自己的直属封臣，还在原则上扩展至所有的地方和人群。普通法（common law）是全体英格兰共有的普通法。国王在西敏（Westminster）的法院和他的那些在各郡的巡回法院（tour of the courts）① 对所有自由人开放，而且一些事项还专门为他们保留。这其中包括关于自由保有土地所有权的民事诉讼，而自由保有土地所有权是目前为止民事纠纷和不正当行为，以及大部分关于暴力犯罪行为的诉讼的最普遍根源。

这个国家的主要机构是中书院和财政署（Exchequer），当爱德华三世登上王位之时，它们已经以公认的形式存在了两个世纪，而且实现了较高程度的官僚化。中书院在英格兰如同在法兰西一样，扮演大部分政府运作时的秘书处角色。它的行政人员由一大群长期任职的、具有较强专业知识和团队精神的教士组成。他们中的很多人都会受到其中某一位大臣的庇护，生活在他的房间里并从他那里得到制服、膳食以及住所等待遇。个别的文书还拓展了专门的职责和技术，比如在外交领域。少

---

① 巡回法院分两种形式，即国王亲自巡回或派官员代为巡回，其中派官员巡回为主要形式。国王指派官员担任法官组成巡回法院，到划分好的若干区域，召集郡长、地方贵族、王室案件督察官、各百户区陪审团、各村庄代表，以及相关案件当事人、证人等参加。巡回法院不局限于司法领域：它不仅审理各种刑事和民事案件，还担负着管理王室资产、督查地方官吏、规制地方领主特权等使命。

数人取得了具有一定影响力的地位。财政署是国家的审计部门。所有负责开销和征收的官员最后都被传唤至此申报账目。在这些庞大的政府机关中并没有哪个与所谓的政治权谋相关联。他们从没有达到普遍深入的自主影响，或者像法国官僚机构的那种有着显著趋向的意识。他们的优点是一丝不苟、准确精密，而且不会比在这个信息交流缓慢的年代中所必需的状况更加臃肿。

就像法国政府的主要部门一样，它们不得不变得越来越庞大且更加稳定。在 1330 年代的苏格兰战争期间，财政署被移至约克后需要 50 辆货运马车才能再次将它运回。这类搬迁没有再现。越过野外，离伦敦一英里之处，与近郊的花园和些许豪宅相伴，形成了一个围墙环绕的首府。修道院和王宫位于其中，在威廉·鲁弗斯（William Rufus）的大厅里，文书们围绕在一张长长的大理石桌前，办理中书院的行政事务。他们的交谈声与位于几码之外的王座法院（King's Bench）和民事诉讼法院中的那些同僚们的嘈杂声争相呼应。在另外两栋小建筑中，财政署在印有大块方格的桌布上编审它的账目，而这个部门也因此而得名。财政署的周围，一个不断扩展的郊区为那些匆匆而过的律师、诉讼者和官员提供住房。

政府的政治职能集中于王室内廷。它是一个可以移动的、时常变换人员的，无论国王在何地都能与之同宿的小城邦。在内廷里国王有一支小规模的私人顾问团队：中书大臣是最重要的内廷官员，那些更有影响力的骑士和机要文书则由国王挑选保留。他们都是因与他的友谊而获得这个位置的。当这个时代需要官僚等级中的下层专业人员以及外部的主教和贵族们时——他们的意见是有价值的或者令人敬畏的——他们的数量

44

日益增长。在爱德华三世统治期间，这些人中的最后一类明显变得人数更多而且更有影响。他在将这片庞大的土地卷入个人事务方面所作的贡献远比其父亲和祖父的所作所为更为重要。即使在他的统治期间，无论如何，政府仍被一个紧密的私人团体领导，并依赖国王的个性和他的精力。国王的私人办公室，即服饰库（Wardrobe）是行政部门的中枢。它负责颁发盖有御玺的授权状。凭此启动中书院和财政署远隔而又正式的程序，使国王能够从他的帐篷中进行管理。在危难时刻和战争时期，服饰库变为主要的经费管理部门，直接从海关部门、王室领地、议会补贴的收取人，或者其他任何可以找到的地方收集资金，并在国王的直接控制下将其分配出去。

英格兰国家的主要优势与劣势均在于外乡地区（the provinces），在那里它的大部分措施都必须得到应用，税金被征收，士兵被招募。英格兰有一套古老的地方政府体系，比法国的更加复杂而且更进一步渗透到乡下生活的最深处。但它并没有完全处于国王的控制之下。在 12 世纪，英格兰的国王已经通过郡长（sheriff）对每个郡的事务拥有了一定程度上的控制权，这虽然不完美但已比大陆上能找到的任何同类制度要先进得多。摆在这些郡长以及他们那些由副手、执法官、狱吏以及文书组成的，拥挤在郡首府王家城堡配楼中的管理团队面前的是，所有在郡中的与中央政府有关的单调的公务：王室收入的征收、不可胜数的令状的执行、城堡的监管保护、部队的募集补充、公共秩序的维持等。一份 1326 年颁布的，开启了新近的不成功的改革措施的法令，毫不夸张地详述了国王政府的有序行为依赖于妥善履行这些单调职责的事实。[8] 但是到目前为止这只是一厢情愿的想法。在 13 世纪，郡长的控制力有所弱化。许

多大土地拥有者曾通过隐蔽的手段获得了经由他们的在明确定义
的飞地（特权区）〔enclaves（liberties）〕① 中的官员来履行郡
长职能的权利。许多市镇，包括几乎所有大城市都已经获得由　　45
王室赐予的自我管理的权利。这使得它们事实上脱离了郡县官
员的司法管辖范围。权力已四分五裂。即使是在那些留给他们
的领地内，郡长也不再像以前那样是中央政府的可怕代表。在
地方舆论和经常发生的政治危机的压力下，政府作出了让步。
14 世纪初的典型郡长不是一个受国王的大臣信任的、有丰富
经验的管理者，而是一个本地的地主。他在郡中有着自己的利
益，它们会比他的任期还要长，而且并不必然与政府的那些利
益相一致。他不会从王室那里收到薪水，但是会从惯例费用
（traditional fees）和勒索中得到他的酬金，而且他经常不情愿
地担任公职。鉴于他的不情愿，以及对任何郡长的厌恶情绪，
这些官员因太多为官经历而变得冷酷，他将迅速解脱并被其他
人取代。相似的发展过程影响到当地的其他官员。他们都是在
短期内供职的本地人。在他们身后矗立着郡中拥有土地者的公
社共同体，人们依靠由住处、亲属关系以及利益构成的复杂关
系和庇护制的纽带联成一体，他们在定期召开的郡委员会会议
中聚集，处理郡中的司法事务，并负责完成验尸官和议会骑士
代表的选举、本地官员的宣誓就职、法令和王室公告的宣读、
对本郡开销捐助额的评估以及处理越来越多的公开发表的集体
意见和申诉。他们是一个政治共同体。

---

① 特权区（liberties）是一种特殊的行政单位，和百户区（hundreds）并列，
国王不能对其随意征税。诺曼征服之后的英格兰，国王会故意让主教区
出现空缺，从而收取征税权，而不受此影响的特权区，截至 17 世纪时，
全英格兰共有 7 个。

这并不意味着地方政府摆脱了中央控制，但是它意味着控制是间歇性的。所有承担财务职责的地方官员必须定期到财政署报账，而且会因他们的差错受到无情追究。他们更加严重的违规行为和疏漏之处可能会引发审查，并受到各种各样的审判委员会的惩处。这些程序至多阻止了滥用行为的发生，它们并没有提升工作热情。英格兰的地方官员几乎不可能像法兰西君主制下的那些外省官员们一样负担过重又热忱忠诚。然而，这种区别未必就是一个缺点。固然，英格兰国王的政府严重依靠地方公社共同体的支持。它们的阻碍力量非常巨大。但是它们能带给一个政府的支持力量也与此相当，如果它们认可这个政府以及其事业的话。在他们权力的最鼎盛时期，爱德华一世和爱德华三世能够从他们的臣民中得到比任何 14 世纪的法国政府得到的都要多。而另一方面，爱德华二世在他的声望降到最低点后几乎做不了任何事情。

*

英格兰与法兰西一样，其国家权力的限度最终都依赖于金钱。英格兰国王的常规收入（ordinary revenues）仅包括那些，就像任何贵族一样，国王以一个地主以及封建领主的身份获得的收益，以及那些他取自于政府运转的收入，例如罚金和收费以及王室铸币厂的不稳定收益。在 1330 年代，这些来源每年能提供 15000 ~ 20000 镑的收入，这个数额比法兰西国王从同类来源所获收益的六分之一还要低。它们从 1280 年代开始就基本保持在这一稳定水平。在一定程度上国王的常规收入可以通过合法但不合规的手段增加。英格兰国王没有像法兰西国王那样操纵货币制度。但是他们向自己领地内的庄园和城镇征税；他们以低廉的价格强制为他们的内廷采购货物，以王室征发权（purveyance）推迟付款；他们因臣民不遵守那些更加讨厌的义务而将钱拿走。通过这种方法获得的收益并不稳定且政治代价高昂。就像约翰·福蒂斯丘爵士（Sir John Fortescue）在接下来的那个世纪所评述的那样，"由一位国王的贫穷引发的最大危害是他将必然［被迫］寻找精致的手段来获得财物"。[9]无论多么精致，这些手段中没有任何一个能担负得起为一项雄心勃勃的外交政策筹措资金的重任。

将英格兰公共财政与法兰西相区分的是一个合理而有效的国家税收体系。英格兰政府税收的最为重要的组成部分是关税。它是唯一在每块领地都被征收的固定税种。所谓的"伟大而古老的关税"是一项关于羊毛、毛皮以及兽皮的出口税。它们是英格兰出口商品的主要组成部分。爱德华一世的官员们在1275年制定出了该项税收，并在同一年由一个商人代表议会批准。在1303年以后，英格兰又向外国商人开征了一项补充关税。它扩展到每种类型的货物上，并且进口和出口均须征收。关税的收益随国家的羊毛产量以及贸易的繁荣程度发生变化。但它数量可观而且较有规律。在爱德华三世统治的初期，关税平均带来了大约每年13000镑的收入。它还可以通过议会的追加来提高比例、增加进项。正常的比例是每包收取6先令8便士。但是在1290年代的危机中，比例超过了3镑，而在百年战争初期，收取的费用则大大高于2镑。

结果是这些收益正好足以支付和平时期政府的运转。一位   47
格外吝啬的国王比如爱德华二世，在他最后的几年中甚至可以积累到一笔盈余。但是它并不够支付任何规模的赏赐或者重要的基本建设费用（例如要塞或者海船）。面对繁重艰巨而且有时紧迫的海外任务，而只有一项在国内获得的、具有缓慢间隔的微薄收入时，从爱德华一世开始的英格兰国王们只好求助于巨额借款，不仅是从他们自己的臣民手中，而且还有佛兰德、莱茵兰和覆盖意大利全境的新出现的银行系统。不止于爱德华一世的财务运作规模，他们管理和担保的系统方法在中世纪的欧洲政府中都属于新举措，也是尽量兼顾公共信用的文艺复兴以及后文艺复兴时代政府的先兆。爱德华一世征服威尔士的费用最初几乎完全是由他的银行家们支付的。1272～1294 年间，他们之中最主要的，卢卡的里卡尔迪合营公司（Riccardi partnership of Lucca），借给他 392000 镑。其中的一部分来自于他们自己的存款，还有一部分来自于他们组织起来的大大小小的贷款人联合财团。当 1294 年国王与他们发生争执时，这笔款项中仍有近 19000 镑没有结清。[10]里卡尔迪是一连串因将他们的财富过于紧密地与欧洲北部的政府捆绑在一起，而导致毁灭的意大利银行家中的第一个牺牲品。还有许多其他银行家取代他们的位置。佛罗伦萨的弗雷斯科巴尔迪家族（Frescobaldi of Florence）在爱德华一世与爱德华二世被 1311 年的男爵革命毁灭之前，借了大约 150000 镑给他们。[11]这个家族被一个热那亚人继承，安东尼奥·佩萨尼奥（Antonio Pessagno），他多年来借出的英镑超过了王室之前的任何一任债主。佩萨尼奥为 1314 年的班诺克本战役（Bannockburn campaign）提供过资金，这次耻辱失败当然不是缺乏经费的缘故。1320 年代，逐渐取代了前任的佛罗伦萨的巴尔迪家族（Bardi of Florence）与爱德华二世的联系也是如此紧密，以至于他们位于伦敦的总部在 1326 年的革命中被民众洗劫。但是他们同样也是爱德华敌人的重要债主，而且最终因为向他的继承人贷款而走向了自我毁灭。

信贷业务无论多么复杂精致，也不能取代税收。它们仅仅是一种先于行动的方式。它们使得英格兰政府可以比法兰西更快地筹到经费，而且它们避免了可能削弱政府力量的问题。接连继任的法兰西国王们在支付战争费用时发现了这点，而那时战争税款还不得不继续征收。通常必须通过转让一项特定财政收入的方式向银行家们作出担保。关税的收益经常指定给国王的主要债主，而关税等的实际管理与征收工作也屡次交于他们。无论如何，最后的求助办法，特别支出（extraordinary expenditure）只可以从由英格兰全体人口中征收的普遍税（general taxation）来支付。 48

评估和征收普遍税的机构依照中世纪不完善的标准正在有序进行。而比起那些用于法国的变幻莫测而且种类繁多的征税方式，它无疑要高出一筹。税金依照每位纳税者动产价值的一定比例征收，通常在城镇是十分之一而乡村是十五分之一。① 这是一种较为随意的举措，但它仍是为了使评估较易进行。在百年战争的早期阶段中，征收工作是在一项特别仔细的评估工作的基础上开展的。这项评估工作在1334年由高级教士以及常务官员执行，以此取代那些传统上充当估税员的、容易腐化的本地人。其工作原理是确定一笔金额以作为国王在每个公社的应收款项，从而留给本地人在他们中间分摊此项负担。尽管这个办法在其他方面有所缺陷，但它在提供一项适度并可预测

---

① 即参照什一税（Tithe）的形式征收。什一税是欧洲中世纪基督教会，主要是天主教会征收的一种宗教捐税。税额为纳税人收入的十分之一，故名。分大什一税（谷物）、小什一税（蔬果）、血什一税（牲畜），主要由农民负担。

的收益方面还是颇具优势。同时也有少部分免除税收的地区：五港同盟（Cinque Ports）①，它们以替海军服役代替；切斯特和达勒姆特权郡②（palatine counties of Chester and Durham），它们由其所有人征税；教士们的宗教捐赠，它由教皇以及两个基督教会省区集会（Convocations of the two ecclesiastical provinces）分别授予征税权。

英格兰远不能像法兰西那样可以相对随意地开征普遍税。它是一种紧急措施，因此必须获得王国内公社的同意。《大宪章》（Magna Carta）的第十二章写道："任何税收均不得在我们王国征收，除非经过我们王国公意许可。"的确，臣民有责任帮助国王，一旦国王证明了（由来已久的说法）他们这样做是"明显的而且确有必要"。然而如何才算必要，这是一个各种意见曾经可能为此相左的问题。在亨利三世（Henry III）统治期间有超过二十年的时间禁止征税，这持续到国王的政府破产才停止。在1297年，爱德华一世曾尝试征收一项只不过是为了支持御前会议税金的举措，而这激起了中世纪后期影响深远的政制危机。"我们王国中的一些人们，"在1297年10月，当爱德华向反对意见屈服时宣布，"担心他们出于慷慨和善意，以及因我们的战争和其他方面的需求向我们缴纳的特享税和税收，可能在将来变成他们以及其继承人的一种卑屈的义务。"[12]这些担忧确有依据，而且最终将在法国发生，但是1297年发生的事件证明了它不可能出现在英格兰。

---

① 即中世纪英格兰东南部黑斯廷斯、新罗姆尼、海斯、多佛和桑威奇五港，它们为了商业和军事目的形成联盟，雏形可以追溯到1155年。

② 特权郡（palatine county）在领地内享有一定的特权与自治权，在一定程度上不受国王约束。

两国的不同之处在于，议院的超前发展使得英格兰国王们　49
能够获得他们的臣民对征税的准许。征税以一种被视作具有普
遍约束力的形式进行，而且将他们从那种当危机在他们身后展
现时，必须与一个接一个的公社做关于帮助的讨价还价的需求
中解脱出来。爱德华一世统治时期是这种发展过程的决定性阶
段，就像它在很多方面决定了 14 世纪英格兰的命运一样。
1272 年他即位之际，议会曾是一个主要的官方机构，一个关
于国王御前会议的郑重会议。它通过吸收法官和高级行政人员
以及主要的世俗和宗教权贵而扩大。它的构成方式和它的大部
分职责在许多方面和巴黎高等法院的某些特征比较相似。爱德
华一世的战争压力、法令的卷帙浩繁，以及他的粗暴管理引起
的颇有争议的公共事务，还有这位国王对征税贪得无厌的需
求，使它成为一个更加公开的政治集会。贵族院占据主导地
位：大约有 60 名伯爵和议会男爵，21 位教区主教和 30 名左
右的修道院院长（他们都收到了出席议会的私人传唤），以及
一群数目上有所浮动的常务议员，通常差不多有十几人。他们
是唯一在国家事务方面被征求意见的议会成员。平民院通常由
总共 37 个郡的骑士，每郡选出 2 名，以及超过 70 个议会自治
市镇的代表组成。他们是影响甚微的大多数群体。他们被召唤
到早期的议会中，只是为了作为无声的见证者见证贵族院代表
王国作了哪些决定，而且在整个 14 世纪他们仍然属于次要角
色。这就是准予收税的程序。14 世纪开始时，没有他们的同
意，任何总体补助金（general subsidy）都不能征收的理念已
然成为公认的宪法原则。而他们的同意也许有赖于国王批准他
们的请愿书。他们的请愿书占用了很大一部分议程，其中不仅
包括地方上的不满和对特殊利益的请求，还包括对王室官员和

王国总体状况，以及有时候关于国王治理不当的抱怨。

尽管存在着这样一些经常抱怨的劲头，爱德华三世和他的同辈人并没有把议会看作敌对势力的一个天然来源，因为他们有充分理由把它看成一种力量之源。13 世纪末期，一位心怀不满的作者在一本名为《正义之镜》（Mirror of Justices）的激进短论中声称，议会在征税方面的相关权力已经使它成为一个压迫的工具，"以国王的命令来要求，使其能勒索税金并且积聚钱财"。[13] 这个人已经意识到议会主要是实现国王意志的一种工具，一种以限制一些行动自由为代价，将政府的权力由中央扩展到外缘的手段。这些限制的严重程度取决于国王的个性以及他作为一个宣传家和政治管理者的技术。爱德华一世开创了高税收的传统，它在英格兰持续贯穿了整个中世纪时代。他通过议会的财政援助收取了超过 50 万镑以用于威尔士、苏格兰以及加斯科涅。这笔金额中的三分之一是在 1294～1297 年的危机中投票通过的，这笔税金的负担空前沉重，而且没有议会权威的帮助就不可能完成。相比之下，美男子腓力，自为战争筹集资金开始就不得不大量依靠货币贬值产生的不稳定收益。

*

按同时代欧洲的标准来看，将英格兰人联系在一起成为一个共同体的纽带是非常牢固的。然而尽管具备这些优势，让外国人觉得最为震惊的则是这个国家长期的政局不稳。在 14 与 15 世纪，英格兰人废黜了他们的四位国王，其中一位还被废黜了两次。相比之下，在法兰西将一位国王罢免的行动看起来从来没有被认真考虑过。即使在让二世被俘以及疯王查理六世在位时期也是如此。英格兰因其政治生活中的野蛮和动荡闻名于世。傅华萨写道，没有一个地方会像这里一样，有众多如此"反复无常、危险、傲慢自大、叛逆之人"。很多英格兰人都将这样的形象视为平常，而且一些人对此还带有点刻意的自豪感。"并不是贫穷阻碍了法国人的崛起，"15 世纪的首席法官约翰·福蒂斯丘爵士（Chief Justice Sir John Fortescue）认为，"是因为任何法兰西人都缺乏相对于一位英格兰人所拥有的信心和勇气。"[14]

傅华萨，就像 14 世纪末期被 1381 年农民起义阴影笼罩的同时代其他作者一样，将此归结于英格兰人彼此间的敌对情绪以及阶级仇恨。这是几个世纪以来无数外国人作的第一个判断，他们将其断定为阶级分裂并作为英格兰衰弱的起源。然而，真正的问题是权力的广泛分布和存在于掌握它的政治共同体之间的分歧。英格兰的权力在王室和王国内的高等贵族之间不稳定地分享着，这两股势力并不是一直和谐共处。高等贵族在议会中的影响力最为重要，而王室要依靠他们的能力来组建军队并征收税款。靠着他们以及他们在郡中的委托人和支持者，王室才能对大部分人施行它的命令。

在 14 世纪初，英格兰贵族阶层仍然是一个流动的群体，其界限的明显特征是少量形式上的区别。在 1331 年，英格兰拥有 9 个伯爵爵位（earldom），直到 1337 年爱德华三世设立第一个公爵（duke）之前，它们是唯一的世袭尊位（hereditary dignity）。议会贵族（Parliamentary peerage）由另外一群收到私人召唤令的 40 名或 50 名世俗教徒组成。但是这些召唤令只反映那些收到令状之人的个人素质。在这个世纪的进程中，虽然那些召集者的名单变得日益规范，但一个被召唤至某届议会的人还不能指望能被召唤参加下届议会，而且他的后嗣可能根本不会被召唤。除了议会男爵，贵族阶层在不知不觉中渐渐演变成为小贵族以及郡中乡绅。在这个庞大而且内部有区别的阶层中，由于在形式定义上的重重困难，大约有 150～200 个家族可以被识别出来，以作为在这个国家的政治事务中有权享有一席之地的"权贵"。人们依照他们的主观印象来使用这个词语，并以中世纪贵族的三个基本价值为基：世系、王室恩惠及金钱。

其中最重要的就是金钱。在 14 世纪开始的数十年里，英格兰的世俗大权贵们正处于他们经济实力的顶峰。他们曾经是13 世纪农业繁荣的主要受益人（位于教会之后），而且也曾是伴随它出现的财富集中现象的受益者。在英格兰仍然广泛延续的长子继承制，曾在较高程度上保护着他们的获益，这在法国的大部分地方是无法想象的。支持一位骑士所必需的最低收入按惯例估计为 40 镑每年。通过与爱德华三世授予那些他在1337 年设封的新伯爵的津贴相比，它们暗示 1000 镑每年被视为维护他们尊严所必需的最低收入。大部分伯爵和大量不是伯爵的权贵都更加富裕。兰开斯特伯爵托马斯（Thomas，Earl of Lancaster）无疑是爱德华二世最为富裕的臣民，享有一项大约有 11000 镑每年的土地收入。"你可以凭借其祖传财产的多少估计出他的影响力。"这是一位同时代人提起兰开斯特时所作的评价。[15]

一位大贵族的内廷是国王内廷的小规模复制品：一个被位于其中心的紧凑的委员会指导的管理机构，委员会不仅包括官僚和专业顾问，还包含一些其建议和影响都被认为颇具价值的人。取代存在于大领主和封臣之间严格的封建关系（一项从来没有完美生效而且早已过时的制度）的是，一系列已经发

展出的以契约和共同的自身利益为基础的更加个人化的联系 52
网。它遍布于地方生活的框架内。贵族的契约扈从（contract
retinue）不仅是，甚至主要不是一支他可以向国王履行义务的
私人军队。它首先而且最重要的是地方政府的一个工具，而且
有时候还是地方政府用于渗透其强大的私人利益的工具。治安
法官、特权区的执法官、代表郡的议会成员、郡法院的自由土
地持有者、负责无数件临时与王室相关事项的委员们都有可能
与一个比他们自己内廷还要大的贵族内廷发生联系。他们在自
己的地盘内照顾着他们领主的利益。至于领主，他会向他们提
供同一地区与他的其他家臣一样的帮助，就像他自己在宫廷中
的影响力所能提供的那样。利益的价值远比在正式协定中提到
的制服和一定的报酬要高得多。在 1330 年莫蒂默倒台以后，
格洛斯特郡的权贵托马斯·伯克利爵士（Sir Thomas Berkeley）
被一个远房表兄弟指控偷盗了他的牲口。在格洛斯特郡没有举
行任何审判，表兄弟说到，由于托马斯爵士在这个郡中有太多
的朋友而且也颇受宫廷中重要大臣的青睐。他"不会允许郡
长或者他的执法官或其他大臣主持正义，他们是他的家臣，领
取他的酬金，是他内廷中的一员"。这些话概括了家臣对那时
的人来说有多么重要。根据条款，托马斯爵士常年维持着 12
名本地骑士，他们中的每个人按契约应被提供一名侍从
（squire）① 以及一名侍童（page），更不用说还有一大群厨子、
文书、马夫、信差以及护卫人员。"我确信，"17 世纪在文献

---

① 又称候补骑士，也译扈从。是中世纪欧洲封建领主的侍从，一般为下级
　封建主的子弟，亦有出身低下的奴仆等，年龄一般在 14～21 岁。在主人
　出征作战时，侍从要为其服务。经一定仪式，侍从会被授予头盔、甲胄、
　踢马刺、矛、剑和马，成为骑士。

中写下这个家族历史的管家声称，"每天至少要给全族现有的三百张嘴巴喂食。"[16]

英格兰贵族的一个奇怪特色，至少是与法兰西相比，在 1360 年代被从英格兰旅行归来的傅华萨惊讶地记录下来："［他说］男爵们的土地和收益零星散布在各处。"[17]这确实很少有例外。他们中最为显著的是兰开斯特的伯爵们，他们是亨利三世最小的儿子，背上绘十字的埃德蒙（Edmund Crouchback）① 的后代。在埃德蒙于 1260 年代获得最初封地后的半个世纪里，他和他的后代用购买、交换、继承以及联姻的方式在英格兰的中部以及西北部，还有威尔士北部建立了一大片令人惊叹的领地。因为他们的出身和财富，他们在英格兰的政治生活中占据了一个特别位置。他们是高等贵族中的天然领袖，而且也是很大一部分不仅存在于外乡男爵和乡绅阶层之间，还存在于王室中央行政机构之中的依附者和被庇护者们的保护人。然而，兰开斯特的伯爵们仍旧处于一个他们自己的等级中。另外，仅有的一个拥有兼并领地的重要贵族是威尔士边区的持有者。他们从 11 世纪末期就开始掌控边境地区。而且甚至在爱德华一世征服了威尔士，将他们当初的存在理由一扫而空之后，他们仍然继续享有一定程度上的政治自主权。爱德华二世的宠臣小休·德斯潘塞（Hugh Despenser the Younger），在爱德华三世未成年期间掌管英格兰的威格莫尔的罗杰·莫蒂默（Roger Mortimer of Wigmore），以及爱德华三世的朋友和同代人阿伦德尔伯爵理查德·菲查伦（Richard Fitzalan, Earl of

① 在 1271 年的十字军东征中，埃德蒙的外衣后背绘有一个十字，因此得到这个绰号。

Arundel），都将他们的生涯花在了在威尔士东部和南部建立强大的地方性利益上，并以此充当在英格兰政治活动中的权力基础。但是这种地区性的领土扩张行为是比较特殊的，而且它的成果往往是短暂的。英格兰很少有法兰西模式下的地方性权贵。其一般范式可以用彭布罗克伯爵瓦朗斯的艾梅来代表，于1324 年去世的他在从诺森伯兰到肯特的英格兰 19 个郡中拥有土地，此外在爱尔兰和威尔士的 5 个地区中也有地产。彭布罗克郡只占其领土总价值的不到十分之一。[18]一个大贵族的财产和势力很可能分散在一片广大的区域内，而且在每个地区他都因此有着成群的朋友，同样很可能也有着很多敌人。

相比他们在法国的同仁，这些人中最有能力和最富裕者在国内政治中是更加重要的力量。这不是一个偶然的差异。法兰西国家的自然发展过程是通过将有着完全不同习惯的古老外省逐渐聚结在一起来完成的，它和英格兰没有相似之处。在英格兰，诺曼征服已建立了一个由外来贵族统治的，或多或少是单一体制的国家。英格兰的高等贵族几乎从来没有觉得他们的利益与任何一处的地区利益有联系，却因为他们在公共事务中心的势力而不得不保护它们。那些和大人物的政治命运捆绑在一起的小人物也是如此，虽然他们的资产更为集中而且更加短视。在威尔士以及很久之后的靠近苏格兰的边境地区，明显的地区利益已经浮现，而且有时还会形成骚乱以及叛乱。但是总的来说，贵族的政治理念虽然常有偏见而且自私自利，却并没有受那种地方特殊主义的限制。它曾经在法兰西摧毁了 1314年的贵族叛乱，而且不久后使面对外国入侵的法国陷于分裂。

然而，英格兰人在国内政治中的利益将他们带进与国王的频繁冲突之中。13 和 14 世纪的男爵叛乱比以私人利益联盟为

54　特征的 12 世纪叛乱有过之而无不及，虽然贪婪和怨恨从来没有失去它们激起反叛的力量。在亨利三世统治的后期（1215～1272），男爵反对派的领导者们发展出了一套条理分明的政制学说来为他们的行为辩护。"法律生效，国王失势（Lex stat；rex cadit）"，这就像一本有名的激进小册子的作者尖锐表达的关于基本法的超前理念一样。这种基本法含有一种对国王和他的臣民均一视同仁的约束性基本原则。[19]此外，贵族可以利用大批自身阶层以外的支持。蒙福尔的西蒙的宣传者中包括了一些颇有影响而且口齿伶俐的牧师，而他们在对面法国的同行做梦也不会想到去支持一场男爵叛乱。伦敦人将国王的部队从他们的城市中赶走，而许多其他城镇也跟随着他们的榜样，这类事件甚至还发生在相当小的村落中。当爱德华王子在战场上战胜蒙福尔的西蒙后，这位大反叛者依然享有一种广为流行的崇拜。他的墓地变成朝圣之旅的目的地，在那里关于其奇迹的"无用而愚蠢"的故事仍然在流传。[20]

在随后的两个世纪里，这种男爵民粹主义传统再三重现并折磨着亨利三世的继承者们。爱德华一世那种冷酷与魅力巧妙结合的特性使他能在二十年中将收入增加 3 倍，而且维持着巨大的花费并征募他用于在远离本土的地方长期作战的军队。这些活动伴随着对个人自由的猛攻以及政府机构的大规模膨胀。然而，当事情发展到临界点时，爱德华的政府就像其父亲当年那样垮台了。这次没有发生革命。但是法国在 1294 年展开的战争，以及同时在威尔士和苏格兰发生的危机，迫使他对一个有良好组织的男爵反对派大幅让步。只是因为爱德华自己的庄严气质和政治才能才将他从奇耻大辱中挽救出来。即便如此，在最后的十年里，他的统治因大量贵族的怨恨与疑忌和在苏格兰的军事僵局，以及英格兰不断增加的公众骚乱而日益恶化。
男爵们的怨恨所造成的冲击力将留给他的儿子来承受。

爱德华二世不具备他父亲的任何美德而且缺乏他那种强有
力的气势，在男爵们正式宣称反叛是一项宪章赋予的权利而不
是一种混乱的症状之前，他几乎很难加冕。他们的推论与他们
在亨利三世时代的祖先十分相似。他们说宣誓效忠的行为是把
他们同王权联系在一起，而并不是对于特定的某位国王。"因
此如果在国王领导的王权事业中，没有依靠理性引导，他的臣
民不得不将其引导回理性的道路上来。"既然国王不能在自己
的宫廷中受到挑战，那么用武力向其挑战就再正常不过了。在
这项声明发表三年后的 1311 年，这伙男爵中的大部分人强行
逼迫爱德华二世接受了 341 条关于他应该按照何种方式管理王
国的法令，其中一条规定，所有主要的国家官员的任命均需男
爵们的认可。无疑有些人愿意看到这些措施能永远融入政制
里，但是提出这些意图的联合体却昙花一现。爱德华二世统治
的最后结果就像亨利三世时代一样，爆发了一场内战，而且王
室在战争中赢得了胜利。爱德华二世的主要对手，兰开斯特伯
爵被残忍处死后也变成了一个受欢迎的奇迹缔造者，正如蒙福
尔的西蒙之前所经历的那样，而其墓地前也不得不设置守卫以
便赶走那些朝圣者。[21] 1322 年，伦敦并没有像之前为西蒙所做
的那样群起反抗，但是在 1326 年的最后几个星期里，它突然
爆发了一场暴力革命并摧毁了爱德华的政府。这种为兰开斯特
伯爵的反叛正名并导致爱德华二世被废黜的思想回音在 1341
年再次响起，而且在爱德华三世年老昏聩之际以及他那运气不
佳的孙子理查二世（Richard II）统治时期将多次带着更加猛
烈的暴力和痛苦回归。

1322 年，爱德华二世在巴勒布里奇之战（battle of Boroughbridge）中击败对手。获得的胜利使他和他的朋友们得到了政府的完全控制权，但从长远看这并没有使他的权力更为有效。一个在三十年中不断因对峙而被削弱的政府无法在郡中执行它的意志。一个被政治观点和自我保护意识分裂的贵族统治几乎无力在混乱中维持秩序。在中央，司法程序被充分遵守，而且庞大的民事和刑事法院系统仍在行使职责。但是日益增长的混乱使它们成为笑柄。在军队被解散后的数年里内战的余烬仍在发出亮光。德斯潘塞父子以及国王的其他宠臣一直在保护那些追捕兰开斯特伯爵余党的土匪团伙。而这些残余分子则用诉诸匪盗的方式加以回应。他们袭击德斯潘塞父子和他们朋友的庄园，并谋杀王室官员。例如财政署的首席男爵罗杰·贝勒斯爵士（Sir Roger Belers）于 1326 年 1 月在靠近莱斯特（Leicester）的地方被一伙 50 余人的团伙砍倒。在西南部诸郡（West Country）①，组织良好的、大部分由被剥夺领地的贫困潦倒的乡绅领导的庞大犯罪团伙出没于公路间，为政治目的或者以其他意愿雇用他们解决私人争端而进行抢劫、绑架和敲诈活动。一些迹象可以表明暴力行为沾污这代英格兰乡绅阶层的程度：爱德华三世统治的最初十年里，那些在议会代表贝德福德郡的乡绅中至少有三分之一的人承认以前曾犯过从侵入家宅到谋杀等不同程度的暴力罪行。贝德福德郡的现象当然不是特例。这就是英格兰距离开始与欧洲的主要大国大战一场仅有十年时的情景。[22]

---

① 一般包括英格兰西部的康沃尔郡、德文郡、多塞特郡、萨默赛特郡，以及布里斯托尔城与布里斯托尔郡，格洛斯特郡和威尔特郡通常也被包括在内。

让·勒贝尔和傅华萨等外国观察家，他们两人都曾访问过英格兰，发现很难理解这些事件的意义，而且甚至更难解释为何爱德华二世时代混乱不堪的英格兰在爱德华三世统治下会变成法兰西的征服者。他们的辩解——那是因为爱德华三世颇具骑士风度的气质以及崇高声望——听起来比较肤浅，但是它基本上是正确的。爱德华三世是近一个半世纪以来第一位在王权和贵族之间建立起一种持久和紧密联系的英格兰国王。国王的个人品质与此有很大关系。

由于远非一个天然反叛者的联合体，男爵阶层有着不同的利益以及妒忌之心，就像任意一群颇具才智而且很有势力的人们注定要做的那样，他们之中很少有人渴望获得政治权力或者希望参与中央政府的日常工作，他们对它的主要兴趣是将它作为一种庇护资助的来源。他们所有人都在或多或少的程度上依赖王室关于恩惠的丰富储藏，不仅是为了金钱、土地以及收益方面的礼物，还为了特权和豁免权、监护权、丰厚的联姻、含有优惠条款的借贷以及其他价值可观的利益。他们需要这些不仅是为了他们自己，而且还为了他们的家臣、食客以及依附者。这使得他们成为王室的天然盟友。他们只在政府明显分崩离析时才从国王手中拿走权力，就像他们日后对亨利三世所做的那样；或者在他们觉得权力已经被其他出于自身利益独占国王恩惠的人们从国王手中拿走之际，而这正是加韦斯顿（Gaveston）在爱德华二世统治时期所犯罪行的根源。爱德华二世被废黜不是因为他是一个暴君，而是因为，用指控他的文章的话来说，他"没有亲自统治的能力"。他曾经"被其他人操纵和统治"。那些高等贵族非常坚持这个观点。英格兰政治不稳定的主要根源不在于男爵阶层而在于君主之位，它在英格兰比在法兰西更常陷于一些特殊人群之手，这些人没有能力以一种能激发依赖政府之人的信心，而且在很大程度上以运作于乡间的方式去控制精心设计而且无处不在的政府机构。爱德华三世和其他中世纪国王的伟大榜样亨利五世，都是那种凭借有限权力来指挥的人，他们能成功不仅因为他们能不受他人支配，而且还因为他们认识到权力的局限，知道除了这些限制之外，统治是一个关乎友谊和庇护的问题，有赖于国王的声望以及他在劝导和恫吓方面的技巧。

57

*

　　一位了解政府事务的统治者的问题与其说是叛乱的危险，还不如说是贵族的可怕力量凭借着纯粹的惯性来反对王室的任何伟大事业。"男爵阶层是王权的主要肢体，"一位与爱德华二世同时代的不友善的传记作家写道，"没有它国王不能做任何重要的事情。"[23]一个多世纪以来，英格兰作为一个欧洲强国的最主要劣势是贵族们对战事或实际上在海外的积极冒险都兴趣有限。他们几乎都在约翰王统治时的灾难中失去了诺曼底以及法国西部的个人领地，而且没有人在加斯科涅拥有重要利益。他们没有和亨利三世与爱德华一世的看法保持一致。这两位国王仍然保持着大陆的大王公贵族的观点。他们将朋友、顾问以及受庇护者从许多国家请到宫廷中来，并尽他们所能来维护他们所声称拥有的利益，以此在法兰西及她的邻居的政治生活中扮演领导角色。1242 年，男爵阶层已经拒绝为亨利三世收复其在法国失地的计划出力，这个曾认真考虑过的计划正好赶上 14 世纪中期前的最后机会。在 1250 年代，当亨利三世构思了一个事关在教皇的帮助下将其子推上西西里国王宝座的荒谬计划时,男爵阶层不肯与此事发生任何关系,并两次拒绝为开销出资。

那场使爱德华一世在 1290 年代保卫其大陆领地的努力陷于瘫痪的政制危机主要应归因于那些有影响力的贵族的反对行为。他们既不肯在他的军队中服役,也不愿缴纳为军队提供开销的税金。在 1295 年,一些贵族不得不因受到没收财产的威胁而被迫前往加斯科涅,虽然他们会被支付报酬。两年之后,王国陆军统帅和元帅,爱德华的最高军事官员,拒绝前往加斯科涅或者佛兰德。"凭上帝作证,伯爵,你要么动身要么被吊死。"据悉爱德华曾这样对元帅说。"以同样的名义起誓,国王,我将既不会动身也不会被吊死。"他回答道。[24] 这个故事虽然古老但很可能是捏造的。后来,当国王试图收取一项为这次远征提供资金的税款时,这两位伯爵全副武装地来到财政署会议厅抗议。产生这种态度的原因并不仅仅是贵族们不喜欢缴纳税收或者是在军中服役——虽然他们中的一些人确实将此看得很重——而是他们那种深深的孤立、偏狭与保守,且并没有把一种野心勃勃的对外政策当作是能对英格兰共同体产生利益的事情。他们的这种观点在 1311 年逼迫爱德华的继承人接受的 58
法令中有着确切表达。

　　因为国王不应当在未经男爵阶层普遍同意的情况下,对任何人发动战争或者离开他的王国,基于可能发生在他和王国身上的许多危险,我们决定从今以后没有他的男爵阶层一致同意在议会中授权,国王不能离开其王国或者宣战,如果他没有照此办理,并为达到其目的以他的封建主人身份发布召集令,那么这份召集令无效。[25]

这并不特别令人惊讶，除了少数使自己名扬海外的冒险家，英格兰人作为战士的名声并不响亮，这种状况一直持续到1340年代他们开始在与法兰西人的战争中赢得一场又一场的胜利时为止。相比之下，接连几任法兰西国王均能推进安茹王朝在意大利的冒险事业，而且腓力三世可以带领一支开销高昂的庞大军队于1284年入侵加泰罗尼亚，希望可以使他的儿子成为阿拉贡国王。这是一次与亨利三世的西西里岛计划颇为相似的冒险活动。就像其他那些事业所展现的空想和失败一样，这使法国人得到了他们作为13世纪欧洲的杰出尚武者的名望。

男爵们对战争态度的转变，以及使英格兰人成为中世纪后期最可怕战士的变化，让同时代的观察家们大吃一惊，因为它们是在不知不觉中发生的。这些都是半个多世纪以来不列颠群岛持续不断战争的结果，即与威尔士和苏格兰作战以及与爱德华二世内战中的反对派作战的结果。在15世纪，贝里·赫勒尔德（Berry Herald）于观察中提到过一些真相：英格兰人已经变得如此擅长打仗，那是因为他们经常在彼此身上练习。[26]

当爱德华一世于1277年7月入侵威尔士北部，将他的意志强加至最有权势的威尔士贵族身上时，便开启了这项进程的第一阶段。此后，爱德华将该项进程设想为缔造一个位于自己统治下的不列颠统一体。五年之后，1282年3月第二阶段战争爆发，它持续了一年多并导致了对整个威尔士的征服以及英格兰驻军、官员和殖民者对其的永久性占领。威尔士是一个相对比较容易得到的战利品：脆弱、经济贫乏而且政治上四分五裂。尽管如此，这些事业仍需要非常庞大的军队。1277年的威尔士战争中，服役人数在18000～20000人之间。1287年，24000人镇压了短暂的南威尔士反叛，而总共由35000～40000

人组成的三支军队被派往对付 1294 年的起义，它是超过一个
世纪以来的最后也是最大规模的威尔士叛乱。以 13 世纪的标
准来看，这些都是非常庞大的军队，而且它们中的一些是在非
常短的通知时间内召集起来的。作为军事组织的功绩，随后对
威尔士的占领以及在那里建造的庞大的爱德华时代
（Edwardian）堡垒群几乎同样令人印象深刻。即便如此，牵涉
其中的工作和花费同爱德华在苏格兰战争中的规模相比还是显
得相形见绌。苏格兰战争持续时间更长而且花费更加高昂，并
在英格兰随后两个世纪的进程中留下了深远影响，主要因为它
们未能成功。

苏格兰，就像它的领导者们在《阿布罗斯宣言》（Declaration
of Arbroath，1320）中声称的那样，是一块位于"大地尽头"
的土地，那是一个按照历史和地理划分的共同体。在福斯南
面的低地区域，以及沿着东海岸从福斯河到马里湾的地区，
集中着苏格兰所有的重要城镇和几乎所有的可耕种土地以及
她的大部分人口。从 11 世纪以来，来自英格兰和欧洲西北部
的移民持续不断地渗入这一地区。这些人带来了他们的语言、
他们的法律、他们的基督教信仰以及政治制度，而且还与他
们出发之时的社会有着许多的经济联系。另一方面，在苏格
兰西部和北部，以及荒凉的高地和岛屿地区，居住着飘忽不
定的部落共同体，他们以牧羊为生，大部分人用盖尔语
（Gaelic-speaking）交流，这是欧洲最难接近的地区之一。英
格兰人和一些苏格兰人谈论时已经以"野蛮的"苏格兰人和
"驯服的"苏格兰人，以及"受管理的"苏格兰和"粗野
的"苏格兰进行划分。

苏格兰的政府机构仿照英格兰政府的模式设立，但是他们

以一个更加私人化的规模来运行。他们更加严重地依赖君主的
个性、一小群官员或者王室内廷以及一个非常小的流动的文官
制度。苏格兰国王在他们领土内的权威以及在他们领土外的权
限都被严格限制：由于其机构的微小规模，大领地领主的权
力，而且最主要是由于一个人口总是稀疏的国家的贫困，它的
土地要么是荒芜的高地，要么是没有河流的谷地。苏格兰从来
都难以提供足以维持和组织战争，或者为重要战役而进行的城
堡建设工作所需的高额税收。而且虽然它的贵族当中包含着一
些享誉同时代的帕拉丁（Paladin）①，他们的国家却难以负担
得起组织和装备一支可观骑士军队的费用。

　　尽管如此，14 和 15 世纪时的苏格兰人却位于英格兰最为
持久和最为顽固的敌手之列。这种狠毒的敌意是英格兰人给自
己带来的一个难题。在 1290 年，当苏格兰国王的直系后裔绝
嗣后，爱德华一世抓住这个机会恢复了一项古老但是定义模糊
的关于英格兰先王们拥有苏格兰最高领主权的声明。没有理由
怀疑爱德华对次年里随其军队一起进入苏格兰的权贵们作出的
关于其行动的自我辩解：他打算将苏格兰并入他的王国，就像
他已经吞并的威尔士那样。²⁷它和随后发生的一切是一致的。
在 1291 年爱德华占领了这个国家。从它的领导者们和声称拥
有王位继承权的人们那里索取了效忠誓言，并建立了一个审理
委员会来解决棘手的法律和政制难题：决定他们中的哪一位有
资格成为国王。审理委员会的审核员们在 1292 年 11 月宣布，

_____

①　指最早见于武功歌的虚构身份，即一个最高阶层的骑士小团体，同时也
　　是骑士精神的最佳代表，如查理曼的十二侍卫（Twelve Peers），他们在
　　征讨撒拉逊人时体现了基督徒的勇气；后来"帕拉丁"逐步演化为一种
　　对为人处世符合骑士精神的模范骑士的称呼。

支持约翰·巴利奥尔（John Balliol）。

但是，在一度扶持起约翰·巴利奥尔之后，爱德华又将他推翻。他削弱了约翰·巴利奥尔在苏格兰的声望，并通过公开将其看作附属的小国国王、受理其法院中的上诉请求、召唤其前往英格兰军队履行军事服役的方式迫使他反抗。不难看出，这种对待方式是爱德华对自己身为阿基坦公爵时从美男子腓力以及巴黎高等法院那里所受待遇的一个残酷模仿。1295 年 10 月，在巴利奥尔以拖延反抗的方式拒不履行其中一个要求后，爱德华一世要求他交出三个宣布被没收的城堡。而且在次年的春季，他带领一支军队跨过特威德河前来接收这些城堡。巴利奥尔试图抵抗，但是他那些组织混乱的支持者队伍被击败，他本人投降，并按仪式被废黜，尔后被送往英格兰囚禁。安嫩代尔领主罗伯特·布鲁斯（Robert Bruce，lord of Annandale）是苏格兰一支盎格鲁—诺曼（Anglo-Norman）大贵族家族的首领，在 1292 年的裁决之前曾经是约翰·巴利奥尔的主要竞争者，而且在巴利奥尔与英格兰国王反目后，布鲁斯曾宣称支持爱德华，他期望获得巴利奥尔手中的王位。但是爱德华另有打算，当其前来索取报酬时他粗暴地遣散了他们。苏格兰国王王位标志的象征物被没收。那块传统上登基时所坐的著名的司康石（stone of Scone）被移至西敏寺。

将英格兰占领者赶出苏格兰的运动持续了超过三十年。前仆后继的苏格兰反抗活动被英勇而巧妙地领导着，但并没有得到广泛支持，在 1297～1305 年之间它们被英格兰国王残酷镇压。尽管如此，在接下来的 1306 年，罗伯特·布鲁斯（那位 1292 年王位宣称者的孙子）与一小部分男性家族成员（kinsmen）和朋友占领了司康修道院（Abbey of Scone），并在一块用来替代圣物的石头上由巴肯伯爵夫人伊莎贝拉（Isabella, Countess of Buchan）加冕为王。布鲁斯的政变在它开始的数星期里看似注定要失败。大部分苏格兰贵族不是保持中立就是怀有敌意。他的部下在面对英格兰军队的重装骑兵时显得装备低劣，而且他也缺乏夺取英格兰石筑城堡所必需的大型攻城器械。1306年夏季，他匆忙集结的军队被英格兰军队以及他们的苏格兰仆从军击溃。他自己被迫躲藏起来，同时他的家族沦为一种狠毒恐怖统治的牺牲品。由于一些发生在其他地方的事件，布鲁斯的事业才从毁灭的边缘被拯救出来。1307 年 7 月，正领导一支生力军进入苏格兰的爱德华一世死于索尔威湾的伯欧沙滩（Burgh-on-Sands）。他继承者的第一步也是颇具特色的举动便是在一次短暂而且无意义的游行示威后重新向南方撤退。当英格兰人将他们的精力转向政制冲突和内战后，布鲁斯逐渐将他的权限扩展到苏格兰的大部分地区。1307 ~ 1313 年间，他重新夺取了英格兰所有的重要要塞，除了贝里克、博斯韦尔以及斯特灵。

1313 年秋季，布鲁斯包围了斯特灵。它的英格兰总督菲利普·莫布雷爵士（Sir Philip Mowbray）同意约定期限内投降，除非他在 1314 年仲夏被援军解救。爱德华二世接受了这个挑战。他征募了一支新军并在 6 月份进入苏格兰，这时离最后期限届满只有数天时间。在被允许限时解围城堡的最后一天，当他的军队在班诺克本（Bannockburn）仍然陷于福斯河的环路和河畔沼泽之际，而且在他们能排好战斗队形之前，他们就遭到了攻击。英格兰人被击败并伤亡惨重。这场战斗使布鲁斯在苏格兰的地位更加巩固，而且使在之前局势尚未明朗时曾保持中立甚至积极帮助英格兰人的大多数著名的苏格兰人倒向他的阵营，残留在苏格兰的英格兰势力迅速崩溃。斯特灵立即投降，而且博斯韦尔不久以后也如法炮制。贝里克幸存下来，但还是在1318年3月被出卖了（通过一个英格兰人之手）。英格兰政府不能下决心永久性承认布鲁斯为王，但是他们承认了自己的失败。在1323年，一项长达十三年的休战协定被签订，它一直延续到1336年6月。

在爱德华一世废黜约翰·巴利奥尔之后的三个世纪里，苏格兰无时无刻不是英格兰背后的潜在敌人。这个不断持续的摩擦和暴力行为的根源总是被周期性的休战协定以及一系列重大战役打断。直到1513年爆发的弗洛登（Flodden）战役才成为这一系列战役的终点。这些变化深深地影响了两个国家。到1320年代，苏格兰已经获得了一定程度上的凝聚力以及一定强度上的三十年前无法想象的民族情感。"比命中注定还要久，但我们有上百人熬过来了，"1320年在阿布罗斯的苏格兰贵族代表宣称，"我们将决不允许英格兰人前来统治。"在苏格兰曾大体上按照英格兰模式一起发展了许多年之后，这两个国家渐行渐远。在英格兰和苏格兰相互持有土地的行为事实上消失了。苏格兰的牧师逐渐出国前往巴黎或者奥尔良，以此替代牛津。苏格兰的法律和制度也开始以他们自己的方式发展。

英格兰是一个庞大并有广泛关注的国家，苏格兰战争的影响意义甚微。但是在14～15世纪，苏格兰人的敌意在两个方面妨碍了英格兰对外政策的执行。第一个方面是由边境战争造成的财力和人力的持续性消耗，甚至在正式休战期间也是如此。从1296年起，除了偶尔的大规模入侵之外，苏格兰人还经常对英格兰北方诸郡发起小规模的骑马突袭，骑在他们的轻型马上毫无预兆地跨过特威德河，焚烧村庄、掠夺牲口、洗劫北方富裕城镇和教堂的土地和建筑，比如卡莱尔（Carlisle）、赫克瑟姆（Hexham）以及达勒姆。在班诺克本之战后，袭击者的效率达到了一个新的高峰。一个高度组织的体系被建立，用于从北部的城镇和教堂里收取保护费并对那些不愿缴纳者进行抢劫。它使苏格兰人获得了颇为可观的利润并且开启了英格兰北部经济的长期衰退。1327 年让·勒贝尔与英格兰军队一同在这些地区旅行时曾将它们描述为"一片到处都是荒山和废墟的蛮荒之地，除了野兽以外一无所有"。[28]除了守卫边境外，英格兰北部对爱德华三世的长期对法战争鲜有贡献，或者说是毫无帮助。边境诸郡，坎伯兰、威斯特摩兰（Westmorland）以及诺森伯兰因它们的贫瘠经常被免除应缴纳的税款。北部人口的逐步减少使得在那里征召士兵也越来越难，而且实际上不可能征他们到南方或者大陆服役。在百年战争的起初年代，惯常的做法是不在特伦特河以北征召出国征战的部队。这意味着英格兰政府在继续它与法兰西的战争时丧失了大约占其人口数量五分之一的军事服役。

英格兰和苏格兰战争的第二个方面的长期影响是法兰西和苏格兰之间的古老联盟，直到 16 世纪末期前而且从某种意义上说一直持续到 1745 年的这段时间内，始终是苏格兰对外政策的基本组成部分。第一份正式条约包含了所有的要点，它在即将发生的入侵威胁下于 1295 年 10 月签订。美男子腓力答应如果苏格兰被英格兰国王侵略，他将"通过在其他地区分散其精力的方式给予援助"；一旦英格兰国王带领军队乘船前往大陆，苏格兰人同时应从他们这边入侵英格兰，"尽他们所能深入并席卷更多区域，发动战争、围攻城镇、糟蹋乡村"。如果说腓力有时在履行对苏格兰人负有的义务时表现得漫不经心的话，他的继承人们对待这些事情的确是十分认真。查理四世通过 1326 年 4 月的《科尔贝伊条约》（treaty of Corbeil）重建了这个联盟。腓力六世在 1330 年代拒绝放弃苏格兰人，即使他们当时看起来似乎处于毁灭的边缘，这也是开始于 1337 年的英法大规模战争的主要原因之一，它也是一场苏格兰人在其中扮演着重要角色的战争。人们常常忘记 1346 年英格兰在北方与一支苏格兰军队作战的同时还要与一支法兰西军队在克雷西交战。而且苏格兰人以私人冒险者的身份同法军一起在普瓦提埃（Poitiers，1356）作战，并在 15 世纪时以有组织的军团形式加入法国军队。

英格兰人在北方以及苏格兰境内的战争具有另一个同样重要的结果。他们在百年战争开始前的五十年中创造了一个自 12 世纪以来在英格兰不曾存在的军事社会。

与敌人一样，英格兰野战部队的主要困难是缺乏重装骑兵。他们的重装骑兵数量比法兰西更少，甚至从他们与国家人口的比例方面来看也是如此。这是那些拥有足够土地财富来维持骑士地位的人员数量明显萎缩的结果，他们要有马匹、装备以及因服役而需要的空闲时间。在 14 世纪初，能够作为骑士作战的这个阶层的人员数量很可能不会超过 3000 人。这不仅包括了受封或者"绶带"的骑士，还包括候补骑士，他们是那些通常有同等社会地位，但不是不能就是不愿承担骑士资格全部负担的人。在 12 世纪后半叶，亨利二世能够找到的人员大约只有这个数目的一半。他们并不是全部都能参加战斗：年龄、疾病以及时代艰难都是常用的借口。重装骑兵的数量在一定程度上通过征募条件相对较低的人员来补足，譬如武装廷吏以及其他装备铠甲的骑兵。即便如此，爱德华三世也从来没有成功地在一个地方集结起超过 5000 人的军队，而且那还是在特殊的一年里，他比其父亲或者祖父都征召了更庞大数量的重装骑兵。这大约是法兰西政府在最好条件下能找到的人员数目的六分之一。在爱德华一世统治时期的任一时段内，一支军队中的"绶带"骑士的总数很少超过 500 人。而在爱德华三世

64　治下，他的声望以及恩惠极大地提升了对骑士身份的热忱，数字可能已经增加到原先的两倍。这便是大力而且频繁地采取所谓的"骑士扣押法（distant of knighthood）"——旨在以违者没收其财产的手段迫使有足够财物和地位的人成为骑士——的结果。

在英格兰缺乏骑士和其他骑兵的后果之一是：很有必要特别频繁地重用这些已有部队，这使他们获得了一种罕见的高强度和连续性的经验。再者，从长远来看，意义更重大的结果是，英格兰政府变得比其他西欧君主国家更加依赖步兵。

征募任何规模的步兵都必须设计出一套比现存的任何体制都更有效率的全面征兵制度。原则上，每一位年龄在 16 ~ 60 岁之间的英格兰人都有义务为保卫王国以及临时的大规模治安行动而服役。根据一项古老而详细的规定，并在爱德华一世统治时期的温切斯特军备法令中重新颁布的法令，个人有责任置备与他的财富和地位相对应的武器。但是这项古老的全民总动员令并不是战争状态时的实用工具。从 1280 年代起，通常的做法要求在威尔士和苏格兰为国王的军队挑选出"最好而且最强壮"的人员。后来这逐渐演变为通常明确提出的每种兵员各需要多少人：多少弓手，多少长枪兵，诸如此类。这些工作交由被称为行伍长官（commissioner of array）的官员们来完成，这

些人是在每个郡中被指派的本地骑士，他们会如被要求的那样去执行。他们征募的人员都被检查并被列入名册，然后每20人安排一位"廿夫长（vintenar）"，每100人由一位"百夫长（centenar）"（通常是一位骑兵）指挥，并在他们的首领带领下于指定时间到达军队的集合地点。这套体制事实上不比一系列使它运转的行政命令更令人印象深刻。行伍长官经常贪污腐败。村民们总是密谋推出虚弱的同伴而且配给他们劣质装备或者根本没有配备装备。经验表明，只能指望一半或者三分之二的被征召人员前来报到。这无疑是在准备给那些行伍长官下命令时要考虑到的一个因素。开小差是一个常年的严重问题，在集结之前以及之后均会发生。尽管如此，用中世纪治理的低标准来看，这一制度的成果还是较为可观的。

征兵在性质上也是一种课税。在爱德华一世的统治期内，它应该被准许的程度条件引起过一些争执，而且在爱德华二世时代发展为激烈的论战。后者尝试了各种非传统的要求无偿提供步兵服役的计划。关于强制性步兵服役的全部问题在1327 65年爱德华三世时代的第一届议会上曾被详细考虑过。从这次议会的请愿与国王对他们的概括性的随和答复，以及在随后一些年里的反复试验来看，一个共识已然浮现。除了保卫王国免受外国侵略以及议会同意之外，被应征入伍的人不能被要求无偿服役；但是如果提供了薪水，他们可以被要求在他们被派往的任何地方服役。城镇和郡公社通常向他们提供食物、衣服、武器以及马匹，而且付给他们薪水直到他们跨过郡的边界为止（或者，在北方，直到他们到达纽卡斯尔或者卡莱尔为止）。在那之后，他们的薪水和花销由国王负责。对于任何中世纪社群而言，一个健全的政府所应遵循的最高原则在于国王不应提出过分的要求，即便合乎法律，也是如此——显然，这一非正式的妥协方案正是遵循了上述原则。没有行政机制可以压倒任何分布广泛又根深蒂固的不满意识，而且没有机制能为一场不得人心的战争组建庞大的军队。此外，民众的漠不关心即使不能阻止一支军队的征募工作，也会显著推迟它的进度。宣传活动是支持战争的一个必要工具。爱德华一世很好地学到了这堂课，而他孙子的成绩更为优秀。

爱德华一世曾经征募过庞大的步兵部队，但是在使用他们时却不曾展示过特别的技艺，而且在一些值得注意的场合还未能利用他们。在他的儿子和孙子统治期间这种状况得到相当大的改善。到了1330年代，比起法国在这一阶段中实行的颇为杂乱无章的方法，英格兰的征兵体制正提供着数量较小但素质远超前者的部队。再者，英格兰的指挥官们想出了卓有成效的方法来部署他们，在14世纪的大部分时间里，这都是法国军事实践的一个特别的弱点。充当英格兰人优秀教师的是苏格兰人。他们曾将相应的智慧强加给英格兰人。因为不能组织起他们自己的大规模骑兵部队投入战场，他们通过将步兵排成方阵（schiltron）的方式来击败他们敌人的成群骑兵。他们的长矛插入位于其前方的地面，矛尖向外指向接近的骑马者。班诺克本之战中，英格兰骑兵对苏格兰阵形的自杀性冲锋是一个可怕的教训，而且它在英格兰人中引起了许多思考。它是“在我们时代中令人震惊的，”他们中的一人写道，“因为如此一支军队竟被步兵驱散，直到我们记起了库特赖之战中法兰西之花在佛兰德人面前凋谢。”[29]英格兰人从苏格兰人那里学到了法国人未能从佛兰德人那里习得的教训。训练有素的步兵在准备充分的状态下会比重装骑兵更胜一筹。

在巴勒布里奇之战（1322）中，它是爱德华二世统治时 66
期内战的最主要的一场交锋，国王的军队由安德鲁·哈克莱爵
士（Sir Andrew Harclay）指挥。这是一位将其生涯中的许多时
光都花在了与苏格兰西部边境的苏格兰人作战上的坎伯兰骑
士。他"将所有的马匹置于后方，让他的骑士以及一些长矛
兵排好队伍徒步作战……并且将其他的长矛兵按照苏格兰的方
式编成几个方阵……从而以此对抗那些担负着敌人全部信任的
骑兵"。兰开斯特伯爵的骑兵惨遭屠戮。赫里福德伯爵（Earl
of Hereford），一位"舒适与慰藉以及谦恭的精英"，被一个步
兵砍倒在地，当场殒命。[30]使用由下马骑兵加强的步兵部队成
了英格兰战斗艺术的特点。五年之后的1327年，英格兰政府
在其对苏格兰开战时宣布，即使是领地内的最大贵族也将必须
作好步行作战的准备。[31]

英格兰人还从苏格兰人那里学到了另一堂课，即有关步兵
部队移动缓慢而且很少掌握主动权的问题。根据让·勒贝尔
1327年在边界上的观察，苏格兰人采取了一种手段，即让他
们的部分步兵骑乘劣等马匹"小驽马（little nags）"。他们的
袭击部队，虽然通常有一大群未骑马的人员跟在后面，被少数
骑兵以及一部分人数比较多而且移动迅速的骑马步兵带领，在
一日内走完一段相当长的路程，下马作战并且迅速逃离任何不
利条件下的遭遇战。在13世纪的最后几年里，英格兰人已经
开始尝试相似的骑马步兵［即"霍比拉轻骑（hobelars）"］。
但是安德鲁·哈克莱再一次对他们的频繁使用可谓功不可没。
在班诺克本之战结束后的岁月里，位于苏格兰边境的由他领导
的边境部队由一小部分骑士和一部分人数比较多的武装轻骑兵
组成。在1320年代，不仅在边界地区，霍比拉轻骑在其他地

方也被越来越多地采用。[32]

大约在同一时间，英格兰人给他们的步兵配以 6 英尺的长弓。这是一种不列颠群岛特有的武器，它将给予他们直到 15 世纪中叶前在欧洲战场上的决定性优势。射箭是一项古老的技术，但是之前由于某些原因，长弓没有在传统上被成规模地当作一种步兵武器使用。像他的前任们那样，爱德华一世起初使用十字弩手作战。尽管他们需要高额的薪水以及昂贵的装备，而且其中大部分人必须从国外寻找。但是在他讨伐苏格兰的战争中，长弓逐渐代替了十字弩，而且在 1320 和 1330 年代，长弓手们已开始取代其他步兵部队。在这段时期的后半，他们趋向于骑马行动，就像霍比拉轻骑一样。事实上完全不清楚为什么英格兰人如此之晚而且如此突然地认识到长弓在军事上的潜在能力，但不用怀疑一旦它发生后所引起的变化的重要性。长弓手需要较大的力气和较好的训练，以及一种不可能在一夜之间习得的才能。但是他们一同行动则是极有效率的。快速连续地松弦向空中齐射，将下落的箭雨覆盖到对面军队的头上以及他们防护轻微的四肢和肩膀上，以打破步兵和骑兵的阵形，在他们紧紧挤在一起的行列中制造大屠杀，并引发战马之间的恐慌。英格兰人在 1330 与 1340 年代获得的大胜利，杜普林荒原（Dupplin Moor）、哈利顿山（Halidon Hill）、斯卢伊斯、克雷西以及内维尔十字（Neville's Cross），都是靠弓箭手赢得的。

霍比拉轻骑的花费远远超过那些传统上被视为步兵部队来源的恶棍无产者。他需要一匹马、一件由硬化皮革制成的短上衣、一种钢制头盔和护喉甲片，以及一双金属手套，此外还有他的剑、刀和长矛。在 1330 年代，政府估计典型的霍比拉轻骑至少需要价值 15 镑一年的地产来支撑开销，这相当于一位富裕农场主的收入。一位装备有类似铠甲的骑马弓箭手被认为也需要有与此相同的收入。即使是级别较低，装备着剑、刀和弓以及一个装有两打箭矢箭袋的步行弓箭手，也被认为是一个价值 2 镑的人，这使得他被置于人数更多的农民之列。[33] 只有威尔士人，他们中的大部分以步行长矛兵的身份作战，仍然按较早时代的随意方式征募。由于建立了一个更大的、没有骑士和侍从的社会地位之分，但被要求拥有为应对战争而进行了训练且具备相应能力的人所组成的军人阶层，此后并没有对民众再进行过多少次大规模的征募。

自蒙福尔的西蒙声称已经教给英格兰人基本的战斗训练以来，已经发生了诸多变化。这些改变是一场关于英格兰人对战争看法的变革中的一部分，它延伸出了一长段涵盖军队征募和部署方面的道路。爱德华一世和爱德华二世的主要战役曾需要一个庞大的官僚组织机构，它负责一切维系战时人员所需的枯燥工作：运输的征发、王室的采买、粮食和饲料的储存与分配、维持战时的偿付与会计、通过陆路运输装备与补给品的运货马车以及环绕海岸的运输船舶、箭矢和制弓用木头的大规模生产、桥梁和攻城火炮预制构件的建造。

"在我年轻的时候，"诗人彼特拉克（Petrarch，生于 1304 年）写道，"英格兰人被视作所有粗野种族中最为胆小的一个，但如今他们是最强大的战士，他们在一系列令人吃惊的胜利中摧毁了法国人的荣誉，而且这些一度甚至比那些可恶的苏格兰人更低等的人已经用钢铁和烈火将法兰西的王国碾碎。"编年史作家让·勒贝尔也同样感到吃惊，虽然他的消息比这位被放逐的意大利人灵通许多，而且他曾在 1327 年与一支英格兰军队一起行军对抗苏格兰人。英格兰人在 1320 年代"并不重要",但是到 1350 年代时已经变成欧洲最著名的军人。感知落后于现实。甚至在 1340 和 1350 年代的那些伟大胜利之前,达勒姆主教伯里的理查德(Richard of Bury, Bishop of Durham),一位忠诚的英格兰人,但并不是狂热的爱国者,已经得出结论,法兰西军威远扬的时代正在过去。[34]

3　加斯科涅

　　一块从未超过 50 英里宽的带状沿海领地，从北面的夏朗德河入海口延伸至南方的比利牛斯山脉，这就是在 1328 年时那庞大的安茹大陆帝国遗留下来的全部领土。阿基坦的埃莉诺（Eleanor of Aquitaine）于 1152 年在她与安茹的亨利的婚礼上带给她丈夫的那笔庞大嫁妆中，加斯科涅从来都不是最受重视的部分。普瓦图曾经是埃莉诺公国的心脏。普瓦捷（Poitiers）是它的首府，而拉罗谢尔（La Rochelle）是它的主要港口。相比之下，加斯科涅的天然资源看起来比较匮乏。朗德（Landes）的荒凉沼泽在两个主要的海滨城市波尔多以及巴约讷（Bayonne）间延伸，偶尔被一块一块常被海风吹拂的草地隔断。在这些土地上面，一些稀疏的人群依靠种植小米以及饲养生猪勉强度日。在这片阴沉的荒地以及在东边更远处的小山之间有一片平坦而林木茂盛的领地。在这里，通过宽阔的河谷、些许粗劣难行的道路以及设防村镇（bastide）和更大的修道院的开垦工作，土地被从森林里划分出来，以不规则的小片形式得到耕种。

　　加斯科涅繁荣兴旺的主要根源以及将它和英格兰连接起来长达 350 年的纽带是葡萄酒。直到 13 世纪，波尔多都只是另一种地方的葡萄酒。在 12 世纪，英格兰国王们最喜爱的葡萄酒来自普瓦图，它们在拉罗谢尔装船运至英伦。在这方面他们和其臣民的口味一致，因为当约翰王在 1199 年试图强制对所有在英格兰出售的法兰西酒类执行最高价格时，普瓦图位居首位，而波尔多则未被提及。1224 年普瓦图被占领、拉罗谢尔落入法国手中，故而成为此片领地历史进程中的一个最为重要的事件。它使欧洲主要的酒类进口国丧失了其供应的主要来源，而使波尔多产区发了大财。到 14 世纪初，每年有超过80000 吨葡萄酒从吉伦特（Gironde）港口输出，其中至少有四分之一是运往英格兰的。这引起了许多议会上的抱怨，他们指出：这个国家正在耗尽黄金为其付款而且还被加斯科涅商人和高利贷者侵害。加斯科涅的葡萄园不断扩展，以满足需求，它 70 们挤满了波尔多城南面的格拉夫产区（Graves），沿着河流分别延续至两海间产区（Entre-Deux-Mers），并顺着河谷一直延伸至内陆地区。[1]

阿基坦是一片没有稳定边界的公国，它的居民已经意识到那些将他们与其他法兰西人区分开来的不同之处。但是他们并未过度地附和古老的忠诚。他们是反复无常的人。傅华萨认为他们是“一个非常挑剔而且不可信赖的民族”。爱德华一世把他们称为其承诺应当始终以书面形式记录下来的人。[2]三个世纪以来，英格兰势力在公国的联合代理人和起源均要经过波尔多和巴约讷这两座城市，它们屹立于法国西南部两大水系的入海口处，而且它们虽然强横并有独立思想，但直到中世纪末期仍然对英格兰王室保持着完全的忠诚。波尔多表现得尤为明显，它是行政管理部门的驻地。这座城市继承了普瓦捷的职责，以一座真正首府的宏伟的建筑风格来装饰自己（就像普瓦捷两个世纪以前做的那样）。这个省的贵族阶层纷纷在那里建造公馆，就像其他贵族正在伦敦和巴黎做的那样。受一系列特权特许状的鼓励，波尔多征收税款、缔结条约并发布盖有它自己印章的夸张声明。它的财富曾在 13 世纪下半叶的大部分时间里吸引了源源不断的移民潮，将拥挤的人口推入数目超过一打的城郊教区中。一条建于 14 世纪初的新城墙将相当于老城墙所含面积三倍的地区围入城内。而后者尚在几乎不到一个世纪前建成。[3]

　　波尔多应主要把它重要的政治和经济地位归功于它无可比拟的地理位置，处于五条河谷的最前面。内陆的城镇依赖于河道上的贸易，而它们都汇合在吉伦特的河口处。波尔多以一种紧密而且引起了许多怨恨的保护措施控制着它们。在波尔多市民先卖完他们的酒之前，没有种植者可以出售自己的葡萄酒。从上游运来葡萄酒的种植者和商人发现，除非通过波尔多商人之手否则很难卖出货物。公国政府在默许这个制度上有它们自己的理由。他们在吉伦特的交通中收取的税金是一件强有力的政治武器，同样也是一项有利可图的税收来源。折扣被提供给内陆的效忠城镇以及部分邻近的法兰西国王领地内的享有优惠特权的社群。的确，比起那些波尔多人特权还不够广泛，但足够使他们对自己的邻居占有优势。圣马凯尔（Saint-Macaire）、拉雷奥勒（La Réole）、加龙河畔的阿让（Agen on the Garonne）、塔恩河畔的穆瓦萨克（Moissac on the Tarn），还有洛特河畔的卡奥尔（Cahors on the Lot）都是肥沃的、酒用葡萄栽培酿造产区中的集镇。它们不得不以其能争取到的最有利条件运送自己的货物通过波尔多的城墙。多尔多涅（Dordogne）的葡萄酒自行绕开了波尔多，在靠近海边的卡斯蒂永（Castillon）哨站被拦下，并被估定税金。甚至像卡斯特尔萨格拉（Castelsagrat）这种极小的村庄，位于波尔多百多英里之外，加龙河一条勉强可以通航的支流旁，在没有向爱德华一世申请一项关于波尔多关税的折扣前，也不敢在它城墙内的空地上栽种植葡萄藤。[4]

自 13 世纪初失去诺曼底后，英格兰国王已经很少访问他们的大陆领地。爱德华一世访问了阿基坦两次。他在那里度过了其统治刚开始时的两年和 1286 ~ 1289 年的三年时光。这是一段富有成效的时段，其间他有条不紊地处理当地的事务，将自己的印玺加盖于这个省份之上，这种方式以后将会被他的英格兰臣民熟知。但是尽管他一直活到 1307 年，而且他的继承者们统治着他们的公国直到 15 世纪中叶，也没有英王曾在统治期间再次访问过法兰西西南部。尽管与英格兰有一定距离（旅程往往经陆路避开比斯开湾的危险），其英格兰主人仍对阿基坦政府保持着一种牢固的统治。拥有总督特权的王室代理人（royal lieutenant）相当频繁地来往访问这里，进行调查或者执行特定任务。在西敏，那里出现了一群文书和外交官员，他们是法兰西西南部事务的相关专业人士，即使在他们不算明智时也是这方面的专家。在波尔多，政府通过在树荫城堡（Château de l'Ombrière）里的紧密的一个官员团队来维持运转。总管通常是一位英格兰人，是国王—公爵（King-Duke）军事和行政上的首席代理人，波尔多军事统帅[①]虽然带着军事头衔，却通常是一个从英格兰行政部门调派来负责管理、监督公国财政的神职人员。他直接对西敏的财政署负责。这两位威严的人物控制着一个小得惊人的官僚机构。相对于自身担负的

---

① 波尔多军事统帅（Constable of Bordeaux）实际属于财政职务，但在历史上，同时也是英语的字面含义上，它依然是军职。

职责，它远远小于那些正在英格兰成长以及存在于被法兰西国王直接管理的外省中的令人印象深刻的官僚机器。在偏远地区还有一小批地方官员，助理总管（sub-seneschal）、市长以及执法官、少量的城主（castellan）和常驻收税人。他们之中很少有英格兰人。同样的，公国内几乎所有的低级官员和绝大多数高级官员都是加斯科涅本地人。在加斯科涅，除了总管的私人家臣外，通常再没有任何英格兰部队，甚至在危机时期，从英格兰出发的军事远征也是小规模而又较为罕见的。当然，这里并非一块殖民地。

有许多很好的政治理由让英格兰国王保持着对自己大陆领地的兴趣。除了在战争时期，那时不得不用高昂的费用来保卫它，阿基坦通常是一项资产。加斯科涅人是天生的战士以及娴熟的十字弩手，作为雇佣兵他们要求支付高额薪水。他们的大军团曾经参加过爱德华一世的威尔士和苏格兰战争，那种趾高气扬的样子令人难以忍受，就像一位英格兰编年史作家抱怨的那样。爱德华二世在 1315 年派出专员，就这片公国对苏格兰战争所能产生的贡献进行了评估。他们发现这里大约有100000 户家庭（也就是说有 50 万居民）可以作为募兵储备。加斯科涅缺少一种正税（regular taxation）征收体系，而且这种方法在公国的收益也是微乎其微，公国政府的这种特色在战争时期将成为其软肋的一个主要根源。但是其他收益，如出售官爵、通行费和应缴款产生的进项，尤其是河流运输的所有税金，历来对英格兰王朝的预算有着很大的贡献。在 1324 年 1 月，一份递交给爱德华二世的报告估算出他从这个公国获得的净收入已达到 13000 镑，大体上相当于整个英格兰海关的收益。[5]

然而保住阿基坦则不只是出于一种政治盘算。英格兰国王

72

也是法兰西贵族。他们起源于法国的贵族阶层，并与后者分享共同的偏好和习俗。阿基坦是他们遗产的一部分，将它保存下来也是对他们家族应尽的一种义务。维持其家族保有的祖业是每个中世纪贵族对祖先敬意的一部分。在 12 世纪，英格兰的亨利二世统治的法国领土比法兰西国王自己统治的还要多。他曾要求过世后安葬于卢瓦尔河河谷的一座修道院中。如果没有口译员的帮助，他的臣民很难同他交谈。亨利帝国中的大部分都已烟消云散，但是直到 14 世纪中叶前，法语仍然是他后代的母语，亨利三世和爱德华一世最为重视他们作为法兰西贵族伙伴的身份。的确，他们对身为公共政治共同体之一的观念，在 1290 年代的英法战争中已严重动摇，但在多年以后，英格兰国王才停止了将自己视为法国的王公。而且希望被承认身份却遭遇挫折的愿望无疑是造就怨恨的一个基本要素，这种怨恨将影响爱德华三世与他的第二位表舅腓力六世的关系。

英格兰国王在法国政治秩序中的特殊地位源自 1259 年的《巴黎条约》（treaty of Paris）。在这个条约之前，阿基坦公爵在世上并没有被承认的上级。在腓力·奥古斯都于 13 世纪初宣布英格兰的大陆领地被没收之前，他们无需向法兰西国王履行效忠礼。这种行为被视为非法，并且使他们拒绝承认。这是一个不尽如人意的僵局，双方继而在 1259 年以一个甚至更令人不满的妥协方案代替它。条约将公国的大小增加了一倍，它的疆界忽然从沿海平原扩展到内地的陡峭山谷，并进入已有半个世纪未曾由英格兰国王统治的地区。但是献出大片领土的行为受到了限定和例外的束缚。英格兰王朝在"三个主教区"利摩日（Limoges）、佩里格（Périgueux）以及卡奥尔恢复了某些含混不清的权利。以同样含混不清的状况为条件，他们也答

应归还阿让，以及圣通日和凯尔西的部分主教区。法兰西西南
部的领土问题并没有完全解决。1259 年在巴黎最后确定的所
有内容是：公爵作为法兰西国王的封臣持有他在此地的领土并
应该向君主行君臣效忠；其他所有忠诚均服从于这一封建纽
带。1259 年 12 月 4 日，亨利三世在巴黎王家宫殿花园里的一
场壮观的典礼上履行了这个效忠行为。但是他所做的效忠礼究
竟是为了哪些领地，以及他在其中有哪些权利的问题却留给了
他的继承者，他们试图在历届法兰西国王的法院中辩论清楚，
但争执日渐激烈，最终在战场上兵戎相见。这是"一种明智
的反抗"，就像一位坎特伯雷大主教（Archbishop of
Canterbury）二十年后尖刻评述的那样，而最有效的是它为亨
利在但丁为孩童和懒散的国王们保留的《炼狱篇》的章节中
赢得了一笔判词，即"生前生活朴素的君王（il re de la
semplice vita'）"。后世普遍赞同这些裁决，但是它们中没有一
条完全公正地对待了这位年迈的国王，比起准确定义含混不清
的权利，他在国内和国外都有许多更严重的问题。他的意图均
被挫败，不仅是由于随意的草拟，还包括了在条约已经盖章后
他几乎不能预见的两个变化。[6]

第一个变化是在法兰西政治布局中的一种突然转变，它起
因于 1271 年 8 月普瓦捷的阿尔封斯（Alphonse of Poitiers）去
世，他的妻子在几天后也随他而去。阿尔封斯是路易九世的一
位幼弟，他曾将整个圣通日、普瓦图以及鲁埃格作为他的王子
封地（appanage）来统治。他的妻子是图卢兹家族的最后一位
继承者，他的领地大致包括整个朗格多克和阿让地区
（Agenais），连同大部分的凯尔西。他们的婚姻没有后代。这
一整片巨大的遗产因此落入法兰西的腓力三世之手。这片遗产

74 中的一部分，阿让地区、凯尔西以及圣通日的南部，构成了1259 年对亨利三世作出的有点含糊的承诺归还的领土。英格兰人尤其渴望得到阿让地区，因为它对从东面成功防守加斯科涅必不可少。很可能是出于这个原因，爱德华一世，他于1272 年继承了父亲的名位，在执行 1259 年的承诺时遇到了最大的困难，而且只能靠数年的外交、诉讼甚至战争威胁的手段来收复这些领土。通过 1279 年 5 月的《亚眠条约》（Treaty of Amiens），腓力三世献出了阿让地区。在历时七年的进一步的辩论后，爱德华通过 1286 年 8 月在巴黎签订的一个补充协定获得了圣通日南部。凯尔西则一直没有被收复。[7]

这已是重大收获。但爱德华对这些财产的安全保障因法兰西王室兼并的更大领地而遭到削弱。阿尔封斯的去世引发了王室的兼并。通过占领朗格多克，法兰西国王已经迂回到阿基坦公爵们的侧翼，完成了一次在六十年前从清剿阿尔比派教徒（Albigensian）的战争就已开始的、向地中海以及比利牛斯山脉的进军。当 1259 年英格兰的亨利三世签订《巴黎条约》之时，他在南部和东部的邻居是一位狼贪虎视但并不具备侵略性的法兰西王室家族中的幼子，他曾被指望能留下子嗣并建立一个独立的地方统治家族。无论法国君主可能怀有何种通过条约产生的试图暗中恢复的野心，那都会受到距离和地理上的约束。亨利的继承人的处境更为不适。他们必须维护他们的权力，与一个在佩里格以及图卢兹的邻近城市中牢固安插大量官员的政府抗衡。

亨利三世没有预见这些官员抱有的关于扩大他们主人领土的野心，这一点他倒可以被原谅。签订《巴黎条约》的两位国王都成长于一个曾经十分尊重封建纽带（feudal bond）的世界，也许比 13 世纪中它不断衰退的经济和军事意义所能保证的更多些。他们没有必要也没有欲望看到它的法律后果为学究式的精确所定义。"他以前不是我的人，现在他已经向我效忠。"路易九世对他的心腹茹安维尔说道，后者曾大胆指责这个条约。[8] 当英王和法王的私人关系依然亲密时，这是一个足够好的回答。但是它对法学家和行政人员来说则还不够好，他们是一个处于 13 世纪末期和 14 世纪初期进程中、个人色彩正在变得日益淡薄的君主政体的职员。在他们的王室主权概念中，建立在旧统治阶层的观点与传统之上的义务与权利并没有多少位置可言。在他们手中，一旦法兰西国王和阿基坦公爵使它成为他们关系的基石，个人效忠的纽带便失去了它的大部分价值。

75

*

在路易九世去世后的十年中，英格兰王朝所面临问题的严重程度逐渐变得十分明显，当失去对利穆赞的控制时，其并没有为留住它作出多少抗争。在利摩日，它是一块于 1259 年让给英格兰王朝的地区的首府，主教、子爵、圣马夏尔修道院院长（Abbot of St Martial），以及市民都是有着独立思想和不相容的野心的地方势力。主教是国王的人，与法兰西主教制度的君主主义传统保持一致。修道院院长曾经在 1261 年向阿基坦公爵宣誓效忠，但是他的继任者在下一年改变了立场。市民和子爵处在交战状态，前者向国王—公爵求助，而后者坚持与王室联合。国王和波尔多政府都不能完全操纵它们的受庇护者。的确，法兰西国王认为利摩日人应该向国王—公爵效忠。但是此地就像其他地方一样，他们发现自己被卷入其他人的争吵中，官员的对抗行为轻易地将古老的怨恨和猜忌叠加到自给自足的小共同体中。条约已无足轻重，法律上的占有不是统治者的恩赐而是当地政客的奖赏。爱德华在 1274 年放弃了这场角逐，而利摩日成了法兰西国王子侄的封地。这是一场典型的失败。[9]

利摩日的丧失是对公爵试图维持 1259 年割让给他的，位于"三个主教区"最北部领土努力的一次严重打击。不那么引人注目的事件同样使他必然失去在其余两个辖区所拥有的领土。许多在"三个主教区"中的法兰西国王的封臣都拥有一些特权，即在他们的效忠可能被转移至另一人前必须征得他们的同意。在某些情况下特权是长期存在的，但是在另外的情况下则是在签署该条约的前夕匆忙获得的。他们的效忠并不因此由法兰西国王赋予。这类人包括了一些重要的地方权贵：三位主教、一些最大的世俗和教会领主以及边境城镇的所有者，如菲雅克（Figeac）、布里夫（Brive）、佩里格以及萨拉（Sarlat）。他们中几乎没人同意转移他们的效忠。他们的理由可以理解：希望不被打扰，而且喜欢更加遥远的统治者。而同意转移他们效忠的人经常不得不购买那些提供出来的特权和豁免权，这些权属使公爵在地方上的领主统治权变得和名义上的尊严无甚差别。蒂雷纳子爵（Viscount of Turenne），佩里戈尔的主要领主之一，只通过一笔数目可观的津贴和一项公爵在其领地内行使非常有限的司法权的承诺，便被纳入公爵的拥护者行列。另一位有特权的封臣，佩里戈尔伯爵，于 1260 年代在限制性的条件下承认了公爵的权威，而且在巴黎高等法院的默许下于 1270 年代将其抛弃。[10]

在佩里戈尔南部，沿着多尔多涅河谷及其南岸流域，直到 1320 年代为止，英格兰王朝仍拥有一股强大的力量，这主要是由于建造了许多设防村镇。它们之中较为重要的是所有国王—公爵和他的官员们的根基：皮吉扬（Puyguilhem）、丰罗克（Fonroque）、博略（Beaulieu）、拉兰德（Lalinde）、莫里哀（Molières）、博蒙（Beaumont）以及蒙帕济耶（Monpazier）。这些地方的居民过去没有什么政治背景。他们是从森林中开辟的新土地的移民。他们直接依赖于公国政府，从它那里他们获得了自己的自由和特权。出于相似的原因，英格兰王朝能够在阿让地区——另一片通过设防村镇大量开拓与殖民的领土——维系其领地。但是在其他地方，佩里戈尔北部、利穆赞和圣通日的大部分地区，他们所有的领土被古老而强势的家族，以及伴随着由被保护者和依附者组成的不断渗透的、网络化的教会团体控制着。形势是非常不同的，公国政府在逐渐衰弱。

公爵对其司法权被持续侵蚀的现实能做的非常有限，甚至在公国的核心领土中也是如此。一场长期而且无处不在的军事占领行动毫无可能。但一次有限的军事部署是可能的，限制在主要的战略要点：浅滩和桥梁以及河流的交汇处。但即使是这样，在一片直到1259年都未曾扩展过滨海平原的领土内，这也完成得十分艰难。国王—公爵曾在波尔多、布尔格（Bourg）、弗龙萨克（Fronsac）、屈布扎克（Cubzac）、圣艾米利昂（Saint-Émilion）、皮若勒（Pujols）以及拉雷奥勒的要塞（citadels）中驻扎部队，它们都位于公国的古老核心地带。在南部边境的巴约讷和达克斯地区也有驻防部队驻扎。在内地，军事据点不得不在许多年内逐步建立，而且花费不菲。爱德华一世投入许多精力和大量资源到这项工作中。他买下、建造或者修复了许多堡垒并通过私下协议获得了剩余部分的共有权，还为特定军事目的建立了一些设防村镇，并筑有坚实的围墙。这些添置的堡寨为控制着爱德华一世大陆领地的更为遥远的躯体提供了一些肌腱，但是即便这样他也从未成功控制过其治下超过六分之一的据点。[11]

公爵的势力在这些地方比其他地方更为凸显。但是在任何地方都不可能画出一条将公国和外界区分开的边界。相反，法兰西和阿基坦的命运变化已经在两个世纪的进程中使得一方留下的无数零散权利被另一方的领土围绕，就像一次退潮后形成的洼地岩池一样。当一方从波尔多地区沿着河谷向东移动进入内地，公爵的领土就在不知不觉中与国王的领土混合。这其中有一些较强势力的孤岛——偶尔享有特权的城镇或者有驻军的驻守堡垒。这里有定期的巡回法院，它们在小集镇的生活中形成一些插曲，巡回官员在其中以公爵的名义主持公道。这里面有模糊不清的权利，经常有待争取，经常存在争议，经常被忽略。最高统治权并不是权力而是大量以私人契约和短暂的地方政治需要为基础的个人效忠。

有些情况也许是真实的，就像那位精明的、长期反对法兰西的卜尼法斯八世（Boniface VIII）在 1298 年对一位法国大使所说的那样：比起法兰西的国王们，加斯科涅人会倾向于被英格兰王朝统治。但是，他们真正想要的，他接着说道，是有"大量的领主，因此他们也许永远不用再被其中的任何人触及"。[12]于 1270 年代被牢固确立的，从国王—公爵的法院向高等法院上诉的权利，是实现他们目的的完美工具，也是公国政府大部分政治难题的根源。从公国到巴黎的上诉非常多，也非常缓慢。他们只在一年的特定日子里被听取，原告经常在指定的日期到来时还没有准备好或者无法出庭。在这种情况下，事件几乎总是发展为延期诉讼。在这段时间里，上诉人可以继续享受从图卢兹和佩里格派来的王室廷吏们的保护。公国的法院瘫痪了，而且在某些情况下政府也是如此。

在这种情形下，不满者无论原因大小均会提起上诉。一位积极的总管比如萨尼特的卢克（Luke of Thanet），从其他方面来看，他是公爵治下一位有能力而且精力充沛的仆人，在数年间可以煽动大约 30 起上诉，直到在西敏的政府不得不在 1278年将他召回。即使他们没有打赢官司，不满者也不可能失去什么，但是他们经常赢得上诉。比起突然传唤当地公证人员——他们以英格兰国王执政的年月日期来记录事项——的传统，或者是那些针对铸有爱德华形象的钱币流通的小抱怨，高等法院委员们那种对除了他们自己君主外的任何王公的权威的深度质疑，有着更为严重的后果。曾经在一段时间（持续了几乎三十年）里，这些问题可以通过一方与另一方的机智和一方与另一方的克制得到解决。爱德华一世与他的表弟腓力三世相处融洽，而且与 1285 年继承后者之位的美男子腓力在最初一段时期内也是如此。与此同时，在内容以及程序等问题上，高等法院仍然在摸索自己的方法，重大案件可以在法兰西王室宫廷仍然开放的气氛下亲切随意地决定。当阿让地区的公证人被召唤前来答复关于他们标有日期的行为记录时，加斯科涅的总管可以通过出庭声称负责的方式帮助他们摆脱困境，进而同更有权势的王室御前会议成员在幕后一起解决问题。爱德华统治时期最著名而且最危险的上诉，涉及他的比利牛斯大封臣贝阿恩的加斯东（Gaston of Béarn），从未通过司法途径解决，而是爱德华说服了腓力三世对加斯东施以压力。这项上诉最终被撤回，上诉人被迫向他的主人屈服，并在位于温切斯特的监狱里度过了一段时间。[13]

法国法理学的发展以及美男子腓力趋于强硬的政策使得未来的争议不那么容易得到同样解决。施加外交压力是爱德华一世政府善于应用的手段。在 1270 年代的中期，爱德华的公国官员们竭力通过向上诉人加以种种处罚的手段来阻止上诉，对失败者尤其如此。1285 年，高等法院的一项法令通告废止了这种做法，国王——公爵的官员们有在其法院作出判决之前扣押诉讼当事人财产的习惯，这是一项旨在防止潜在的上诉人将他的领地置于法兰西国王保护之下的措施。公爵并不需要走这样的极端以至有所不快。许多凭此能重获公爵青睐的许可被授予那些不成功的上诉人，条件是，如果他证明提出上诉并且失败是因为多年来官僚主义的冷漠忽视了他可以期待的权益。这些制裁变得越来越严重。1289 年，一些波尔多市民以这座城市的名义上诉，反对爱德华的官员们对他们特权的忽视行为。爱德华这一次的回应是，没收所有运抵英格兰却没有附带一份能证明其主人忠心证书的葡萄酒货物。上诉的人们（他们很可能在城市中处于少数地位）在维达尔·潘萨（Vidal Pansa）的领导下，受到由法兰西国王指派的一位负责保护他们的专员的帮助，进而坚持了 18 个月。但在 1291 年抵抗失败时，上诉被撤销，那位专员也被驱逐出境，而维达尔·潘萨则被关进一辆囚车里游街示众，然后被判处绞刑。[14]

这些争吵对英格兰政府在阿基坦的构造危害极大，而爱德华试图通过一种认真遵循法律细节的方式避免其发生。这些细枝末节的法律必定已经使官员们的工作更加困难；逐渐的，这些官员趋向于成为律师。在巴黎，爱德华雇用了一个由律师组成的常设团体，而且保留了一个部门来处理源源不断的涉及他南方领地政府的诉讼官司。1289 年春季，爱德华在加斯科涅逗留了一段很长的时间，在离返回英格兰还有几个星期时，他在小镇孔东（Condom）发布了一系列值得注意的法令。除了制定关于其代理人政府的系统规章制度以外，爱德华要求任命一些地方官员，他们被安排的事务是在公国的法院审理中出席，以及留心在某些最后有可能发展成上诉到高等法院的案件中的政府利益。在同一份文件中，爱德华采取了多种措施，目的在于保护他远离那些关于他对臣民做出过悖理行为的指控，与此同时又使那些向他自己或者他的官员们提出的上诉，更加合乎本地诉讼者的意愿。公国的大部分诉讼被指派给位于各种各样的地方中心的专业法官（这本身就是一次创新），他们的判决可能因向新近在波尔多成立的上诉法院提起上诉而受到质疑。[15]

难以回答这场有趣的实验是否成功了。也许没有司法改组可以阻止那些源源不断的上诉，根源中的政治因素要多于司法因素。实际上，它因时间短暂而未能成功，因为五年内公国就会落入法兰西国王手中。1290 年代，英格兰政府在阿基坦的突然崩溃验证了爱德华几年前从他经验最丰富的加斯科涅顾问那里得知的最糟糕的悲观预言。

*

这场灾难起源于巴约讷和那些诺曼底诸港中的水手之间的一次惨烈私斗，虽然它开始时并没有涉及两位统治者，但逐渐地将英格兰和法兰西的大部分海事公社卷入其中，两位统治者的政府最后也被牵涉进来。在一份针对爱德华一世的加斯科涅臣民的声明中，法兰西国王指责了他们对法语以及每个使用它的人的狂热仇恨。毫无疑问，1292～1293年间的某时某地，这项夸大其词的指控是合理的。在波尔多以及巴约讷，暴民们曾攻击了他们能找到的每一个出身于诺曼底的人。在多尔多涅河畔的弗龙萨克，四位法兰西海关官员被引诱到商船上，然后被谋杀。

美男子腓力曾至少在一年的时间里试图向英格兰国王寻衅。在他的宫廷中存在着一个势力强大的主战派，聚集在他的弟弟瓦卢瓦的查理的周围。他是一位野心勃勃的军人，盼望着能更具决定性地一举解决这个曲折的争端，它在外交和法律方面的争执已超过二十年。1293年5月4日，腓力派出他的官员来到波尔多和巴约讷的街上宣布讲和。不久之后，一些针对腓力臣民的特别严重的攻击接踵而至。法兰西国王命令加斯科涅的总管向他的官员们移交犯罪分子，还包括巴约讷市内的所有重要显贵。总管拒绝了这项要求。案件被提交至巴黎高等法院，它宣布没收大部分公国领土，并派出一些未武装的廷吏前往接管。他们被轻易地驱散了。因此，1293年10月27日，爱德华一世被传唤，要求他出席高等法院并为其官员拒不服从的行为作出解释。时间被定在1294年1月。"因此我们将继续起诉你，正如正义要求的那样，无论你是否出庭。"[16]

爱德华一世无意寻求这场危机。他的资源被大量用在他自己的王国以及苏格兰中，同时他也确实愿意向对方妥协。所以他命令臣民与诺曼底人和平相处，并宣布已准备将所有在其领地内的犯罪分子绳之以法，如果腓力也以同样的方式处理的话，或者，爱德华建议诉诸仲裁。腓力声称这些提议是"对他以及他王国的侮辱"。它们将会使他以像两位君主之间那样平等的方式与爱德华打交道。然而这是一个涉及以其王权反对一位臣民的相关司法权利的事件。因此他提议在自己的宫廷里解决它。1293年秋季，爱德华派他的弟弟兰开斯特的埃德蒙（Edmund of Lancaster）前往巴黎与腓力谈判。埃德蒙在腓力的宫廷中有许多朋友。他的妻子（与他一同前往）是法兰西王后的母亲。但是他太信任别人，因此毫无疑问地受到了精心的欺骗。腓力告诉埃德蒙，爱德华严格说来是藐视高等法院。他不可能在自己那些更为好斗的御前会议成员面前不失面子地撤销传票。因此，爱德华很有必要忍受一次短暂的、名义上对其法国领土的占有行为。一项秘密协议被签订。法兰西国王的"一两个人"将会获准进入阿基坦的主要据点，但是真正的控制将仍然属于目前的守卫们。在一段合适的间隔期后（建议是40天），将形成一个正式条约，而腓力会撤销传票并仁慈地恢复公国领土。埃德蒙同意了这个计划。1294年2月，一份协议草案被拟定，而指令也被发送给加斯科涅的总管，命令他允许法国官员进入。几个星期后，随之而来的更多人员加入到"一两个人"之中。在巴黎，英格兰的谈判人员开始紧张起来。他们提醒腓力遵守他的承诺，然后得到了一个抚慰性的答复。腓力告诉他们，他的御前会议成员中有一些反对意见。81 如果在公开宣告中他听起来很苛刻，那只是为了让他们顺耳。被这番话安抚后，当法兰西国王告诉他的御前会议：没有他们的同意，传票不会被撤回时，英格兰大使只是在一旁平静地聆听。但是1294年5月5日，腓力突然进入高等法院的议事厅，并传唤了爱德华。爱德华雇用的律师慌忙前来了解正在发生的情况，并要求休庭。他们的要求被拒绝，而爱德华被宣布为一个违约者。5月19日，公国领土被没收。在南方，腓力的官员们牢牢地掌握住了主要的城镇和城堡。[17]

法兰西人在阿基坦待了九年。在遥远的英格兰首都，爱德华一世发现了在公国领土中与永在卧榻之侧的势力作战时的战略困难。一支法国军队可以在数星期内在佩里戈尔和朗格多克集结。英格兰人的回应行动则要花费更长时间。爱德华的封臣们没有义务渡海为他服务，而如果他们完全同意这么做时，则需要付给他们高额报酬。运输船必须在英格兰南部的港口中征用，粮食补给也必须征集，风向并不是一直有利，这是一个非常缓慢而且昂贵的进程。在加斯科涅的战争使爱德华一世花费了大约400000镑，虽然它零散而且只持续了四年，这比他曾经花费在一支更庞大的军队——与威尔士、苏格兰作战时所征募的——身上的费用还要多，而且大大超出了美男子腓力在同一场战争中的开销。[18]

尽管困难重重，爱德华成功地在1294年10月派出一支小部队前往阿基坦。它在布列塔尼的让的领导下沿加龙河而上，并夺回了一些重要的据点，其中包括布尔格、布莱（Blaye）和里翁（Rions）。巴约讷在其市民的帮助下于1295年1月光复。到了春季，公国南部的许多地区再次回到英格兰手中。但增援补给迟迟未到，薪酬开始被拖欠，而且在对一支在友方领土作战，不能就地补充的军队的供应方面也出现了大问题。布列塔尼的让在由一支强大的法国军队驻守的波尔多城下被击退。1295年3月，瓦卢瓦的查理同一支法国生力军来到这个公国。里翁的英格兰部队发生哗变，因此查理在棕枝主日（Palm Sunday）夺回了这座城市。"列队行进时，并不是手执棕枝而是高举长矛。"编年史作家写道。法兰西人很快在加龙河谷重新确立了他们的地位。另一支规模更小的英格兰军队在兰开斯特的埃德蒙的带领下于 1296 年到来，但是在夺取波尔多时他并不比其前任更有能力。在这支军队到达数星期后，资金耗尽而且指挥官病故。爱德华在阿基坦虽保留了一块立足之地，但除此之外几乎一无所获。[19]

从这些屈辱的事件中可以得出一些有趣的结论，即 14 世纪时的历代英格兰政府，其大战略上的正统观念的其中之一的根源包括些什么。根据这种见解，阿基坦的命运只可能由北方来决定。法兰西的政治中心就在北部，法国国王最容易受到那里的压力，而对英格兰人来说，此地也最适合施加压力。爱德华一世在这个方向上的最初尝试是一场代价高昂的失败。尽管如此，它却成为他子孙的战略在百年战争初期的灵感源泉。1294 年，英格兰的代理人们已经缔造了一个与德意志帝国地方王公间的大联盟，他们的领土与法兰西北部和西北部接壤。这些人在对抗贪得无厌的法国君主时也产生了他们自己的不满，因此作为对爱德华提供的慷慨补贴的回报，他们被轻而易举地说服，准备组织一场从法兰西北部发起的协同进攻。但是，当这一时刻到来时，除了爱德华的女婿巴尔伯爵（Count of Bar）外，他们中没有一人有所行动。他在 1297 年侵入香槟，遭到彻底的失败。帝国的皇帝，拿骚的阿道夫（Adolf of Nassau）接受了双方的贿赂。

爱德华一世发现了一个多多少少更便于利用的工具，那就是佛兰德伯爵，当皮埃尔的居伊是一个耳根子软又优柔寡断的人。当时他已 70 多岁，并不是一个理想的盟友，但相对于德意志人，他在与美男子腓力的斗争中，既得利益较大。1296 年 6 月，一场在巴黎高等法院中举行的关于居伊和根特的寡头统治集团间的长期诉讼突然被重新启动，腓力曾经允许它中止了好几年。腓力曾召唤他的封臣出席特别法院的庭审，并在同一时间宣布将根特、布鲁日、伊普尔以及里尔这几座佛兰德城市置于他的保护之下。这一系列事件与两年前导致阿基坦公国被没收的事件惊人的相似。然而，不像爱德华一世，佛兰德伯爵出席了。这种场合对他是一种深重的羞辱。在其臣民的代表面前，他被迫屈服于缴纳罚金，并将他的领土献到国王手里，然后再以恩赐的方式接回。当他在 1296 年秋季回到佛兰德后便立即投入与英格兰国王的协商中。1297 年 1 月 7 日，双方缔结了一项军事同盟，爱德华付给他 6000 镑。两天后居伊正式放弃了对法兰西国王的效忠。

这项事业最终演变成了一场灾难。爱德华不能履行他的诺言。在国内，他要求资金和人员补助，从而引起了人们的公开抵抗，并最终引发了一场严重的政制危机。法兰西军队在英格兰军队能够到达之前的 1297 年 6 月侵入了佛兰德。而当英格兰军队最终在 8 月 23 日登陆时，这场战役已经失败了。英格兰人投入的唯一战斗是一些在根特城内针对他们佛兰德盟友的骚乱。爱德华匆忙抛弃了佛兰德人，因此当 1300 年法国人入侵居伊剩余的领土时，他对伯爵的置之不理使后者独自面对自身的命运。腓力的军队毫无困难地占领了佛兰德。居伊被逮捕并监禁在贡比涅（Compiègne）的城堡中。

英格兰国王作了一次认真尝试以解决这场争端。他将此事提交给教皇仲裁。但是这些事件的进程就像大部分诉讼一样，只是揭露了两位主角之间不可化解的分歧。爱德华的全权代表们大胆质疑关于阿基坦从 1259 年开始被英格兰王朝所持有的理论的整个法理性基础。他们辩称一直都是持有加斯科涅，并不附带任何封建义务；或者，即使《巴黎条约》是一个解决方案，法兰西王室也已否认了它，因此也失去了曾经授予他们的任何权利。[20]法国方面提出的论点未能保存下来，但是它们可以被轻易地推测出来。卜尼法斯八世几乎从未介意显示对法国人的厌恶，有一次他询问法国的大臣皮埃尔·弗洛特，腓力的真实意图是不是将英格兰王朝赶出阿基坦，就像他的先祖曾经将他们赶出诺曼底那样。大臣笑了，"当然如此"，他回答道。[21]这是否真是腓力的意图曾在某些时候被怀疑过，但是几乎没有怀疑的余地。腓力宫廷中的大贵族中可能有些人同情爱德华一世。他的问题是他们遭遇问题的放大版本。但是对于弗洛特来说他必须听从国王的命令。教皇非常现实，他能够意识到这一点，而当他公布裁定时，内容却意外的平淡。他宣称爱德华应该为这些领土向腓力效忠，而腓力应该听从劝告，将土地归还给他。但是直到1302年他们都未能说服腓力归还任何土地。而之后令他服从的并不是那种使两个非常有法律观念的国王向一位法学家教皇屈服的抽象论证。在1302年5月，布鲁日爆发了一次群众起义，法国驻军遭到残杀，一同遭难的还有腓力在这座城市中属于寡头统治集团的许多盟友。1302年6月11日，一支由制毡工、织布工以及农民匆忙组成的、装备低劣的而且没有骑兵的，但是在当皮埃尔的居伊的外孙正确领导下的军队，在库特赖的城墙下成功地击败了法国军队。大约有20000名法国人当场殒命。皮埃尔·弗洛特也是他们中的一员。

库特赖之战在欧洲引起了相当大的轰动。卜尼法斯八世的侍者颇为聪明，在半夜叫醒了他，并告诉了他这个令人高兴的消息。法兰西国王的权威未再完全恢复。这场惨败也对腓力的信誉造成了极大的损害，而在他所处的时代，债务偿还能力在

84

很大程度上只是虚张声势。腓力统治时期的后半已是一个伴随着一连串财政危机的故事。而且不只有财政危机，在消息传到波尔多后，市民们发动暴动并赶走了法国驻军。没有了波尔多腓力就不能控制住加斯科涅。随着他的资源完全调往北方，他再也无力维持同爱德华的敌对状态。因此双方在 1303 年 5 月 20 日和解。爱德华实现了大部分他曾在佛兰德和阿基坦战而无果的追求。他同意为这个公国行效忠礼，而腓力则将它们归还给他。爱德华的儿子，卡那封的爱德华（Edward of Caernarvon）同腓力的女儿伊莎贝拉订婚，这场婚姻是日后备受争议的继承问题的根源，它将在一代之后通过一场大战来验证。[22]

在巴黎签订条约的几天后，美男子腓力的代表在一大群聚集在圣艾米利昂的律师、见证人以及旁观者的面前正式将阿基坦的所有权移交给英格兰的专员。但爱德华实际上从未完全恢复他在 1294 年失去的领土。公国部分偏远地区的一些法国官员迟迟不愿离开，并且拖延了许多年。在比利牛斯山脉西部的山麓丘陵地带，直到 1307 年，法国军队都滞留在莫莱翁（Mauléon）的城堡里不走。在十年之后，国王—公爵前来就任的官员们才发现他们主人的事务仍明显处于混乱的状态。他的许多权利已经被廉价卖掉。其他的被当地强大的地方利益集团所霸占，他们利用混乱的局势来坚持早该遗忘的权利或者捏造一些新的。还有的则被债务以及十年来管理不善的后果所拖累。许多加斯科涅的统治成员曾被贿赂或者被胁迫宣布支持美男子腓力，包括大部分位于公国东南部靠近朗格多克边界的家族，富瓦和阿马尼亚克的伯爵也在他们之中。一旦从爱德华一世及其官员的高压手段中摆脱出来，他们就将这个公国的南部变为一场毁灭性私人战争的战场。在其他地方，比如整个多尔多涅河以及加龙河流，都陷于无秩序以及匪盗横行的状态。在朗德，阿尔布雷领主（lord of Albret）已经篡夺了公爵的多种特权，他的家族几乎不受政府的控制。"在加斯科涅他是独一无二的国王。"爱德华的一位信使在1305年如此报告。[23]

这场战争最重要的结果是那些英格兰政策制定者态度引发的变化。在战事未发前，爱德华一世已经对法兰西王室政策中一些更加令人恼怒的内容提出了异议，但是他从未挑战过他表亲的最高统治权。他曾试图明确界定高等法院的权力，而且如果可能的话进一步限制它们。但是他没有否认过这些权力的存在。1286年6月5日，当爱德华一世向美男子腓力履行完效忠礼后，他的中书大臣罗伯特·伯内尔（Robert Burnell）在巴黎王家宫殿大厅中发表了一次演讲。在演讲中，他悲观地指出了摩擦加剧的可能性。伯内尔说到，如果他在司法中没有公信力的话，爱德华很可能选择与法兰西国王的权利竞争。有"好几个他的顾问"都将会支持这种做法。法兰西国王和他的高等法院在1294年对待爱德华的方式是一种冲击。也许"好几个"变为了多数。那些在1298年发给教皇的机智辩论也许曾只是讨价的筹码，但是它们正在变为英格兰的政治原则。爱德华的统治临近末尾时，他的文书菲利普·马特尔（Philip Martel），一位有丰富经验的外交人员，曾经在1303年的《巴黎条约》的谈判中身先士卒，在一份秘密的备忘录中记下了他的想法。在不久的将来，国王—公爵应该力图恢复他们三十年来遭法国侵蚀的，以及在一场公开的战争中失去的一切，在公国中如同孤岛般的法国司法权应该被压制，而且法兰西宫廷的不断干涉应该遭到终结。在这些条件满足前，马特尔认为爱德华应当拒绝向法兰西国王行效忠礼。但是他曾经见过美男子

85

腓力。他看得出任何像腓力那样的法国国王都不会批准这些条款。它们不过是权宜之计，是为更大野心服务的准备工作。至于主要目标，马特尔认为是使爱德华能够在一个适当的时刻正式否认《巴黎条约》，同时"不会有不良后果而且在上帝和他人眼中也不会蒙受耻辱"。这是一份保留意见，它带有这位受英格兰行政事务长期熏陶的成熟教会法学家的特性。他未能亲眼看到他的观点得到战争的武力落实。[24]

很难判断爱德华对这些想法的了解程度，但也很难想象马特尔没有同他讨论过这些内容。按照和约的条款，爱德华必须要亲自行效忠礼，为了这个目的，日期被指定在 1303 年 9 月。但是效忠礼始终未被履行。英格兰提供了各种借口。毫无疑问，真正的原因是，直到他在这个公国的权利由条约明确定义，并且法兰西国王的那些权利被削减为名义上的敬意之前，爱德华都不愿为阿基坦行效忠礼。更何况爱德华倾向于只做传统的忠诚宣誓（oath of fealty）。菲利普·马特尔所言几乎正如 1306 年 2 月位于维农（Vernon）的一场激烈会谈中，他对法兰西国王的大臣们所说的那样。[25]

*

86   无疑的是，有迹象表明爱德华二世，他于 1307 年继承父亲的名位，无法忍受那种他对法兰西国王负有封建义务的束缚。1308 年 12 月 31 日，他在布洛涅（Boulogne）亲自履行了效忠礼。对于一个国王来说，这种行为是一种令人不舒服的羞辱。而爱德华二世不幸地在一些场合中被要求重复履行。美男子腓力于 1314 年去世，尔后他的三个短命的儿子继承王位。他们中的每一位都要求英格兰国王履行一次效忠礼。而其中之一，路易十世在召唤爱德华，让他作为裁判出席大贵族法庭并履行征讨佛兰德的军事义务时，二人产生了摩擦。爱德华成功地抵制了路易十世的所有要求，直到后者在 1316 年英年早逝。在腓力五世治下，这个倒霉的时刻被推迟了四年。效忠礼最终于 1320 年 7 月在亚眠大教堂中举行，但这次做得十分勉强而且没有行忠诚宣誓。这场仪式伴随着一场关于法国破坏和约的无端训斥，以及多次激烈争吵的会议，在这些会议中效忠礼曾产生的友好气氛被与会者驱散殆尽。当爱德华二世于 1323 年 8 月再次被查理四世要求向其行效忠礼时，他粗鲁地赶走了法国大使并写信通知他那"亲爱而且被爱戴的兄弟"，他实在是太忙了。[26]

爱德华二世与法兰西宫廷的关系会更好些，如果他是一位更加礼貌的外交官和更有能力的政治家的话。但理所当然，他们不会亲近。亚眠姿态的背后存在着真正的苦衷。在 1303 年得到归还给他的领土后，爱德华一世又陷入了他的老问题，而这些问题现在被爱德华二世继承。这里仍存在着种种犬牙交错的相互竞争的司法权，边界没有确定，古老的争执也没有解决。1311 年英格兰政府作了一次坚定的努力，试图一劳永逸地明确定义两位国王在法兰西南部的权利。选择的方法是建立一个常务委员会，每一方都将向它提交所有未解决的申诉。但这是一个失败的尝试。4 个英格兰委员和 3 个法国委员于 1 月在佩里格的方济会修道院会晤。5 个月里他们交换了由律师起草的复杂公文，其中每方都指责对方曲解和忽视了 4 个自 1259 年以来由他们的政府签订的条约。英格兰人提出抱怨条款，随后是法国的回答、英格兰的回应和一系列从民事法院的复杂程序中借用来的陈诉以及反陈述，大部分参与者都曾在民

事法院里受过训练。1311年6月2日，英格兰人退出了。"这
些会议记录，"他们告诉法国委员，"清楚地表明你们无意尊
重条约，因此我们待在这里也毫无用处。"如果带着善意和另
一种程序，或许可以达成一些使命。但是法国宫廷宣称的在阿
基坦拥有的司法权，在佩里格的会议中永远不可能得到解决，
因为美男子腓力曾坚持将它从委员们的职权范围内排出。它们
不完全是外交事务，他说，因为它们涉及国王和臣民之间的关
系。在这方面爱德华二世是一位臣民。[27]

　　由战争带来的中断的十年过后，法国官员们已经重新开始
了对爱德华二世的南方公国的不可阻挡的侵蚀活动。让公证人
用法兰西国王的君主纪年记录他们的公文日期的尝试已经重新
开始。法国政府不时会试图为阿基坦制定法律，向位于波尔多
的政府发布命令：现在要将犹太人从公国中驱逐出去，现在要
禁止英格兰货币的流通，现在要停止在加龙河上收取通行税。
据报告，法国廷吏一度在圣通日以及阿让地区巡回，向居民们
了解他们到底拥护英格兰国王还是法兰西国王，而且如果他们
收到了错误的回答就会发出恐吓。[28]

　　爱德华政府的软弱和无能——不时因其好斗精力的偶然爆
发而打断——为人们向巴黎高等法院上诉提供了一个不可抗拒
的诱惑。英格兰官员抱怨这些上诉严重地加剧了他们在公国强
制推行法令时的难度。当他们的上诉正在进行时，上诉人犯下
了各种罪行，因为他们知道出于各种实用目的，自己已经免于
公爵的司法管辖。教皇约翰二十二世（Pope John XXII）在一
些关于这个英格兰人的公国当时处境的深思熟虑的信件中也表
达过类似观点。这是一个事实。在一桩声名狼藉的诉讼中，高
等法院自己都不得不同意：纳瓦耶领主（lord of Navailles）已

经以最拖拉的方法将他的上诉继续了十一年，与此同时他"每天"都在用暴力对抗他的敌人。这件事发生在 1319 年 6 月。当判决后来下达他手中时，高等法院表达了希望图卢兹和佩里格的法国总管制止存在于其他 11 位著名的加斯科涅贵族之间的偷盗、掠夺以及谋杀行为的意愿，这些贵族"暂时免于公爵的司法管辖权，就像上诉人免于他的直辖官员的审判一样"。[29]

这个警告不大可能被听从。当法兰西国王与英格兰国王关系较好时，他也许会怀着同情心倾听对方的抱怨。未经在公国法院中寻求解决办法的初级手续而直接向巴黎上诉的做法是非法的。美男子腓力曾在 1310 年同意此点，而且认同应当制止这种行为。当 1313 年两位国王在布洛涅会晤时，他又作了进一步的让步。在西南部的法国官员被命令要抑制他们的热情。而且他作出了一项努力，试图认真地阻止滥用为上诉人提供的保护之权。它将只被授予由腓力私人批准的紧急案件，并且之后仅限于上诉人自身以及他们的直系家族，并不包括众多的追随者和食客。[30]尽管如此，这些让步一般都被现场的王室官员所忽视，而且当国王们的关系变得不那么热诚时，他们自己也忘记了让步。1324 年，高等法院大约有 40 项悬而未决的上诉案件，它们包含了数百起不同纠纷。这些上诉者中的许多人都已享受了好几年的王室保护。有一次，法兰西国王的一位身穿制服的廷吏在波尔多被捕，他曾在那里公开将保护许可随意地散发给潜在的上诉人。"法兰西的法院日益侵占着您的司法权"，城市的市议会在将这件事报告给西敏的政府时如此评述。[31]

英格兰方面，爱德华二世和他公国的官员们采取日益高压的手段来对付上诉人。国王写信给克吕尼修道院院长（Abbot of Cluny），威胁要没收其团体在英格兰的财产，如果在桑特地区圣厄特罗普（St Eutrope）的克吕尼修道院不放弃一项特别令人尴尬的上诉的话。他在桑特地区的官员殴打了这个社团的成员。这并不是最糟糕的案例，也完全起不到什么效果。恐吓上诉人的政策所激起的高等法院上诉远比它阻止的要多得多。[32]

这些年中的著名诉讼案是阿尔布雷领主1310~1324年的一连串上诉。他的家族人丁兴旺，在加斯科涅最有权势，控制着波尔多南部的朗德，而且有着渗透整个法兰西西南部的势力和盟友。阿尔布雷领主的目的毋庸置疑，他想在没有国王—公爵的法官、官员约束的情况下同加斯科涅的敌对家族继续残忍的家族仇杀。出于有意使自己免于接受司法管辖的目的，他用一些微不足道的理由激起了英格兰总管间的争吵。另一些则直接起因于波尔多政府企图使他遵守的持续的努力。阿尔布雷在1312年反对总管的上诉，即使一支小规模的法国军队参与到保护他控制的朗德的进程中来：在1312年那里有50名骑兵和200名步兵。爱德华二世不得不在接下来的一年以一大笔钱贿赂、疏通这项上诉。但尽管达成和解，尽管他们的位置处于公国的心脏，阿尔布雷家族仍在继续从英格兰国王的势力范围中移出，并投入法兰西的怀抱。[33]

几乎与阿尔布雷领主的背叛同样严重危险的是，西南部另一大贵族家族贝阿恩家族的脱离。贝阿恩是一块位于比利牛斯山北坡，大约在奥洛龙（Oloron）和波城（Pau）之间的小领地。它的那些野心勃勃的统治者们将他们的势力和影响顺着河谷向下延伸进加斯科涅南部的低地地区。它是那些处于14世纪几场战争的边缘地带的山区之一，注定要在其中扮演一个核心角色：贝阿恩、纳瓦拉、萨伏依、威尔士。这些领地中的人口都由以宗族为基础的农民和高山居民组成。他们都因资源稀疏而聚居一处。这些人对战争以及对战争给予的报酬和偶然机运泰然处之，而且对战争带来的暴力行为同样顺其自然。贝阿恩的子爵们多年来一直是阿基坦公爵们的封臣，而且他们的臣民遍布国王—公爵的领土，放牧着他们的羊群，以管理人、士兵和佣兵队长的身份服务，以放贷者和商人的身份进行交易。但是作为一场联姻和子爵旧世系灭绝的结果，贝阿恩自1290年起已融入了富瓦伯国，那是一片法兰西王室的封地。从此以后它的统治者开始根据政治和战争的命运变化艰难地在法兰西和英格兰之间转换立场。英格兰王朝正是在爱德华二世统治期间失去了贝阿恩，尽管在这个世纪中期的一小段时期内有所摇摆，二者最终仍分道扬镳。其间发生的一系列事件模糊不清，但是巴黎高等法院无疑扮演了一个关键性角色。在子爵们以及贝阿恩封臣们的争吵中，它开始行使司法权，取代了位于圣瑟韦（Saint-Séver）的阿基坦公爵法院。在一次争吵期间，巴黎特别法院于1318年下令暂时没收贝阿恩。四年之后，1322年，贝阿恩的女摄政借助高等法院的司法权对抗爱德华二世的官员们，并在诉讼持续期间引入法国军队保卫领土。当年轻的富瓦伯爵加斯东二世（Gaston II, Count of Foix）在1323年达到法定年龄时，根本不用怀疑他的忠心。他从未向一位英格兰国王效忠。终其一生，也许到他的最后时刻，他仍然是法兰西王朝的一位坚定支持者，而且是公国南侧的一根尖刺。[34]

对于这类问题，爱德华二世比他的父亲表现得更为脆弱，而且在处理方面更加笨拙。深陷于英格兰的政制危机和内战，而且始终被罗伯特·布鲁斯治下苏格兰的复兴力量所威胁，爱德华的大陆领地对他的政府已无足轻重。公国的收益被抵押给一个意大利银行家族然后又被转给教皇。在边远地区，封建领主们的城堡就像雨后的蘑菇般涌现出来。与此同时，爱德华一世曾通过耐心和高价获得的据点由于需要资金来驻守和修复，所以被允许落入地方贵族的手中或者被直接废弃。在 1320 年，一次典型的警告促使政府下令，应该按"我们能蒙混过去的最低限度"给圣皮伊城堡的守卫支付薪金，虽然圣皮伊（Saint-Puy）是爱德华在强大的阿马尼亚克伯爵领地中持有的唯一城堡。四年之后，据报告，好几处城墙都已坍塌。布莱——吉伦特河北岸的主要堡垒的顶部工事曾经倒塌，而一些擅自占住者则在主要庭院中建起了他们自己的房屋。"而这些，"那位官员在 1324 年的报告中说道，"都是因为缺乏资金所引起。"[35]

当美男子腓力任命专员调查在阿基坦的"暴力、抢劫、掠夺以及无序"时，一个已破产的行政机构在波尔多无能为力地注视着一切。这是在 1313 年，虽然腓力当然不反对搅动这口动荡之锅，没有人怀疑这些列出的症状是真实而并非凭空臆想。教皇约翰二十二世作为凯尔西本地人以更严厉的措辞表达了自己的意见。1318 年在阿让地区的瓦朗斯（Valence d'Agenais）附近发生的对一位教皇使节的伏击将他激怒，并发表了一篇控诉，其中爱德华的加斯科涅臣民因纵容各种恶行而被严加呵斥。在这里，他说道："没有国王，没有法律。"私人战争在敌对的贵族联盟团体中进行，它一直盛行于加斯科涅，现在达到了最残忍的顶点。这个曾经被爱德华一世统治过的，被恰当判定的关于贿赂、恐吓以及圆滑的混合体已超过了他儿子的官员们可掌控的资源范围，而且超出了他们中一些人的能力范围。在爱德华统治的不到十九年中，有不少于 19 位加斯科涅总管，一些人支绌得有些过分，而另一些人则肆无忌惮地追求私利。没有人有时间积累作为一名官员的经验，而这份官职比其他任何爱德华赐予的职位都需要此类经验。因此，当 1320 年英格兰政府委托一个委员会调查这个公国中爱德华的官员们的腐败问题时就并不令人惊讶了，此后仅过了四年便有另外一个委员会负责同样的工作也就更加不足为奇了。[36]

*

外交上的失败使得爱德华在阿基坦的官员们在面对从外界来的，对他们领地持续不断的侵蚀时，除去一种报复政策，毫无防守能力。这种报复政策的危险之处不在于它将导致战争，爱德华的顾问们勉强能接受它，而在于战争将在一个由法兰西国王选定的时刻到来。当 1324 年在圣萨尔多（Saint-Sardos）爆发的战争来临时，英格兰人没有作好准备。很典型的，爱德华被卷入了一场他未曾想到也无法控制的地方争执中。

1322 年以前，爱德华很可能从未听说过圣萨尔多。它是阿让地区的一个小村庄，位于洛特河与加龙河夹角的楔形领土中，同时也是公国内最无法无天的一部分以及东部防御的关键。在这个村旁边有一个本笃会小修道院。这个小修道院在阿基坦公爵的司法管辖范围内，但它也是萨拉修道院（abbey of Sarlat）的一个女性分院，而后者并不受公爵管辖。这种情况是一名律师的最爱。萨拉修道院院长曾好几次请求巴黎高等法院宣布圣萨尔多免于国王—公爵的司法管辖。这些诉讼并没有被认真对待，而且它们往往没有什么结果。这个问题曾经在

1311年佩里格的会议上被提及，然后又被遗忘。1318年，修道院院长重启尝试，并竭力引起腓力五世的兴趣，曾建议如果圣萨尔多被豁免，就可以与修士们合作在那里建立一个王室设防村镇。腓力要求高等法院对这个问题发表意见，但没有怎么去推动诉讼进程。接着在1322年12月，高等法院宣布支持修道院院长的提议。1323年10月15日，佩里格的法国总管派遣了一位廷吏来到圣萨尔多，并将一根带有法兰西国王纹章的界桩敲入地面。[37]

1323年，爱德华正专注于英格兰的问题，而且他对此也束手无策。但是修道院院长的计划有着近在咫尺的敌人。阿让的市民认为那些设防村镇的惯有特权将会对他们的贸易造成损害。地方土地所有者害怕移民们将会被吸引而离开他们的庄园。三英里外的蒙珀扎城堡领主雷蒙－贝尔纳（Raymond-Bernard, lord of the castle of Montpezat）是他们中的一员。年轻时的雷蒙－贝尔纳曾是公国政府肌体上的一根棘刺。过去五年他在高等法院有一项悬而未决的上诉。但是必要性会产生新的盟友。1323年10月15日夜晚，贝尔纳突袭了圣萨尔多，焚烧了那座村镇，并将那位法国廷吏绞死在他自己刚刚竖立的界桩上。此时的加斯科涅总管是拉尔夫·巴西特（Ralph Basset），一位在变化无常的英格兰政治中变得坚毅的斯塔福德郡骑士，但是没有在阿基坦处理事务的经验。他只上任了四个月。不幸的是，当这场骚乱爆发时，他正待在附近，而且就在两天前还和雷蒙－贝尔纳商谈过。法国人相信他秘密参与了这次犯罪，他们可能是正确的。突然间，圣萨尔多成了欧洲事务的中心。[38]

这个消息传到爱德华二世那里已是五周后了，而且是在一个不幸的时刻到达的。爱德华刚刚派出使团到法兰西为他未能履行效忠礼寻找进一步的借口。他立即领会到这个事件的意义，即便他在加斯科涅的总管毫无觉察。一封低声下气的道歉信被准备好，其中爱德华向法兰西国王保证他与这次事件没有任何关系，并许诺如果谣言属实（上帝也是禁止这种事的），犯罪分子将会被找出并加以严惩。这封已排在使节之后的信件被匆忙发出，并只用了五天就在巴黎赶上了他们。使节们已然发现这座都城处于一种极度激动的气氛中。一个委员会已经被派去调查事件经过，拉尔夫·巴西特已受到传唤，要求他在贝尔热拉克（Bergerac）出席委员会的调查。他拒绝参加，作为替代他只派代表说了一些难以令人信服的借口以示敷衍，他们就像英格兰间谍报告的那样，受到了"不礼貌的接待"。查理四世当时不在首都而是在图尔，他在那里主持一场御前大会。与会者们临时决定圣诞节后在图卢兹集结一支军队。反英情绪持续高涨。1323 年 12 月 21 日，爱德华二世在高等法院的主要辩护律师突然在法院的辖区内被逮捕并被关进了沙特莱城堡。[39]

英格兰使节们在利摩日追上了法国国王，他正在那里过圣诞节。查理愿意接受爱德华的个人辩解，但并不包括拉尔夫·巴西特和蒙珀扎的雷蒙－贝尔纳的托词。他俩被勒令于 1324 年 1 月 23 日于图卢兹面见国王，与他们一道被要求的还有其他几名加斯科涅官员。巴西特表态这次召令并不正确，并补充说无论如何他是爱德华二世的代表，一名法兰西贵族，而且只能在巴黎高等法院的大法庭接受审问。其他官员也声称自己有神职人员不受审讯的特权。雷蒙－贝尔纳则干脆什么也没有说。他们中没有人前来。2 月，他们被宣布为非法逃犯，财产将被王室没收。图卢兹和佩里格的法国总管接到命令进入公国，并以武力占领了蒙珀扎城堡。这道命令的合法性值得怀疑，而且被证明是不可能实现的。爱德华二世命令雷蒙－贝尔纳以他的名义守住城堡。他们环绕着外墙掘起了壕沟，每个到服役年龄的加斯科涅人都被号召动员。3 月初，派来执行法兰西判决的官员们被一支 600 人的驻军拒之门外。当王室弩手总管试图宣读判决时，他立即被抓并被用以索取赎金。[40]

在英格兰，政务执行权掌握在宫廷总管小休·德斯潘塞手中。他无情而且贪婪，是爱德华二世的宠臣。德斯潘塞是一位既能干又聪明的人，而且比较勤勉，在这些方面他与爱德华的其他宠臣截然不同。但是他缺乏判断力。首次强硬回应后，英格兰的政策迷失在相互矛盾的决定以及首鼠两端的意向所造成的混乱中。1324 年 3 月，拉尔夫·巴西特被召回。3 月 7 日的布告宣称，都柏林大主教（Archbishop of Dublin）和国王的弟弟肯特伯爵伍德斯托克的埃德蒙（Edmund of Woodstock, Earl of Kent）将领导一个新的使团前往法国。然而，他们接受的指示却是杂乱无章而含糊不清的。他们在高等法院有大量悬而未决的上诉要向法兰西国王提出。至于圣萨尔多事件，爱德华二世在原则上愿意给予赔偿。他们应该提议这场骚乱需要一次长期调查，并且当两位国王在爱德华的效忠礼上见面时，再次讨论或许能更加有益。无论如何，这些使节应该达到的主要目标是将这个会见至少推迟至 7 月，而且如果可能的话推迟到下一年。为此，他们应该运用"他们可以想出的最巧妙和最聪明的手段"。可这是一次严重的误判。效忠礼已因再三的借口而推迟，这些理由已被查理四世宣布为不足为信的就像事实上那样。在这种时候提出这样的要求必定会在统治者的意识里播下怀疑的种子，即使像查理四世那样得体又平和的君主也不例外。[41]

　　爱德华的使节们以最愚笨的方式履行着他们的职责。他们于 1324 年 4 月 8 日从多佛（Dover）起航，并在两个星期后到达巴黎。他们在那里遇见了伊莱亚斯·琼斯顿（Elias Joneston），一位从 12 月起就已留在都城的经验丰富的专业外交官。他很清楚法兰西政府正打算收回公国。看来，查理已经命令他的军队于 1324 年 6 月 10 日在临近阿基坦边界的穆瓦萨克集合。琼斯顿被迅速派出，将这个不祥的消息带回英格兰。伯爵和大主教继续前行来到万塞讷王室庄园，国王正住在那里。在整个王室御前会议的面前，他们被冷漠地接待。在表明来意后，他们被赶进了一间会客室，与此同时法国人讨论了这件事。而当他们再次被召回时，却听到了来自法兰西中书大臣的一场训斥性的愤怒演讲。他说到，查理被英格兰人提出的关于圣萨尔多事件的妥协方案所显示的傲慢无礼所震惊，仿佛一位国王能够对一位臣民在关于履行其公共职责方面作出妥协。爱德华的加斯科涅官员的行为以及蒙珀扎的敌对行动属于反叛，而且也是对王室的冒犯。他们不可能未经剥夺名誉就被置之不理。因此中书大臣继续着他的训斥，直到使节们后来竭力使会议进程延期至次日，那时怒火也许会平息下来。但是会议并没有暂停。相反，大使们被要求立即答应将公国中违抗法令的官员移交给法兰西政府，而且蒙珀扎城堡也要立刻投降。使节们要求有 20 天时间以便从爱德华二世那里取得指示，并恳求法兰西国王将集合军队的日期延缓到 6 月 10 日。这两个请求都被拒绝了。集合军队的日期将会提前，除非英格兰在四日内给予答复。他们派出一位信使回往英伦。但是在答复回来之前，他们将不得不在战争宣言和彻底投降之间作出选择。伍德

94

斯托克的埃德蒙并不是那种能和这类困难作斗争的人。他柔弱且顺从，因此被法国国王吓倒。从西南部传来的消息并不乐观。来自波尔多政府的信函表明，不能信赖国王—公爵的重要封臣们。没有人有兴致去打仗。因此大使们满足了查理的要求。他们答应，那些有罪的官员将被移交，蒙珀扎也将被交出，而爱德华将于7月1日来到亚眠行效忠礼。然后他们匆匆前往波尔多去安排协议的执行工作。[42]

当他们到达公国后，却发现支持爱德华二世的力量比他们曾被引导去相信的还要强大。查理四世在万塞讷的行为似乎已经激起真正的怒火。处在友人中的伯爵恢复了他的勇气，因此当法国官员前来接管蒙珀扎时，即被告知这将违反公国的习俗和其居民所拥有的特权。他们两手空空地离开此地。[43]

在英格兰，爱德华二世的顾问们陷入烦恼之中。当万塞讷协议的消息在5月中旬传到耳中时，国王的直接反应是否认使节们的决定。他宣称他们所做的远远超过了他们权力的极限，而且协议因受到了暴力胁迫而被曲解。而后，爱德华在6月初改变了他的主意。他派出了更多名使节，这次由彭布罗克伯爵领导。他是一位受人崇敬的老政治家，在法兰西有广泛的人脉以及很多朋友。他接到的指示是，劝说查理四世推迟效忠礼，而且为了这个目的可以答应献出蒙珀扎直到效忠礼按时履行。

95　　　这项新的提议来得太迟了。效忠礼已经被确定在7月1日，而且法兰西宫廷已经前往典礼的举行地亚眠。速度是至关重要的，但是使节们在6月20日前一直没有出发。然后，23日他们寄宿在了圣里基耶（Saint-Riquier）附近，彭布罗克伯爵因突发心脏病去世。剩下的由王室文书组成的使团成员，直到7月1日才抵达亚眠。国王早已不在那里。当爱德华二世将不会出现的事实已然明朗时，他已经在一星期前宣布没收公国领土。四天后两位王室文书在马恩河畔阿内（Anet-sur-Marne）找到了他。使团到达的那天他正在举行婚礼。等到他们获得一次被接见的机会时，三天已经过去，而且这次接见也非常短暂。国王告诉他们：爱德华未能惩罚犯下圣萨尔多罪行的肇事者，因此他不能认真看待爱德华关于他与这次骚乱毫无关系的声明。随后国王打发他们离开。爱德华还没有放弃。他又任命了另一个使团并写信给查理四世，索要关于安全通行的必要信函。使节们在多佛徒劳地等待安全通行证明的到来。法兰西方面则没有回复。[44]

1324 年 8 月，法兰西国王的叔叔，瓦卢瓦的查理入侵阿基坦，这是他漫长生涯中的第二次阿基坦战役。[45]尽管这次危机发展缓慢，可公国政府几乎毫无准备。蒙珀扎的驻军和粮食都很充足。佩奈（Penne）也是如此，它是阿让地区最重要的王室城堡。阿让也有 200 人驻守。但是在其他地方，城堡的驻军远低于满员标准，而且在一些重要的地方几乎没有守卫。英格兰没有援军到来，虽然他们正试图在朴次茅斯集结一支远征军。在波尔多，爱德华的政府机构没有资源而且朋友寥寥。一些公国中最显赫的贵族已经加入瓦卢瓦的查理的军队。他们中包括富瓦伯爵，他曾在争执开始之际就急忙赶往巴黎，承诺将给予他的支持，还有阿尔布雷领主，他最终舍弃了英格兰王朝的事业。那些还保持着忠诚的贵族有充分的理由感到已被他们的领导者背叛。新的总管在到达后便立刻病倒，而且仆人们报告说他不能被移动。爱德华在公国中的高级代表是他优柔寡断的弟弟肯特伯爵，以及伯爵的大使同僚都柏林大主教亚历山大·比克诺（Alexander Bicknor）。他们把自己关在由一支武装卫队驻守的，位于波尔多地区东部边界的拉雷奥勒堡垒内，并在那里一直待到战役结束。

不到六个星期战役便结束了。法兰西军队的数量在 7000 人左右。他们毫无困难地占领了佩里戈尔境内没有设防的多尔多涅河河谷。在阿让地区，佩奈还在坚守，但是蒙珀扎在开头几天即被占领并被夷为平地。而阿让先是将它的驻军赶走，然后未经一战便开门投降。许多只有小围墙的城镇中的居民也效仿阿让的行动。他们希望一种平静的生活，而且过去二十年的无政府状态也使他们找不出任何理由对爱德华二世的政府心存感激。瓦卢瓦的查理在 8 月 25 日到达拉雷奥勒，那是战役发起后的第 12 日。在那个离波尔多只有 30 英里的位于加龙河畔的大堡垒中，肯特伯爵希望能一直抵抗到英格兰的援军到来之时。

起初，他看起来可以成功。法国人试图以突袭攻占堡垒的行动不光彩的失败了，而且瓦卢瓦的查理折损了数员最优秀的将领。但是在城堡之内并非一切顺利：储备的粮食不足以支撑长期的围困；士气低落；城中居民的忠诚也不值得信赖；大门年久失修；而且在资金匮乏的年月里，人们对壕沟也疏于照顾，放任它被残渣碎屑填满。在英格兰，先前许诺的援军已经集结，但他们为南风所阻，被迫在港口中等待。拉雷奥勒的守军感到德斯潘塞家族控制的政府，小休以及他的父亲，已经忘记了他们。这里还有另外一些人，他们更加激烈地反对这两位能干但肆无忌惮的，在一位无能国王的仁慈的注视下独占权力和恩惠的宠臣。都柏林大主教就是其中之一。当战争结束，双方开始相互指责并爆发口角后，据说他曾对这些王室宠臣的恶毒行径予以揭发，并宣称如果没有被主教服所代表的尊严克制

的话，他自己将乐于和小休·德斯潘塞决斗。因此，在法兰西
的一座被紧密封锁的城堡中重新唤起了十五年英格兰内战的政
治纷争。肯特伯爵仍然对他的兄长忠心耿耿。但他是一个软弱
的人，严重依赖大主教的建议。大主教劝告他拉雷奥勒应该投
降。1324 年 9 月 22 日，离围城开始只过了五个星期，伯爵投
降并且与征服者签订了一份休战协定。双方在六个月内都维持
现有位置不变。但英格兰人这一方没有多少地方可以维持。他
们已经失去了所有，除了波尔多、巴约讷二者间的长条沿海地
带、桑特城以及少数在公国东部边境地区的城堡，那里由于战
役进展神速，驻军已彼此分立，放眼望去，目光所到之处已是
敌方领土。在被占领的城镇中，那些曾对英格兰国王表示过忠
心的人被更多曾背信弃义、胆小懦弱或者冷漠平庸的人排挤，
丧失了他们的种种权力和特权。"我们不得不忍受叛徒与卖身
投靠者的欺凌。"他们向波尔多的那些无能为力的官员们如此
抱怨道。

　　当冬季休战协定仍在继续生效时，法国人已开始了到期后
的准备工作。12 月，法兰西军队奉命于 1325 年 5 月 1 日在贝
尔热拉克集结。他们计划发起一次钳形攻势：一支法军侵入圣
通日并攻占桑特，与此同时另一支攻向波尔多以及吉伦特的港
口。法军在图卢兹和穆瓦萨克还置办了一部可怕的攻城器械，
并集结了一支由运输船组成的船队来搭载它顺流而下。所有这
些活动都表明，至少对于那些在公国内被围攻的英格兰代理人
来说，一个为了对存在于法兰西境内的英格兰势力作最后了断
的决定已经作出。[46]有大量的法国人支持这个决定。当英格兰
的国王们在此有个立足点时，法兰西就没有任何和平的希望，
四年后他们中的一位如此告诉查理的继承者。让海洋标出

边界：

> 让海洋成为界标，
>
> 分开英格兰与法兰西。[47]

然而查理四世的志向并没有这么直接。他是美男子腓力的儿子，但他并没有腓力的冷酷无情或者尖酸刻薄。他最亲密的顾问不是对法兰西领土主权有着雄心勃勃打算的法学家和官员，而是他家族中的王公贵族，尤其是那匹保守的老战马，瓦卢瓦的查理。他们是那种像爱德华二世一样持有大领地权贵价值观的人。查理无疑乐于吞并阿基坦的一些边界省份。但是虽然他在捍卫他的君权时有些拘泥于形式而且比较固执，可他并没有特别的意愿来利用他们为更大的政治目的服务。

接近年底时，查理四世使教皇明白：如果爱德华将阿让地区割让给他，并为公国的剩余部分向他行效忠礼，他将不再坚持强制执行曾在 6 月宣布的全部没收法令。这些暗示被及时地传递给英格兰政府。教皇还传递了法国国王泄露的另一层暗示：如果爱德华任命他的王后伊莎贝拉作为他的大使，查理似乎更容易被说服。这是一个奇怪的建议。1325 年，这位令人畏惧而且品行不端的夫人已 29 岁。她是查理四世的妹妹，她可以在法国宫廷中产生一些影响，如果没有英格兰大使能做到的话。但是关于她厌恶而且鄙视她丈夫以及他那群同性恋朋友的信息早已众所周知。她过去憎恶加韦斯顿，现在对小休·德斯潘塞也是如此。伊莎贝拉过去曾独自同德斯潘塞家族的许多敌人一起商讨过一些杂乱的密谋。其中之一是威格莫尔领主罗杰·莫蒂默（Roger Mortimer, lord of Wigmore），一位长期的

政治对手。他曾被短期囚禁于伦敦塔，后在 1323 年 8 月越狱   98
并逃至法国；当时他正生活在法兰西宫廷中，而且据说曾为入
侵加斯科涅而向查理效力。因此，当战争爆发后，伊莎贝拉在
英格兰被当成了外敌。1324 年 9 月，她所有的领地和城堡都
被没收，而且她的私人内廷（大部分是法国人）按照德斯潘
塞的指示遭到解散。对伊莎贝拉最后的侮辱是将她置于德斯潘
塞妻子的监管下。后者没收了她的印玺并对她的信件进行审
查。然后接着便是提出使她成为和解代理人的暗示。法兰西国
王的提议被提交给权贵们于 1325 年 3 月初在温切斯特召开的
一次议会。他们对此事感到怀疑。但是为了和平，他们建议以
从法兰西引渡罗杰·莫蒂默为条件，之后王后应该获允出发。
这个条件最终也未被满足，尽管如此王后还是准备出使法国。
她于 1325 年 3 月 9 日出发。[48]

在逗留法兰西的最初几个星期中，伊莎贝拉在她丈夫的大
臣、官员们谨慎的目光下工作，这是一大群当时已几乎常驻于
法兰西宫廷的人员。在阿基坦，答应从英格兰出发的援军仍然
没有到达，而当他们在谈判期间到达时，又因粮草所需很快就
哗变了，并纵火焚烧了波尔多的部分地区。[49]在巴黎，讨价还
价能力已日益衰退的英格兰人作出了最大努力，但是并没有多
大效果。1325 年 3 月 31 日，双方达成了一项新的休战协定，
紧随其后在 5 月又签订了一份临时协定。根据这些文件，查理
四世被允许于名义上占领阿基坦公国的剩余领土，法兰西的官
员们将会在沿海的城镇中就职。通过这种方式，法国国王的荣
誉将被保全，并且真正的控制权仍然属于爱德华二世的守军。
当爱德华为这部分公国行效忠礼后，那些他依然控制的领地将
正式归还给他。但是在一些悬而未决的争端处理完毕以前，前

一年法兰西依靠武力征服的那部分领地将不会归还给英格兰国王；而法国政府发现开销比预想中要多得多，而且是在对方支付了战争赔款的情况下。这些条款十分苛刻，它们牵涉默认失去的大部分公国领土，基本包括了英格兰在佩里戈尔以及阿让地区曾持有的一切。签订如此苛刻的条款致使爱德华试图再次否认使节们的决定。但是，当他向高级教士和世俗男爵们咨询时，这些人以最明确的语言劝告他，这个协定处于赋予使节们的广泛权力内，而且必须予以遵守。因此，爱德华二世必须批准它。于是，他勉强照办。查理四世仍然保有他所征服的领土。[50]他是否会自愿将它们交出已然不得而知，因为不久后他已经没有必要这么做了。这场战争带来的耻辱结局以及伊莎贝拉出使引发的意外后果摧毁了爱德华二世在英格兰的政府。

4 继承危机

　　爱德华二世已经同意于 1325 年 8 月 15 日在博韦履行效忠礼。在 8 月初他来到海边，并下令为他渡过海峡准备船只。但是当这一天临近时，德斯潘塞家族对国王离开这个国家深感忧虑，此时有如此多的敌人正等待着从他们手中夺取政府权力。在最后一刻，计划改变了。王室御前会议在离多佛几英里远的兰登普雷蒙特雷修会修道院（Premonstratensian abbey of Langdon）召开，并决定通知法兰西国王，爱德华已经病倒。令人遗憾的是，爱德华 12 岁的儿子，未来的爱德华三世必须以他父亲的名位领受公国。[1]

　　对英格兰国王和他的朋友们来说这个决定被证明是一个严重的错误。这位年轻的王子被交给埃克塞特主教沃尔特·斯特普尔登（Walter Stapledon, Bishop of Exeter）负责，他是一位经验丰富的政府官员，忠心毋庸置疑。他们在 1325 年 9 月 10 日动身前往法兰西。两星期之后，爱德华王子在母亲和一群来自两个国家的官员和贵族们的见证下于万塞讷对他的舅舅行了效忠礼。事件后续并不尽如人意。沃尔特·斯特普尔登对法国宫廷的拜访使他认识到一些惊人的真相。他清楚地意识到伊莎贝拉无意返回受德斯潘塞家族控制的英格兰。她也不打算让斯特普尔登将王位继承人带回父亲身边。比这更糟糕的是，看来爱德华二世不能再信赖那些他曾为了外交事务派往巴黎的人员。他们中的许多人在一个有着更加自由气氛的外国都城中酝酿着自己的不满，那里鼓励他们公开表达这些意见。温切斯特和诺里奇的主教们以及里士满伯爵都已决定在他们的使命结束后不再返回英格兰，而是仍然与王后在一起。爱德华的弟弟肯特伯爵，他曾在整个危机过程中一直待在法兰西，也准备与他们命运与共。曾被爱德华称为"我们不共戴天的仇敌"的罗杰·莫蒂默已公开出现在王后的内廷中。他已经变成主要的顾问而且很快就成了她的情人，在这种不祥的气氛中，斯特普尔登发现自己被禁止接近王后和王子，而且受到了她随从的暴力威胁。在 11 月中旬他秘密逃离巴黎，乔装改扮乘船返往英格兰。[2]

101

一个比查理四世更精于算计的阴谋家也许会乐于接受这种形势变化。查理当然拒绝听从爱德华二世向他提出的关于请求引渡其妻儿到英格兰的胡搅蛮缠并日益疯狂的要求。但是他是个一本正经的人。当伊莎贝拉与莫蒂默的私通变得众所周知时，他确实感到震惊，而且当她在 1326 年上半年开始在法兰西招募雇佣兵时，他也颇为尴尬。伊莎贝拉所设想的完全是一次对英格兰发动的武装入侵，为了达到用其子取代爱德华二世王位的目的。1326 年 5 月，在新法兰西王后的加冕礼上，伊莎贝拉炫耀了她的力量。她与一支庞大而华丽的扈从队伍一同出现。莫蒂默居于首要位置。这个事实震惊了旁观者，且被爱德华二世的间谍及时报告。此事不久，伊莎贝拉被从法国宫廷中放逐，于是她的军事准备工作就此结束。[3]

8 月，她在法国领土之外的帝国埃诺伯国的瓦朗谢讷（Valenciennes）居住下来。爱德华并没有消除疑虑。他下令将法国僧侣从英格兰修道院的居室中赶走，并对法国人出入英格兰的旅行严加限制。法国政府以逮捕所有在法兰西境内的英格兰人，无论男女，并没收他们一半财产的方式予以反击。1326
年 8 月 16 日，各执法官辖区的官员们毫无预兆地前来逮捕他
们，在凌晨时将一些人从床上叫醒，他们是"基督徒、劳工、
许多行业中的工匠、商人，以及和我们这些人一样的好人"，
一个巴黎律师抱怨道。许多人已经与法国人婚配。爱德华闻讯
后立即以同样的方式反击。[4]

在瓦朗谢讷，伊莎贝拉和莫蒂默开始修改他们的计划。他
们向埃诺伯爵威廉一世（Count of Hainanlt, William I）建议，
爱德华王子将与他的女儿菲莉帕（Philippa）订婚，作为回报，
他们将获得军事援助。威廉欣然接受了这个提议。他与爱德华
二世并无联系，而且没有理由反对他的女儿成为王后。他愿意
提供一个登船的港口以及大约 700 人的军队。[5]这些人是自愿
军，由伯爵的弟弟让召集。他们于 1326 年 9 月 23 日从多特
（Dortrecht）起航，并在次日抵达萨福克的奥韦尔港（Suffolk
port of Orwell）。

军队规模非常小，它本应该被轻而易举地击败。但是无人
愿意为爱德华二世而战。南部港口的水手因厌恶德斯潘塞家族
曾拒绝守卫海岸。其他人则加入了伊莎贝拉和莫蒂默以及他们
的外国军队中。伦敦宣称支持王后，发生了暴乱。主教斯特普
尔登在齐普赛街（Cheapside）被王后的支持者以私刑处死。
至于爱德华二世和德斯潘塞家族，他们不得不向西逃逸，而紧
跟其后的是伊莎贝拉以及一群人数不断增加的追捕者。对莫蒂
默而言，这是一个为长达五年的挫败、监禁以及放逐生涯复仇
的机会。老德斯潘塞在布里斯托尔（Bristol）被抓。他被施以
取出内脏、绞首以及肢解的酷刑。未能成功逃到兰迪岛
（Lundy Island）的小德斯潘塞在格拉摩根郡（Glamorganshire）

102

被追获。他被草草审讯一番后也被施以和他父亲相同的野蛮刑罚。一同被抓获的还有爱德华二世，他被移到凯尼尔沃思（Kenilworth），置于守卫的看守之下。与此同时议会被召集来决定应该如何处置他。在 1327 年 1 月 13 日终于决定将他废黜。几天后，他被带至凯尼尔沃思的城堡大厅与他的敌人见面。在那里，他已处于半晕厥状态，声音几乎被自己的呻吟和泪水噎止。爱德华最终将王位传给他 14 岁的儿子，实际权力则落入莫蒂默和他的情人手中。

在废黜爱德华二世的那届议会列出的过错指控中，有一项就是对阿基坦的忽视，"因疏忽以及错误的策略而无异于将其丢失"。这是虚假的。在爱德华统治的最后几个月中，加斯科涅方面，英格兰政策已开始显示新的活力。它曾有一次认真的尝试，逼迫查理四世按照他曾在 1325 年达成的承诺对领土问题作出最终解决。一位新的总管，奥利弗·英厄姆（Oliver Ingham），甚至成功地集结起一支由加斯科涅人和西班牙人组成的雇佣军，入侵圣通日和阿让地区。他以作为阿基坦公爵的爱德华王子的名义夺回了大量据点，即使后者当时正住在法兰西宫廷。对阿基坦的放弃实际上是伊莎贝拉和莫蒂默所为，比起进行一场令人分心、花费高昂而且距离遥远的战争，他们的政府有着更重要的当务之急。他们用可以获得的任何条件匆忙与法国讲和。当条约最后于 1327 年 3 月 31 日签订时，英格兰政府看来已经不仅要归还英厄姆征服的领地而且要赔款 50000 马克。自 1324 年以来，法国人已占领的大部分公国领土却未被提及。除去沿海的狭长地带，失去的一切都在沉默中被接受了。对大部分同代人而言，甚至丢失那块已大为缩小的领地看起来也仅是个时间问题。[6]

爱德华三世的统治便在这种不祥的气氛中开始。爱德华二世的生命还延续了几个月，他在 1327 年 4 月被移至伯克利城堡（Berkeley Castle），并被一直囚禁在那里。直到 9 月末官方突然宣布国王已经去世。毫无疑问，按照莫蒂默的指示，并在伊莎贝拉的同意下，他被捂死了。因此，随着 1328 年 2 月查理四世去世，在法兰西自身的政治危机时代开始之际，法国政府很幸运能看到主要对手已被近期争端的痛苦回忆以及非法统治者们的软弱搞得瘫痪。

103

*

当美男子腓力在 1314 年去世时，他已留下了三个健康的成年儿子，但是一场厄运与机缘的组合在十四年中彻底摧毁了他这一系的全部男性子嗣。路易十世死于肺炎时距离他父亲去世只有 18 个月，在身后只留下了一个幼小的女儿。他的弟弟腓力五世，在 1322 年被痢疾击倒，这是中世纪卫生条件恶劣的宫殿的地方性疾病。他也只留下了几个女儿。而第三个兄弟查理四世，当他在 1328 年 2 月死于一些未知的疾病时，只统治了六年。作为美男子腓力唯一活过 30 岁的儿子，查理曾有更好的机会建立一个庞大的家庭，但是他未能做到。他的第一任妻子曾在一起著名的丑闻公布后，因通奸行为被关进监狱，虽然他的第二任妻子在 1324 年生下一个儿子，但母子俩在几天内相继去世。他的第三任妻子埃夫勒的让娜（Joan of Evreux），当查理去世时正怀有 7 个月的身孕。在超过三个世纪里这是第一次出现没有能继承法兰西王位的男性直系继承人。

查理四世壮观的葬礼在 1328 年 2 月 5 日结束。几天之后，在巴黎召开了一次由国内重要人物参加的重大会议。先任国王

104

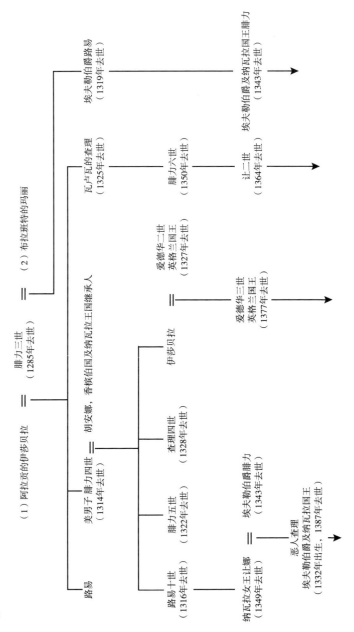

图 2 法兰西王位继承世系

105

的遗留家族由他的那些身为瓦卢瓦伯爵和埃夫勒伯爵的最亲的堂兄弟们，以及英格兰国王的代理人组成——英王是先王的外甥，也是阿基坦的公爵。还有其他 5 位法兰西贵族同时在场，他们中的 3 个，布列塔尼、勃艮第以及波旁的公爵曾经与王室联姻，其他人则通过较远的血缘以及保护关系，这是每个中世纪社会的黏合剂，与王室绑在一起。这个场合必定缺乏亲密感，但是它作为国家的国务会议就像家庭聚会一般。表面上，他们的目的限于选出一名摄政，在王后的最后 2 个月孕期中管理法兰西。但是，虽然继承王位没有存在待议事项中，它几乎也不可能被排除在讨论之外，显而易见的是，如果王后产下一名女婴，这个孩子将不会成为国王。

虽然随后的传统赋予这个规则以古老风俗的力量，它与其说是原则倒不如说是一个强力规定，而且是起源较迟的一个。 106
多年以来，法国妇女曾在没有异议的情况下独自持有贵族封地（noble fiefs）而且还是在法兰西之外，她们继承了许多王国，包括匈牙利、那不勒斯以及纳瓦拉。这些地方被卡佩王朝的庶系分支统治。因此，对同时代人来说，腓力五世将于 1316 年代替他前任的未成年女儿成为法兰西国王，远不是明确无疑的。事实上他这样做最主要是因为性格强势，而且拥有一支强大的武装力量。即便如此，腓力也不得不以允诺一笔昂贵的捐赠来收买其侄女的宣称权（claim）以及一些提出抗议的重要贵族。相比之下，当腓力自己于 1322 年去世时，他的女儿们被毫无异议地推到一旁。惯例已经固化为法律。这个争论中的问题在 1328 年变得更加难以捉摸：如果女性不能继承王位，她仍然能将继承权传给她的后代吗？查理四世最近的男性亲属是英格兰国王，他是美男子腓力唯一存活下来的男性后代，但他是通过母亲伊莎贝拉传承的。排在爱德华后面的最近男性亲属是腓力，即瓦卢瓦伯爵，他是美男子腓力的侄子，而且由自腓力三世以后的未中断的男性世系传承。如果那个将妇女排除在法兰西王位之外的规则——理由是她们无法胜任管理国家的位置——被认为是正确的，那么将反对扩展到她们的儿子身上就没有任何理由了。但是，也许出于对不间断的男性世系继承观念的精神层面上的依附，这些理由被变成了理所当然。瓦卢瓦的腓力以及他的支持者们声称：本该如此。他们也要求应该由伯爵作为王位继承世系中的年长男性而成为摄政。

虽然原则问题不必在 1328 年 2 月作出决定，那些记得 1316 年相关事件的人们非常清楚：如果瓦卢瓦伯爵成为摄政而埃夫勒的让娜可能生下一个女孩，届时将很难阻止他自立为王。英格兰人也明白这一点，他们的代表（也许是爱德华三世在巴黎高等法院的常务律师）积极地强调他们主人对摄政统治以及继承王位的宣称权。有许多 "精通民法和教会法" 的人同意他们的观点。但是他们被忽视了。看起来爱德华三世在那些很有影响力的人群中没有支持者。没有血亲王公支持他的事业。甚至他的岳父埃诺的威廉也支持他的对手。腓力因此成为摄政，而且在 1328 年 4 月 1 日让娜诞下一个女儿时，他立即取得了国王的头衔。唯一公然反对腓力六世取得王冠的是骚乱中的佛兰德人，血腥叛乱已到了最后阶段。他们在绝望中派遣布鲁日市长（Burgomaster of Bruges）前往英格兰，想请爱德华三世给予他们支持。这项请求无果而终，而且由于他的轻率言行，市长按照法兰西政府的命令被肢解、开膛进而被绞死。

"母亲没有继承的权利，因此儿子也没有"，圣但尼的编年史作家明智地评述道。然而 1328 年的权贵们虽然无疑乐意看到有一个法律依据支持他们的决定，却几乎不需要这些。在编年史作家的其他解释中有更多的真相：法国人对一个外国统治者的前景感到担忧。爱德华虽然在他自己眼里是一名法国人，可对法国人来说他无疑是外国人。此外，他还有其他不利的因素。当他还是未成年人时，任命他成为摄政将会是有悖常情的。他作为国王继位，会把在法兰西的实权带给他的母亲，人们对她的胡作非为仍然记忆犹新。相比之下，瓦卢瓦的腓力是一位 35 岁的男子，他的父亲瓦卢瓦的查理曾经是法兰西高等贵族中的一位伟大的英雄、国家的栋梁以及一条重要的政治纽带中的领导者。按照出身，瓦卢瓦的腓力被赋予了处于法兰西政治生活中心的一席之地，而他的对手按出身论，只是美男子腓力的外孙，对所有贵族来说都是一个外人，除了系谱学家。[7]

除去出身和年龄，腓力六世是否还有其他优势，是那个时代经常讨论的问题。他的早年时期在一个专横父亲的阴影下度过。瓦卢瓦的查理曾是一个有着非凡精力和野心的人，他的野心虽然屡遭挫败但永无止境。他是一位在低地诸国以及加斯科涅战场上指挥法兰西军队的终身战士和一位在其他许多地方为自己的利益而战的冒险家。他 1302 年对意大利的一次入侵，仅仅为他赢得了但丁的《地狱篇》中的晦暗不清的来访者角色。他对神圣罗马帝国的阴谋诡计，以及恢复并统治一个东方拉丁帝国的野心，最终只成为其众多失败中最为壮观的想象。这些失败均源于他的不切实际、易冲动的性格以及完全出于政治判断的考虑。在国内，他过度慷慨，维持着显赫的扈从队伍，而且背负着沉重的债务。这些品质中的一部分被腓力六世继承。喜怒无常、犹豫不决而且难以捉摸，腓力在这些方面与查理截然不同，但他们在不计后果的冲动以及不切实际的野心方面有着相似之处。他还易于陷入长时间的焦虑怀疑、局促不安以及萎靡沮丧之中，他作出决定时的情绪总是非常飘忽不定，甚至难以理解。这些萎靡不振看起来时常被他家庭生活中的难题引发：一个咄咄逼人的妻子，一群他过度宠爱的体弱多病的孩子。不幸的是他的顾问们未能弥补他的弱点。腓力没有卡佩诸王那种挑选部下和朋友的才能。"他总是乐于从傻瓜那里接受建议。"傅华萨说道。[8]

同时代的人夸大了这位国王耽于声色以及自我放纵的性格，而且指责他对国家事务缺少兴趣，这肯定是错误的。腓力是一个极度严肃的人。他缺乏的是判断力和经验。他不是按培养国王的方式被抚养长大的。他的背景和利益与那些持有大片领地的贵族一致。他出现在宫廷和出席御前会议的次数非常少，而且因他长期身处法兰西西部的领地内而间隔漫长。此外，这位新国王，虽然他是一位称职的骑士并有一些野战的经验，却并没有被造就成军队的指挥官。他能够展现巨大的个人勇气，就像那些目睹他在克雷西之战中所为的人们可以证实的那样。但是他的身体日益肥胖并每况愈下，而且对战役的艰辛和战时的不确定性心存厌恶。腓力的父亲曾将自己最著名的宝剑赠予他的二弟而不是他。[9]这是一个意味深长的选择。腓力是一位非常糟糕的战士，他比中世纪任何其他法兰西国王都要差，也许只有精神不健全的查理六世除外。

在最初阶段就已明了的事实是腓力六世不完全是他政府的主人，而且需要用一种历代先王都未曾需要的方式小心踱步。由于自己的成功继位，他对其他人亏欠太多。他对佛兰德伯爵负有义务，因而要用武力的方式帮他重获对伯国的控制；他对其他高等贵族也负有义务，因而要在做出诸如此类事情前充分与他们商议；他还对他的朋友们负有义务，因而要下令对皮埃尔·雷米（Pierre Remi），他前任的一位能干但出身低下，贪婪且不受欢迎的财政大臣，执行死刑判决；他还分给他们土地和现金的补助，数量之大甚至连那些从失宠的大臣手中没收的巨大庄园也难以满足供应；他对无数大大小小的盟友负有义务，因而要从公职中为他们以及他们的受庇护者寻找工作，所以遭受了一次巨大且昂贵的扩张，并非所有这些职位都因工作的重担而被需要。英格兰外交人员察觉到一个重要的事实：在1329年时，他告诉政府，没有贵族阶级的同意，法国对加斯科涅的政策将不会改变，国王的权力"目前处于被限制之中"。[10]

这位新国王对这些压力以一种也许是意料之中的方式作出反应，但是当形势恶化时他会显露脆弱。他明显不信任充满流言蜚语而且常常缺乏忠心的宫廷和巨大、笨拙的官僚机构以及它的限制规程。他以秘密的方式来管理，很少授权，只相信他的直系亲属以及少数几位受宠信的大臣和官员。他避免公开讨论，进而以非正式的秘密团体、私人授权、秘密会见的方式尽可能地绕开庞大的国家机器。一位在1330～1331年冬季待在宫廷的阿拉贡大使留下的关于他的形象的描述，既生动又颇具特色：从大厅退入一个小房间，国王的表亲跟在后面，法兰西王国陆军统帅把门锁上。腓力自己背对着炉火自由地畅谈，此时余火的红光在大使的脸上闪烁。当作出这个决定时，他们坚持绝对保密。这种差异与爱德华三世相比非常明显。[11]

109

*

随后发生的事使得拒绝爱德华三世对法兰西王冠的要求看起来比实际上更重要。那时，它在英格兰既没有引起惊讶也没有引起愤慨，王室家族的法国利益传统上一直被以冷漠或猜疑的目光来看待。只有王太后伊莎贝拉对这个问题态度坚决，而且她强烈的愤慨来自于作为法兰西查理四世妹妹的特殊地位。抛弃她儿子的是一种来自她嫡亲的而且更加令人恼怒的轻蔑行为。据推测一定是在她的要求下，1328 年 5 月考文垂和伍斯特的主教们被徒劳地派往法兰西宫廷做一次旅行，以他们 15岁的主人的名义宣布对王位的继承权。他们始终未能履行使命。他们刚到法国就受到（据他们所说的）来自于腓力六世支持者们的充满敌意的威胁，因此在发布了一份记录着对已发生事件的公证抗议后便匆忙离开。在这一年的晚些时候，腓力派了一个由费康的修道院院长（Abbot of Fécamp）领衔的使团前往英格兰。他是一位优雅的雄辩家，后来成为教皇克雷芒六世（Pope Clement VI）。修道院院长收到的指令是，传唤爱德华三世为阿基坦向法国新国王行效忠礼，他却得到了来自王后母亲的粗暴回答。"典型的妇人之见，"编年史作家写道，根据一份报告，伊莎贝拉说爱德华"是国王的儿子，因此不会向伯爵的儿子行效忠礼。"修道院院长仍在英格兰停留了一段时间，希望能得到一个更慎重的答复，之后再返回法国。[12]

如果腓力六世以他自己的方式行事，公国将会被立即没收。但是他的御前会议劝止了偏激的行为。毫无疑问，在他们心中，对一名法兰西贵族的直接攻击暗示着对他们自身安全的威胁。相反，他们推荐了一个更加谨慎的处理方式。包括费康的修道院院长在内的两位专员被派往西南部扣押公爵的收益，直到爱德华三世同意履行效忠礼为止。与此同时，另一个使团被派往英格兰，以更严厉的措施威胁爱德华。这些手段使得英格兰人处于一种更为现实的心境之中。加斯科涅显然无法防卫。爱德华二世在最后几年中聚集的巨大财富已经挥霍殆尽。而且在两场内战后的一段时间里，公众舆论已经无意为一次雄心勃勃的对外政策支付开销。当腓力的第二个使团于 1329 年 1 月来到英格兰时，议会正准备在西敏召开会议。这是一个审核以往的税收政策，并为支付未来的政策而征税的时刻。贵族院的建议非常明确。爱德华对法兰西王位的宣称资格是不能证实的，而且为他的法国领地履行效忠礼是他的责任。爱德华因此告诉法兰西使节，他将按腓力的要求行事。他亲自写信给法国国王，对因公事繁忙而使他未能尽早履行义务感到抱歉。[13]

英格兰政府并没有优雅地投降，他们从国家的每个部门收集了一大批与效忠礼以及过去与法兰西交涉事项相关的文献档案，"法令、许可、名册以及备忘录等"。这次仔细搜索的成果赶在王室成员连同一大批律师以及外交官出发之前就已寄出，他们将同法国人就这次仪式的确切后果好好争论一番。因此，当爱德华三世于 1329 年 6 月 6 日在亚眠大教堂大哥特唱经楼（the great Gothic choir of Amiens cathedral）履行了他对腓力六世的效忠礼时，这个行为从某种意义上来说，在平息了一些旧争端的同时又引发了许多新的争端。当争吵到达顶点时，有一项内容让人们想起爱德华和腓力五世在 1320 年关于效忠礼的争论。爱德华三世的大臣们希望他履行的效忠仪式不仅是为了那些他在法兰西南部持有的领地，还是为了那些他应该持有的领土，也就是那些从圣萨尔多战争起就被法国军队占据的土地。法兰西方面，腓力的发言人宣称不能接受附带这些条件的效忠礼。被占领的省份是"凭借战争权利正当获得的"。最后，这些冲突通过一项草率的妥协方案得到解决，人们忍受它只是因为没有时间想出更合适的点子。爱德华按照法国人那个没有涉及被占各省的方案履行了效忠礼。但是他的发言人林肯主教被允许做了一个简短的抗议演讲，保留了他主人的所有权利，并移交了一份展示英格兰政府认为应该做的效忠礼内容的公文。此外，爱德华的效忠礼并不是毫无保留的。他拒绝将双手放入腓力手中，这项仪式的特性将"君臣关系的"效忠从简单的效忠关系中标示出来。爱德华承认腓力的法兰西国王身份，但后者只是被承认为他的地主而非君主。与此同时，在远离公众视线之处，腓力向英格兰人作出私下保证，一切都将在

111 适当的时候以他们彼此满意的方式解决。这项约定故意含糊其辞的唯一好处是允许举行这场典礼，而且让国王们以某些近于友善的关系参与其中。亚眠城外庆祝他们和解的骑士比武大会中，年方 16 岁的英格兰国王赢得了所有荣誉。这只是一场模拟战争（mock-war）。[14]

恢复被侵吞的领土在 1330 年代仍然是英格兰外交优先考虑的事情。这些领土包括了整个阿让地区，所有英格兰在佩里戈尔南部的领地以及圣通日的大部分土地。双方都明白，它们的丢失对公国来说是一场大灾难。它已将主要的堡垒分割开来，这些堡垒对公国东部的防守十分必要。它已使公国丧失了大部分最好的农业用地，当地人口依赖它们的谷物和其他食物供给。它已移除了归于总管处置的很大一部分任免权和收益，严重削弱了正在面对一个肆无忌惮并渴望土地的贵族阶层的政府。公国从王室收益的一处净贡献地变成了一块依赖地。在两个王室大部分签订的像 1326 年那样的近期条约中，法兰西先王们曾答应将要做的正与这些领地相关。在英格兰人看来，那意味着要完全无条件地将它们归还。

也许，这对于像腓力这样有着强烈孝心的人来说，要求太

高。他没有意向吐出侵占的省份，而且也无意允许事情在经过1329 年 6 月的不完全效忠礼后就告一段落。在爱德华返回的数星期后，腓力给了他一个规定日期。以此为期限，他将承认因他的公国而要履行君臣效忠，否则他将忍受剩余部分也被夺去的后果。从英格兰方面来看，政府（仍然被莫蒂默和伊莎贝拉控制）派了大量使节带着尽可能长地推迟这一不幸时刻的指令前往法兰西。他们也努力加强加斯科涅的防卫。英格兰弥漫着一种越来越重的对于这些努力的绝望气氛。就在 1329 年的圣诞节后，政府在国王位于埃尔特姆（Eltham）的庄园里召开了一次权贵们参加的御前大会，在那里它获得了一些支持。在接下来的 3 月，议会在温切斯特召开，并对保卫公国进行了慎重商讨。很难从现有资料中得出结论，但是它不可能十分振奋人心。当然，议会没有通过任何税收案，但是贵族们（peers）还是被分别强迫谈话，而且一部分人已答应会作出个人捐献。在施加了一定程度的威逼后，在城镇中也获得了进一步的援助。通过这些手段，政府终能在 1330 年 4 月派爱德华13 岁的弟弟作为王室代理人前往加斯科涅，陪同他的是一支体面的护送队伍，以及 40 艘船只。[15]

1330 年 8 月底，谈判破裂。严格说来爱德华三世自 7 月28 日起已未能履行他的封建义务：那时，履行效忠礼的最后期限已尽。一个由狡猾的诺里奇主教威廉·艾尔明（William Aymrin, Bishop of Norwich）领衔的重要使团，已经在法兰西宫廷停留了一个月，而他们完全不能从法国国王那里得到任何进一步延迟日期的准许。爱德华被宣布违约。巴黎高等法院按慎重的程序准许，他在可能被缺席审判前至多再接受两次传票。腓力给予他的期限直至 1330 年 12 月 15 日。[16]

112

威廉·艾尔明回到英格兰，在诺丁汉找到了王廷。他在1330 年 9 月 6 日就这次出使的沮丧结果进行了汇报。决定似乎被立即作出：不会屈服。在同一天，一个英格兰贵族阶级的御前大会被定在 10 月中旬召开，它将考虑加强加斯科涅防务的进一步措施。爱德华在那里的总管被告诫要预防北部：可能会有一群官员前来没收公国，或者会发生一次武装入侵。如果是前者的话，那么就可以用一些"漂亮的说辞"来迁就前来的官员，直到可以采取更积极的措施为止；在后一种情况下，在波尔多的政府将尽全力抵抗。[17]

腓力六世决心采取后一种方式。1330 年末，他的弟弟查理，即阿朗松伯爵（Count of Alençon），带领着一支军队向南方进军。即便在当时，关于这位伯爵接到的确切命令也有一些疑问。但对于他的行动则不用怀疑。在新的一年中的某一时间，也许是在 2 月份，他袭击了桑特。它处在众多保卫通向波尔多道路的主要据点的最北部，桑特由一支庞大而且供给充足的驻军防守，但是它被毫无困难地攻陷与洗劫。[18]晚些时候，腓力六世适时地发出声明，说他并未授权发动这次攻击，而且在听说此事后就立即命令停止行动。但腓力不可能真的希望当北方的政治事态顺利发展时，他的弟弟却使军队处于一种停滞不前的状态；这是一项大幅超过中世纪军事管理人员所能掌握的组织资源上限的任务。改变命令的真正原因是英格兰政策的改变，这是另一场政变的结果。这次政变使爱德华三世取代他的母亲和莫蒂默掌握了权力。

*

爱德华二世被一个利益联合体推翻，这群人除了对他的轻蔑和对德斯潘塞家族的厌恶以外没有什么共同点。一旦他们掌权，对于政府来说它就被证明了基础的脆弱。其名义上的控制机构是摄政御前会议（Council of Regency），它被男爵阶层授予以国王名义统治的权力。它的议长是兰开斯特伯爵，那位爱德华二世统治时期的大反叛者，以及强大的男爵集团天然领导者的弟弟，他已上了年纪且渐渐失明。因为他效率低下的管理，摄政御前会议已经被莫蒂默和伊莎贝拉排挤到一边。他们支配着年轻的国王，而且能将他们的亲信安插到行政机构的重要位置上。他们俩被证明在涉及自身利益方面甚至比德斯潘塞家族还要贪婪。伊莎贝拉得到了一笔大幅增加的遗孀津贴。1328 年，莫蒂默自封为边境伯爵（Earl of March），并在他自己的祖传领地以及那些被没收的德斯潘塞家族领地的基础上，建立了一个主要位于威尔士以及西部边境地区的，逐渐发展而成的私人封邑。这种由突然获得的权力带来的财富被花在奢华的展示以及聚集一伙依附者和食客上，他们是政治权力的重要基础。在他的"圆桌"骑士比武大会上，莫蒂默热情款待着在场的整个贵族阶级，并像一位国王那样自娱。这种身份的比喻同时出现在数名同代人的记录中。

但是莫蒂默的权力是不稳固的，他明白这一点。1328 年末至 1329 年初的冬天，他不得不镇压一场刚刚开始的叛乱。兰开斯特伯爵在贝德福德（Bedford）聚集了一支军队，其中包括国王的叔叔们，肯特伯爵和诺福克伯爵，以及许多的男爵。然而两位伯爵受伊莎贝拉的哄骗离开了他们，叛乱因此瓦解。许多支持者逃往法国。只能猜测两位王叔重新加入莫蒂默和伊莎贝拉一方的动机：也许是对年轻国王的忠心，以及对另一个男爵集团的疑虑。但他们并不是值得信赖的盟友。次年，肯特伯爵，一个高贵但愚蠢的人，受到密探劝诱，相信了他的哥哥爱德华二世仍然活着，因而支持了一个试图解救他的密谋。既然伯爵曾是那支废黜了国王的军队中的一员，看来他的观点至少在绕了一大圈后已经回到了原点。肯特于 1330 年 3 月在温切斯特的议会上被捕，并被匆忙地判处了死刑。虽然这位伯爵并不是特别受欢迎，但还是必须找一个被定罪的罪犯来执行这个判决；没有其他人愿意杀死一位如此高贵的贵族。

　　然而，莫蒂默生存的最大威胁是不可能被处罚的：爱德华三世虽然只是一个未成年人，但已经不再是一个象征符号了。得知这位非凡的统治者是个什么类型的人将会非常有趣。虽然有很多关于爱德华三世一生的描述，但它们都是依照浮华的传统风格写出的作品，这些传统风格来自于骑士美德中被广为接受的模式化形象。这些作品完全掩盖了爱德华三世的个性，就像他的那些对手法兰西的腓力六世和让二世所遇到的一样。根据傅华萨的描述，"强大而且英勇的国王爱德华，他如此高尚而且无畏地生活和统治"。[19]但是一个在友谊方面有着如此高的天赋，能够激发如此多的个人忠诚之人，必然比傅华萨语句中描绘出的平面式人物要生动得多。他是一个受过良好教育但并没有书生气的人。他已经是一个著名的骑手，而且是各种骑士比武大会的热情参与者。他在其中取得的诸多胜利甚至受到了法国编年史作家的赞赏，有足够的证据显示获得这些胜利不仅是出于他的对手们的敬意。显然，在爱德华的教育过程中曾经被给予了无微不至的关怀。但在爱德华的品格中，经验一定比教育更为重要。五年中，爱德华跟随母亲的行李车队，首先来到法兰西，然后抵到低地诸国，而最后在不懈地追击他父亲的过程中穿越英格兰。这样的经历曾给予了他，即使按一个不会保护儿童远离野蛮和暴力的时代的标准来看，也属于异常强烈的体验。爱德华尊贵的王室身份在他母亲流放期间曾经是她与外国王公交易的主要筹码，而且在她回国后统治英格兰时也是如此。他已经逐渐深刻意识到这一点，既来自于锻炼，也来自于对早年肮脏的羞辱性生活的反抗。

爱德华在 1328 年 1 月与埃诺的菲莉帕结婚，因而有必要给他提供一个超过他自己名义上拥有的真正内廷。它的官员由政府任命，但是野心以及惺惺相惜使得他们中的一些人与国王本人联系在了一起。爱德华事实上被排除于政务之外，并受到母亲和莫蒂默的严格监护。这种境况使得国王和内廷官员们心生厌恶。1329 年 9 月，威廉·蒙塔古（William Montagu）——一位背弃了莫蒂默的亲信——被派往阿维尼翁教廷去执行一项外交任务。当到达那里后，他在一次秘密会见中利用这个机会告知教皇，爱德华受到他人控制。作为这次接见的结果，爱德华的家庭教师和文书理查德·伯里（Richard Bury）① 提供给教皇一份爱德华字迹的样本，以及一个暗号［天主圣洁之翼（Pater Sancte）］。凭此，教皇可以将包含着国王自身愿望的信件与那些按照莫蒂默和伊莎贝拉的指示书写的信件区分开来。

1330 年夏季是一个在外交上日趋紧张的时刻，同时在英格兰也是一个怀疑和不安不断增长的时期。莫蒂默加紧了对国王的控制，接近他的机会受到限制。由莫蒂默选择的侍者受指派前来服侍他，而且在他们之中安插了密探，随时报告爱德华的动向。1330 年 9 月初，莫蒂默和伊莎贝拉搬到诺丁汉，它是王室在中部地区的重要壁垒，他们在那里安顿下来，与之相

───────────────

① 即伯里的理查德（Richard of Bury）。

伴的还有一大群侍卫。爱德华也同他们在一起，而且处于密切监视之下。10 月中旬发生了一件公开的侮辱性事件。莫蒂默迫使爱德华内廷的主要成员接受御前会议审问。他告诉他们，爱德华（他也在场）是靠不住的，并指责他们教唆他参与一个反对政府的密谋。所有人都拒绝承认，除了蒙塔古，他找了一个遁词来回答。他声称不会做任何与自己责任相悖的事情。[20]

1330 年 10 月 19 日夜，蒙塔古带领一群 24 人左右的武装同伴，在驻军指挥官的默许下，通过一条地下暗道，秘密潜入城堡的内城。他们和国王一起涌进王太后的房间。在那里，他们发现她正准备就寝。莫蒂默与少数党羽在附近的一个房间里。一场搏斗开始了。莫蒂默的两个人被杀，还有一些人受了伤。"亲爱的儿子，对莫蒂默大人发发慈悲吧！"据说王太后这样哭喊道。莫蒂默在被捕时没有受伤。但是他被置于看守之下并被押往伦敦，与此同时已经作出了一个关于如何处置他的决定。次日清晨，他的支持者都在城中各自的寓所内被捕，计划的最后阶段就像莫蒂默在 1327 年攫取权力时那样毫不费力地获得了成功。爱德华发布一项公告，否定了莫蒂默和伊莎贝拉以他的名义所做的种种行为，并宣布了将按照"公正和理性"的原则亲自治理国家。[21]值得注意的是，那些帮助爱德华三世夺回权力的人在 1330 年时的年龄，他们中的许多人变成了在之后三十年战争期间内他最亲密的朋友和协作者。这群人中能被确认的最年长者是罗伯特·厄福德（Robert Ufford，后来的萨福克伯爵），当时他 32 岁；还有约翰·德内维尔（John de Nevill）他曾是兰开斯特伯爵的一名家臣，当时他 30 岁。大部分人都比较年轻，领导者蒙塔古是年 28 岁。约翰·莫林斯（John Moleyns）应有 25 岁左右。汉弗莱·博恩（Humphrey

Bohun）21 岁，后来成为赫里福德伯爵（Earl of Hereford）和英格兰王国陆军统帅，而他的两个弟弟爱德华和威廉则只有 10 多岁。爱德华自己尚未满 18 岁。

议会于 11 月底在伦敦召开，并对莫蒂默秘密宣判。1330年 11 月 29 日，他成为第一个在泰伯恩（Tyburn）被执行死刑的人。他与王太后的奸情是一件最好应被忘记的丑闻。伊莎贝拉被迫交出她在掌权的四年里积累的财富，并隐退到赫特福德（Hertford）和赖辛堡（Castle Rising）的庄园中，开始了默默无闻的安逸生活。在那里，她享有巨大的家产并专心于娱乐、猎鹰以及宗教事务（pious works）。体面的杜撰被小心翼翼地编述。当她于 1358 年 66 岁之际去世时，被覆以一件曾在婚礼上穿过的衬着黄色丝绸的红锦缎下葬。[22]

*

这些事件动摇了英格兰和法兰西之间的关系进程。由莫蒂默和伊莎贝拉召集起来讨论关于加斯科涅防务的御前大会于 1330 年 10 月 15 日在诺丁汉城堡的大厅中按期举行。但是它已在 19 日无果而终，就在政变发生前几小时。随之而来的则是一段停顿时期，接着是政策上的改弦更张。面对法兰西威胁时毫不妥协，曾经是一个尤其与王太后以及负责执行的外交官们，比如太后的亲信伍斯特和诺里奇的主教们相关联的政策。在 1330 年 11 月初，爱德华命令一位中书院的文书约翰·肖尔迪奇（John Shoreditch），政府在阿基坦问题方面的主要专家之一，准备一份将在该月末提交给议会的，关于那时与法兰西谈判情况的材料汇编。据推测他应该按时提交了，但是结果没有记录下来。如果议会继续热衷于与法国进一步争吵，那才是令

116

人惊奇的。很清楚的一点是，到 1331 年初，也许是作为腓力六世派遣阿朗松的查理到西南部的结果，爱德华决定给予腓力他想要的。没有理由认为他没有专心于这件事。爱德华没有他母亲对法兰西国王的那种怨恨之情，而且当务之急是避免为了一个看起来似乎不太重要的原则而完全失去这个公国的剩余领土。1331 年 2 月，一个特别庞大的使团前往法国。它被伍斯特和诺里奇的主教们以及三位受到爱德华信任的内廷骑士领衔，包括威廉·蒙塔古在内。显而易见，这次屈服将是一件庄重之事。在巨大的压力下，他们在巴黎展开了谈判。阿朗松伯爵已经到达西南部，而且据推测正在围困桑特（他占领此地的消息还没有传来）。接下来的一道防线就是吉伦特，还有在布尔格和布莱北部海岸的要塞城镇。条件很快就被接受。1331 年 3 月 30 日，爱德华签发信件，解释在 1329 年时他没有做君臣效忠是因为曾被建议保留一些关于他是否被迫行事的疑问。但是现在，在评估实际状况后，他希望亚眠的效忠礼应被视作君臣效忠，并承诺他和他的继承者们未来将行正式的效忠礼。

当谈到领土争端问题时，英格兰人的屈服使谈判几近完成。腓力六世承诺，将宽恕爱德华在关于君臣效忠事件上的拖延行为，而且将取消高等法院做出的没收法令。他还承诺将撤销对那些参与对圣萨尔多设防村镇暴行之人的放逐判决。而腓力没有作出的承诺则是原谅爱德华的父亲在这次扑朔迷离事件中的作为。他们还将举行另外一场依照先前佩里格的流程模式进行的联合司法委员会，它曾因激烈争执而归于失败。委员们被要求对那些自圣萨尔多战争以来在阿基坦被武力占据的领土进行相互复原。但是对腓力六世而言，这样做无异于时光倒流。法国人在这次战争中的征服行动被故意忽视了。每当谈及这些内容时，均是要求爱德华三世应该于未来某时向腓力申请归还它们，在这种情况下法兰西国王将按他的前任曾在1325年5月答应的内容办理，也就是说任何对他来说适当的内容。腓力已经清楚地阐明了他认为适当的内容。在他看来，爱德华的父亲已经被正当的法律程序宣判，而且那些丢失的省份是通过征服者的正当权利占有的。[23]

身在巴黎的使节们显然已经同意了两位国王将再次会面。但由于某些原因爱德华并不希望这件事广为人知。他于1331年4月4日与温切斯特主教一同在多佛上船。此行高度机密，他打扮成一位商人，而且只有15名骑士陪伴。他留下书信，专门宣布了他已经启程前去完成一次朝圣之旅的誓言，并去做"其他某些关系到我们自身和我们王国福祉的事情"。腓力在位于巴黎以北，离它只有一小段距离的蓬圣马克桑斯（Pont-Sainte-Maxence）会见了爱德华，然后他们一同骑马前往法国国王位于赫尔特森林中的圣克里斯托弗（Saint-Christophe）的狩猎行宫。法国国王当时出人意料的随和。爱德华被免去了做一次新的效忠礼的要求。腓力宣布，他对一封明确定义了先前那次仪式意义的回信已十分满意。他已经召回了他在南方的军队，而且承诺会因阿朗松伯爵洗劫桑特的行为对爱德华给予补偿。之前已经解释过，阿朗松超越了他的职权范围，但命令他停止行动的信件不幸到得太迟。一些次要方面的争论也被免除。爱德华表达了他对关于加入腓力的一支讨伐西班牙穆斯林的十字军的兴趣。腓力果然十分满意。两位国王像朋友那样道别，或者至少像法兰西官方编年史作家所说的那样，"并非敌人"。[24]

编年史作家的怀疑是有根据的。只有那些刚刚过去的争执被解决了。而那些可以回溯至 1259 年的更为棘手的问题则没有触及。双方都充分意识到此点。当议会于 1331 年 9 月在西敏召开时，中书大臣约翰·斯特拉特福德（John Stratford）在他的开幕演讲中移交了一份关于可备选方案的权威性概要。他说有三种方法可以解决与法兰西国王的问题：第一种是在所有悬而未决的争端上均屈服于法兰西贵族伙伴的仲裁并且遵守他们的决定，正如腓力实际提议的那样；第二种是展开以一场联姻和一个永久性条约为目的的谈判；第三种是以战争方式解决。贵族院觉得仲裁和战争的方式都过于冒险，他们建议应该重新开始谈判，然后议题转到了其他事务上。[25]

*

14 世纪早期，烦琐的外交程序不可能产生独创性的妥协方案。在这个国际关系刚刚露出曙光的时刻，各个政府才刚刚开始将它们的关系置于一个定期联系的基础上。它们致力于不断维护彼此间的友好状态，以免因双方的关系忽冷忽热而导致当危机爆发之际为时已晚。此时并没有设立以便能在近距离研究对手的希望、顾虑及气氛的变化的常驻大使；向他们的政府报告哪里可以有回旋的余地，而哪里没有。英格兰国王通常在巴黎保持着一小群律师来处理他们在高等法院的广泛业务，而且近来，他们中的一些人已成为英格兰人。但是当指望这些人报告更能影响他们主人的公开事件时，他们却已远离了法兰西宫廷的政治氛围。法国国王们甚至没有这种与他们在欧洲北部最重要的对手联系的手段。

相反，任何重要的谈判都由派遣的不定期的"隆重的"使团来负责。这意味着其成员由高官显贵组成，通常是主教或

者大贵族，伴随着一大批由仆人和随员组成的扈从队伍，以及
一小群常务官员和狡猾且能言善辩的神职人员。他们带着存放
公文的书箱。这些盛大的事件因时代惯例所需，而且与统治者
的自尊紧密相连。但是对良好的外交关系来说它们常常是一种
徒然的障碍。他们到达时总是大肆宣扬，虽然他们常常在传达
公众消息时也有秘密信息要转告，但这些秘密并不能保持很长
时间。一次失败的出使往往是公之于众的失败。而在全世界以
及如此高贵的人们面前遭受断然拒绝会显得更加丢脸。如果沟
通做得更好些，也许就能更经常地避免这样的失败。但是信息
传达得很慢，而政府的反应则还要更迟钝些。当事件快速发展
时，庄重的使节们还在以一种凝重的步伐移动。那些必须预先
准备好的指示，范围通常都十分狭窄。如果发现它们不合适，
那必须从本国获得进一步的指示。由于这些原因，偶尔有人建
议，重要事务应该交由机要秘书来办理，他们可以尽快骑马往
返，不会丢失颜面也不会耗尽沿途热情好客的修道院库房中的
储藏。但是这些时机不常发生，而且往往伴随尴尬的道歉。英
法（Anglo-French）关系产生的影响是严重的。那些曾驱使圣
萨尔多事件走向危机的混乱和前后矛盾、并非故意的笨拙与不
合时宜的倔强，很大程度上都要归功于爱德华二世对他在法国
的那位亲爱的远亲思维方式的一无所知。1330 年代，两个政
府都因相似的原因犯下了相似的错误。

　　由于中世纪法兰西政府的大部分档案已经遗失，因此很难
说是否有人承担着观察国王与外国势力关系历程的常务职责。
个别的御前会议成员根据某些临时的专门情况负责外交方面的
任务。他们中没有人会连续不断地与英格兰甚至是外国事务打
交道。在腓力六世统治的最初几年中，他与英格兰联系的主要

119

顾问是两位高级神职人员：安德烈亚·吉尼（Andrea Ghini），相继成为阿拉斯主教和图尔奈主教；皮埃尔·罗歇（Pierre Roger），费康的修道院院长，后来成为鲁昂大主教。吉尼是一个佛罗伦萨人，一位民事律师，他通过为法国政府提供财政服务青云直上。圣萨尔多战争爆发时，他是查理四世的私人秘书，曾在 1323 年秋去过一次英格兰，用没收阿基坦来威胁爱德华二世，因此以收到爱德华的恶语告终。从那以后，直到 1334 年，他参与了两国间的每次重要外交活动。[26]1328 年，皮埃尔·罗歇也被伊莎贝拉王后断然拒绝，像吉尼一样，他是个更应该注意的角色，而且最为熟知历任英格兰大使。他是一位神学家，而且是那个时代著名的演说家，经常被聘为站在法国政府立场上的公共发言人。这使得他在百年战争开始时担负起了发表法兰西抗议声明的重任，比如在阿维尼翁教皇宫殿的谒见大厅这样的著名场合上，他以强有力的辩词和丰富多彩的语言完成了演讲。[27]这是一次辩护，一次在战争期间法兰西的忠心仆从的辩护。在一个仍然有可能避免战争的时代，皮埃尔·罗歇曾经支持过妥协的方式，但他的主张被其他人否决，他们的看法在更大程度上受到法律和傲慢的强烈影响。此外，他是一位虔诚的主教，不是一名王室常务官员，而且即便当他身处宫廷时也还有其他相关事务要处理。在外交活动被引发时，他参与其中，并在之后又转移到其他事务上。

英格兰国王们受到的服务稍微好一点。虽然政府中没有专门负责外交事务的部门，一些独立的中书院文书几乎一直受聘从事处理国王在国外的相关事务。大概从 1304 年到百年战争爆发这段时期中，一种被称为流程和便函保管员（Keeper of Processes and Memoranda）的公务员，负责一大批涉及阿基坦问题和英格兰与法兰西关系的文件的收藏、保存以及分类登记工作。尽管头衔平淡无奇，这个角色却比一个档案保管员重要得多。1331 年任职的伊莱亚斯·琼斯顿做了 25 年的保管员，而且之前还充任他前任的文书。这个有着极大耐心，极度悲观主义，有点思路狭隘的人，在每次英法关系爆发危机时都向御前会议提过建议。他曾写过数不清的，而且在某些时候十分精辟的关于外交问题的总结，曾起草过大多数重要使团的指令，而且亲身陪同过其中的不少使团。[28]处于官僚体系中的较低阶层，同样长期服务的机要秘书们的名字也一再出现，他们常常承担为御前会议和议会准备报告的工作，充当英格兰派往法兰西使团中的参谋以及偶尔凭其自身实力成为外交代表。这些人才是在国内持续动荡的三十年里为英格兰外交政策的连续性作出不少贡献的真正专家。

然而，尽管他们有专业知识，这些人有着一个共同存在于英法外交中的严重劣势。他们是律师和文物学家、先例和形式的学生。他们拥有关于英格兰和法兰西之间古老而复杂的领土争端的百科全书般的广博知识。他们负责向大使简要介绍阿让地区那些特殊城堡的明确法律地位、关于设立联合调查委员会的正确方法、在巴黎高等法院诉讼中可以采取的绝对异议（peremptory exceptions）以及与《巴黎条约》和《亚眠条约》的每项条款及英格兰国王曾向法兰西国王履行的每次效忠礼中的每句原文有关的外交史料。在他们的备忘录中，任何人都可以发现一种对加斯科涅事务的晦涩复杂性的真正兴趣。他们很少超越技术细节，除了在受到巨大压力的时刻，即当法律形式已明显无关紧要之时。他们没有将这两个国家的差异看作一个需要政治答案来解决的政治问题，而是将它看成一条需要持续

121

辩论才能达到的寻求正义之路。而从他们的上司，即领衔主要使团的主教和贵族们的角度来看，可能对他们的期待还要更多些。但是这些首脑是兼职的外交官，依赖对他们的文书和他们指令的理解，而指令经常由他们的文书起草。1315 年，一位中书院文书为爱德华二世准备了一份涉及挑选前往法兰西宫廷大使时所必备才能的备忘录。当这个人拟写备注时，他表达了此类观点：除了机智和高贵出身之外，一位大使最主要的必备条件是，他应该知道他的国家的权利。[29]

对于爱德华三世在 1331 年底依照议会的建议作出的谈判与提议，腓力六世的答复非常随意。英格兰使节得知腓力会出于他的恩典作出让步，但现在尚不是时候而且可能也不会仅仅因外交官提出要求就这么做。爱德华应该亲自前来并寻求他的青睐。爱德华漫不经心地考虑再访问一次法兰西；这将是他即位后的第三次出访。但后来他还是决定不去。能做的十分有限，爱德华无法提供值得法兰西国王让步的交换条件。他们提出过联姻的建议，但结果表明法国人对它不是很感兴趣。他们也尝试过邀请教皇以最高审判者的身份来对这场争执作出裁定，但教皇在没有腓力同意的情况下婉言拒绝了这个要求。爱德华仍然没有完全认真对待法兰西，而他的王国必定被腓力的御前会议大臣视为动荡、混乱以及低效的国家。爱德华必须谨慎行事。他清楚意识到英法战争初期导致的实质性困难。而且万一他忘记了的话，许多在此期间为他准备的外交备忘录都在提醒着他。当议会在 1332 年 3 月召开时，世俗和宗教界的贵族被告知腓力关于一次会晤的建议，但是他们没有表示多大的兴趣。他们提议：如果像设想的那样有用，而且当他的情况允许时，爱德华可以前往法兰西。[30]

爱德华的大臣们无意坚持这一点。到目前为止他们之中最有影响力的是谨慎的温切斯特主教约翰·斯特拉特福德，他几乎在莫蒂默倒台后就立即被爱德华任命为中书大臣。斯特拉特福德是一位职业政府官员，一位聪明而有雄心，又不过于审慎的教会律师。当他上任时应该是 40 岁出头。对 18 岁的国王来说，他成了一个父亲般的角色，这个用语在多年以后当两人发生争执时被爱德华亲口提及。斯特拉特福德对英格兰政治起了一种约束作用。他曾作为爱德华二世的核心顾问中的一员经历了圣萨尔多战争的灾难。1329 年爱德华在亚眠对法兰西国王履行效忠礼时他也在场，而且两位国王在赫尔特森林里秘密谈判时，他再次出席。尽管那些外交停滞并遭受挫折的岁月最终在他心里培养起了一种对法兰西的深切怀疑和憎恶，毫无疑问，这些年中的避而不答和犹豫不决体现了斯特拉特福德的个人倾向。而且无疑的是，他偏好如此行事十分正确。1330 年代初爆发的一场战争只会在灾难中结束。法兰西的前景几乎陷于停滞，而英格兰则只能沮丧的听天由命。

扰乱英法关系发展的决定性方向的是一场发生在苏格兰的意料之外但十分激烈的战争。这场战争逐渐抑制了任何关于阿基坦的认真谈判。它引起了一种过分夸大但非常现实的关于法国将会入侵英格兰南部的担忧。它让英格兰的贵族政治品尝了战争的滋味，并给予了他们战争的经验，在英格兰公众舆论中产生了一场风暴，一种对法兰西的恶毒怨气，并且在一段时间里，有一种凭借武力和巨大开支来放手满足这种愤恨的意愿。

5　在苏格兰的战争，
1331～1335 年

　　1328 年 5 月，被英格兰政府批准的《北安普敦条约》结束了英格兰和苏格兰之间长达 36 年的战争。它曾被提交给议会而且很可能经过了认可。但是它并不受欢迎。编年史作家们将它指责为一种"不道德的和平（turpis pax）"，一个专制政府的"懦弱的和约"，这是一种被广泛认可的观点。这些观点甚至存在于那些北方的深受边境战争蹂躏的人群里。它也是爱德华所持有的观点。这个和约同他年轻时的一段最耻辱的经历联系在一起。苏格兰人曾在他父亲被废黜后不久，就故意拒不履行休战协定，并开始强迫英格兰的新统治者们接受一个永久性的解决方案。当时他们仍在巩固自己的地位，并因广为人知的纠纷而削弱。在这方面他们十分成功。发生于讲和之前的那次短暂的战争是一场惨败。莫蒂默和伊莎贝拉在英格兰征募了一支大军，并在埃诺招募了一支数百人的骑兵部队。但是外国骑兵和英格兰步兵在约克街头却互相殴斗，而且双方都死伤惨重。这支联合军队在韦尔地区切断了苏格兰人的后路，但未能迫使他们接受会战，也没能阻止他们毫发无伤地逃回苏格兰。有人看到年轻的国王，他被安置在监护人的辎重队伍里来到北方，流出了悲愤且沮丧的泪水。接下来的一系列事件更为加重了他的挫败感：苏格兰人发动连续而且毫无损失的突袭，深入英格兰北部各郡，此外还有将他排除在外的漫长而曲折的谈判。《北安普敦条约》否认了爱德华对苏格兰封建君主权的一切要求，并在最终承认了罗伯特·布鲁斯（Robert Bruce）的国王地位。1328 年 7 月，布鲁斯的继承人，未来的戴维二世（David II）① 与爱德华的妹妹结婚。苏格兰人支付了 20000 镑作为对英格兰北部不断侵扰的赔偿。这笔款项中的大部分很快落入了莫蒂默和伊莎贝拉的钱柜中。1330 年代，王室的宣传人员散布消息，和约是在一位国王未成年时强加在不情愿的他身上的，因此在成年后对他就没有约束力了。这是错误的法则，但它也可能是良好的发展历程。[1]

单方面来说，这项和约存在着更多的严重缺陷。首先，它 124 使英格兰面临被法兰西和苏格兰协同攻击的极大威胁。苏格兰和法兰西于 1326 年在科尔贝伊签订的条约规定，如果英格兰和法兰西之间爆发战争，苏格兰国王应该入侵英格兰，并且在那里"要尽自己最大的能力"挑起战争。在他们和英格兰的条约中，苏格兰人故意保留了他们遵守这项义务的权利。在四十年的恐惧、怀疑和战争之后，也许期望他们以放弃他们唯一盟友的方式来完全放松他们的戒备是不合理的。但是这项保留条款也给他们带来了凄惨的后果。它意味着任何面临一场与法兰西的激烈争吵的英格兰国王，将希望先强硬地对付苏格兰，以此保护他的后方。英格兰的行政部门对过去的教训记忆犹新，而且感兴趣得近乎痴迷。仍有很多官员记得可怕的 1295 年，那时苏格兰人因为英格兰人的"剥夺继承权以及到处破坏"而与法兰西联手起来。

"耻辱的和约"的第二项严重缺陷已被证明是取消它的直

---

① 罗伯特一世罗伯特·布鲁斯之子。

接原因。它未能处理好许多在班诺克本之战后被剥夺了苏格兰领地的英格兰和苏格兰贵族的要求。像珀西（Percy）、威克（Wake）以及博蒙（Beaumont）这样的英格兰家族在被驱逐之前已经在苏格兰待了很长时间。这使得他们在此扎根，并使得许多苏格兰人也认为未来存于入侵者手中。被赶走后，这些人失去了他们在苏格兰的一切。他们中的一些人可以退回到英格兰的广袤土地和收益中。其他人除了针对罗伯特·布鲁斯以及其继承人所要求的宣称权外，一无所有。少数案件被英格兰政府在断断续续而且几乎没有什么结果的外交往来中讨论处理；一些受宠的人得到了来自财政署的适度抚恤；大部分人都被置之不理。这种背叛行为引起了贵族阶层情感上的极度震惊，并增加了莫蒂默已经日益膨胀的敌人队伍。

　　"被剥夺继承权者"中的一位是亨利·博蒙（Henry Beaumont），一位拥有法兰西血统的能干的战士和冒险家，一度位于英格兰占领的低地地区最有权势的领主之列。凭借他妻子的权利，博蒙拥有巴肯伯爵爵位（earldom of Buchan）以及苏格兰王国陆军统帅职衔。在1331年的某一天，博蒙想出了一个可恢复其损失的大胆计划。这个计划包含的内容不亚于一次对苏格兰的入侵。它将在其他著名的"被剥夺继承权者"的帮助下，由博蒙自己集聚一支私人军队来完成。这些人中最著名的是爱德华·巴利奥尔（Edward Balliol），由于英格兰在苏格兰被打败，他几乎比任何人的损失都要多。巴利奥尔是那位不幸的约翰王的长子。他是一个被遗忘的人物，多年以来一直过着拮据的生活，靠大量抵押他在法兰西的庄园为生。但他是一位优秀的战士，并拥有价值不菲的名号，而且他也没有什么可再失去的了。因此，在1331年末至1332年初的冬天，他来到英格兰并定居约克郡。在那里，为发动一场对苏格兰跨海远征的准备工作已经开始。1332 年 7 月 31 日，博蒙和巴利奥尔以及他们的朋友从约克郡的三个港口起航。这是一群混合着愤懑的苏格兰流放者、囊中空空的英格兰人和数百名雇佣兵的队伍。

他们是幸运的，或者说是精明的。在他们作出选择的时候，罗伯特已经在 1329 年 6 月去世，留下 5 岁的儿子戴维二世作为他的继承人。在新统治时期的最初三年里，政府掌握在苏格兰守护马里伯爵托马斯·伦道夫（the Guardian，Thomas Randolph，Earl of Moray）手里。他是一位精明能干的老战士，曾在班诺克本领导苏格兰军队的中路军。马里清楚知道博蒙的安排，并已拟定了自己的计划，准备对他们反击。但他已经患病，并于 1332 年 7 月 20 日在福斯湾（Firth of Forth）南海岸的马瑟尔堡（Musselburgh）的城堡中去世，他原本选择在此地等待巴利奥尔的入侵。8 月 2 日，当被剥夺继承权者的小舰队沿着海岸前进时，苏格兰的首脑们聚集到珀斯（Perth）并选出马尔伯爵唐纳德（Donald，Earl of Mar）继承托马斯的位置。选择马尔伯爵是必然的，因为他是国王的男性成年家族成员。但在所有其他方面都是不幸的，因为他缺乏政治手腕和军事经验。此外，他是一个有着模糊经历和不稳固忠心的人，曾经在一生的大部分时间里作为爱德华二世的朋友和廷臣住在英格兰。在珀斯，那些对他当选的疑虑，"纠纷和争端"，据苏格兰编年史作家所说，都不足为奇。[2]

马尔注定不能长期统治苏格兰。1332 年 8 月 6 日，博蒙一伙在法夫（Fife）登陆。五天后，也就是 11 日，他们在杜普林荒原击败了一支数倍于己的苏格兰军队。这场战斗甚至比它的政治影响更加重要。苏格兰人在伟大的布鲁斯（the great Bruce）的私生子罗伯特·布鲁斯的领导下，英勇地对入侵者展开了混乱的攻击。"被剥夺继承权者"如此布置他们的小部队。重装骑兵下马上前，在他们战线的最前端紧握长矛排成一条狭窄的正面战线。与此同时，他们的战马被安排在后方，以便之后骑马追击或逃跑。弓箭手们被以相对疏松的编队布置在侧翼，比中央略微靠前一些。他们从这里倾泻了一场箭雨到那些正在前进的苏格兰主人们的头上。这个定式因日后在百年战争中帮英格兰获得了一连串胜利而成为经典。现在，这是一场可怕的屠杀。数千苏格兰人死于箭伤或者在层层堆叠的尸体下窒息而亡。他们中的大部分人始终没能到达敌人的战线。马尔、布鲁斯以及许多苏格兰贵族领袖都在阵亡者之列。[3]

126

*

爱德华三世在这些事件中所扮演的角色含混不明，因为毫无疑问他希望它们按计划发展。他已正式与苏格兰国王签订和约，事实上后者已与他的妹妹结婚。另一方面，他还有些账要和苏格兰人算，而且许多"被剥夺继承权者"中的朋友曾帮助他从莫蒂默手中夺回权力。博蒙和巴利奥尔无疑同爱德华三世商量过，并请求他的允许，尝试再次征服苏格兰。爱德华的答复有多种版本，根据最可靠的证据，爱德华拒绝支持一次跨过特威德河的入侵行动，这将太明显地与他联系起来；但是他愿意对"被剥夺继承权者"以他们从海上进入苏格兰为条件的计划睁一只眼闭一只眼，而且如果他们这项计划以灾难告终，他将公开否认与他们的关系，并没收他们在英格兰的领地。巴利奥尔在获胜后发布了大量公告，暗示在启程之前他已为了苏格兰王国秘密向英格兰行效忠礼。他甚至引用了曾用过的确切词语。这件事很可能确实发生了。1332 年 3 月底，爱德华告知北部各郡的郡长，他已经收到几个关于武装人员违反 1328 年和约，正在聚集起来入侵苏格兰的报告，这种行动应该立即制止并逮捕肇事者。既然这种行为可以轻而易举地被制止却没有这么发生，那么很可能这些公文事先已为在苏格兰使用作好了准备，而且伴有声称没有这种事情的口头指示。[4]

巴利奥尔的非凡成就实属意外。议会曾预定在 1332 年 9 月 9 日于西敏召开，进而考虑爱尔兰方面的事务。但是随着每日从苏格兰传来的只言片语逐渐累积，爱尔兰问题已被置于次要地位。在会议的第二天，领主们和各郡骑士脱离了他们的议题，主动提出爱德华应该立即前往英格兰北部，甚至不用等待西敏的议会事务决议的建议。为了王国的安全和对抗来自苏格兰的入侵，他们表决通过给予他一份抽取十分之一税和十五分之一税的税收许可。[①] 看起来西敏的主流观点是：尽管巴利奥尔获得了显著的胜利，他的事业仍有可能失败，而且主要的危险是一个恢复和巩固后的苏格兰政府发动的报复性袭击。但是在议会解散后，好消息陆续从北方传来：第二支苏格兰军队，当杜普林荒原之战打响时它正从南方赶来，在珀斯作了缺乏热情的包围巴利奥尔的尝试，然后逐渐散去。加洛韦（Galloway）已经开始支持巴利奥尔的事业，巴利奥尔家族一度在这里拥有重要利益。看来如果只在缺乏有组织抵抗的情况下，他很快就能将其统治扩展到苏格兰中部和南部的大部分地区。爱德华三世在 1332 年 9 月的第三个星期离开伦敦，并在

127

---

①　十分之一税针对城镇地区及王室领地，十五分之一税针对乡村。

10 月中旬到达约克。在那里有一个好消息迎接他：在一群混杂着全副武装的英格兰人与苏格兰反抗者以及投机分子的集会的见证下，巴利奥尔已在斯康（修道院）加冕为苏格兰国王。此事发生在 9 月 24 日。自那以后，巴利奥尔和他的支持者已向南转移，进入了苏格兰低地地区，并在宏大的已部分损毁的边界堡垒罗克斯堡（Roxburgh）安顿下来。有源源不断的人前来向他投降，他在那里等待着事态的进一步发展。[5]

爱德华·巴利奥尔亟须英格兰人的帮助以稳固他靠冒险赢来的王国。1332 年 11 月底，他表明了自己为了得到它而准备的让步程度。他发布了两封公开信，用炫丽的辞藻承认了他对英格兰的欠债。这些文件以宣布巴利奥尔在英格兰国王和一些优秀的英格兰人的帮助下，重新夺回自己的王国为开端。他承认苏格兰曾是而且一直是英格兰的一块封地，然后转到他对未来的承诺上。爱德华将会获得一片紧邻边界，每年有 2000 镑产出的土地。其中包括特威德河畔贝里克（Berwick-on-Tweed），它是任何英格兰军队进入苏格兰低地地区的入口。此外，在他的余生中，巴利奥尔将忠心侍奉爱德华，向他提供 200 名至少有每年 6 个月服役期的重装骑兵听任调遣，无论爱德华在何地需要他们，包括加斯科涅"和其他国王可能持有土地或者声称拥有权利以及其他企图以武力阻止他享有它们的地方"。[6]这些引人注目的信件被巴利奥尔的使者们带至约克，因此成为 1332 年 12 月 4 日在那里召开的议会的主要议题。

此事混乱无果。约克地处遥远，而且大部分贵族未能参加。在两次等待未到场者前来的延期后，主要会议进程于 12 月 8 日开始。王座法院首席法官杰弗里·斯克罗普（Geoffrey Scrope，Chief Justice of the King's Bench）做了一次演讲。斯克罗普是约克郡一位富有的新贵，一位对军事有着浓厚兴趣的律师，他正在成为爱德华在外国事务上的一名主要顾问。他向那些在半空的席位上就座的议员们解释，1328 年的和约可以被忽视。它是由其他利用国王年少无知的人所制定的。因为如此，他继续说到，面对现在的形势似乎有两种方式可以采用。爱德华可以宣称这个王国归他所有；或者他可以支持苏格兰境内众多反对派中的一个，以换取效忠和封建义务。斯克罗普明确表示政府没有执着于爱德华·巴利奥尔的事业。他提醒他的听众们注意，巴利奥尔的父亲曾被爱德华一世没收了王国。至于戴维二世，他在场的代表被告知，爱德华没有义务阻止他的臣民们，他们曾因他以及他的前任的缘故在苏格兰被剥夺了继承权，因此现在开始要夺回他们的财产。贵族院被要求仔细考虑斯克罗普的"两种方式"，然后向国王提交他们的意见。但是爱德华显然已经决定了他愿意听取哪种意见。他希望被告知应将苏格兰并入他的王室。在这方面他失望了。经过一段按中世纪议会标准来看十分漫长的考虑期后，贵族们告诉爱德华，对于如此小规模的集会来说，这件事情过于重大而且难解。只有五位神职人员（都是北方人）到场，因此最好的方式是什么也别做，直到延期会议能在 1 月举行。[7]

128

到延期会议举行的时候，国王的问题已经因巴利奥尔的时运不济而简化。他事业的崩坍就像所获的巨大胜利一样迅速而猛烈。在接近 1332 年 10 月底的某一天，新的苏格兰守护阿奇博尔德·道格拉斯（Archibald Douglas）曾与巴利奥尔达成一项休战协定，它在表面上使苏格兰议会得以聚集，并决定谁是合法的国王。这个协定使巴利奥尔放松了警惕。他解散了他的大部分英格兰士兵，并离开安全的罗克斯堡，来到位于索尔威湾北部海岸的安南（Annan）。道格拉斯于 12 月 17 日清晨时分在此地对他发动了袭击。他的大部分同伴被杀死在床上。他自己从围墙的洞里逃出，并半裸着骑上一匹无辔头的马拼命逃亡，直至到达卡莱尔为止。[8]

巴利奥尔的突然被逐在爱德华三世的政策演变过程中起到了决定性作用。议会在 1 月 20 日举行的延期会议和 12 月的前次会议一样毫无结果，而且在当月底解散时也没有对君主提出任何建议。显然，即使在一个传统上支持对苏格兰人采取强硬措施的议会中也存在着对国王新增野心的疑虑。但是这些疑虑，不管它们是什么，都未能干扰爱德华的御前会议。无论议会如何说，他们已经决定要在苏格兰发动战争。议会解散前的最后一件公共事务是中书大臣斯特拉特福德的公告：爱德华已经任命了一个由六位御前会议成员组成的特别委员会在苏格兰事务中协助他。据《阶梯编年史》（*Scalacronica*）的作者所说，他们是"雄心勃勃而且好战的人，渴望重振他们曾被削弱的威信"。他们明白国王已经走得太远，因为已经没有任何与效忠戴维二世的苏格兰人修复关系的希望。他们同样也监视着法兰西，就像英格兰政策的制定者们在应付苏格兰的同时一贯所做的那样。只要苏格兰仍然独立而且怀有敌意，爱德华在法兰西就束手无策。比起现在，不太可能有更好的时机使他们驯服。因此他们下决心通过武力侵入苏格兰。[9]

这个事件显示了爱德华最糟糕的性格侧面：狡猾、冲动而且缺乏总领全局、放眼未来的能力。即使对于目前的这些事件，他也将其看成纯粹的军事问题。令人惊讶的是，一个被下属如此孜孜不倦地灌输历史教训的统治者，会认为杜普林荒原之战在政治方面将会像它在军事方面一样具有决定性，或者苏格兰人将会接受失去大部分低地地区并引入一个新的社会等级，而这个由亲英格兰的地主们组成的阶级出身于早先一代人中的那些被驱逐的入侵者。这些错误的判断并不是由于缺乏咨询所作出，而是因为爱德华选择的顾问。虽然他们既非无足轻重也不是平庸无能之辈，但通常都和他有着一致的看法。

*

无论爱德华三世可能曾经对他面前的这项任务的规模抱有何种幻想，现在都已经消散了。因为接下来的四年里，这个王国的行政首都被移至约克。中书院已经与它庞大的档案文件一起被安置在大教堂的座堂会议厅内。财政署以及民事法院法庭的正常固定办公职员也大约同时到达，并被安排在约克城堡中。城堡北面巨大的方济会修道院变成王室内廷的总部。一大群文书、王室禁卫、高官显贵、供应者以及食客和起诉者都挤进在乌斯河和福斯河之间的封闭三角地，住在可以找到的那种私人住房里。约克暂时变为一座兴旺的城市，它忍受着各种喧嚣纷扰、拥挤堵塞以及蕴含于繁荣中的骚动。在大教堂附近，半完成的教堂正厅的施工暂停了，因为热心的王室官员们征用了马匹、马车以及材料。西敏被整齐地遗弃给修道士们，因此它在一片俗丽下充斥着贫乏。[10]

英格兰人对苏格兰的入侵一无所获。但在军事上获得了完全的成功。[11]爱德华将他的部队分成两支，第一支由爱德华·巴利奥尔指挥，于1333年3月从卡莱尔进入西部低地地区。第二支军队置于爱德华亲自指挥下，在4月底从纽卡斯尔向北行军。两支军队的目标都是贝里克，一座守卫着特威德河口北部海岸的坚固的要塞城镇。爱德华在5月的第二个星期到达了

130

与城墙相对的特威德河南岸，并发现巴利奥尔的部队已经在北岸扎营。6月底，该镇的大部分都被弩炮和火焰毁坏，而且在攻城者反复的袭击下守军也被削弱。6月28日，该镇的守将同意在两周后投降，除非在那之前他被解救。

起初，苏格兰守护试图通过以苏格兰人破坏性骚扰的传统，发起将英格兰人注意力转向边界南面的进攻行动来解救贝里克。河南岸与贝里克相对的特威德茅斯（Tweedmouth）已被焚毁。王后菲莉帕被包围于15英里之外的班堡城堡（Bamburgh Castle）。面对这些危及他的臣民和妻子的威胁，爱德华展示了他残酷无情的一面，并显示了他为了达到目标的坚定意志，日后这些都成了他的个人特征。他听任苏格兰人在诺森伯兰恣肆。当贝里克在指定日期到来之际拒绝投降时，爱德华开始绞死人质：先从守军指挥官的儿子开始，而且以两人一天的速度继续，"所以他将因他们破坏协定而施以教训"。7月的第三周，道格拉斯被迫采取了自爱德华一世早年以来，每位苏格兰指挥官都学会的应不惜一切代价避免的一步。他再次渡过特威德河向英军挑战。这是解救贝里克的唯一希望，但是它也意味着要在一个爱德华选择的战场上作战，而且是在一个对他有利的时间点上。

战场位于哈利顿山，一座位于贝里克西北2英里处，约500英尺高的小山，横跨在苏格兰军队抵达被包围城镇的必经之路上。1333年7月19日，道格拉斯在这里向英军发起进攻。爱德华的战术与那些使巴利奥尔赢得杜普林荒原之战的战术如出一辙。他以下马骑兵位于中央，弓箭手排在比他们略向前突出一点的两翼的方式布置军队。马匹被置于后方。目标是尽可能长时间地保持防御状态，而敌人要穿过一场重创他们的箭雨才能抵达英格兰人的战线。苏格兰人的确这么做了。这次战斗后，一次对溃逃的苏格兰人的不懈追击最终完成了这场由英格兰弓箭手实施的大屠杀。目睹这场会战的结果后，苏格兰人的随军人员慌忙同马匹一起逃离了战场。这支队伍中的一些人在被杀前逃出了 5 英里远，其他人则跳入海中。死亡人数很难从编年史作家们夸张的内容中清理出来，但是一定有数千人。他们中包括了守护和五位苏格兰伯爵。被俘的少数人按爱德华的命令被处死，这是一个野蛮的，无法作出合理解释的最终行动。英格兰人的伤亡非常轻微。

131

"因此，"一位英格兰人说道，"人们直率地宣称苏格兰战争已经走到了它的终点，那个决心或能够自卫或自治的苏格兰政府已经烟消云散了。然而他们是错的，就像事后所示的那样。"[12]这段文字大约写为这场战役的五年之后。而它的直接后果并没有表明他们是错的。贝里克在次日向围攻者敞开了大门，并连同以它为首府的郡一起，立即被英格兰王室兼并。巴利奥尔在珀斯建立了他的都城，从那里他在理论上统治整个苏格兰，而实际则是它的大部分地区，包括法夫和绝大部分说英语的低地地区。年轻的戴维二世和他的王后逃到位于克莱德地区的邓巴顿城堡（Dumbarton Castle）。当潮汐的波浪掠过他们时，他们紧紧地依偎在城堡中。在其他地方，只有不到半打的城堡支撑着戴维的事业。[13]

现在轮到巴利奥尔履行他在前一年立下的宏伟的华丽诺言了。而其中已产生了些拖延和变卦的迹象。巴利奥尔明白这些让步将会在苏格兰人中丧失很多声望。他的处境和爱德华一样困难，都沉迷于战场裁决，没有认清形势。尽管如此，1334年 2 月，巴利奥尔召集苏格兰议会到爱丁堡外的圣十字修道院

（Holyrood Abbey）开会，以批准他同英格兰国王制定的协议。这是一次参加人数不合规定的集会，有相当一部分主教出席了会议，但是除了巴利奥尔在"被剥夺继承权者"中的一些长期朋友，以及在苏格兰持有土地的英格兰人之外，几乎没有任何世俗权贵参加。爱德华三世在一些问题上作出了妥协以取得苏格兰人的些许好感。他同意不受理来自苏格兰的上诉，并且不会要求巴利奥尔出席英格兰议会。但是在主要问题上他没有妥协。巴利奥尔于 1334 年 6 月在纽卡斯尔觐见爱德华三世，并把苏格兰绝大部分说英语的低地地区割让给他，位于南部的八个郡以及东部从福斯湾的林利斯戈（Linlithgow）到索尔威湾的威格敦（Wigtown）的长条地带。6 月 19 日，在纽卡斯尔的多明我会修道院中，他向爱德华三世行效忠礼，这次是在公共场合，为了他的王国剩下的部分而做。[14]

哈利顿山之战在爱德华三世作为一位战士和一位统治者的发展过程中标下了一个关键点。这是他第一次尝到胜利的味道，是他在对付更加强大的敌人时拥有的适度自信的一个来源，也许是过于自信。在战役开始前，爱德华从他的朋友们那里听取建议，而且在结束后也显然慷慨大方地对待他们。威廉·蒙塔古，曾经是他们中最亲密的一个，得到了曼岛（Isle of Man）以及一座王室恩赐的在特威德河谷的庄园。在较低的等级中，战斗中大显身手的战士和商人，以及维持着军队供给与薪酬的行政人员，看到他们的服务以被赐予金钱、土地或特权的方式受到认可。[15]他正做着那些在他生活的世界中的人们期待一个国王所做的事情。而在这个世界里，慷慨施舍远比善于经营更值得令人尊重。爱德华那种按照人们期许来行事的能力，也许对一个有着传统气质、不会愤世嫉俗或者迎合迁就的

人来说易如反掌。这是他成功驾驭公众舆论的关键。1333 年 1
月的议会没有支持一位未经考验的国王的野心勃勃的军事冒
险，它已几乎确定无疑地显示，那些甚至存在于讨厌苏格兰人
的人群中的普遍忧虑。

> 当爱德华首次发动战争时
> 我的内心非常担忧英格兰

这些词句是蹩脚的爱国诗人劳伦斯·迈诺特（Lawrence Minot）
在对哈利顿山之战大屠杀庆祝喝彩时所写。王室的宣传机构努
力使欢庆活动扩散到远远超出北方诸郡的地方。在伦敦，市民
和教士们带着他们从圣保罗大教堂取出的圣物从阿尔德盖特
（Aldgate）列队游行至三一教堂，然后返回。不用怀疑这些游
行示威的自发性，它们预示着更加斗志昂扬的英格兰。[16]

*

在法兰西，苏格兰的问题被给予不断关注，但是并没有被
全面了解。这也许是必然要考虑到的关于这些事件传播的速度
以及法国政府缺乏信息来源的问题。腓力六世的兴趣一度在更
加遥远的地方，而且比苏格兰更扣人心弦。1329 年以来，也
许甚至在更早的时候，腓力就渴望领导一次大规模十字军反对
异教徒。最初，他的兴趣集中在西班牙，在那里，那些伊斯兰
教王国被进一步赶至他们南部的核心地带。但是在 1331 年，
腓力下定决心要对中东地区发动一场旨在解放圣地的远征，这
还是自路易九世那次不幸的十字军完结后的首次，那场战役因
他在 1270 年去世而终结。1332 年 10 月 2 日，法兰西国王宣布

了他的关于召开一次在圣礼拜堂举行的显要人物集会的意向，整整一年后，他正式在位于巴黎圣日耳曼修道院之外珀勒克莱地区（Pré-aux-Clercs）的一个隆重仪式上加入了十字军。考虑到国王在法兰西中政治地位的不确定性，这是一个勇敢也鲁莽的决定。然而，那里看起来并没有明显的反对意见。没有人告诉腓力他的热忱更应用到王国的需求上，正如叙热（Suger）曾在 12 世纪对路易七世以及茹安维尔在 13 世纪对路易九世所说的那样。十字军仍然是一项占据显著地位的法国事务。就像一位 12 世纪的编年史作家所说，"上帝功绩，法人彰显（Gesta Dei per Francos）"。阿克（Acre）是基督教在地中海东面大陆上的最后一个前哨据点，已经在 1291 年陷落，而现在十字军王国唯一的剩余就是罗德岛和塞浦路斯，前者隶属法兰西人占据优势地位的医院骑士团，后者被法国的吕西尼昂（Lusignan）家族统治。法国的贵族总是把目光漂移到他们自己边界以外的地方，寻求冒险、财富与救赎。对他们来说，十字军的目标有着在其他阶层和其他国家眼中所缺乏的一种现实性。无疑它对腓力六世来说已足够真实，他在 1331～1336 年的五年里将自己的大部分精力都投入到它的准备工作中。间谍被派到黎凡特的城市中对它们的城墙和城门进行调查。王后的医生写了一部关于攻城器械以及其他可能要用到的武器装备的专著。其他可替代路线也在御前会议上被仔细考虑过。海路运输一支大军和补给的协议已与威尼斯共和国签订完毕。在法兰西的各地中海港口中，为聚集一支由桨帆战舰组成的庞大舰队的准备工作已着手进行。指挥官们已被任命，而且日期也被最后确定下来：1336 年 8 月。[17]

苏格兰是一件不受欢迎的使人分心之事。巴利奥尔在杜普

133

林荒原获胜的消息大约应该在 1332 年 10 月传抵巴黎。几乎在同一时期，法兰西国王正在将他的计划描述给聚集在圣礼拜堂中的主教和战士们。腓力的顾问当中似乎无人意识到这场会战的重要意义。很可能他们不知道英格兰人对它作出了多大贡献，他们中包括一些爱德华三世的亲密伙伴。如果是这样的话，事态的发展不久就会令他们大开眼界。1333 年 1 月，英格兰议会曾在约克举行了两次会议，会议上爱德华对他的野心或者说他打算实现它们的手段毫不掩饰。

这些消息使腓力六世的政府陷入了困境。《科尔贝伊条约》把这种情况下必须履行的义务强加给法兰西。这些情况曾被粗略地定义，但没有粗略到它们可以被忽视的地步。在另一方面，引起爱德华三世的敌意是很危险的，而且对于一位法国国王来说，与他的军队之花起航前往地中海东部，留下一个怀有敌意的英格兰在身后是无法想象的。腓力甚至希望爱德华三世能够加入他的远征。因此，他以委婉平和的方式回应，正如他的中书院知道应如何做的那样。一封内容现已亡佚的信件被送至爱德华三世手中，不过它似乎看起来连同后续信件一起组成了温和的抱怨，并要求得到有关正在发生事件的信息。另一封带有强硬措辞的信件于 1333 年 3 月发出，大约同时，巴利奥尔的军队正离开卡莱尔。[18]

爱德华严肃对待这个意味着法兰西介入苏格兰事务的威胁，并用一些技巧迁就着腓力六世。在此期间，一些常规使臣访问了法兰西，但是无人被准许讨论苏格兰事务。英格兰中书院积极地保持与法国宫廷的通信联系，详尽地处理所有其他的事务。这种遗漏完全是故意为之。"我们已经收到了法兰西国王的信件，"围攻贝里克期间，爱德华在给斯特拉特福德的信中写道，"但是在我们以及御前会议的那些左右我们的人看来，给予任何有关苏格兰的答复是不可取的。"英格兰人转而用一长串关于扣押一些小麦制品以及阿基坦问题的抱怨来答复法兰西国王的信件。法国在英格兰的外交人员被英格兰人用拖延供应护卫的简单手段，使他们与战争地区隔离开一段距离。而当他们终于抵达爱德华在贝里克的营地时，他们被限制在那里，直到一切都已结束。腓力唯一从爱德华那里正式收到的消息是，苏格兰人已经破坏了 1328 年的和约，发动了对英格兰北部的突袭，意图毁灭爱德华的臣民和他们的财产。这是一份爱德华在英格兰的战争宣传的复制品，它于 1333 年 5 月 7 日被寄至法兰西宫廷。除了一个隐秘地涉及了某些被提出的"纠正办法"之外，这封信没有包含任何爱德华的计划。[19]

在信函传达巴黎时，腓力的御前会议已经意识到他正在围攻贝里克，而且已经转而采取了更强硬的措施。一支由 10 艘船组成的船队装配了为守城者准备的武器和食品，随后被派往贝里克。这支舰队从迪耶普（Dieppe）出发，但是遇上了猛烈的北风，因此不得不在佛兰德港口斯卢伊斯避难。在那里，它的货物遭到贱卖与偷窃。英格兰人也许从未听说过这支舰队。[20]

围攻贝里克的最后阶段被一小群来自英格兰营地的法国人目睹。他们是一个前来讨论英格兰国王参加十字军事宜的使团的成员，曾在英格兰发动战役前离开法兰西，而且在他们到达时，他们的指令已严重过时。他们的领导者是法兰西王国陆军统帅厄镇伯爵布列讷的拉乌尔（Raoul de Brienne, Count of Eu and Constable of France）。他在英格兰宫廷以受人欢迎者的身份而闻名，且在英格兰和爱尔兰拥有庞大的产业，而且是腓力

六世身边极少数较为深刻地了解英格兰事务的法国人。但是尽 135
管在选择负责人时比较明智，这个使团却一事无成：除了发现
那次胜利使得爱德华三世在与法兰西打交道时变得更加难以对
付。爱德华提醒使节们，当他于 1329 年在亚眠行效忠礼的时
候，腓力曾允诺他应当享有在法兰西的一切权利。在爱德华看
来，这些权利比任何腓力到目前为止曾承认的权利都要广泛。
除了对这次条约和涉及阿基坦的协议做一次彻底的重估之外，
英格兰人不会做任何事情。"你应该告诉你的主人，"根据传
闻，爱德华这样说道，"当他信守了他的诺言时，我甚至将比
他更乐意参加十字军。"这个答复被带回给法兰西国王，与它同
时到达的还有他的苏格兰盟友遭到毁灭性打击的消息。[21]

　　它背后的策略，即用爱德华参加十字军的条件来换取阿基
坦问题的实质性让步，仍然是 1333~1336 年英格兰政策的基
石。如果它曾在紧随哈利顿山之战后的一段时间内被大力推
行，就很有可能成功，因为腓力六世无疑被这个主意所吸引。
但事实上，在这场会战之后的几个月中，英格兰外交莫名其妙
地停滞不前。在这段时间内，爱德华的敌人们积极地散播着关
于对这场胜利的定局和爱德华·巴利奥尔政府持久性的怀疑。
一股由苏格兰著名的贵族流亡者组成的涓涓细流流向了法兰西
宫廷，其中包括十来岁的马里伯爵约翰·伦道夫（John
Randolph, Earl of Moray），他曾经在战斗中指挥苏格兰军队的
一支分队。和一部分强硬的苏格兰主教一样，他们试图使腓力
相信对苏格兰事务进行干预是他的责任。腓力犹豫不决，而且
起初什么也没做。但是他确实同意，也许没有意识到这个行为
的意义，向十来岁的苏格兰国王提供在法兰西的避难所。戴维
二世在偏远的邓巴顿海岸的地位正变得岌岌可危。他被爱德

华·巴利奥尔抓获将会使任何光复苏格兰的期望遭受一次严重打击。因此在 1334 年初,腓力六世付给马里伯爵 1000 马克去准备并武装一艘船,以将这个苏格兰小朝廷安全带到法兰西。1334 年 5 月,他们在诺曼底登陆。[22]

此事迫使法兰西国王作出一个他几乎逃避了一年的决定。他们到来时恰逢一个特别微妙的时刻,因为最近刚刚有一个爱德华三世寄予厚望的使团到达法兰西。它是爱德华曾派到腓力宫中的最为尊贵的使团,由现任坎特伯雷大主教约翰·斯特拉特福德、威廉·蒙塔古、威廉·克林顿(William Clinton)以及首席法官斯克罗普组成。所有人都受到国王的私人信任(他们中的两人曾参加过爱德华在 1330 年的政变)。他们收到的指示是,商议一个关于阿基坦的最终解决方案,以将爱德华三世的父亲在圣萨尔多战争前曾持有的领土归还给他作为基础。为了达到这个目的,爱德华已经授权他们可以作出他参加十字军的承诺。大使们在桑利斯(Senlis)受到腓力六世和法国宫廷的接见。这是一个位于法兰西岛的被围墙环绕的小城。它就在巴黎北面,城堡被用作王室狩猎聚会的驻地。法国方面的文献或多或少同意接下来发生的事情。按照他们可能准确的记述,来到这里的英格兰人受到了腓力廷臣们的冷漠接待。然而腓力自己很希望(或者被他的顾问们说服)谈判获得成功。一个由三名御前会议成员组成的委员会被委托去与他们交涉:厄镇伯爵、鲁昂大主教皮埃尔·罗歇以及元帅特里的马蒂厄(Matthieu de Trie)。所有这些人都曾担任过与英格兰打交道的职位,而且也许一些人还对它抱有同情。他们很快达成了一致意见,签订了一个原则上已经同意的协议。这个协议还附带一些条件,它们的内容没有保存下来,但一定包括对爱德华三世作出的重大让步。英格兰人正式向法国御前会议成员们告别，并回到他们位于城镇的住处。

腓力很可能在此时得知苏格兰宫廷抵达了诺曼底；不然的话，肯定是这个时候他开始明白，现在与英格兰签订一个让苏格兰人自生自灭的和约将非常失策而且尴尬。当那些传讯者（criers）在街头拐角处宣布条约时，英格兰代表被从他们的住处召回。当他们来到国王面前时，他们被告知必须明白的是，苏格兰人和他们被迫流亡的国王将包含在条约中。英格兰人惊呆了。苏格兰之前从未被谈起。他们在这个问题上没有得到指令。就他们的主人而言，唯一的苏格兰国王是爱德华·巴利奥尔。的确，虽然他们可能并不知道这件事，即巴利奥尔大约就在那时在纽卡斯尔的多明我会修道院，为使他的王国从属于英格兰而做着最后的安排，并永久割让了它的一大片领土。大使们在桑利斯尽了最大的努力，但是看到他们的抗议毫无效果后，他们两手空空地返回英格兰。腓力对他们说的最后一句话似乎是"直到英格兰和法兰西的国王是同一个人之前，两个国家之间永远不会存在友谊"，最后的这句俏皮话使英格兰产生了一种比也许是故意为之更为严重的印象。[23] 与此同时，腓力欢迎戴维二世和他的王后，并把他们安置在盖亚尔堡（Château-Gaillard）① 里，一个半世纪以前，一位英格兰国王为了保卫另一个位于法国境内的公国，使其免受卡佩王朝的侵占，建造了这座位于塞纳河畔的大堡垒。他们将要在这里度过七年，其间依靠他们在苏格兰的支持者的不稳定汇款以及腓力的财政援助支撑生活，并从他们周围一个由苏格兰神职人员和

---

① 狮心王理查始建的重要城堡，控扼塞纳河，为历代法兰西国王常驻之地。

官员组成的小朝廷中汲取尊严。[24]

　　这一事件体现了"庄重的使团"的所有典型缺陷：大使们的消息闭塞，指令跟不上事件的发展，失败广为人知而且非常难堪。斯特拉特福德使团的历史以及它结束时的笨拙方式，变成了孕育国家间误解和怨恨的温床。回国后，大主教在一次伦敦的显贵集会上作了关于它的生动描述，而腓力六世的临别话语被引申成法兰西决不妥协的错误观点。英格兰的大众舆论相信腓力曾经说过，"直到法兰西的国王坐在英格兰，对三个国家英格兰、法兰西、苏格兰作出裁决之前，这里将不会有完美的基督教和平"。法国人从他们那边来看，相信爱德华已经作出了他将"不会罢休，直到使苏格兰匍匐在他脚下为止"的回应。即使没有爱国主义的夸大其词，后果也足够严重。到目前为止，腓力六世从未直截了当地拒绝考虑将爱德华在阿基坦丢失的领土归还给他。现在他实际上拒绝是因为他加上了一个条件，这个条件使爱德华如果不毁灭巴利奥尔，并交出他在苏格兰低地地区的所得就无法与他商谈。即使爱德华自己倾向于承认腓力要求的条件，它也不会被英格兰的男爵阶层所容许。几个月后，一位法国大使在教皇宫廷中试图向教皇解释，腓力不可能不失体面地逃避他的前任通过《科尔贝伊条约》承担起的义务。教皇用冷硬而睿智的话语答复，法兰西是富庶的，他说，而她的财富令人垂涎。爱德华三世是否会冒险学腓力的样子，在她境内境外的许多不满者中寻找盟友呢？[25]

＊

　　法兰西南部，气氛因斯特拉特福德使团的失败以及关于苏格兰问题的争吵而突然改变。根据 1331 年条约指派的英法委员会，在它与阿让的多明我会修道院的广阔郊区相关的艰巨任务中进展缓慢。其议程一度意外的友善。委员们联合向他们的政府提出：他们的职权范围应该被更改为，允许为那些曾在圣萨尔多战争中流离失所的阿基坦居民主持公正，而不只是那些战后的无家可归之人。这个建议对爱德华三世十分有利，就像委员们很快向他指出的那样。虽然它不会使他拥有那些失去的省份，但将使他的臣民们返回并重获他们在那里的地产，为他带来来自于一块他希望迟早从腓力的支配中争取到的领土内的盟友和朋友。在这次不幸的斯特拉特福德使团之前，腓力曾同意任命新的拥有必要权力的委员，而且虽然明显不愿意，他实际在1334 年 7 月初，大约是斯特拉特福德离开两星期后，还是这么做了。无疑他曾被告知还有其他阻碍委员们工作的方法。[26]

新委员们于 1334 年 9 月 29 日在朗贡（Langon）的加尔默罗会修道院开会，并立即陷入关于实质与程序方面的争吵中。委员们的任命信是否按照规定的格式拟定？他们的权力是延伸到阿基坦全境或者只是在阿让地区？他们议程的相关顺序应该是什么？其中的一些问题是琐碎的，但并不是所有的都如此。在开始时，法兰西委员们忙于处理与布朗克福（Blanquefort）及韦里讷（Veyrines）等地城堡有关的诉讼。它们原本属于通过继承而对其拥有所属权的阿马尼亚克伯爵。1325 年时，伯爵曾被禁止拥有它们。表面上这是由于爱德华二世希望考虑最后一任所有者意愿的合法性，实际上是因为，主要领地位于公国之外的阿马尼亚克伯爵被认为会产生麻烦并且是法兰西王室的朋友和同盟。法国委员们要求交出这两块地区。它是一个小的纠纷，这类极其典型的纠纷一道构成了英格兰加斯科涅政府的困境。爱德华三世的错误明白无误，而且他的总管建议他做出让步。但是布朗克福是一个在波尔多北部郊区地带的、最近得到加强的重要堡垒。不可能允许一个潜在的敌人借继承的机会将这种地方置于其控制之下。这件事给委员会的议程造成了混乱。1334 年 10 月，其中的一位法国成员据说正前往巴黎，为没收爱德华三世的蓬蒂厄伯国（county of Ponthieu）的行动作准备，直到他放弃这两个地方为止。据报告，他的同僚们随后收到没收、流放以及死亡的威胁，以此强迫他们向法兰西国王宣誓效忠。显然，就像爱德华三世写给英格兰委员们的信中所说，他们的法国同僚们"更多地被自己的异想天开而不是司法判决推理"所引导。[27]

1334 年 11 月 15 日，爱德华给法兰西国王写了一封温和的抗议书。他表示，他与任何人一样，渴望持久的和平，但是渴望和平是不现实的，除非腓力准备考虑他和他的臣民的抱怨。真正需要的是对现行条约和两个国王之间的协定做一次全面的重新评估，以及恢复在阿基坦的联合委员会的更具体的工作。这封信揭示了爱德华和他的顾问们对先前的外交努力究竟在哪里出了问题的逐步认识。[28]腓力的答复没有留存下来，但它可能是和其行动相连的一部分。他没有看到任何让步的必要——他的法律并没有要求让步。委员会的工作挣扎着拖延到来年，然后结束。他们编写了大量的报告，而且为一些有争议的地产准备了临时性的协议，但是从没有下令执行过真正的归还行动。这是一场彻底的失败。因为根据更加短视的 1331 年条约中的一项条款，任何联合委员会中的僵局都将会以把有争议的案件送交巴黎高等法院的方式来解决。到目前为止，腓力已经努力抑制高等法院听取法国加斯科涅上诉的热情。但是从 1335 年起，越来越多的加斯科涅的争执将设法提交到那里。[29]

*

爱德华现在被布鲁斯王朝在苏格兰的一场令人讨厌的复兴事业捆住了手脚，而且人们认为它受到了法兰西的鼓动与资助。这种观点无法证明，但是它似乎是合理的。1334 年 7 月，在西南部位于克莱德河以及索尔威湾之间的地区爆发了一场起义。布鲁斯家族一直在这片地区颇有权势。在这里，讲英语的低地地区融入了盖尔人的海岸和岛屿社会。这场新叛乱的领导者都是在那里拥有强势利益的人，有家族首领罗伯特·斯图亚特（Robert Stewart）以及马里伯爵约翰·伦道夫。它的第一次警报是一次由斯图亚特领导的从海上发动的对达农城堡（Dunoon Castle）的突然袭击。它几乎立刻就陷落了。罗塞斯（Rothesay）不久以后也沦陷于比特岛（Isle of Bute）的斯图亚特的佃户们的自发起义。7 月，刚刚从法兰西返回邓巴顿的马里伯爵，跨过克莱德河，并唤起了绝大多数西南部剩余地区的反抗。这些事件发生时，斯图亚特只有 18 岁，马里甚至比他还年轻，"一个还没有完全长大的年轻人"。两人一起以苏格兰联合执政自居，并开始建立一个初具规模的政府。[30]

爱德华三世现在将开始认识到，就像他将再次在法兰西认识到的：赢得领土有多么容易，而守住它有多么困难。中世纪的军队通常只维持一些短期的野外战役，它们由季节和天气决定。政府缺乏长时间维持他们作战的资金和管理性资源。巴利奥尔的朋友，斯特拉斯博吉的戴维（David of Strathbogie）也许以苏格兰的管家自称取乐。在伦弗鲁（Renfrew）享受着罗伯特·斯图亚特佃户们的宴饮，并堂而皇之地接过了其城堡的钥匙。但是在苏格兰那些分散的、放牧的人口中，他们的效忠

140

很大程度上仍然属于部落性质，其统治阶层不可能在一朝一夕就会改变。加洛韦不是在 1332 年经历了一次近四十年的缺位后，还为一位巴利奥尔族人揭竿而起吗？在城镇数量稀少、规模很小而且通常没有城墙保护的地方，保持占有权需要依靠那些驻扎在彼此孤立的堡垒中的驻军。在它们之间，巴利奥尔和爱德华三世现在控制了不少于十几个这类的据点，它们集中于南部接近边界的低地地区，在法夫以及泰河一侧的东海岸平原上。但是它们的驻军只维持着非常弱小的势力，而且只能控制它们目光所及之处的土地。甚至在围墙之内，忠诚也是不能保证的。

当叛乱的消息传到时，巴利奥尔正在斯特灵，于是他立即派人向英格兰求助。但是事件发展之快使英格兰来不及救援。到 8 月中旬，起义已经蔓延到苏格兰的大部分地区。在接下来的几天里，巴利奥尔的王国就在他的眼前分崩离析了。他的御前会议因如何分配土地的激烈争执而陷于分裂，而且其中一些已经不再是他能加以分配的了。1334 年 8 月 24 日，他最亲密的同伴们拒绝再参与对抗叛乱者的共同事业，并且分散到他们的城堡中各自为战。一些人在到达那里之前便被抓获；一些人被包围在他们的据点里。那些希望从布鲁斯的朋友们那里得到一些恩惠的人则加入了他们。巴利奥尔自己勉强从一队派来拦截他的突袭队伍的追捕中逃脱，逃至位于英格兰领土中的贝里克。[31]

爱德华三世在 1334 年的夏季正受困于一场严重的财政困难。上一年的哈利顿山战役花费巨大，而且议会的补助金还不能弥补差额。1332 年 9 月的西敏议会曾为爱德华投票通过了十分之一税和十五分之一税，来为一场战役提供资金，而实际发生的这次战役比它预计的规模更加庞大，而且攻势更猛。此

外，这次捐税的收益也令人失望：因暗藏腐败的偏低的评税行
为而减少了金额，迟迟不能到账而且因地方官员的贪污行为而
被侵吞了部分资金。下一次议会定于1332年12月以及1333
年1月在约克召开，除了勉强同意一项针对羊毛出口的附加税
之外，对爱德华的财政状况没有任何改善。因此，爱德华变得
严重依赖于他的银行家们，在1332年的数个月中完全停止了
对其他任何债权人的偿还。[32]议会明显缺乏热情的态度看起来
阻止了爱德华再从这方面寻求进一步的援助。但幸运的是，当
1334年9月巴利奥尔第二次从苏格兰被驱逐，以及他的英格
兰追随者受到虐待的消息传来时，议会实际上正在西敏开会。
一项新的补助金立即投票通过，第一笔为期两年。尽管受到天
气以及一次严重的农业衰退的破坏性影响，它的收益大约在前
次基础上增加了10%。这些措施在一定程度上缓解了政府的
财政困境。曾经对征税要求抵制了至少一年的两个教会省份屈
服于来自国王大臣的巨大压力。在议会通过了自己的许可后不
久，他们也被诱导如此行事。与此同时，爱德华开始增加其贷
款的规模。他与巴尔迪家族达成了一项长期的协议，按此协定
这个公司每月预付给他一笔金额，开始是1000马克，以转让
未来的关税收益作为抵押。当它由一个更加野心勃勃者所替代
时，这个以某种形态或形式存在的方案已持续了两年。意大利
人已经踏上了一条将他们引向中世纪最为壮丽的商业破产之
路，而爱德华已在一定程度上补充了他为一连串后来被证明是
烈度在逐渐减退的战役而准备的战争资金。[33]

　　国王在1334年11月第二次入侵苏格兰。这一次苏格兰人
避免应战，这是罗伯特·布鲁斯的老策略，它在随后的几年中
将被证明非常有效。爱德华的第一个目标是罗克斯堡，它是特

141

威德河畔最大的边界堡垒。自从布鲁斯在 1314 年拆毁它后便成为废墟，"以免英格兰人凭借城堡再次卷土重来"。当爱德华国王在等待南方的增援时，他带来的一大群建筑工匠开始重建它。爱德华大约只有 4000 人跟随左右，主要由他的内廷以及贵族的家臣组成。他更大的计划依赖于郡中征募的士兵能够顺利到达。然而，这些计划究竟是什么并没有显露，因为它们从未被执行。就在英格兰人到达罗克斯堡后不久，大雪开始下起，而寒风呼号着刮过荒原吹到士兵们的脸上。这是多年以来最恶劣的冬季。在英格兰，洪水和暴风也加入到苦难中来，毁坏建筑，拔起树木，杀死牲畜。在冷漠、官僚主义的惯性和冬季联合起来的阻碍下，只有一小股增援到达军营。

苏格兰人安全地避开了他们。圣诞节过后，爱德华领导了一次穿过埃特里克森林的武装游行，希望能找到敌人。巴利奥尔领导着一支从卡莱尔拉起来的小分队，在皮布尔斯地区（Peebles）也进行了一次同样毫无成果的追踪行动。在此期间，他们彻底蹂躏了西部低地地区的大片土地，毁坏房屋、牲畜以及存储的谷物，杀死他们在路上发现的人。巴利奥尔在加洛韦的祖地则被放过，但是没有做其他区别朋友和敌人的尝试。他们在 1335 年 2 月初回到了英格兰。爱德华几乎肯定已用完了他的钱财。[34]

腓力六世几乎与英格兰国王同时得知巴利奥尔被驱逐出苏格兰的消息，因为最新设立的苏格兰守护的第一批行动中有一项就是派人向他紧急求援。1334 年 11 月下旬，腓力通知了爱德华三世关于将派出大使赴英讨论苏格兰事务的打算。他原本想派遣安德烈亚·吉尼，他关于英格兰问题的经验使他非常适合这个工作。但是当使团在 1335 年 1 月来到英格兰时，人们发现领导者是阿夫朗什主教（Bishop of Avranches），一位德高望重但是缺乏经验的诺曼底人，他的声望主要是因为他是一本著名的百科全书索引的作者。当爱德华三世在 1335 年 2 月 18日怀着因一场失败的战役而产生的恶劣情绪返回时，他正和同僚们一起在纽卡斯尔等待。主教带来的意旨直截了当而且令人讨厌。根据由英格兰文书制作的摘要记载，他希望了解"为什么英格兰国王的顾问们要说服他帮助爱德华·巴利奥尔，一个在苏格兰毫无权利的人，来反对因罗伯特·布鲁斯的征服以及与爱德华三世亲自签订的条约而实际拥有这个王国的戴维，而且事实上也是反对戴维的妻子，他的亲妹妹"。爱德华并没有像他的父亲那样，用咒骂的语气回答这个问题。他说他会考虑他的答复，并且通过以后派出的大使转交给法兰西宫廷。跟随他的中书院文书的确起草了一份相当无诚意的答复，但是它看来并没有用上。爱德华不愿意使他与腓力六世间的争执走到摊牌的地步。[35]

法国大使们要求允许他们作为调解人来议定一个英格兰人和苏格兰人之间的休战协定。爱德华十分乐意让他们去尝试。看到现在北方诸郡中几乎没有英格兰军队，而且国库中几乎没有组建另一支军队的资金，爱德华需要时间来准备，并为他下一轮比前次更为彻底的对苏格兰的攻击筹措资金。法国使团中的三名较低级别的成员因此被允许进入苏格兰，与苏格兰领导人在珀斯谈判。与此同时，他们的主要领导者退至好战气氛不那么浓烈的诺丁汉郡的葛德林（Gedling）等待事件发展。这些交易的结果是一项从复活节持续到 1335 年仲夏，帮助爱德华那承受着强大压力的政府渡过难关的和约。其表面目的是使法国大使们能缔结一个在爱德华与戴维二世的苏格兰支持者间

143

的最终和解协议。法国人几乎必然是认真地对待此事。[36]

　　他们对苏格兰状况的了解甚至比对爱德华三世的个性与野心了解的还要少。这两位年轻守护此刻已经发生了争执，而且各自在身边聚集起了由满怀嫉妒与怨恨的苏格兰贵族组成的相互竞争的派系。其中还掺和着古老的个人恩怨，以及对于一个复兴的苏格兰政府管理形式的分歧，而政府因此在他们周围土崩瓦解。每位苏格兰守护都攫取了任何他能够抢到的王室收入。[37]在这种情形下，即使英格兰方面有意，也不可能进行任何认真的谈判。然而他们并无诚意。爱德华不打算同他的敌人维持一段持久的和平。几乎在爱德华从罗克斯堡返回的同时，一项关于对苏格兰的夏季远征的安排工作就已着手进行。1335年3月6日，37个郡的征募官员被告知：一旦命令下达，就要准备好满足国王对军队的需要。再次侵犯苏格兰的最后决定，似乎是在一场于1335年3月26日在诺丁汉召开的由贵族以及教会权贵们出席的御前会议上作出的。第二天，要求所有分遣部队全副武装于1335年6月11日在纽卡斯尔集合的令状被签发。在整个休战协定期限内，这些准备工作一直在有条不紊地进行，除了集合的日期被延期以便与协定的终止日期一致。[38]苏格兰人已不抱任何幻想。他们为迫在眉睫的入侵威胁制订着自己的计划。宗教社团从爱德华三世那里获得了免于遭受即将到来的毁灭的证明书。对于其他人来说，决定更加艰难。4月，苏格兰的首脑们在法夫的代尔西（Dairsie）开会，虽然因尖锐的私人矛盾而分裂，但他们似乎同意遵循传统的避免会战的布鲁斯策略。他们决定将低地地区村镇的居民以及尽可能多的财产和牲畜撤离到群山中的安全之地。[39]当英格兰议会于1335年5月27日在约克开会时，爱德华宣布了他夏季的侵略计划，而贵族院和平民院批准了它们。当集会解散后，两位法国大使的助手离开约克，前往法兰西向他们的政府报告此事。这肯定是一个不怎么令人愉快的报告。休战协定还有一个月才到期，但现在很明显，他们被欺骗了。[40]

　　天气的好转以及爱德华发给征募官员信中所带有的威胁口吻发挥了它们的作用。1335 年 7 月的第二个星期，亦即三周之后，他已拥有超过 13000 名士兵，这是他能为罗克斯堡战役召集兵员总数的三倍，是曾跟随爱德华进入苏格兰的规模最大的军队。他的计划是，对位于苏格兰国家事业的心脏地带，这个国家的西南部，展开三面攻击。由国王领导的部分军队将从卡莱尔向北进军，与此同时剩下的部分由巴利奥尔指挥，从贝里克向西前进。这两支部队将在克莱德会合。与此同时，第三支军队，一支经由海路的部队将在爱尔兰集结，并在克莱德河口登陆。后面这个计划是爱德华·巴利奥尔的一个建议，这是一个聪明的战略构想，但它要依赖于一个准确的时机，考虑到落后的通讯手段以及缓慢的征募和供应条件，这个时机很难达到。1335 年 7 月下半，爱德华几乎在没有遭遇抵抗的情况下穿过苏格兰的西南部，毁灭了他们沿途遇到的一切，并驱使数千难民逃往山中以及边界。巴利奥尔的部队从东部推进，几乎未遇反抗。接近 7 月底，爱德华和巴利奥尔在格拉斯哥会师，而且鉴于在西南部的白费力气，他们转而向北寻找敌人，爱德华自己住进珀斯，而他的军队则在抢劫和毁坏周遭地区。[41]

*

　　在腓力六世的宫廷中，人们怀着不断增长的怒气等待着英格兰人曾向阿夫朗什主教保证的将在 2 月递交的答复。在此期间，法国的对外政策学到了之前明显缺乏的一种连贯性以及方向感。这两种趋势都与一个人有关，努瓦耶的米莱（Mile de Noyers），他是一位来自勃艮第北部的贵族，于1335年初在法国御前会议中获得了一个支配地位。努瓦耶的米莱是一个意志坚定而且比较傲慢的人，他对外交政策有着浓厚的兴趣，而且对于法国利益所在有着一种清晰、毫不妥协的观点。他在这方面对腓力六世的价值，犹如其他领域的来自对自己建议的充满自信的肯定，同时也来自他关于政府机构的丰富经验。在漫长的职业生涯中（1335年时他已65岁），他曾几乎不间断的身居要职，为王室服务。"没有人会怀疑，王室可以拿走它需要的任何领土来保护公共利益以及这个王国的安全。"这种观点本身，以及它的公开宣告，必定使许多同代人想起诺加雷的纪尧姆（Guillaume de Nogaret），美男子腓力的权臣。努瓦耶的米莱有一些（虽然不算很多）关于英格兰问题的外交细节上的经验。他曾参加过1330和1331年的部分谈判，而且曾有一次被爱德华三世称作他的"亲爱的朋友"。但一个有着他那种天性的人不大可能对作为阿基坦公爵的爱德华怀有太多同情，他也不可能为了一个更大的政治目的对他主人的权利作退让。[42]

其他更加个人性的因素也对法兰西这种氛围的变化有所贡献。国王正在经历他的一种周期性的、自我怀疑的破坏性心态，一种上帝因为过去的错误政策而正在对他施加惩罚的意识。这种时刻，就像在腓力的生涯中经常发生的那样，是关于他家人的健康问题。自从他继位以来，腓力已经失去了6个儿子，他们不是胎死腹中就是在出生后数天内夭折。延续其世系的重任落到了他唯一幸存的儿子诺曼底公爵让（John, Duke of Normandy）身上。他是一个正值16岁的多病的男孩。他的成长受到父亲近乎偏执的关注和照顾。1335 年 6 月中旬，让突然身患重病。法兰西各地都组织了许多为了使这个男孩恢复健康的游行以及公众祈祷。教士从巴黎带着他们的圣物，光着脚步行了 20 英里来到塔韦尼村（village of Taverny），他正在那里卧床养病。直到下个月让才开始恢复，因此在那之后的很长一段时间里，腓力领导其政府的行为受到他对神圣慈悲的感激，以及他对旧病复发的恐惧之心的影响。正是在这种紧张而阴郁的气氛中必须对苏格兰相关事务作出决定。这不是一个对成本与收益做自私自利的政治算计的时机，也不是对法兰西对苏格兰人负有的条约义务作诡辩的解释之际。[43]

1335 年 7 月初，正当英格兰军队在纽卡斯尔和卡莱尔集结时，法兰西御前会议决定派出一支包含 1000 名重装骑兵在内的 6000 人部队，他们由海路抵达苏格兰。腓力并不掩饰他的计划。教皇也得知了有关他们的消息。巴黎高等法院则于 7 月 22 日被告知。31 日，鲁昂大主教皮埃尔·罗歇在一次位于巴黎王家宫殿庭院面对一大群行政人员的官方布道演讲中，宣布了这个决定。大主教向他的听众们提到了 1295 和 1326 年法兰西国王曾与苏格兰人签订的那些条约，以及爱德华三世剥夺他的亲妹夫继承权的可耻行为。在这些情况下，腓力，虽然他个人一无所获，打算将戴维的王冠还给他。敌人同样也被告知。苏格兰人，腓力在给爱德华三世的信中写道，曾"频繁地、持续地、坚持地"寻求他的帮助。因而这些要求被置于他的荣誉之上，腓力不得不答应满足他们的愿望。英格兰和法兰西之间的公开决裂无疑会导致十字军计划的取消，因此怀着避免这场不幸的希望，他请求英格兰政府在与苏格兰的戴维的争吵上能服从于教皇和腓力的公正仲裁。这封信写于 1335 年

146

7 月 7 日，同一天诺曼底的让被宣布脱离了危险。它在 1335 年 8 月 20 日被带给爱德华三世，那时他正在珀斯。法国信使肯定已穿越了长达 150 英里的被爱德华军队蹂躏过的乡间。这封信很快便有了回复。苏格兰问题将不会危及十字军出征，爱德华写到，因为他很快就将有效地在那个国家中实现永久和平。此外，既然爱德华是腓力的外甥和他的封臣，腓力看起来将站在苏格兰人而不是英格兰人一边，也许才是令人惊讶的。这项仲裁的建议十分令人不快，因为爱德华在苏格兰是在同自己的臣民和封臣交涉。这是一次与先前可能起草的内容相一致的断然拒绝。[44]

腓力已经开始将武器和粮食提供给苏格兰人。英格兰最迟已于 2 月初得知了这个消息，当时一艘大型外国船只被人目击在邓巴顿城堡卸下酒和盔甲类的货物。这种运输很难持续。随着英格兰驻军在苏格兰东部控制着重要的沿海城镇，与此同时苏格兰守护的力量集中在西部，法国的补给不得不穿过从佛兰德的港口到克莱德的 800 英里远的路程。这趟旅途中的大部分航行都是从一个海岬到另一个海岬，而且还要受到英格兰南部以及西部港口的挑战。1335 年 2 月，在布里斯托尔、法尔茅斯（Falmouth）、普利茅斯（Plymouth）以及南安普敦的船只被征发用于搜索。但是这些补给船安全通过了这一区域，因而必定对提升苏格兰人的士气作出了很大贡献。[45]

在更远的南方进行牵制的做法可以给予更加有效的帮助，对爱德华已经捉襟见肘的资源的额外需求，也许将迫使他对苏格兰人松手。1335 年春，法兰西和苏格兰的私掠船被允许使用法国的海峡港口（Channel ports），这对英格兰南部海岸弱小、没有城墙且几乎没有防御的城镇以及它们的航运构成了严

重威胁。1335 年 4 月 20 日，一艘英格兰船只，"南安普敦的
小莱彻沃德号"在塞纳河河口遭到一个名叫圣阿加莎的约翰
（John of St Agatha）的苏格兰私掠船船长，以及一伙混杂着苏
格兰人和法兰西人的船员们的袭击。他们杀死了船长以及一些
船员，在翁弗勒尔（Honfleur）卸下货物，然后将它凿沉。人
们并非不知道诺曼底港口的水手们通过袭击英格兰和加斯科涅
的船只来报复他们的私人宿怨。但是这种骚乱的继续发生暗示
了官方对它的默许，如果不是支持的话。根据英格兰所有人的
要求，鲁昂和马槽乡（Pays de Caux）的执法官扣押了被劫掠的
货物。但是圣阿加莎的约翰以一次合法战争行为为由为他的行
为辩护。执法官们接受了辩护，并将货物退还给他。他们的行
为受到了腓力六世的认可。约翰因此能够继续他的劫掠事业，
直到在这一年的晚些时候为止，那时他在佛兰德的斯卢伊斯港
中与一些纽卡斯尔人发生了争执，并在冲突中被杀。但从来都
不缺乏能接替他位置的人。[46]

　　1335 年 7 月中旬，正当爱德华即将进入苏格兰之际，他
收到了一份关于苏格兰和其他外国人员组成的劫掠队伍正在诺
曼底和佛兰德的港口集结的报告。王室官员们正在从斯卢伊斯
到圣米歇尔山（Mont-Saint-Michel）的法国海峡港口中征用战
舰以及运输船。这个情报几乎可以肯定是由 1335 年 6 月初派
到加来（Calais）的间谍们提供的。即使考虑到间谍们也许有
凭此挣取报酬的因素，法兰西显然也已有了单凭那些苏格兰人
单独的努力，无论在资金及组织方面都难以负担的舰船准备工
作。流行的被地理和普遍常识支持的观点是，将会有一次在英
格兰南部的登陆尝试。它就在眼前，而且远离爱德华的军队。
遍及英格兰南部和威尔士的城堡都被命令做检查及修复，特别

147

是在怀特岛 （Isle of Wight） 以及海峡群岛 （Channel Islands）上的那部分，它们是最容易遭到从法国海岸发动的破门劫掠的目标。在山顶准备好了灯塔以便对沿海的城镇和乡村发出警告。虽然已经为苏格兰事务开展了大规模的动员，为了这个王国面对新威胁的保卫工作而发起的新一轮征募几乎耗尽了潜力。1335 年 8 月，一项国防方案被提出：这个国家被划成三个部分，特伦特河以北地区 （包括林肯郡），特伦特河以南地区，以及威尔士和边境地区。每个防御地区聚集起本地的贵族召开集会，进而计划对法兰西入侵的反击措施。每个地区都指派了负责征用船只的特别指挥官，而且组织起了监视海面的海岸看守。[47]

尽管采取了这些手段，8 月时大约 8 艘船只渗入了索伦特海峡。其中 3 艘使士兵成功登岸，他们烧毁了一些沿岸村庄。至少 2 艘船被南安普敦人截获，因此那些陷入困境的登陆部队不是被杀就是遭俘。[48] 这并非一场大战，但是它比定期到访的估税员以及征募官的所作所为更进一步地使英格兰南部公社加重了对战争的怨恨。爱德华充分利用他的机会进行政治宣传。"因为通过迎合比通过威胁更容易赢得人心，"爱德华在给威尔士主教们的信中写道，"我们希望我们的臣民们应该能体会到我们施予他们的恩惠和慈爱，因此他们的内心将充满对我们的忠心以及保卫王国的热忱。"在来自北方的、令人喘不过气而且一再重复的指示中，他的臣民们被告知了那些站在苏格兰人身后的外国盟友。在某些地方，人们相信腓力有超过 700 艘准备袭击英格兰的船只。[49]

*

爱德华仍然在珀斯驻足不前，等待着从未发生的事件。苏格兰人保持着沉默，这是一种组织混乱和政策的混合体。1334
年起义之后自行组建的政府最终不复存在。1335 年 8 月初，
马里伯爵，尽管非常年轻，却是苏格兰领导者中头脑最清醒
的，在边界附近的一场与英格兰驻军的小规模冲突中被俘。[50]
这个事件使得阿瑟尔伯爵斯特拉斯博吉的戴维（David of
Strathbogie，Earl of Atholl）成为苏格兰事业的实际领导者，他
是一个野心勃勃而且肆无忌惮的骑墙者，曾跟随巴利奥尔参加
了杜普林荒原以及哈利顿山之战，然后在后者吉星不复时又将
他抛弃；还有勇猛无畏但不够成熟的罗伯特·斯图亚特。斯特
拉斯博吉正如他模棱两可的过去一样，带领跟在他身后的 20
多个苏格兰贵族在珀斯向爱德华三世投降。罗伯特·斯图亚特
于较晚时候在爱丁堡投降。从表面上看，这些都是在政治上的
显著成功，但它是苏格兰人争斗不休的结果，并不是爱德华军
队的功劳。[51]

爱德华期盼已久的爱尔兰部队在 1335 年 8 月的最后一周
离开了都柏林，相比原计划它们至少推迟了一个月。其目标几
乎肯定是占领邓巴顿城堡。但是这些爱尔兰人从没到达城下。
事实上，他们在比特岛登陆，而且将许多时间花在试图攻取罗
塞斯上。9 月中旬，在面临即将到来的北方严冬的威胁下，他
们返回家中。苏格兰东部的主力军已经在返回南方的路上了，
他们将得到薪水并被解散。公众舆论对这次战役不以为然。这
无疑是对爱德华曾告诉法兰西国王他为了和平事业所经历的
"大量的工作以及艰辛"的一种糟糕的回报。[52]

1335 年 9 月底，幸存的苏格兰抵抗首领聚集在仍然是布
鲁斯王朝最牢固据点的邓巴顿，并选择安德鲁·默里爵士
（Sir Andrew Murray）作为苏格兰守护。这位令人敬畏的勇士，

罗伯特·布鲁斯的妹夫，是少数几名甚至没有向爱德华·巴利奥尔短暂屈服过的苏格兰权贵。他将被证明是第一位在冷酷无情和个人魄力方面可以和爱德华比肩的苏格兰领袖。与默里关系密切的是天才的游击战领导人威廉·道格拉斯爵士（Sir William Douglas），未来的"利兹代尔的骑士（Knight of Liddesdale）"，一个意志坚强，怀有不可消除的敌意，从未觉得能与那些诸如斯特拉斯博吉的戴维这类断断续续、自私自利地支持苏格兰事业者融洽相处的人。这两个人有个有趣的共同点，他们在战争开始的几个月中都被俘虏过，并在英格兰监狱中度过了一段时间。道格拉斯曾带着镣铐在卡莱尔城堡里被关了一年。爱德华曾允许他们在 1334 年用金钱赎身。之后他学会了对待俘虏时应更加谨慎，不再受骑士阶层的惯例影响。[53]

苏格兰的新领导班子继承了一份极其糟糕的遗产：一个没有国王，部分地区被占领，而且最富裕的地区惨遭蹂躏的国家。尽管如此，他们几乎立即重建了苏格兰事业，并且自从战争开始后就为它赢得了第一场重大胜利。

默里开始分化他的敌人。在 10 月中旬他与爱德华三世取得联系，并建议休战，以便能开始谈判。一项直到 11 月 12 日的休战协定被如愿以偿地准许了，而且它不断被延长直到圣诞节。在 1335 年 11 月的第一周，双方在离爱丁堡不远的巴斯盖特（Bathgate）举行了谈判。[54]

爱德华·巴利奥尔没有参与这些谈判，而且他的支持者们也不受这份休战协定保护。在开始谈判后不久，斯特拉斯博吉的戴维，巴利奥尔在苏格兰的少数同盟者之一，在珀斯以及阿伯丁之间的沿海低地地区开始了一场伴随着杀戮、毁灭以及驱逐的无情作战。他说，这个计划意欲迫使苏格兰人屈服。这些消息被带给正在巴斯盖特的默里。他得知斯特拉斯博吉包围了他在唐河河谷（Don valley）中基尔德拉米（Kildrummy）的城堡。他的妻子，克里斯珩·布鲁斯夫人（Lady Christian Bruce）正在那里作"像男人一样坚定的抵抗"。默里退出了位于巴斯盖特的谈判，并向北行进。他的部队人数少得可怜，他自己以及那些朋友的家臣们，包括道格拉斯在内大概最多只有 800 人。斯特拉斯博吉得到了警报，据推测可能来自英格兰人。他停止了对基尔德拉米的围城，带着自己的人向南行进，迎接正在接近他的队伍。1335 年的圣安德鲁节（St Andrew's Day），默里和道格拉斯在库槟森林（forest of Culblean）的迪河（River Dee）河畔对他们发动袭击并将其击溃。斯特拉斯博吉的部队逃入森林。他自己依靠一棵栎树困兽犹斗直至被人杀死，一种变幻莫测而且自私自利的生活方告结束。是年他 26 岁。[55]

　　这是对英格兰利益的一次重大逆转。除了难以形容的损失和在重要时刻对苏格兰人士气的鼓舞之外，默里的胜利使得巴利奥尔实际上在泰河以北已一无所有。此外，紧随它而来的还有对巴利奥尔在那里拥有权力的其他飞地的攻击。斯特拉斯博吉的戴维的遗孀在这次会战后逃到了洛欣多布（Lochindorb）的岛上堡垒中，将她的钱财和大部分衣柜遗弃身后。在那里她和"其他可爱的女士"被苏格兰人包围。默里渡过泰河并包围了库珀（Cupar），即法夫最为坚固的城堡。[56]

　　通过坚持不懈的挤压，爱德华三世本来也可以像他的祖父降服威尔士那样，完全迫使苏格兰屈服。但是他现在主要关心的是如何掌控住巴利奥尔曾割让给英格兰的八郡。这些地方将转变为由英格兰男爵们负责的大军区（huge military regions），他们将置身于重建的坚固堡垒中对其进行管理：珀西在杰德堡

150

（Jedburgh），蒙塔古在皮布尔斯，以及埃特里克和塞尔科克的森林中，博恩（Bohun）在位于索尔威湾最前面的洛赫梅本（Lochmaben）。一支强大的驻军以及一大批石匠和木匠正在罗伯特·布鲁斯曾留下的废墟上重建爱丁堡城堡。[57]任何超越这八个郡的野心勃勃的计划都只能使爱德华·巴利奥尔那摇摇欲坠的王冠稍微稳当一点。这些计划看起来成了越来越没有意义的目标。除了在东部的加洛韦以及那些幸存的，把他带到那里的"被剥夺继承权者"之中，巴利奥尔在苏格兰已不能获得重要的支持。由于他不得不将这个王国中最富裕的部分割让给爱德华三世，他没有足够的资源来建立支持者队伍或者以武力维持自己的地位。这些被割让的郡不仅较为富有，而且包含了苏格兰大部分讲英语的人口。巴利奥尔在正常情况下应该早就开始在他们之中寻找朋友。在苏格兰的北部和西部，甚至在苏格兰守护的政府崩溃之后，巴利奥尔的政府仍然只是与英格兰军队相连的行李车队中的一部分。当英格兰人在 1335 年秋季回到贝里克时，巴利奥尔与他们一道返回，而且同他的同伴们一起在与诺森伯兰海岸相隔的比较安全的霍利岛（Holy Island）上过冬，与此同时他的账单激增却无力偿还。按照编年史作家的说法，他"在苏格兰没控制一处他能平安生活的地方"。[58]这一点巴利奥尔自己与爱德华三世和顾问们心知肚明。今后，英格兰对福斯河以北地区的政策主要由两部分组成，即保卫由英格兰驻军控制的共有领地，以及用小规模部队在难以预料的时刻针对巴利奥尔的敌人发动短期的惩罚性袭击。从严格的军事角度来看，除此之外，已无其他对付一个从来不在指定时间现身的敌人的方法了。

爱德华在 8 月与法兰西国王的交流标志着优先考虑事项的

改变。他开始关心法兰西日益加剧的敌意以及加斯科涅事务。这种关心体现在不断增加的大量建议书中，这些来自于他的专家的信件，向他警告了关于法兰西国王可能会觉得不用严重违反他自己的法律就可以占领这个公国的状况。比起他在苏格兰　　151所做的，爱德华更在意加斯科涅。而如果这种反应看起来似乎刻意违背了历史逻辑，对他来说却是显而易见的：任何中世纪贵族都有对那些通过继承而来的属于其家族的土地的自然偏好，他将以诉诸武力或者时运的行动来继续占有那些土地。

6 外交的失败：来自海上的威胁，1335～1337年

　　历史对阿维尼翁教皇们的评价一度十分严苛。很少有其他事能像他们和法兰西的关系那样引发更多的争议。事实上，法兰西国王们，包括腓力六世，其行为举止经常表现得仿佛教皇是法国对外政策中的一种宗教武器。同样，在整个14世纪，1378年教会大分裂之前的大部分教皇，都与法兰西有着比其他国家更为亲密的关系。这倒并不令人奇怪。教皇大多是法国人。他们中的大多数，即便是生于阿基坦公爵统治的领土内，也已经受到了法兰西教会君主主义传统的熏陶。他们一直住在阿维尼翁，在帝国的领土内，却处于由美男子腓力建造的巨大塔楼的阴影下，这座塔楼位于罗讷河法国一侧的新城（Villeneuve）。此外，他们还有自己的政治考量，这使得他们成为法兰西的天然同盟。它是欧洲最强大的国家，它的保护和支持几乎是每一个他们被要求作出的政治盘算中必须考虑的因素之一。但这些事态虽然如它们本身所显示的那样重要，却没有使教皇职位（papacy）成为法兰西的一项私产。而且在处理英法关系的敏感问题时，大部分阿维尼翁教皇都审慎地保持着他们的中立地位。的确，有些时候，尤其是腓力六世——显然他是一位神经质而且缺乏安全感的统治者——会认为教皇和英格兰人串通一气。爱德华三世是一位重要的王公，就像教皇约翰二十二世觉得有必要在对这样的指控的回应中所指出的那

　　法兰西国王腓力四世（1285 ～ 1314 年在位，中间最突出者）及其女法兰西的伊莎贝拉（左起第三个），她是卡佩王朝末代国王查理四世的妹妹，后来嫁给英格兰国王爱德华二世。

法兰西国王查理四世，
1322 ~ 1328 年在位。

法兰西国王腓力六世，
1328 ~ 1350 年在位。

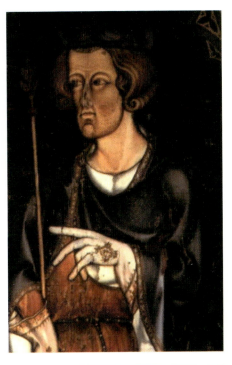

英格兰国王爱德华一世，
1272 ～ 1307 年在位。

英格兰国王爱德华二世，
1307 ～ 1327 年在位。

英格兰国王爱德华三世,
1327 ～ 1377 年在位。

爱德华三世之妻、
英格兰王后埃诺的菲莉帕。

巴伐利亚的路易（路易四世），
神圣罗马帝国皇帝，
1328 ~ 1347 年在位。

教皇本笃十二世，
1334 ~ 1342 年在位。

教皇克雷芒六世，1342 ~ 1352 年在位。

一幅四格微缩画

左上：左侧的英格兰国王（一般被解读为理查二世）在两名顾问陪伴下，接见右侧处于跪姿的编年史作家与文书。国王衣服上有金雀花家族的纹章。

右上：1325年，法兰西国王查理四世在廷臣的簇拥下，迎接他的妹妹、英格兰王后伊莎贝拉。后者衣服上的图案，以二分的方式结合了英法两国的纹章。伊莎贝拉身旁的小王子即后来的爱德华三世。

左下：1325年，在军队的护卫下，伊莎贝拉及爱德华王子登陆位于埃塞克斯郡的奥威尔，试图推翻爱德华二世的统治。

右下：伊莎贝拉的军队围攻布里斯托尔城，而她丈夫爱德华二世的宠臣德斯潘塞则在城中进行抵抗。

英格兰王后法兰西的伊莎贝拉抵达巴黎，与兄长法兰西国王查理四世会面。

罗杰·莫蒂默和埃诺伯爵陪同法兰西的伊莎贝拉返回英格兰。

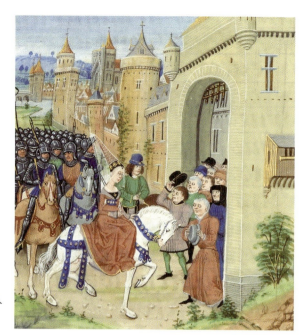

法兰西的伊莎贝拉进入
布里斯托尔。

　　1326 年，爱德华二世的宠臣小休·德斯潘塞，步其父后尘，遭到同样的酷刑处决。在爱德华二世时期，他曾作为宫廷总管执掌政务，参与制定了总体而言失败性的对法外交策略。爱德华二世的王后伊莎贝拉登陆英格兰并借击败国王宠臣的机会，为她自己登上权力顶峰铺平了道路，后来爱德华二世被迫退位，将王位让给儿子爱德华三世。

1327 年，爱德华三世加冕为英格兰国王。

1327 年，苏格兰国王罗伯特·布鲁斯派遣信使向爱德华三世挑衅。

英格兰—苏格兰
战争。

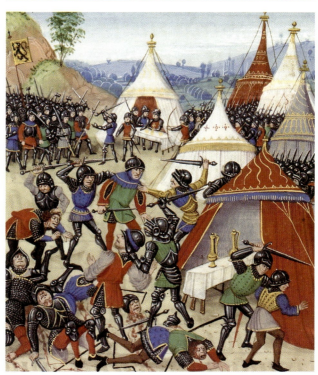

1328 年 8 月，法
兰西人与佛兰德
人的卡塞勒之战。

1333 年，英苏战争——爱德华三世兵临贝里克城下。

　　1337 年 11 月的卡德赞德之战。交战双方为沃尔特·莫尼指挥的英格兰军队，与佛兰德的居伊所指挥的当地守军。以规模而论，这场战斗不过是英法两国间的一次小规模冲突，但作为英军登陆欧陆的前锋，莫尼的举动无疑是英格兰将战火烧到法兰西本土的开始。

　　1340 年时爱德华三世的宫廷。爱德华位居画面正中的王座上，他的服饰以四分的方式同时结合了英法两国的纹章，也体现了他的野心。画面左侧一身着蓝色服饰的人是阿图瓦的罗贝尔，他因继承权问题流亡英格兰宫廷，在传统上被视为鼓动爱德华夺取法兰西王位的重要推手之一。

1340 年前后，爱德华三世与廷臣在讨论战略。

1340 年 4 月，埃诺的让围攻欧邦通。

　　1340年6月24日，斯卢伊斯海战。双方舰队在佛兰德海岸附近、布鲁日西北的茨温河口交战，法军战败。傅华萨称："这场战斗显得阴郁而可怕，相较于陆战，海战的结局更为凶险；在海上，没有撤退或者逃跑的空间，也没有幸存的希望，人们只有坚持战斗，并等待命运的判决。"

　　上方左图描绘了双方用长矛互相刺击的场景，这在海战中发生的概率不高；上方右图较好地体现了威尔士和英格兰长弓手在此战中发挥的巨大作用；下图则是激烈的海战概貌。

样；即使是在法兰西政府的请求下，他的意愿也不能被简单地无视。[1]

1335 年时，教皇是本笃十二世（Benedict XII）。在所有阿维尼翁教皇中，他是对法国利益最没有同情心的一位。他是一位西多会修士（Cistercian），一位神学家和一位前任宗教法官（Inquisitor），一位生活简朴、思维缜密的人。阿维尼翁教皇宫殿中大量荒凉的北部庭院作为遗迹体现着他的特色。他的话语，一位红衣主教写道："没有显示任何人性的弱点。"这样一个人不太可能感觉得到法兰西爱国主义情绪的吸引力。本笃在 1334 年 12 月登上了教皇宝座，而且他与法国国王的关系从一开始就非常冷淡。他非常厌恶法国政府专横的行为举止，而且因为腓力六世的天真和缺乏判断力而对他心生鄙夷。他尤其不喜欢努瓦耶的米莱，后者曾当面辱骂过他。[2]

当本笃通过一位更加谄媚的大使获知腓力关于入侵苏格兰的打算时，他并没有欢欣鼓舞。他马上承认还没有详细研究过苏格兰问题，但是已经形成了某些难以被法兰西政府接受的初步看法。首先，教皇说，他不同意腓力六世因条约的义务而去营救苏格兰人，而且认为他没有对其决定所产生的后果给予足够的考虑。不仅是因为如果腓力入侵英格兰，十字军出征显然将会取消，而且仅仅是这个尝试都必定会削弱法兰西国王在自己王国中的地位，还会花光他现有的资金。此外，就像本笃微妙地暗示的那样，不管腓力做了什么，爱德华三世都可能在苏格兰获得胜利。至于那个关于本笃和腓力应该充当共同仲裁人的提议（它已经提交给英格兰人了），教皇辛辣地告知腓力，由于后者公开支持了其中的一位参与者，他已经没有资格担此重任。教皇提议独自承担斡旋工作。[3]这些冷冰冰的意见看来似

153

乎对腓力产生了一些影响，因为直到 1336 年 4 月，他都没有采取针对入侵苏格兰事件的进一步行动。而本笃在此期间，将精力都投入到促使爱德华三世和戴维·布鲁斯接受和约的坚定但徒劳的努力中。

教皇指定了两位调停人，"谨慎和明智的人，在艰难的谈判方面有着非常丰富的经验"。这种描述是恰当的。艾默里的于格（Hugh d'Aimery），两人中的级别较高者，是一位普罗旺斯的主教，多年来从事于棘手的调解任务。事实上，1324~1326 年，圣萨尔多事件发生后，他在英格兰花费了令人沮丧的几个月的时间，试图使爱德华二世和查理四世和解。那时，于格已经展示了他在保全面子的手段以及大幅妥协方面（谈判双方和他们的法律顾问此前并不能主动提出）的天赋。但是，他也展示了这样的协议在面对真正的不满时必定是多么的短命。[4]十年过后，他注定要看着历史重演。他和他的调停帮手（一位教廷官员）前往巴黎收集法兰西国王的意见，然后继续前进至亚眠，并在此等候一支从英格兰派来的护送队伍把他们接走。他们直到 1335 年 11 月 1 日才到达纽卡斯尔。与此同时，一位并不太显赫的法国大使也到达那里，他的首要职责似乎是密切留意己方政府的利益，同时充当一个同苏格兰人沟通的中间人。

154　　　紧随其后的谈判持续了四个多月。在谈判过程中，教皇的调停人赢得了处事谨慎的声誉。现在只能勾勒事件的大致轮廓。调停人同全体三方代表在纽卡斯尔和贝里克举行了一系列冗长的会议。会议在一种紧张的气氛中进行，这种气氛因受到爱德华致力于使他们迅速作出决定的压力而有所加重。他勉强容许延长休战协定，而且只有很短的一段时间。位于幕后的则是，奔忙于为在苏格兰发动新一轮袭击所进行的准备，它为可能发生的谈判失败而策划。[5]1336 年 1 月 26 日，离休战协定到期只有五天时，三方终于达成了一定程度上的共识。对苏格兰新一轮攻击的威胁已解除，休战协定被延长至 4 月中旬，而且实际上扩展到整个苏格兰。苏格兰人同意解除对洛欣多布和库珀的围困，这是唯一正在苏格兰的巴利奥尔那部分领地中进行的重大军事行动。一份有争议的，为了更长远期限的条约草案被拟定。这份文件的中心是未婚且步入中年的爱德华·巴利奥尔，他将被承认为苏格兰国王，而戴维二世将被认定为他的继承人。他们还同意当戴维在等待他的王位时，将远离法兰西的恶意影响，而且将住在英格兰。这个灵活的解决方案似乎已经由苏格兰的首脑们批准，据推测，也包括安德鲁·默里本人。但是它需要戴维二世的同意，他仍然在诺曼底。同时也需要英格兰议会的同意。一批苏格兰人渡过海峡，将这个提案传达给位于盖亚尔堡的戴维，期望他们在议会开幕的 3 月前给予答复。[6]

这个提案失败了。议会被定于 1336 年 3 月 11 日在西敏召开，但是当它开会时，苏格兰使节没有出现。他们派了地位低下的使者来宣布戴维二世已经拒绝了协定草案，而且对进一步的协议也没有兴趣。英格兰公众舆论仅仅被含糊地告知了这件事，却迅速从乐观转向了义愤填膺。一项用于继续战争的新财政援助被通过，而且爱德华于 1336 年 4 月 7 日宣布：一旦休战协定期满，他的军队将"大批地"入侵苏格兰。大部分人指责法兰西的腓力诱导戴维二世拒绝这项协定草案。这也许是对的。腓力比戴维更没有理由接受一项如此明显地体现着英格兰国王利益的协定。给爱德华带来他与苏格兰人谈判失败这个消息的使者，同时还捎来了腓力的消息，他提议两位国王进行

155　一次会晤。但是一个这种级别的会晤如果未能达成一份协定的话，那必定会导致颜面尽失，而且达成协定的前景看上去并不乐观。爱德华拒绝了它。两位教廷使者告诉本笃十二世已经无计可施，因此他召回了他们。[7]

　　当英格兰议会得知，唯一认真尝试约定与苏格兰妥协期限的努力归于失败时，腓力正在阿维尼翁体味着他自己的失望。1336年3月初，腓力与本笃十二世有一次长时间的秘密会晤。所有的见证人都被排除在外，这是一种非常不寻常的情况，阻挠了爱德华三世在这座城市里的眼线的行动。本笃十二世现在得知，艾默里的于格的任务已失败，而且在会见过程中及紧随其后的会议中，他建议法兰西国王取消这次十字军出征。作出这个决定有几个原因，其中有些更直率地被宣布出来。这项冒险事业的准备工作并不顺利。其中存在着对腓力作为这次远征的世俗领袖的权力的多种不满意见。征募到的人员远远不够。此外，目前还有难以克服的政治困难，本笃将其概括为欧洲事务的一道环形地平线。德意志和意大利北部，他说，正陷于动荡之中。那不勒斯的安茹王国与西西里的阿拉贡人正处于战争边缘。最重要的是，腓力自己也卷入了一场英格兰和苏格兰之间的战争。在法兰西境内的教皇明白，腓力有一些正在伺机而动的敌人。教皇的论断正确无误，但是这个决定对腓力的自尊和他想解放圣地的真实愿望却是一个严重的打击。他在几个月中依然坚信本笃会有所缓和，而这个取消的决定也许会证明只是一次延期。1336年3月中旬，他离开阿维尼翁访问马赛，那里正在为远征建造他的私人桨帆战舰。在这里，人们以一场让锚地上的船用橘子相互轰击的模拟战来取悦他。教皇则更加现实。那个决定，正如他在这一年的晚些时候提醒腓力的那样，经过了深思熟虑，因此国王应该反思那些导致它的原因。本笃已经形成了一个对腓力六世的坚定看法，他认为这位法兰西国王还是个孩童。[8]

*

比起损害他的自尊或者流芳百世的梦想，这次十字军出征的取消对爱德华三世还有着更加严重的后果。教皇一举剥夺了爱德华最有价值的筹码，也就是他将参与其中的含混而且可能是靠不住的承诺。与此同时，法国的资源被放置到其他富有攻击性的冒险事业中。在返回北方的道路上，腓力于里昂庆祝了复活节，在那里他遇到了苏格兰人的代表。他们告诉他，在苏格兰的休战协定只剩下五个星期，它到 1336 年 5 月 5 日终止，而且提醒他关于先前答应过的提供帮助的诺言。腓力再次答应了他们。

在前一个冬天里，法国御前会议已经准备好了一个在 1336 年夏季通过海运远征苏格兰的应急方案。已指定厄镇伯爵作为指挥，而且还储备了一些补给。这些计划现在重新启动，并已做好了让它们付诸实施的准备工作。他们设想了一个规模宏大的计划。有人提议用 200 艘运输船搭载一支有 1200 名重装骑兵、5000 名弩手以及 20000 名步兵的军队。这支庞大的舰队，连同 60 艘运送食品的渔船，以及由 30 艘桨帆战舰组成的护航船队，将从诺曼底和佛兰德的港口出发，前往苏格兰东部海岸，从那里使戴维·布鲁斯重登王位。这个计划的倡导者们很清楚地知道它的困难之处。它将是自 1218 年第五次十字军东征袭击尼罗河三角洲（Nile Delta）以来，最大的海陆联合作战。很难找到足够数量的船只，而且为了把整支军队

156

运至目的地，将不得不多次往返，费用也将十分高昂。但他们没有被吓住。[9]

法国的海军传统为时尚短。直到 13 世纪末期，唯一重要的海军部队因那些偶尔的十字军远征需要，而一直被法兰西部署在地中海。它们一般是通过在意大利租用船只与全部船员的方式来获得。主要来自于热那亚共和国，那时候它是西地中海的主要海上强国之一。直到 1284 年，当腓力三世决定入侵阿拉贡和加泰罗尼亚时，法国才首次尝试开始建立一支强大的法兰西海上舰队。要做到这一点，他需要保证军队的供给，在比利牛斯山脉以南，海路上要面临阿拉贡以及它的西西里岛盟友的非常强大的海军。他以惊人的速度开始建造和购买一支多达 100 艘桨帆战舰以及 200 艘大型运输船的舰队。这些船中的很多都是在纳尔榜（Narbonne）王室兵工厂中专门建造的。这次冒险事业是一场灾难。在两场靠近西班牙地中海海岸的战斗中，新建立的法国舰队几乎被阿拉贡人的舰队彻底摧毁。纳尔榜的兵工厂随后被废弃。但建立一支永久性舰队的设想被保留下来。1293 年，美男子腓力设想建立一支与英格兰争夺英吉利海峡，以及比斯开湾（Bay of Biscay）通向加斯科涅线路控制权的大西洋舰队。腓力最重要的决定是建造了一所巨大的海军兵工厂，它在鲁昂的里奇堡（Richebourg）的克里欧迪伽洛地区（Clos des Galées），坐落于城市大桥的南端。在欧洲北部，同类的机构只此一家。这个兵工厂的主要目的是建造、保存以及修理战用桨帆战舰和其他船只。从古典时期到 18 世纪，它们的基本特征几乎没有变化：配有划桨的细长、狭窄、较低干舷的船身，由每边含有 30 支划桨的单层桨座来驱动，并带着 180 名桨手，每支划桨配备 3 人。法兰西人采取的样式由热那亚人设计，包括一个带有大三角帆的单桅杆，它为船只巡航提供动力。当美男子腓力与英格兰的战争在 1303 年结束时，兵工厂并没有被遗弃。相反的是，在他儿子们的统治时期，它始终处于一种不断被维护和保养的基础状态，因此它将在紧张时期重焕生机，就像 1320 年代中期的加斯科涅和佛兰德危机中所做的那样。王室官员将再次在科唐坦半岛征发大量的木料，而且大批南方人将带着他们晦涩难懂的方言不断涌入鲁昂。那些船员，就像建造者们一样，通常是普罗旺斯人或者纳尔榜人，与他们在一起的还有热那亚的官员们，他们是公认的操纵桨帆战舰的专家。

除了这些传统的战舰，1330 年代还增加了另外一种不同的类型，专门为大西洋海域而设计。它们是采用"重叠搭造"法，具有更高干舷的诺曼底巴奇船①，最大者有 90 英尺长，而且依靠划桨以及一片与公元 9～10 世纪时古老的维京巴奇船并无二致的方形单帆提供动力。它们在艏艉建立了木质船楼，并额外编有 100～200 名人员。[10]

腓力六世苏格兰远征所需的 30 艘战舰中的大部分都可以被找到，虽然它们尚在别处停泊。在鲁昂和拉罗谢尔（La Rochelle），有 8 艘新建好的，以及 5 艘稍小一些的大型桨帆战舰。在地中海，有 12 艘大型桨帆战舰，它们不是在马赛就是

① 巴奇船（barge），据《牛津英语词典》释义及 J. W. 谢伯恩（J. W. Sherborne）文章 "English Barges and Balingers of the Late Fourteenth Century"［*The Mariner's Mirror* 63（2），1977：109 – 114］记述，系一种用于航海的中小型桨帆船，通常负责执行"巡逻、侦察、袭扰、护送、传信、运送重要人物"等任务，与现行常见的驳船、运输船词义有别。因作者在文中广泛使用的"barge"一词包含中小型桨帆船和内河运输船两类含义，译者在正文中将前者音译为巴奇船以示区分。

在罗讷河畔的博凯尔（Beaucaire），正处于建造的收尾阶段。所有这些原本为十字军舰队准备的船只，现在均可用于大西洋海域。而将它们带到英吉利海峡港口的命令也已发出。[11]

运输船只是一个更加棘手的问题，它只能靠征用商船来获得。法国商船队有众多优势可以用于这个目的。它们体积庞大，在船队中有很大一部分属于级别最大的一类，有为海战准备的高干舷，以及足够用来运载人员和马匹的甲板空间。难以将它们与英格兰商船队相比较。但是，一个建立在百年战争初期的征发舰队之上的合理推测表明，虽然双方能获得的商船数量大约相同，法国征用商船的平均吨位却更大。此外，法国商船队不像英格兰同行那样在地理上分布得比较集中。它们几乎完全来自诺曼底、皮卡第以及布洛涅地区（Boulonnais）（从自治角度来看，佛兰德和布列塔尼毫无贡献）。其中的一些港口，尤其是加来、布洛涅以及迪耶普有着悠久的海盗传统，在战争时期被证明颇有价值。然而，甚至如此庞大的航运资源也没有能力运载一支超过 26000 人，带着装备和马匹的大军跨过北海。一份关于大西洋港口的调查显示：勒阿弗尔（Le Havre）有 30 艘合适的船只；诺曼底南部有 24 艘；迪耶普也有 24 艘；在从费康到加来的东北部港口中还零散分布着 16艘。这些数量连需求总数的一半都未达到。甚至在有限的时间内，要配齐这些船只的装备也不容易。[12]

*

1336 年，爱德华三世能利用的资源已达到极限。部分出于这个原因，而且部分因为英格兰国王的注意力集中在法兰西，他在 1336 年的苏格兰战役被构想为一次在相对较小规模

下的迅速的惩罚性袭击。爱德华决定不再亲自率领军队，仅仅
指定兰开斯特的亨利，即老兰开斯特伯爵的儿子替代他的位
置。他在 1336 年 5 月中旬带着一支大约有 500 名重装骑兵和
稍多于 600 名步兵的小部队前往北方，几乎所有人都骑马前
进。[13] 苏格兰军队已经分兵。默里处在北方靠近马里湾的地区，
他正在那里对洛欣多布城堡进行一场漫不经心的围城战。其他
苏格兰首脑已经重新开始了对法夫的库珀的围困。在苏格兰南
部，当英格兰人接近时，抵抗行动便逐渐消失。库珀的围攻者
们被一伙来自爱丁堡驻军的突袭队伍击溃，他们秘密渡过福斯
河，并突然向苏格兰人发起进攻。6 月初，几乎未遇到抵抗的
兰开斯特的亨利到达珀斯，并在此等待补给和来自南方的增援
部队。[14] 他的目标几乎肯定是阿伯丁，它是苏格兰东部少数可
以让补给送达默里军队的港口。一位兰开斯特的家臣，托马
斯·罗斯林爵士（Sir Thomas Rosslyn）被给予建立一个安全的
前沿基地的任务。罗斯林带领 8 艘船从金斯林（King's Lynn）
起航，来到被毁坏的海边城堡邓诺特（Dunnotar）前，它位于
阿伯丁以南 15 英里远的地方。他带着 160 个人及马匹，还有
一群准备重建这个堡垒的石匠和木匠。他在登陆时遭遇了激烈
的抵抗。他的人在海滩上遭受攻击，他自己也受了致命伤。但
是，苏格兰人未能阻止他们占领邓诺特城堡，进而开始修筑防
御工事。[15]

　　传到身处英格兰的爱德华三世耳中的消息，使得阿伯丁以 159
及马里湾的南部海岸变得比以往任何时候都更为重要。5 月的第
一周，已经有一位被派往诺曼底和佛兰德的英格兰间谍带回了
关于英吉利海峡港口有异常活动的消息。1336 年 6 月上旬，情
报变得更加令人担忧。爱德华现在获悉了腓力在里昂与苏格兰

人会面的消息，而且得到了关于法兰西国王计划的异常详细的信息。根据他的报告，戴维二世在盖亚尔堡的内廷中的两位成员，亚历山大·西顿（Alexander Seton）和沃尔特·特温汉姆（Wâlter Twynham）已受到委托前往苏格兰，统率那里的苏格兰部队。法国的远征部队将在晚些时候抵达。他们将在福斯河以北的，具体位置待定的地点登陆。在那里，他们将与苏格兰合兵一处，并入侵英格兰的北部诸郡。爱德华的线人给出了有关这次准备工作的具体细节：2000名水手和300艘运输船据说已经聚集在阿夫勒尔（Harfleur），还有30艘在侧面覆盖有铜片以保护它们"不可战胜的"桨帆战舰抵御燃烧的抛射物。在位于勒尔（Leure）的塞纳河河口的兵工厂里，他们正在制造弩和塔盾（pavise），一种巨大的在弩手们重新装填武器时给予保护的盾。弩箭镞被大批购进，还储藏着14000件束身短铠。雇佣兵们聘自热那亚和布拉班特。传统的间谍活动不可能精确地发现所有的行动。爱德华不是从某个身居高位为腓力服务的人那里得到了信息，就是盗取了苏格兰或者法兰西外交人员的行李。[16]

　　在一定程度上，这些信息因相关事实而得到了确认，爱德华的情报更接近于腓力的计划而不是他的完成状况。事实是腓力已经成功地派出了一小支由一位名叫葛兰雪的约恩（Yon de Garencières）的年轻骑士指挥的先遣部队抵达苏格兰，但是他的主力部队还没有准备好。位于地中海的桨帆战舰还没有到达，那些从其他大西洋港口到达的船只也没有准备好装备或者还未装配完毕。运输船仍处于短缺状态。原本应该领导这次远征的厄镇伯爵，由于担心他在英格兰和爱尔兰的领地，因此没过多久就辞去了指挥职位。其他法国人也与这位贵族一样，在态度上对于腓力的计划抱有非常矛盾的感情。这是不是正如一位巴黎编年史作家所想的那样，属于一种背信弃义的行为呢？因为法兰西国王为了苏格兰的区区利益而不惜在爱德华的国家同他作战。[17]

在这些麻烦后面还存在着中世纪的政府为了一些特殊目的征收税款所面临的相似困难，那些目的往往不能明显和直接地与保卫那些为其埋单的公社联系起来。1336年夏季，腓力的财政状况不亚于一场灾难。好几年内，法兰西一直享有着低税收，而且在许多领地内根本不用纳税。腓力最近一次征收的总体补助金（general subsidy）还是在1328和1329年，那是他入侵佛兰德之际向其臣民征收的。这是一场至少曾受到贵族欢迎的战争。显然，腓力已感到无法要求臣民为另一场入侵苏格兰的战争支付税金。这个判断可能是正确的。不幸的是，应付紧急财政状况的传统替代来源，对货币制度的操纵，在1336年时却不能采用。腓力曾在其统治的第一年中实施了一项野心勃勃的提高币值政策，在圣路易的继任者们一再执行不受欢迎的贬值政策之后，这是一次试图恢复那个时代"良好货币（strong money）"的努力。但其结果加重了已经存在的黄金短缺现象，而且最终迫使王室铸币厂因缺少贵金属而在1335年3月停业。1336年初，为了给一场腓力认为不得不于英格兰开展的战争提供资金，政策有所改变。货币再次开始贬值，以此希望黄金能被吸引回铸币厂。人们认为这次改变将使国王不得人心，而且果真如此。但是它完全未能达到应有的目的。铸币厂仍然处于停业状态。策划者认为法国的入侵在计划中将花费180000图尔利弗尔，一个被低估了的巨大数字，但是即使如此，它仍是腓力难以承担的巨大数额。1336年，政府的收入不足平常的一半，这是到目前为止他统治时期中最糟糕的一年，它们共计约有 260000 图尔利弗尔。在绝望中，腓力转向了教会，请求教皇同意开征什一税。本笃不仅拒绝了这些，还写信给国王，以教师的口吻对他的软弱无能大加训斥。有关苏格兰的计划不得不以竭泽而渔的方式来筹措资金：政府与受到影响的相关公社谈判，收取地方捐献，主要是诺曼底的近海地区；从城镇、单独的贵族和政府官员中收取的借款；从王室领地中收取的稀少而且过度压榨的资源。同英格兰的财务操作方法相比，法国政府使用的借贷方法十分落后，而且他们的短期困难，即本质上的资金流转困难，已被证明是致命的。[18]

在 1336 年 6 月和 7 月，法国政府才刚刚开始了解其计划所要开展的规模。与此同时，爱德华三世通过一次大胆的战略性打击，使得它已不具备实现的可能性。法国人在苏格兰进行一次成功登陆的必要条件是，要存在一个友善的海岸以及拥有足够的港口可以让大量人员卸下他们的马匹和装备。此外，除非军队在整个秋季和冬季中都会得到来自佛兰德的补给，它在 700 英里远的北海对面，他们将不得不在附近寻找可以获得的食物。唯一符合这些条件的地区是沿着马里湾南海岸以及位于马里湾和泰湾之间的海岸平原。虽然并没有证据表明阿伯丁被选作登陆地，它的位置以及它的重要港口都使它成为显而易见的选择。爱德华三世显然是这么想的，因为阿伯丁以及它的腹地现在正受到有条不紊的破坏。爱德华放弃了一个在北安普敦主持包括教会和世俗领主在内的御前大会的计划。6 月 11 日，他匆匆离开赶往纽卡斯尔，在那里临时凑了一小支部队。它由略多于 400 人的队伍组成，其成员主要来自恰巧就在附近的王室内廷以及威廉·蒙塔古的扈从。当他们穿过低地地区时，有少数其他人员不时赶上并加入他们的队伍。国王的突然到来使斯特灵和珀斯的驻军大吃一惊，而且更对他带着如此小规模的部队穿过敌方领土的冒险行为惊叹不已。7月12日，在大约400人的来自兰开斯特的亨利的部队加入后，爱德华三世离开珀斯向北进发。

他推进的速度在使英格兰人感到惊讶的同时，也震惊了苏格兰人。默里的部队仍然在北边100英里之外的洛欣多布，因而勉强逃脱了被追上的命运。在洛欣多布城堡里，阿瑟尔女伯爵（Countess of Atholl）和她的女士以及士兵们在被英格兰军队解救时只剩下最后半夸脱黑麦。爱德华现在开始了为此而来的工作。可以找到的动物都被赶拢然后集中屠杀，仅在第一天就杀死了超过1000只野兽。1336年7月17日，国王到达马里湾，金洛斯修道院（Kinloss Abbey）贮藏的粮食被一扫而空；福里斯（Forres）被焚；埃尔金（Elgin）的著名教堂逃过一劫，但是它周围的建筑皆成废墟。在内陆，爱德华的人所能到达之处，成熟的农作物都遭到焚毁。21日夜，爱德华从北面来到阿伯丁。第二天整日，英格兰军队都在焚烧城镇和拆毁难以烧尽的建筑中度过。爱德华留在后方亲自检查，确保地面上已没有任何遗留。尽管英格兰军队人数极少，苏格兰人也没有做任何反抗。默里尽可能地聚拢人员退到福斯河以南，其余的人"隐藏在沼泽、群山以及森林中"。[19]

*

爱德华出发前往苏格兰之前曾下令召集的御前大会于1336年6月25日在北安普敦召开。法兰西的威胁看起来已成为这次会议的唯一议题。坎特伯雷大主教约翰·斯特拉特福德，林肯主教亨利·伯格什（Henry Burghersh, Bishop of

Lincoln），以及爱德华的弟弟埃尔特姆的约翰（John of Eltham）在国王缺席时主持会议。在这个阶段，政府正在征求意见，不仅是资金，而且试图以一项也许最终证明是代价高昂的政策使贵族阶层作出承诺。也许意识到了这点，御前大会在它的建议中十分谨慎。其认为一个新的使团，一年来最重要的一个，将被派往法兰西去确认法国国王的计划是否真的像它看上去的那样怀有敌意，并提出一项妥协方案。这项妥协方案的内容是什么并不清楚，但是它无疑涉及了戴维·布鲁斯，因为御前大会建议使团还应该被授权可直接与他谈判。这本身就是英格兰政策的一次重大转变。[20]

两国政府现在都已超过了调整路线就可以达成协定的限度。事情发展得太快，而且双方的距离太远以致难以协调。当御前大会解散后，埃尔特姆的约翰前往北方检查北部诸郡的税款征收工作。1336 年 7 月末，他带领数千人进入苏格兰，将破坏的进程带进这个国家的西南部。苏格兰人宣称，这支部队蹂躏了卡里克（Carrick）以及克莱德河谷，烧死了所有逃到教堂里避难的人。在英格兰南部，爱德华的外交官们继续着他们的和平使命。这些大使，达勒姆和温切斯特的主教，以及另外两名成员在 7 月 7 日受到任命，并且一等到他们的通行证从法兰西送达，就立即于 24 日在多佛上船。大约同时，停泊于地中海的法兰西桨帆战舰最终来到诺曼底和布列塔尼的港口，加入腓力的桨帆战舰舰队。现在这里有 26 艘桨帆战舰，一支只比原计划少 4 艘的赫赫有名的海上力量。英格兰政府在 7 月的最后一个星期得知了关于其到来的消息，并在 8 月中旬知道了舰队船只的确切数目。[21]

在地中海，新组建的部队正在作加入腓力的英吉利海峡舰队的准备。法兰西国王的代理人在热那亚购得了数艘桨帆战舰，它们正处于最后的装配阶段；其他船只则停泊于腓力的敌人，西西里国王的港口中，并以它们将用于十字军东征的谎言作为掩护。这两股北方势力间的竞争已开始蔓延至意大利各国的政治事务中。英格兰人在南欧的外交经验很少，因此当然不能与法兰西在意大利半岛的长期影响相比。但是他们的确在热那亚有一些很好的非官方联系。爱德华二世曾将他的大部分财政事务交给热那亚的银行家来打理，而且在他统治期间，伦敦已经出现了一个值得注意的热那亚公社。爱德华三世也保持了他父亲建立的这些联系，两位伦敦热那亚人，安东尼奥和尼科洛·乌索马雷兄弟在1334~1345年的超过十年的时间里，都在负责加斯科涅的财政，而且偶尔会插手国王与热那亚共和国的往来事务。英格兰政府与热那亚的主要联系要通过菲耶斯基家族，它是城中主要的教皇党家族（Guelph family）。尽管城市里连续不断地发生着革命和驱逐事件，他们也从未完全失去在这里的影响力。菲耶斯基的卡洛（Carlo dei Fieschi）作为热那亚的领袖之一，曾是爱德华二世的一位名誉御前会议成员；还有拉瓦尼亚伯爵菲耶斯基的弗朗西斯科（Francesco dei Fieschi, Count of Lavagna），他曾在1317年对英格兰的一次访问中接受了国王的徽记。在1330年代，这一传统被菲耶斯基的尼科利诺（Nicolino dei Fieschi）继承，他可能是后者的弟弟。这个干练又狡猾的人在1330年代初期受雇于热那亚政府，从事各种出访英格兰和法兰西的外交任务。在其中一次访问期间，他被爱德华收买并为其服务，成为英格兰在意大利和普罗旺斯实施密谋的主要工具。他的工作的首个成果十分显著。菲耶斯基劝说其城市的政府扣留并烧毁了那些腓力出资的雇佣

163

船。这个代价是高昂的。爱德华必须解决所有热那亚商人对他的臣民提出的未偿还债务。这使他花费了 8000 银马克。相比之下，在西西里阻碍腓力六世的计划则便宜得多。菲耶斯基只告诉了西西里的腓特烈三世（Frederick III of Sicily）在那里的那些法兰西国王的船只的真正目的，它们就被没收了。[22]

8 月，达勒姆和温切斯特的主教在巴黎和万塞讷森林的王室公馆中同腓力六世以及他的御前会议进行了一系列会议。他们的讨论令人非常不满意。8 月 20 日，会议以一项在巴黎发表的关于法兰西国王"最后答复"的公告作为结束。腓力拒绝了大使们的全部提议，表示打算凭借他的力量用尽一切可能的办法来帮助苏格兰。他解释已经在法兰西及其他地方征募了一支庞大的军队，并集结了一支由桨帆战舰和其他船只组成的舰队。凭借这些，他打算立即同时入侵英格兰和苏格兰。大使们发觉腓力的发言直率得令人吃惊，就像事实就是这么发生的那样。他们不敢写下那些告知他们的内容，以防止文件落入错误的人手中。因此他们派了一位文书，威廉·蒂克希尔（William Tickhill），以口头通知的方式警告在英格兰的御前会议。蒂克希尔与一名侍从立即离开巴黎，在 8 月 23 日到达多佛，并连夜骑马赶路，在 24 日深夜到达北安普敦。约翰·斯特拉特福德以及一些高级御前会议成员正住在那里。斯特拉特福德没有等待与国王商议，或者甚至是听完蒂克希尔的信息，便马上颁布了 9 月 23 日在诺丁汉召开另一场御前大会的令状，这可能是间隔时间最短的一次御前会议。在这次会议中，不仅高级教士和男爵们被召唤出席，还包括各郡和市镇的代表。筋疲力尽的蒂克希尔随后被迅速派往苏格兰，将他的消息报告给爱德华三世，并传达御前会议关于国王应立刻返回英格兰的紧急建议。[23]

腓力信誓旦旦要发动的战争已经开始了。1336 年 8 月 22 日，4 艘法国战舰对奥福德（Orford）的市镇发动了突然袭击，在奥福德的锚地，他们发现了一艘被征用的大型商船，凯特琳号（Caterine）。待在船上的少数水手被制服，并惨遭屠戮，而这艘船则被抢走并带到佛兰德。次日，这支部队回到萨福克海岸，并突袭了沃尔顿锚地（Walton roads），另一个现已消失了的东海岸港口，现在它已被费利克斯托（Felixstowe）的混乱吞噬。在这里他们抢走了主祷文号（Paternoster）上载有的织物、染料以及蜡之类的贵重货物。抢劫者持有来自腓力六世的委任特许状。他们返回后就将一半的赃物交到代理人手中。在接下来的十天里，一支更大的法国舰只分队离开诺曼底和布列塔尼的港口，向怀特岛驶去，有几艘英格兰国王的船只和一些载有货物的商船在那里抛锚。它们的到来毫无预警，因此基本上没有遇到抵抗。这些船只被占领，它们的船员则被受以锋刃并抛入海中淹死。一些船被凿沉，另一些带回诺曼底后作为战利品被卖掉。[24]

这些袭击者们实际上在海上没有遇到抵抗。当第一批关于法国海军行动的谣言传到政府耳中时，爱德华三世曾在 5 月指派海军将军们征发船只。一小部分船只于 6 月聚集在朴次茅斯准备阻止上述事件的发生。不幸的是，在 7 月的最后一个星期，这些船只已经解散到了各自的港口里，因为从大陆传来的错误信息认为警报已结束。此后不久，他们被召回各自的岗位，但是由于这些命令，以及前后的自相矛盾所引起的混乱，南海岸在法国船只来到时，实际处于没有防备的处境中。英格兰政府的防御措施，至少在他们的构想中是有秩序的，在威廉·蒂克希尔返回和关于第一次攻击袭击的消息到来后，变得混乱无序。尽管为时已晚，属于西部海军部的舰只仍被命令在桑威奇外海的唐斯（Downs off Sandwich）聚集，准备拦截敌人。然后，9月6日，由两个海军部舰只组成的混合舰队被告知要去攻击撤退中的法兰西桨帆战舰。但是此时它们已返回了基地。这是对英格兰国王自命不凡的一次无情嘲笑，他在法国突袭前不到一星期时宣称，他的祖先"从来都是英格兰所有海域的君王"；因此，他补充道，"如果王国对抗敌人攻击的防御能力在我们这个时代将会受到削弱的话，对我们来说这将是一个巨大的伤痛，而且是对我们王室荣誉的一种轻蔑"。[25]

爱德华仍留在苏格兰，正巧不知道这些事情。威廉·蒂克希尔在夜以继日地骑马穿过英格兰中北部来到贝里克时，发现由于道格拉斯的游击队四处劫掠，东部低地地区已经陷于动荡。他的护卫拒绝带他前往比法夫更远的地方。在海岸四周也找不到能搭载他的船只。御前大会的消息直到9月的第二个星期才传到国王耳中。当它到达后，国王便遵照建议迅速采取行动。爱德华曾经计划在低地地区对道格拉斯发起一次战役。但现在，他匆忙南下，只随身带着军中的主要权贵，而将大部分部队抛在身后。骑士和市民代表还有剩余的权贵已聚集在了诺丁汉。爱德华自己则在1336年9月24日到达那里。[26]

御前大会在次日早上召开，而且收到了关于派往法兰西使团之行的结果和在萨福克以及怀特岛遭到劫掠的坏消息。当他们正在商议时，消息的不停到来加重了危机的气氛。法兰西人正对在英吉利海峡及法国大西洋沿岸航道航行的英格兰船只发动攻击。英格兰南部被入侵潮困扰着。自8月中旬起，其已开始在沿海城镇和村庄居民中选出大批专员。山顶上将建立巨大

165

的篝火堆，以防备法国可能进行的登陆。而关于暗中集结的一伙苏格兰人正在英格兰为军队购进补给、窥测城市、密谋开展破坏行动的疯狂且不切实际的谣言也在广为流传。处于诺丁汉的议会批准了关于征募一支庞大的守卫部队的提议。在每个城镇和郡公社中，将任命多达四名的专员，他们将传召每个成年人置办好与其社会地位相应的武装，并前来集合。后者要携带弓、刀、长矛、战戟、棍棒、战斧或者任何其他必须手持的武器。从这伙混杂的民众中，他们将选出最优秀的一伙人，其他人则将出资捐献。每个公社提供一辆运货马车和至少能维持三个星期的给养。通过这种方法，据说可以召集起 80000 人。没有人敢建议继续开展与法兰西的谈判。这是一个英格兰政治共同体一致公认的同法兰西的战争已无可避免的转折点。[27]

英格兰国王正在筹集他的战争资金。诺丁汉的议会准许了一项十分之一税和十五分之一税的税收。教士们也同意了一项十分之一税。一项针对羊毛的特别税被商人们批准。从意大利人那里筹集了新的贷款，这次不仅是从巴尔迪家族，而且还从佩鲁齐家族（house of Peruzzi）的其他大型佛罗伦萨银行中借出；它们之前未曾借给爱德华三世巨额贷款。英格兰商人们也慷慨解囊，而且对他们来说达到了前所未有的规模。在 1336年夏季到 1337 年 9 月之间，从银行家那里筹借到了超过100000 镑。其中的大部分被直接用于那些追赶快速增长的开销的艰辛努力。在布里斯托尔，由于船员没有领到报酬且缺乏粮食，那些因防御而被征用的船只只能停泊在港口里。在约克郡，几乎肯定是出于同样的原因，在边境被征召来服役的部队中发生了一场令人不安的哗变。就像腓力六世一样，爱德华请求教皇准许将教会的资源从十字军方面转到他自己的需求上；

但是不同的是，他没有收到否定的答复。1336 年 10 月，他占据了约克郡圣玛丽修道院（St Mary's Abbey）中曾为十字军远征而积累起来的财富。附属的十字军金库也被他的官员们从英格兰各地的座堂中拿走。只是在遭受威胁以及国民团结的新气氛下，这种粗暴的盗窃行为才能如此轻易地发生。教士们几乎肯定是在纵容它。[28]

在法兰西，国王的大臣们已经开始将英格兰商人和旅行者当作敌人。9 月，他们被逮捕，财物被扣押，这些行径的确在北方各省发生过，而且可能遍及整个王国。在佛兰德，那里总是有大量英格兰商人和水手停留，他们中的很多人在未经警告的情况下就被围捕并投入监狱。10 月时，得知在佛兰德发生了逮捕行为后，英格兰人也以同样的方式回敬。[29]

*

当诺丁汉的御前大会解散后，爱德华三世和朋友们回到了他们在苏格兰的未竟之业中，现在这是一场包含着围城和伏击的令人厌烦的游击战争。城堡轮流被英格兰人占领并修复而后又被苏格兰人夺回并毁坏的时光是短暂的，冬天使得行动十分不便。1336 年 10 月 18 日，英格兰国王向博斯韦尔进军。它是位于克莱德河畔的一座已被部分拆除的堡垒，曾是他祖父在低地地区的主要据点。在严酷的条件下，修复工作已着手进行。严冬已经到来，食物和材料必须在护送下从贝里克运来。道格拉斯的游击队在英格兰人的营地边缘徘徊，袭击补给车队，杀死落伍士兵以及粮秣征发人。当爱德华在克莱德河畔忙碌时，他的事业已被在更北部发生的事件摧毁了。10 月，安德鲁·默里夺取并毁坏了英格兰的一些孤立据点：邓诺特、科尼福（Kynnef）以及劳里斯顿（Lauriston）。苏格兰守护在他自己的领土上上演了一场残忍的毁灭战，因为他知道已没有其他迫使英格兰军队无法驻扎的办法了。高里（Gowrie）、安格斯（Angus）和默恩斯（Mearns）依次被破坏。苏格兰人不得不忍受这悲惨的后果。

> 人民的生活是如此的不幸
> 生无可避，死于饥馑
> 皆因他统帅的部队四处抄掠
> 荒芜不毛的大地，因此成片出现

在这些可怕的年月里，死于饥荒和疾病的苏格兰人比被英格兰士兵杀死的还要多很多。[30]

　　在英格兰的南部和东部，对入侵的恐慌在 1336 年 10 月到达顶点。扣押在英格兰海域的每一艘船的命令已被下达，其中合适的船只可能会连同船员一起被征用，增援那些已经处于海军将军们指挥下的舰只。桨帆战舰被从巴约讷召集至英吉利海峡，而且向热那亚提出了需要更多舰只的请求。储存的食物被积聚在靠近海岸的地方，以便对舰船进行补给。成千上万的箭矢被下令定制。一位名叫尼古拉斯的"工程师"被委以制作 30 门"小伙子（springald）"（大型舰载弩炮）的重任。在英格兰，沿海各郡都征募了地方志愿军。[31]

　　在海上，被征用船只的杂乱集合队伍聚集在唐斯。等待对纪律是极为不利的。在国王的克里斯托弗号上，那些受压迫的船员已经爆发了一次哗变，这是困难到来的标志。大雅茅斯（Great Yarmouth）的人们不辞而别，去追寻他们与五港同盟的古老世仇，而其他船只则遭到举报，攻击了在英吉利海峡上的友方商船。尽管有连续不断的报告称法兰西人正计划对索伦特海峡进行另一次侵袭，海军将军们让他们舰队剩下的船只与泰晤士河河口保持距离，在此他们可以保护首都，而且朝任何一个方向行驶都可以追击敌人。这是一个颇为明智的战术，但是什么都没有发生。接近10月末时，英格兰人觉得敌人已经放弃了他们的机会。大型船只需要参加每年从吉伦特地区出发的运酒船队，因此在10月22日他们解散了西部海军部的舰队；北部海军部舰队在四天后也遭解散。11月8日，依诺丁汉御前大会命令，在英格兰海岸进行大规模征募的行动也被取消。[32]

168   法国政府的意图却对这些分析提出了挑战。由于失去了来自地中海的增援，缺乏任何适合登陆的港口，而且受到北方冬季已经来临的威胁，腓力六世在秋季的某个时刻放弃了他关于让部队在苏格兰登陆的计划。取而代之的是决定集中海军将军们的力量对英格兰南部进行海上突袭，这个计划原本仅仅被设计为分散敌人注意力的次要行动。11月，他们对英吉利海峡群岛发动了一次颇具破坏性但战略意义不大的打击。分成小组的法兰西舰只和一些西班牙私掠船挂着法国的旗帜在海岸附近巡游，抢掠英格兰和加斯科涅的航行船只。英格兰人以编成位于索伦特海峡和加斯科涅的港口间的大型武装护航船队的方式避免了任何严重的损失。接近年底时，法国人在海上的战役已经停滞不前，随后即被停止。[33]

*

当与法国的关系恶化时，巴黎高等法院的"加斯科涅日子"变得更加繁忙。到了1336年夏末，一连串的诉讼已经在英格兰引起了严重关切。现在越来越难以找到能抵挡得住官方授意的压力的法国辩护律师。而且在遭遇一系列胆怯的失败后，他们开始慎重考虑否认爱德华所有在巴黎的常务法律顾问的责任。据报告，在加斯科涅，法兰西王室官员经常进入公国的城镇和城堡执行王室的命令。如果被拒绝进入，他们有时会尝试用武力来取得控制权。在这些法律行动之后隐藏着为了战略优势而展开的争斗，为一场现在看来已经无法避免的战争所做的准备工作。自1334年位于朗贡的英法委员会分崩离析后，位于波尔多城外的布朗克福堡垒已经成为高等法院里官司激烈争夺的对象。在这场不可思议的遗嘱纠纷中，腓力也在故意增加审议的困难，他从阿马尼亚克伯爵手中购得这些权利，然后再次将它们授予他在西南部的一位最忠实的盟友。这个人被给予了万一在与爱德华三世发生战争的时候，将会得到王室军队支援的承诺。它是最为严重的诉讼案例，但并非孤例。在波尔多的另一边，尽管爱德华的辩护律师提出抗议，拉索沃玛约尔修道院院长（Abbot of La Sauve-Majeure）在高等法院的支持下还是从爱德华的司法管辖范围中分离出来。桑特，公国最北部的主要城镇，是一场仍在热烈讨论中的古老诉讼的主题。布莱（Blaye）和圣马凯尔（Saint-Macaire）也是如此，它们都是重要的边界城镇。据报告，爱德华三世在加斯科涅贵族中的一部分主要盟友在司法攻击面前败退了，而且正要将他们的效忠转向腓力六世。[34]

这些诉讼案件中的一个将不可避免地导致一个爱德华不可能在政治上遵从的判决。当它于1336年7月发生时，起因一如既往的不起眼：这场诉讼涉及了一位纳瓦耶领主加尔西·阿诺（Garcie Arnaud, lord of Navailles）。他是一位令人讨厌而且

169

好打官司的贝阿恩男爵，他声称爱德华三世欠自己30000弗洛林。阿诺曾经在巴黎提起过诉讼，但多年来一直没有成功。因为爱德华的律师们施展了各种各样的法律手段来拖延此事，而且他们的理由经常被采纳，所以高等法院从未按法律依据进行裁决。然而，1336年7月11日，法律辩论遭到失败，因此爱德华被宣布拖欠债款。高等法院作出了一项对阿诺有利的巨额损害赔偿判决，命令以没收爱德华在加斯科涅的资产的方式进行清偿。经过一番在英格兰的短期痛苦抉择后，他们作出了拒不服从高等法院的决定。这个决定只可能是由爱德华亲自作出的。他的顾问们觉得这样做无疑最终将导致公国被没收。新年前后，法国人试图强迫执行关于加尔西·阿诺的判决。被选中的地点是阿让地区的设防村镇皮米罗勒（Puymirol），这是公国的一块飞地，被效忠法兰西国王者的领土完全包围。这个村镇严重缺乏防御方面的规划。它虚弱地坐落在郊区教堂的阴影下。但如果爱德华想要重视他关于将恢复阿让地区其余部分的主张的话，他必须坚守住这个地方。当法国人与他们的小护送队伍到达时，他的官员们已作好准备。法国人被赶走了，咒骂声还在他们耳边回响。[35]

没收整个公国的准备工作已经开始进行。王室与富瓦伯爵签订了一份协议。他同意召集一支100名重装骑兵和500名步兵的军队，并在1336年11月24日向公国南部进军，以作为对一大笔金额的回报。伯爵的命令是：一旦战争爆发，就要为一场持续两个月的，在加斯科涅的战役作好准备。在其北部边境，即圣通日，也指派了一位新的总管，而且给予他"本地国王战争主管（Captain of the King's Wars there）"的头衔。[36]在爱德华这边，他开始采取姗姗来迟的措施以加强其公国的防务。初秋之际，波尔多的政府开始在他们有限的资源能允许的条件下，修复那些多年以来一直处于被忽视状态中的城堡，并为它们储备粮食。在英格兰，英格兰军队增援加斯科涅的第一批计划已被爱德华的大臣们拟定。[37]

新年之初，一个来自教皇的调停被腓力置之不理，甚至连通常的礼节性推辞都不屑履行。腓力告诉本笃十二世，双方的争执不是在君主之间而是在君主和封臣之间，它不仅仅触及了法兰西王室的权威。在这种情况下，调停是不合理的。与此同时，法国国王突然开始搜查教会的金库。他毫不掩饰自己为一场春季战役筹集资金的目的。本笃以其特有的活力来反抗，他拒绝准许腓力向教会财产征税。为了预先阻止法兰西政府的凶恶意图，他命令负责十字军什一税的收税人将收集的税款退还给纳税人。[38]

170

*

腓力现在正制造出一个使人心怀怨恨的重大问题。不过这种怨恨迄今为止还只是一种较为轻微的刺激。这就是在英格兰宫廷里，正住着他最执着而且最恶毒的本国仇敌，阿图瓦的罗贝尔（Robert of Artois）。腓力后来宣称此人的阴谋是引发战争的主要原因，而且他对这些事件的说法无论多么虚伪，在法兰西已被普遍接受，可事实并不像他说的那样简单。

阿图瓦的罗贝尔，腓力六世的妹夫，百年战争初期的关键人物之一。他年过五十，聪明而有风度，人生一直被一种强烈而痴迷的妄想所控制，为此他奉献了自己的大部分精力，而且最终导致他加入一支与自己国家作战的外国军队，直至伤重不治。这个妄想就是试图获得阿图瓦伯国，它由于一项怪异的继承法在 13 世纪末被从他父亲那里传承给他的姑姑，而不是他自己。他曾经在不同时期里通过诉讼、暴力以及宫廷密谋来索取他的宣称权，但总是以失败告终。当腓力六世成为法兰西国王后，罗贝尔看到了机会。他变成了国王最亲密的朋友和顾问，他的"主要而且特别的伙伴，以及在同一等级的所有人中受宠爱者"。就像傅华萨所说："在三年的时间里，所有在法兰西王国中所做的事都是出于他的建议，因而没有他，将什么也做不了。"[39]数月之内，罗贝尔已经说服国王在他的权利声明被重新审查期间，以王室的名义占领这个伯国。这个事件激起了意想不到的盛怒，使腓力的家族和宫廷陷于分裂，而且引出了一个反对他的危险的贵族联盟。对罗贝尔来说不幸的是，年迈的阿图瓦女伯爵于 1329 年 11 月去世，通过另一次怪异的继承，勃艮第公爵夫人凭她的权利最终成功继承。她的丈夫勃艮第公爵是腓力的内兄，同时也是这个王国中的地方大权贵之一，罗贝尔就此出局。1330 年 12 月，这场争执突然结束了。罗贝尔提交的支持其权利的文档被发现曾按他的指令进行过伪造。腓力抛弃了他，并同意对他提起一项犯罪诉讼。

171　但是罗贝尔拒绝对簿公堂，他逃往低地诸国，开始了一种漂泊生活。在法兰西步步紧逼之下，由于他的存在给朋友们带来了窘迫以及来自于敌人的敌意，因此他不断从一个地方转移到另一个地方。1332 年 4 月，他被法兰西放逐，所有的财产均被没收。

　　在阿图瓦的罗贝尔已经变成一个潦倒而且穷困的流亡者之后的很长一段时间里，腓力六世仍不懈地迫害他。这揭示了他的性格特点。毫无疑问，这其中的大部分恶意是由于王后的影响（她是勃艮第公爵的姐姐）。腓力自己，虽然从本性上说不是一个报复心很强的人，却十分迷信而且缺乏自信。他采取最严肃的态度对待罗贝尔的言行：后者为了在法兰西挑起叛乱而在国外对他发出威胁，并使用巫术试图摧垮他的孩子。在罗贝尔离开法国后的两年多时间里，腓力派出间谍监视他，并派出暴徒抓捕他。当罗贝尔的告解神父在法兰西境内被发现时，他立即将此人逮捕，还囚禁了他的妻子和家人；那些温和评价罗贝尔的人则被以叛国罪名起诉；还组织起军事同盟以针对那些庇护他的邻国王公。[40]

1334 年春季，阿图瓦的罗贝尔经过一番细致乔装后来到英格兰，并到爱德华三世的宫廷中寻求庇护。他解释说，他曾受到那些在法兰西的敌人诋毁，而且打算一旦能得到安全保证，就会立即返回那里自辩清白。在此基础上，爱德华允许他留下。但是英格兰国王拒绝为他提供任何帮助以反对法兰西国王。这是在数年后当这个决定已成为受争议的话题时，爱德华自己对此事件作出的解释。这几乎肯定是真的，因为在接下来的两年时间中再没有听到关于罗贝尔的消息，源源不断的威胁和指向腓力六世与其家庭的谩骂停止了，而且就腓力本人来说，尽管他必定知道罗贝尔躲在哪里，但他在与英格兰宫廷的长期谈判进程中对此事只字不提。只要爱德华仍然对法兰西保持妥协政策，阿图瓦的罗贝尔的存在就只是爱德华自己的一件尴尬之事。但是当他与法兰西的关系变得冷淡，产生敌意时，罗贝尔在英格兰宫廷中就逐渐受到青睐了。1336 年秋季，他陪同爱德华三世参加了那次对苏格兰的远征。他开始收到金钱馈赠，并且被允许住在一处王室庄园中。罗贝尔是一个有趣而且富有魅力的人，一位出色的骑手和奉承者，正是爱德华喜欢的那类人。然而，真正促使他受到英格兰国王赏识的原因是，国王相信他具有给敌人制造麻烦的潜在可能性。阿图瓦的罗贝尔声称他在法兰西拥有广泛而且颇为有用的朋友关系网。他在位于法兰西北部边界上的独立的低地诸国王公中也有许多亲戚。1336年秋季，爱德华已经希望在这个地区建立一个庞大的进攻性联盟。罗贝尔夸大了自己的用处，而爱德华相信了他。[41]

172

腓力六世意识到阿图瓦的罗贝尔正在英格兰宫廷中享受着越来越多的恩宠，虽然他夸大了自己的重要性。1336年底，他开始递送关于罗贝尔出现在英格兰的正式投诉。含有愤怒之词的信件被寄出。教皇受到邀请，要求规劝爱德华，而且他的确这样做了。英格兰国王，本笃尖锐地写到，应该谨慎地回忆下那些受宠爱的外国人为他的前任们制造出的那些麻烦。他的信使们也许能给国王转述关于罗贝尔过去历史的一些详情，这些详情写在纸上将是十分令人尴尬的。1336年12月26日，腓力六世正式要求将罗贝尔从英格兰引渡回法国。这份送出的要求，不是由外交信使直接传递给爱德华本人，而是交给加斯科涅的英格兰总管。这位总管被告知，他将和腓力为这个目的派往加斯科涅的王室弩手总管（Master of the Royal Archers）①讨论并处理此事。法国政府显然打算将使这一事件当成两国关系最终破裂的契机。[42]

他们选择一个与正在变老的流亡者相关的阴谋作为开战借口是一个有趣的问题。就腓力个人而言，私人积怨也许与此事有关，但是他的大臣们狡猾而精于算计，不大可能在个人因素方面有什么兴趣。作出这个决定也存在一些合理的政治原因。首先，他们大概已经知道英格兰代理人在低地诸国的活动现在已变得十分频繁。与爱德华三世不同，他们相信英格兰国王与

① 王室弩手总管在法文中写作 "Maître des arbalétriers"。

阿图瓦的罗贝尔的联系将是他在那里的一个绊脚石。腓力六世
曾与低地诸国中的几位更重要的王公签使他们有义务帮助他
对抗阿图瓦的罗贝尔的协议。这些协议是在几年前而且是在截
然不同的背景下签订的，但是它们仍然有效，而且法国政府正
确地推测到这些王公将不愿意太明目张胆地违反它们。这其中
也有关于国内政策方面的考虑：想没收加斯科涅公国，腓力需
要法兰西贵族中的首脑们的政治支持。从严格的法律角度看，
爱德华在自己的国土内——在那里，他是拥有最高统治权的王
公——庇护阿图瓦的罗贝尔的行为不能作为没收其法国公国的
基础。但是在最重要的观众面前，它还是具有很大的意义。法
兰西有许多在贵族阶级中占支配地位的派系，比如王后的朋友
和亲戚，她的弟弟勃艮第公爵以及他们在行政部门中占据高位
的数不清的被庇护者们。这些人将会感觉到他们受到了爱德华
三世和阿图瓦的罗贝尔的联盟的威胁。他们并不都热切希望，
只因为在巴黎高等法院中的一项小争吵就剥夺爱德华的公国，
这类事件很可能在某天也会影响他们自己的领地。

　　王室弩手总管是萨伏依人（Savoyard），名叫拉博姆的艾
蒂安·勒加卢瓦（Etienne le Galois de la Baume）。他于 1337
年 2 月到达西南部。他接到的指令没有留下记录，而且有可能
行动超越了它们的限制。在到达后不久，他试图袭取圣马凯
尔。圣马凯尔是一个加龙河北岸筑有城墙的小市镇，距离波尔
多大约有 40 英里。它守卫着进入爱德华在阿基坦的剩余领地
的关键点。它在此时失陷将会是一场灾难。但是它并非注定会
失陷。市民们及时地关上了他们的城门，而拉博姆的勒加卢瓦
没有带攻城器械。他派一些人去图卢兹寻找，但是那里的武器
库是空的。法国人不得不撤退。为了避免再遭受另一次这样的

173

惨败，腓力六世开始收集一组为春季战役时节准备好的攻城装备车队，在北方，装备以"某些秘密目的"被从仓库中取出，这些目的甚至对他的官员们也有所隐瞒。[43]

*

尽管处于保密状态，在英格兰，腓力的打算还是被知晓了，或者说被准确地揣测。英格兰国王在 1336 年 12 月中旬离开苏格兰，并在哈特菲尔德（Hatfield）度过圣诞节。自新年伊始，关于抵御法兰西再次活跃的海军，保卫南部和东部海岸以及派出一支能在战役时节及时穿过比斯开湾到达加斯科涅的远征部队的计划正在拟订。

这两个计划都需要大量的战舰。然而，在一个当其他西欧势力，不止于意大利的海事城市，还有阿拉贡、卡斯蒂利亚（Castile）和法兰西都在建立庞大的常备海军舰队——它们通过国家建造，并由配备船员的船只组成——的时代，英格兰国王几乎还没有一支"王家海军"。多年以来英格兰人的工作成果依赖于即兴发挥和运气。最好的战斗舰只，而且是 14 世纪唯一为战斗目的而建造的战斗舰只，是桨帆战舰以及其他巨型的备有船桨的船只。的确，地中海桨帆战舰在北部海域中有一些缺点，但是在进攻行动中它是非常出色的。它是唯一可以完全自由调动的船只，最高速下续航能力强，能在不考虑海风强度和方向的状态下行动，而且能够从任何条件不利的战斗中迅速脱身。它所需的巨大补充（比士兵多一倍的桨手）使得它在发起针对英格兰海岸未设防的城镇和乡村的突袭时极有效率。对于英格兰国王们来说，不幸的是，那种使意大利城市国家能够建立起由这些船只组成的庞大舰队的经济条件，在大西

174

洋并不存在。在地中海，桨帆战舰除了军事用途之外还有商业
用途。因为高价值的货物，例如香料以及朝圣者，需要的是速
度而不是空间，他们可以产生很高的利润。但是大西洋的船只
依赖于相对价值较低的体积庞大的货物：羊毛和织物、盐、鱼
以及酒。在大西洋，国家的账目记载中，桨帆战舰总是达到了
其总载重量。因为建造和保养它们是非常昂贵的，而且需要大
批的专业船员来熟练操纵。拥有一支桨帆战舰舰队需要巨大的
财力。可以从一份 1336 年前后为法兰西国王准备的报告上看
出它是多么的巨大。这份报告指出：花费了 800 图尔利弗尔在
鲁昂建造一艘 60 支桨的桨帆战舰，它只可以被期望维持三年，
以平均每年耗费 266 图尔利弗尔的基准直线折旧。船员们在一
场为时 8 个月的工期内的花销超过了这笔金额的 10 倍：用
2280 图尔利弗尔的工资，还要外加 180 图尔利弗尔将人们从
普罗旺斯带来。当动员的花销、船桨、缆绳、船帆、盔甲以及
消耗物品被算入时，每艘桨帆战舰每年的花费至少是 3555 图
尔利弗尔（大约 760 镑），这还没有包括维持鲁昂兵工厂的高
昂费用。[44] 只有法兰西王室能承受得起如此规模的花销，而且
还只是在景气好的年月里。英格兰舆论从未容忍过在和平时期
将大量开支投入军用物资中，而在战争爆发之际，海军不可能
像变魔术般地突然创造出来。

不管英格兰的地理位置应该暗示了哪些内容，战争开始之
际她却总是发现其政府没有作好在海上作战的准备。在很长一
段时间里，这并没有什么关系。12 世纪安茹王朝的国王和他
们的大陆盟友已经控制了法兰西从英吉利海峡到比利牛斯山脉
的整个大西洋海岸。约翰王，对失去他的大陆帝国王朝负有主
要责任的君主，是第一位自诺曼征服以来感到需要一支强大的

王家海军的英格兰国王。52 艘桨帆战舰一度处于他的控制之下。他的儿子，亨利三世，在 1240 年代当他曾还抱有征服大陆的雄心壮志时，维持过一支桨帆战舰舰队。但是这些是用于特殊目的短期舰队。当对它们的迫切需要消失后，它们就被搁在那里自然腐烂。1290 年代，当美男子腓力建立了一支大西洋舰队时，英格兰面临着自八十多年前海盗修士厄斯塔斯（Eustace the Monk）的时代过后，第一次来自海上的严重挑战。这个国家并没有可以依赖的海军传统。[45]

爱德华一世曾在英格兰以极快的速度建造桨帆战舰以应对这场危机。但是建造桨帆战舰是一种专业性很强的行业，而英格兰船匠无法与腓力雇来的意大利人相比。此外，英格兰没有经验丰富的桨帆战舰船员。这就是 1290 年代时爱德华一世的桨帆战舰为何几乎毫无成就，以及 14 世纪初期专业的战舰从舰队中消失的部分原因。但是一个更加重要的原因是，爱德华统治末期的经济窘迫以及他的继承者们的目光短浅。当 1317 年爱德华二世需要桨帆战舰时，不得不从热那亚人那里租用，或者召集少量在巴约讷找到的商用桨帆战舰。而巴约讷人被下令免于提供帮助，他们需要船只进行贸易或用于自己的防务。[46]

爱德华三世的处境并不比他的父亲更好一些。在这个阶段，王室的常备舰队几乎全部都是类似于他的臣民手中的圆壳帆船（round-hulled sailing ship）。甚至这支舰队在百年战争开始前的三十年中也遭受了严重的削减，为了 1314 年的班诺克本战役，爱德华二世曾调集了 27 艘王室帆船以及一艘巴奇船。到 1322 年的下一次重要的苏格兰战役时，它们只有 11 艘。到爱德华二世统治末期，他的船已处于年久失修的状态，而且它们的看守者们已经有好几年没得到报酬了。当爱德华三世接管政府之后，他并没有撤销他父亲的这一政策。一些船只被送出或者卖掉，其他的被长期出租给商人，其中的一些人则任其腐烂。[47]1336 年初，爱德华三世拥有 3 艘船只：一艘是颇有名望的老船，即克里斯托弗号，它以其巨大的高度而闻名；还有两艘柯克船（cog）：巨大的柯克爱德华号（Cog Edward）是国王在 1335 年以 450 镑的巨款从一些商人手中买来的，还有一艘稍小些名叫罗德柯克号（Rodecogge）的船。这些船只是为战斗而配备的。还有一小部分用于运载部队和补给的小型帆船和巴奇船。国王的船只一般常设船长，但是没有常雇船员。当需要水手时，人们则被强迫服役。因为许多行动需要远超这些的海军力量，爱德华需要依赖他的臣民资源。[48]

　　传统上五港同盟为战时服役提供船只，它是一个南部港口间的古老联盟，后来数量增加到七个。作为免除课税和兵役以及其他各种特权的报答，这些港口被要求在对它们有所需要时，能够提供多达 57 艘的船只，并且在 15 天内自掏腰包。在 14 世纪的某些时候，这项要求增加到 80 艘船，服役 40 天。但是五港同盟甚至在提供原本数量的船只上都存在困难。淤泥阻塞了他们的港口，使它陷入贫困。其已不再像以前那样是一支强大的海上力量。1341 年，罗姆尼（Romney）只能维持一艘船，而海斯（Hythe）则根本没有船。其他的港口可以建造一些船只，但不够凑足它们对联盟服务所负有的贡献数额，而且它们中的大部分是捕鱼船。自 13 世纪最后十年起，王室已经越来越依赖其他的海事城镇。根据悠久的传统，它们都有义务让国王以换取补偿的方式强制征用它们的船只和水手应急。按照惯例，补偿固定在 3 先令 4 便士每吨每夸脱。有一个港口，大雅茅斯，到 1337 年时已变为英格兰最大的海军港口，

176

远远超过五港同盟。大雅茅斯为爱德华一世在 1297 年发起的佛兰德远征贡献了 59 艘船只，只比五港同盟少 14 艘：它们的排水总量必定更大。到了 1338 年爱德华三世统治期间的第一次大规模海上远征时，五港同盟的贡献已经跌到了 36 艘，是它在 1297 年提供数量的一半。相比之下大雅茅斯提供了 64 艘船，其中许多都是非常巨大的船只，载重量大概在 100～300 吨之间，而且有一两艘是可以与卡斯蒂利亚最大的远洋航行大帆船相比的庞然大物。[49]

这个制度的优点，以及唯一能将它推荐给王室的理由是它在和平时代几乎无须花费财资。几乎其他所有因素都与此相反。征用船只的过程如此旷日持久而且难以预测，以致对英格兰来说，它们很少能快速集结起来对付任何来自海上的意外挑战。将英格兰港口中这些各式各样的船只转变成一支战争舰队的任务由两位海军将军分担。他们通常是职业军人，或者是在一次战役期间任职的重要贵族。北部海军将军主管泰晤士河口以北的所有港口，包括大雅茅斯和金斯林的主要海运城镇。他们不仅要提供为在英吉利海峡和北海对抗法兰西而服役的船只，还要保证一条海上运输线畅通无阻，它将为仍在苏格兰东部坚持的英格兰驻军运输部队和粮食。西部海军将军负责肯特海岸以及英格兰的整个南部和西部海岸，这是一大片难以管理的领土，有时候必须在索伦特海峡划分开来并与第三位海军将军分担。五港同盟在港务主管（Warden，通常是一位大贵族）名义上的监督管理下各行其是。伦敦，在海军将军们相争多年后，最终被置于国王的内廷助理的直接管控之下。王室文书负责实施商船的征发工作。他们是由中书院或财政署指派的，担负沉重工作任务的官员。他们年复一年地从事着这项工作而且其技能也随着经验而改进。然而，没有任何技巧能使这个系统完全顺利地运转。如果需要在夏季集结一支舰队的话，征发船只的计划必须在这一年的年初制定好，1月或者2月。征发人必须进行从一个港口到另一个港口的旅行，那时天气寒冷、潮湿，马匹行走的道路恶劣，令人苦不堪言。在每个地方，他们都必须找出船只的名字和数量，对它们进行检查，按照容量进行分类，安排对大型船只做适应战斗的改装，并为它们主人的花费支付预付款。所有这些都需要时间。将粮食装进船只、强行征用额外的船员、卸下以前的货物（没有码头或者吊车）、制作容许马匹通行的跳板，以及让它们安全地待在甲板上的栏架，而引导船只到达它们的集合港口也是如此。当征发人到达时，船只可能会不在港内，不是因为消息没有传到，就是船只仍处在日常的贸易进程中。那些已正式征用的船只以及收到为其花费而预付的款项的主人，经常在战役开始前或者前往集结点的路上逃离。那些没有那么狡猾的船主则简单地用暴力来抵制征发官员。英格兰政府制定的那些完全依赖于严格守时计划的频繁程度令人惊讶。即使是在最合适的条件下，也很少在六个星期内征集一支舰队，而且还要另外花两个星期将其聚拢到集合港口。六个月是十分正常的。

英格兰政府依赖的征用商船制还有另外一个缺点，它存在于这些船只本身的设计中。它们是短小、肥胖的船只，行动缓慢而且笨拙。它们的船体形状以及它们所用的方形帆，使得很少有船只可以以接近80度的角度对风曲折航行。因此，它们特别依赖风向和海洋的合适条件，而且可能在很长时间内难以移动。它们的甲板空间和深舱容积都十分有限，只适于散装杂货，但是对搭载船员和马匹则没什么用处。它们需要庞大的船员队伍，为战争服役时会达到平日的两倍。他们占据了大部分的可用空间。在经验法则中，一个人等于两吨半货物的容纳量。[50] 作为作战舰只，它们的主要优点在于高度，当海战主要依靠弓弩、箭矢、铁钩以及登舰部队时，这是一个重要的参考因素。在战争时期，大型的英格兰商船会加以特别的配备以增加这个优势；艏艉会建起木制船楼，而且有时在主桅上也会

178 搭建塔楼。符合这个目的的巨型船只很稀少而且非常宝贵。英格兰政府长期存在的一个海军问题是，英格兰商船相对较小的体积。它们依照承载能力（或"载货量"）进行归类，以"桶（tuns）"来衡量。当加斯科涅贸易的标准酒桶灌满时，其质量略低于一吨。适合于装备成战舰的船只必须至少要达到 60 吨的载货量，而且很可能要更高些。大部分的英格兰商船都小于此数。它们看起来只有 30 ~ 60 吨的承载能力。一艘船只有处在这一水平以上的层级中才可以运载马匹或者大量的士兵。每艘船可以向海外运载的全副武装士兵的平均人数多年以来一直比较稳定，在 12 名左右。只有当马匹被留在身后，这个平均值才可能有明显提高。一支 6000 人的军队按照 14 世纪的标准属于小规模，但是将需要不少于 500 艘船才能一次性将他们运至海外。

　　1337 年 1 月 5 日，西部和南部海军部的港口代表们集结于伦敦，聆听来自四位国王最高级御前会议成员发布的，关于在今后一年里爱德华对船只的野心勃勃的征发要求。他需要他的臣民以及船只在不少于三个月的时间内提供无偿服务。大臣们作了口若悬河的演讲，他们用正在英吉利海峡另一边游弋的一支强大的法苏（Franco-Scotch）舰队的相关情况来描述这片领土面临的紧迫威胁。他们的雄辩遭遇失败。这个提议被听众以鼓噪声回应，并立即遭到拒绝。这是爱德华为自己增强信心的

一些手段，就像他对加斯科涅即将发生的灾难的担忧一样。他立即转向激进手段。第二天，即1337年1月10日，他获得权贵议会的同意，发布了无论水手们同意与否均要求港口提供免费服役的法令。两支海军舰队的所有船只将于1337年3月15日在朴次茅斯集合，并自费带齐两倍的船员以及可以支撑三个月的储备。在随后的几天内，爱德华的两位最密切的心腹，罗伯特·厄福德以及威廉·蒙塔古被任命为海军将军。[51] 在英格兰东海岸的小港口中，一场建造热潮已经开始进行，这是对于在十年的时间中，因疏于照顾爱德华的舰只而对他的军事力量造成损害的一种迟到的认识。大部分接到命令的船只是结实的带桨巴奇船，用于运输部队和马匹。在金斯林正建造一艘有60支桨"或者更多"的桨帆战舰。在赫尔，威廉·波尔（William Pole）正在建造另一艘。政府不能容忍反对意见。曾拒绝为造船提供木材的赫拉夫的奥古斯丁隐修院院长（Augustinian Prior of Heelaugh），被迫亲眼目睹人们砍倒他的六棵最大的橡树。[52]

当英格兰政府得知由加斯科涅总管转来的关于引渡阿图瓦的罗贝尔的要求时，勤勉变成了恐慌。1337年2月，北部海军部的舰队被勒令要比先前指定的日期早一个月集结，而且立即前进到奥韦尔（Orwell）等待命令下达。海军将军的官员们沿海岸开始了从一个港口到另一个港口的旅行，对他们可以找到的一切船只下达出动令。在西部海军部，已经到达南安普敦的20条船奉命全副武装，并立即动身前往波尔多。[53]

*

在这些警报围绕之下，苏格兰几乎被遗忘了。1337年2月，当爱德华正在为保卫加斯科涅努力集结一支舰队时，默里

179

攻占了位于珀斯北方的金克拉文城堡（Kinclaven Castle）。接着，在留下了一支牵制珀斯守军的掩护部队后，他加入了威廉·道格拉斯的低地非正规军，并侵入法夫。此地的英格兰驻军孤立无援。他们几乎必然地缺乏补给。英格兰政府知道正在发生的一切，但是无能为力。爱德华告诉珀西和内维尔，他在北方的指挥官，因为有远比安德鲁·默里的军队更加严峻的威胁将他留滞在南方，所以只能命令他们全力以赴。并没有证据表明他们有什么作为。福克兰塔楼和卢赫斯（Leuchars）几乎立刻陷于苏格兰人之手。圣安德鲁斯的城墙被一架大型攻城器械"破坏者（Buster）"连续轰击了三个星期。它于1337年2月28日投降。3月，默里攻击了博斯韦尔城堡，英格兰曾在最近花费巨资对其进行强化。它的驻军在仍足以抵御任何强攻时就有条件地投降了。在所有这些据点中，一旦苏格兰人占领了那些筑垒要塞，他们就立即将它夷为平地。博斯韦尔塔楼被"连同地基一起拆毁"。甚至在传统的战役时节开始之前，苏格兰人已经重新控制了福斯河以北的几乎所有苏格兰领地，而且毁坏了爱德华一年多以来的成果。至3月底，苏格兰人已向西进军，他们穿过低地地区并破坏爱德华·巴利奥尔和他的支持者们在加洛韦的领地。就像苏格兰编年史作家所传唱的那样：

> 当他们在法兰西开战时
> 对苏格兰来说是个好机会[54]

　　当默里的军队正在接近博斯韦尔时，英格兰议会于1337年3月3日召开。虽然起初它曾被定在约克，最终却在西敏召

开。这是一个象征着爱德华有了新的当务之急的变化。爱德华
解释，坐在离正威胁着这个王国的危险更近一些的位置是必要   180
的。不幸的是并没有关于这一进程的相关记录，但很明显，那场
即将到来的反对法兰西的战争是这次会议的主要内容。政府不得
不报告了苏格兰形势的翻转，一场苏格兰和法国舰只在英吉利海
峡的威胁性集结行动，以及一次对加斯科涅的公然威胁。为了应
对危机，爱德华建议征召两支军队，其中一支将立即前往加斯科
涅，另外一支在"恰当的时间"前往苏格兰。当这些备战工作正
在进行时，一个庞大的使团将被派往大陆。他们也将携带一份条
约草案，实际上是一份最后通牒，上交法兰西国王。贵族院全数
通过了这些计划，并事实上在拟定将提交给腓力六世的谈判条件
方面有所贡献。一项特别津贴被投票通过。这仅仅是个开始。[55]

即便如此，这是一次对他们阶层的传统性猜疑的逆转，一
种对海外冒险行为的猜疑，对国王在加斯科涅的利益以及为任
何目的而产生的大笔经费支出的猜疑。国王本身已意识到这种
改变，并且在很大程度上促成了其产生。在这个时期，那些为
他准备的关于对外政策方面的备忘录零星地写有关于公众反对
意见的警告，对曾经挫败了其祖先的大陆计划的回顾，以及一
些关于如何阻止历史再次重演的建议。当爱德华在 1330 年从
他的母亲和莫蒂默那里夺取政权时，他曾宣称他不仅将按照
"理性和公正"的原则来管理，一种十足的传统思想，而且还
将"根据贵族们的建议，除此之外别无他法"。[56]在英法危机发
展过程的每个重要阶段，他实际上也在议会以及连续的御前大
会中向他们请教，并且几乎总是接受了他们的建议。

爱德华努力工作以确保他能得到需要的建议。在 1330 年
代开展的，由他祖父开创的传统战争宣传活动引起了许多共

鸣。英格兰人是容易被说服的。他们生活在一个相对狭小、具有凝聚力的国度里，而且容易受到宣传的影响并共享情感，这种情感在广阔但彼此迥然不同的法兰西将会迅速淡化。腓力六世逐渐被许多英格兰人视为成功占领苏格兰的主要障碍，而苏格兰则是一个被深深厌恶的真正威胁。比起现在的英国人，同时代的英格兰人对1330年代法兰西势力局限性的认识尚不清晰。英格兰形势的严重性是腓力六世和爱德华三世的那些宣传者们可以彼此认同的唯一一点。在一个消息来源不得而知甚至自称权威的社会，谣言可以自由地传播。1337年，有消息称英格兰人在法兰西遭到屠杀，内奸正在帮助英格兰北部的苏格兰人，而且这支有着难以形容力量的军队正在为毁灭英格兰而集结。在这种氛围下，焚毁渔村的报告在谣传讲述中无疑被夸大了，而派村民轮班到悬崖顶部看守未点亮的火堆的预防性措施，又赋予了它们真实性。

181

许多贵族不仅存在恐惧和愤怒，而且还存在着对战斗前景的真实期待。战争是散发着英雄气概的高贵事业。爱德华三世从开始统治时起就一直鼓励举办马上枪术比赛和比武。它们是会战的庆祝典礼，给重骑兵们提供了最接近战争的替代品。它们也是公众典礼，在大批观众注视下依照日益仪式化的规程精心安排。在1331年9月位于齐普赛街（Cheapside）的比武中，国王同兰开斯特的亨利、威廉·蒙塔古以及大约几十个人对抗所有的参赛者，王后的看台受到非常大的压力以致最终坍塌。[57]

比武处于现实和矫饰的摇摆不定的范围里。这是一种不用太认真的危险，并在英格兰贵族们开始热衷战争前很久就已受到他们的青睐。然而，1337年时苏格兰已经有了五年的战争经验，它是一场由乏味的围城和焦土政策，一些重要的小规模冲突，以及两次激烈的会战组成的战争。1330 年代的苏格兰战争完善了始于半个世纪以前爱德华一世时期的那场英格兰军事革命。爱德华三世的战役都是由具有高机动性的军队来完成的，它们由经验丰富的精锐重骑兵、骑马弓箭手和霍比拉轻骑组成，其中霍比拉轻骑快速地乘马穿过乡间却徒步战斗。在1335 年，军队中有超过一半的骑马弓箭手，这是爱德华三世曾派往苏格兰的最大规模的部队。在规模较小的队伍中，比如1336 年攻击阿伯丁并产生了如此强大影响的那支部队，所有的步兵都是骑马弓箭手或者霍比拉轻骑。骑行抄掠（chevauchée），或者是大范围的骑马突袭，后者将是 1340 和1350 年代英格兰在法兰西的标志性战略，起源于爱德华在苏格兰的早期战役，正如克雷西会战计划的经典要素可从杜普林荒原和哈利顿山之战的行动中发现一样。[58]

与爱德华在苏格兰的军队的布置和战术一样非凡的是将他们征募起来的手段。在爱德华的父亲与祖父统治时期，封建征召令曾是招募骑兵的主要方法，尽管他们都毅然尝试过利用一个更加合理的制度，能更好地适应一场长期、频繁而且有着进攻性战役的战争。1327 年后，爱德华三世没有下达过任何封建征召令。没有人告诉他，就像他们曾告诉爱德华一世和爱德华二世的那样，他们的军事义务只限于由惯例规定的小数量和短时期作战。自主要的伯爵们以下，整支军队都被发放报酬。王室内廷以及大约 36 名贵族的私人扈从（他们因与国王签有契约而可资利用）提供了不仅是整支骑兵，还包括了相当大比例的骑马弓箭手部队，他们在 1335 年的军队中大约占到一半的比例，在随后几年里的规模较小但更专业的野战部队中的所占比例则更大。这是步兵和骑兵的战斗素质有明显改善的一个原因。这些人具有常备军的某些优点。他们与自己的朋友和邻居并肩作战，有时候长年累月都在同一组扈从队伍中。例如，柴郡的霍比拉轻骑和骑马弓箭手们跟随约翰·沃德爵士（Sir John Ward）与国王的内廷部队一起在苏格兰参加了三次连续的战役，而且后来在佛兰德和布列塔尼也是如此。[59]贵族阶层的家臣们无疑没有这么勤勉，但是显而易见，他们对英格兰乡村生活在 1330 年代的军事化进程作出了很大的贡献。战争成了另外一个用复杂的利益和责任网络将他们的世界联系在一起的场地。

尽管缺乏任何重要的敌方野战部队，苏格兰曾有过骑士战场的名声，并从欧洲北部的大部分地区吸引来了许多志愿军。来自王后菲莉帕父亲宫廷里的埃诺人加入了爱德华在那里的大部分军队，其中包括沃尔特·莫尼（Walter Mauny），他留下来成为英格兰移民，是对法战争早期的伟大将领之一。法兰西人和德意志人三五成群地来到此地。那慕尔伯爵（Count of Namur）在 1335 年带领 100 多人渡过大海前往苏格兰作战。那些鲜为人知却又源源不断地来到此地的荷兰人和布拉班特人也是如此。[60]这些人不可能是被战利品和高额报酬所吸引，除非他们受到了太多的欺骗。魅力其实在于爱德华的个人名望以及他的宫廷和军队的声誉。爱德华本人亲临战役前线，有时无畏得接近于鲁莽的个性锻造出了同他的骑士们以及战地指挥官们之间的同袍情谊，这种纽带比谨慎的政治算计所能达到的结果更完美地解释了为何将领们在 1337 年支持他对抗法兰西的进攻性计划。让·勒贝尔认为，英格兰国王曾"将英格兰人投入他的战役中，并教导他们如何作战"。这位来自列日（Liège）的老于世故的教士曾在 1327 年陪同参加了英格兰军队对苏格兰的那场组织混乱的远征，并依然能记起它的领导者们作战时穿的锁子甲和皮甲。当他在1339年于低地诸国再次看到英格兰军队时，它的领导者们因身着板甲而显得光彩夺目。优良的铠甲是一个明显的标志，一项自愿付出的昂贵投资。兰开斯特的亨利肯定不是他们之中唯一夸耀自己的装备，并伸出双脚以便让旁观者称赞他马镫的人。[61]

183

很难说有多少贪欲造成了1337年的好战情绪。战争是可以获利的，对侵略者来说尤其如此。每场战斗都紧跟着掠夺被击败军队的马匹、盔甲以及帐篷的行动，还可以大规模地抢劫每个沦陷城镇的货物、首饰及钱财。赎金的收取和分配被一项越来越复杂的准则支配，它变成了那些最成功的从业者的一项主要业务，例如沃尔特·莫尼就凭此大发横财。但是不管这些前景有多么吸引人，在这个早期阶段，除了像莫尼这样被命运眷顾的专业士兵外，它们不大可能是一种重要的诱因。他们必须对面临的风险进行权衡——战败以及毁灭的可能性。在1337年，甚至连英格兰将会成为侵略国这一点都尚未明晰。从北部入侵法兰西只是纸上谈兵。对法国各省的长距离深入突袭战术，在1340和1350年代被证明是有着高额利润回报的行动，但此时还需等待数年。这样的经历刺激了英格兰领导者们的胃口。而且如果他们在1337年为了获益而发动战争，这也是一份期待王室能提供的馈赠。

具有典型意义的是，爱德华选择了1337年3月召开的议会作为公开对朋友和仆人的服务表示认可的机会。他设封了六个新的伯爵。能干而富有抱负的廷臣威廉·蒙塔古已经因参与了消灭莫蒂默的计划，在一系列外交危机中提出的适时建议，以及在苏格兰的作战，在那里他由于勇敢而失去了一只眼睛，而获得了丰厚的奖励。他现在成了索尔兹伯里伯爵（Earl of

Salisbury），并被任命为先前提出的加斯科涅远征行动的指挥
官。另外两位廷臣，威廉·克林顿和罗伯特·厄福德与蒙塔古
一起参加了抓捕莫蒂默的行动，也得到了伯爵爵位。兰开斯特
的亨利，曾指挥了前一年远征苏格兰的军队，此时成了德比伯
爵（Earl of Derby）。国王为与他紧密联合在一起的贵族家族的
旁系也设立了两个伯爵爵位。其中之一，威廉·博恩（William
Bohun），虽然只有 25 岁左右，却是一位参加过 1330 年政变以
及数场苏格兰战役的老兵。他成为北安普敦伯爵，而且将在次
年成为英格兰的王国陆军统帅。爱德华三世时年 6 岁的继承人，
未来的黑太子（Black Prince），成为康沃尔公爵（Duke of
Cornwall）。这是第一次在英格兰授予这一独特的法式头衔。在
小贵族中，有 20 人被国王亲自封为骑士。新的贵族伙伴以及一
184 些骑士们收到了使他们能维持其新身份的慷慨的金钱补助。有
几个人，包括那位冷酷无情的战士托马斯·格雷（Thomas
Gray），认为爱德华如果把他的钱花在征募以及改善军队装备上
效果会更好。但是他们的观点属于少数派，而且甚至作为一项
对爱德华兴趣的判断也是错误的。国王正在做公共舆论期待一
个国王所做的事情，慷慨地对那些在传统上受其恩赐的人加以
封赏：他自己的家族、古老的贵族阶层，以及其他曾通过履行
与一位贵族相称的服务的方式来获取他们身份的人。这种与他
祖父对待贵族的谨慎态度相反的做法是非常审慎的。"我们认
为，"爱德华在设立新的亨廷顿和格洛斯特伯爵的特许状中解释
道，"对等级、荣誉、官职的恰当分配是王权的主要标志，它通
过明智的建议和强有力的人物来巩固自身。然而这个王国曾长
期遭受了在名声、荣誉以及贵族头衔方面的一种严重衰退。"这
段解释的主旨为他所特有。他宣布的依据也有理可循。[62]

1337 年 3 月 16 日，议会以这场在宫廷中举行的辉煌典礼作结，此后恰当地紧随了大规模的论功行赏。而腓力六世则以不那么壮丽的方式快刀斩乱麻。法兰西国王在 3 月下旬住在他位于赫尔特的圣克里斯托弗（Saint-Christophe-de-Halate）的狩猎行宫中，并在法兰西岛北部的森林中度过了下一月的时光。5 月初，他来到巴黎，在那里主持了一场御前大会。这次会议因贵族阶层主要成员的出席而有所扩大。议题的基础准备十分充分。与会者一致同意：基于爱德华三世违反了他作为一位封臣的义务，庇护了国王"不共戴天的敌人"阿图瓦的罗贝尔和被决定不予详述的"某些其他原因"，阿基坦公国将会被收进国王的手中。腓力曾被请求接见携带有英格兰国王最终提议的英格兰使节。但他予以拒绝。1337 年 4 月 30 日，国王在整个王国内宣布了总动员令（arrière-ban）。[63]

7　大战略，1337～1338 年

欧洲西北部的三角地带，包括现在的比利时、荷兰、卢森堡以及德意志莱茵兰地区，因为经济对立与王朝纠葛，14 世纪时曾集中了诸多的小封邑，它们始终处于四分五裂的状态；而南面，卡佩王朝控制下的庞大法国正虎视眈眈地潜伏在侧。

到那时为止，这个三角地带中最重要的公（伯）国是佛兰德伯国。这是一个经济富裕、人口众多却也颇不稳定的国家。同时，佛兰德也是低地诸国中唯一一个法兰西国王治下的省份。尽管佛兰德曾经和那些属于德意志帝国的邻国一样，能够由自己的王朝进行自治统治，但早在一个半世纪以前，它便已经被逐步吸收到法兰西主流政治体系中了。库特赖之战的抗争，被证明只是昙花一现的逆流。随着在奥尔日河畔阿蒂斯（Athis-sur-Orge）签订的条约（1305）与《巴黎条约》（1320）的签订，法兰西王室已经占据了里尔、杜埃和奥尔希（Orchies）三个"分区"［即"城堡领地（castlery）"］，这些地区囊括了所有瓦隆语佛兰德地区，而佛兰德语地区虽然尚保持独立，此时也已经被置于法兰西王朝的统治之下。除此之外，尽管佛兰德最为富庶的地区仍旧处在历任伯爵的统治之下，但这片土地已经付出太多，按照同法兰西国王签订的条约所允诺的，佛兰德伯国需要支付长期巨额赔偿金，并因此背上了沉重的负担。

以上这些历史因素，不仅引起了佛兰德人对法国的仇恨心理，同时也激化了他们的内部矛盾。尽管 13 世纪末至 14 世纪初的革命活动大大削弱了大商人阶层对城市的掌控，但在这个国度，商人权力的经济基础依旧存在。富商的宅邸与塔楼仍然在脏乱的城市、在纺织工人聚居的地方拔地而起。短工们的生计依然在经济领域的潮起潮落中浮沉不定。14 世纪初的经济问题加剧了贫困现象，而这一点在佛兰德地区显得尤为严重。因为在这片土地上，人口和资源之间的平衡显得异常脆弱。在欧洲，只有少数其他地区会出现佛兰德这样的情况，此时那些上流资本家（haut bourgeois）会向国王请愿，就像比利时伊普尔的有钱人那样，要求保留城墙，以免市郊的工匠们在晚上进城把富人谋杀在床头，并抢走他们积累的财富。[1] 在距离市郊更远的地方，农民和小地产主同样有无数的理由去仇恨城里的富人、乡村贵族和法国佬，也正因如此，他们在支持 1302 年的革命运动时颇有热情。尽管如此，这些乡村居民付出了痛苦的代价，所得到的回报却还不及城镇中的邻居们。在 1305 年屈辱性的和约之后，革命中逃走的贵族们重返故地，他们决心打压农民群体的自由。这种自由，是后者在短暂而愉快的无政府状态中夺取的。倘若以后见之明来看的话，我们会发现，佛兰德的内部矛盾可以被视为其他经济欠发达地区在未来所要经历的动荡的预演。可当时，类似的内部矛盾仅仅被视为佛兰德地区出现的特例，包括英格兰在内的邻近各国政权都将这样的危机视为浑水摸鱼的机会，而非一则警示。

　　即便是对于那些统治水平远远胜过讷韦尔的路易（Louis of Nevers）的统治者们来说，将秩序带给佛兰德这样一个混乱的地区也是难以完成的任务。路易在 1322 年从他祖父那里继承了佛兰德伯爵的头衔，时年不过 18 岁。他是个没什么能力

186

的人，既没有经验也缺乏主见，在美男子腓力的授意下，他从小就和自己的家人分开，并在法兰西宫廷长大。正因为如此，在继承爵位时，他对于自己的封邑毫无了解，在这样一个依赖友情进行统治的年代，他也没有任何朋友可以指望。他的顾问们都是法国人，在他的封臣用不快的口吻记录下的那些名字中，还包括皮埃尔·弗洛特，他是美男子腓力佛兰德政策总设计师的同名儿子。佛兰德伯爵的府库本就不甚丰厚，而他的大臣们还热心于按照法国政府在谈判桌前提出的条件来征集补偿金，这就进一步减少了资产储备的额度。按照傅华萨的说法，伯爵"是一位优秀忠实的法兰西人"。假以时日，新伯爵也许能够证明，自己在扮演法兰西人角色时可以做得更好，然而他的统治已经无法继续下去了：在他抵达封地不过区区数月的时间里，佛兰德人对统治者的憎恨和内部敌意，最终酿成了一次史无前例的野蛮内战。这场内战的导火索与1302年的革命一样，是布鲁日纺织工人的暴动。从布鲁日开始，暴动发展到伊普尔，然后扩展到整个伯国的大部分地区，只有根特的贵族勉力维持住了自己的统治。在乡间，贵族和伯爵的官员们一旦被发现便难逃一死。到了1328年，路易只能逃往巴黎避难，而他在佛兰德的政权也土崩瓦解。镇压这些"没有理性的畜生"（腓力六世语）的责任，也就落到了新任法兰西国王的肩上。

187 　法兰西国王于1328年夏季便开始不留情面地调兵遣将，开始行动。在1328年8月23日的卡塞勒之战（battle of Cassel）中，布鲁日人的军队遭到挫败，而这座叛军城镇也被攻下。残酷的统治将在此地持续三年。讷韦尔的路易重新回到佛兰德继续自己的统治，不过这次，他能夺回封地完全要归功于腓力六世，他绝不会忘记这一点。当然，他的人民也不会忘记对法国的仇恨。[2]

　　在佛兰德东部，是德意志帝国不稳定的边界，这条界线在斯海尔德河（River Scheldt）[①] 两岸不断变换，蜿蜒曲折，某个伯国往往会被另一个国包围，这样的状况也为未来的领土争端埋下了种子。德意志低地诸国大都是农业小国，人口不像佛兰德那么密集，它们容易受到外来势力的干涉；只有布拉班特是个例外，这是个拥有重要纺织业的大型公国。在这一地区，很少有王公能够完全摆脱法兰西的影响，他们需要寻求法国的支持，对抗自己的敌人，而当法兰西国王势力近在眼前时，他们对来自法国的敌意则又充满恐惧。许多这样的王公都拥有需要向法国缴纳税金的飞地，或是与本土隔开的小领地，抑或因联姻、继承或者购买，获得了位于法国腹地的庄园。又或者，他们是采邑主教（Prince-Bishop），要仰赖法兰西国王的眷顾才能赢得神的选择。此外，不像德意志皇帝所希望的那样，这些教会领袖也更加喜欢向教皇打小报告。就算没有这些明显的联系，这些王公贵族们也可能只是倾慕于法兰西的宫廷文化，他们或自己与法国公主结为连理，或让自己的男性家族成员与法国王室联姻，同时还在巴黎保有庄园。一个很好的例子便是极端亲法的卢森堡伯爵约翰（John，Count of Luxembourg），他同时也是波希米亚国王（King of Bohemia）。这位约翰是一位德意志皇帝的儿子，也是未来德意志皇帝的父亲，他却选择终身成为法兰西宫廷的朝臣，作为战士与外交官忠心侍奉腓力六世，直到最终在克雷西之战时为后者战死沙场。

---

　　① "Schelde" 是斯海尔德河的荷兰语名，英文变体为 "Scheldt"，法语名为埃斯科河（Escaut）。

　　上述这些王公都是德意志皇帝的附庸，然而，他们所归属的国家却很少被视为一个政治实体。这个字面上的国家，占据了横跨西欧、中欧和意大利的广袤土地，由于面积太大、隔阂众多，皇帝即便从最宽泛的意义上说也难以获得衷心的支持。埃诺的绝大多数居民说法语，此外，法语也通用于布拉班特南部的一些地区，以及差不多半个卢森堡，而那慕尔伯爵和列日与康布雷的采邑主教的领地同样属于法语区。至于在更靠德意志北部和西部的地区，法语则是上流阶层的语言，而希望能够和高等贵族平等交流的城镇显贵，也会选择使用同样的语言。对于 16 世纪的德意志人来说，高贵如查理五世皇帝（Emperor Charles V），也仅仅在驯马时才会使用德语。大众所说的语言，是低地德语中的某几种方言，这些方言被法国人不加区分地称

188 为蒂瓦语（Thiois）。语言上显现的分歧无疑为政治斗争带来了最佳的温床。在之前的两个世纪里，德意志帝国内部纠纷不断，与教皇就政制争议龃龉连连，政治情况错综复杂，国家处在一个衰退时期。低地诸国处于帝国的极西边陲，这些国家对于德意志整体的政治平衡而言，不过只是细枝末节，更何况其统治者们都是务实且只关心本国利益的领袖。

　　像巴伐利亚的路易（Louis of Bavaria）这样的君主，其能力无疑不足以恢复帝国权力的伟业。路易自 1314 年登基，尽管他颇有手腕，但同时也与教廷重新交恶，而且仇恨程度更甚以往。从表面上来看，这是因为他对于教规的抽象内容持有不同看法，但从根源上来说，他希望改变的是帝国的政制体制。教廷的法理规定可以追溯至 13 世纪初的教皇英诺森三世（Pope Innocent III）时期，即德意志皇帝在当选之后必须经过教皇的授权才能施行世俗统治。这一规定刚刚在教皇克

雷芒五世（Pope Clement V）的手中得到了重新定义，他通过两道不可妥协的谕令使其更为强化。尽管如此，巴伐利亚的路易却置若罔闻。他向德意志和北意大利施以君权的行为，使得看起来似乎仅仅通过选举，他就足以使自己处于统治者的地位。除此以外，当皇权与教权的冲突渐趋激烈时，路易还庇护并资助了某些反教皇的激进小册子作者，这些人在攻击教皇方面最为尖锐且最为有效，其中包括帕多瓦的马尔西利奥（Marsiglio of Padua）。1327～1328年，路易和教皇的矛盾达到了顶峰，他入侵意大利，并在没有教皇允许的情况下，于米兰和罗马两地为自己加冕，还扶持了一名忠于自己的教皇以取代约翰二十二世。而约翰则将路易绝罚，并宣布德意志的王座上并无主人。以上便是英格兰的爱德华三世在试图干涉欧洲大陆的局势时，法国北部和东部边界以外的政权变动情况。

当爱德华三世试图在法国的邻国中寻找盟友时，一系列的事件表明，那些在法德两国之间摇摆不定的低地诸国的君主是多么无力，而德意志在保卫纸糊般的法德（Franco-German）边界时又是多么孱弱，而且还缺乏后备国力来面对可能的对抗。法国将罗讷河和索恩河以东的法语地区收入囊中（正如所宣称的那样）乃是多年量变积累为质变的结果，其间的谋划和行动持续了超过一个世纪。而在较为近期的事件中，在美男子腓力和他儿子们的年代里，法国及其"保护国"逐渐将那些法兰西东北部前沿较为重要的帝国领地，例如昂纳戈讷（Argonne）以及凡尔登主教区（bishopric of Verdun）置于类似的受保护地位上。那么，低地诸国是否会成为法兰西国王的下一个目标呢？1330年代时，有两次针对布拉班特的协同攻击，

189　一次显然是法国人的手笔，而另一次也相去不远。当时在任的
　　教皇本笃十二世消息极为灵通，而且对于西欧政治天平的变动
　　颇为敏感，早在 1336 年 5 月，他就曾警告法兰西国王不要肆
　　意妄为。到了 1337 年 4 月，当欧洲舞台的主角们互相宣战时，
　　本笃在给腓力六世的信中，更是明白无误地宣称，德意志人的
　　心情正"被刺激到不顾一切的程度"，而帝国与英格兰公开结
　　盟的时代恐怕即将来临。[3]

*

　　英格兰国王其实更偏向于和佛兰德结盟。佛兰德伯国在北
海沿岸拥有漫长的海岸线，并且处于欧洲北部大河的出海口，
同时还和法国共享边界，这一切对于施行英格兰的计划都显得
非常理想。除此之外，正如一位英格兰国王的顾问所说，佛兰
德之于法国的地位，正如苏格兰之于英格兰一样。[4]不幸的是，
在 1336~1337 年，英格兰和佛兰德的关系非常糟糕。苏格兰
人从佛兰德人的港口获得补给，而在法国人攻击英格兰沿海
时，佛兰德人的船只也扮演了重要的角色。爱德华的政府要求
从上述行为及其他一些事件中得到补偿，然而，佛兰德私掠船
持有法兰西国王颁发的特许状，即便佛兰德伯爵愿意帮助英格
兰禁止私掠活动，他也无法做到，更何况他可能并不想这么
做。要知道，佛兰德的路易是法兰西国王的忠实臣仆。爱德华
曾经提出了盟约，但被伯爵严词拒绝。到了 1336 年 10 月，两
国的关系降至冰点，因为腓力六世对于英格兰人及他们的商业
活动下达了禁令，而佛兰德的路易在自己的伯国中已严格执
行。[5]

　　1336 年 8 月，爱德华三世颁布禁令，阻止任何英格兰国

内的羊毛和皮革出口到国外。如此极端的条令，也许一开始的
目的并不是为了向佛兰德人施压。然而在秋季，这一事件已经
逐渐改变原本经济纠纷的面貌，发酵成一件威力出乎预料的政
治武器。佛兰德人的纺织业，以及以此为生的绝大多数人口，
都仰赖英格兰的羊毛来维续生计。事实上，除了英格兰羊毛以
外，纺织业并没有其他的原料来源。因此，出口禁令在一段时
间内得到了保持和延续，并扩展到了小麦、麦芽酒以及许多其
他产品。禁令对英格兰经济造成的损失固然巨大，但对佛兰德
而言，则是一场彻头彻尾的灾难。一段时间内，佛兰德人还能
依靠存货勉力维持，但到了 1336 年底，他们的困窘已经非常
明显。前一年歉收的事实又使得这一困境雪上加霜。失业的纺
织工人乞讨的足迹遍及沿途的各个村庄，甚至远至图尔奈以及
法国北部的部分地区。到了新年时，根特和布鲁日的公共秩序
已经开始崩溃。[6]

经济危机削弱了讷维尔的路易对其封国的控制力，正当此　190
时，在更东部的法德边界，新的危机正在爆发。在康布雷地区
（Cambrésis），正如半个世纪之前英格兰政府在阿基坦所体会
到的那样，一系列复杂而纠缠不清的经济纠纷导致了危机的出
现。康布雷地区处于桑布尔河上游谷地与斯海尔德河之间，地
理位置异常重要，它处在法国与埃诺、布拉班特之间军队通行
的主要路线上。在此前几十年的时间里，法兰西贵族不断地购
买这片敏感地区中的地产，尽管难以得到证实，但恐怕这样的
行为是源于法国政府的默许。康布雷地区处于帝国的领土中，
统治者康布雷主教（Bishop of Cambrai）是帝国的王公。然而，
康布雷主教同时也是兰斯大主教（Archbishop of Reims）的一
名副手，这意味着他通常也是一个对法国政府的任命承担义务

的法兰西人。现任兰斯大主教是勃艮第人欧索讷的纪尧姆（Guillaume d'Auxonne），他是腓力六世王后的宠臣，同时也是佛兰德伯爵讷维尔的路易的挚友与掌玺官。在抵挡来自法国的进攻时，恐怕他比任何人都更不乐意去保卫帝国的权益。

1337 年 2 月，在经过短暂的密谈之后，腓力在康布雷地区东部为他的儿子买下了五座城堡，其中包括了康布雷城堡，以及斯海尔德河干流区域的两处领地。这是令人震惊的雷霆一击，因为这样的行事方式和近期腓力在波尔多近郊获得布朗克福以及维利奈斯（Veyrines）两座城堡的方式截然不同。对此，皇帝的反应和爱德华三世颇为类似。在完成土地交易之前不久，腓力的意图便已开始传遍欧洲大陆，而路易对此提出了强烈的抗议。皇帝命令康布雷主教阻止法兰西国王的行动，否则后者便会招致帝国的不悦。然而，主教却对皇帝的不满置若罔闻，他不仅没有阻止法国人，反而将相关的城堡作为封地正式授予腓力的子嗣。在随后的暴动事件中，法兰西国王似乎遭受了挫折，正如他曾经在德意志内部对抗中央的行动中受到过的冷遇一样。腓力花费了大量的精力制作了一份公告，并将之散发到莱茵兰的王公和城市统治者手中，向他们解释自己并无侵犯帝国权益的意图。不过，这些人并没有被他说服。1337 年初，帝国内部逐渐形成一种思潮，认为需要有一位领袖站出来，重新提出保卫帝国领土完整性的主张，当然，这样的主张无疑建立在了破坏王公贵族自治权的基础之上。不可思议的是，巴伐利亚的路易正是这样的捍卫者。无论如何，帝国势力在低地诸国的强势存在肯定会引起当地统治者的抗拒。因此，在各种特殊的机缘巧合之下，爱德华三世成为皇帝一方达成目的的最好人选。[7]

*

　　然而我们无从确定的是，究竟是谁在爱德华的脑中埋下了种子，让他梦想着在祖父的基业上建立一个跨越法兰西西北部边境的庞大联盟。有证据倾向于埃诺伯爵，即阿韦讷的威廉（William of Avesnes）。到了 1337 年，威廉已经统治他自己的伯国超过三十年，他的个人地位已经远远超过了埃诺这个小国的规模与资源力所能及的范围。因此，让他来担任反法同盟领袖的想法确实有些令人惊讶。事实上，与法国的同盟关系是威廉多年的执政基石。在 1322 年之前，他曾在法国和佛兰德的争斗中向法兰西国王提供帮助，而在 1328 年还曾亲自率领军队在卡塞勒为法国作战。他领地的一小部分，奥斯特雷旺伯国（county of Ostrevant）位于斯海尔德河西岸，在名义上是法国国王赐予他的封邑。他娶了腓力六世的姊妹为妻，并在法国 1328 年王位空缺时期积极地替腓力游说以争取支持。可以看出，威廉早已深陷于法国的政治网络中，但与此同时，他也是一个法国之外的独立国家的王公。相比区区一个法兰西利益的代理人，他需要考虑更广泛的利益纠葛。他的宫廷便是同时代骑士精神的最好展示。他的一个女婿是帝国皇帝巴伐利亚的路易，另一个则是爱德华三世，他也始终和二者同时保持着紧密的联系，并非仅仅在法国对外政策与两国有所牵扯时才这样做。威廉遇到的麻烦和所有低地诸国的王公一样，那就是他的政治地位依赖于一个脆弱的地缘基础：埃诺本身不过是一个农业中等发达的伯国，仅仅在瓦朗谢讷城（Valenciennes）及其周边地区拥有规模不大的纺织业，而更北面的荷兰（Holland）和泽兰（Zeeland）在此时还只是一片无用的沼泽地。

此时的威廉已是风烛残年的老人，饱受痛风、结石与伤痛困扰，尽管他依然是一位颇有技巧的外交家，但他的耐心早已被病痛消磨殆尽，也难以像过去一样成功应付腓力六世的大臣们愈发强硬的要求。法国官员们不顾老威廉的抗议，在奥斯特雷旺渗透自己的势力。事实上，法国人的谋划远比他们的行动更多。在法国的中书院中，官僚们进行着颇有创造性的研究，以求在法理上证明法兰西国王的管辖范围不仅应该延伸到奥斯特雷旺，还能扩展到斯海尔德河另一端的伯国都城瓦朗谢讷。为了勘定法国与帝国在威廉属地的边界，两国多次成立了联合委员会，但最后都无疾而终，这也许也是法国方面有意为之的结果。偶发的因素往往被强权一方利用以达成自己的目的。当腓力六世在康布雷地区购买五座城堡的消息传来时，埃诺伯爵的不快情绪终于转变为愤怒。他在康布雷地区构筑自己影响力网络的努力已长达二十年。归属权有争议的两座城堡，克雷沃克尔（Crèvecœur）和阿尔勒（Arleux）恰恰也是伯爵特别中意的领地。这两座城堡一度归家族所有，当他试图为他的儿子买下它们时，腓力竟然在他眼皮底下将两者全都买走了。[8]

低地王公们隶属一个法国东部和北部的亲朋圈子，他们的祖先往往都曾是英格兰约翰王和爱德华一世的盟友或是代理人。事实上，英格兰宫廷从未放弃这片欧洲大陆的阵地。埃诺伯爵是爱德华三世的岳父，而伯爵的兄弟让，一位著名的帕拉丁，曾在苏格兰与当地人作战，并每年从英格兰国库领取1000马克的佣金。于利希边境伯爵（Margrave of Juliers），即未来的剑桥伯爵，同样也收取佣金为英格兰国王服务，他曾在两场与苏格兰人的战役中为英王效命。那慕尔伯爵在1335年率领自己的军队随同入侵苏格兰，而盖尔登伯爵（Count of

Guelders）更是娶了爱德华三世的姐（妹）为妻。然而，尽管传统、贸易或是婚姻上联系不断，14 世纪初的英格兰民众对于德意志低地诸国依旧所知不多，而对于更东面的德意志本土则更是了解其少。这样的窘境只能依靠任用一些不为国王所亲近的人来弥补，选择一些熟悉低地诸国的英格兰人，例如约克郡的商人沃姆的约翰（John de Woume），他可能生来便是佛兰德人；另一个办法则是雇用各式各样的顾问和僧侣，爱德华三世本人以及他的代理人们在 1337~1340 年间便是这样做的。爱德华在欧陆的主要代理人是神秘的约翰·斯兰迪斯顿（John Thrandeston）①，从这个名字来看，他也许是诺福克人，但通过建立收养关系，他有了科隆的德意志人身份。9

斯兰迪斯顿的第一个使命，是在 1336 年 9 月中旬拜访埃诺、于利希和盖尔登的诸位伯爵。他在爱德华率军前往苏格兰进行战事，对欧陆事务缺乏直接掌控的情况下接过了国王御前会议的主导权。正因为如此，他不可能带着过于激进的提议来继续爱德华的计划。到了 1336 年 10 月末，他在瓦朗谢讷城的埃诺伯爵威廉的宫廷里停留了两个星期，而我们几乎可以肯定的是，正是这一时期的谈话决定了未来三年一切谋划的开始。在之后一年的头三个月里，至少有三个英格兰国王的使团在帝国的领土上独立运作。斯兰迪斯顿自己就访问过佛兰德人的城镇，以及那些低地诸国王公的宫廷，有些地方甚至去过不止一次。另一个使团中则包括了国王的一名王室内廷骑士，以及一名高级财务总管，他们的行踪遍布了包括低地诸国和莱茵兰在内的许多地方，将不少颇具影响力的地方官员和战将招致麾下。第

---

① 斯兰迪斯顿（Thrandeston）是一处诺福克郡与萨福克郡交界处的村庄。

193 三名代理人是一位谨慎的奥古斯丁会修士，名为杰弗里·马尔顿（Geoffrey Maldon）。他出没于沙隆（Châlons）、布雷斯地区城堡（Bourg-en-Bresse）及萨伏依王公贵族的宫廷中，在法兰西东部边境附近的帝国领地内行使自己的使命，试图在这些传统上亲法的地区里招募到能够帮助爱德华的贵族。他在花销与贿赂上的支出高达 3000 镑，这是一个天文数字。以上这些使者们的行踪都十分低调，这由他们所肩负的事务性质决定。他们接受的都是口头指令，而在英格兰的官方记录中，他们的工作被含糊其辞地称为"国王指派的特定秘密任务"。[10] 尽管如此，这些狂热外交活动进行的次数多到很难不被人察觉。腓力六世显然不会告诉世人他从哪里得知了英格兰的行动，但看起来很可能是英格兰使团在勃艮第东部丢失了部分行李所导致的泄密，而我们几乎可以肯定，埃诺的威廉手下的某位谋臣，获得了关于英格兰人秘密行动的报告。[11]

到了 1337 年春，隐秘行事已显得没有必要了。埃诺的威廉宣布，希望在自己的都城瓦朗谢讷城召开一场盛大的外交会议，时间定在 1337 年 5 月 4 日。这场会议不仅提议邀请爱德华的同盟和潜在盟友，同时也邀请了腓力六世的代表，以及那些显然属于腓力阵营的王公贵族，诸如佛兰德伯爵、列日主教等，这些人恐怕不太可能会支持英格兰攻击法国。威廉并非天真之人，他在发出邀请时肯定也不指望法国及其盟友的代表真的能够前来。他这样做是为了保证自身行为的合法性。倘若埃诺真的要站在英格兰一边与法兰西开战的话，那么必须创造一种表象，即腓力才是拒绝和平请求的人，而非英格兰及其盟友。[12]

1337 年 4 月，爱德华一方开出了自己的条件。月初时，斯兰迪斯顿从欧陆返回，和他一起回到英格兰的还有埃诺伯爵、盖尔登伯爵以及布拉班特公爵的代表。这些宾客在伦敦逗留了一段时间，他们获得了丰厚的礼物，接受了盛情款待的娱乐，与此同时英格兰国王则正在和他的议会仔细权衡谈判事宜。到了4月15日，英格兰宣布了代表团的人员组成：林肯主教亨利·伯格什将成为代表团的高级成员，和他地位相同的还有两名与国王关系密切的新伯爵，分别是索尔兹伯里伯爵威廉·蒙塔古以及亨廷顿伯爵威廉·克林顿。将伯格什列入使团无疑是十分明智的选择。此人作为国王御前会议成员，在过去的六个月时间里已经充分经历了折冲樽俎的斗争，而从现在开始，他手握巨大外交影响力的时代才刚刚开启。到1340年代末他英年早逝为止，伯格什一直是英格兰外交政策的总建筑师，而他也亲自见证了自己谋划的蓝图最初的成功，以及最终灾难性的失败。正如他所厌恶并最终取而代之的斯特拉特福德一样，伯格什也是一名持世俗态度的神职人员，他野心勃勃、寡廉鲜耻，擅长阴谋诡计。他进行判断的基础并不是对战争与和平的利益孰轻孰重的衡量，而是出于如何在战争中取胜的考虑。这也在很大程度上解释了爱德华对于大臣的选择，当与法国还有可能保持和平时，伯格什只能保持有限的影响力。一旦战争在所难免，作为战争策略的执行者，伯格什的优秀之处就显而易见了。正如同代人所评论的那样，他"是一位天才的战争顾问，既能大胆进取，也能稳健前行"。

194

伯格什的使团能发挥两方面的作用。首先，他本人能够在合适的时间向腓力六世或其代表递交英格兰议会起草的最后通牒。其次，他将运用他的天赋，在腓力拒不接受条件或是根本不参加谈判的情况下，拉拢可能需要的大陆盟友。当然，英格兰人希望经过了八个月的羊毛出口禁运，佛兰德伯爵会屈服而同意成为这样的盟友。作为引诱佛兰德伯爵就范的可能条件之一，爱德华也许会将女儿嫁给他的继承人。尽管如此，无论佛兰德是否加入，伯格什都会建立一个反法同盟，而所要采取的手段、所要开出的价码都将由他来作出决定。他和同行的使节们将在海外建立一个英格兰国王御前会议的分支机构，而不必在作决定时返回英格兰进行请示；在一切就绪的情况下，它只接受国王本人的裁决。显然，爱德华已经从过去十年的外交失利中多少学到了一些教训。[13]

　　伯格什和他的同僚们在 1337 年 4 月的最后一周离开英格兰，直奔瓦朗谢讷。英格兰国王在自己权力和财富力所能及的范围内，尽了一切努力去争取低地诸国的本土势力。大使们获得授权，能够从巴尔迪银行的爱德华私人账户里支取 2000 镑，从佩鲁齐银行中也能支取 1000 镑。除了这两笔庞大的外交预算以外，索尔兹伯里伯爵还带着属于自己的 5000 马克巨款（3333 镑）以防万一。当使团抵达埃诺时，他们受到了热烈的欢迎，并接受了主人炫耀式的奢侈招待。瓦朗谢讷只是一座小城，它的居民对如此巨大的排场印象深刻。根据让·勒贝尔的记叙，"人们纷纷出来观看这场盛会，面对此等奇观，无不为之陶醉，"他还记录道，"倘若国王本人大驾光临，恐怕这些人就没法像现在这样挥金如土了。"被惊呆的远不止瓦朗谢讷的居民。远在正式磋商开始之前，索尔兹伯里伯爵便将自己的 5000 马克分发一空，作为礼物或是补助赠给各式要人。[14]

195　　在埃诺伯爵的会议召开之际，人们毫不惊讶地发现，那些派人出席的势力都大力支持爱德华三世的事业。这意味着，除了威廉伯爵与他的兄弟以外，参加会议的王公还包括盖尔登伯

爵、林堡伯爵、于利希边境伯爵、克莱沃（Cleves）和阿洛
（Alost）的诸伯爵以及一些小的王公贵族。布拉班特公爵、那
慕尔伯爵以及科隆大主教也派代表列席会议。然而，佛兰德伯
爵及其属下城镇的代表们则并未出现在这次会议上，同样，腓
力六世也未能前来。尽管如此，与会者在同意开战之前仍旧提
出了和平条款。埃诺伯爵与盖尔登伯爵起草了将会发送给腓力
六世的最后通牒。通牒中包括了三条要求。第一，事关阿图瓦
的罗贝尔，他的内廷骑士作为代表参加了会议。罗贝尔的问题
非常微妙。正如法国政府至少曾经预计的那样，当低地诸国的
王公需要解决这一问题时，他们会非常不愿意在自己脆弱的实
力基础上挑战腓力的权威。这些人之一，盖尔登伯爵在亨利·
伯格什的见证下准备了文件以撇清关系，声明自己在五年前曾
发誓帮助腓力对付法兰西国王不共戴天的仇人罗贝尔。因此，
与会者们同意，腓力六世应当受邀给予罗贝尔安全前往法国的
赦免，并允许后者在法兰西宫廷进行抗辩。如果赦免令已经发
出而且罗贝尔经历审判并被判有罪，那么爱德华一方就不能再
将其庇护于英格兰。第二，更有争议的一项要求是，腓力必须
停止支持苏格兰人，尽管他不太可能这样做。第三，是邀请法
兰西国王与爱德华三世约定时间，在巴黎高等法院讨论二人困
扰已久的诉讼问题，并通过判决或是和解的方式予以解决。两
位伯爵自愿作为中间人为执行以上条款提供服务。[15] 埃诺伯爵
夫人瓦卢瓦的让娜（Jeanne de Valois, Countess of Hainault）被
选作信使，将通牒传达给腓力六世，她是国王的妹妹①，也是
整个事件中唯一真心寻求和平，而非将自己的目的藏在伪善外

---

① 瓦卢瓦的让娜生于 1294 年，只比腓力六世小一岁。

表之下的人。这位心灵崇高、颇有威仪的老夫人对战争的前景充满恐惧，毕竟战事的主角都是她的亲族。为此，在 1337 年 5 月的第三周，她启程前往巴黎，由埃诺伯爵的兄弟让陪同，后者是一位颇有风度的绅士，同时在过去也曾和腓力保持着良好的关系。

让娜和让抵达万塞讷城堡时发现，此时的法兰西宫廷已经在忙碌地为战事的来临作准备了。腓力的大臣与廷臣们试着忽视老夫人的存在，因此，她颇费了一番唇舌才获得了与兄弟见面的机会。然而，会面的景象同样让人心寒。让娜苦苦哀求腓力，希望他能够派遣代表前去瓦朗谢讷进行磋商，并向他提交了英格兰与低地诸国同盟一方王公们提议的书面文件，腓力却直接将通牒扔了出去。显然，法兰西国王很清楚自己的妹夫在过去的半年，在反法同盟中所扮演的角色，也许他比让娜夫人自己还要清楚。至于面对埃诺的让，腓力指责他是在尝试"干扰朕治理法国"。最终，两人徒劳无功地离开了他的宫廷。在他们离开之后，腓力终于表现了某些小的让步。他派遣一名使节赶去，送上信件声称自己愿意考虑安全引渡阿图瓦的罗贝尔，以此让他能够在法国接受审判。腓力还说，他同意允许罗贝尔自行选择法律顾问，并在法官面前与他的敌人自由地进行抗辩。对于在高等法院中解决与英格兰国王纠纷的问题，腓力则未置一词。法兰西国王提议，将推动阿基坦收归王室的进程，至于苏格兰人的问题，腓力则宣称出于盟约的规定，他必须帮助他们对抗英格兰，而自己也确实意向如此。[16]

此时，腓力六世已经开动了进行大规模军事行动的国家机器。法兰西大军预定于 1338 年 7 月 8 日在亚眠集结。第二支军队则会在同一天于马尔芒德（Marmande）集合，它是法国的一座城堡，地处爱德华在阿基坦公国领地的边缘，距离波尔多也仅有 50 英里远。5 月中旬，腓力在南部战线的总指挥，富瓦伯爵从教廷的外交任务中脱身复命，他的新任命则在 5 月 20 日分配到本人手中。法兰西王国陆军统帅厄镇伯爵拉乌尔则在同月 23 日收到委任。第二天，即 5 月 24 日，亚眠执法官被命令接管蓬蒂厄以北的小块飞地。这一切都发生在瓦卢瓦的让娜访问万塞讷城堡之时。[17]

腓力的大臣们已将法军的计划和苏格兰人的行动协调起来，而且随着英法间外交局势的恶化，他们对苏格兰人的补给力度也随之增强。在法兰西国王和他妹妹发生不愉快的会面之后不久，柯克船佛兰德号（Cogge de Flandre），当时可用的最大的几艘商船之一，在加来满载珠宝和盔甲起航，随船的还有 30000 利弗尔的银币，以及内藏记录与信件的箱子。随后这艘船驶向苏格兰，船上除了大批水手外还有几名来自盖亚尔堡的显贵要人，包括苏格兰国王的密友，格拉斯哥主教约翰·威沙特（John Wischart, Bishop of Glasgow）。这艘船上的货物和人员之所以为人所知，是因为它在半路上遭到了来自雅茅斯舰船的拦截。法国人把这次遭遇归结为间谍泄密，并为此绞死了他们怀疑的对象，然而更有可能只是他们单纯不走运罢了。由于此时英格兰人在海上处于劣势，海运尝试本应成功，而事实上，成功的案例也的确为数不少。[18]

那些逗留在瓦朗谢讷的王公们所等待的，恐怕恰恰就是腓力打算给予他们的答复。尽管如此，他们还是花费了很长一段时间才备齐材料交给爱德华的大使。所有与会的王公都同意，有必要和英格兰建立一个防御性同盟，这意味着，一旦法国向同盟成员发动先发制人的打击，英格兰国库将为他们提供战争

197

补贴。而且，这些伯爵和公爵们也已经准备就绪，打算对法兰西王国在帝国境内的领地进行一次精心协同的联合攻击。然而，尽管伯格什和他的同僚们毫无疑问地强烈支持入侵法国本土的行动，但反法同盟内部对此则存在着分歧。问题的关键源于布拉班特公爵和皇帝不置可否的态度。公爵的支持对于攻入法兰西本土十分关键，毕竟他的公国在所有德意志低地诸国中拥有最为强大的军事力量。至于皇帝，英格兰大使固然对帝国能够提供的军事力量寄予厚望，但英格兰希望争取的更主要还是皇帝能够在与法国的军事斗争中提供法理与精神方面的支持，从而保障战争的正统性。正是因为以上的原因，瓦朗谢讷的会议远不是外交斗争的谢幕，相反，它仅仅是个开始。在此之后的纵横捭阖将伯格什的外交技巧推向了极限。恰恰是这个时候，伯格什失去了来自埃诺的威廉的珍贵支持。威廉本已垂暮并身处巨大的病痛中，只能间断性地出现在会议上。1337年6月7日，埃诺的威廉与世长辞。[19]

6月初，英格兰使节率领庞大的团队横穿埃诺北部蜿蜒曲折的河谷，最终抵达布拉班特公爵的都城布鲁塞尔。在这里，主人摆下了更大规模的宴席，而客人则回报以更大数目的贿赂。就连公爵本人也没有免俗，对于他的友谊，英格兰人许诺了多达 60000 镑的馈赠，这笔巨款将在四年之内付清。在布拉班特建立羊毛强制交易市场的构想被呈递公爵，而英格兰羊毛出口的凭证则被大方地授予那些公国中饱受缺乏原料之苦的臣民。对于洽谈的前景，英格兰的使节们非常乐观。6月中旬，他们向英格兰的主人回报说，使团准备在月底前带着盟约返回，盟约将允许爱德华在同年的夏季发动一场针对法国的在欧洲大陆上进行的大规模远征。此时，爱德华正身处林肯郡的斯坦福德，几乎整个六七月间，他都在此和他的御前会议一起进行秘密谋划。正是在斯坦福德，从 6 月 22 日起，国王发布了一系列命令以征召一支远征军。这支军队将于 1337 年 7 月 28 日在伦敦集结完毕，等待渡海。官僚系统固有的拖延，以及无法掌控事态发展的孤立感使爱德华在斯坦福德等待新消息时变得越来越不耐烦。然而事实证明，他的大使们对前景的估计有些过于乐观了。当专员们开始在英格兰乡间完成自己的工作时，伯格什正和他的同僚们一起东行到法兰克福面见皇帝。一支来自大雅茅斯的由 20 艘船组成的舰队在 6 月底抵达荷兰港口多德雷赫特（Dordrecht），打算将使团接返英格兰，但此时使团已踪影全无。[20]

到这个时候为止，英格兰人尚未直接和巴伐利亚的路易接触。在他们看来，皇帝不仅是个异教徒，还遭到万人唾弃。他们在面见皇帝时固然会吟诵后者的每一个头衔，但此举是在得到教皇的赦免后才进行的，根据英格兰的记录，私下里他们仍然将控制帝国皇位的那个人称为"巴伐利亚公爵"。[21]而对于路易来说，和英格兰使团的会面同样是一件微妙之事。迄今为止，数年之间他已经和法国、教皇双方进行了断断续续的谈判，试图结束自己和阿维尼翁教廷之间互相伤害已久的仇怨。有迹象表明，教皇本笃十二世愿意进行和解。路易知道，倘若他和英格兰缔结军事同盟，那么和解也就成了泡影。皇帝艰难的抉择主要受到两个因素的影响。第一，法国人购买康布雷地区附近城堡的行为在德意志引起了恐惧和愤怒。第二，恐怕更加重要的是，对于这位缺乏财源的统治者来说，英格兰的使节们愿意拿出 300000 金弗洛林（45000 镑）作为资金支持来换取同盟。作为交换，路易被说服，愿意提供 2000 名全副武装

198

的士兵为爱德华作战两个月。路易声称，他希望能够亲自领导这支军队作战。倘若无法兑现这个承诺，那么路易也保证会授予英格兰国王"帝国代理人（Vicar of the Empire）"的头衔，让他能够行使皇帝的全部权力。如此创新的方式恐怕只能是出自伯格什之手。皇帝的权威固然已所剩无几，而且难以得到尊重，但至少这种权威依然能在攻打法国时赋予入侵者官方而正统的身份。[22]

一旦大使们和巴伐利亚的路易谈妥了条件，他们很快就与低地诸国的王公达成了协议。依据承诺，埃诺伯爵、盖尔登伯爵以及于利希边境伯爵每方均得到100000弗洛林（15000镑）作为战争补贴，他们会在即将到来的战役中提供军队。布拉班特公爵除了得到之前在商谈中敲定的补贴外，也立下了和上述三家类似的盟约承诺。我们无法得知，这些王公在内部商议中是否会私底下对自己冒险押下的赌注表示疑虑。盖尔登伯爵和于利希边境伯爵想必是毫无怨言的，两人都是好战分子，而且他们的领地距离法国也很远。他们也许会期待战争能够带来远远超过平时岁入的高额回报。然而，在签订协议时，布拉班特公爵和埃诺伯爵对战争则没有太大的热情。法国对于德意志低地诸国的持续渗透固然是一个需要解决的现实问题，但一次政治目标更为宏大的、针对法国本土的袭击恐怕会更加凶险难测。尽管如此，他们在这个问题上也并没有多少选择。埃诺的新伯爵曾被他父亲要求发誓继续原有政策；而布拉班特公爵则无法坐视领地内纺织业因为英格兰禁运而限于停滞状态，也不能对那些混乱程度逐渐赶上佛兰德的城镇置若罔闻。当然，鉴于布拉班特公爵要求得到的数额如此巨大，这笔钱甚至超过皇帝需要提供的资金，更是埃诺伯爵所得份额的四倍，因此不难想象公爵是多么不情愿，需要巨大的利益方能打动他。以上种种困境并没有难倒英格兰的使节们，一经拿到这些王公们签署的协议，他们马上将其寄返英格兰，快马加鞭送到斯坦福德的爱德华三世手里。后者立即批准了它们。[23]

当小王公、钻营者和佣兵们一个接一个签署他们自己的协议时，亨利·伯格什和他的同僚们已经在纸面上召集起一支总数接近 7000 人的雇佣军。

皇帝	2000 人
布拉班特公爵	1200 人
埃诺伯爵	1000 人
盖尔登伯爵	1000 人
于利希边境伯爵	1000 人
洛斯伯爵	200 人
普法尔茨伯爵鲁珀特	150 人
拉马克伯爵	100 人
勃兰登堡边境伯爵	100 人
法尔肯堡领主	100 人
其他	96 人
总计	6946 人

除此之外，大使们还让他们的主人愉快地承担了一笔巨大的财政负担。为了这次联盟，各位王公总共索取了超过 160000 镑的天价费用。除了这些资金外，呈送给英格兰国王的条约规定，爱德华需要承担进行战争所需的常规费用。英格兰国王给每一名士兵提供固定的膳食，通常这笔钱是每人每月 15 弗洛

林（2.5 镑）。同时，在一次战役开始前夕，通常都要预付两个月的薪水。军人需要自备马匹和装备，但假如士兵在为英格兰国王服务期间损失了战马，那么国王一般都会补偿这一损失。他还承诺会解救任何被俘之人，如果必要的话，他也会承担己方被俘人员的赎金。[24]

以上诸多协议束缚了爱德华，使他无法使用军事上最优的战略方案。一开始，似乎爱德华脑海中的方案是在诺曼底登陆。为此，低地诸国王公联军要么在登陆船队出发前就和他的军队在英格兰会合，要么在英军登陆法国的同时从北方攻入腓力六世的领土。然而，这样的计划有一个很严重的缺陷，那就是当英军尚未到达时，低地诸国会暴露在数量大占优势的法军攻击之下。因此，在瓦朗谢讷会议召开期间，这个计划遭到放弃。取而代之的方案要求爱德华三世将埃诺作为发动入侵的起点。这个方案不仅保护了英格兰的盟友，使它们免受攻击，同时也让同盟看到了一些希望，即这场战役除了能达成爱德华的目标外，也能达成他们自己的目标。对于埃诺伯爵来说，这意味着收复克雷沃克尔和阿尔勒，也许还包括康布雷地区的其他一些地方。至于巴伐利亚的路易，虽然迄今为止他的立场因政治而非金钱而摇摆不定，但同样也将收复失地置于优先地位。因此，爱德华的大使们允诺，反法同盟军的会合点将定在康布雷地区中部，会合时间预定为 1337 年 9 月 17 日。皇帝得到了稍多一点时间以集合他的军队：他加入联军的时间被定在了1337 年 10 月 1 日。至于庞大的英格兰军队如何跋涉抵达会合点，会上则没有给出明确的答案。[25]

当大使们在多德雷赫特附近停留，等待被舰队带回大雅茅斯时，以上的问题一定还萦绕在他们的脑海中难以散去。法兰西舰队几乎彻底掌握了制海权，他们的控制区直抵大使们所在的海滩。英格兰船只在英吉利海峡与北海遭受了惨重的损失，而法国人还在海峡群岛、英格兰南部与东部海岸展开了新一轮的劫掠。在海上，法国的桨帆战舰正虎视眈眈，希望能在荷兰外海拦截返程的英格兰使团。在西敏，爱德华对海军将军们破口大骂，因为他们没能将使团带返英伦，因此也就使英格兰国王难以得到对战争至关重要的信息。整整三个星期之后，雅茅斯的舰队才在一场风暴的黑云掩护下成功带回使团。使团的部分成员在 1337 年 8 月 13 日一身泥水、淋得潮湿地踏上了英格兰的土地；而其他人在几天以后被风暴冲上了岸，他们的马匹和行李都被丢弃了。使团回到英格兰时，发现岸边的山丘上修建了灯塔，外国人被禁止进入海岸，而对于战争的不间断宣传则加强了恐慌情绪。使节们在 8 月的第三周抵达伦敦，在那里，他们见到的是一支组建了一半的军队的雏形：大量来自威尔士与西南部诸郡的士兵乱成一团，没有人领导，也收不到军令，他们对于即将展开的战役几乎一无所知。国王将行宫从斯坦福德迁到了西敏，现在他终于可以知道使节们替自己打出了什么样的牌。此时，距离战役的最终发动还有一个月的时间。[26]

*

在加斯科涅，代表爱德华三世行使他意志的是一群优秀的   201
军人与行政官僚，良好的团队状况与爱德华三世父亲时代的圣萨尔多危机形成了强烈的反差。当地的总管是一名叫奥利弗·英厄姆（Oliver Ingham）的英格兰人，根据编年史作家奈顿（Knighton）的描述，他是一位"英勇而令人钦佩的骑士"。英厄姆技巧卓越，颇有创造力，善于因地制宜发挥优势，可以说是百年战争中的一位无名英雄。他是诺福克人，在爱德华二世统治时期曾在内战里发挥了积极的作用，拥有一段丰富的为王室服务的经历。他第一次造访加斯科涅是在 1325 年圣萨尔多战争期间。根据德斯潘塞父子的命令，他从温切斯特的监狱里被释放出来，领命出国，作为顾问辅佐能力不足的肯特伯爵。在伯爵颜面尽失地离开职守后，英厄姆在短期内作为总管执掌大权，在这段时间里，他为加斯科涅公国的防御策略注入了一股新的主动冒险的精神。那时是 1326 年，恰好是德斯潘塞父子失势并被处死的同年。新的英格兰内阁有意与法兰西讲和，因此将他召返英伦。然而，英厄姆似乎有一种天赋，可以处理好与任何当权者的关系，到了 1331 年 6 月，他又被任命为加斯科涅的总管。他的余生基本都会在这个职位上度过。在同时代的人看来，英厄姆无疑是一名经验极其丰富的加斯科涅事务专家，显而易见的是，他很擅长在该地区反复无常的领主之间维持政府政策的一贯与连续。[27]

到了 1337 年，英厄姆（大约已 50 岁）已经逐渐显现老态，尽管需要单枪匹马地进行一场战争，但健康状况并不是总能够允许他承受如此沉重的负担。在战争伊始，他的主要助手是一名加斯科涅贵族，阿尔布雷的贝拉尔（Bérard d'Albret），他是加斯科涅北部边境布莱和皮伊诺尔芒（Blaye and Puynormand）的军事主管。贝拉尔是阿尔布雷家族的幼子，也许在他无情而好战的家族中，他是最有能力的一个。即便是在 1324~1325 年最为黑暗的日子里，他依旧坚持支持英格兰，站在了绝大多数家族成员的对立一面。英格兰政府对他的军事能力给予了高度评价，并始终和他保持着良好的友谊。对于贝拉尔来说，他最大的财富是他的影响力和魅力，这两点在他的时代中可谓鼎鼎有名，此外，对于自己家乡的人情世故，他也有着深入的了解。"我们总能发现，他比任何人都热心于在这些地方服务我们的主人，英格兰国王，"一位生活在爱德华二世时代的英格兰人如此写道，"而他拉拢来的法国盟友，比其他任何人都要多。"[28]

从资源上看，这些加斯科涅的英格兰代理人完全无法完成他们的使命。在整个公国境内，除了几十名英格兰移民以及一些英格兰官员的扈从外，根本没有英军驻守。加斯科涅政府所能指望的野战部队，是来自本地的贵族和他们的附庸与家臣。根据残存至今的拼凑起来的报告，在比较有利的状况下，加斯科涅贵族们能够召集起一支数量为 4000～7000 人的军队。[29] 即便是这样规模的军队，也需要很高的忠诚度与作战热情才能召集起来。毕竟，这些人在出征时需要动用原本保护自己私产的军队，并依赖现付的佣金生活，且冒着战败时被俘、被索取赎金的风险，还要抛弃被法兰西王室赏识所带来的前途，以及被没收处于法国其他地方的产业。对于加斯科涅这个英格兰的公国是否能继续存在下去，多数人都没什么信心。当奥利弗·英厄姆在 1337 年 10 月征召忠于公国的忠诚的男爵阶层集会时，在波尔多的多明我会教堂里，只需要一个小小的偏房礼拜堂就足以容纳所有与会者了。有些人的缺席格外引人注目。尽管阿尔布雷家族有三人到场，但家族的首脑并未出席。二十年以后，弗龙萨克、科蒙（Caumont）和杜拉斯（Duras）的领主们将会成为黑太子加斯科涅宫廷的贵宾，但他们也并未出席此次会议。所有这些加斯科涅贵族们此时要么坚定地站在法国一边，要么（像阿尔布雷领主）在保持中立的同时对英格兰人带着深深的敌意，

202

直到局势明朗之后才改变立场。[30]

被迫将几乎所有人力用于驻守的事实迫使加斯科涅公国政府遵循被动防御的策略，尽管这样的策略和政府中所有领导者的直觉背道而驰。对这个公国而言，源于国力贫弱的其他因素，同样导致了战略上的被动。波尔多政府的行事方式在于，保证给予当地大贵族足够的补贴，使后者能够维持军队，保护他们自己的土地以及所在的地区。这样做的好处是，贵族们在保护私产时会非常有动力。然而随之带来的问题也不小。某些接受补贴的贵族事实上成为整个地区的军事总督，成为波尔多政府控制之外的独立势力，在战略层面也能够自主作出决定。举例来说，格拉伊的皮埃尔（Pierre de Grailly）和他的儿子让，作为"比克大领主（Captal de Buch）"负责波尔多西部的大片土地，此地有贝诺热（Benauges）诸堡垒、多尔多涅河畔卡斯蒂永（Castillon-sur-Dordogne）以及拥有城墙的利布尔讷（Libourne），外加两海间地区（Entre-Deux-Mers）①的大片土地；他们的另一片辖区是较小的位于朗德南部靠近巴约讷的土地。这些地方的贵族，以国王—公爵包税人的名义，控制、加固他们的城堡，并提供补给，同时也自行征税牟利。[31]利用这类办法，英厄姆可以说是凭着一纸空文为国王找来了军队和税收。然而，如此一来的代价是，英格兰国王很大程度上失去了对军队部署的控制力。只有在极少数的情况下，英格兰人才能将公国境内的所有兵力集中在决定性的地方。公国的军事组织显得呆滞而缺乏变通，在法国人大肆攻城略地时，在贵族的世

---

① 这一地区事实上是位于两条河，即加龙河和多尔多涅河交汇处的狭长三角地带。

袭任命变得岌岌可危时，在达官显贵的生存土壤日益贫瘠时，　203
这一点显得尤为突出，加斯科涅的军队变得愈发倾向于固守一
隅。1340 年之前，加斯科涅从未出现过属于防守一方的大规
模野战部队，而直到 1345 年，也没有人相信能在此处依靠野
战的方式挫败法国人的入侵。

加斯科涅公国能否生存，取决于公国中城堡的坚固程度与
数量，只有坚固且数量众多的城堡防线才能为一个国家提供足
够的防御纵深：在抵御入侵时，敌人沿着河谷与主要道路行军
的每一个阶段里，城堡都能起到阻滞的作用；而对于任何一支
规模大到足够穿越城堡防线的敌军，城堡驻军也能承担袭扰敌
人交通线的任务。这并不是什么新鲜事，在爱德华一世统治时
期，类似的战术早就上演过了，但到了他孙子统治的年代，城
堡的数量已大不如前。在半个世纪的时间里，英格兰国王不得
不将大量城堡分封给公国内亟须的盟友，再加上法国人的两次
入侵破坏，加斯科涅此时的城堡体系只剩下一条摇摇欲坠的防
线，城堡的数量只够勉强勾画出国王—公爵领地的外沿。雪上
加霜的是，这些城堡本身也难称坚固。公国的收入难以承担日
常的营建和修缮费用，而英格兰的税收则必须花到更需要的地
方。正如四年前爱德华三世曾经告诫手下官员的那样，公国境
内城堡的维护工作已然刻不容缓，但他们也应该记住，必须把
对苏格兰作战的开销放在心上。[32]

就加斯科涅公国的城堡体系而言，南部面向富瓦伯爵的防
御能力最强。在美男子腓力与查理四世曾经发动的入侵中，这
一地区基本没有受到波及。在这一地区，沿着阿杜尔河谷地及
其支流流域，英格兰人保持着一条由数量众多的堡垒—城镇组
成的防线：巴约讷、达克斯、圣谢韦尔（Saint-Sever）、若讷

(Geaune)、艾尔（Aire）以及波涅嘉德（Bonnegarde），此外还有一些孤立的堡垒，诸如更南面比利牛斯山脉下的莫莱翁（Mauléon）。然而，这些堡垒并不位于敌人可能前来进犯的主要方向。在公国的北部边界，各个防御点的情况就不那么令人满意了。桑特是一座大型城镇，位于中世纪连接巴黎和波尔多的主要道路上，这座城镇曾在 1331 年的短暂战事中遭到阿朗松伯爵的洗劫。伯爵摧毁了桑特城及附属城镇的城墙，本来还打算彻底摧毁城堡，但在准备执行时恰被召回法国。按照休战之后的约定，法国人本应支付修理城镇的费用，但这一允诺从未真正兑现过。在百年战争之初，桑特成了一座门户大开的城镇，双方都没有派兵驻守，也许城市本身也确实难以防御。在吉伦特西部海岸沿线，只有一条并不稳固的城堡防线。塔尔蒙（Talmont）是整条防线最西侧的城堡，它位居吉伦特湾入海口附近一块颇得地利的海岬处，但城堡本身缺乏守卫，被法国人从当地招募的军队围攻两个月之后即告陷落。蒙唐德尔（Montendre）距离桑特所处的主要道路几十英里，虽易守难攻，但无法对通过道路的敌人造成威胁。于是，担当英格兰在加斯科涅北部防线门户的重任就落在了布尔格、布莱两城的肩上。布尔格位于多尔多涅河与加龙河交汇之处，和下游 8 英里处的布莱一起成为控制该地的交通枢纽和要冲，在任何于公国内建立防御体系的计划中都显得至关紧要。尽管两城的重要性显而易见，但它们防御的建设却难符人意。在英法开战整整一年之后，布尔格的市民们还在勒紧裤带自掏腰包来完成整修城墙的工作。相比之下，布莱的防御工事覆盖范围更大，阿尔布雷的贝拉尔曾引着英厄姆及他的官员，在 1337 年 9 月参观城防，给英格兰人留下的同样也是令人失望的印象。英厄姆与手下看到的不过是锈蚀的城门、风化的石墙、塌陷的屋顶和已被山羊踩踏得不成形状的壕沟，以及断断续续、某些区段甚至被垃圾填平的护城河。在城市外围的碉堡下，有人私自挖开方便之门；在城市背面，一片新出现的城郊建筑不仅覆盖了原来的壕沟，高耸的建筑甚至能够俯瞰城墙上的守卫；至于南面，在水门和河滩旁根本就没有任何防御工事存在。甚至在一年以后，城防建设依旧在进行。直到 1339 年初，布莱新市郊的建筑才被拆毁，而法国人此时已经行进在向该城进军的道路上了。[33]

除此之外，另有一些能够进入公国的水上通道。这些位于加龙河干流流域的地方同样难以设防，14 世纪时人们就能逆流而上，航行到图卢兹甚至更远的地方。固然爱德华三世所属的城堡在数量和规模上都不尽如人意，但这些地方难于防御的原因并不在此。法国人在 1324 年的征服活动已经彻底摧毁了公国东部的防御体系。在阿让地区，佩奈城堡在入侵中幸存下来，继续在巨石上俯瞰着洛特河谷。更南面皮米罗勒脆弱的设防村镇同样没有受到攻击。法国人越过这些堡垒，径直占领了阿让地区与圣马凯尔之间的加龙河谷地，他们的战果甚至包括了庞大的拉雷奥勒（La Réole）堡垒，这对爱德华二世和他的继承者而言尤为致命，因为法军很快整修并扩建了这座城堡，倘若阿让地区陷落，那么拉雷奥勒将会成为控制加龙河谷地的关键。而圣马凯尔则成为整个公国的防御核心，以及通往波尔多道路上唯一的重要屏障。

即便爱德华三世拥有一些据点，它们却由忠心堪忧的人把守，而且面对的是困难的防御处境。一场胜负难分的围城战将会把他们的忍耐推向极限，有时甚至会有超出极限之外的情况出现。奥利弗·英厄姆曾在圣萨尔多战争期间指挥了阿让保卫战，想必他依然清晰地记得，市民们宁可迫使他开城投降也不愿面对攻城的往事。倘若有机会的话，那些圣马凯尔的居民也会做一样的事。在加斯科涅，一旦开战，驻军指挥官所属的人拥有的土地往往会落入敌手，但同时他们的佣金却处于拖欠状态，攻城一方与他们家庭之间的纽带远比守城一方更加紧密。

205 阿尔布雷的贝拉尔对于这些人颇为了解，他相信那些在 1337 年的战役中被攻破的城堡与市镇，都是因为内贼出卖才落入敌手。这样的判断十分常见，但很少能够得到证实。不过有确凿的证据表明，某些情况下确实有背叛发生。正因如此，只要有合适的英格兰人，原则上政府便会任用他们作为驻军的指挥官，虽然总体而言很少有这样的人存在。无论是好是坏，爱德华在加斯科涅的领土只能留给加斯科涅本地人去守卫了。[34]

爱德华确实尝试过调遣英格兰人来增强上述地区的防御实力，但他派去的增援比他原本计划到达的时间更晚，而且这些援兵的数量也少于预期。英格兰国王在 1337 年 3 月 18 日发布了为加斯科涅征召一支军队的命令，这支军队预定由巴约讷的舰队护送，穿过比斯开湾到达目的地。就在同一天，爱德华向他的海军将军们下令，要求他们征集所有停泊在英格兰西部和南部海岸的舰船，以及任何载重超过 40 吨（相当于后来的 30 吨）的船只。按照原定计划，这次渡海增援将是年内最大规模的一次军事冒险，而爱德华打算亲自领导此次行动。到了 3 月底，亨利·伯格什正准备出发前往波尔多打点相关事宜，以迎接国王的到来。然而随着春去夏来，从北部攻击法国的计划逐渐变得更有吸引力。与此同时，伯格什也被派遣到瓦朗谢讷执行任务，而非原定的波尔多。此外，对于增援加斯科涅的计划，爱德华也在他的御前会议中遭遇了越来越大的阻力，主要是因为，倘若英格兰本土遭到敌人跨越海峡的入侵，在加斯科涅的军队将无法迅速回防。[35]

这场远征带来的后勤问题与管理延迟，使得国王能够有足够的时间重新考虑一下自己的计划。原有的时间表要求远征加斯科涅的军队在 1337 年 4 月底从朴次茅斯出发，这个时间显得太过不切实际，但重新制定的时间点也好不到哪里。征募兵员的进程显得缓慢而不稳定，在整个夏季，因为同时受到苏格兰前线军队需求的影响，加斯科涅远征军的征召事实上受到拖延。在爱德华多次羞辱了负责的官员，并至少三次宣布推迟出发日期之后，最终，起航的时间被定在了 7 月 7 日。直到 6 月中旬，官员们才在朴次茅斯进行了一定目的的管理工作。大量的食物补给被储藏在近海的仓库里，而第一艘隶属护航舰队的桨帆战舰也终于在港口中露面。[36]

恰在此时，爱德华三世收到了伯格什从瓦朗谢讷发来的关于事件进展的报告，最终国王还是决定抛弃以前的计划，宣布将会用登陆低地诸国的方案取而代之。爱德华三世总是过于乐观，相信凭借自己小小的国家就能够攫取巨大的利益，但同时他也足够务实，认识到自己无法同时保持三线作战，即在苏格兰、低地诸国与加斯科涅三地保有军队。在低地诸国登陆的决定一经作出，加斯科涅远征军的优先级就逐步降低了。到了 7 月，远征军的指挥权被交给了诺里奇的约翰，此人的级别很低，和爱德华手下的多数指挥官一样，在苏格兰战场上积累了经验。交给约翰的军队在规模上已经大为缩水。有些被召集到朴次茅斯的士兵又得到了新的命令，要去伦敦报到，准备驶向低地诸国；其他人则被要求留在温切斯特，在那里他们将会等待政治局势的进一步发展，在需要的时候去任何一个港口以满足形势的需要。[37]

不到一周之后，在万塞讷，腓力六世和他的顾问们也作出了一个类似的决定。1337 年 6 月 28 日，法兰西宫廷得到了伯格什与皇帝会谈的内容报告，在这一天他们已经作好准备，随时可以出发前往亚眠或者马尔芒德与北部的军队会合。像他的英格兰死敌一样，法兰西国王曾希望能够亲自挂帅，指挥前往西南部的远征军，不过此时他已经下定决心，打算待在北方以面对新出现的威胁。[38]

在利布尔讷，奥利弗·英厄姆已经在 1337 年 6 月 13 日遇到了入侵法军的先锋，佩里戈尔总管的两名副手，这两人携带着来自法兰西王室的信函宣称，加斯科涅公国已经被没收，要求英厄姆投降法国，并将掌控的城镇和堡垒交与总管管理。英格兰人认真阅读着信函的条款，而英厄姆也在尽量拖延时间。他要求法国人宽限一下，以便他咨询位于波尔多的公国议会，法国人很不情愿地答应了。英厄姆指出，没收公国的原因包括关于阿图瓦的罗贝尔的条款，而此人现在并不在加斯科涅境内。按照英厄姆的说法，他需要几周的时间去请示英格兰方面的指示。与此同时，他向巴黎高等法院的陪审团提出控诉，暂停强制执行的行为。这些要求对于法国副手们而言是无法接受的。他们声称，强制执行没收公国任务的军队已经上路了。[39]

法国人并没有撒谎。1337 年 5 月中旬，腓力六世在巴黎通过密谈，和他的顾问们敲定了军事战略的主要思路。法国人此时作出的最重要的决定是，把攻击加斯科涅的方向定在东部，经由加龙河谷（像英格兰预计的那样）而非从北部途经圣通日进军。这意味着，法国人试图打一场速战速决的战役，

直扑波尔多。预定的集结日期为 1337 年 7 月 8 日，这恰巧是
英格兰救援加斯科涅的远征军计划离开朴次茅斯的后一日。和
爱德华计划中的不同，腓力的军队准时抵达了预定位置。这支
军队几乎全部来自南部省份，图卢兹、博凯尔（Beaucaire）和　207
阿让的总管们带来了朗格多克的部队。两名法国南部忠于国王
的大领主，阿马尼亚克伯爵与富瓦伯爵提供了庞大的人力资
源：前者几乎有 6000 人，而富瓦的加斯东也提供了大约 2500
人。这支军队在人数最多时大约达到了 12000 人，这个数字还
没有将驻守的部队统计在内。然而，根据法国人在几年前的估
计，要征服加斯科涅至少需要 21000 人，法国现有的军队人数
相比之下并不算多。不过，考虑到英厄姆手中可用的军队寥寥
无几，法国军队在人数方面还算充足。法军的缺陷在于指挥层
面，指挥官的权利属于法兰西王国陆军统帅厄镇伯爵拉乌尔。
此人的能力非常有限。[40]

　　拉乌尔犯下的第一个错误是，浪费时间进攻阿让地区那些
隶属于爱德华旗下的无足轻重的小据点。他的第一个目标是洛
特河畔的新城（Villeneuve），看起来英格兰人想通过占领此地
从而阻挡通往洛特河谷的道路。1337 年 7 月 10 日，法国人攻
克新城。不久之后，拉乌尔又犯了第二个错误，那就是分兵：
他留下自己麾下的部分军队，以围攻阿让地区的其他地点，而
自己则带兵继续向西进发。佩奈是阿让地区英格兰驻军实力最
为雄厚的据点，因此法国人并没有攻打那里，而是在 7 月 17
日攻下了皮米罗勒，由此报复了巴黎高等法院在同年早些时候
受到的羞辱，同时也使得加尔西·阿诺的判决得以实现。皮米
罗勒的驻军是否进行了抵抗已难以确定；但此地的居民显然完
全没有进行过战斗。他们将外城拱手交给了攻城者，换得了保

留每年在圣富瓦节（St Foy's Day）举办集市的特权。他们何必躲在堡垒里忍受不适的生活、面对可能的毁灭，只为了等待一个遥远而无力的君主来解救自己呢?[41]直到 7 月中旬，真刀真枪的战役才拉开序幕，此时王国陆军统帅已与富瓦的加斯东合兵一处，二人开始围攻圣马凯尔城。

早在 1337 年 5 月，法国人就在攻占圣马凯尔的尝试中遇到了挫折，当时王室弩手总管曾尝试过出其不意的夺城行动，但由于缺乏攻城器械而告失败。这次攻城，法军精心准备了各类器械，除了常规攻城武器之外，还有两具大型抛石机（stone-throwing mangonel），它们装载在运输船上在加龙河中待命。在这些设备的帮助下，王国陆军统帅与所控部队可以对圣马凯尔的城墙及其附属城堡造成巨大的伤害。我们无法预测圣马凯尔的富裕居民们在面对家园被毁、城郊的优良葡萄园被连根拔起的惨状时能够坚持抵抗多久。事实上这些人并没有经历这样的考验。1337 年 7 月 31 日，令人难以置信的事发生了，王国陆军统帅在两周间放弃了攻城，并再次将自己的军队分成两股，派遣他们前往加斯科涅公国的不同地区进行劫掠打击。这样做的目的，并不是希望占领多少公国的战略要地，主要还是为了扰乱那些坚定支持爱德华三世的人。拉乌尔率领的法军主力突然攻入波尔多以东，加龙河与多尔多涅河之间的夹角。圣十字山（Saint-Croix-du-Mont）附近那座规模巨大的方形城堡（Tastes）的领主是爱德华最热心的支持者之一，因此该地也遭到了被攻占的命运。之后，法军又花了至少三周的时间用来攻占波米耶（Pommiers），该城属于较为新式的堡垒，是少数在 1324 年抵挡住瓦卢瓦的查理的要塞之一。波米耶在 1337 年 8 月底被攻占，此时王国陆军统帅挥师北上，兵进多尔多涅河南岸的锡夫拉克（Civrac）。锡夫拉克城堡构架老旧，而且没有得到很好的修缮，因此，守军几乎未作抵抗就投降了。这些陷落的地方也许对于一个省份是战略要地，但对于一个公国却并没有太大的重要性。除此以外，拉乌尔的其他战果无非只是一些加固过的庄园房舍罢了。[42]

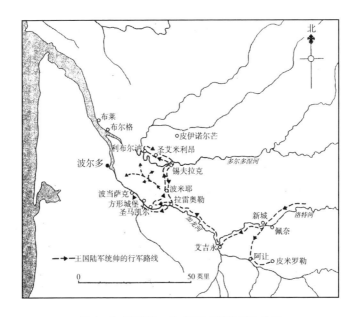

208

图 3　加斯科涅：法兰西王国陆军统帅的攻势走向，1337 年

另一支旨在劫掠的法军分队，在富瓦的加斯东的率领下迅速进入公国南部，洗劫了比利牛斯山脉脚下那些忠于爱德华三世的加斯科涅主要领主们的封地，包括阿杜尔河谷地以及那些与重要贸易城市巴约讷有往来的地区。在这里，法国人同样没有获得任何大规模战斗的胜利。加斯东在每一座重要的堡垒面 209

前都铩羽而归，其中包括比利牛斯山中的要塞莫莱翁，法军从此地撤退时，加斯东损失了麾下的四名骑士与好几匹良马。他甚至没有尝试攻击巴约讷的城墙，或是挑战公国在阿杜尔河畔达克斯与圣谢韦尔附近集结的主力。尽管如此，他指挥的法军还是占领了许多小地点，同时也对当地的作物和建筑造成了巨大的破坏，也许这才是他此次进军的主要目的。关于这一点，腓力六世曾经十分明确地表明了自己想要什么。"我们希望，"他写道，"你应尽可能，对塔尔塔斯领主（lord of Tartas）的土地造成损害，而且你应当代表我们，以我们之名来进行这场战争。"在富瓦离去之后，塔尔塔斯领主曾向爱德华报告说，他对英格兰的忠诚使他损失了很多个月的全部收入，也许这番说辞并没有太多夸张的成分。[43]

英格兰人在应对策略方面别无选择。他们只能将自己关在城堡和设防城镇（walled town）中等待援军的到来。加斯科涅公国的地形就是防御一方最好的盟友：从波尔多驶出的船只可以从水路支援所有该地区的主要据点，因此只需要少量部队就能在遭遇入侵时四处支援以填补防线。然而，一旦遭遇敌人坚决的进攻，这种小把戏就无法坚持很长时间了。此时，英格兰许诺提供的增援部队还留在本国的港口，英格兰人政治上的举棋不定与官僚机构的混乱调度是导致延误的主要原因。1337年8月上旬，由于含混不清且互相矛盾的命令，加斯科涅远征军的数量还会进一步被削减。爱德华将所有船只带走，以运送支援低地诸国的军队，同时也带走了绝大多数的士兵。此时，英格兰西部征召来的军队聚集在温切斯特，将在前往伦敦的路上缓慢跋涉，而那61艘原属于朴次茅斯港的船只则沿着英格兰海岸航行，加入泰晤士河本已摩肩接踵的船流。诺里奇的约翰也得到了原来那些士兵的替代品：一支混编军队，其中包括了威尔士弓箭手，在伦敦征募的士兵以及少数重装骑兵。这支军队的出发港口突然被换成了布里斯托尔。在 8 月的绝大多数时间里，远征军费尽一切力气，希望找到足够的马车把补给品和装备从朴次茅斯运到布里斯托尔。最后，上面这条命令又被撤回，在 8 月的最后几天里诺里奇的约翰终于搭船到伦敦，准备从那里出发。他麾下部队的数量很难推测，但可以肯定的是，这支军队的规模非常有限。考虑到搭载士兵的可用船只不多，加斯科涅远征军的数量也许只有 300 ~ 500 人而已。[44]

等远征军抵达加斯科涅时，法国人在战役中的锐气早已消 **210**
磨殆尽。富瓦伯爵的军队依然在蹂躏公国的南部边境。至于法军主力，则在 8 月末攻克锡夫拉克之后搭船横渡多尔多涅河，向圣艾米利昂和利布尔讷这两座触手可及的最大城镇进军。对法国人而言，这次进军是为了炫耀武力，而非真正的攻城战。两座城镇的防御都十分完备，特别是圣艾米利昂，城中的守军以罕见的积极态度清空了城郊，并提前修筑好了防御工事。在进行了一场武装大游行之后，法军便离开了，王国陆军统帅将余下的任务留给了他的副官们，他本人则在拉雷奥勒城堡里安全度过了整个 9 月的时光。他在关键时段的反常行为确实和这场战役中发生的其他不寻常事情一样，难以解释。最可能的原因也许来自法军实力的快速下降，这不仅仅是因为部分法军要承担分散防守各处要地的任务，并在乡间进行掠夺，同时也因为大量的人员在没有得到替换的情况下已经离开了军队。[45]

对于法国南部临近加斯科涅的省份而言，这场战争发生得太快，还没有人把它当回事。对法国人而言，明显能威胁到他们的敌人并不存在，因此也不会有人愿意从城镇和乡村里征发大量的步兵参战，或者提供金钱作为战争补助。资金是战争中一直存在的问题。法兰西人和他们的英格兰对手一样，试图尽量让自己国家的西南部省份处于自给自足的状态。这意味着，每个法国将领都要竭尽所能，在自己的作战地区榨取金钱来补充军费。早在 5 月，法国人就征收了一笔巨额税款，包括一笔壁炉税，以及一笔对封地持有者征收的高达 20% 的收入税。然而，收税人受到了暴力抗法的威胁，某些地区甚至掀起了武装叛乱以拒交税款。最终，绝大多数地区都多少交了一笔钱，但数量远小于规定的数额，而且缴纳的时间也被大大延后。少数人甚至彻底拒绝了收税要求。[46]

1337 年 9 月中旬，富瓦的加斯东从他破坏的地区返回，在与主力会合之后，他从贝阿恩带回的 6000 名士兵给了在拉雷奥勒的法军一丝继续前进的希望，于是，有人提出了一个攻击波尔多的方案。法国人进行了一些关于攻城作战的先期规划，并在距离贝阿恩 30 英里的波当萨克（Podensac）集结了军队。法国海峡舰队的一部分受命向南行进至拉罗谢尔，从海上封锁这座城市。倘若这轮攻势成为现实，那法国人一定会遭遇很多困难：此时已是夏末时节，天气糟糕，而且诺里奇的约翰已经率领援军抵达波尔多。法国人叫停了攻城，但决定并非出自南方的军事指挥官，而是来自巴黎的政府。巴黎方面已经决定，法国在加斯科涅的军队已到了解散的时刻，而王国陆军统帅也应被召回。这两条决定在 9 月 20 日被传达给拉乌尔，并马上得到了执行。[47]

*

腓力六世和他的大臣们认为，王国陆军统帅的战果虽难以令人满意，但此人作为王室的高级军事指挥更需要在北部战线上效力，因此才将他召唤回去。在百年战争初期，法国人始终面临的困难之一在于，尽管法军拥有内线作战的优势，但决策者始终不怎么愿意冒险在南北两条战线上同时进行野战。显然，法兰西政府对于英格兰的战争潜力也有所高估，在这一方面，他们的态度与爱德华三世不谋而合。

1337 年 8 月 18～26 日，英格兰人在西敏开始了御前会议的重要议程，听取了伯格什主教与索尔兹伯里伯爵的报告。自从这一年 4 月初以来，这是御前会议成员们第一次能够详细检视外交领域的进展。显而易见的是，英格兰使节们的情绪并不一样，并非每个人都满意自己所完成的工作。国王的一些顾问恐怕早就在回忆往事，想起当年先王爱德华一世在支付给皇帝和不少德意志王公一大笔补贴之后，却在关键时刻被盟友抛弃的情景，而这一次，情况恐怕也好不到哪里。根据一份记载的说法，索尔兹伯里伯爵被德意志人开出的巨额补贴要求震惊了，他认为对方太过贪婪，而且即便爱德华三世真的如数兑现，恐怕德意志王公与皇帝是否会履行诺言也仍是未知之数。伯爵的建议似乎是希望国王彻底撕毁与德意志大大小小王公贵族们的条约，即便其中的部分已经改写也应弃置不顾。爱德华断然拒绝了这条建议，他对伯格什的外交工作十分满意，同时他还在 1337 年 8 月 26 日修订了其他所有的条约。在国王本人看来，条款本身没有问题，只要对方表现得足够好，什么都可以商量。[48]

爱德华面临的主要问题有二，一个关乎军事与后勤，另一个则关乎财政。军事与后勤方面的问题在于，爱德华没法在 1337 年 9 月带着一支足够规模的军队出现在康布雷地区。同时，英格兰国王也没有足够的船只能将这样大的一支军队载过海峡，而法兰西还有一支强大的舰队正巡弋在佛兰德人的外海，英格兰并没有足够强大的护航舰只对付它们。自同年4月起，英格兰始终保持着一支常备军逗留在苏格兰南部和边界，由沃里克伯爵（Earl of Warwick）指挥。沃里克的部队数量太少，难以胜任指定的任务，即便如此，这支军队还是占用了太多英格兰北部诸郡的人力资源，许多权贵的扈从也被征召，因此错过了远征低地诸国的战役。此外，救援加斯科涅的那支小军队中也包括了一部分来自英格兰西部、南部和中部的兵员。

212 征召剩余人员的过程无疑是令人失望的。征召始于3月，但此时，即便是组织程度最高的地区也仅仅向前线派了三分之二数量的预定兵员，最糟的地区甚至根本找不到从军者。预定在1337年7月底从伦敦出发的英格兰军队，延期等待一个月也仅有不到2000人报到。这支小部队的人数固然在不断增加，之后的每周都有一些落后的士兵前来，但统计下来的总数十分有限。[49]

爱德华面对的经济问题更加棘手。3月时，爱德华三世于英格兰议会获批的财政援助此时恰好到账，不过按照常例，这笔钱几乎总是用于支付国王从商人那里借贷的利息，因此也无法用来支付远征低地诸国的费用。根据爱德华本人的估计，这次远征的花费将会达到200000镑之巨。对于这笔钱，爱德华提出了一个不同寻常的支付方法：英格兰全年羊毛产量的一半都以英格兰国王的名义被强制买下，款项则暂时赊欠。这些羊毛将由远征低地诸国的军队随身携带，并在欧洲大陆出售，羊毛在那里的价格将会因为之前一年的出口禁令而大大上涨。这个计划出自同年夏天的一小群金融家之手，为首的是威廉·波尔，以及一名叫雷金纳德·康迪特（Reginald Conduit）的伦敦商人。他们代表的是新一代战争金融家，在之后的二十五年里，他们从没有远离权力的中心。以波尔为例，尽管他是一名羊毛商人，但根据国王的需要，他的业务范围也会有所变化。他成为继巴尔迪和佩鲁齐之后，政府在银行业的主要支持者。波尔在随后的岁月里涉足与战争有关的生意，包括建造桨帆战舰，为军队提供诸如帐篷和蜡之类的军需物资及攻城器械的金属用料，并参与到供应其他多种货物的活动中。

波尔和康迪特周围聚集了大批羊毛商人，他们组成的联合商号在 1337 年 7 月 26 日聚会于伦敦，先行审核了准备提交给国王的建议大纲，并且研究好了如何具体实施整个方案。按照他们的建议，联合商号将会获得出口羊毛的垄断特权。商号将会负责在英格兰国内购买 30000 包（sacks）羊毛，通常其中的九成将会用于出口。政府会出面将羊毛的购买价格控制在一个固定的低价位，一个郡一个郡进行征购，倘若当地的牧羊人或商人有所不满，王室特许购买状（也许被称为王室强制购买状更恰当些）也会迫使他们乖乖就范。一旦联合商号在欧洲大陆将羊毛卖给那里的顾客，他们便会将利润的一半付给爱德华三世，然后再额外借给国王 200000 镑，还有免付利息的优惠。为了保证这笔借款能够得到清偿，爱德华将会把本国的关税收入抵押给联合商号的商人们，直到借款付清为止。除此之外，这些商人还拥有特权，在国王的债务还清之前不必向牧羊人支付羊毛款。鉴于王室保护的缘故，即便任何对羊毛价格有异议的人提出起诉，英格兰法院也不能对此给出审判结果。将羊毛运出英格兰的时间表的制定依据，一部分取决于政府考虑到行政效率导致的延误（事实证明，这部分时间被严重低估了）而给出的预估时间，另一部分则取决于英格兰国王许诺将会支付给盟友报酬的时间。运输过程将会分为三个批次，每批运送 10000 包羊毛，第一个批次几乎是立刻出发，而之后的两批将会在 1338 年上半年送抵欧洲大陆。英格兰人希望，这些羊毛能够按比例换来 200000 镑的分期款项，使得国王能分别在 1337 年圣诞节、1338 年复活节和耶稣升天节（Ascension）① 获得所需的金钱。这些商人的垄断特权保证了他们的利润。至于那些牧羊人，尽管不得不接受现金流的损失，但勉强也算受到了最低限度的保护，不会遭到恶意压价。而在国王这边，爱德华则以很低的代价，在很短的时间内拿到了足够多的钱，以保障他的远征行动。只有外国人才是真正的受害者。外国商人将被排除在英格兰出口贸易之外，并不得不以高价从英格兰垄断商那里购买羊毛。[50]

无论如何，以上内容仅仅是构想出来的商业运作框架而已，现实情况则并不那么尽如人意。首先，这个计划的基础就有问题，商人们错误地认为在垄断商号将大批羊毛运抵欧洲大陆的情况下，羊毛价格依然会保持在贸易禁运期间的高位，但这是不可能的。此外，中世纪政权缺乏现代国家体系中渗透于社会各处的监管权力，在这样的情况下，倘若想让精心拼凑出来的谋划成功执行，就必须得到所有参与者在一定程度上的配合，这些参与者就包括了众多的牧羊人以及农村地区的小羊毛商人。然而，迫使这些人接受划定的低廉收购价、漫长的还款期，并将他们置于以国王为首的联合商号的垄断收购之下任人宰割，肯定会彻底激怒他们。诚然，这些人没有多少能力去改

---

① 复活节后 40 天。

变这次羊毛贸易方案的主体内容，但他们能够通过故意拖延的方式进行反抗，反观爱德华一方，英格兰国王在欧洲大陆上的政治行动恰恰难以承受任何拖延。即便是那些设计出这次羊毛贸易方案、身处爱德华三世顾问圈核心的人物，也并不值得信任。波尔、康迪特和他们的合伙人，多多少少都有些贪得无厌、寡廉鲜耻以及欺诈成性。

到了 1337 年 8 月，英格兰人已经很明显地感觉到，即便诸事顺遂，他们也将不得不将出征低地诸国的计划推后一些。爱德华三世一度坚持要在秋季踏上欧洲大陆，但事实上具体时间也已经晚于他原先认可的日期。8 月 26 日，军队的集结日期被推迟到了 9 月 30 日。然而，没人指望这份修订过的日程表能够得到执行。在爱德华发布日程表当天，他已经和巴伐利亚的路易达成谅解，将英格兰军队与帝国军队的会师日期从 10 月 1 日往后推迟了整整两个月。现在，英格兰人希望能够在 1337 年 11 月 30 日圣安德鲁节那天踏上战场，全然不顾那个时节里，为军队征集粮草与穿越欧洲北部泥泞地形的困难程度。截至此时，军人们依旧在缓慢地向伦敦、桑威奇和奥韦尔集结，他们中包括英格兰王国的贵族，效忠他们的重装士兵，以及来自威尔士与英格兰南部的弓箭手和长矛手。[51]

10 月末，在桑威奇的兵力达到了 1300 人，他们最先接到了渡过海峡的命令。也许是为了尽可能地利用稀缺的船只，英格兰人决定在运送主力部队之前，先行将这支军队与第一批次的大宗羊毛一起送到欧洲大陆。这支军队的登陆地预定在荷兰埃诺伯爵的领地。在海上，这支军队将由北部海军部舰队指挥官沃尔特·莫尼指挥，舰队预定在 1337 年 11 月初的某一天从唐斯起航。伯格什主教和另外三位国王御前会议成员将会随船出发，准备向盟友们解释他们主人这一番令人费解的安排，必要时还要用钱来安抚对方。[52]

至于剩下的军队，则要继续等待，其中一部分人在东海沿岸缺衣少食，已经处于饥寒交迫的境地。其他人则可以等在自己的家中，只要保证能够在收到通知的 12 天内赶到他们的集结点即可。入冬之后，爱德华遇到了越来越多的困难。苏格兰人开始在低地地区和英格兰北部挑起暴力事件，将他的视线引向北方。卡莱尔在 10 月中旬遭到攻击，而坎伯兰则受到掠夺。到了 11 月初，苏格兰人开始围攻爱丁堡。英格兰人不得不将原准备用于法兰西的补给物资经由邓巴（Dunbar）和其他港口输送到苏格兰。早在 9 月，爱德华三世就已经开始取消那些英格兰北部重要贵族扈从在欧洲大陆的远征任务，将他们重新派往苏格兰。到了 10 月初，他不得不派索尔兹伯里伯爵去应对苏格兰局势，后者是他手下最重要的将领之一。即便如此，直到 11 月下旬，英格兰国王才刚刚认清局势。1337 年 11 月 20 日，距离约定和皇帝会师的日期仅剩十天，此刻按照最乐观的估计，英格兰国王在低地诸国可供调遣的军队数量也不会超过 1000 人，这其中还要去掉那些沃尔特·莫尼麾下已经离开大陆的人。此时，巴伐利亚的路易尚未得到约定的报酬，而爱德华的金库里却已空无一物。最终，国王取消了远征计划，并命令士兵回家等待。[53]

*

早在爱德华三世觉悟之前，腓力六世就已经意识到爱德华根本没法在预定的时间和盟友会面。腓力在德意志精心安插的人员时刻向他通报着战事的进展，法兰西在东北边境的间谍也被派到了国界之外，始终监控着军事活动的迹象。这些人发回的报告让腓力颇为安心。法军在亚眠集结的时间每两周都会被重新研究，而每次，法国人的行动都会因为敌人的状况而酌情推迟。[54] 不幸的是，尽管法国人在德意志的情报系统十分高效，对英格兰正在发生的事情，他们依然处于几乎一无所知的状态。对于爱德华在集结军队时遭遇的困难，腓力显得毫不知情。10 月初当法国人又一次修正他们的军队集结日期时，时间被重新定在了 11 月 15 日，在他们看来所有迹象都表明危机即将到来。王国陆军统帅和一些重要的南方领主们被召唤到北方，而一切在加斯科涅境内的重要军事行动都被叫停了。整个10 月，英格兰的征发人都受到国王的责骂，因为他们无法满足爱德华的征兵需求。此外，英格兰人的船只也严重不足，那些满载羊毛的货船则因为季节性的恶劣天气而逗留在泰晤士河河口。尽管如此，在万塞讷，腓力的大臣们已经被恐惧感紧紧攫住。所有法兰西宫廷的访客都不得不听取国王关于处境危险的论调。腓力告诉他们，爱德华三世率军登陆之日即将在数十天内到来，他必须在敌人踏上欧洲土地之前扑灭这场入侵，就像"在火星成长为火苗之前将其熄灭"。一旦英格兰国王抵达欧陆，那么经济压力就会使他不得不追求战争，而且英格兰军队的经济命脉也将落入贪婪好战的德意志人手中，由此，和平的退路就不复存在了。[55]

10 月中旬，法国政府确信英格兰人试图在接下来的几天里于布洛涅登陆。此时，所有可用的军队都被置于阿朗松伯爵和纳瓦拉的费利佩（Philip of Navarre）管辖之下，前者是法王的兄弟（brother-in-law），后者则是他的女婿，法军被派往布洛涅接受二人的指挥。[56] 在那里，他们徒劳地等待并不存在的登陆，而真正的攻击则会抵达其他地方。此时，几乎没有任何法军还停留在加斯科涅，于是英格兰人便冲出他们所驻防的城镇，夺回了几乎所有王国陆军统帅在这年早些时候攻下的地点，只有皮米罗勒是个例外。在这一进程中，英格兰军队受到的抵抗十分轻微，甚至出现了完全没有抵抗的情形。在收复失地之后，11 月初英格兰人跨过多尔多涅河，攻入圣通日东部。德罗讷河畔的帕尔库（Parcoul on the Dronne）是法国在这一地区的主要驻军城镇之一，但该城未经战斗便落于英军之手。当地的法国驻军指挥意志薄弱，在市民要求平静生活的威逼下轻易放下了武器。然而，英格兰人对于法国人拱手交出城市的举动并没有心存感激，他们在撤退之前烧掉了这座城镇，它附近的村庄也被付之一炬。[57]

大约在同一时间，沃尔特·莫尼的舰队载着英格兰军队的前锋部队，在佛兰德沿海进行了一次打了就跑式的突袭。莫尼是个爱炫耀的冒险家，他是埃诺人，1327 年作为菲莉帕王后的侍从来到英格兰，并在苏格兰战争中因为个人勇气与招牌式的大胆而崭露头角；这样的性格使他获得了英格兰国王的垂青，并让他在之后的三十年里始终能够执掌权柄。莫尼手里有 85 艘船，载着大约 1450 名士兵，外加 2200 名水手。除此之外，船上还有大量的羊毛货物，以及为数不少的外交官员、僧侣和仆役。他对这支舰队的操控方式可以用极端鲁莽来形容。1337 年 11 月，他进行了一次攻击斯卢伊斯港的尝试，但被击退。之后他转而向北航行，在 1337 年 11 月 9 日将船上的人员卸载到卡德赞德（Cadzand），一座通往洪特河①的阴冷潮湿的

———————

① 即西斯海尔德河。

岛屿。英格兰军队在这个岛上烧杀抢掠，希望能够将斯卢伊斯的守军引诱出来。这次，对方果然中计了，守军主动求战，在这场战斗中守军被击溃，但双方都遭受了惨重的损失。莫尼没有攻击卡德赞德城的意愿，也许他进攻的主要目的仅仅是为了获得有价值的俘虏。果真如此，他这次冒险进攻何真是收获颇丰。俘虏中包括佛兰德人指挥官居伊，他是佛兰德的私生子，现任伯爵的兄弟，后来莫尼将他卖给国王，并从中赚得一笔。十年后，尽管英格兰国王和佛兰德的关系远比现在要密切，但莫尼血腥杀戮的名声依然纠缠着爱德华三世，后者想到了一个不错的办法来安抚佛兰德人的不快：建立一座卡尔特修道院（Charterhouse）来抚慰那些逝去的灵魂。[58]

在这种类型的袭击活动中，英格兰人即便占领了领地也会很快撤走，因而并没有在战略上取得任何优势。然而，通过不断的攻击，英军引起了法国上下严重的不安全感，这深深困扰着欧洲最强大国家法兰西的君主。腓力六世的心态一直在过分自信与极度怯懦间摇摆不定。渐渐的，法王对密谋背叛、里通外国的可能性充满了不理性的严重恐惧。到了年底，一名关押在监狱里的医院骑士的供述成为他判断的依据，腓力相信，低地诸国的王公正在密谋毒杀自己和整个法兰西王室。由此，便发生了一系列处决法兰西叛国者的事件，这样的事件在当时还十分罕见。处决包括一系列具有示众效果的仪式，包括先将罪犯用马匹拖行到刑场，然后吊起来接近断气，最后将人砍成四段，类似这样的处决持续了二十年之久。倒霉的帕尔库守军指挥事实上更像是能力不足而非心存叛逆，但他还是被指控用煤灰与白垩标出了城镇的薄弱环节，导引英军攻入。按照后来法国政府的声明，这些控告都是子虚乌有，但此人还是在巴黎因叛国罪被砍下了头颅。那些更加了解法兰西国王的下属明白个中深意，即漠不关心置身事外的态度远比背叛更加危险。[59]

*

　　当战争的势头消退时，调停英法两国这一吃力不讨好的工作便落在了两名毫无政治经验的红衣主教身上，他们在夏季就已经被教皇委任为调停人。蒙法旺斯的贝特朗（Bertrand de Montfavence）升任红衣主教已经有二十年之久，是一名来自普罗旺斯的教会法学家，在这次调停前他仅仅在几年前曾短期逗留在意大利进行外交活动，斡旋方面经验有限。巴罗索的佩德罗·戈麦斯（Pedro Gomez de Barroso）担任红衣主教团的财务总管，这名卡斯蒂利亚人颇有学识，但在当时他的外交才能尚未经过任何检验。这两人的任务是，在区区几周时间内尝试解决四代人的时间里积累并在两年内断断续续爆发的矛盾，显然，等待他们的只能是落败的结局。英法双方都在不知羞耻地寻找利用两位红衣主教进行斡旋的机会，进而获取暂时的政治与军事优势。

　　在法国，两位红衣主教得到了腓力六世故作殷勤的接待，在这之后，当法兰西国王充满恐惧和疑虑时，他似乎并没有反对休战协定的打算，并且还相信，这些使节能够为他所用。在访问巴黎之后，两名主教又在 1337 年 11 月末抵达英格兰，他们随船携带的美酒能够装满一个酒窖，行李中珍馐美食应有尽有，看起来似乎是准备好要在蛮荒之地探险一番。英格兰政府在公开场合热烈欢迎了教皇的使团，却私下颇感烦恼。一开始，爱德华三世拒绝让二人及其随员安全地通过英吉利海峡，直到 11 月他放弃了在 1337 年内攻击法国的计划后才回心转

意。爱德华以他特有的演技招待了两名使节，他将初次见面的
地点安排在了著名的西敏宫绘厅（Painted Chamber）里，这座
大厅的墙面上描绘了《旧约》中的战争场面。于是，两位红
衣主教处在那些充满绝望的战争景象中向英格兰国王提出了休
战的建议。[60]

　　此时此刻，爱德华三世的地位十分脆弱，但来访的两位使
者仅仅能够模糊地感受到这一点。事实上，爱德华此时最需要
的便是一纸休战文书，因为他的军事计划已然分崩离析。然
而，按照爱德华和他德意志盟友们条约中的条款，他不能单独
和敌人缔结休战协定。即便是讨论和谈可能性的行为也会显示
爱德华战意的消退，而这会给那些大陆国家留下非常糟糕的印
象。因此，爱德华决定采用拖延答复的办法。他告诉两位红衣
主教，因为"英格兰那优越的习俗"，他在作出任何不可改变
的决策之前都必须咨询议会的意见。此外，为了保护自己免遭
腓力六世的侵略，他必须将自己和盟友们武装起来，因此他不
能在没有经过盟友同意的情况下进行和谈；以上情况都会不可
避免地带来时间上的延迟。两位主教对此的反应颇为冷漠，他
们的态度变得愤怒而粗鲁。他们告诉爱德华，巴伐利亚的路易
是否同意和谈并不重要，因为他乃是一个被绝罚的异教徒；至
于其他的盟友，他们仅仅是为了英格兰的金钱才加入战争，一
旦情况需要，就会马上抛弃联盟的条约。两名使节甚至谎称，
事实上，布拉班特公爵与埃诺伯爵已经在这样做了，这两位王
公已经秘密效忠于腓力六世。

　　第二天，两名红衣主教匆匆忙忙地召集了尽可能多的高级
教士，在圣殿区东边的伦敦加尔默罗会女修道院前进行集会。
对英格兰人来说，这是比顶撞国王更加令人不快的举动。其中

218

一位主教以关于和平的布道开场，这样的举动被英格兰人视为对法国的支持，因而遭到了坎特伯雷大主教的大声责难。红衣主教们解释说，除非爱德华同意签订休战协定，否则教廷将会公开支持腓力六世。两人向英格兰人展示了各式各样的教会信件，这些材料使他们拥有了下列权力：贬斥甚至是罢免主教级别以下任何支持战争的神职人员（这意味着支持战争的人将会被剥夺几乎所有的行政职权）；取缔一切他们认为不合理的条约与联盟；免除臣民和封臣对于封君的义务；以绝罚令和停圣事（excommunication and interdict）① 的方式阻止一切军事远征行动。爱德华的大臣们认真地对待了这些威胁，正因如此，在圣诞夜时他们同意了一系列条款的奇怪组合。尽管这样的文件距离休战协定尚有差距，但至少他们的努力给之后的磋商留下了时间，并且至少在表面上取悦了红衣主教。根据条款，爱德华保证他在 1338 年 3 月 1 日之前都不会入侵法国，同时，只要他在海上和加斯科涅的领地没有受到攻击，他就会在同一日期前在上述区域停止进行任何有敌意的行动。在此期间，他将在 1338 年 2 月 3 日召开议会，商讨更为正式的协定内容。征召议员的诏书已经发往各地。前往低地诸国的信使也已匆匆出发，去转告伯格什主教事件的经过，并警告他风雨飘摇的局势正等着他与那些盟友们同舟共济。[61]

① 绝罚令，天主教会给神职人员和教徒的一种处分。受罚者被革除出教。在欧洲中世纪，教皇常以此作为镇压"异端"、威迫世俗国王遵从教权的手段。
停圣事，一译"褫夺教权的禁令"，天主教会的一种处分。其既可以施用于某些个人（相当于绝罚），也可以施用于某一教堂、教区、地区乃至国家。受处分期间，教堂关闭，几乎所有圣事都被禁止。

*

事实上，此时伯格什主教和他的同僚们早已处于极端困难的环境之中。他们经历了一次十分不适的海上旅行，其间还见证了卡德赞德岛战斗的插曲。最后，在 1337 年 11 月底，伯格什一行在荷兰的多德雷赫特踏上了陆地。在运输船卸下羊毛的同时，伯格什主教则和随从们沿着泽兰（Zeeland）的水路前往安特卫普，在那里改走陆路抵达布拉班特中心的制造业小镇梅赫伦（Mechelen），焦急的低地诸国王公贵族们正聚集在那里等待英格兰人向他们解释政策的变化。事件的发展已经将亨利·伯格什推向了弄虚作假的顶峰。他允诺给盟友们更多的好处，甚至比他主人能够给出的还要多：此前正是上述举措给他带来了麻烦，不过现在，伯格什用同样的方法推迟了危机的到来。对于那些德意志王公来说，危险将在春季来临，法军彼时可能会出现在他们的南部边界上。伯格什似乎成功说服了他们，让他们相信，那时爱德华三世将会在低地诸国和这些王公并肩作战。当然，他也许诺，属于王公贵族的很大一部分补贴将在来年 3 月付清，而事实上这笔钱在双方见面之前就该偿付了。英格兰需要提供保证金才能让这些盟友齐心协力，而伯格什当时却没有足够的资源来做到这一点。他手下的官员已计算出他还要凑出 276000 镑才能满足他们的要求。

伯格什返回荷兰后，他在小港口格特鲁伊登堡（Gertruidenberg）召集起羊毛商人，命令他们在 1338 年 3 月 22 日前献上 276000 镑资金，否则"英格兰王国，以及其他国王陛下的领地都将陷于危险之中"。伯格什就像绝大多数生活在 14 世纪的贵族一样，难以认清一个事实，那就是即便是像波尔和康迪特一样生活极尽奢华的商人，其经济资源依旧十分有限。面对伯格什的要求，商人们惊恐万分，这笔钱比他们同意为那 30000 包羊毛支付的数目还要大，更何况此时仅有 11000 包从英格兰运送出去。商人们给英格兰国王特使的答复是，即便他们将大陆上的资产悉数售出，也依然无法凑齐伯格什所要求的这一大笔钱，他们最多能拿出的数目是 100000 马克（66666 镑），这是承诺中分期支付的第一笔货款，商人们愿意在售出羊毛之前而非之后拿出来。伯格什及其同僚们以非常粗暴的方式处理了这个问题。他们将多德雷赫特的羊毛全部征用，试图将其出售以支付国王的还款，并相信商人们故意低估了这些羊毛的价值来替他们牟取更高的利润。可是，他们的计划存在严重的问题。官员们对销售情况的估计与实际情况偏离甚远，负责售出羊毛的人也是官僚而非老道的商人。巨大的政治压力迫使负责人在狭小的市场范围内快速抛售货物。德意志与布拉班特的商人们以很低的价格以现金购买，而伯格什在预先答应了收购计划之后，已经基本无法抬高价格了。最终，在支付了所需的成本后，英格兰人所获得的利润仅有 41679 镑，还不足爱德华所需资金的六分之一。此外，这样的获利情况已经彻底粉碎了前一年夏天，爱德华与英格兰羊毛商人进行交易的基础。在此之后，还有另两次船运计划，将分别运输 10000 包羊毛到大陆进行销售，但收益已经和商人们完全无关了。英格兰国王撕毁了与商人的约定，不再将出售羊毛的利润分给他们，而是以一个非常低的折扣率获取现金，这样的行为在议会中成了一桩丑闻，直到多年之后人们仍能听到相关的抱怨。[62]

在以上这些令人难堪的状况中，爱德华三世在低地诸国的代理人们得知，教皇的红衣主教特使已经迫使国王暂停了敌对行动，而英王也将试图和腓力六世展开和谈。对此，伯格什等人的反应可以用惊骇来形容。此时伯格什在盖尔登的奈梅亨（Nijmegen），他在那里咨询了所有英格兰盟友的领袖后写信给爱德华，声称所有低地诸国的御前会议成员一致认为，签署休战协定对于英格兰不啻是一场灾难。一旦签订协议，那些英格兰的盟友们将被正式确认，而其中有些小盟友尤其紧张，因为他们并不希望暴露自己的身份。此外，一旦英格兰允许用休战协定来推迟爱德华对大陆的入侵，那么他就会不得不在那些盟友召集其军队之前就提前发放约定的补贴；这样一来，恐怕那些盟友就不会为了钱财而兑现军事援助的义务了。即便是此时已经宣布的非正式休战也已经激怒了那些听到这一消息的贵族王公们。所幸爱德华之前向他们游说的花言巧语依然有效，才避免了这些盟友立即抛弃英格兰国王的事业。[63]

甚而，某些支持爱德华的人，已经不再理会英格兰人的空言大话，转而开始谨慎地与敌人建立联系。特别是布拉班特公爵，他已经开始进行一场背叛和耍弄英格兰人的游戏，在未来的三年里，这场游戏将会时断时续地进行下去。公爵让伯格什重新签约，保证自己和英格兰国王之间的协议不会被泄露给任何一方。而同时，他秘密地在法兰西宫廷里任命了一名常驻使节，这是一位名叫克赖恩海姆的莱昂（Leon of Crainheim）的骑士，在个人立场上他极端地倾向法国。莱昂告诉法兰西国王，事实上，他的主人与国王并无龃龉。按照这位使节的说法，公爵除了允许爱德华的特使们寄住在自己的领地以外，并没有做出任何帮助这些英王特使的事，而寄住一事则很难拒绝，毕竟爱德华是他的男性同族，而且使节们也支付了膳宿费用。也许莱昂自己相信，他的这番说辞是出于真心。[64]

徒有宣战之名而无厮杀之实，这样的战争无疑对士气十分有害，很快英格兰本土也需要一些花言巧语来予以安抚。秋季，政府在各郡中进行了一场积极的战争宣传。那些乡绅名流、富豪商贾，以及任何被认为有影响力的人们，都被召唤到城镇中，听取特别行政专员关于国王事业正义性的阐述。而对于大众，政府则在周日和节日为他们安排了爱国主义的布道；教堂中张贴着告示，告诉人们爱德华三世曾向腓力作出诸多避免战争的让步，而后者却不知悔改置若罔闻。

> 在我收到陛下指示的当天［埃克塞特的格兰迪森主教（Bishop Grandisson）在 1337 年 9 月写给国王的信］……我在埃克塞特郡各公社代表面前发言，以个人身份向他们解释了您发给我的文件。之后，我用英语向大众进行了说明。当我完成这一切工作之后，我还与骑士、庄园主和百户区与特权区的执法官，以及各界名流，还有其他在座的人们进行了面谈……如此一来，到了庆祝米迦勒节之后，一旦巡回法院的法官开始下一轮工作，百户区法院（leets of the hundreds）也会迎来新的一年，彼时整个事件就能够被解释给所有人了。[①]

221

在接下来的一周里，主教在他座堂的集会中，向人们说明了爱

---

① 对于英格兰法律体系而言，米迦勒节（Michaelmas）意味着司法年度第一季度的开始。百户区法院是英格兰中世纪时的基层司法单位。

德华给他信件的内容，并进行了随信附上的宣传活动，在这之后，他还在德文伯爵（Earl of Devon）列席的一场神职人员集会上，向相关人员和感兴趣的大众进行了类似的说教，"尽我所能地督促、劝诫他们，用合理的论据，结合圣经的权威以及适当的故事来阐述我的观点"。[65]

所有这些劝服活动的效果颇难衡量。两位红衣主教甫一踏上英格兰的领土，便已经得到了英格兰人民反对战争的印象。然而，事实却并非如此简单。对于法国的仇恨感在英格兰人心中十分普遍，而且人们大多相信，爱德华三世遭受了法兰西国王的不公正对待。英格兰的编年史作家在解释百年战争的起源时，大多忠实地重复了爱德华三世自我开脱的说法，有时甚至是直接引用了国王自己的话。然而，当牵涉到爱德华具体解释的方法时，不同记录之间的差别就大了起来。按照坎特伯雷大教堂副院长的抱怨，爱德华在肯特沿海受到威胁、他自己的教堂陷于危险之际，居然还要领兵出征欧洲大陆，实在是不太负责任。还有不少人也有类似的感受，特别是那些居住在北英格兰的人们，在那里，相对法国而言，苏格兰是一个更大的威胁。对于英格兰人而言，1337 年 10 月在英格兰议会召开期间，苏格兰对英格兰北部的突袭行动震动了整个王国。这一系列事件的发生，加上事后聪明，诺森伯兰的骑士托马斯·格雷认识到，爱德华三世在欧洲大陆上的联盟计划显得"代价极其高昂，同时无利可图"，这一计划所浪费的资源原本应该用于戍守北部边境，同时完成对苏格兰人的征服，如此才能取得最好的效果。在英格兰内部，当亨利·伯格什和他的朋友们掌控了英格兰的日常对外政策时，反对者尽管遭到了排挤但从未彻底失去话语权。索尔兹伯里伯爵威廉·蒙塔古曾于 1337 年

8 月在御前大会上表达了自己对于远征大陆的忧虑。年长的王室教士亚当·穆里穆斯（Adam Murimuth）则将自己的不同观点写进了他的编年史中。在整个事件里，最令人印象深刻也最偏离英格兰政治传统的事情是：御前大会中这些精明而善于争辩的统治阶层精英代表们，在最终决定远征法国之后，马上便紧密团结起来，开始着手解决面临的问题。根据格雷的记载，在御前大会批准伯格什使团所建立的盟约后，任何反对战争的行为都被视为谋反。而此时已经到了 1337 年 8 月。9 月底时，英格兰议会投票通过了一份用于赞助王室的极为慷慨的财政援助，在未来的三年之内将收取三倍的十分之一和十五分之一税款①。在英格兰议会的历史中，这是第一次出现如此大规模的常规税收。议会并未改变那些自 1297 年就已作出的基本政治与战略规划。格雷与蒙塔古二人在法国作战勇猛，并且在现实情况已经证实了他们之前担忧的情况下，继续保持着对爱德华三世的绝对忠诚。[66]

1338 年 2 月 3 日，当英格兰议会在伦敦再次召开之时，一部分人在会上抱怨了政府在部分地区筹集钱款的手段，但在会议的主要议题方面，爱德华三世依然得到了他所希望获得的建议。英格兰将会拒绝缔结休战协定，直到进一步照会法国人之前，而目前仅是自愿停止了军事行动。英格兰国王远征大陆的行动将会继续按照计划进行下去，除非腓力六世显示一定的

---

① 中世纪的英格兰，在建立固定税率征税体系伊始，全以十分之一税和十五分之一税的形式分别对城镇和乡村居民的所谓"动产"征税。但实际上税收并不针对所有动产，而是有所豁免，故而可以将其视为针对拥有一定产业者征收的财产税。在特殊的年份，政府也可以授权征收数倍于上述基数的税款，"三倍税款"即是一例。

意愿，同意恢复爱德华三世在法兰西失去的领土。此外，议会还确定了将 1338 年 4 月 26 日作为远征军出航的日期。因为之前的羊毛合约无法实现，议会便授权给政府，允许通过其他手段筹集剩下的 20000 包羊毛。这批货物将被视为对英格兰人的一项强制借贷。按照这个计划，每个英格兰人高达一半的羊毛存货可能会被强制征收，按照其质量估价并进行支付，整个征收计划将会逐郡进行。支付这批货物的资金将在两年之后到位。[67]至于那两位红衣主教，他们此时并未像去年 12 月时那样试图使用精神武器来压服英格兰。爱德华的大臣们对两位教廷使者曲意逢迎，用外交上的交易来软化他们的态度。他们起草了一份正式的休战协定文本，由红衣主教的随员在 1338 年 3 月带返法国。当文件被呈送腓力六世面前时，法兰西国王发现内容显得 "不够真诚、充满敌意，并且对朕的国家充满危险"，遂立即拒绝了这份和约。[68]

腓力确保了他的臣民都能确切了解为何他拒绝这份和约。和他的对手英格兰国王一样，法兰西国王同样非常清楚，国内固然有求和的呼声，但考虑到经济因素，必须无视类似的和平提议。同英格兰一样，法兰西国内也有民众和财产需要保护，也有祷告者需要回应，有人会提醒腓力六世，他应该不惜性命去保护自己的王国。人们会回忆不久之前的历史，就像格兰迪森主教在埃克塞特用片面而有利于自己的角度进行解释一样：英王背叛了法王，他打破了服侍封君的誓言，并拒绝服从公正的仲裁决定，他派遣舰船像海盗一样袭击法国的海运，还和德意志领土上法国的敌人结盟，计划向法国发动攻击。总体而言，法兰西国王以惊人的忍耐承受了英格兰国王的不义，直到对方的挑衅实在过分时才决定施以惩戒。[69]

*

223　　　1337 年秋，英格兰人并没有像预计中的那样在圣通日地区进行反攻，进而收复失地。取而代之的是，英厄姆的士兵们重新渡过多尔多涅河向上游进发，并劫掠了途经的大圣富瓦（Sainte-Foy-la-Grande）。之后，这支英格兰军队大胆地从北面攻入了阿让地区，并在新城附近越过了洛特河。这样迂回曲折的行军路线避开了法国在拉雷奥勒和马尔芒德驻守的重兵，通往加龙河谷的道路也就畅通无阻了。到了年底，英军开始围攻阿让，它既是该省的首府，同时也是法国总管的驻地。关于这场攻防战的细节十分模糊，我们能够确定的是，围城持续了数周之久，最终英军并没能夺取阿让。这场攻城战可能是在 1338 年 1 月末或 2 月时强行进行的。遭遇失利的英格兰军队向东撤退，和敌人脱离接触，并在加斯科涅南部消失得无影无踪。[70]

　　英厄姆的军队固然没能攻下一城一池，但他的这次冒险行动却触动了法国人紧绷的神经。对法国人来说，阿让地区也是攻入加龙河谷的要隘所在，对这个地区的控制十分关键。然而，自法国人在 1320 年代初攻占阿让地区之日起，征服该地的工作始终都没能彻底完成。1338 年，法军占领了该地区所有重要的城镇，但英格兰人依旧在此地保有盟友，而且能够在法兰西王室实施管理的同时，对阿让地区进行很多政府层面的运作。爱德华三世依旧可以在此地授予或是重授土地，任命官员并分配税收。英格兰在此地的支出获得了回报。[71] 即便是在省府阿让，英格兰人依旧能够在显要市民中找到朋友与内应，这些人后来便在英厄姆的军队中参加了战斗。法国的负责官员对这些加斯科涅人的财产和家庭采取了严厉的惩戒，同时紧张地报告上级，声称这些领地的忠诚度和安全性都值得怀疑。阿让地区的情况是中世纪晚期许多法兰西省份的缩影，国际政治矛盾最终成为地区利益的纠葛：对立领主间对土地和权力你争我夺，冲突连连；边远地区，自由城镇和土地贵族的世仇循环永续。不论是法兰西人还是英格兰人都会发现，他们在作战时往往不是在实现自己的目标，而是成了盟友的棋子。[72]

冬季，腓力六世任命了两名"大将军（captains-general）"坐镇西南：一位是拉博姆的艾蒂安·勒加卢瓦（Etienne le Galois de la Baume），作为王室弩手总管，他在 1337 年初就已经履行过一次类似的职责；另一位则是一名王室内廷审判官，名叫阿奎里的西蒙（Simon d'Arquèry）。他们的任命时间为 1337 年 11 月 13 日，也许这是法国政府对奥利弗·英厄姆那场袭击的回应。腓力心中期待的并非是一场全面开战的冬季战役，而是大量政治层面的较量，因此两名大将军把大多数时间花在了以下的事情上：他们试图结合政治压力与军事力量让阿让地区摇摆不定的人们站到自己这边来。[73]

巴黎方面始终没能很好地理解两名大将军所遇到的困难。224 通过分析两名通常被认为是属于法国的阿让地区亲英派大领主的生平情况，我们便能够明白问题所在。一个例子是迪尔福的阿诺（Arnaud de Durfort），他是弗雷斯佩克领主（lord of Frespech），儿子也叫阿诺，两人都是洛特河谷地的小领主，他们扩张势力的雄心壮志，很大程度上取决于爱德华三世的友谊。此外，这两位阿诺又都在巴约讷附近的公国西南部拥有可观的地产，而这片地区恰恰牢牢掌握在英格兰国王手中。正因如此，两人都有长期稳定的理由去重视与英格兰的联系。老阿诺曾多次访问英格兰，并在苏格兰参加战斗；对于伦敦的贸易他也有些兴趣，甚至还抱着游戏的心态参与过谷物和羊毛生意。爱德华三世对他颇为眷顾，这种恩宠在开战前夕愈发深重，更是加深了他对英王的依赖。英格兰国王给予老阿诺一笔丰厚的津贴，并付清了三代国王拖欠他的战争费用，1337 年 8 月，爱德华将他和他的儿子一起任命为佩奈的军事主管。1338 年 2 月，当法国的大将军们率军抵达阿让地区时，老阿诺还逗留在英格兰，试图游说国王和西敏的议会来争取扩张一些他觊觎已久的权利，并将这些权利延伸到佩奈的边远地区。在这种人如日中天时，攻取佩奈并进行长期的军事占领，无疑是摧毁英格兰在洛特河谷影响力的最佳途径。[74] 至于另一个人，福萨特的阿马尼厄（Amanieu du Fossat）的经历可能更为典型，他的忠诚取决于更为精确的算计，而他的眼光也更加局限在省份以内。在爱德华二世时期，这名寡廉鲜耻、充满侵略性的山地领主（hill-baron）曾经短暂担任过阿基坦的总管，但很快便因为持续不断的暴力犯罪而遭到免职。在马达扬（Madaillan），他拥有一座占据地利的城堡，就在阿让城北面不远处，多年来这位领主在那里和城中的居民仇怨不断。在两位法国大将军抵达后不久，阿马尼厄曾和他们签订了一份协定，但墨迹未干便又反悔了。他在城堡里抵抗了法国人六周之久，又在 1338 年 3 月 16 日投降，站到了法兰西一边。然而，法国人并不能给像他这样的人真正想要的价码，对阿马尼厄而言，这个价码便是让他能够合法地压榨忠诚的阿让市民。类似这样表面上持续不断的仇恨，使得对立两方中总有一方会和英格兰王室结盟。到了 7 月，阿马尼厄再次转投到英格兰一边，而城镇领事则恳求腓力与他断绝一切联系。[75]

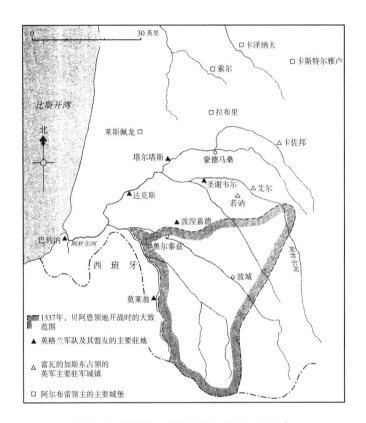

图 4　加斯科涅：南部边境，1337~1339 年

　　在这个冬季，双方唯一的重要军事行动出自南部战线的富瓦的加斯东之手。1338 年 2 月，他率领属于自己的 6400 人，外加图卢兹总管所带兵力的一部分入侵了图尔桑（Tursan），该地紧邻加斯东在贝阿恩的封地。1338 年 2 月 5 日，法军占领了设防村镇若讷，然后向小镇阿杜尔河畔艾尔（Aire-sur-l'Adour）进军。该地的军事主管被收买投降，价码是 1000 利弗尔，以及 50 利弗尔每年的津贴。当地的工事被法军一把火

烧毁了。卡佐邦（Cazaubon）在 1338 年 3 月 5 日投降，似乎也是未经一战。在其他地区，事情的发展也是如此。[76] 加斯东的战果表明，倘若法兰西政府能够提供更多的金钱和人力，法军完全可能在阿让地区和加龙河谷取得像富瓦伯爵一样的战果。加斯东的胜利不需要犒赏，因为他已经获得了回报：他被恩准将征服的土地兼并到自己的封地中以代替金钱奖励。[77] 相对的，征服北方那些更具有战略价值的地区就无法得到类似的恩惠了。阿奎里的西蒙和拉博姆的勒加卢瓦不得不花费大量时间压榨朗格多克人的钱财，他们二人可不指望自己的方法能够让人真心归附：他们收取早已被遗忘的税种，出售高利贷赦免令，并签发允许购买贵族封邑的许可，还用尽一切手段解决掉王室欠下的陈年旧账。两人倾尽全力筹集到的钱仅仅达成了下列效果：他们得以保持自己军队的存在，并守住腓力六世控制下的绝大多数地盘，仅此而已。[78]

＊

法国人对英格兰真正有效的打击并非在陆地，而是在海上。1338 年 2 月，腓力六世将他的一名财政官员任命为法兰西海军将军，此人名为尼古拉斯·贝于歇（Nicholas Béhuchet）。贝于歇是诺曼底人，身材矮胖，出身低微，他的任命在宫廷受到了冷遇。然而，那些讥讽他"更擅长保管书本，而不懂海军战事"的人大大低估了尼古拉斯·贝于歇的勇气与智慧。1338 年 3 月 24 日，仅仅在成为海军将军六周之后，他率领一支桨帆战舰和巴奇船组成的混合舰队，从加来出发对朴次茅斯港进行了一次大胆而成功的袭击。法国战舰在桅杆上挂着英格兰旗帜，没有引起敌人的一丝警觉。尽管朴次茅斯是一座重要的军民两用港口，这里却没有城墙，法国人在攻入时仅仅遭遇了微弱的抵抗。登陆的法军烧毁了港口中除了一座教区教堂和一所医院以外的全部建筑。在此之后，这些侵略者在毫发无损的情况下撤走了。从朴次茅斯起航之后，贝于歇率领舰队前往泽西岛（Jersey），1338 年 3 月 26 日他的部队在那里登陆，并毁坏了该岛东部所有的农作物和建筑。他们差一点就夺取了戈里堡（Gorey Castle），这也是该岛的主要堡垒。这些成功的攻击使得英格兰政府官员们十分不安，因为他们卓越的情报来源早在两个月前就曾发出警告，法国人正在策划着某种攻击，并且还提供了可能的攻击日期，而其与朴次茅斯遇袭的真实日期相差不足一周。英格兰舰队尝试拦截袭击者，但它们失败了。[79]

对朴次茅斯的攻击揭示英格兰海防的脆弱，毕竟，英格兰的海岸上分布着大量防御薄弱的小港口。在编年史作家笔下，贝于歇的舰队极其强大，但事实上，这支舰队中船只的数目肯定不会很多。类似袭击（还会有更多）的战略价值则不仅仅局限于只造成实际伤害。由于英格兰人无法仅仅根据模糊的情报阻止这种袭击，而且他们也无法预测法国人下一次造访的时间和地点，因此他们不得不耗费大量的人力、装备和金钱用于保卫整条海岸线。英格兰海防体系的建立可以追溯到 1290 年代，在防御海上袭击时，靠近海边的 6 里格（有时是 12 里格）都将被指定为"沿海领土（maritime land）"。居住在这一区域的人们被免除了离开故乡去远方服役的义务，除非有特别命令，官员也不能征用他们的财产。作为这些特权的交换条件，沿海领土上的居民需要在当地官员的组织下以沿海民兵的身份服役，负责的官员则在对应的郡里被任命为"沿海领土

227

看守"。为了让这些民兵能够获得警告，一方面，有人在悬崖
峭壁上常年驻守，以庞大木质金字塔式建筑为信标指示敌人来
袭的地点，在海岸的险要处建立这样的建筑是英格兰的传统；
另一方面，自 1338 年 8 月起同样的信标也建立在了山脉上，
并将信标体系延伸到了非常深入内陆的地方。内陆地区各郡也
有士兵随时待命，准备在关键的地点快速增援沿海民兵部队。
为了实现这一目标，各郡被编成一个个小组互相增援，举例来
说，伯克郡和威尔特郡的民兵受命保持待命状态，随时准备支
援汉普郡的同胞。这样的安排看似美好，但毋庸置疑的是，人
为失误会很快毁掉精心设置的计划。对敌袭的恐惧感不仅会让
人们害怕，同时也导致混乱。中世纪的英格兰，道路通行缓
慢，在冬季与夜晚更是如此。此外，人们并不喜欢服兵役，这
要耗费大量的金钱，许多人往往对这项义务持逃避态度。1338
年，整个海防体系完全没能发挥效用，而在以后的岁月里，这
套系统最多也就是时好时坏罢了。[80]

仅仅是尝试着让海防体系运作起来，便消耗了英格兰战争
潜力的很大一部分，在大陆上进行战争显得更加难以为继。正
如德文和康沃尔的人们所说的那样，瞭望哨能看到敌人的桨帆
战舰在每个海岬旁巡弋，因此人们疲于奔命；加之当地的海岸
线上有着数不清的港口，统统没有设防、没有城墙；此外，这
两个郡的土地十分贫瘠，尤以康沃尔为甚，时刻待命使得农业
产出更为稀少。总而言之，海防体系的运作，使得两个郡完全
无法对战事有所贡献。当然，这无疑是各郡中最糟的情况，不
过我们也不能否认，爱德华三世在 1338 年征召并带到布拉班
特的军队远小于原定计划中的规模，其主要原因之一便是海防
体系抽走了大量的人力。在康沃尔和德文，征募大陆远征军的

计划被取消了，因为海防同样需要人手。从英格兰最东部的沃什湾，到最西部的陆地尽头（Land's End）①，每个沿海的郡都被号召派出部队跟随国王到海外作战，但只有三个郡有所响应，它们分别是埃塞克斯、肯特和多赛特（Dorset）。[81]

在这场战争中，法国人认真思考了使用海上力量的战略目标，表面上看起来似乎他们完全清楚自己在做什么。然而，也许真相并非如此。尼古拉斯·贝于歇向法兰西御前会议提交的备忘录表明，他非常理解海上战事对于经济的影响。贝于歇指出，一支强大的法国舰队，将会损害英格兰在葡萄酒、渔业和盐业方面的利益，同时，一旦摧毁了英格兰水手赖以为生的基础，爱德华三世也将缺乏足够的人力去操纵他的舰队。只要掌控海洋，法国人就能更有效地支援苏格兰人。不过，贝于歇并没有提及摧毁英格兰沿海城镇的任务，也许他仅仅是把类似的工作视为鼓舞士气的举动，同时也将这些城镇当作劫掠品的来源，这些掠获是奖励那些忠诚水手的礼品。[82]

尽管法国人的财政状况日益窘迫（公务人员的薪水自 11 月以来暂停一年），但政府仍然作出决定，在 1338 年大幅增加海上对抗的规模。1337 年 10 月末，法国政府的代表和艾顿·多里亚（Ayton Doria）组织的热那亚船主签订了合约，向热那亚私有财团雇佣 20 艘大型地中海式桨帆战舰。在很长一段时间之后，法国人又签订了另一个雇佣 17 艘桨帆战舰的合约，这次是和一个摩纳哥的热那亚流亡者组成的财团合作，它由格里马尔迪家族（Grimaldi family）控制。至于艾顿·多里亚，

228

---

①　位于康沃尔郡最西部，也是全英格兰的最西部。

则出身热那亚保皇党①中的望族。格里马尔迪家族和他们的朋友属于教皇党一派，按理说应该和保皇党水火不容，但对金钱的追求将双方联合在了同一旗帜下。法国人为每艘桨帆战舰的舰长提供了高额薪水，同时他们还能得到所有战利品的一半。按照合约，这些雇佣兵要在 1338 年 5 月底之前到法国位于英吉利海峡的港口待命，并在那之后至少为法国人服役三个月。至于比斯开湾的战事，则被腓力六世交给了一支来自卡斯蒂利亚的舰队，卡斯蒂利亚是大西洋沿岸的重要海上力量，它签约同意提供一支 20 艘桨帆战舰的舰队帮助法国。腓力原有的法兰西舰队，在得到以上增援后，总兵力将达到 80 艘桨帆战舰的规模，更不要说舰队中还有大量的划桨巴奇船和帆船作为辅助。[83]

＊

到了 1337 年 12 月，英格兰政府始终没有授权任何人向佛兰德出口本国的羊毛，这样的情况已经持续了超过一年。原本许诺的出口许可并没有发放，即便是盟友身份或者现金交易都不行。在海上，英格兰军舰拦截并搜索每一艘船，阻止走私行为。出口商在证明自己船上的羊毛是运往国王盟友那里之前，都必须戴着镣铐，等同于囚徒。当然，有小部分羊毛还是通过迂回的路线流入了佛兰德伯国，但数量必然不会很多，而且价格一定很高。当纺织工人大量歇业、相关行业逐渐凋零时，佛兰德的压力开始逐渐增大。到了新的一年，法兰西王室失去了对佛兰德的控制力。类似这样完全成功的经济封锁，在整个人

---

① 保皇党（Ghibelline）在教皇与帝国皇帝的斗争中支持皇帝。

类历史中也颇为罕见。[84]

布鲁日，这个传统上的佛兰德人叛乱的导火索，这次却处于被煽动的地位。反抗的领导权转移到了根特手中，它在佛兰德诸城中规模最大，此地的市民最喜欢开口索要自治与特权。根特也是在 14 世纪初法国取得优势地位之后，唯一一座依然保留了城墙的佛兰德人城市。也许根特还是受到了英格兰禁运影响最小的城市，毕竟这里不像布鲁日，没有大量利益牵涉到银行业和船运业中。

在 1337 年初鼓吹与英格兰结盟的佛兰德名流中，最主要的一位是库特赖的索希尔（Sohier de Courtrai），他是一名城市骑士，在根特的政界广为人知，此人很有影响力，能够在敌对双方那里拿到津贴。按照法国人的记录，索希尔试图劝说根特和布鲁日的居民加入爱德华三世的大陆联盟，并拿着英格兰人的钱去结交朋友，这样的说法在一定程度上也得到了英格兰记录的证实。然而，索希尔的行事有些过于冒进了。1337 年初夏，他与英格兰在根特的代理人的谈话被报告给了法国政府。于是，1337 年 7 月 6 日他被佛兰德伯爵的军官逮捕，并以叛国罪起诉。[85]这一事件警醒了法兰西政府，使它发现自己在佛兰德的处境是多么危险，而库特赖的索希尔所引起的事件，更是使法国人的状况雪上加霜。低地居民认为，索希尔是根特的公民，因此他有权在根特法院接受审判，而且不应该因为法兰西国王的命令就遭到逮捕。尽管腓力六世的大臣们对佛兰德脆弱的政治平衡，以及对当地人施行怀柔策略的重要性早有心理准备，但面对当地人的反应时，他们还是吓了一跳。因此，尽管法国政府并没有授意释放索希尔，但官员们依旧在其他方面作出了退让，不过这可能成为更大范围请愿活动的导火索。

229

1337 年 8 月，法国人决定，佛兰德因以前的叛乱活动所收到的赔偿额度将被削减，此时尚有两年的分期赔偿尚未完成。不少于五名法兰西高级御前会议成员将会前往布鲁日，宣布这个决定。很快，法国政府再次降低了赔偿额度，到了 1337 年 11 月，在沃尔特·莫尼袭击斯海尔德河干流之后，泰鲁阿讷主教（Bishop of Thérouanne）带着法兰西国王的最新谕令前来，宣布只要佛兰德人能够向国王证明自己的忠诚，那么国王将不仅仅是减免赔偿而已，腓力六世承诺将彻底撤销佛兰德人头上的一切债务。[86]

然而，减免赔款的举动并不足以让佛兰德人感恩戴德，因为此时的佛兰德已经深陷经济危机的深渊，就算法国人强制执行赔款，他们也无钱可出。佛兰德需要的是恢复纺织业，而法国对此的第一反应却是禁止自产的羊毛输出，更何况法国羊毛质量低劣，数量也十分有限。当法国的大臣们还在与佛兰德各城市讨价还价争取友谊时，佛兰德人的代表却悄悄地，或许是非正式地在弗卢辛（Flushing）开始和英格兰代理人沃姆的约翰（John de Woume）展开秘密谈判了。我们几乎可以肯定，双方的磋商内容包括了爱德华解禁向佛兰德出口羊毛的相关事宜。到了 12 月，佛兰德人受到了更大的压力，因为半年用量的羊毛货物已经抵达了多德雷赫特，而且英格兰人威胁，倘若佛兰德不屈服，就把大宗产品交易放在布拉班特，此事若成真，将对布鲁日的贸易造成长期的损害。[87]

1337 年 12 月，一场革命降临佛兰德。现今的人们很难理清整个事情的来龙去脉。12 月 28 日，人们在根特城西墙外的草场上进行了一次大规模的武装示威，位置就在西多会的比洛克女修道院外。紧接着，1338 年 1 月 3 日，该城任命了一个应急政府，其中包括五名军事主管。之后，政府对各种食物的价格进行了控制。宵禁成为日常，根特采取了强力措施以压制骚乱行为。许多反对革命运动的人逃到了教堂或是城郊的村子里，新政府剥夺了他们的公民权。另外两个佛兰德境内的大城市，布鲁日和伊普尔，很快跟随根特的步伐开始了革命。[88]

迄今为止，这场革命的领导者以及接下来七年时间里几乎始终掌控佛兰德政权的实际统治者，是一名颇有能力的贵族的民众领袖，名叫雅各布·范阿特维尔德（Jacob van Artevelde）。在革命之前，此人并没能在佛兰德的事务中扮演多么重要的角色，而关于他的出身，人们也知之甚少。我们所知道的是，范阿特维尔德生活在中世纪晚期的根特，原本是一名十分富裕的商人。即便是在他原来生活过的城市，他也从未担任过任何公职，唯一承担过的工作便是成为应急政府的五名军事主管之一。不过，没人会怀疑，他确实"是主宰者，也是君王"（傅华萨语）。范阿特维尔德的权力源于他的政治技巧和个人魅力，不仅在根特，就连那些传统上与根特为敌的城市，如布鲁日和伊普尔也不例外。作为一名非常有说服力的演讲家，范阿特维尔德拥有催眠他人一般的魔力，能够在许多情况下对他的同僚，以及为数众多的手艺人和雇工施加影响。除此以外，倘若需要，他也能用更加无情的方式来迫使别人就范：他会率领一帮流氓无赖巡视街道，无论发现多么微不足道的反抗迹象，都会予以镇压，一旦发现始作俑者则会将其殴打甚至虐杀。在历史传奇中，雅各布·范阿特维尔德已经成为一名人民之子、自由斗士，但他的真实面目则是一名冷酷的自立统治者，佛兰德政府之所以允许他存在，不过是因为英法百年战争之初那令人绝望的境况所致。

　　我们可以引用一名法国编年史作家的话来总结范阿特维尔德所采取的政策。"倘若不是英格兰国王的好意，"他如此写道，"我们将会死无葬身之地。因为佛兰德依靠纺织业生存，而没有羊毛就没有纺织。因此，我们必须成为英格兰的朋友。"[89]当然，成为朋友并不意味着成为盟友。在一开始，范阿特维尔德也曾试探过自己所能抗争的底线。也许，保持中立的姿态就足以满足爱德华三世的要求，同时也不会招致腓力六世的报复。

231

　　面对佛兰德革命的消息，英法双方的反应都十分迅速。留在巴黎的法兰西国王召集了一支军队，预定在 1338 年 3 月 20 日集结于亚眠。在隆冬时节，这已经是最佳应对措施了。康布雷主教受命赶往佛兰德，在那里和根特、布鲁日与伊普尔的代表谈判，他还得到批准，必要时可以向对方作出一定让步。然而，英格兰代理人的行动更快。当根特的消息传来时，亨利·伯格什和其他爱德华在低地诸国的御前会议成员一起待在奈梅亨。这些人得到消息后立即向南进发，仅仅两周后，他们就在布拉班特公国境内的鲁汶（Louvain）开始和新政权的代表展开会谈了。到了 1 月底，双方已经达成了一个框架协议，内容大体上得到了佛兰德所有主要城市的认可。它们许诺，将不向交战的任何一方提供帮助，同时也不允许任何一方的军队经过自己的领地。至于佛兰德的港口，也不再允许那些供应苏格兰的船只，或者是袭击英格兰船运的军舰停靠。同年夏季，英格兰军队沿着斯海尔德河逆流而上，直抵安特卫普而不会受到阻碍。一旦协议生效，尽管佛兰德在法理上依然是法国的一部分，但它将会在即将到来的战事里保持中立状态。作为回报，英格兰对佛兰德的羊毛出口销售禁运将被解除。对于爱德华三世而言，这是一场巨大的外交和战略胜利。到了 3 月初，第一批英格兰羊毛已经运抵佛兰德，由多德雷赫特港接收。[90]

上述事件的发生令腓力六世震怒不已。他的第一个回应即命令处决库特赖的索希尔，后者此时仍然被关押在监狱里。处决的命令于 1338 年 3 月 21 日下达。就在同一天，两名受法兰西政府指使的神职人员以教皇特派专员的名义宣布，将根特的全体民众逐出教会。到了 3 月 23 日，法国宣布，王国陆军统帅和元帅收到命令，必须亲眼见证根特的城墙被摧毁。这些愚蠢的爆发式举动仅仅彰显了腓力国王的虚弱无能。法国人也曾号召人们参加军队，镇压佛兰德人的叛乱，但应者寥寥，至少在所有临近省份都是如此。在阿图瓦，人们拉帮结派巡游整个伯国，试图用暴力手段反抗法国人的强制征兵。因此，法国政府不得不取消了 3 月在亚眠的部队集结计划，以保存实力应对更大的威胁——爱德华三世在夏季的入侵行动。因此，为了实现腓力六世的谕令，王国陆军统帅和元帅手中唯一可以调动的军队便是图尔奈和里尔的驻军，以及之后到来的一部分援军。 232佛兰德伯爵则和他的家臣与男性家庭成员待在布鲁日；除此之外，支持他的还有一小群充满激情却全无组织的佛兰德人贵族，他们愿意为伯爵与法兰西国王奋战至死。

在复活节，上述军队中的一部分抵达了根特城下（4 月11 日）。然而，他们直接被堤防决口的水流冲走了。其他到来的军队占领了一个名为比尔弗利特（Biervliet）的小镇。范阿特维尔德和他的朋友们面对威胁显得充满了行动力，而这种精力旺盛的行事方式已然成为他们的一种特点，他们统领着根特的民兵抵达比尔弗利特，并在 4 月底的一场惨烈战斗中击溃了伯爵的盟友。接下来，范阿特维尔德的军队进入布鲁日，他们与当地的市民联合，在街道上，在市场里，与伯爵的支持者进行了激烈的战斗并取得了胜利。局势一度重新倒向伯爵一边，于是在 5 月初，这座城市成为民兵攻击的目标并最终投降。至此，对抗革命的尝试已经结束。有了 1328 年的前车之鉴，在镇压佛兰德人叛乱时，法国人在保卫本土不受爱德华三世攻击的情况下，还要再额外派出一支法国大军才能胜任这样的工作。1338 年 6 月 13 日，法兰西政府承认失败。腓力六世原谅了佛兰德的城镇居民和英格兰国王做交易的行为，并正式确认了他们的中立地位。国王坚称，他是"被根特人民在寻求贸易、维持生计时所遭受的巨大痛苦和艰难生活所感动"。而真相则是，倘若腓力不作出这么大的让步，那么佛兰德人也许会放弃中立，转而加入到国王的敌对一方去。[91]

与佛兰德人进行的关于中立地位的谈判，是外交大师亨利·伯格什在英格兰军队踏上欧洲大陆之前，为他的主人所做的最后一次杰出的服务。此后，他所处理的就只有常规的法理问题了。早在 1331 年，爱德华三世就曾宣誓效忠腓力六世，因此他不能在撤销效忠之前入侵法国领土。因此，1338 年春，也许是 3 月时，伯格什带着他的仆从前往巴黎，随身的是一封几个月前从英格兰带来的挑战信。抵达巴黎的当日下午，伯格什在法兰西岛身着全套主教礼服和冠冕，手拿牧杖出现在腓力六世和他的宫廷前，并向国王呈递了信件。腓力将信件交给一名秘书，并命令后者将内容读出来。这封信里将法兰西国王称为"瓦卢瓦的腓力"，并声称，1328 年腓力不顾英格兰国王爱德华更为优先的继承权窃取了法兰西国王的宝座。"正因为如此，"这封信继续道，"我们告知你们，我们打算使用自己的军队征服理当由我方继承的领土。"这个场景，由许多年之后一名

腓力的内廷骑士所回忆。面对信件的内容，腓力显得幽默、礼
貌而镇静。他转向主教，微笑着说道："主教大人，您已经很好 233
地完成了自己的使命。您带来的信件想必也并不指望回复。如
果您愿意的话，您可以返回了。"于是，伯格什便离开了。[92]

*

也许，英格兰所作出的威胁只是夸大其词。在 1338 年的
春天和夏初，爱德华三世一直在尽量有效地利用他小小王国的
资源，同时在四条战线上面对敌人：在英格兰的南部和东部海
岸，在苏格兰，以及在低地诸国和加斯科涅。

毫无疑问的是，加斯科涅的损失最为惨重。公国的经济受
到了毁灭性的破坏，基础设施也多被彻底摧毁，严重程度远远
超过了西敏的任何人所能估计的范围。各城镇的粮食储备都处
于严重短缺的状态。在英格兰人所能牢牢控制的波尔多附近与
沿海地区，谷物产量非常有限，而在战争期间，当地也很难从
更靠近内陆的地区进口粮食。如何防守加斯科涅是个长期性的
问题（就像 1324 年的情况一样），而 1338 年的干旱摧毁了法
国西南部前一年的大部分收成，谷物、葡萄酒和橄榄油的收获
都成了泡影，情况变得雪上加霜。从 1338 年开始，英格兰人
不得不从本土通过船运输送大量的谷物到加斯科涅，随着时间
的流逝，这项大工程变得越来越危险。[93]法国人在利用海上优
势方面越来越大胆，因而英格兰和加斯科涅之间的联系也逐渐
变得困难起来。从上一年开始，法国人开始将拉罗谢尔（La
Rochelle）建设成一个海军基地，这座港口环抱着奥莱龙岛
（island of Oléron），是拦截英格兰和加斯科涅船运的理想地点。
1337 年 8 月，一支小规模的法国舰队驻守此地，但很快便被

巴约讷的英军破坏了。然而到了年底，这支舰队得到了增援，从这个时候开始，一直到 1338 年 8 月，一支庞大的法国和卡斯蒂利亚联合舰队已经能够在吉伦特湾的入口随意巡弋而受不到任何的反抗。1338 年 8 月 23 日，截至那时最为庞大的一支向公国运送补给的船队，在吉伦特湾入口处的塔蒙特外海遭到了 18 艘桨帆战舰的攻击。英格兰损失了 2 艘船，包括他们最大的一艘，而船上宝贵的货物也落入了法国手中。[94]

　　奥利弗·英厄姆面临着日益严重的经济危机，主要的原因还是加斯科涅与法国内陆的交通被切断了。公国的相当一大部分收入来自广阔水路所带来的过路费与关税。抢劫活动与双方的交战，一方面摧毁了农田里的作物，另一方面也使货物的运输受到了影响。葡萄酒从"高地地区（haut pays）"[①]运到加斯科涅港口的运输量，在交战的第一年跌至了和平时期的五分之一左右。由此导致的经济冲击，对于波尔多政府的影响是灾难性的。保存至今的一份同代记录表明，1338 年 9 月 29 日开始的一个财年时间里，支付给军队的薪水中只有大约八分之一能够以现金付清，其他的部分则要以提供征用收据或者实物支付的方式来解决。再往前一年的情况似乎更糟。对于这样的情况，爱德华三世根本无力帮助。在同一个财年，加斯科涅公国从英格兰收到了总计 9120 波尔多镑（价值 1824 英镑）的葡萄酒以及 196 包羊毛，相比爱德华在北方的支出，这些货物的价值显得微不足道。举例来说，诺里奇的约翰在离开伦敦之后，在超过六个月的时间里没能拿到一点酬劳，当国王命令财政署发给他 200 镑以支付薪水和开销时却被告知财政署拿不出这笔

---

　　①　法国西部著名的葡萄酒产地。

钱。最后，还是巴尔迪银行向约翰支付了这笔款项。然而，对约翰的下属们来说，他们要等到 1339 年 2 月才能拿到钱，彼时他们在加斯科涅已经待了将近一年半。资金缺乏所导致的问题不难想象，士气开始滑落，波尔多的英格兰军队甚至发生了暴动。士兵们开始悄悄离开，更糟的情况则是，他们将自己连同驻守的据点统统卖给了敌人。当 1338 年初富瓦的加斯东攻入阿杜尔河上游地区时，他没有受到强烈抵抗的原因在于守军根本就没拿到工资。圣谢韦尔是当地最大的城堡，守军指挥官在 1338 年 1 月抱怨说，在好几个月的时间里，他不得不自己支付 500 名重装骑兵和 1000 名步兵的薪水，而且已经欠了波尔多总计 11400 波尔多镑的巨款。事实上，这名指挥官此时还能忠于英格兰已经非常令人惊讶了。其他人往往会卖掉城堡，然后开小差逃走了事。[95]

2～3 月，好几位加斯科涅的首脑抵达英格兰，希望国王能够聆听他们的困难。不过，爱德华有限的资源早已受到了多方需求的压力。他有一支 4000 人的军队留在苏格兰境内，由阿伦德尔伯爵（Earl of Arundel）和索尔兹伯里伯爵指挥。这一年伊始，两位伯爵已经在进行邓巴的围城战了。为了集结这支部队，需要三个伯爵和许多小权贵提供扈从，而由此涉及的征召工作并不仅仅局限于北方的伯爵领，传统上提供边防军与入侵苏格兰兵力的地方影响至英格兰全境。2 月 26 日，国王又下了一道命令，集结另一支军队以准备远征低地诸国。在计划中，这支军队需要从各伯爵领征召共计 4500 人，也许从小贵族那里还要集合同样数量的士兵，所有扈从都必须在 5 月 12 日之前，在诺里奇准备就绪。在征召的地域限制方面，所有的兵员都必须来自特伦特河以南地区。尽管如此，1338 年 3

月 1 日下达的几道新法令还是在 4 月 29 日抵达朴次茅斯，命令那里集结的人们前去帮助英格兰国王在加斯科涅处境危机的臣民。对于这支大约 1000 人的军队由谁指挥，爱德华似乎心中已经有数：他将选择一名地位重要的权贵担当此任。亨廷顿伯爵威廉·克林顿被举荐。伯爵指挥的军队规模并不大，但还是对英格兰西南部诸伯爵领以及威尔士增加了不小的供应压力。在很长的一段时间里，这支军队必须自行携带补给。按照御前会议的估计，需要 70 艘大船才能满足运输的需求。[96]

1338 年 3 月底，诺里奇的约翰的兄弟从英格兰抵达波尔多，向约翰带去了一个令人高兴的消息，同时还有一封夸大其词的信，国王在信中向加斯科涅的臣民许诺，用不了多久这些人的忠诚就将得到回报。相比开战之初，现在奥利弗·英厄姆手里的牌已经有所增加，他开始前往各处以劝说那些摇摆不定的加斯科涅贵族，告诉他们英格兰国王对于自己的大陆领地不会置之不理。在这样的外交攻势下，即便是迄今为止依旧冷淡对待交战双方、城府莫测的阿尔布雷领主贝尔纳 - 艾兹（Bernard-Aiz, lord of Albret），此时也向英厄姆表示，他愿意拥护爱德华三世。[97]

英格兰人很幸运，在春天，法兰西统帅们重启战事时的行动犹豫不决，没有任何出彩之处可言。法国人计划从两个方向穿透加斯科涅公国的防线：其一是从东南方向，在阿让地区，由加龙河谷进入；其二则是计划已久的从圣通日和吉伦特沿海发动的攻势。一开始，指挥权归属于大将军们。然而，因为英格兰军队在重要城堡佩奈的顽强抵抗，法军指挥官并不能从阿让地区形成突破。1338 年 4 月中旬，法兰西军队开始包围佩奈，人们并不清楚为何法国人要出此下策。攻占这座堡垒并不能带来决定性的胜利，更何况在法国西南部的所有城堡中，佩奈是最不可能被快速攻占的。这座城堡最初是由著名的筑城者、狮心王理查（Richard Cœur-de-Lion）所建，在此之后经过了多次更新改造。佩奈坐落于高出洛特河 300 英尺的高地，占尽地利，其地理位置使敌人无法通过挖掘来破坏城堡的地基，而城墙的高度也超过了绝大多数攻城器械的有效范围。法兰西士兵在佩奈的高墙外无所事事，逗留了超过十周直到 7 月初才撤围离去。[98]

在圣通日方向的攻势则有更好的构思，毕竟从前一年的秋天开始，腓力的大臣们就投入了大量的精力来策划这场战役。然而，圣通日攻势并没能取得多么好的战果。此地的法军由两名军事主管共同指挥：维沃讷的萨瓦里（Savary de Vivonne）是一名富裕的本地骑士，他的服役记录漫长而缺乏任何亮点；他的同僚名叫布兰维尔的"和善的"让［Jean（"Mouton"）de Blainville］，是一名年过六旬的诺曼底人，也是一名久经沙场的王室军官。两人将部队分散开来，用于围攻多个英军堡垒。法国人的主要目标是流经吉伦特湾的河流入口布莱，倘若得手，将是巨大的成功。要想让这次野心勃勃的军事冒险成功，不仅需要在陆地一边包围这座城镇，还要切断水路，阻止波尔多从水上为其提供增援和补给。法军的几艘桨帆战舰从拉罗谢尔港出发，在城外的吉伦特湾下锚，形成了包围之势。

对于法国大将军们的做法，奥利弗·英厄姆和诺里奇的约翰并没有太放在心上，他们把主要的精力集中起来，用来处理更为迫在眉睫的威胁。两人缩减了波尔多、利布尔讷和圣艾米利昂驻军的兵力，挤出一支小规模的野战军，同时还征召了波尔多附近地区忠于英格兰国王的贵族们的扈从。这支拼凑起来

236

的军队进军抵达蒙洛尔（Montlaur），这座城堡（现在已难觅其踪）也许曾矗立在加龙河畔，就在布莱上游不远处。7月初，英军突破法国人对这座城堡的围困，乘船突击了攻城的法军，并将其打散。随后，法国人开始向北撤退。到了7月中旬，法军又开始围攻蒙唐德尔（Montendre），它是圣通日核心地带最后一座重要的英军堡垒。自从开战伊始，贝阿恩籍守军指挥便一直在这座孤立的堡垒中坚守。法军希望攻克它，英厄姆同样也试图解围，但他派出的军队要么是被击败，要么就是在抵达城下之前就放弃了救援的计划。最终，蒙唐德尔在8月初投降，并很快遭到拆毁。对于法国人而言，摧毁这座堡垒可以说是整个战役期间的唯一一场胜利。[99]

到了这个时候，亨廷顿伯爵率领的援军早就应该赶来了，但音讯依然杳无。这支援军的缺席对英格兰加斯科涅总管而言无疑十分尴尬。然而，爱德华三世的计划确实被坏运气和误判所延误。4月，由于试图在短时间内完成太多的目标，英格兰已经出现了危机的前兆。征发人的工作非常糟糕，带来的兵员不管是数量还是质量都无法满足要求。与此同时，征集补给也是个很大的难题。人们将自己的收成藏起来，在英格兰的某些地方甚至有人用暴力对抗粮秣征发人。一部分为加斯科涅征集的补给确实被上缴了，但随即这些货物又落入了王室贪官的手中。此外，英格兰政府还不得不将一部分补给售出，以支付水手的薪水。最终，余下的部分被转运到奥韦尔，用来供给远征低地诸国的军队。5月初，根本没有人员或是补给到达朴次茅斯，无论是前往低地还是前往加斯科涅的远征军，其出发日期都推迟了好几次。人员和物资的缺乏固然是导致推迟的重要原因，但船只不足才是决定性的。爱德华三世依旧没有明白，征用船只和水手的工作十分重要，而且异常耗费时间。在港口城市哈特尔普尔（Hartlepool），一名北部海军部舰队的军官向国王报告，他曾经索要所有超过 30 吨船只的信息，得到的回应却是没有可用的这类船只，不过按照那名军官的说法，"我求证过，这一回应是不可相信的"。他还说，在赫尔附近的拉文赛（Ravenser），当地的执法官"既不执行国王征用船只的命令，也不肯提供我所需要的信息"。在赫尔，他征集了 8 艘船，但这些船几乎是刚刚开到海上就溜走了。在惠特比（Whitby），征发人也获得了 8 艘船，但船员们纷纷罢工，拒绝开船。关于运输船延迟的解释变得越来越尴尬，最终这些消息都抵达了低地诸国，送到了那些窘迫的英格兰国王代理人的手中。[100]

更糟糕的是，那支军队的指挥官外加数千名士兵直到 5 月底的时候还在围攻邓巴。在长达四个月的时间里，在"黑夫人阿格尼丝"伦道夫（"Black Agnes"Randolph）的指挥下，邓巴守军挫败了爱德华的士兵与工程师们的各种尝试，并不断从围墙上挑衅与辱骂那些攻城者。爱德华抓住了伦道夫的兄弟马里伯爵，并将他押送北方，威胁说倘若伦道夫不投降的话，就将在城墙下处死他。然而伦道夫不为所动，而爱德华也并没有真的践行他的威胁。[101]

1338 年的圣灵降临节（Whitsun）定于 5 月 31 日。爱德华三世在伯里的圣埃德蒙兹修道院举办了庆祝宴会，这里距离诺里奇的军队集结点非常近。此时，爱德华和他的内阁作出了一系列艰难的抉择。在福斯湾以北，邓巴是唯一一个大卫·布鲁斯①支持者控制的重要据点，其危险之处在于，法国可能会

_____

① 苏格兰国王。

利用它向苏格兰输入物资和人员。然而，如果爱德华还想征召足够的兵力横渡海峡前往低地诸国的话，眼下这场攻城战就必须放弃，更不要说英格兰还有一个位于加斯科涅的战场需要关注。于是，阿伦德尔伯爵和索尔兹伯里伯爵在 6 月 13 日下达了拔营撤兵的命令。取消围城之后，阿伦德尔伯爵依然留在北部以组织边境防务，而索尔兹伯里伯爵则前往英格兰东部与国王会合。此时，远征加斯科涅的计划已被抛在一边，不过似乎在那个时候，这种计划确实显得不切实际。到了 1338 年 6 月 19 日，由于依旧缺少足够的船只、士兵和最为关键的金钱，爱德华彻底取消了这支远征军。[102]

就军事角度而言，取消亨廷顿伯爵的远征军并没有对战事产生多大影响。当远征军被取消的消息抵达加斯科涅时，法国人发动的这场战役早已失败，同时他们并没有多少时间去弥补自己的错误。1338 年 6 月中旬，法军在南方的指挥官们集结于拉雷奥勒，召开了一场大型会议。在这场会议之后，他们改变了策略，将攻势转变为一系列分散于阿让地区和朗德的袭掠行动。到了下一个月，所有这些将领们，包括两位大将军、富瓦伯爵和阿马尼亚克伯爵，以及那些朗格多克的军队都被紧急召往北方。至此，法国在西南边境的兵力重新回到了原有驻军的水平。[103]

尽管如此，在政治角度上，撤销远征军的决定意味着严重的失败。面对这样的情况，加斯科涅公国的领主们打起了自己的算盘，并且学到了重要的一课。阿尔布雷的贝尔纳 - 艾兹尽管曾经在这一年的早些时候向英格兰国王作出过承诺，却始终没有兑现诺言，为了英格兰的利益火中取栗。1338 年 6 月 1 日，爱德华三世任命他为阿基坦的一名总管，但他始终没有履

行自己的职责，而这份任命也就随着时间的推移而失效了。与
此同时，腓力六世也征召贝尔纳－艾兹到自己的军中效力。这
位阿尔布雷领主的回应没有出现在记录中，不过按照记载，他　238
确实按照腓力的要求派出了几支小规模的袭扰部队，但从未在
法兰西国王的军队中进行过战斗。他在等待一件大事，而其他
号称为爱德华而战的贵族们也是如此。[104]

8 康布雷和蒂耶拉什，
1338～1339 年

　　1338 年 7 月 16 日，爱德华三世长期准备的庞大舰队终于出海，比原计划足足晚了七周之久。国王自己率领半支军队从伊普斯威奇港（Ipswich）出发，加入集结在奥韦尔湾的舰队。剩下的军队则从大雅茅斯起航。7 月底，第三支舰队载着迟来的士兵、马匹从同一个港口离开英格兰。这次英格兰集结的战舰数量庞大，有 350 艘之多，船员将近 12000 人。不过，在两周的时间跨度中，这支舰队运载到大陆的兵力相对而言并不算太多。船上总计有 1400 名重装骑兵，将近 3000 名弓箭手，外加这些人的马匹、装备和补给。总体而言，这支军队中的多数人都是自愿参战的。所有的重装士兵也都是自愿前往大陆，他们的身份是伯爵、方旗领主、骑士与候补骑士，这些人在大陆作战能够拿到两倍于日常的薪水。至于那些弓箭手，他们对于战争的作用要小一些，因此只是领着通常的薪水参战。在弓箭手中，超过半数是被征召入伍的，其余的则作为贵族的扈从受雇。除了以上这些人外，还有不少于 445 名弓箭手自愿从军，他们来自英格兰的不同地方，自行前往港口的出发点并组成了一支自由人部队。1338 年 7 月 22 日，在海滩上众目睽睽之下，爱德华与那些同行的士兵抵达安特卫普。围观者中有为数不少的人是远道而来，专为一睹英格兰国王率军登陆的难得景象。[1]

差不多在同一时间，坎特伯雷大主教和达勒姆主教以及两名红衣主教一起抵达亚眠，他们将在那里磋商休战事宜。当然，这件事本身完全是个借口。英格兰国王并没有忘记上一年冬天这两名红衣主教带来的震动：他们威胁说要将爱德华绝罚，并取消他和德意志王公缔结的一切条约。当然，取消其中一部分条约对他来说未尝不是一件惬意的事情，因为这样他多了一个不作为的理由。对爱德华而言，他不能让人们觉得他已经对和平解决方案失去了兴趣。因此，斯特拉特福德和伯里从亚眠出发前往巴黎，并在 8 月初得到了腓力六世的接见。这两位使节并没有多少内容可以说出来，并且在腓力看来，他们并不希望在短期内解决任何问题。两人希望能够在巴黎等待下去，直到从安特卫普方面传来新的消息。在他们看来，也许腓力会从他的御前会议中选出一个委员会，在合适的地点与英格兰国王的使节进行磋商。我们不知道腓力是否认真对待了英方的提议，但法兰西国王确实从御前会议中发出任命组成了一个委员会，并指示，商谈应该在靠近佛兰德边境的阿拉斯进行。[2]

240

对法兰西国王而言，另有当务之急需要他关心。整个夏天里，他待在首都，定期收到关于敌人所遇困难的报告，大体来说，这些报告都是准确的。他知道，英格兰军队的补给遇到了严重的危机：不论在英格兰还是在低地诸国，食品的征集都异常困难；而战马的草料在七八月以前更是难以得到足量的保证。法国人认为，英格兰军队十分缺乏甲胄。腓力在德意志的朋友告诉他，爱德华与其盟友在方方面面都遇到了困难。在支付补贴方面问题尤为严重，巴伐利亚的路易甚至因此威胁要离开同盟。1338 年 7 月 26 日，腓力获悉，英格兰军队最终还是踏上了欧洲的土地，于是，法军集结的时间被定在了 8 月 8 日。总动员令的反应不太尽如人意，因为除了那些地处北部边境省份中的人们以外，绝大多数法国人并没有把英格兰军队的威胁当回事。此外，关于腓力正和其敌人谈判的流言不绝于耳，因此很多法国人都认为，在危机爆发之前，两国一定会达成休战协定。斯特拉特福德与伯里的抵达使得这样捕风捉影的说法颇为可信。

对此，腓力所能做的唯有否认流言，并在巴黎城郊的万塞讷森林（Bois de Vincennes）的寓所里不断地以书信发布命令。这些信函泄露了国王所承受的巨大压力，但最终也只产生了些许效果。到了 8 月的最后一周，法国人多多少少在他们的北部前线上作好了准备。法兰西王国陆军统帅厄镇伯爵拉乌尔位于图尔奈，此时他正率兵向佛兰德与埃诺行军，距离安特卫普也不过 60 英里远。他手下的部队包括一支强大的法兰西驻防军，城镇民兵，佛兰德伯爵以及范阿特维尔德革命中幸免的难民，这些幸存者多数都是能够娴熟使用武器的绅士。此外，法国人也在努力修缮各处的城墙与城门。康布雷距离这支军队有 40 英里，当地主教得到了教皇的谕令（同时也是在法国政府的压力下），要保卫属于他的这座城市不受敌人侵犯。法军主力在亚眠和圣康坦附近的索姆河畔集结。1338 年 8 月 24 日，腓力亲自现身亚眠，他随身带着深红色的圣但尼战旗，这面金色火焰王旗（Oriflamme）得到了大本笃会修道院的神圣加持，在每任法兰西国王踏上战场的前夜都会仪式性地出现在人们眼前："愿全能的上帝眷顾，荣耀的守护者圣但尼垂怜，无论面对何种敌人，都将胜利赐予你。"[3]

在阿拉斯，斯特拉特福德和伯里过着舒适的生活，身边的随员和外交人员有 200 余人。在这个月的月底，时断时续的磋商开始了，然而，这两位英格兰主教的注意力已经被发生在其他地方的重要事件吸引。斯特拉特福德的住所成了一个繁忙的情报搜集中心。一些信使被派往亚眠，并汇报关于法军集结的进展；派往巴黎的信使则到处打听留言，试图发现敌人的意图。英军的分遣队每隔一段时间就会从安特卫普出发，他们要侦察并回报的事项包括：法国边境城镇的情况，诺曼底诸港口的船运，以及佛兰德和布拉班特的舆情。[4]

英格兰国王在安特卫普逗留的决定最终成了一场灾难。在进城的第一夜，他就勉强逃过一死，当时他的仆人不小心点着了为国王租赁的住所。[5] 惊魂初定的爱德华此时才开始着手衡量自己用于战争的资源。因为林肯主教的外交努力在理论上使爱德华能够召集盟友，让英军获得 7000 名重装士兵的增援，而除此之外，在接下来的三个月内，还有小股佣兵不断地前往加入。尽管如此，在英格兰的盟友出现之前，爱德华还是得先付钱才行。事实上，这笔费用已经遭到了严重的拖欠。除了盟友的出场费，他还要关心盟军士兵的薪水，在战争开始之前，他必须预付两个月的工资才能让这些部队为自己效命。因此，爱德华三世远征大陆的前景此时已经完全仰赖于议会在 2 月授权给他的强制性借贷，即强征的那 20000 包羊毛。征集羊毛的工作从 2 月底便已开始。政府打算将收集到的羊毛储藏在英格兰东海岸的仓库中，然后再运往安特卫普以填补国王的钱包。为了让国王能够以最大的优势销售，除了获得出售许可的少数地方，其他一切港口都遭到了禁运，只有爱德华最青睐的债权人与重要盟友的臣民才拥有特许状。基于以上安排，国王希望的是，当他在 7 月抵达安特卫普时，当地库房中将会装满羊毛。倘若能够有技巧地售出这些货物，预计能筹集的资金将为150000～200000镑。不过，现实情况和预期之间存在着巨大的差距，安特卫普的库房中几乎空空如也。直到 1338 年 7 月 5 日，第一批羊毛才被运抵，而没过多久英格兰军队就开拔而去。到了 7 月末，也只有 1846 包羊毛抵达。起初，这样糟糕的情况被解释为缺乏船只的结果，因为政府已经征用了太多的船只用于运送军队。因此，那些用于运送国王和军队横跨北海的船只立刻被送回英格兰以接收货物。然而实际问题却是，政府一共只征集了不到 3000 包羊毛：面对强征，人们要么藏起货物，要么暴力反抗，而这样的行为几乎全都成功了；此外，用于包装羊毛的麻袋也突然陷入无法解释的缺乏之中；而征集的官员又是一群行动迟缓、能力不足、贪污腐化之辈，对于这种中世纪的地方性恶习，人们也不必大惊小怪。也许唯一令人惊讶的事情在于，直到带兵进入布拉班特，爱德华才对整件事的来龙去脉略有所知。和往常一样，他责怪了他的下属们。"我得到的都是糟糕的建议。"他充满怨恨地向林肯主教抱怨道。这件事则成为主教逐渐失宠的开始。[6]

爱德华的主要盟友，包括布拉班特公爵、埃诺伯爵、盖尔登公爵、于利希边境伯爵，外加一些小的王公贵族，全员抵达了安特卫普，一方面是向英格兰国王致以问候，另一方面也呈上了他们的账簿。爱德华不得不在一场冗长而痛苦的会议中，两手空空地面对这些人。布拉班特公爵，作为爱德华盟友中最强大的一员，带头向他进行了责问。公爵不仅没有得到许诺的金钱，也质疑整个军事冒险成功的可能。年轻的埃诺伯爵也跟着效仿，他是一个个性柔弱的人，不像他强势的父亲，而且在即将有机会收复康布雷地区的城堡时显得并非那么急切。爱德华三世不得不请求盟友，让他们立即启程攻打法国。英格兰国王从本土带来了自己的军队，这支军队的薪水是一个巨大的负担，并且在日复一日不断增加。然而，与会的王公贵族都在托词逃避。这些人有各式各样的借口：他们说，自己随身带着的不过是一些仪仗而已，而他们的重装士兵则尚未正式召集起来；也有人说必须先行返回本土，咨询自己的顾问；还有人希望先得到金钱才会出兵。会后，所有这些盟友都离开了。下一场会议被定在了 1338 年 8 月 15 日。[7]

当王公们和顾问商讨事宜时，爱德华三世则在翻箱倒柜搜刮最后一点金钱。他已经从巴尔迪银行和佩鲁齐银行那里借贷了超过 70000 镑，而作为抵押的羊毛甚至还没有运出英格兰。他已经给威廉·波尔施压，让后者尽其所能借出了所有的钱。他甚至抵押了自己的王冠，以及从富有的英格兰修道院那里弄来的金银珠宝。英格兰国王的代理人们找遍了低地诸国和莱茵兰地区，寻找愿意借钱的人，不论是意大利人、佛兰德人还是荷兰人，甚至犹太人也没有问题，他们都不在乎。根据记录，利率已经达到了每年 50%。[8]

1338 年 7 月 26 日到 8 月 2 日，英格兰王储，爱德华年少的儿子康沃尔公爵，在北安普敦主持了一次御前大会，这次会议由那些依旧留在国内的高级神职人员与贵族出席，也有部分平民代表旁听。会议召开后不久，商人们也举行了一次集会。战场上的失利并没有贬损爱德华三世在英格兰国内的声名，商人们仍旧愿意搜括钱包以支持国王的冒险。征集

243 羊毛的命令再次下达，这次政府采取了无情的措施来确保完成。每个公社都收到要求，应当上缴符合议会征税评估比例的羊毛数量。那些确实没有羊毛的人，应当去购买一些羊毛来完成限额。因为以上的手段，这次的征集远比上一次要成功，然而，尽管身在布拉班特的国王不断用威胁性的语气发回书信，但征集的羊毛仍然无法及时到位，进而拯救爱德华的远征大计。事实上，几乎没有任何羊毛在 1339 年之前抵达过安特卫普。[9] 当 1338 年 8 月 15 日爱德华三世在梅赫伦附近再次会晤盟友时，他已经成功地向其中一部分人支付了临时性的款项，但除此之外，他的境况并不比 7 月时好多少。那些王公贵族并不同情英格兰国王的遭遇。按照盟友的说法，他们依然需要更多的时间。他们指出帝国皇帝并没有前来，对于像攻击法国这样重大的事件，他们需要在战事开始之前获得皇帝的批准。爱德华则讽刺他们，为何不在行事之前提前告知他们的皇帝呢？[10]

爱德华三世花了点时间才认清窘迫的现实，尽管如此，低地王公的犹豫不决，外加英格兰缺乏现金支付能力的情况，已经使得 1338 年入侵康布雷地区的计划化为乌有。此时，整个夏季几乎已经过去了，而爱德华也许还有六周或者最多十周的时间趁着此间的温和天气开展军事行动。此时英格兰人的军事冒险已经完全依赖于皇帝的支持，但这样的支持显然需要付出足够的时间与金钱才能获得。英格兰国王原本许诺给巴伐利亚的路易 400000 弗洛林（60000 镑）的报酬，但此时仅仅支付了这笔钱的十分之一。此外，路易这样的人也不会轻易放过任何一个机会。皇帝已经开始和法国人联络，试图获取腓力六世的筹码来和英格兰国王的开价较量。根据安排，在 1338 年 9

月 1 日，法国和帝国的大使之间将展开一场会谈。[11]面对以上的种种困境，爱德华迅速展开了自己的行动。他派出于利希边境伯爵前往德意志，安排自己与皇帝的会晤。之后，在尚未得到德意志答复的情况下，爱德华前往科布伦茨（Coblenz），因为 7 月初路易会在那里召开一次帝国会议（Reichstag）。英格兰国王的这次旅行可谓轻装简从，他仅仅带着十多名顾问以及一批护卫弓箭手便穿过布拉班特和于利希两地前往目的地。1338 年 8 月 30 日，爱德华抵达了科布伦茨以北莱茵河上的一座小岛，即下韦尔特岛（island of Niederwerth）。此时，他的仆从和行李仍然在河上的大船里缓慢赶来。一周之后，约翰·蒙哥马利（John Montgomery）抵达，他带来了从安特卫普搜括来的所有钱财：马车和鞍袋中装着 50000 弗洛林（7500 镑）的硬币，外加一些珠宝。英格兰人将会在莱茵河流域的城市中寻找商人，凭借抵押珠宝换取更多的现金。爱德华需要钱从而给皇帝留下深刻的印象。在下韦尔特，他一掷千金宴请宾客，看起来这些钱简直就如同熟透的果子落到他手里一般。而事实上，这些资财花费都来自高利贷者，而借贷的条款完全是毁灭性的。在赠送现金方面，英格兰人对路易的亲属与顾问极其慷慨。一名地位重要的帝国议员收到了 4000 弗洛林（600 镑）；而皇后则收到了 2400 弗洛林（360 镑），就连她的秘书也收到了 60 弗洛林（9 镑）的贿赂。至于路易本人，馈赠的数目则高达 6000 镑，这笔钱到账后，爱德华已经支付了原本许诺给皇帝数额的五分之一。英格兰人承诺，剩余的款项将分两批支付，时间分别是 1339 年 1 月和 3 月。由此，爱德华成功地安抚了皇帝的情绪。到了 1338 年 9 月 5 日，巴伐利亚的路易派出皇室船只将爱德华送往科布伦茨。在那里，选帝侯

244

（electors of the Empire）① 在一场大规模的公众活动中批准了爱德华"帝国代理人"的任命，并将皇帝的所有权力也一并授予。从此，英格兰国王从帝国政府那里获取了独断之权，直到他彻底征服法兰西，"或者夺取了法国的一大部分"为止。爱德华的战争从此被视为保卫帝国完整性免受法国篡夺者损害的战争，而违逆他的意志也将被视为一种反叛帝国的行为。在仪式上，皇帝手持宝珠与权杖登上皇位，而爱德华则身披猩红斗篷站在迈森边境伯爵（Margrave of Meissen）和于利希边境伯爵中间，在一众骑士与德意志王公的簇拥下接受了他的任命。[12]

刚返回安特卫普，爱德华就开始着手将自己获得的浮夸头衔转换为实际的利益。1338 年 9 月 18 日，他召集自己的盟友，并援引科布伦茨法令，不至者将以没收封地论处，严令他们服从自己的命令。这次召集始自 1338 年 10 月 12 日，地点被定在了洛恩（Loon）的小镇赫克（Herk）的室内市场里，因为这里距离安特卫普很近，同时又不在布拉班特公爵的领地之内。布拉班特公爵依旧在避免过于公开地表达对法国的敌意。事实上，公爵本人拒绝亲自参加爱德华的集会，而是派出了代表。在赫克，爱德华将

---

① 选侯，即德意志有权选举国王的诸侯。德意志人素有选举国王的传统，而且只有那些有势力的统治家族的首领才享有选举权。公元 962 年起，德意志国王有权加冕为神圣罗马帝国皇帝，因此从这时起选侯又称选帝侯。13 世纪初，选帝侯被限为六人：美因茨大主教、特里尔大主教、科隆大主教、普法尔茨伯爵、萨克森公爵和勃兰登堡边境伯爵。1237 年又增加波希米亚国王，1257 年经公开选举，七选侯得到正式承认。1263 年获教皇同意。1273 年，当哈布斯堡家族的鲁道夫当选德意志国王时，七选侯的专有选举权成为一项既成法律。1356 年该法得到皇帝查理四世《黄金诏书》的确认。为确保选举制度的稳定，规定选侯的领地不得划分继承，必须实行长子继承制；选侯在其领地内拥有最终司法权。

他的宝座设在了一个屠户的柜台上，在那里接受王公贵族和骑士的赞扬与效忠宣誓，并宣布了下一年的计划。在科布伦茨，反法同盟成员决定在康布雷地区挑起战役，时间暂定在 1339 年 5 月，而现在，这个时间点又被审慎地向后调整了一点，改为 7 月。为了夺取法理上的优势，爱德华以"帝国代理人"的身份命令康布雷主教在 1338 年 10 月 26 日前往梅赫伦，否则就剥夺他的头衔。除此之外，那些法兰西国王的坚定盟友，诸如列日主教、佛兰德伯爵也收到了类似的命令。当然，此时在反法同盟内部依旧存在着一些抱怨。布拉班特公爵虚张声势；他的代表们宣称，需要进一步的协商才能决定是否接受英格兰国王的命令。埃诺伯爵也提到，他固然乐意在康布雷地区参战，因为在那里他能从征服的土地中获益，但他很怀疑自己届时是否能够以正当的理由进军到法国的领土之上。尽管有上述争执，但当 9 月底这些王公贵族们再次在梅赫伦聚会时，除了康布雷主教等法兰西国王的支持者外，其他人在表面上都抛弃了疑虑和狐疑不定。尽管这些爱德华的盟友依旧没有拿到报酬，其中的有些人还不能坚定立场，但他们至少没有公开表露反对意见。[13]

到了 11 月初，爱德华带着自己的内廷返回了安特卫普，几乎整个冬天他都没有再离开。此时，王后离开英格兰，并在安特卫普与国王会合。在那里，有朋友们陪着国王，以赌博、狩猎为乐。这个冬天，国王的收入不多，但稳定的花费却甚是惊人：工资、补贴与生活花销都需要英镑来支付。至于军队，此时已经有三个月的时间没有经历任何军事行动。士兵们被分成小股，分散在布拉班特、埃诺和佛兰德的城镇里。许多人成了逃兵，试图回到英格兰的故乡，而他们这么做的理由则是"希望找到食物"，爱德华也向他的御前会议成员承认了这一

245

点。留下的士兵则大肆酗酒，等待春天的到来，偷窃与暴力行为导致他们十分不受欢迎。[14] 在阿拉斯，英法双方的全权代表在两位红衣主教的监督下，摆出了和谈的架势。法国方面，有四位宫廷高级教士出席，其中包括两位重要的英格兰关系方面专家，他们分别是鲁昂大主教皮埃尔·罗歇以及博韦主教马里尼的让（Jean de Marigny）。英格兰方面，则有斯特拉特福德大主教以及达勒姆主教理查德·伯里出席，他们代表了爱德华三世的态度。还有一些人，比如亨利·伯格什、索尔兹伯里伯爵威廉·蒙塔古，则在抵达不久以后就离开了。从 1338 年 12 月到 1339 年 1 月，在这一小段时间里，双方磋商的地点被换到了巴黎。会谈的情况阴云密布，很难见到曙光。两位红衣主教提出了一系列提议，但英法双方总会有一方加以反对，有时甚至是不约而同地反对某项提议。究其原因，恐怕是因为此时双方真正考虑的内容已经不是和谈本身了。[15]

法国人在他们己方的前线保持了谨慎的态度。尽管在 1338 年 9 月 15 日他们已经解散了绝大多数集结的军队，但解散的士兵依然被要求保存好武器装备，一旦有临时通知便准备重返前线。在冬季，法国军队保留了 1000 名骑兵和 5000 名步兵，他们拿着少于平日的薪水执行驻防任务。一名职业军人，费伊的戈德马尔（Godemar du Fay）被任命为图尔奈总督，同时也负责斯海尔德河左岸以及埃诺西部边境地区的防务。在图尔奈，他手里有一支强大的驻防军，主要是由法国东北部的皮卡第人和诺曼底人组成，还有莫尔塔涅、杜埃和阿尔勒的军队作为辅助。康布雷地区的防务则被交给了欧塞尔伯爵（Count of Auxerre）。再往西，佛兰德边境地区，外加从加来到布洛涅的漫长海岸线，则交由十多座堡垒进行防守，这条堡垒线一直延伸到了法国的大后方。除此之外，还有一些更小规模的驻防点分布在诺曼底和布列塔尼，以防这些地区的海岸遭到英格兰军队的袭击。这是一个颇有防御纵深的布局，尽管此时法国人面临的境况类似1337年夏季在法兰西西南部的英格兰人，但双方的防御布局大相径庭。在法国人的防线上，也许除了图尔奈和康布雷之外，其他任何堡垒都无法在坚定的攻城者面前坚持太长的时间。尽管如此，这些堡垒也足以拖延入侵敌军的步伐，直到法军主力完成重新集结并赶去解围为止。[16]此时，腓力六世承受了诸多批评，因为他坚持在1338年将自己的军队保持在防御的位置上，并且在接下来的冬天里也没有尝试去爱德华盟友的领地上炫耀武力。然而，所有的批评者都没有考虑到，腓力此时正处理着一个极其不稳定的外交环境。法兰西敌人结成的联盟随时可能因为内部矛盾而解体，而法兰西国王甚至已经在和联盟的重要成员进行私下的沟通了。当然，腓力六世无法轻易地向那些军队的指挥人员解释这样的安排。尽管上述人等的视野不够广阔，但他们的态度和观点有时历史学家也不得不接受。

＊

同时，腓力并没有因1338年秋季法军的成功而受到国人的感激。法国人在海上开展了进攻，但当攻势开始之时陆地上的危机却已经过去。整个夏季，意大利桨帆战舰并没有按照约定的那样从地中海赶来，因此法国海军的行动受到了严重的限制。直到8月，意大利人才姗姗来迟，抵达英吉利海峡，这比预计晚了三个月之久，已来不及阻止英格兰军队返抵英伦。尽管如此，这支舰队依然能够切断英格兰和加斯科涅的海上联系，并威胁爱德华三世那漫长而脆弱的北海交通线。爱德华不仅依赖海运获得金钱和羊毛的支持，这两种亟须的物资能够用于支付他盟友的费用，同时还要依靠船只来获取很大一部分军需补给。对于补给线所遭到的威胁，英格兰人显得非常担心，因此他们不遗余力地试图在敌人舰船活动时预先发出警报。一名间谍受命从波尔多前往热那亚，以监视意大利人战舰的准备工作。巴尔迪银行则在英吉利海峡附近的港口保留了代理人，随时向英格兰政府汇报疑似的战争动向。约翰·斯特拉特福德坐镇阿拉斯，向迪耶普、鲁昂和勒阿弗尔等港口城市派出信使，一旦法国舰队集结，便将对它们进行紧密的监视。[17]

虽然作出了周密的部署，但到了 9 月初，当摩纳哥方面的热那亚流亡者舰队载着由法兰西元帅罗贝尔·贝特朗（Robert Bertrand）指挥的突袭军队攻击海峡群岛时，英格兰人依然显得猝不及防。海峡群岛本身就是个明显的目标。这些群岛靠近法国的科唐坦半岛，是英格兰南部、加斯科涅以及诺曼底与布列塔尼诸港间的转运站，同时也可以作为攻击法国的跳板。群岛中的萨克岛（Sark）处于完全不设防的境地，在 1337 年 4 月就曾遭到过一支诺曼底人与苏格兰人联合舰队的攻击。一年之后，在 1338 年 3 月，尼古拉斯·贝于歇对泽西岛发动了毁灭性的打击，并且差一点就夺取了戈里堡。鉴于以上事件，这些海岛上的防御都得到了增强。但对英格兰人来说非常不幸的是，他们将军队的主力都集中到了泽西岛。而根西岛（Guernsey）仅有 65 人驻守在柯奈特城堡（Castle Cornet），1338 年 9 月 8 日这里遭到突然袭击并被夺取，所有守军均被杀死。杰尔堡（Jerburgh）是根西岛上仅有的另一座城堡，驻军更少，仅有 12 人，也在同一天被攻占。除了城堡之外，当地的水手也进行了一定程度的抵抗，在战斗过程中，意大利人损失了两艘桨帆战舰。尽管如此，法国军队依然占领了根西全岛，并控制这个岛持续了好几年。[18]

　　根西岛派往英格兰求助的使节在横渡海峡的半路遭到了拦截，他们全部被抓，船只也遭到焚毁。过了几乎一周的时间，根西岛陷落的消息才传抵御前会议。[19]而此时，桨帆舰队早已转而向北航行，寻找其他的猎物。这支舰队在阿夫勒尔和迪耶普停留，并搭载了热那亚和法兰西军队作为补充，之后就开进了斯海尔德河口。此时，斯海尔德河中已经集结了大约 40 艘桨帆战舰，外加一些诺曼底巴奇船，这支舰队的指挥权属于两名海军将军，分别是尼古拉斯·贝于歇和于格·基耶雷（Hugh Quiéret）。一名英格兰间谍发现了这支舰队抵达卡德赞德岛附近水域的举动，但他发出的警告已经太迟了。有 5 艘英格兰船只停靠在瓦尔赫伦岛（island of Walcheren）附近水域装载着羊毛和补给品等待卸货，其中还包括 2 艘爱德华三世手里最大、最好的船，柯克爱德华号和克里斯托弗号。1338 年 9 月 21 日，这些船在毫无准备的情况下被捕获。当时，这些船的帆具都被收起，而船长们远在安特卫普正向国王汇报情况，多数船员则逗留在岸上。少数留守在船上的船员面对袭击寡不敌众。在一场持续整日的激烈战斗后，船员被强大的敌人打垮，被迫投降。在战斗结束之后，一支王室弓箭手部队才乘坐巴奇船从安特卫普赶来，试图赶到船只那里。法国人对待俘虏颇显无情，按照基耶雷个人的命令，所有俘虏都被处死。至于船只，则被带到诺曼底加入了法兰西的舰队。[20]

　　挫败的消息传来，爱德华三世非常不安。1338 年 9 月 27 日，英格兰御前会议下令，两个海军部①的战舰都将被派到海

---

　　①　即英格兰海军的北部和西部海军部。

上以歼灭敌人。然而此时，船主们已经因为对船只的不断征用而疲于奔命，对这道命令的执行也并不认真。[21] 在 1338 年 10 月 5 日，法兰西舰队进入了英吉利海峡北侧的索伦特海峡，一支数千人的军队由此登陆到南安普敦附近。英格兰人又一次得到了警告，也许这些警告是来自海峡另一侧某些港口的流言。于格·基耶雷是这次行动的指挥，他为第一个攻入南安普敦城的人提供了 100 利弗尔的犒赏。尽管有预警在先，但南安普敦的防御依然东拼西凑、缺乏组织。早在这次袭击之前，西部海军部的舰船便已经受命保卫索伦特海峡的入口，但在现实中这些舰船从未出现过。汉普郡的民兵在敌人袭击时尚未准备就绪。伯克郡和威尔特郡的民兵本应在此时提供援助，但事实上他们从未离开过本郡。教堂钟声不断，以示警告，却被认作是进行礼拜的通知。南安普敦的城防也颇有问题，城墙并没有彻底包围整座城市。在向海的一边，仅有的防御体系包括了规模颇大却相当脆弱的木质工事，外加封闭通往海滨道路的石质大门。鉴于此，仅有少数南安普敦居民进行了保卫家园的尝试就并不是一件多么令人惊讶的事情了。事实上，当多数人听到法军登陆的消息时，他们的反应便是惊慌地逃向南安普敦城郊，而负责当地防御的军官也赫然出现在出逃的名单中。只有少数坚定的人和城堡的常驻守军留在了城中，对抗着入侵者。他们成功抵挡住了由于格·基耶雷海军将军的诺曼底人扈从带领的第一波攻势。然而，第二波由艾顿·多里亚所属 200 名桨帆战舰船员发起的攻击接踵而至，他们的攻势迫使守军不得不后撤。于是，大量法军和意军得以涌入这座城市。攻进城后，法意军队整晚都停留在城里，并将大量的羊毛、葡萄酒以及城中的其他货物都搬到了船上，甚至连英格兰海关中用来称重的天平也没

248

有放过。直到第二天早些时候，城外才出现了英军试图反击的
信号。毫无组织的愤怒村民开始沿着通向南安普敦大门的道路
聚集起来。入侵者决定撤离，他们在城里分五处点起火来，等
他们离开时，城中许多地区已是一片火海。返回的城镇居民和
赶来的汉普郡农民更加助长了这里的混乱，他们沿着街道掀起
暴动，掠夺了侵略者剩下的一切。南安普敦遭受的损失无疑是
令人震惊的，整个城市的南部，包括圣约翰教区、圣米迦勒教
区和圣十字教区都被彻底摧毁。城市的商业活动在几乎一年的
时间里彻底停歇了。大型的贸易商行，诸如巴尔迪银行和佩鲁
齐银行传统上都会从南安普敦运输羊毛，此次事件之后它们也
悉数撤离。许多逃离的人们再也没有回到这里，有些短暂返回
的人最终也移居到了其他地方。[22]

法国的海军将军们本打算对船只进行补给，并在卸下掠获
后继续攻击英格兰的南部海岸。然而，因为天气逐渐恶化，他
们的计划也就不了了之了。到了 1338 年 11 月初，战舰纷纷驶
入港口，静待冬季的到来。尽管法意舰队的行动时间短暂，但
在这短短的时间里，其行动却已成功地在英格兰南部造成了恐
慌，同时也打击了北海两岸的反法同盟成员的士气。英格兰政
府很快接到了一份又一份报告，看起来法国人还计划攻击谢佩
岛（Isle of Sheppey）、肯特海岸、伦敦以及梅德维湾中的诸港
口，甚至连远在北部的赫尔的羊毛仓库也将成为攻击的目标。
在伦敦，人们相信，法国人对南安普敦的袭击预示着一场大规
模的入侵，而这次入侵将会 "攻占整个英格兰，并杀死所有的
英格兰人"。在泰晤士河边，伦敦市政府采取了紧急措施，将大
量木桩钉在河床上，防止敌人登陆。市政厅等处储存了包括大
炮在内的大量军火，而观察哨也被部署在各个城门。[23]

249

　　尽管有了上述安排，但没人知道一旦危险成真该如何避免灾难。当这些防务问题在 1340 年的英格兰议会中被提及时，政府的解释是，英格兰已经处于"缺少一支海军"的状态。在第一阶段的海上较量后，爱德华三世进行了一些尝试，去获取一支属于他自己的桨帆舰队。1336 年，他花费巨资在王室属地金斯林建造了一艘名为菲莉帕号（Philippa）的桨帆战舰。一年之后，另一艘战舰在温切尔西（Winchelsea）建造完成。波尔兄弟是十分活跃的战争商人，他们为王室服务时也建造了两艘桨帆战舰。其中一艘出自威廉·波尔手笔的船只在 1338 年夏跟随国王完成了横渡北海的旅程。波尔的兄弟理查德拥有国王管家（King's Butler）的头衔，他指挥勒博蒂勒号（Le Botiller）桨帆战舰，这艘战舰曾出现在 1337 年对苏格兰战争的记录中。然而，在之后的岁月里，以上这些船舰并没有在战争中发挥十分重要的作用。它们显得太小，也许和英格兰人之前建造的其他桨帆船一样，缺乏良好的适航性能。[24] 那些常年在英格兰海军序列里服役的战舰都属于巴约讷，而它们很少会航行到比斯开湾以北的地方。毫无疑问的是，倘若需要解决这一问题，就应该借鉴腓力六世的成功经验，从地中海国家那里雇佣战舰和船员。在马赛，尼科利诺·菲耶斯基成功地替英格兰国王雇了两艘意大利桨帆战舰，在 1338 年的多数时间里，这两艘船都在北海服役。在同年夏季，一名不太可靠甚至可能是骗子的意大利人萨尔扎纳（Sarzana）出现在普罗旺斯，并以爱德华三世的名义招募桨帆战舰的船长。他的活动是完全失败的，此人得到的资金支持并不足以进行这样的活动，尽管如此，他的资金还被普罗旺斯伯爵（Count of Provence）没收。[25]在损失了柯克爱德华号和克里斯托弗号三天之后，菲耶斯基接受了一个新的任务，这个任务表面上是前往阿维尼翁的教廷，但事实上则是去尽可能地取回萨尔扎纳被没收的钱财，并尝试更出色地完成后者遗留的任务。百年战争初期，英格兰在进行密谋方面的拙劣举动可以被视为爱德华三世缺乏现金导致的结果。有一次（1339），爱德华的代理人成功地在艾格莫尔特（Aigues-Mortes）与尼斯两地雇佣到了为数不少的桨帆战舰，但结果是，巴黎来的法兰西王室代表给出了更高的价格，并成功地收买了船长们。[26]

　　同时，一支更强的英格兰舰队在保卫海岸时能否发挥更大的作用也是一个问题。即便英格兰人拥有了更多的战舰，倘若没有非常精确的情报，他们也很难在海上进行拦截，或者在法国人发动袭击时出现在正确的地方。而一旦入侵的敌军完成登陆，那么任何形式的海岸防御体系都将无法彻底击退他们。法国人发动袭击时雇佣的热那亚舰队拥有多达 40 艘桨帆战舰，仅仅运作这些船就需要超过 8000 人才行。集结足够多的人手，在一场激烈的战斗中对抗这支由船员组成的庞大军队，需要很长的时间。唯一有效的防御方式是拥有足够数量的筑垒庇护所，由此人们能在面临危险时及时将自己和家人、牲畜与货物都转移到安全的地方。在这一方面，英格兰遇到的问题和法国一样：任何大型防御体系的建立都需要长期的规划、金钱支持与建造计划。直到 1335 年，法国人第一次计划对英格兰进行海上攻击时，才有人开始关注英格兰海岸区域的防御工程。在这一年，英格兰人仔细研究了好几座王室城堡的结构，包括伦敦塔、坎特伯雷城堡、波切斯特城堡以及怀特岛上的卡里斯布鲁克城堡（Castle Carisbrooke）。这些调研的结果有时会提醒人们对这些城堡进行恰当的维修，但更多时候这类警告也会被

250

忽视。1336～1338 年间，伦敦塔的防御被延伸到了泰晤士河边，这是一次非常重要的补漏修缮。除此之外，卡里斯布鲁克城堡也得到了大量的维护经费。在多佛、佩文西（Pevensey）和波切斯特（Porchester），英格兰也进行了一些修缮，虽然工作量并不足以满足防御的需要。至于其他地方，则几乎没有任何改进。举例来说，在坎特伯雷城堡，跨越壕沟的桥早已坍塌到壕沟之内，而塔楼和城墙正逐渐风化剥落，面对这一切，政府却仅仅在接下来的半个世纪时间里花费了 2 镑充作维修费用。在维护王室城堡方面，至少责任是十分明晰的；而在自治市镇，王室与市民的责任分配并不清楚，因此防务情况总是十分糟糕。在温切斯特，古老的城墙已经在多处出现了倒塌。多佛城则有很长的一段墙体已经彻底毁损。奇切斯特的城墙据说根本无法防御，原因是墙体上有太多的缺口。市民们不停地抱怨，说他们负担不起维修的费用。在南安普敦遇袭之后，人们短暂地产生了修筑城墙的冲动。温切斯特的居民一定是认为倘若敌人来袭，现有的城墙会使他们在劫难逃，因此马不停蹄地开始了行动。这样的动力来得快去得也快。第一个遭到法国人劫掠的大城市朴次茅斯，直到 14 世纪末依然处于缺乏任何防御工事的状态。南安普敦因为缺乏战争准备而在 1338 年 10 月遭受了惨重的损失，但该地的反应更加惊人。御前会议下达了明确的命令，要求沿着该城的西部和南部海滩修筑石墙，甚至还为此提供了相关经费。然而，相比筑墙，该城的居民更关心他们的花园，同时他们还希望能够在没有城墙阻碍的情况下直接抵达上船的地方。此外，这些人也并不热心于承担守卫城市的责任。当沃里克伯爵在 1339 年 7 月视察该城防务时，他发现城市驻军在质量和数量上都严重不足，而固定工事的状况已经糟糕到可悲的境地。伯爵估计，只要 200 名重装士兵就能在任何一点上突破城市的防御。直到 1376 年之后，南安普敦才引入了系统化的防御规划。[27]

*

1338 年末至 1339 年初的冬季，英格兰人的士气极为低落。大陆的战事毫无进展，而法兰西舰队却成功发动了袭击，这在人群中引起了严重的不安和担忧。到了战争开始之后的第二个冬天，情况变得尤为严峻。雨水天气一直持续到了 12 月，在这之后则是霜冻。气候如此寒冷，以至于英格兰本土损失了大量当年的谷物和水果。尽管如此，议会在 1337 年 9 月批准的为期三年的羊毛征集依然在年复一年地进行。北安普敦议会在 1338 年 7 月制定的羊毛价格，此前早已被证明在推行时会产生问题，但在一年以后该价格依然在使用。这样的负担超过了 14 世纪英格兰民众能够承受的极限。此外，英格兰民众所承担的税负往往颇为随意，而且不够平均。由于议会所征收的税款针对动产，因此地租（贵族的主要收入来源）并没有被征税。税收主要由佃农、农民和城市中的房主来承担。那些最富有、最有权力的人，即便没有豁免税务的优待，在收税人统计整个社区时也会拒绝进行收入估算，反而要别人来替自己承受应缴纳的税款。赫特福德郡（Hertfordshire）骑士斯蒂芬·巴辛伯恩爵士（Sir Stephen Bassingbourne）在面对收税人时，会用剑面抽打他们，直到将他们打跑才罢休。[28]

除了上述悲惨遭遇，英格兰民众此时还要以前所未有的规模来为军队与舰队提供补给，政府贪婪地索求牛羊猪肉、麦酒、谷物和鱼类，并征集用于运输的船只、车辆和马匹。此时，

252　不仅强制购买的规模更甚以往，手段也变得愈发粗暴。从1336年起，强制征收的行动不再由地方官员和郡长来进行，而是被交给了政府任命的商人或者王室特派员，他们不仅拥有许可，能够在多个郡中自由行事，同时还被赋予了强制实施个人意志的权力。随着国王的需求变得越来越迫切，某些包税人的行事已经完全脱离控制，面对反抗的村庄，他们会强行进入住宅，并随意向村庄全体下达逮捕令与拘留令，同时还任命了大量与自己职权等同的副手，并毫不约束地让这些人肆意妄为。这些人往往在征收之后不予支付购买的款项，或者以征用收据或记账的方式来代替真金白银。最糟糕时，这些人会抢走来年的种子，或者因压迫过甚导致耕作集体变得支离破碎，由此导致的不幸往往会持续很多年。这样的情况在某些地区尤为严重，主要是东安格利亚和东米德兰，这里集中了主要的谷物种植郡，而且靠近北海的港口，爱德华的军队恰恰就在这些港口上船，同时也仰赖这里出发的船队进行补给。[29]

　　对英格兰而言，农业收入处于减少的状态，同时还存在着严重的通货紧缩。这是因为，此时的欧洲，整体缺乏货币，而英格兰政府还不得不用大量的现金来支付军队的报酬与盟友王公们的补贴，因此上述情况变得愈发严重。关于这样的问题，现在我们所能得到的证据往往只是来自轶事，但其长期存在的事实几乎不容置疑。当时的情况是，"充足的货物和稀少的货币"，空空荡荡的市场与低迷的物价，在面对紧追不舍的收税人时，人们往往根本拿不出钱。在百年战争初期，耕地无人劳作的情况逐渐加重，这一状况的发生有许多原因，根据财政署在1341年进行的调查，税负、军队的补给与征兵压力都是重要的原因。随着士气滑落，以及爱德华三世离开英格兰导致的

政府控制力的下降，社会秩序经历了明显的崩溃过程，暴乱与
帮派斗争此起彼伏，人们不由得怀念起爱德华二世统治后期的
生活。³⁰

　　爱德华在离开期间任命的留守人员似乎并不足以解决现有
的危机。名义上，王国守护的头衔属于与国王同名的儿子，康
沃尔公爵爱德华，未来的黑太子，此时他年仅 8 岁。况且，国
王此时和他待在布拉班特，身边围绕着他最有经验、最忠诚的
顾问，以及几乎所有拥有一技之长的行政官僚。而在英格兰，
一群缺乏能力、没有多少自主权的王室御前会议成员以年少太
子的名义发号施令。这样的情况可谓众人皆知，因此这些人也
并没有多少权威可言。而当这些王室御前会议成员试图在官员
身上施加影响力时，受到压力的官员则能够很容易地在逗留于
布拉班特的显贵中求得帮助，并用恶毒的谣言来贬低那些在英
格兰执掌权柄的人们，以达到自己的目的。爱德华三世自始至
终都无法理解他执政大臣们的沉重负担，因此总是很容易为谣
言所惑。1338 年 12 月，他草率地撤销了国库总管罗伯特·伍
德豪斯（Robert Woodhouse）的职务。按照此后伍德豪斯向一
个朋友所吐露的说法，他感到，"感谢上帝，我再也不会为这
样一个主人服务了，他甚少关心我付出的努力，也甚少感受到
我承受的重担"。到了第二年，一次事件成为爱德华与留守官
员们公开冲突的导火索，在这一事件中爱德华一方显得无知而
恶毒，留守官员们则显得极为被动而充满宿命言论。事情的起
因是，1338 年 9 月爱德华宣布，作为经济措施的一部分，他
提议停止向民政官员支付薪水，被证实处于贫困状态的人则除
外。这样出格的命令遭到了留守人员的无视。到了第二年 5
月，当爱德华重复这一政令时，他被告知，倘若继续坚持，他

253

留守的王室仆从将会集体辞职。最终，这些人保住了薪水，但他们好好侍奉国王的理由恐怕已少之又少。[31]

本土管理的薄弱已经成为一个理由，使得大批肆意欺诈与盗用公款的奸商更早地出现在英格兰而非法兰西，这恰恰是因为这些人在国王急需金钱而官僚机构快速膨胀的环境中发现了属于他们的机会。威廉·邓斯特布尔（William Dunstable），爱德华的首席承包商，被指控和他的兄弟及几名下属一起非法出售为军队提供的食品。不久之后，首席法官威洛比（Chief Justice Willoughby）也吃了官司，罪名是"像卖牛一般售卖法律规章"。公众认为这些人罪不可赦，而且他们的罪行相比全体官僚所犯下的罪过还仅是沧海一粟。毫无疑问，这种看法十分正确。[32]

尽管战争期间国内矛盾重重，但明确反对战争的人并不多。不过，在1339年2月的英格兰议会中，已经有人开始低声谈论起对未来的不满，与之相呼应的则是增加国内防务的提议。而最终压倒一切的呼声却是关于军队的补给状况。以上这些讨论，其抱怨的核心点都在于解决问题的方法，然而，确实也有一些人希望挑战国家的路线。议会召开之际，一位无名诗人写下了自己的评论，他怨恨地咒骂了政府和大地产主，认为他们投票通过的税收毫无先见之明。"毫无正当理由，便从需要的人手中横夺钱财，是为罪人。"此人如是说。爱德华三世满足自己对欧洲大陆野心的行为，并非出于正当理由的义举，而是忽视自己国家需求、抛弃责任的行为。议会在1337年决定的财政援助是不公正的。按照诗人的说法，农民被迫出售奶牛、农具乃至衣物来供养爱德华的战争，当他们无法生存下去时，最终将会被迫起义。类似的观点到底有多么广泛，我们很

难下定论，但民众的反抗情绪绝非孤立的个案，因为政府已经 254
认为有必要用宣传来压制这种情绪的出现。1339 年春，当御
前会议试图用一个繁重的义务兵役制方案来保卫王国时，政府
专员们被派往乡间的公社，向人们长篇大论地讲述法国人的可
怕，并平抚他们的不满。按照议会的建议，政府制作了大幅面
的宣传栏，向民众展示他们需要遵循的道路。"国王与他的御
前会议所希望的，并非是让那些为国家提供服务的人民承担花
销，"这份文告如是说，"富裕而有权势的人能够负担得起，
因此他们才应该是出钱的人。"也许，就在爱德华三世放弃在
1338 年继续战役之后，越来越多的人开始认真考虑这位诗人
的观点。英格兰为战争付出了大量开销，却没有获得多少好
处。作为一名记录者，诺森伯兰的骑士托马斯·格雷认为，国
王在布拉班特的所作所为"不过是参加长枪比武，度过一段
寻欢作乐的时间罢了"，而他肯定不是唯一一个这样想的人。[33]

*

从 1338 年 11 月到 1339 年 7 月，当爱德华试图拼凑起足
够的资源支持入侵法兰西的计划时，法国人几乎已经成功地在
法国西南部消灭了英格兰的军事存在。1338 年 11 月初，法国
人在万塞讷作出了在西南部用兵的决策，并对以前的错误作出
了稍许修正。首先，有人提出建议，为西南部的行动提供合适
的资源。这意味着，这次进攻将不会仅仅依赖法国西南部缺乏
热情的征募军，或者是像富瓦伯爵那样，根据自己扩张领地的
野心来进行战略判断的地方王公；法兰西政府将从国家的其他
部分调集大量军队来达成自己的目的。其次，尽管这场战役的
金钱支持将像上一场战争一样，取自地方的资源，但法国人并

没有重复之前的错误，让将军们承担地方管理者和收税人的使命。对战役政治走向的控制，以及对民间事务的绝对裁量权，被交给了波希米亚国王卢森堡的约翰（John of Luxembourg, King of Bohemia），他是一名充满骑士精神的堂吉诃德式的理想主义者。此人在法国长大，在腓力六世的艰难岁月里，卢森堡的约翰是他最亲近的密友之一。除了上述决定之外，法国人也打算不在漫长的加斯科涅边界分散兵力四处劫掠，而是打算集中兵力攻打英格兰人的几处要塞，首当其冲的便是阿让地区的首府佩奈。富瓦伯爵对这个决定十分支持，毕竟他在以往为国效劳的过程中已经获得了大量的土地作为回报，因此他立即率军前往那里。同行的还有拉博姆的勒加卢瓦（夏季行动中法国任命的一位大将军），以及另一名萨伏依人，拉帕卢的皮埃尔（Pierre de la Palu）。[34]

　　这些法兰西政府作出的决定，可能被一个四名间谍组成的小团体发现了：这个间谍组织出自约翰·斯特拉特福德之手，他将他们派到万塞讷，混入为数众多、彼此交头接耳的请愿者和廷臣中探听消息。我们可以确定的是，1338 年 11 月 20 日，在法国人作出这些决定后几天的时间里，爱德华三世就在北方进行了一次分散敌人注意的行动。在这之前，英格兰国王已经同意将针对康布雷地区的攻击推迟到来年的夏季，但此时他却突然以皇帝的名义发布命令，要求所有的盟友在蒙斯（Mons）和班什（Binche）之间的埃诺领地上集结军队，时间被定在 1338 年 12 月 18 日。爱德华宣称，他将在集结以后立刻进军，全力攻击敌人。数天之后，他又命令康布雷主教出现在自己面前，等待后者澄清对帝国不忠的指控。如果他违抗命令，则会面临没收封地的处罚，这也意味着，随着处罚而来的将是攻打康布雷主教采邑的军队。对此，法国人也很快收到了预警。法兰西军队在北方的驻军主力留守图尔奈，此时这支军队得到了腓力的堂兄弟、纳瓦拉国王所率军队的增援。腓力的继承人诺曼底公爵，在索姆河畔的佩罗讷（Péronne）集结了另一支军队。大约在 1338 年 12 月中旬，埃诺伯爵威廉率兵跨越了康布雷主教采邑的边界，并蹂躏了康布雷城以北的一片土地。采邑的好几座农场与风车磨坊都被摧毁了，另有两座位于斯海尔德河谷地，距离康布雷城不足一英里的城堡也在埃诺军队的突然袭击下遭到攻占。在取胜之后，伯爵留下了一些兵力驻守夺取的城堡，等待预期中夏季开始的主要战事，然后他就率军撤离了。尽管英格兰人及其盟友在北方进行了一系列的行动，但这些行动对于加斯科涅的战事并没有产生任何影响。即便腓力六世本人正北上应对新的威胁，他也依旧继续掌控着南部战役的进展。1338 年 12 月初，波希米亚国王从法兰西国王处离开前往加龙河谷，看起来，一切仍旧在按照原计划进行。[35]

富瓦的加斯东和两名萨伏依军事主管一起，在 1338 年 11 月中旬抵达西南部，并在马尔芒德建立了指挥部。一个月之后，波希米亚的约翰也抵达了同一省份。以上几人合兵一处开始围攻佩奈，以及附近位于卡斯特尔加亚尔（Castelgaillard）的附属塔楼，这座塔楼控扼通往佩奈的道路。围城的军队在规模上并不大。这支军队包括：几名属于指挥官的为数不多的私人扈从，以及阿马尼亚克伯爵从鲁埃格地区招募来的 1200 人，外加由一小群德意志专业人员管理的围城武器，这些人属于中世纪不断迁移的德意志挖掘工匠与矿工大军中的一部分。佩奈城通常的守卫兵力为 250 人，在 1339 年时显然拥有充足的防

御人手。虽然攻城一方实力并不算强，但就在一夜之间，这座城镇便投降了。投降的理由非常简单，因为波尔多方面不可能

256 对佩奈进行救援。倘若没有解围的可能，那么防御能力弱于城堡本身的佩奈城区迟早会被攻陷，其中的居民必然会在财物方面有所损失，有些人还会因此而死。佩奈的市民向奥利弗·英厄姆发出了数条绝望的信息，指出他们城市的危险境地，并询问应该怎么做。最终，城市的领袖，一名律师走出城与富瓦伯爵进行了事关投降的谈判。

佩奈下城有超过 100 名士兵驻守，他们的指挥是一名来自贝阿恩的雇佣兵，名叫埃斯格拉帕克的福塔尼耶（Fortanier d'Esguarrepaque），法国人说服了他，让他将城镇和堡垒拱手相让。作为回报，他得到了一笔巨大的贿赂，数额超过 14000 利弗尔，分发到所有的守军手中。然而，在投降时，出现了问题。城镇大约是在圣诞节前后敞开了大门，但似乎绝大多数福塔尼耶手下的士兵并没有加入他的计划。这些守军离开城镇和城堡的守卫会合，而城堡面对法国人则依旧大门紧闭。当法国人发现上当时，福塔尼耶已经带着巨款逃走了。不过，这名佣兵的好日子并没有延续太久。到了 12 月 26 日，奥利弗·英厄姆手下的军官在波尔多附近找到了他，并将他关在了欧姆布里埃城堡（Château de l'Ombrière）的门楼里。[36]

1339 年 1 月，法军在南方的力量逐渐得到了增强。月初，法国人拥有 5700 名士兵，这个数目依旧在增长，直到 4 月底达到了 12000 人方才停止。法兰西政府并不打算将所有这些军队都用于野战。以法国人特有的谨慎风格，这些军队也承担了基建任务。1337 年，在圣富瓦（Sainte-Foy），他们修建了一座拥有良好防御体系的木质桥梁，此时法军绝大多数的补给和

增援部队都能经由这座桥跨过多尔多涅河。到了 1338 年，加
龙河上已经有了两座浮桥，分别位于拉雷奥勒和马尔芒德附
近。第三座桥的建成时间稍晚，位于阿让地区的勒马斯（Le
Mas d'Agenais）。所有这三座桥的建成，使得法军可以迅速在
广阔的河谷地带输送军队和补给，不论是跨越河道还是沿着河
谷进军都能畅行无阻。42 艘运输船组成的船队集结在河上，
其中的部分船只上还搭载了攻城器械，并在船上安装了带射击
垛口的船楼。与此同时，法军控制了各主要隘口以阻碍英格兰
人通行。在可以涉水通过的浅滩，法军要么留下军队驻守，要
么在河床上埋下尖锐的木桩，使马匹无法通过。在整个战区，
法军在各处都散布了数量不等的兵力，在某些地方只是四五名
用来加强山村防御的士兵，在圣富瓦则是整整 700 名士兵，用
以保卫法军在多尔多涅河北部的侧翼。在 1338 年的前四个月
里，法军新建了 45 个驻军据点，其中超过半数都位于加龙河
与多尔多涅河的谷地，或者是位于这两条河流的中间地带。这
些驻军不仅控制了地盘，并保护了交通线，同时也形成了一个
预备队体系，需要时可以从中抽调增援力量。由此就能在遭遇
预料以外的反击时保护己方免遭失败的厄运；在拥有这样的兵
力储备之后，法军在城堡与村镇的防守兵力也能相对减少，而
不必担心这些孤立据点在遭遇围困时缺乏足够的解围力量。管
理这些驻地的繁杂事务导致的负担及庞大的开销（在整个战
役中最高时达到了每个月大约 45000 利弗尔）都被交给了一个
不断膨胀的官僚机构，这个机构被临时放在了马尔芒德城堡，
它的一个分部则位于地处阿让的审计庭中。[37]

　　在攻下佩奈城之后，一支包括了拉博姆的勒加卢瓦绝大多
数萨伏依手下的小部队离开主力，包围了城中的城堡，准备将

257

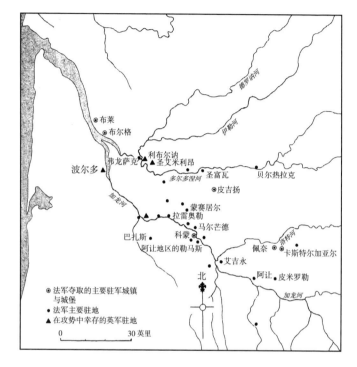

图 5　法军在加龙河谷的攻势，1338 年 11 月～1339 年 7 月

围攻持续到城堡守军投降为止。法军主力则继续前进，开辟前
往波尔多的道路。法军携带着攻城器械和武装运输船，开始攻
击科蒙（Caumont）。这是加龙河边的一个孤立英军驻地，也
258　是前往圣马凯尔道路上的最后一道阻碍。这个城堡中的守军进
行了激烈的抵抗，但最终徒劳无功。法军于 1339 年 2 月底攻
下了这里。下一个目标则是皮吉扬（Puyguilhem），它是一座
规模宏大的方形要塞，地处阿让地区和佩里戈尔的边界。在这
里，守军的抵抗持续了较长的时间。在 1339 年 3 月的攻防中，
法军不得不用庞大的援军增强攻势，并增派了攻城器械，同时

还有一群挖掘地道的工兵前来破坏城墙。在这场战斗的记录里提及了火炮的使用，这在百年战争的历史上是第一次。到了1339 年 4 月 6 日，皮吉扬的指挥官对于援军的到来已彻底绝望，最终把他守卫的残破城堡交到了法国人手里。[38]

1339 年 4 月中旬，对于西南部战线的法军而言是一个胜利的时刻。此时，他们的军队在实力方面正达到顶峰。在佩奈和它外围的卡斯特尔加亚尔塔楼，被围困的英格兰军队已经耗尽了补给与抵抗的力量。到了 4 月 10 日，卡斯特尔加亚尔塔楼的指挥官为敌人的贿赂打开了大门，献出了守卫的堡垒。一周以后，佩奈城堡的守军也接受了投降的条件。现在，法国人终于可以将去年 12 月预先做好的王室旗帜插上敌人的堡垒了。法国人最大的成功并不在佩奈，而是在更西面的吉伦特。1339年 4 月 20 日，法国海军将军和圣通日总管指挥下的一批桨帆战舰从拉罗谢尔出发攻击了布莱。在这座城镇靠河的一侧，防御非常薄弱，而法国人在对方得到警告之前就发动了袭击。布莱的城市与城堡都被迅速攻占，法军的伤亡也减到了最低。显然，布莱城的守卫面对突袭，几乎连披挂装备与集结的时间都没有。它随后被交给士兵随意抢掠，并被付之一炬。就在这之后不久，布尔格也被法军用同样的方式攻取。对英格兰人而言，以上一系列的事件乃是在仅仅一周的时间内接二连三发生的，可谓是绝无仅有的大灾难。也许，佩奈被攻占仅具有象征性意义，毕竟该城西部的地区已牢牢掌握在法国人手里，还有驻军保障安全。相反，布莱和布尔格两城的陷落对英格兰人而言则非常危险，因为这意味着整个吉伦特湾北岸已全部处于法国人的掌控，波尔多与英格兰的联系将有被切断的危险，对波尔多而言，失去的将是市场与增援到来的渠道。除此之外，爱德华三世还损失了他手下最有能力也最为忠诚的指挥官之一，阿尔布雷的贝拉尔（Bérard d'Albret），此人被法军俘获，并和另外 25 名重要的俘虏一起被送到了巴黎的圣殿区。西南战事的尾声显得简短而有些奇怪，不幸的是，关于这一点几乎没有多少记录。就在法军攻占布莱后不久，在该地得到驻防之前，英格兰总管们的军队重新占领了这里，也许他们是从靠河的一侧进行攻击而得手的。尽管成功夺取了布莱，但英格兰人无法守住它，他们很快又被逐走了。为了纪念这场胜利，腓力六世将布莱交给了梅伦家族（family of Melun），该家族曾花了许多年的时间试图在巴黎高等法院通过诉讼获得该城，但徒劳无功。在攻占布莱的过程中，梅伦家族的成员也曾亲身参与。至于布尔格，则被置于国王的管辖之下，并由一支庞大的军队驻守。[39]

对加斯科涅公国的政府来说，百年战争期间他们所遭遇的最艰难的一段时期已经开始了。1339 年英格兰人所遭遇的挫败已经成了一个恶性循环，迫使英格兰政府不断地从本土投入大量的金钱和军队。土地所有者们有了加斯科涅各处的贵族作为榜样，纷纷开始精打细算起来，考虑自己是丢掉在法国的领土，保持对英格兰的忠诚比较合算，还是投诚到法兰西一边，放弃英格兰国王属下的领地更加有利。对忠于某一方的人士而言，每损失一寸领地他便会更倾向于投靠另一方。那些不顾一切，坚持忠于英格兰的贵族也会给英格兰政府带来相应的问题，因为这些人肯定会要求得到奖赏，并获得和他们所遭受损失对等的补偿。然而，随着英格兰在波尔多的领地日渐缩小，其控制的资源也越来越少，由此，波尔多政府在未来能够为友谊付出的筹码也逐渐捉襟见肘。其不得不采用一些变通的权宜

之计，诸如收取非常税、让波尔多镑贬值等，最终导致的结果
便是不断加剧的货币贬值现象。波尔多总管始终顶着巨大的压
力，而这种负担在 1339～1340 年间变得日渐沉重。那些曾在
市镇和城堡中侍奉爱德华三世的人们，此时已经成为生活日渐
窘迫的流亡者，他们失去了自己的领地，只能躲在波尔多城内
勉强度日，希望英格兰政府能够感激他们所作出的贡献并提供
一些援助。威廉·戈登（William Gordon）便是这些人的代表，
在布尔格城陷落之后，他失去了曾拥有的一切，因此他向爱德
华三世请愿，希望能够得到一笔救济来挽救他自己和妻儿免于
饿死的命运。对于戈登家族以及一些处于类似地位的人来说，
提供少量援助以免他们流离失所也许能暂时满足要求。但对于
那些曾经拥有更大领地的人们来说，英格兰人有必要着手将那
些尚在法国人手里的土地及其收入许诺给他们，一旦这些地方
被夺回，就要兑现相应的承诺。从 1339 年年中开始，相当高
比例的英格兰王室授权状都和上述情况有关。在布尔格陷入敌
手一年之后，奥利弗·英厄姆向爱德华发去了一封非常沉痛的
请愿信替一些人求情。其中一个人曾经率领超过 600 人为英格
兰国王服务，而且没有领到任何报酬，而他所得到的最大
"奖赏"便是在面对法国人时丢掉了自己的土地。另一个人在
侍奉爱德华之前就已经服务于爱德华的父亲，在法国人占领了
属于他的每一寸土地后，他不得不带着自己的妻儿和整个家族
逃到了波尔多。这些人表现的是绝对的忠诚，不为自己的利益
打小算盘，这在加斯科涅的贵族中是颇为罕见的。"此人有一
副好心肠，他完完全全、不计代价地投入了为陛下服务的事业
中。"尽管英厄姆这样说，但他也无法自行回报这些人的忠
诚。英厄姆解释，在法国人的侵略下，现在波尔多的关税已经

260

聊胜于无，因此他也无法从税收中拿出钱财来补偿忠臣。整个加斯科涅公国的领土和收入已经被法国人分封给了别人，英厄姆手里已经没有什么可以用来分配的资产了。[40]

*

1339 年 2 月，尽管天气依旧寒冷，但法国人雇佣的诺曼底和热那亚水手都已返回他们的舰船，并准备好在 3 月初继续行动。英格兰政府（根据其代表递交给议会的报告）已经拥有了"从多个来源得到的可靠消息"，这些消息显示，法国人正计划在东安格利亚进行一次登陆行动。也许在某个时期这个消息所称无误，但事实上到了 3 月时，法兰西政府的谋划已经变得更加雄心勃勃起来。[41]

法国人将他们控制的舰队分成了两个独立的部分。一支舰队将按照 1338 年的方式袭击东安格利亚的港口城市。另一支舰队则被派去再次攻击海峡群岛，在这之后，舰队将会开到加斯科涅，以辅助正高歌猛进的在加龙河谷地的战役。前往海峡群岛的舰队规模较大，于 1339 年 3 月 9 日到 11 日离开了塞纳河口。这支舰队的主力是卡洛·格里马尔迪（Carlo Grimaldi）指挥的 17 艘意大利桨帆战舰，外加大约 35 艘诺曼底巴奇船以及 1 艘货船。这艘货船正是爱德华三世手下最好的船，前一年在瓦尔赫伦岛外海被法军俘获的克里斯托弗号，此时它已经开始了在法国人手中服役的历程。舰队出发一段时间后又有 5 艘桨帆战舰加入。这支舰队中，总计大约有 8000 名士兵和水手，他们的指挥官是法国元帅罗贝尔·贝特朗。在他完成了上一次袭击之后，贝特朗获得海峡群岛的领地，此时正试图通过征服来扩展自己的封地。1339 年 3 月 12 日，贝特朗率军在靠近戈

里堡附近的泽西岛东侧登陆。城堡中的守军收到了一份最后通
牒，要求立即投降。然而，这次守军已经全装满员，包括大约
260 名英格兰人和 40 名本地人。按照当地的记录，守军回复
说："只要城堡中还有十人幸存，就绝不放弃防御。"事实上，
贝特朗的通牒也不过是恐吓而已，他根本就不能让舰队在这
里长期停留：这支舰队还有紧急任务，需要马上赶往加斯科
涅。因此，在侦察了城堡的防御情况后，这位元帅指挥了一
次攻城的尝试，但失败了。到了 3 月 16 日，舰队起锚，开往
法军已经占领的根西岛。在那里，贝特朗和部分军队留守下
来以加强防御。剩下的舰队则保护着一支庞大的商船队向拉
罗谢尔开去。事实上，同年 4 月攻占布莱和布尔格的正是它
们。[42]

　另一支舰队拥有 18 艘热那亚桨帆战舰，指挥官为艾顿·
多里亚，他收到的命令是向北前往斯卢伊斯港，那里虽然靠近
布鲁日却依旧处在法国的有效掌控中。此时，这座城市已经成 261
为法国人的一个基地，法军利用这里攻击那些载着羊毛、补给
和援军试图进入斯海尔德河的英格兰船只。这支舰队在前往斯
卢伊斯的路上分出了一支分队去攻击东安格利亚的港口，这样
法军就能在前述的重要物资和人员尚在英格兰登船之际就施以
打击。到了 1339 年 3 月 24 日，法国船只抵达哈里奇外海，此
地是奥韦尔港入口处的一个没有城墙的小渔村。法军抵达当日
恰逢 1338 年大军登陆袭击朴次茅斯一周年。在哈里奇，当地
人的抵抗相比以往要更为强烈。尽管当地守军无法阻止法军的
登陆，但法国人在村庄外围依然受了坚决的抵抗。法军在三
个位置点起了火焰试图焚毁村庄，但风势太大，火苗被吹离了
建筑的范围，最终火也熄灭了。在这之后不久，入侵者便重新

登船，离开了这里。[43]

从 1339 年开始，腓力六世的大臣们已经在和诺曼底的本地人进行谈判，以谋划一场更大范围的海上战争。在他们的设想中，海上战争应该不仅仅局限于袭击英格兰的海岸，而是应该设法将一支军队登陆到岛上进行征服式的打击。诺曼底人向法国人提议，他们将会为王国提供一支 24000 人的军队，包括4000 名骑兵和 5000 名弓箭手，外加能够载着这些人横渡海峡的船只。这支军队将会被置于法兰西王储诺曼底公爵的指挥之下，法国人相信其规模足以在 10 ~ 12 周的时间里征服英伦全岛。法国政府允诺，诺曼底人在进行了这次服务后将会得到宝贵的司法特权，当然，最主要的诱惑还是来自属于他们的那部分战利品。一旦征服英格兰的行动取得成功，那么英格兰国王的王室领地将会被保留给诺曼底公爵；属于教皇的财产则不会受到侵扰；收益低于 20000 镑每年的土地会允许留给英格兰教会，以供给日常开销；除此之外，剩下的英格兰土地都将被奖励给诺曼底人，供他们内部自由分配。1339 年 3 月 23 日，这样一个非同寻常的方案在万塞讷城堡的一次会议中，得到了绝大多数诺曼底大贵族的认可，差不多同时桨帆舰队正抵达哈里奇准备发动攻击。一个月之后，诺曼底三级会议（Estates of Normandy）也批准了上述方案。我们很难确定贵族和三级会议代表是否认真严肃地对待了征服英格兰的计划。法兰西政府与诺曼底的协议中，计划当年就开启入侵英格兰本土的行动。当然，倘若爱德华按照预定计划在 6 月入侵法国，那法国攻击英格兰的行动也可能会被相应推迟，如果当真如此，那剩下的时间恐怕连一个短期的征服计划也不一定能满足。[44]

尽管如此，从每一个迹象来看，法国人还是以非常认真的态度开始着手准备征服英格兰的工作。政府为了进行远征，草拟了细节文件，这些文件阐述了俘获敌人之后的拘留事宜，对战利品的分配，以及诸如舰队船只之间的信号口令、海上与陆上的战斗序列、登陆方式等细节，甚至考虑到如果远征军需要撤回船上时，殿后的部队应该如何行动。除此之外，对于如何将分散在从比斯开湾一线直到北海的法国和意大利分舰队集合起来，政府也安排了实施的步骤。[45]

当英格兰御前会议获悉法国人的入侵计划时，他们非常认真地着手准备应对方案，从它向公众展示的决心就能窥见一斑。对海岸地区的控制权被交给了那些还留在英格兰的重要贵族。亨廷顿伯爵是多佛城堡的守备长官，此时他接过了肯特的指挥权；老萨里伯爵（Earl of Surrey）则负责苏塞克斯的防务工作；阿伦德尔伯爵接管了汉普郡。伦敦及埃塞克斯的指挥者是牛津伯爵。至于内陆，御前会议则尽可能地准备了一支强大的军队作为预备队，并将这支军队的名义指挥权归属到了年轻的爱德华王子麾下。几乎是从开战伊始，英格兰政府就坚信法国人可能会在汉普郡尝试登陆，因此他们也就在当地集中了最强的军队。南安普敦有一支庞大的军队驻防。朴次茅斯和波切斯特的驻军规模几乎也与南安普敦等同。大量的军队和补给涌入怀特岛，增强当地的防务。此外，英格兰人还将大量的食品运送到温切斯特，尽管此地有着各种问题，但其依然是汉普郡中防务最好的一座城市。至于那些特殊的贵重物品，例如国王的马匹，则全部被运出了这个伯爵领。[46]

法国海军将军们的真实意图并不为人所知，毫无疑问的是，他们的计划始终处于变化之中。到了5月，就算诺曼底人的征服大军仍旧属于计划的一部分，显而易见的是，这支军队并未作好出征的准备。那些原本用于运载部队的运输船和巴奇船此时依旧停靠在诺曼底和皮卡第的港口中。法军前往南部的分舰队在 5 月中旬回到塞纳河上的港口进行补给，并航向北方袭扰英格兰南部海岸，以传统的"打了就跑"战术对敌人进行打击。[47]正如英格兰御前会议所预期的那样，法国舰队首先前往索伦特海峡，也许英格兰对此也早有知晓。大约在 1339 年 5 月 15 日，法国分舰队抵达南安普敦外海，并尝试寻找一个合适的登陆场。然而，这座城市外的浅滩已有临时工事保护，而从船上也能看到英格兰人正向南安普敦附近水域调集大量兵力。除了南安普敦，怀特岛似乎也难以进行登陆。此时，法国指挥官已经开始担心，如果英格兰舰队出现，己方恐怕有被堵在水道中的危险。于是，法国人迅速离开了索伦特海峡并向西航行，期望西面的英格兰地区在防御上也许会更松懈一些。他们的直觉并没有错。在德文和康沃尔的锯齿状海岸线后并没有任何军队驻守，而海上也没有英格兰舰队迎击出现的威胁。法国舰队不受抵抗地游弋在英格兰最西部的陆地尽头，并进入了布里斯托尔海峡，逐个挑选并掠夺他们发现的商船，最后处死船上的船员。

263   1339 年 5 月 20 日，法国舰队抵达普利茅斯外海（off Plymouth）。在 14 世纪初，普利茅斯只是一个中等规模的城镇，由松德海峡东端的四个分散的小城镇和位于普林普顿（Plympton）的一座本笃会修道院组成。那里正巧有数艘航行在松德海峡的船只停留，这些船都是为了躲避法国人的袭击舰队而停在普利茅斯的，其中包括 7 艘布里斯托尔的商船。法国人夺取了这些船，将它们付之一炬。在这之后，舰队让搭载的法国人和意大利人登陆到海滩上。德文的募兵指挥是德文伯爵休·考特尼（Hugh Courtenay, Earl of Devon）。此人爱慕虚荣而且喜欢冒犯他人，但毫无疑问的是，尽管年已 64 岁，这位老伯爵依然精力充沛。当法国人来袭的消息传来，他便带兵向普利茅斯前进，最终恰好在敌军准备点燃房舍时赶到。在这里爆发了一场突然而缺乏决定性的散兵战斗，双方都遭受了惨重的损失。战斗之后，法国人撤回船上，而愤怒的英格兰西南部诸郡民兵一直追击到水边，逼得不少法国人溺死大海。

当这支桨帆舰队沿着英格兰南海岸返回基地时，背后留下的是一连串燃烧的渔船残骸。1339 年 5 月 24 日，这支舰队曾在怀特岛作了短暂的停留，但很快因为英格兰舰队的追击而不得不撤走。在接下来的一周里，法国人数次尝试登陆肯特和苏塞克斯的海岸，但在多佛、福克斯通（Folkestone）和萨尼特岛，他们发现海滩后面都有强大的军队严阵以待，因此也就不得不撤走以避锋芒。只有在黑斯廷斯（Hastings）这个曾经的五港同盟之首，法国人才得手。此时的黑斯廷斯早已繁华不再，沦为一个小渔村，而普利茅斯则刚刚开始崛起，成为一个重要的港口。黑斯廷斯没有城墙。该城的附属城堡属于圣玛丽教会学校，无人驻守且缺乏修缮，南面墙体早已垮塌，落入大海。1339 年 5 月 27 日，法国人和热那亚人的袭击摧毁了这座小镇，黑斯廷斯的损失如此严重以致一直未能恢复，直到 18 世纪末外出度假的风潮兴起才使这里有所改观。法兰西舰队径直驶入港口并登上码头和浅滩，似乎他们并未遭受任何抵抗。这些袭击者烧毁了大半个城镇，包括三个教区教堂，还进入城堡掠走了火炮上的饰品与存放的盔甲。本地村民早已逃之夭夭。到了 1339 年 6 月，那些在袭掠中扮演首要角色的摩纳哥佣兵已经回到加来。这些隶属于卡洛·格里马尔迪的军人将英格兰渔夫赤裸残破的躯体作为战利品，在大街小巷中炫耀。

在这次攻击中，英格兰海岸防御体系表现还算不错，相比之下，舰队的作为就显得相当糟糕了。1339 年 2 月 16 日，在西敏的议会依旧召开之际，御前会议召唤了整个英格兰东部和南部的港口为王国服务。按照御前会议的估量，这一举动能够在 1339 年 5 月 15 日将东部港口的 31 艘舰船调集到奥韦尔，而南部的 111 艘船只则会分为两个分队分别抵达朴次茅斯和温切尔西，所有这些船将会满员，准备好补给，足以应对为期三个月的服役。事实上，事情的发展和预期完全不同。东部和南部的舰队都没有按时作好准备以抵挡法国人的袭击。除了为五港同盟服役之外，南部的舰队根本就没有出现在其他地方。[48]

在北海，英格兰的另一个海军部已经在 4 月集结了舰队，战果则是一言难尽。罗伯特·莫利（Robert Morley）作为一名来自诺福克的骑士，刚被任命为北部海军部的海军将军。此人用行动证明，他将成为爱德华三世麾下较为主动且有能力的一名指挥官。在 14 世纪，缺乏海上经验并不会影响一名海军将军的发挥，而莫利在他的助手辅助下很好地完成了自己的任务。他的副手之一是约翰·克拉布（John Crabbe），此人经历丰富且声名狼藉。克拉布系佛兰德人海盗出身，曾经在 1320年代得到苏格兰国王罗伯特·布鲁斯的注意，并接受后者的雇佣成了一名海军指挥官和军事工程师。沃尔特·莫尼俘虏了克拉布，并将其以 1000 马克的价格卖给了爱德华三世。克拉布当然不会介意换一个主人。到了 1339 年 4 月初，克拉布跟随莫利一起出海，莫利指挥的舰队包括 63 艘船只，携带着金钱、羊毛和援军前往欧洲大陆。在佛兰德人的外海，他们遭遇了一

264

支由一些热那亚桨帆战舰护航的敌军商船队。英格兰舰队追踪
这些法国船只沿着海岸一路向北，直到进入斯卢伊斯港，并在
这里进行了一场血腥的会战。在港口的狭窄空间里，桨帆战舰
无法利用转向和航速方面的优势，只能无助地停在原地。在会
战中，英格兰人将大量运输船作为战利品夺了过来，还登上其
他停留在港口的船只。不幸的是，英格兰人掠夺的不仅是法国
船只，还包括了一些中立的佛兰德和西班牙商船，这些船只在
战斗开始时便被禁止独自离港。受害者中包括一艘巨大的西班
牙克拉克帆船，此时这艘船正在从小船上接收货物。一名英格
兰国王的内廷骑士此时正带着准备上交爱德华国库的金币，在
混乱的战斗中，他为了保命而逃到了布鲁日的一所修道院中寻
求庇护。以上种种混乱的行为在外交上令爱德华十分窘迫，同
时他还不得不拿出 23000 镑来补偿所造成的损失，这一笔钱远
远超过了英格兰舰队给热那亚战舰造成的损害。如此的结果对
英格兰人而言无疑是非常令人沮丧的。当英格兰舰队带着战利
品返回奥韦尔时，舰队内部又因为分赃而争吵不休，因为此事
还有一部分舰船掀起暴动，驶离港口。[49]

　　1339 年 7 月，法国的海军将军们集结了手头的一切力量，
计划对五港同盟发动一次大规模袭击。也许和 19 世纪的浪漫
主义历史学家一样，法国人相信，这五个港口是英格兰海上实
力的支柱。为了这次行动，法兰西将部署在北海的整个桨帆舰
队都撤到了布洛涅，这支舰队包括艾顿·多里亚在斯卢伊斯港
的热那亚战舰，以及一小部分法国桨帆战舰。此外，还有 20
艘诺曼底巴奇船在英吉利海峡与塞纳河上的港口中备战。卡
洛·格里马尔迪的分舰队此时已经休整完毕，于是也就加入了
诺曼底人的行列。这样，整个法兰西舰队拥有了 67 艘船只，

265

其中包括了 32 艘桨帆战舰。1339 年 7 月 20 日后不久，这支舰队在贝于歇的指挥下起航。然而，这次法国人的军事冒险最终以灾难收尾。舰队的第一个目标是桑威奇，但当法国人抵达唐斯时，他们发现，肯特的大量民兵早已在海岸附近恭候。于是舰队转向南面，开往拉伊（Rye），在那里他们得以卸载部分军队，并对当地造成了严重的破坏。在这些入侵者完成任务之前，他们的战舰却在拉伊湾出其不意地遭遇了罗伯特·莫利的舰队，后者除了拥有北部海军部舰队外还得到了五港同盟的支援。面对英格兰舰队，恐惧开始在法兰西和意大利的水手中蔓延。他们似乎认为，自己是在面对一支超过 400 艘战舰的庞大英格兰舰队，事实上，对方至多也只有这个数目的三分之一而已。登陆的法军马上返回船上，然后迅速往法国方向逃散，而莫利的战舰也紧追不舍。双方在维桑（Wissant）附近的海面再次遭遇，但并没有发生会战。最终，法国舰队安全地撤回到了己方的港口。[50]

此时，热那亚雇佣兵中所发生的一系列事件最终导致法军的海上战役因一场危机戛然而止。自 1338 年 8 月起，这些热那亚人就已经在欧洲北部替法国人服役，这远远超过了这些雇佣兵原先预期的时限。这些人事实上只不过是一些为了生意而签署契约的私人承包商，所追求的也无非是利润而已，之前在和英格兰军队的冲突中，在拉伊湾和维桑外海可能发生的激烈交战可不是他们所期望的战斗。符合这些热那亚人口味的乃是掠夺英格兰南部港口式的行动。因此，许多热那亚水手已经不愿继续他们的工作了，更何况在他们内部此时也出现了争吵。争吵的起因似乎是：尽管法兰西政府严格按照契约向多里亚支付了薪水，但后者没能支付给他的船员，或者至少是在经过大额的毫无根据的削减之后才支付了一部分款项。当艾顿·多里亚的舰队返回布洛涅时，桨手们哗变了，要求支付他们的薪水。这些桨手选出了一名发言人，此人与15名同伴一起求见腓力六世，试图取得他的同情。然而，腓力却不为所动。他拘留了这些人，并将他们统统投入监狱。这样的反应被证明是个错误，当发言人被捕的消息传到布洛涅的其他桨手那里时，桨手们武力控制了他们的战舰，并向热那亚驶去。与此同时，两艘属于格里马尔迪的桨帆战舰也逃离了舰队。就这样，腓力六世一下子就损失了几乎三分之二的海上力量。在这场哗变之后，法国人剩下的只有：属于国王自己的桨帆战舰，这些战舰大多还停在船坞里；多里亚分舰队剩下的战舰，可能仅剩下4艘船还忠于这个意大利人；此外，卡洛·格里马尔迪从摩纳哥带来的舰队，因为战损和逃跑，这支舰队的规模也从17艘减少为12艘。格里马尔迪在接下来的两个月里仍旧为法国人服务，但这是无所事事的两个月，因此法国政府也并没有从中得到多少好处。

到了这一年的年末，似乎那些没有叛乱的意大利桨手也已经被送回了家，究其原因，虽然剩下的意大利战舰留在了法国，但它们都停靠在卡昂（Caen）下游的奥恩河河口，仅有2艘船参与了次年的大规模行动。法国政府与格里马尔迪家族的关系尚且称得上友善，多里亚却愈发显得满怀怨恨。在叛乱发生的两年后，根据多里亚自己的计算，法国人还欠他30000弗洛林，而这位佣兵队长也在不断地和爱德华三世在加斯科涅的大臣们讨价还价，声称他愿意改换门庭，烧掉手下的战舰并将自己控制的城堡拱手相送。[51]

在英格兰方面，罗伯特·莫利的舰队在海上始终没有遭遇挑战，这支舰队在攻击法国海岸的行动中度过了 7 ~ 8 月的时光。英格兰舰队巡弋在皮卡第和诺曼底沿海，焚烧船只和村庄，一如法国人前一年在英格兰南部所做的一样。英格兰军队洗劫了欧镇（Ault），并摧毁了当地的港口。在勒特雷波尔（Le Tréport），大批英军在当地居民眼皮底下登岸，而后者还认为自己在与来自西班牙的一支船队中的商人打交道，因此完全没有进行抵抗。英格兰人烧掉了该城的港口与大半个城市，并蹂躏了附近的乡村地区。在重新登船之前，他们沿着海岸前进，又摧毁了港口小镇梅尔（Mers）。厄镇伯爵夫人，亦即法兰西王国陆军统帅之妻此时就在距离梅尔 2 英里的地方，她差点在这次袭击中被英军俘获。一直到入侵者离开后，厄镇的民兵方才赶到。此地的情景，即 1338 年在英格兰南安普敦所发生事件的小规模再现。得手之后的英格兰舰队继续沿着法国海岸航行，绕过布列塔尼半岛，并袭击了普瓦图的北部诸港。当英格兰人开了个好头之后，佛兰德人便马上开始积极效仿。在莫利舰队返回英格兰后不久，一支佛兰德人的舰队攻击了迪耶普，此地乃是诺曼底地区的重要商港。在他们被击退之前，这些佛兰德人烧毁了迪耶普的大片建筑。[52]

那么，英法双方到底实现了多少战绩呢？从造成的实际损伤来说，双方大抵相当。然而，尽管法军的战役遭遇了悲惨的结局，但从战略角度来说，法国人还是利用舰队获得了决定性优势。法兰西舰队给整个英格兰造成了普遍性的恐慌与混乱。以汉普郡为例，尽管法国人被击退，但一年之内的第二次袭击预警致使许多人逃离了海岸。英格兰王室发布了严格的命令，让人们回到原来的住处，不过相当多的人都带走了所有的财物并拒绝照办。与此同时，爱德华三世试图征集物资和兵员，以

补给他停留在低地诸国的军队，但这一尝试也因为英格兰方面
已有的负担而受到阻碍。一部分增援的兵力，被分派用于英格
兰南部海岸的驻防任务。其他的部队则被滞留在奥韦尔湾，究
其原因，还是船只的缺乏以及横渡海峡的危险。运载羊毛和给
养的英格兰船只需要从奥韦尔或伦敦出发，组成严密防守的运
输船队才能驶过北海。北部海军部的战舰负责奥韦尔出发的船
队的安全，而伦敦出发的船队，从格雷夫森德（Gravesend）
起的旅程则由五港同盟的战舰护卫。这些防卫措施，在保护运
输船方面显得颇为有效，但也因此占用了英格兰大量的船只和
人员，而类似的宝贵资源则肯定需要谨慎地分配。同时，以上
的安排也推迟了其他的行动，进行护航行动意味着那些本可以
运载士兵和补给的船只，现在都需要带着海军准备海战。一部
分船主对于接受护航安排显得颇不耐烦，他们希望能够尽早返
回港口，继续有利可图的海运，因此，他们违抗命令，试图在
没有得到护航的情况下进行运输。这些船往往都没能逃脱被法
兰西军捕获的命运。[53]

对于英格兰人而言，法军的劫掠对战争最大的影响在于经
济层面。在安特卫普，爱德华三世不得不依赖借贷来支付补给
的费用，但这些补给从未到达他的手中。在英格兰，国王御前
会议授命花费大笔资金用于海岸防御、建筑工事与船运，而爱
德华同样指望依靠这些资金来进行战争，在某些情况下，花掉
的部分经费甚至同时也已经被指派给了国王的债权人。爱德华
一度对于官员们在英格兰花费的钱财数额深感愤怒，以至于他
禁止这些人花费任何金钱，除了用于维护苏格兰地区城堡与支
付巴尔迪银行和佩鲁齐银行的部分。当然，这样的命令起不到
任何作用。我们那遭受国王诘问的御前会议，无视国王的命令

这样回复：

> 怀特岛与泽西岛的防务支出，南安普敦的驻军费用，
> 英格兰的王室城堡维护花销，国王战舰上船员的薪水，南
> 北两个海军部所属舰队所需的补给，海军将军与军官的工
> 资花费，加斯科涅公国的补贴，苏格兰地区城镇与据点的
> 防御开支，给苏格兰国王爱德华·巴利奥尔①的补贴，外
> 加将国王的羊毛打包、运输与储存所带来的巨大花费，和
> 其他林林总总的、每天不断增加的紧急金钱需求，可能仅
> 仅依靠英格兰的岁入与税收来平衡吗？

毫无疑问，爱德华没法回答这些问题。[54]

相比本土面临的严重威胁，英格兰仅仅在少数情况下能够实现对法国的海上目标发动打击，而相比之下他们造成的混乱也小得多。1339年8月针对勒特雷波尔的攻击是自从英法开战以来，英格兰方面进行的第一次对法国沿海的大规模攻击。在这之后，更多更具毁灭性的袭击将会接踵而至。尽管如此，法兰西政府依旧保持冷静。法国人从未允许自己像思维混乱的英格兰政府那样，被迫持续地挥霍资源，投入到沿海防务中。这又是为什么呢？部分原因是海上贸易对法国而言并没有像对英格兰那样重要。另一部分原因则在于，法军需要防守的是一条更短的海岸线，从加来到圣米歇尔山（Mont-Saint-Michel）不过430英里而已。法军在战争资源的分配方面有着不同的优先顺序。

---

① 爱德华三世支持下自立为苏格兰国王的苏格兰贵族。

法国的海岸防御体系（就像英格兰的一样）于 1290 年代的战争中建立。1337 年当英法正式交恶之际，法国政府首先采取的行动之一便是打开尘封的海防记录，并仔细审视。尽管如此，无论是在审查之前抑或之后，法国的海岸防卫状况都显得不容乐观。每个区域的"海洋前线主管（Captain of the Sea Frontier）"手中都掌握着一批驻防位置固定的卫戍部队，与一支可以机动调遣的增援部队。通常，在法国北部一共有三名这样的海防指挥官。其中一人负责佛兰德边境直到索姆河的防务，通常此人是阿图瓦伯爵麾下的军官；第二人负责塞纳河口以北区域；另一人则管理着河口以南科唐坦半岛的防御体系。除此之外，法国政府有时还会为卢瓦尔河与吉伦特湾之间的普瓦图和圣通日指派海洋前线主管。除非情势已经到了令人极度恐慌的地步，平时这些主管手中仅仅有少数军队，也许不过数百人而已，而且这个数目还包括那些定点驻军在内。这些军事主管拥有某种不甚清晰的权利，能够征召隶属本地大领主和紧邻海岸的内陆城镇的力量。举例而言，在诺曼底的埃斯图特维尔（Estouteville），领主们的土地靠近大海，因此他们通常为海岸防御提供兵员。阿拉斯的市民则需要在英格兰人登陆时增援加来的守军。1339 年 8 月，当勒特雷波尔遭到袭击时，厄镇的士兵应该提供帮助。总体而言，类似这样的内陆城镇提供的援助大多成效有限，而且到得太晚。这样的防御体系在期望方面显然不能和英格兰海岸防御体系相比，而其也从未成功阻止过敌人的登陆，或是抵御对重要港口的坚决进攻。我们很难将法国的海岸防御规划视为一种稳健的策略。很快，法国人就将因为缺乏有效的海岸防御而付出沉重的代价。[55]

*

爱德华的本该命令他的大臣们停止在英格兰的花销，并指望他们乖乖听话的想法，在某种程度上显示这位英格兰国王的经济形势已经变得十分绝望。[56]自 1338 年 7 月起，他就已经身处低地诸国了。而在他抵达那里的头三个月，他就已经让债权人倾其所有借钱给他，但在第一年绝望而失败的努力中，他并没能发动一场针对法国的入侵行动。到了 1339 年初，上述债务中的一部分已然到期，而来自英格兰盟友的补贴需求却每时每刻都在增长。截至 1338 年圣诞节，布拉班特公爵应该收到 33333 镑的补贴，而且，由于这位公爵是爱德华盟友中最重要也是最不热心战争的一位，到了 1339 年的 1 月，英格兰已经支付给公爵这笔款项的四分之三。除此之外，还有一笔 30000 镑的款项需要支付给巴伐利亚的路易，这笔钱在 1339 年 1 月 6 日到期，而此时完全没有到位。至于前一年许诺给特里尔大主教（Archbishop of Trier）的大笔金钱，同样也是分文未付。按照爱德华三世的承诺，他将在 1339 年 3 ~ 6 月拿出 16650 镑的足额款项交到大主教手中。作为担保，2 月 27 日，英格兰的大王冠（the Great Crown）从布鲁日的当铺中被赎了出来，交予特里尔大主教。以上这些王公贵族，仅仅是爱德华三世债权人中最为位高权重、债务最有压迫力的几位，相比其他愈发坚持索要钱款的小王公、家臣骑士与各式各样的承包商人，他们更能强迫英格兰人满足自己的要求。对于大多数债主，爱德华的经济官员们被要求按照准备好的说辞推脱，1339 年 1 月的内容记录如下："没有任何东西从英格兰抵达我们这里，已经很长时间了"，他们会这样说，"而我们也找不到其他人来借给我们更多的钱了。""已经没有任何剩下的东西可以让国王付账，他甚至也没钱支付自己军队和宫廷的开销……因为很长时间以来都没有来自英格兰的经费，我们已经花光了所有的现金。"另一个较晚的资料来源如此宣称。在安特卫普的冬营里，英格兰国王身边有一小群亲密顾问陪伴：伯格什主教、前首席法官杰弗里·斯克罗普、威廉·蒙塔古、索尔兹伯里伯爵、于利希边境伯爵，以及颇有权势的国王私人秘书威廉·基尔斯比（William Kilsby）。所有这些人，也许除了索尔兹伯里伯爵之外，都全身心地投入到实现 1337 年大陆战略规划的行动中。当经济与组织方面的问题不断给大陆战略设置障碍时，是这些人的意见和建议帮助国王渡过了现实中的难关。

至于爱德华自己，他完完全全相信，在他的国家里有着无穷无尽的资源可供挥霍，仅仅是因为属下的无能与消极怠工才使他没法获得这些东西。"尽管我们总是在不断给他们写信、派遣使者，告知我们身无分文的现状，请求他们立即送来一些羊毛、钱财和随便什么能够征集到的补给品，"国王在 1339 年 5 月写道，"但我们从未收到任何议会投票通过、愿意给予我们的战争补贴，而我国日常的收入也踪影全无，我们什么都没有收到。"[57] 真相则是，爱德华自己早就把上述的钱款花得一干二净。那些税收和国家岁入，在他抱怨之前就早已被用于偿还国王自己所欠的贷款了。那些本可以拯救爱德华三世冒险计划的新征集到的羊毛也被用到了同样的地方。征集羊毛的命令在 1338 年 8 月早些时候下达，英格兰政府原本预计能在一个月之内征集到 20000 包羊毛，但这样的预期完全是荒诞而不切实际的。事实上，政府仅仅获得了不足预期四分之三数量的羊毛，为此御前会议不得不提心吊胆地向国王解释缺额的来源，理由包括教士阶层固执地拒绝为国出力，以及对于可供征集的羊毛总量存在多种计算上的错误等。[58]绝大多数征集到的羊毛从来没有抵达低地诸国，因为爱德华直接将这些货物送到了他的银行家手中，以支付前一年秋季的贷款。超过 9000 包羊毛因为这个理由而被送走，绝大多数支付给了巴尔迪和佩鲁齐银行。剩下的部分则在 1338 年 11 月到 1339 年 7 月之间以小批量托运的方式陆续运抵低地诸国，这些羊毛中的绝大多数直接交给了欧洲大陆的债权人们。最终，英格兰国王只收到了 2300 包羊毛，还得用它们来支付拖欠盟友的款项。更为雪上加霜的是，此时爱德华已经开始因为不正常的公共财政结构而遭受符合经济规律的损失。在布鲁日和安特卫普，市场上的羊毛已经处于供大于求的状态，在前一年秋季，每一包运到大陆的英格兰羊毛需要 9 镑运费，但到了次年夏天卖出时的售价，却只有区区 7 镑。爱德华甚至一度以 5 镑一包的售价寻找借款人，他手里并没有羊毛现货，只能用承诺的价格来换取贷款。

爱德华三世的主要债权人，即佛罗伦萨的巴尔迪和佩鲁齐银行，此时倘若力所能及的话，应该已经在为了挽回损失而咬牙追加投资了。尽管如此，前一年中爱德华所借出的巨额贷款此时已经耗光了两家银行的资源，由此激起的谣言令人十分忧虑，因为这些谣言甚至已经在质疑两家银行自身的偿付能力了。同时，两家银行大笔借钱给英格兰国王的举动也导致其在法国的代理商被逮捕，其在法国境内的资产也被没收。[59]佩鲁齐银行受到上述问题的影响如此之大，以至于其高级合伙人在 1338 年 7 月就从意大利前往低地，并在那里逗留了 15 个月之久。关于爱德华三世情况的信件，由特别信使携带送往佩鲁齐银行的各个分部，甚至包括远在罗德岛的人员都能了解到关于英格兰国王的新闻，由此其才能预先准备好需要的资金。而巴尔迪银行，其在 1338 年的最后几周里就已经拒绝履行一部分义务了，这也是该银行在五年之后崩溃的一个先期预兆。此时，两家银行依旧能够为英格兰国王提供转账服务，并提供一些总体而言属于小额的贷款服务，但它们能做的也就仅此而已。

于是，坚定不移的威廉·波尔取代了两家银行，成为英格兰王室的主要债主。波尔固然贪图钱财，但取得更高社会地位的野心才是他借钱给王室的最主要动机。他希望能够获得在霍尔德内斯（Holderness）① 的大片王室土地，这片领地位于他故乡赫尔的腹地，同时他还想使自己的家族晋升为该地最重要的贵族。波尔认为，他能够促使爱德华以远低于这片土地的价格出让它。意大利人是在毫无察觉的情况下渐渐陷入爱德华编织的网络中，而波尔却是自己一头撞了进去。他从自己能够支配的资源中抽取了大笔金钱支持爱德华，同时还凭借自己的信用去借贷了更多的钱，毕竟，相比爱德华，波尔的信用还要更好一些。到了 1339 年 10 月，波尔借给国王的总额至少达到了 110000 镑。这位大商人已经逐渐处在高处不胜寒的境地。

271

为了补足依然缺少的剩余部分，爱德华不得不转而向那些处于较有优势地位的借款人，和这些人的讨价还价显得更为困难。英格兰国王只能以不合理的超高利率向布鲁塞尔、鲁汶和梅赫伦的商人财团（syndicates）借款。他被迫以偿付利息的代价借钱收购羊毛，然后再将它们卖出，整个过程处于亏本的状态。爱德华甚至不得不将他的主要顾问，诸如林肯主教、索尔兹伯里伯爵与德比伯爵作为人质，扣押在他的债主那里。国

---

① 位于约克郡沿海。

王的经济官员们被告知，只要能拿到现钱，就可以不计任何代价前去借贷。爱德华是个极度重视尊严的人。按照他自己的话说，他发现，对抗破产的方式显得"既危险又屈辱"，[60]他之所以愿意容忍这样的境况，只是为了不至于在没上战场的情况下就打道回府，那样的情况才是最大的羞辱。爱德华支付给盟友们的钱，仅仅能够防止同盟在军队集结完成之前分崩离析而已。

*

法兰西政府所面临的则是另一种困难，因为他们无法确定爱德华三世能够做什么，或者将会做些什么。法国人的战争预算固然更多，但 1339 年的大规模行动也消耗了不少金钱，而只有良好的判断才能在四条战线之间正确分配资源：加斯科涅、北部战线、苏格兰与海上行动都是需要有所投入。1339 年 3 月，法国人对以上地区的资源分配进行了一次总体性审视。他们当时预计，英格兰国王会在 6 月从北方入侵。而在入侵发生之前，法国在陆地上的主力军队，包括 2000 名重装骑兵与 10000 名步兵仍将集结在加龙河谷地，在入侵发生时，这些军队将会被重新部署到北部。法国人计划从 5 月中旬开始时削减南方的军事力量并构建北方的军队，到 1339 年 6 月 1 日索姆河沿线将会有 10000 名重装骑兵，外加 40000 名步兵，而国王与诺曼底公爵的王室军队尚未统计在内。根据法国人的估计，仅仅部署在北方的军队就拥有四倍于爱德华及其盟友的实力。除此之外，在整个夏季，法国舰队也将能够全军出海。以上的计划将会耗费巨大的金钱。根据审计庭的计算，1339 年 6～9 月，法国的支出将达到每月 252000 万图尔利弗尔（约

50000 镑），即便引入特别税，这个数目也是国库收入的 4 倍。
1339 年 3 月 4 日，收支单准备完毕。从这一天开始直到 6 月
初，法国政府都在不断地尝试解决赤字问题，采取的方法包 272
括：召开省级会议，投票通过新的特别税；派遣特使拜访主
教、修道院院长和各种富人，用未来的承诺换取马上兑现的贷
款与捐献。政府计划在四个省份召开省级会议，其中至少一个
省份（覆盖的执法官辖区包括地处前沿的韦尔芒地区、亚眠
和桑利斯）确实执行了命令，并提供了某种程度上差强人意
的帮助。除此之外，来自诺曼底和巴黎的代表们也提供了金钱
或类似的捐献。政府颁布了总动员令，人们为此支付了大笔的
金钱以避免兵役。为了平息以前的不信任，政府将这笔钱交到
地方政府任命的保管人手里，只有在国王或其长子向敌人进军
时才能被使用。以上这些措施，相对来说较为成功。1339 年，
法兰西王室从特别税中获得的金钱可以说不亚于其整个统治时
期内任何一年的岁入，也许还要略多于大多数时期。[61]

在法国，集结军队要比英格兰更容易一些，整个过程耗时
大约两个月。此外，还需要一个月来将任何规模的军队从加龙
河流域送到索姆河流域。尽管如此，直到 1339 年 5 月 21 日北
方军队的集结时间方才敲定。在这一天，法国的贵族们收到通
知，他们需要在 7 月 22 日抵达贡比涅（Compiègne）。不过，
这个期限也只是暂时性的。法国人知道，此时爱德华三世已经
在经济和外交方面处于极度窘迫的境地。事实上，法国人大多
认为英格兰国王将会两手空空地回到自己的国家。腓力六世相
信，自己还有时间可以在英法之间的其他战场上对爱德华施加
压力，耗尽英格兰的战争资源，使之无力供应在低地诸国继续
运气不佳的军事冒险。毕竟，在加斯科涅与苏格兰，英格兰都

已然处于无法忍受的巨大压力之下。[62]

在加斯科涅，腓力命令暂停解散南方的军队。这个决定在春季作出，不过待其生效又经过了一段时间。一名王室的高级顾问，博韦主教马里尼的让在 3 月末被任命为国王的代理人。马里尼是美男子腓力时代著名宫廷总管的同父异母兄弟，他也许不像前任波希米亚的约翰那样具有骑士精神，但作为代理人，他更为称职。此人的组织管理能力并不出众，然而，他是一名睿智的外交家与政治家，也是出色的战略策划者，他将代表国王的利益在朗格多克、加斯科涅边境地区持续发挥作用很多年。1339 年 4 月 23 日，就在法军攻占布尔格与布莱之后不久，马里尼的让走马上任。此时，法国人已经准备将军队转移到北方，由于缺乏值得攻占的目标，军队的斗志已经日渐衰退。这位主教甫一上任，立刻开始着手恢复军队的战斗精神。到了 5 月底，他已经接管了该地区所有王室军队的指挥权。差不多同一时期，主教公布了攻打波尔多的意图。为了实现这一目的，法军需要大批增援部队。尽管北方战线存在着严重的威胁，但法国政府依然决定援助南方。援军中包括一些地位非常高的贵族，他们的领地大都远离索姆河谷地，看看这些人的名单便能感受到法国政府非同寻常的自信：名单中包括波旁的皮埃尔（Pierre de Bourbon）；腓力的男性同族，西班牙的路易斯（Louis of Spain），他是拉塞尔达伯爵（Count of La Cerda）；王国陆军统帅的兄弟，布列讷的瓦尔特（Walter of Brienne），他同时也是名义上的雅典公爵。[63]

法国政府针对苏格兰方向的计划，在支出方面规模不大，但在策略上却非常大胆。1339 年上半年，威廉·道格拉斯一直留在法国。随着他的到来，法兰西对苏格兰的情报工作大有改善。道格拉斯的游击军队在很大程度上控制了苏格兰低地地区。而在福斯湾以北传统上属于爱德华·巴利奥尔的土地上，英格兰军队和它的盟友现在也只能困守于法夫的珀斯、斯特灵和库珀几座城中，对这些城市的补给需要跨越广阔、荒凉而充满敌意的乡间，这样的行动已经变得越发困难。截至此时，这几座苏格兰城市几乎完全依靠来自赫尔与金斯林的海陆运输补充食物与士兵。到了 4 月，苏格兰人中断了休战协定，并开始利用一支从法国雇佣来的小规模划桨巴奇船队，袭击英格兰人漫长而脆弱的补给线。这支舰队的费用肯定是由法国政府承担。1339 年 5 月，苏格兰人围攻珀斯，该城也是最靠北的英格兰军队幸存据点。6 月，威廉·道格拉斯随着五艘划桨巴奇船从法国出发，这支小舰队的指挥官是一名法国私掠船长，名叫于格·奥普尔（Hugh Hautpoul）。和道格拉斯一道出发的，不仅有一群从盖亚尔堡的法兰西宫廷招募的苏格兰流亡者，还有好几名法国骑士及他们的扈从。这些法国人将组成第一支在苏格兰对抗英格兰人的法兰西军队。[64]

反观身处安特卫普的爱德华三世，在保护广阔领地上位于遥远边疆的臣属时，他显得力不从心。目前，英格兰国王唯一能做的事便是给予敌人更具威胁性的印象，指望能够把法国人的军队吸引到北部。1339 年 6 月 20 日，爱德华率领英格兰军队离开安特卫普前往维尔福德（Vilvoorde），这是一个制衣业小镇，位于布鲁塞尔以南数英里。在那里，英军在塞纳河边安营扎寨，等待盟友的到来。除此之外，爱德华还要不断向布拉班特公爵支付小额现金：在 3 月底有一些钱款到了公爵的账上；然后是 4 月 9 日，英格兰人又会拿出一笔钱；而分别在 5 月 2 日、23 日和 27 日，公爵再次得到了数百弗洛林的补贴。

此外，英格兰人还经由佩鲁齐银行在布鲁日的分号获得了
3300 镑，并将这笔钱通过陆路送到了埃诺伯爵那里。毫无疑
问，这样的小额多次付款已显示英格兰人在筹款方面遇到了不
小的麻烦。尽管他们在付钱一事上颇为努力，但盟友们并没有
买账。他们一起提出了一个所需的数目，这个数目远远超过了
迄今为止英格兰人拿出的总数。"倘若办不到的话，"他们如
是说，"我们在战争中也没法提供什么帮助了。"对此，爱德
华完全无法掩饰他的困窘处境。"钱袋空，人也无。"腓力六
世的信使们私下欣喜地唱出了当时英格兰的情况。[65]

在爱德华的盟友方面，皇帝那边的情况显得格外复杂。巴
伐利亚的路易有两个选择，要么与英格兰国王一起入侵法兰
西，要么与教皇和解。他没法确定哪种做法更加符合自己的利
益。本笃十二世传递的信息很明确：路易只能选择两条道路中
的一条。在德意志，经过仔细权衡之后，皇帝的做法是接受爱
德华的全部馈赠，但并不进行任何行动。也许相关的流言传到
了爱德华那里，为了让付出的金钱有所回报，英格兰人也进行
了精心准备。根据计划，5 月 9 日，巴伐利亚的路易应该收到
200000 弗洛林（30000 镑）的津贴，此时他应该随军出发，
前往科隆。在皇帝已经启程但尚未抵达法兰克福时，另外
100000 弗洛林（15000 镑）津贴将会被交给科隆的圣殿骑士
团成员暂为保管。一旦路易拿到这笔钱，他便会离开科隆向埃
诺的集结点进发。然而，英格兰人最终并未要求路易执行这个
精心安排的计划。原因在于，路易除了在 1339 年 4 月收到了
一笔来自安特卫普、由英格兰人历尽千辛万苦才准备好的
5000 弗洛林（750 镑）外，就没有再从爱德华那里拿到任何
津贴。经过劝说，路易唯一愿意做的是，派出五名级别最低的

外交人员前往维尔福德营地，向人们宣布，皇帝与他的代理人
之间依旧有牢不可破的盟约存在，而与此相反的传言皆为
虚假。[66]

　　在攻下康布雷地区之后，爱德华打算为了阿图瓦的罗贝尔
着想，攻打阿图瓦。倘若英格兰国王的盟友们知道这一点，在
行动方面他们一定会变得更加勉为其难。罗贝尔在英格兰低调
逗留了两年，其间他的人身自由还一度受到限制。然而到了
1339 年 2 月，一切都发生了转机，他被英格兰王室官员偷偷
送到了低地诸国，并抵达布拉班特，在一座属于布鲁塞尔公民
的房子里躲藏起来度过夏季。爱德华似乎相信，罗贝尔在阿图
瓦伯国中拥有大批追随者，然而，事实是后者几乎从未治理过
那片土地（1316 年的几个月除外），更何况罗贝尔对阿图瓦的
宣称权也仅仅是基于法律理论分析而产生的可能性而已。英格
兰人以罗贝尔的名义，在阿拉斯和密谋者开始了筹划，据说这
些人对罗贝尔都很有好感。也许，正是这样的行为导致了泄
密。1339 年 6 月，就连远在阿维尼翁的教廷都得知了英格兰
将会进攻阿图瓦的流言。对此，英格兰国王的盟友显得极为震
怒。他们早在 1337 年便向爱德华的大使们指出过，他们不想
插足任何与阿图瓦的罗贝尔有关的事情，并且从伯格什主教那
里获得了承诺，即英格兰国王将会远离此人。1339 年 7 月，
爱德华被迫重新以个人名义作出了以上保证，并让罗贝尔离开
自己，将其送到爱德华的姐姐、那慕尔伯爵夫人的宫廷。罗贝
尔在那里逗留到了 1339 年 11 月，并在那时秘密地返回了英格
兰。他终究会等到属于他的机会。腓力六世在塞纳河畔孔夫朗
（Conflans）建立了他的指挥部，跟踪着上述事件的进展。
1339 年 7 月 11 日，法兰西国王暂缓了北方军队的征召行动，

275

将时间节点推迟到 8 月 15 日。按照腓力六世自己的说法，他"得到了确切的消息"，即爱德华不可能在这个日期之前就作好入侵准备。[67]

1339 年 6 月初，博韦主教指挥法军对波尔多展开了攻击。这次破城的尝试最终功败垂成。法军的总兵力在 12000 ~ 15000 人，这是法军在西南战区一次最大规模的集结，全军将从两个方向对波尔多城发动袭击。法军主力由主教本人和富瓦伯爵直接指挥，这支分队在拉雷奥勒完成集结，并经由加龙河谷行进，于 6 月 6 日抵达波尔多城下。另一支在佩里戈尔和圣通日集结的辅助部队，在布尔格渡过了加龙河，于同一天出现在波尔多城北。此时，波尔多城内已经挤满了难民，这些人来自那些加斯科涅内陆被法军攻占的城堡。守军显得士气低落。法国军队一经抵达，马上开始攻击城墙，在一些奸细的帮助下，他们在围城开始之前就已经在城内布下了自己人。当法军抵达城墙时，内应打开了一扇城门。一会儿的工夫，法军已将一面王室的旗帜升到了波尔多城中，轮值的民兵认为大势已去，于是丢弃武器逃回了家中。奥利弗·英厄姆此时守在波尔多的卫城中，他尽可能地聚集了守军和武装市民，继续和法军巷战，最终迫使对方撤退。尽管法军成功渗透了波尔多城，但此次进攻缺乏良好的计划，而增援的调拨也不够迅速，不足以巩固在城门处取得的突破。在攻城失败后，围城的规划更为糟糕。法军指挥官们并没有预计到可能需要在波尔多长期投入兵力。法军即便有任何重型攻城器械，数量也十分稀少。他们并没有储存足够的食品来供应庞大的军队，而且十分缺乏船只、推车和驮兽来从其他地方运送补给。仅仅过了一周，围城的军队就处于缺乏食物的境地，法军不得不送走部分士兵以维持供应。到了 1339 年 6 月 19 日，法军彻底放弃了围城。[68]

276   相比之下，法军另一次牵制性的打击则取得了较好的效果。此次攻击针对的是苏格兰中部的英格兰驻军。1339 年 6 月初，威廉·道格拉斯和于格·奥普尔用他们手头那支小小的巴奇船舰队封锁了泰河河湾。这一举动，决定了珀斯和库珀的命运，因为这两座城堡已经濒于弹尽粮绝，而两地除了海路之外也没有其他任何与英格兰本土相连的交通线。库珀城堡的指挥官，教士威廉·布洛克（William Bullock）在接受了贿赂之后献城投降，并向戴维二世国王宣誓效忠。这次见风转舵可谓迅速、野心勃勃且手腕娴熟。威廉·布洛克曾为巴利奥尔家族做了六年的宫廷总管，他的行动表明苏格兰的局势已经有了彻底的转变。在英格兰北部的伯爵领中，英军发起了一次坚决的行动，试图阻止同样的命运降临到珀斯。英格兰人迅速集结了一支 1300 人的军队，在 6 月进入苏格兰境内。然而，这支军队始终徘徊在围城营地之外，并没有尝试进攻，因此在援救方面也毫无建树。与此同时，苏格兰人却成功地排干了珀斯护城河中的水，并开始破坏城墙。在城内，驻军在饥饿中挣扎。1339 年 8 月 17 日，他们的指挥官托马斯·奥特雷德爵士（Sir Thomas Oughtred）和他的部下们有条件地放下了武器。他和他的士兵得到了安全保证，然后便离开了城堡。苏格兰人摧毁了这座堡垒的城墙。奥特雷德受到了下一届英格兰议会的指控，被要求对他所获得的安全保证进行解释。奥特雷德替自己进行了有力的辩护。他争辩说已经尽可能长时间地进行了抵抗，直到情况糟糕到无法继续战斗为止。贵族院的领主们认可了他的说法。当爱德华三世开始为了他的大陆征服计划大展宏图之时，在苏格兰，以爱德华·巴利奥尔为国王的附庸国已然灰飞烟灭。[69]

在阿拉斯，两位红衣主教在经过了几乎一年毫无进展的谈判后，依然百折不挠地进行了最后的努力，试图在交战双方之间寻求和平的解决方案。相比之下，远在这之前，教皇就已放弃了和谈的希望。对于谈判，斯特拉特福德大主教并没有任何提议，而腓力六世的大臣们也没有表现合作的迹象。1339 年 6 月，斯特拉特福德最终离开了阿拉斯，返回身处布拉班特的爱德华处，并提交了自己的报告。斯特拉特福德的报告中列举了五个先决条件，他认为，只有符合这些条件，爱德华才能进入下一步的磋商。7 月，两名隶属英格兰中书院的文书将这些条件带返阿拉斯，而这些条件被认为毫无妥协，无望取得进展。五项条件中包括：法兰西立即停止对苏格兰人的援助、腓力六世撤出他的将军们前一年在加斯科涅征服的全部土地，等等。按照教皇的看法，这些条件看起来更像是商谈之后的结果，而不是商谈之前的准备条款。腓力六世马上拒绝了这些条款。于是，双方在阿拉斯的漫长会谈终于正式走向了终结。[70]

在 8 月下旬，英格兰国王一直停留在布鲁塞尔，请求他的盟友们继续支持自己的事业。布拉班特公爵、埃诺伯爵及其叔叔埃诺的让以及盖尔登、于利希等王公贵族都在布鲁塞尔，但他们并没有带去自己的军队。爱德华在处理与红衣主教们的谈判时显得杀伐果断，但这恰恰暗示了他实际地位的脆弱。7 月，最后一批羊毛已经被运出英格兰，并以极低的价格售出，获得的金钱被十万火急地送到爱德华手里。巴尔迪银行和佩鲁齐银行借出了 15000 弗洛林（2400 镑）给爱德华，以赎回一些在布鲁日被典当的英格兰王室珠宝，这些珠宝随后就被送到德意志，并再次进行抵押。英格兰人从梅赫伦和安特卫普的高利贷商人那里以高昂的代价获取了短期贷款。此外，波尔还搞到了 7500 镑，并交到了盖尔登和于利希手中。对于其他应该缴纳的欠款，爱德华说服他的盟友，让他们持有自己的债券，并将还款日期推迟到 1339 年 9 月，他知道，倘若那时还拿不出钱的话，这些王公贵族一定会放弃对自己的一切应尽义务。这些债券在 1339 年 8 月 14 日发行。然而，仅仅过了一周，爱德华就不得不承认他根本没法还清这样的债务。"我们的资源因为花在自己人身上而过分分散，由此我们根本无法在战场上与敌人一战。"爱德华在 8 月 19 日这样告诉于利希边境伯爵。在这样的极端状况下，爱德华不得不打出最后一张牌。即使没有他们，他告诉盟友，自己也会亲自带兵打进法兰西，独自面对法国人。即使终有一死，他也要死得荣耀。英格兰国王的盟友只能不情愿地回应，他们愿意追随他的脚步。这些人最终接受了新制定的薪水和开销数额，但也提出了更为紧迫的催债要求。根据要求，爱德华不仅要发誓在满足债权人之前必须和他宫廷中所有的要人一起留在低地诸国，同时还要提供他扈从中 6 名出身显贵的骑士作为人质，以及 4 名伯爵、6 名男爵和 3 名主教作为担保人，以保证债权人的资产不受侵害。有了英格兰国王试图将阿图瓦的罗贝尔重新推上伯爵之位的前车之鉴，为了进一步保证爱德华盟友的利益不受突发情况影响，王公们的一员，于利希边境伯爵被安插到了爱德华的御前会议中，这一决定即刻生效。只有爱德华满足了以上这些要求，盟友们才愿意接受到了年底和下一年才分期支付的酬金。这些要求看似很有侮辱性，但事实上，它们意味着一项外交上的重大胜利。英格兰国王的一切计划本来在几天之内就已摇摇欲坠，现在又得以再支撑一小段时间。于利希边境伯爵马上被允许成为御前会议的一员，并在之后成剑桥伯爵。[71]

与英格兰结盟的王公都向腓力六世写信，宣布放弃他们在法国的封地，或者承诺一旦远征军开拔便会这样做，只有一人例外，即布拉班特公爵。但即便是他也不能一直回避这个问题。在痛苦而审慎的思考之后，公爵还是开始着手集结自己的军队。反法同盟军一致决定，1339 年 9 月 15 日在埃诺的蒙斯城（Mons）外集结军队，并马上向康布雷进军。[72]至于他们是否要带兵跟随爱德华，从康布雷前进直到深入法国的领土，没人知道，也没人想知道。腓力六世则将法军集结的时间推迟到了 9 月 8 日，恰在敌军预定出发前一周。9 月 11 日，腓力从圣但尼修道院院长那里收到了金色火焰王旗。[73]

*

爱德华三世在 1339 年 9 月的第二周离开了布鲁塞尔，并于 13 日抵达位于蒙斯的英军军营。事实上，他的债主们也对他紧追不舍。[74]在蒙斯，爱德华居住在一座西多会女修道院中，距离蒙斯城只有一小段距离，并在那里等待他的盟友。然而，盟友们并没有悉数抵达。布拉班特公爵依旧在和腓力六世通信，公爵是如此举棋不定，以至于不少法国一方的骑士都认为他不会出现了，因此这些骑士也就没有参加在贡比涅的集结。在与爱德华三世联络时，公爵则抱怨说他还没有准备好军队。公爵出示了大量的账目单据，这些材料显示，自从一个月之前爱德华在布鲁塞尔最后一次和他的债主们清算欠账之后，还有不少欠款没有能够按时支付给布拉班特。此外，爱德华还收到了来自较小的盟友与外籍追随者们的压力，这些人要求预付两

个月的薪水才能参战。就连爱德华自己的军队中也充斥着索要
报酬的声音，有人声称，倘若爱德华不想在盟友的地盘上遇到
令人尴尬的兵变，那他最好赶紧筹集钱款。然而，英格兰用于
战争的金库早已空空如也。对此，英格兰人不得不继续借下更
多的债务，送出更多的人质，并且作出更多义务繁重的承诺。
然而，依旧有些人除了现金一概拒收，而他们提出的要求完全
可能在远征的关键时刻让一切都功亏一篑。在这场新的危机
中，威廉·波尔救了爱德华，波尔东拼西凑来的钱款被支付给
了那些催债最为急迫的军人。按照爱德华自己的话，波尔将他
从突然崩溃的深渊中拉了出来。没人知道波尔筹集了多少钱或
是这些钱从哪里来，但因为他的优异服务，他获封方旗领主，
这对于区区一介商人来说还是第一次。爱德华的军队缓慢前
行，艰难地抵达了瓦朗谢讷，而他本人则在 1339 年 9 月 18 日
抵达了那里。[75]

　　当爱德华还在瓦朗谢讷集结力量时，反法同盟军就已经开
始了对法兰西本土的第一次攻击。在沃尔特·莫尼麾下，50
个没有耐心继续等待下去的人启程前往北方，他们攻击了埃诺
以东的城镇，以及奥斯特雷旺伯国，在这些地方，法兰西政府
渗透到了地方的驻军中。这 50 人在一个清晨抵达了莫尔塔涅，
他们发现城门大开，便涌进了城里，开始四处抢掠，点燃房
屋，直到被赶出城为止。这些人对莫尔塔涅城造成了严重的破
坏，并杀死了一些本地人，他们的行动显得招摇大胆而毫无意
义。真正的战争则开始于 9 月 20 日，此时爱德华三世已经在
盟友们的陪同下从瓦朗谢讷出发（皇帝与布拉班特公爵不在
其中），同行的还包括一些显要的英格兰贵族，以及亨利·伯
格什，对于伯格什来说，这一刻是他整整两年外交努力的成

279

果。反法同盟的成员们沿着斯海尔德河一路向南进军，最终抵达康布雷地区。

盟军以皇帝的名义召唤康布雷主教，命令他允许军队通过他的领地。然而，主教拒绝了这一命令，并且试图抵抗这些军队，当然他完全有理由这么做。法国政府已经帮助他修复了城墙，并沿着康布雷城挖掘了壕沟，还派遣了大批军队驻守在城中，并且任命了法军中最富有战斗经验的一些军官来指挥防御。在反法同盟军入侵法国的第一天，盟军便控制了康布雷城的北部区域。这一侧区域在14世纪包括了一大片沼泽，并有三座城堡用于防御。其中的两座分别位于埃斯科多夫尔（Escaudœuvres）和利兰根（Relenghes），距离康布雷城不足一英里，自从前一年埃诺伯爵突袭康布雷之后就已被控制在伯爵手中。第三座城堡名为蒂安莱韦克（Thun-l'Évêque），是一座建于12世纪的旧堡垒，距离康布雷略远，它守卫着通往康布雷的道路与河流。这座城堡的驻军指挥是一名佛兰德人，他对自己的法兰西主人可没有任何好感，当沃尔特·莫尼的手下准备攻击城墙时，此人接受了一笔贿赂，然后放弃了自己的岗位。爱德华三世的主力部队从康布雷城东绕城而过，然后在城墙与法国援军补给到来的方向间安营扎寨。英格兰国王和英格兰军队将帐篷设在了斯海尔德河畔的田野里，靠近小村庄马尔宽（Marcoing）。爱德华在写给本土臣民的信中堂而皇之地宣称，自己已经在"法国边境之内"了。

一支法军护送着存放守军酬劳的金库前往康布雷，他们和英军迎头相遇，所有军人和金库都被对方俘获，腓力六世这才第一次得知了康布雷遇袭的消息。紧接着，就在同一天，一名来自康布雷的信使也抵达了，他要求知道，为何法军还未出援。此时，法军事实上还停留在贡比涅的集结点，在康布雷以南 65 英里。这支军队的准确规模不得而知，但多数同时代的材料显示，腓力六世手里至少有 25000 人，是爱德华三世军队规模的两倍有余。尽管如此，腓力还是决定不去援救康布雷，而是将军队放在自己认为需要的地方。这是腓力所作出的一系列决定中的第一个，所有这些决定都使他获得了怯懦的骂名。尽管如此，事实上法兰西国王确实有充分的理由保持谨慎。从一方面看，解救康布雷意味着派兵进入帝国的边界，并和爱德华三世的帝国王公盟友们彻底对立起来。毕竟，当时这些王公依然可能抛弃爱德华的事业。此时的教皇是法国利益的坚定维护者，他也告诫腓力不要轻举妄动，也许那些亲近教皇顾问的人也给了教皇同样的建议。[76] 腓力知道，爱德华三世的资源只够进行一场短期的战争。用不了多久，冬季的到来、补给的缺乏以及雇佣兵盟友反复无常的秉性，无疑都将导致他失败，这和在战场上击败英格兰并没有什么两样。真正需要一场战斗的反倒是爱德华三世，因为他担心的是，倘若战争一直处于僵局，那么他的军队就可能将在胜败未分之前分崩离析。最终，法军开拔到努瓦永（Noyon），然后是佩罗讷（Péronne），在那里，巴黎大道穿过索姆河，距离康布雷大约 22 英里。

敌人的不作为令爱德华三世颇为灰心丧气。1339 年 9 月底，同盟军非常积极地进行了攻城行动，希望借此吸引来一支解围的军队，并与之在战场上正面对抗。除了攻城之外，爱德华还派出小股袭击部队攻击康布雷主教的地产，骚扰腓力的臣民与朋友的城堡。"周一，就在圣马太日的晚上，"爱德华向他的儿子写道，"我方军队开始向康布雷地区纵火。这场火灾持续了一周之久，整片土地都被烧成废地，谷物、牲畜与其他

280

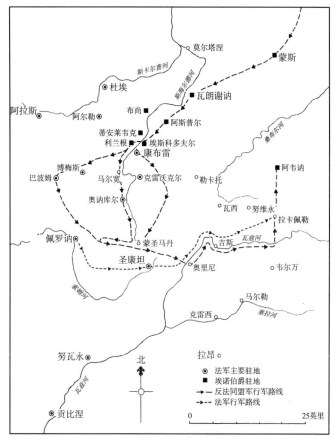

图 6　康布雷地区与蒂耶拉什：爱德华三世的行军
路线，1339 年 9 ~ 10 月

任何东西都没有剩下。"盟军造成的损害如此之大，以至于四
年以后，该地区原本肥沃的教会耕地依然无人劳作，处于被废
弃的境地。[77] 面对有防备的地点时，反法同盟军的表现就不那
么理想了。萨福克伯爵在付出了巨大的代价之后终于夺取了博
梅斯（Beaumetz），并将它付之一炬，而埃诺军则屯兵瓦西城

（Oisy），难以取得进展。⁷⁸大约在 9 月底，盟军对康布雷进行了一次坚决的突袭，却又与成功失之交臂。在康布雷城西北方向沿着斯海尔德河畔，有一座被称为塞勒堡（Château de Celles）的设防城门［这座城门经筑堡大师沃邦（Vauban）重建，留存至今］。这座城门的军事主管是佛兰德人，就像他守卫蒂安莱韦克城堡的同胞一样，他接受了攻城者的贿赂，按约定降下吊桥让敌人入城。然而，在足够的攻城者进入街道之前，城中座堂里响起了报警的钟声，守军的反攻最终夺回了城门。这场战斗的结果正如同年 7 月法军在波尔多所发现的那样，在设防城镇的狭窄街道中，攻城一方军队的战斗将变得难上加难。

到了 1339 年 10 月初，显而易见的是，爱德华三世完全没有取得任何进展。他并不能将腓力六世吸引到战场上，而且他也无法攻克康布雷城，更不用说这座城市对英格兰国王而言其实并没有多么重要。也许此时反法同盟军已经开始缺乏补给，劫掠小分队在康布雷地区夺取大量粮秣也于事无补。在中世纪，军队通常要保持移动状态才能获得充足的食物，而爱德华的军队尽管在规模上小于腓力，但其人员数量依然相当于一座不小的城市。根据爱德华的估计，在康布雷围城之前，他手里大约有 15000 人，不过根据一些可靠的资料推算，当时真实的兵力应当在 10000 人上下，其中不到一半是英格兰人。⁷⁹1339年 9 月 30 日，布拉班特公爵作为反法同盟成员中的最后一员抵达，又带来了 1200 名重装骑兵。皇帝的儿子，勃兰登堡边境伯爵（Margrave of Brandenburg）则在三日后抵达，他带来了显赫的任命与更多的援军。

此时，人们进入了重新评估战争状况的阶段。爱德华不断催促他的盟友继续在法国作战，这在王公贵族中激起了新一轮危机。对于那些领地处在莱茵兰地区的王公来说，他们的土地远离法国人可能存在的报复行动，因此这些人很乐意继续攻击法国以夺取物资，并通过俘虏的赎金获取钱财。然而，布拉班特公爵依然让自己的永久代理人长期保持在腓力六世的随员中，他从法兰西国王那里得到的开价也日渐离谱。公爵要求，在继续战争之前，反法同盟成员必须同意先向腓力六世递交一份最后通牒。[80] 在这一基础上，公爵愿意走出重要的一步，即放弃他在法国的领地并停止效忠法兰西国王。埃诺伯爵则又是另一种情况。伯爵在法国拥有广大的领地，其面积在王公中仅次于爱德华三世。对于攻下康布雷地区的城堡，借此控制更多的领土，伯爵颇有兴趣，但正如那些"贤人（aucuns sages）"所建议的，他并不想攻击法国本土。埃诺的威廉二世和他意志坚定、目标明确的父亲不同，只是一个没有主见的年轻人罢了。伯爵在各个派系的争斗中举棋不定：所谓的"贤人"、小心谨慎的律师、官僚、神职人员以及埃诺贵族阶层的主体成员们，各有各的想法。贵族主流的代言人乃是埃诺的让，此人同时也是伯爵好斗的叔叔。在威廉帐篷内的讨论中，"贤者"最终获胜。伯爵宣布，他不仅会将自己的军队撤出同盟，不再服务于爱德华，同时还要把这些军队带到法国一方。按照威廉的说法，作为法兰西国王的封臣，他有责任保卫法国免受侵略。他的举动看似勇敢，却没有多大实际意义。威廉离开了盟军转投法国，但他的叔叔让却依然以爱德华三世手下元帅的身份继续为英格兰国王服务，身边还有绝大多数的埃诺贵族陪同。

　　1339 年 10 月 9 日，盟军开拔向南进军，并在当晚进入法

国境内。盟军行军序列的安排使得他们能够尽可能依靠经过的
地区获取给养，并尽可能地对最大面积的敌人领土造成毁坏。
盟军分布在康布雷地区西面的所有土地上，前线宽达 20 英里，
所过之处抢走了所有对他们有用的东西，并摧毁剩下的一切。
这支军队的东翼沿着从康布雷延伸出的、西南走向的道路前进
（沿着现代公路 D 960）。法军仅仅在两个地方成功组织起抵
抗，并迫使对方绕过这两个据点继续行军。同盟军中路由爱德
华坐镇，指挥官还有兰开斯特的亨利，也就是德比伯爵，他们
沿着上斯海尔德河谷地中的主要道路行军。中路军遇到的唯一
阻碍是一批由法兰西王国陆军统帅指挥的军队，这些士兵和他
们的主帅原本打算前往康布雷增援那里的守军。面对中路同盟
军，这些法国人不得不退守到邻近的奥讷库尔（Honnecourt）。
一个月之前，法军整修了此处并在这里储存了大量补给，原本
计划将此地变为一个前进基地。[81]英格兰人在 10 月 10 日对这
座城堡进行了一次猛烈的攻击。攻城持续了一整天之久，最终
法国人击退了盟军，而同盟军惨重的伤亡甚至使爱德华十分忧
虑，他担心自己的军队在决定性的会战到来之前便可能解体。
在其他各路，会战的模式也相差无几：同盟军攻下了那些不设
防的乡村，四处纵火杀戮，但这样的作为对于战争的胜负并没
能产生太大的影响，而一旦面对坚固的城堡，他们便会因为缺
乏攻城器械与足够的时间而望城兴叹。在最西面，沃里克伯爵
的军队差点就拿下了巴波姆（Bapaume），这座庞大的边境城
堡守护着佛兰德通往法国的纺织品运输路线。巴波姆的指挥官
已经被收买，但当英格兰人抵达后准备接收城堡时，他的背叛
行径却暴露了。英格兰人看到的是，指挥官饱受摧残的尸体被
挂在城垛上示众，城堡大门紧闭，守卫森严。接下来，同盟军

283

转向南方，进入皮卡第东部，并系统地摧毁了佩罗讷城周围 2 英里之内的所有耕地，那里是法军主力的集结点。当地的村民与暴徒为了满足私欲同样开始四处劫掠，加入了散布混乱与毁灭的行列。一年之后，两位教廷的官员踏上了这片土地，他们沿着当时同盟军走过的路线四处布施救济。他们的记录谈及此地居民的命运时十分严肃且不带修饰，内容却远比编年史作家们激情澎湃的手笔更加震撼。努瓦永教区属下的 55 个村庄，要么主体被毁，要么完全化为乌有：对于村庄的描述，都是类似于"烧成灰烬"、"彻底荒芜"以及"完全废弃"之类的字眼；一个曾经拥有繁华集市的村镇，此时只有乞丐穿行其中；一名经历过入侵的牧师，在做弥撒时控制不住地反复叩击，已经全然无法恢复正常。许多人逃向拥有围墙的城市，诸如圣康坦来寻求庇护，但当灾难过去时，他们发现自己的故乡已经灰飞烟灭。直到 1340 年秋天，无家可归的人仍在街上乞讨。

在法国境内的第一夜，英格兰国王将自己的指挥部设在了蒙圣马丹（Mont-Saint-Martin）的一座女修道院中，此处位于圣康坦以北 10 英里处，距离佩罗讷的距离也仅仅是稍远而已。1339 年 10 月 10 日，两位红衣主教在这里找到了爱德华。主教们在护送下从阿拉斯出发来到这里，最后一次试图劝说爱德华回心转意。这样的行为固然充满勇气，但未免有些不切实际，因此也只是徒劳。当主教们的尝试失败时，对于战略，他们向英格兰国王提出了自己的建议，并试图以此来延缓生灵涂炭的悲剧。按照红衣主教的说法，爱德华至少应当在此按兵不动，直到德意志方面的援军抵达。到了那时，"法兰西国王，"他们如是说，"身边的屏障如丝绸般脆弱，即便英格兰军队不用出全力也能一举洞穿。"一天晚上，两位红衣主教之一，蒙法旺斯的贝特朗（Bertrand de Montfavence）被年事已高的首席法官斯克罗普领到了修道院高塔塔顶。夜空中，群星闪烁，15 英里之内烧成废墟的乡村尽收眼底。斯克罗普问道："看看周围，您难道不认为包裹法兰西的丝绸早已千疮百孔了吗？"主教听罢，气的晕了过去。

1339 年 10 月 10 日，腓力六世离开了努瓦永前往佩罗讷，加入法军主力。陪同法兰西国王一起前往的，有波希米亚国王和六位公爵，以及他们的内廷军队。腓力抵达内勒（Nesle）时，他们已然能够看见前方村庄燃烧的黑烟。就连佩罗讷也早已挤满了士兵和难民，以及来自反法同盟军王公的不受欢迎的信使。布拉班特公爵充满挑衅意味的信件被当着他外交代表的面宣读出来。对于公爵两面三刀的行为，原本不知情的代表深感遭受了侮辱，于是抛弃了主人，转而在腓力的麾下谋了一个职位。埃诺的威廉本人也到了那里，他试图解释过去的行为，并承诺在未来向法国效力。然而，腓力却问他，他的加入是否意味着之后的背叛？威廉难道不是曾经允许英格兰人通过自己的领土，并协助他们蹂躏康布雷地区的土地吗？腓力的一位朋友，埃夫勒伯爵将国王拉到一边，试图平息他的怒气。然而，腓力不为所动。法兰西国王告诉可怜的威廉，他会在接下来的时间里重新考虑该怎么对待他。最终，威廉带着四五百人加入了腓力的军队，并在接下来的战役中跟随法军行动，但腓力对他的态度极其傲慢，并且在此之后再也没有跟他交谈过。[82]

在佩罗讷东部的平原上，入侵者将四散的军队重新聚集起来。10 月 14 日，爱德华离开了蒙圣马丹，加入了大军。在接下来的几天内，英格兰国王的行动却没有了以往的杀伐果断。

10 月 14 日晚，两军在距离佩罗讷不远处的地方相遇，双方相距不到一英里。在法军的营地中，将领们决定在次日黎明向对方发动攻击。因此，爱德华完全可以在这里获得他想要的正面对抗的机会。然而，这次他却没有作好交战的准备。爱德华所担心的，可能是万一战斗出现灾难性结果之后，选择撤退线路方面的问题，与此同时，他也不想在一个如此靠西的地点，在法军主力与驻军兵力雄厚的康布雷、图尔奈和里尔之间进行交战。当间谍向英格兰国王汇报了法军决定的动向后，爱德华几乎是立刻趁夜色拔营而去，并迅速向东撤退，经过圣康坦的城墙，然后朝瓦兹河（River Oise）方向行军。同盟军中，英格兰军队第一个渡过了河，这些人随后冲进小镇奥里尼（Origny），并将那里的一切都烧成废墟，连女修道院和本笃会修道院也不曾放过。[83] 爱德华抵达这里之后，就将他的指挥部设在了废墟中。这一天是 10 月 16 日。腓力六世听说自己的猎物逃走后显得怒不可遏，他长篇大论一番，指责自己的仆从和廷臣太过轻率，他的讲话也成为每个敌方间谍的第一手材料。法兰西国王说道："难道朕在自己的房间里轻声谈话也难以避免英格兰国王从旁窃听吗？为何他总能潜伏在侧？"发完牢骚之后，腓力率军离开佩罗讷，前往圣康坦并重新等待下一个机会。

在爱德华三世的军中，情况正变得艰难起来。在前往佩罗讷的路上，新的争执初现端倪，而补给危机也日趋严重。英格兰军队自身的补给体系构建得十分合理，他们拥有大量的驮畜和一支大型车队，装载掠夺到的补给品。然而，其他同盟王公的军队则没有这样的体系。爱德华不得不花钱购买推车，并雇民夫来保障勃兰登堡边境伯爵所部的后勤，边境伯爵此时刚从康布雷地区抵达，随军没有任何的运输工具。[84]至于其他的王公贵族看似都拥有一些车辆，但完全不敷使用。这些人都希望能够在进入法国之后，马上打一场决定性的战斗，而一旦战斗的时间被拖延，他们的军队就只能忍饥挨饿。在奥里尼，英格兰和埃诺的军队向法国腹地不断派出袭击小队，以搜索战利品和补给。其中一支部队由德比伯爵、索尔兹伯里伯爵、北安普敦伯爵和埃诺的让带队，他们率领 500 名骑兵沿着塞拉河谷逆流而上，长途奔袭。这支军队烧毁了拉昂地区的克雷西（Crécy-en-Laonnais），摧毁了马尔勒（Marle）的郊区，还攻击了另外至少 15 座村庄或城镇。马尔勒附近的安宁圣母院（La Paix-Notre-Dame）被同盟军摧毁得如此彻底，以至于到了一年之后，其中的修女们依旧在拉昂的街道上乞讨过活。在桑城（Sains），当地居民带着所有财物躲进城堡避难，在同盟军攻克城堡之后，这些人都死在燃起的大火中。那些没有外出的同盟军军队，则逗留在瓦兹河畔，消耗补给，抱怨连连。到了 10 月 17 日，盟友们前往英格兰国王驻地向国王请愿，声称他们想在饿死之前撤军。爱德华不得不从自己的补给中拨出一部分，供给这些王公的军队。他还建议，这些王公应该把自己的步兵送上英格兰军队的驮马，迅速向未经掠夺的地区进军，并从那里获得食物补给。私下里，王公们对此抱怨颇多，他们认为这样继续战争已显得毫无意义。

由于法军的突然出现与接近，上述同盟军内部不和谐的声音随之立即消失。法军领袖向爱德华发出了正式的挑战书，时间定在之后一周的周四或是周五，即 10 月的 21 日或 22 日，地点则"可以挑选一个不受河流、城墙或是工事限制的开阔场地"，这将是一场平原之战，战斗的结果将由上帝公平裁决。挑战信经由拉博姆的勒加卢瓦之手传递给他的一名男性萨伏依同族，此人也是一名雇佣兵并在英格兰军队中服役，他把挑战信带到了同盟军营地。在经过深思熟虑之后，爱德华三世与反法同盟的成员们授权此人回信，接受法军的挑战。

286　　　奥里尼并非是适合战斗的地方。此时，同盟军散布在瓦兹河的一处宽阔河湾中，河道切断了向北撤退的通道。将领们决定，后撤到蒂耶拉什（Thiérache），向着埃诺的边界行军。他们满以为可以攻下吉斯（Guise），这里有一座跨越瓦兹河前往埃诺的桥梁。吉斯名义上属于埃诺的让的女婿，而实际上则由让的女儿控制。爱德华三世军中的指挥官早已开始与驻军将领接洽，后者甚至还把补给与武器卖给英格兰人。[85]然而，当埃诺的让带着他的人抵达吉斯墙外时，却遭到了抵抗。于是，让烧毁了城市的外围，率军经过了这里。反法同盟军沿着瓦兹河继续东行，焚烧了他们遇到的每一个村庄。蒙索勒维埃耶（Monceau-le-Vieil）的村民们告诉教皇派去的赈济人，那些路过的士兵将他们的房子抢劫一空，然后在房中点起一把火，随后将整个村庄都烧成平地。事实上，这样的行为并非个例。在多数地方，村民在军队经过之前便已逃离。在同盟军身后，法军保持大约落后半天的行程，穿行烧焦的土地和村落。

1339年10月21日夜，爱德华在小镇拉卡佩勒（La Capelle）和村庄拉弗拉芒格里（La Flamengrie）叫停了军队，在这里，努维永（Nouvion）的密集森林变成了开阔的耕地。法军在22日抵达比朗福斯（Buirenfosse），并在那里停留，此地是森林边上的一个小村庄，距离英格兰军队的营地大约4英里路程。刚入夜的时候，三名法军间谍在探查同盟军营地时被发现，同盟军这才第一次确认法兰西国王已经抵达。这三人被抓，并分别受到询问。三人都承认，法军将在第二天，即1339 年 10 月 23 日发起进攻。

爱德华以高超的战术眼光选定了他的战场。这片土地略带坡度，从拉弗拉芒格里向法军的驻地倾斜。侧翼的树林防止了西边任何可能的包抄手段，而盟军还牢牢控制着拉卡佩勒村旁的路口，杜绝了法军从东面发动进攻的可能。一条罗马时代的道路成为预定的撤退路线，它从爱德华的营地一直向北延伸，直抵埃诺的阿韦讷（Avesnes），那里距离交战地点不过 10 英里远。22 日夜，英格兰国王和他的指挥官们一起研究了军队的部署，直到次日黎明才敲定了整个方案。爱德华下令，让所有的士兵下马作战，而马匹则被安置到后方。他将自己的弓箭手布置在两翼，而中央稍稍靠后的位置上则部署着全军的其余部分：盟军的主力被分成三列置于一条深深的壕沟之后，壕沟本身由威尔士长矛手保护。爱德华自己坐镇第一列中央指挥，伯格什、斯克罗普与王室内廷卫队环绕在他身边。兰开斯特的亨利、德比伯爵与萨福克伯爵位于第一列右侧，而索尔兹伯里伯爵、北安普敦伯爵和彭布罗克伯爵则负责左侧。德意志军队，包括勃兰登堡边境伯爵、于利希边境伯爵和埃诺的让的士兵被部署在第二列。布拉班特公爵的军队负责殿后。事实上，这样的布置原则同样适用于杜普林荒原之战与哈利顿山之战，就连七年之后的克雷西之战也脱胎于此。德意志人并没有见过类似的部署方式，"但他们看到战场部署利于防守，军队布局透出狡黠，英格兰国王自信满满，因此也感到满意。他们踏上自己的战位，准备战斗到幸存或者阵亡为止"。布拉班特公爵允诺，倘若任何人能够缴获法兰西王家军旗的一小部分，哪怕是不及成人手掌大小的一块碎布，公爵都愿意提供 1000 弗洛林作为奖赏。战斗开始之前，盟军还特地分发了葡萄酒以激励士气。一大批侍从由英格兰国王亲自册封，成为骑士。这其中的一些人，如约翰·钱多斯爵士（Sir John Chandos），[86]注定将会名扬四海。

287

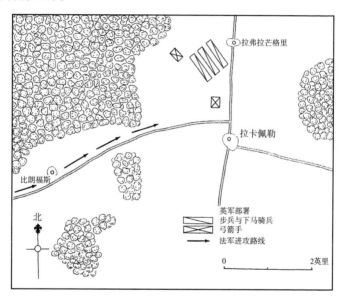

图 7　英格兰军队在拉卡佩勒的部署，1339 年 10 月 23 日

　　相比之下，法军则保持着战斗状态度过了整个夜晚。在这一夜，整支法军几乎无人入眠。反法同盟军中像沃尔特·莫尼这样大胆的指挥官，不断以小股兵力突破法军的防线，杀死哨兵，并袭击落单者。清晨时分，法军的先锋已经接近了同盟军的营地，并在原地等待命令。然而，期待中的命令却始终没有到来。在法兰西国王的王帐中，人们开始了一场互相之间充斥着恶意的争论，为了是否要进行会战而吵闹不休。执行经典的

288

英军战术需要敌军的配合，对方应该使用骑兵冲击英格兰阵线的中央，由此，敌人会将自己钉在长矛兵的枪尖上，并在两侧长弓手的漫天箭雨下惨遭屠戮。法军的指挥官显然对此一清二楚。在前一天下午，法军的侦察部队就报告了英军战线前沿壕沟的深度与长度，而 10 月 23 日早晨法军俘获的一些德意志骑士则交代了同盟军各部分的具体位置。完全使用拖延战术击败英格兰国王，和正面打败敌人赢得胜利，又能有什么不同呢？当然，除了胜利本身，还有许多其他的东西需要考虑。有人认为，法军已经在同盟军劫掠过的土地上行军多日，此时已是饥渴难耐，也许拖延战术确实更为适合。另一种观点让感情因素压倒了军事理论：“当敌人在国王的眼皮底下，在他的王国境内烧杀抢掠之际，王国的军队近在咫尺却拒绝战斗，国王一定会被视为傻瓜与恶棍。”争论持续到中午，腓力终于决定不主动进攻，而是坐等同盟军前来攻击自己的军队。于是，法军的前锋接到命令，后撤并建立防御工事。这个决定没能得到多数人的欢迎。一场完全防御性的战斗无法带来赎金和战利品，军人也无法从中获得荣耀，对于腓力个人而言，这样的战斗只会使他被人轻视。法兰西贵族将国王的顾问斥为“狡猾的狐狸”。这些贵族还戴着狐皮帽、披着狐狸皮来取笑顾问们。尽管如此，从纯粹军事的角度来看，拒绝战斗也许是个正确的决定。倘若法军在拉卡佩勒发动进攻的话，遭受的惨败恐怕会和克雷西之战一样广为人知，而拉卡佩勒也不会仅仅因为 1918 年德军停战代表的驻留而留名青史。

法军前锋的后撤行动在英军战线的位置上能够看得一清二楚。没过多久英格兰人就发现，法国人也开始挖掘壕沟，并将长长的树干拖到自己的防线前方作为掩体。对于法军的突然变化，爱德华并没有嘲笑。他知道，这意味着自己发起的这场战役已经失败了。同盟军这边，王公与将领们开始讨论下一步的行动。显然，让英军主动攻击占据防御位置的、规模更大的法军是难以想象的。至于重整军队继续等待，也不是现实的选择。同盟军同样缺乏食物和饮水，而王公们也日益难以约束。他们宣布，爱德华的军队已经取得了一场道德上的胜利，因为这支军队摧毁了法兰西北部的大片土地，却未曾受到反击；他们已经向法兰西国王挑衅，让他在最不利的情况下接受挑战，而法兰西国王只能放弃战斗，一事无成。到了当天下午5点，天色渐暗，同盟军纷纷上马准备离去。此时，法军以为对方将发动攻击，因此法国人的营地中出现了一小段时间的混乱。然而，同盟军并没有进攻，而是调转马头向北而去，沿着罗马时代的道路前往阿韦讷。在这一天，唯一的一场战斗反倒是发生在英格兰士兵和一群德意志人之间，双方因为战利品分赃不均而大打出手。在同盟军离去之后，腓力六世匆匆赶往圣康坦。

289　他的军队则在比朗福斯过夜，并在第二天清晨走出营地，检视同盟军曾经列阵的地方。从近处端详，英格兰军队的工事似乎没有那么可怕，壕沟也并没有法军想象的那么深、那么宽。在这之后，法军返回了圣康坦的军营，并结清了报酬。

*

　　奥利弗·英厄姆在南方安排了一次转移法军注意力的攻势，而此次攻势恰好和爱德华在北方攻入法国的行动同时发生。尽管如此，英格兰人在南方的行动太过迟缓，因此相比爱德华而言更是一无所获。为了应对北方的威胁，法国人在7月就撤走了大批军队，进而北上，一同离去的还有几乎所有的高等贵族。即便这样，法军在南部依然拥有一支庞大的军队，包括 3200 名重装骑兵和 12000 名轻装步兵。这些军人都在当地征召，他们的驻防点数量众多，聚集在加龙河与多尔多涅河的谷地，以及加斯科涅公国的东南边境附近。为此，英厄姆不得不改变自己的计划。1339 年 10 月 12 日，他率领一支小小的军队踏出波尔多，沿着加龙河谷地向上游行军。一开始英军试图突袭朗贡（Langon），这座城镇坐落于加龙河岸边，毗邻英法控制区的边境，对岸就是圣马凯尔。然而，英军抵达这里时却发现，此地驻军多达 340 人，对于一座拥有完善城墙的小城镇而言，驻军的规模显得相当可观。英军的攻城尝试失败了。没过几天，法军已经开始向英厄姆所部的位置集中兵力，而到了这个月的月底，英军被迫南撤，进入巴扎斯地区（Bazadais）。在此之后，这支小小的英格兰军队一度向名城大邑图卢兹前进，这也是百年战争开始以来图卢兹第一次真正受到战火波及。看起来，似乎英厄姆在图卢兹的显贵中得到了可观的支持才发动了这次进攻。但此时，法国人结束了收获季，又牢牢控制着城市，英厄姆的军队根本无法造成多大的破坏。到了 1339 年 12 月，这支一事无成的英军终于回到了波尔多城。[87]

*

1339 年 10 月 13 日，英格兰议会在西敏大厅召开，那些没能跟随国王前往法国参战的人们，如情绪低落的公务员与排名靠后的贵族，为这次会议奠定了沮丧而失望的基调。[88]当年的谷物收成不足，而羊毛的价格因为爱德华三世和他的大商人们用大量出货冲击了欧洲北部市场而异常低迷。英格兰北部，特别是坎伯兰和诺森伯兰，经历了几乎没有间断的游击战和半官方的土匪行径，已几近不毛。虽然民不聊生，但人们需要承担的税收、供应国家的产品却更甚以往。

爱德华三世的顾问们警告说，议会的议程将会异常艰难。国王从他的军队中派了三个人作为代表出席，他们是：斯特拉特福德大主教、达勒姆主教理查德·伯里及威廉·波尔，他们被授权作出一些让步，以平息一部分显著的不满。在会议开始时，斯特拉特福德进行了冗长的讲话。他向与会者解释，国王因为英格兰本土的经济困难和补给不足，已经被迫将远征法国的计划推迟了一年，同时也阐述了爱德华是如何在 9 月中旬进攻康布雷地区的。斯特拉特福德还当众宣读了亨廷顿伯爵的通讯稿，以及佩鲁齐银行代理人的记录，告诉人们爱德华进入法国领土、抵达圣康坦城下的详细经历。大主教说，所有这一切之所以能成为现实，是因为国王以非常不利的条件借贷了巨额的款项，只有议会慷慨地提供足够的税款才能还清。也许议会中的观众们并不知道这些不利的条件有多么可怕，但他们确实得知了借款的总额。根据斯特拉特福德的披露，爱德华所欠下的债务，截至此时已经超过了 300000 镑，这相当于英格兰正常年景下十年的岁入，或者说比议会财政援助的 7 倍还要多。

斯特拉特福德差点就在议会中得到了他想要的东西。议会两院都同意，国王"在短期内"亟须钱财。而贵族院的贵族们早已受到国王的影响，他们提议对每年的谷物、羊毛和羊肉征收一笔十分之一的税款。然而，此时平民院的代表们早已全身心地投入到抵制强买的斗争之中。他们索要的是政府的让步，他们强烈要求政府宣布一项法令，让所有的王室承包商将来还清欠款，否则将以逮捕论处。议会同意了。根据平民院的请愿，当时的王室首席承包商被捕，并收押于海军监狱中。差不多在同一时间，政府不得不取消了一切尚未兑现的强制性购买许可。至于税收问题，议员们私下商议考虑了许久，最终宣布，倘若他们同意这样的税收，恐怕自己的代表地位也将不保。按照他们的说法，所需的数额过于巨大，他们需要回到家乡和自己所代表的公社商议之后再行决定。也许到了下一届议会时，同样的问题还会再次引起纠纷，但截至此时，国民们依旧希望帮助国王获取胜利。平民院在 1339 年 10 月 28 日散会，此时为时尚早，拉卡佩勒两军对垒的消息尚未传来。在同一天，爱德华三世抵达了布鲁塞尔，在那里，他一面和盟友们开始了为期一周的长枪比武盛会，同时也一起着手重塑攻击法国的计划。"请始终牢记，"几周之后，教皇在写给英格兰国王的信中说，"因为战争的负担，您为数不少的臣民早已穷困潦倒；随着战事继续，这样的负担恐怕只会更为沉重；即便付出如此，对任何战争而言，胜负依旧难料。"[89]

百年战争

THE HUNDRED YEARS WAR

I

试炼
［下］

Trial by Battle

乔纳森·萨姆欣百年战争系列

by Jonathan Sumption

〔英〕乔纳森·萨姆欣 著　傅翀 吴畋 王一峰 译

社会科学文献出版社
SOCIAL SCIENCES ACADEMIC PRESS (CHINA)

目 录

·上·

·下·

地图与作战计划

文　中

文　末

9 佛兰德联盟与斯海尔德河
战役，1339～1340 年

1340 年 1 月 26 日，爱德华三世自称法兰西国王，这一消息震惊了欧洲的其他国家。在阿维尼翁，尽管教皇的代表常驻英格兰宫廷已超过两年，本笃十二世依然声称这条新闻让他"震惊万分、呆若木鸡"。自从爱德华成为佛罗伦萨银行业最大的债务人以来，布鲁日的佛罗伦萨公社就密切关注着这位英格兰国王的一举一动，但这次他们也显得措手不及。在这些人与佛罗伦萨共和国内部的通信中，他们这样写道："你们可以尽情想象，我们有什么样的新闻要告诉你们。"这个令人难忘的戏剧性事件，将在此后的 120 年里影响着英法两国的历史。然而，爱德华三世自称法国国王的这种在政治领域的惊人之举，从权谋的角度来看，是颇有讽刺意味而且充满世俗务实精神的行为。在开战长达三年之后爱德华才称法国国王的事实，已经在某种程度上显示了这一点。[1]

1329 年，英格兰议会不顾爱德华母亲的强烈反对，指出法兰西王位的宣称权毫无意义，应当被彻底遗忘。至少在接下来近十年的时间里，这成为现实。1329～1337 年，世人没有再听闻金雀花王朝（Plantagenet）对于法兰西王位的觊觎。不仅如此，在经过这段时间内发生的不少事件之后，相比当初，继承法国王位的可能性已经变得愈发遥不可及。1329 年，爱德华三世在亚眠大教堂向腓力六世宣誓效忠；两年之后的

1331 年，爱德华又同意，他应被视为进行过君臣效忠（liege homage），这是中世纪时最为紧密的一种封建依附关系。爱德华在 1329 年固然没有成年，但签署 1331 年协议时，他夺回英格兰大权已有几个月，并自己作出这一决策。对爱德华而言，以上行为意味着，他自己就是对腓力六世王权最为维护、对自己的王位宣称权放弃最为彻底的人。除此之外，想要夺取法国的王位，还存在着另一个困难。1332 年 5 月，纳瓦拉的让娜（Joan of Navarre）诞下一个儿子，取名查理。日后这个婴儿将以"恶人查理（Charles the Bad）"之名，在 1350 年代的法兰西内战中扮演一个毁灭性的角色。让娜是美男子腓力长子路易十世的女儿，这意味着（正如爱德华的律师们所指出的那样）倘若一个女人可以将法国王位的宣称权传给后代，那么无论是爱德华三世还是腓力六世都不应该获得王位，反倒是此时还是婴儿的查理拥有更优先的继承顺位。[1] 同时代的人们并非没有注意到这一点，但事实上，能够想到这一点的人并不多。即便是在英格兰，腓力六世是否能够成为合乎法统的法兰西国王，在 1337 年之前也甚少有人加以思考，而其他地方更是到了 1339 年才有质疑者出现。

一开始，重新提出王位要求的举动被归结于阿图瓦的罗贝尔，这位贵族在密谋领域可称无冕之王。对于英格兰的编年史作家而言，自从 1336 年罗贝尔抵达英格兰，直到 1342 年他离世为止，此人的行为似乎并未掀起多少波澜。但在欧洲大陆上的情况却大相径庭。根据记载，几乎每件和爱德华三世有关的

---

[1] 纳瓦拉王国和当时的法国不同，不适用《萨利克法典》，因此女性后裔同样拥有继承权。

事件都有罗贝尔插手的痕迹。当然我们几乎可以确信，这样强行将所有事件都归结到一个人头上的做法，是法兰西政府的官方宣传。就在爱德华正式提出王位要求后几个月，有人写了一首颇有名气的传奇诗歌《苍鹭之誓》（The Vow of the Heron），这首诗的某几个版本在法国北部与低地诸国流传甚广。根据这首诗中的说法，在一场举办于伦敦的宴会中，罗贝尔劝说英格兰国王索取王位，这影响了后者的声誉。在诗中，当宴饮正酣时，罗贝尔进入爱德华的"大理石大厅"，并呈上了一盘烤苍鹭，他说："最羞怯的鸟献给最懦弱的国王，他抛弃了本应由自己继承的高贵的法兰西，至死都难以夺回，只因他的怯懦。"诗中爱德华承认了这一点，并回复说，他已经向腓力六世宣誓效忠，他说"宣誓时我年纪尚轻，作出的承诺不名一文"。现在，爱德华发誓，将会把火焰与死亡带返法兰西，在夺回王位之前绝不接受休战与和平。其他出场的人物几乎包括了之后二十年里所有的军事英杰，他们也进行了类似的宣誓。接下来又轮到罗贝尔出场，他说："现在我获得了自己的道路，今天，我猎获了这只苍鹭，由此开启了一场伟大的战争。"经过一些三流诗人与宣传资料作者的宣传，阿图瓦的罗贝尔的功绩成了正史的一部分。1350 年代，列日的伟大编年史作家让·勒贝尔撰写了他的著作。从任何角度上来说，勒贝尔都不可能反对英格兰人，在他的笔下，罗贝尔于 1336 年末至 1337 年初的冬天潜移默化地获得了爱德华的宠幸，并让英格兰国王相信，1328 年法兰西大贵族关于继承权的裁决（罗贝尔是当事人之一），由于没有很好地听从爱德华代理人的呼吁，显然缺乏效力，而爱德华相比腓力更有资格继承王位，这激起了爱德华的野心。半个世纪之后，在博华萨编年史的最终版本里，阿图瓦的罗贝尔于 1337 年 3 月成为议会的座上宾，当时一位无名教士发表了支持爱德华继承法国大统的讲话，内容旁征博引、充满激情，但讲稿则出于罗贝尔之手。[2]

293

英格兰国王宣称拥有法兰西王位的真实原因，恐怕就不那么多彩而富有戏剧性。起初，对英格兰而言，想要发动针对腓力六世的一场正式战争，还缺乏严谨的法律依据。究其原因，如果腓力是法兰西国王的话，那么毫无疑问的是，爱德华就是他的封臣，因阿基坦公国与蓬蒂厄伯国。这两块领地已经被宣布罚没，倘若爱德华想要挑战这一裁决的话，似乎只有去法庭上打一场官司才能解决。封臣不能主动发动侵略战争。而即便是武力防御自己封君的权利也存在疑问，爱德华带着英格兰和德意志的军队入侵法兰西北部边境更是缺少合法的借口。[3]进一步来说，倘若爱德华真的想要和腓力作战，那么在实现封建义务方面的第一要务，便是解除和法兰西国王的附庸关系，并"反抗"自己的前任封君。如此一来，爱德华将会放弃他持有法国领土的唯一法律基础。从法律的角度上看，想要摆脱附庸关系的枷锁，唯一的解决之道便是宣布腓力并非符合法统的法兰西国王，他也就自然而然不是爱德华的合法封君了。我们不应该低估中世纪时代的人们对于合法性的依赖，对爱德华三世这样的人来说尤其如此。爱德华自己所掌控的，便是一个有着庞大律师阶层的官僚政府，而服务于他的外交人员，对于国际关系中的法律往来也是司空见惯。即便爱德华三世没有像这些人一样修习过法律知识，他也在日常实务的积累中获得了同等的眼界。

对于爱德华盟友中那些身为法国人，或是在法国拥有封地的王公贵族而言，他们在准备对法战争时也有着相同的考虑

（至少他们中的多数都是如此），毕竟，他们就像爱德华一样，也是法兰西国王的附庸。对于腓力六世统治合法性的质疑，在对抗法国时将是有力的宣传武器，爱德华并不需要阿图瓦的罗贝尔来告诉他这一点。从 1337 年秋季开始，在王位合法性方面的争执已经成为现实问题，英法两国国内都开始将此作为严肃讨论的话题。[4]爱德华三世十分擅长利用他人的争执来实现自己的目的，同时也能够将敌国的叛徒和反对派收归己用。和任何其他时代的入侵者一样，也许爱德华也喜欢夸大敌方异见者的支持来帮助自己的事业。阿图瓦的罗贝尔只是这些人中第一个走上前台的。在阿图瓦伯国的另一边，一个名叫福科涅的让（Jean de Faucogney）的勃艮第领主娶了腓力六世的堂弟的女儿，此人和其他王室成员之间产生了严重的资产纠纷，因此自然而然的，他通过自己信任的仆人和英格兰国王搭上了线。除此之外，在佛兰德，爱德华三世得到的支持也并不仅限于那三个爆发革命的大城镇，某些颇有影响力的贵族也倒向了他的一边。佛兰德的亨利是伯爵的叔叔，他在 1339 年 2 月向爱德华三世宣誓效忠。佛兰德的居伊（Guy of Flanders）则是伯爵的私生异母兄弟，他在 1337 年的卡德赞德之战中被俘，又在 1340 年重新以爱德华支持者的身份出现。爱德华为了将被俘的居伊赎到自己手中，支付了 8000 镑，这笔巨款在某种程度上显示了居伊的价值。研究一下爱德华索取王位之前的三周，有多少"各式各样的法兰西豪门望族"写信来寻求支持，一定是一件趣事。1340 年 1 月之前，爱德华自称法兰西国王的举动仅限于会见上述诸人之时（而且这种时刻并不常见）。对于这些贵族来说，爱德华是否宣称自己是法国国王，确实有着实质性的区别，这不仅对于他们自身很有意义，同时也能让他

294

们更好地约束部下。倘若爱德华不是法国国王，那么这些人就是在反叛与叛国；倘若爱德华理应头戴王冠，那么眼下这场战争便是内战，而他们所参与的也只是政治斗争而已。[5]

在英格兰政府内部，持不同意见的声音此起彼伏。很有可能的是，在 1337 年 3 月议会召开时，英格兰人就讨论过对于法国王位的主张会有何种作用。正是这一届议会批准了最早的战役计划。上述的说法见于一名英格兰编年史作家笔下，喜欢凭空编造的傅华萨也有所提及。[6]倘若果真如此，英格兰人讨论的结果恐怕不太乐观，因为根据记载，爱德华根据议会建议，派往欧洲大陆的使节和"最为卓越的君主腓力，法兰西杰出的国王"进行了交涉。事实上，在 1337 年 8 月底爱德华指示发布的宣传公告中，并没有任何体现染指法兰西王位的意图，反倒是自始至终正确地称呼了腓力的头衔。将腓力称为"自封的法兰西国王"并不是英格兰中书院的创举，而是德意志皇帝巴伐利亚的路易的发明。早在爱德华之前，路易就敏锐地觉察到，倘若能够让公众怀疑死敌法兰西国王的王位合法性，那自己就能在宣传方面获得巨大的优势。面对路易的做法，教皇本笃十二世十分不悦，因为前者在信函中以蔑称称呼腓力的头衔，这使得教皇拒绝答复皇帝。[7]

只有在与皇帝联手之后，爱德华才开始对腓力使用同样的称谓。然而，到了 1337 年 10 月，在议会于当年第二次召开时，事情又发生了巨大的变化。这一切的起因也许是源自国王和大贵族间的商讨。在这一阶段，爱德华依旧希望在几周之内就发动对法国的攻击，军队已经集结在英格兰东海岸的港口中整装待发；伯格什主教和其他御前会议成员正准备和英军前锋一同启程前往荷兰。此时，有必要正式表明蔑视腓力六世的立

场，并解决一个棘手的法律问题：如何让爱德华在放弃对腓力 295
效忠的同时，防止他在法国的领地被剥夺？理论上来说，放弃
效忠等同于放弃领地。因此，现在有必要审视腓力是否应该被
当成法国的国王。倘若爱德华想要保有加斯科涅的话，恐怕英
格兰别无选择，只能否认腓力的正统性。只有这样，爱德华
才能继续合法地拥有他所控制的土地，而"瓦卢瓦的腓力"
夺取的那些领地，按照爱德华的说法，"并不属于腓力，而
是英格兰国王暂时放弃，由全能的上帝暂时托管"。挑战法
兰西国王的文书在 1337 年 10 月 19 日完成，由伯格什在一个
月内带往欧陆。与此同时，伯格什准备了为数不少的外交预
案，他手中的材料甚至可能互相冲突，目的则是为了以防万
一。预案之一，是爱德华以英格兰国王及阿基坦公爵的名义，
授权伯格什"与最为卓越的君主腓力，法兰西杰出的国王及
其指派的代表，对于法兰西王国所有权的疑点，以及王国应
当归属于他，还是归属于英格兰进行谈判"。可以看出，外
交的圆滑在伯格什手中已经做到了极致。当然，伯格什主教
手中同样也有一些用词不那么委婉含蓄的文件。这些文件大
胆宣称，爱德华三世的头衔应当是"上帝圣眷的英格兰与法
兰西之王爱德华"。这些文件中还有资料表明，法兰西的王
冠，根据继承法，理应落到爱德华的头上，多年来爱德华并
没有发难索取自己的王室权利，但现在他打算完成自己的本
职工作。爱德华的几名王室代理人，包括布拉班特公爵、埃
诺伯爵以及于利希边境伯爵，都被授权在法国境内为他工作，
他们的任务是向当地的高级教士和贵族解释英格兰国王的权
利，并争取支持。总而言之，伯格什的文件显然是用于秘密
谈判的，目的在于获得法兰西境内腓力敌人的帮助，特别在

佛兰德人中更是如此。然而随着时间的推移，形势改变了计划。入侵法国的计划本应在六周之内实施，但此时已被推迟，爱德华也在红衣主教的劝说下宣布暂时停止敌对行动。因此，准备递交给法兰西国王的挑战信也就被暂时压了下来，直到次年才完成交付。至于那些赋予王室代理人职责的文件，恐怕从未从伯格什的文书手中发出。尽管如此，1337 年 10 月英格兰人所作出的决定并没有随着时局变迁而遭废弃。在那之后，英格兰政府在公开文件中始终将腓力称为"自称的"和"事实上的"法国国王。倘若腓力不该为王的话，那谁拥有这个资格呢？这个问题被小心地回避了。显然，此时英格兰的策略是保留在需要时提出王位的宣称权，但暂时不予使用，以免人们因王位宣称权的存在而认为腓力的头衔实为正统。爱德华希望暂时性地削弱法国的王权，但并不急于完成致命的一击。[8]

296   1338 年全年到 1339 年的绝大多数时间里，英格兰政府都保持着这种模棱两可的态度。双方在阿拉斯进行了冗长而毫无进展的外交会议，从 1338 年 8 月一直延续到 1339 年 7 月。在此期间，英格兰中书院的办事人员将会议文件的用语变得尽量灵活。他们一方面避免称呼腓力六世为法国国王；另一方面也不至于因为公开否认他的头衔而激怒他，使得法国人离开谈判桌。当爱德华还逗留在沃尔顿（Walton）等待前往欧洲大陆时，英格兰已经在着手准备大使们的委任文件了。文件都是一式两份，一份文件中正确称呼了法国国王的头衔，另一份则以"我们的法国表亲"的蔑称相对待。差不多一个月之后，当爱德华抵达安特卫普时，他首先完成的事务之一便是撤销那份将腓力称为合法国王的文件。这整件事不一定是伯格什的手笔，撤销文件时他确实在场，但起草文件时就未必了。1338年11月这些委任状已经修改完毕，对腓力的称呼定为"我们的法国表亲"以及"自封的法国国王"。所有英格兰使节都收到指令，不论如何，他们的所作所为不得影响日后爱德华三世对于腓力王位的宣称权。至此，产生了一个有趣的问题：这些使节们在实际操作中到底使用了什么称谓来称呼法国国王呢？看起来，似乎还是尊称的使用更多一些。教皇的代理人全程监督了阿拉斯会议，但教皇本人并没有在1338年冬季的磋商中发现有任何人挑战腓力的继位合法性。在教皇看来，爱德华并没有否认自己是腓力的封臣；双方争议的焦点在于如何定义爱德华的独立性。本笃十二世的看法完全正确。此时的爱德华对于法国的王位并没有真正的兴趣，对他而言，王位宣称权只是一件准备就绪的法律武器，需要时随时可以亮出，而事实上，确实没过多久他便得以借此发难。在阿拉斯会议临近结束时，座谈协商最终被兵刃相见取代，直到此时英格兰代表们才正式将帮助他们主人索取王位的事项列上日程。按照英格兰代表们的说法，如果法国人顽固地拒绝任何让步的话，那么王位宣称权便是唯一的应对手段。即便此时双方已经剑拔弩张，倘若能够得到合理的提议，代表们依然愿意三思后行。此时应该是1339年6月。到了7月，英格兰人建议，将双方的争执交由教皇仲裁。为此，他们花费了大量的时间进行准备，并参考《圣经》的文本，同时考察习俗和法律，以便撰写阐述爱德华对法兰西王位固有宣称权的文件。然而，法国人彻底拒绝了上述建议，最终英格兰人花费大量心血，创造出的颇有独创性与说服力的文件都被浪费了。[9]

*

我们不应该怀疑，爱德华三世最终是被佛兰德人说服才自称法国国王的，后者坚持将自称法国国王作为与英格兰结盟的条件。战争伊始，佛兰德人的中立地位得到了交战双方的承认，而他们也一直派人监视着己方南部和东部边界上正发生的事件。佛兰德的主要港口斯卢伊斯港没有遵守中立原则，反倒是成为法国和意大利战舰的基地，同时还在 1339 年 5 月成为一场小冲突（前已述及）的发生地。除此之外，佛兰德关于战争的记录既稀少又平淡：冲突各方之间的信使来往不断；在洪特河边的浅滩上，间谍们守株待兔；驮兽队伍满载布鲁日佩鲁齐银行的金钱，前往安特卫普、布鲁塞尔和瓦朗谢讷，支持那里的外交和战争花销。爱德华三世想方设法避免与佛兰德人对立起来，一旦有盟军的醉酒士兵和不受约束的船员闹事，他便迅速行动，以慷慨的补偿防止事态升级。[10] 爱德华在 1338 年遭受了挫折，但他并未放弃希望，依然想将佛兰德从中立国变为自己的盟国。对于改变佛兰德的公众舆论，爱德华有着非常浓厚的兴趣，他定期和三大革命城镇的领导人通信，并给予他们慷慨的津贴，亲切回应他们的请托。爱德华赞助了一名多明我会修士，让此人在佛兰德伯国替自己布道，宣传英格兰的事业；还派出一名牧师并让他"几乎走遍了佛兰德的每一寸土地"，探寻每个当地人对自己的看法。[11]

纵贯 1339 年，在佛兰德，人们渐渐转到支持爱德华的立场上来，虽然当年 10 月英格兰国王在拉卡佩勒遭遇了挫折，但他得到的支持有增无减。战争的降临，使得古已有之的仇恨重新浮上水面。腓力六世明白，佛兰德的土地上始终存在着针对法国人的敌意，他也想方设法加以平息。尽管如此，他的让步并不能满足雅各布·范阿特维尔德的胃口。在经历过 1339年的事件后，范阿特维尔德构思出一个野心勃勃的计划：收复三处佛兰德城堡领地，分别是里尔、杜埃和奥尔希。这三地早在美男子腓力时期便已被法国人夺走，并入了王室领地。范阿特维尔德的计划可谓相当大胆。这三处城堡领地和佛兰德的其他地区不仅有利斯河（River Lys）相隔，该河可说是天然疆界。并且这三地在语言上属于法语区，而考虑商业利益，它们甚至还是根特、布鲁日与伊普尔的敌人。[12]

范阿特维尔德在这一系列事件中的个人动机很难确认，人们只能加以揣测。他与英格兰人合作的原因之一，肯定是为了确保自己的位置。范阿特维尔德从属于一个叛乱者建立的政府，他们自己管理自己，但又借用伯爵的名义。伯爵本人并没有能力施政，而且在佛兰德人中缺乏威信；但他至少带着合法性的光环，并且仍在努力尝试着保持行动的自由，就像法国大革命时的路易十六一样。一开始对于各项事务，他只能无关痛痒地表示同意，后来则逐渐转变为不顾一切地公然反对。1338年 9 月，伯爵出现在人们的视野中，他穿着根特执政官的制服，行走在图尔奈纪念圣母的游行队伍里。三个月之后，伯爵大人试图在佛兰德西部掀起一场暴动，但失败了。伯爵衣衫不整地在半夜匆忙出逃，前往阿图瓦，并在之后的绝大多数岁月里依附于腓力六世的宫廷。他自己的伯国则失去了明确的统治机构，每个城镇都建立委员会进行自治。对于佛兰德人而言，范阿特维尔德替他们恢复了英格兰羊毛的输入，按照一名编年史作家的说法，他"就像上帝从天堂降临人间一般，拯救了他们"。此时此刻，范阿特维尔德对于根特的控制无可撼动。

298

他的朋友、亲属和盟友一起控制了整个根特政府。在根特的民众中，他有着至高无上的地位。布鲁日和伊普尔是佛兰德的另外两座大城镇，它们对于范阿特维尔德的支持要少于根特，而两城也渐渐成为独立的势力。在这三座大型制造业中心之外，范阿特维尔德以及他在布鲁日和伊普尔的幕后友人只能依赖恩威并济的方式，艰难地争取支持。那些小城镇中，政府任命的特派员和军事主管一起共事，这些官员往往来自根特，他们的任务便是强制执行在英法间保持中立的条款。话虽如此，但这些人往往在实际操作中利用自己的职权之便，为根特的政治与商业利益服务。他们积极推行着压制乡村的策略，不让这些地区和三座制造业大城展开竞争，在有些地区，他们甚至不得不大量使用暴力来扑灭由此产生的反抗。乡村地区的贵族中很少存在根特、布鲁日与伊普尔市民的盟友，在佛兰德西部尤其如此。在佛兰德边境之外，比如邻国阿图瓦的圣奥梅尔（Saint-Omer），充满怨恨的佛兰德流亡贵族渐渐聚集起来，等待着回乡清算的机会。对于像范阿特维尔德这样技巧娴熟的政客来说，对法国的敌意能够带来巨大的政治价值。[13]

爱德华三世不知疲倦地鼓动佛兰德人，给予他们更大野心去攫取土地，并在佛兰德煽动起一股针对法兰西的仇恨情绪。1338 年末至 1339 年初的冬季，他开出大量好处，试图引诱佛兰德人加入反法同盟。佛兰德人在多年间都试图从法兰西国王那里获得这些好处，但一无所获：彻底撤销美男子腓力时代法国与佛兰德所签约中的惩罚性条款；归还属于瓦隆语佛兰德地区的城堡领地；恢复佛兰德城镇在过往曾拥有的一切特权。事实上，以上这些条件只能经由法兰西国王之手才能得到满足。因此，爱德华的要求便是让佛兰德人帮助自己获得法国王位，他以上帝的名义发誓，只要坐上法国国王的宝座，一定满足佛兰德。"伯爵与他的臣民，"爱德华如是说，"被法国国王剥夺了原本属于他们的东西……现在朕作为新的法国国王，决定补偿以往铸成的错误，恢复佛兰德被剥夺的土地。佛兰德的居民一定会重新拥有他们曾经享受过的特权，并获得难以计数的优厚待遇，让他们和他们的子孙永世难忘。"14

　　暂时来说，以上的种种好处尚不足以将佛兰德人拉拢到英格兰国王的麾下。在 1339 年 1 月讷韦尔的路易逃离佛兰德之后，当地的动向便因政令混乱与内部斗争而陷入停滞。城镇的领导者们始终与敌对双方保持谈判，这些人害怕来自伯爵与法兰西国王的报复，同时又不能抵御和英格兰国王一起密谋的诱惑。当英格兰人对法国北部边界的威胁愈发明显时，佛兰德人也开始打起自己的算盘，试图利用腓力六世的困境满足自己的利益。1339 年夏，佛兰德军队开始沿着利斯河谷地集结，准备夺取里尔，此地乃是三处前述城堡领地中最靠北的一个。7月底，这些令人不快的行动的报告抵达了巴黎。图尔奈和其他驻地的法军被派往里尔，加强那里的守军。佛兰德人向腓力六世保证，他们并没有任何侵略的意图。但事实上，毫无疑问这些佛兰德人确实打算攻打法国，而且很可能他们早已与爱德华三世有所勾结。1339 年 9 月初，当爱德华三世向蒙斯进军时，他与雅各布·范阿特维尔德的兄弟约翰进行了多次密谈。到了9月底，爱德华抵达康布雷郊外，并准备向南进军；而此时腓力身在贡比涅，法军主力则驻守在佩罗讷；此时，佛兰德人仍然在利斯河北岸集结加强他们的军队。对此，腓力得到警告，局势严重，因此他决定将讷韦尔的路易送回佛兰德，以便至少在表面上能控制住局势。然而，腓力误判了佛兰德人和他们领袖的心态。尽管路易忠实地执行了法兰西国王的命令回到佛兰德，并且在根特得到了很好的接待，但没过多久，他就成了范阿特维尔德的阶下囚，因此也就完全没法对后者的计划施加影响。1339 年 10 月 9 日夜，爱德华三世进入了法国境内。到了当月 21 日，一个来自根特的代表团带着闷闷不乐的路易伯爵面见腓力六世，并提交了一份最后通牒。通牒宣称，除非法国国王同意马上将三处城堡领地归还给佛兰德，否则佛兰德军队将会跨越利斯河攻击里尔。

佛兰德人的动作还是太慢了。当代表团抵达法兰西宫廷时，爱德华的军队已经从拉卡佩勒撤离。腓力受到的压力骤然减轻，于是他拒绝了佛兰德人的通牒。此时佛兰德人已经处于完全绝望的境地：他们撕毁了与腓力六世的盟约，但同时又不能真正践行自己对法国人作出的威胁。事实上，他们倘若此时不加入英格兰—德意志（Anglo-German）反法同盟，面对腓力六世的报复，他们将完全无力抵抗。[15]

爱德华三世无疑十分幸运，正当佛兰德人遭遇这一变故时，他正不得不因秋季战役的失败而重新调整自己的策略。爱德华比以往更加需要佛兰德的支持，因为当地拥有丰富的人力资源。到了 1339 年 10 月 28 日，爱德华返回布鲁塞尔的当天，他向佛兰德三大城镇的代表们发出邀请，希望他们能够一起参加他与盟友的会议。会议将于 1339 年 11 月 12 日在安特卫普举行。这场秘密会议的细节几乎不为人知，但其所导致的结果则显而易见。安特卫普会议结束后一天，布拉班特公爵与六位英格兰御前会议成员一起，受命与佛兰德人谈判并签订盟约。他们被授权向佛兰德人承诺给予"所有古已有之的特权、自由与豁免权，佛兰德人曾经在我们的时代享受过这些权益，而在英格兰国王和法兰西国王先祖的时代也不例外"。他们还将提议恢复佛兰德的古代边界，在领土方面作出必要的让步。讷韦尔的路易并没有参加这次会议，但无疑他可能会给商谈造成麻烦。路易没有他的朋友和家臣支持，独自一人待在佛兰德，而且，他的行程也受到了根特市政府的精心控制。伯爵的公开亮相，完全由一个被称为佛兰德议会的组织来管理，这个组织的成员全部来自雅各布·范阿特维尔德的朋友和盟友。至于伯爵本人，则彻底沦为了傀儡。[16]

布拉班特公爵以爱德华的名义与佛兰德的代表们进行了会谈。1339 年 12 月 3 日，公爵参加了一个规模庞大的代表大会，数量众多的代表分别来自佛兰德和布拉班特两国的大小城镇，一些表态支持新政权的贵族也被允许出席。会上，布拉班特与佛兰德签订了一个攻守同盟。双方还原则性地同意，未来将对英格兰国王提供更好的支持。在传统上，法兰西国王作为佛兰德人的主人理应被排除在敌人之外，因此，双方有意忽略了佛兰德人准备向法国宣战的事实。接下来的磋商，主要是关于如何与英格兰人建立联系的现实层面的问题。[17]

这些问题颇为棘手。佛兰德人的各地公社曾经同意，永远遵守在奥尔日河畔阿蒂斯（Athis-sur-Orge）签订的条约，否则这些城镇便将受到教皇停圣事的制裁。1309 年，教皇克雷芒五世曾经不太情愿地授予法国国王权利，使它能够随意对佛兰德施加或者撤销上述禁令。此外，这些佛兰德城镇还有大笔的钱款被暂扣在教廷，倘若佛兰德人掀起叛乱，这些钱财也将会被尽数没收。以上这些原因的存在，再加上需要一个合法权威来恢复佛兰德边界并撤销条约条款，不难想象佛兰德人为何会坚持让爱德华三世自称法兰西国王了。正如佛兰德人所分析的

那样，一旦爱德华三世的地位得到确认，教廷的禁令就将毫无
301 效力，教皇也无权没收他们存放在阿维尼翁的财产。佛兰德人
在 1339 年 12 月底提出了他们的要求，爱德华则在次年初接受
了这些条件。对英格兰国王而言，全盘接受对方的开价并非是
预料中的结果。对于佛兰德人的建议，爱德华并没抱有幻想。
他很清楚自称法兰西国王是多么激进的行为，同时也知道倘若
入主法国，将会出现什么样的困难。按照让·勒贝尔的说法，
爱德华"接受了很好的忠告和建议"。

> 爱德华知道，对于一个他尚未征服——甚至可能永远
> 无法征服——的国家，接受国王的纹章与称号将会意味着
> 什么；反过来说，他也很清楚，倘若没有佛兰德人的支
> 持，自己就完全没法从一个更好的战略位置来继续自己的
> 冒险。有鉴于此，在仔细考虑、权衡利弊之后，爱德华将
> 法兰西与英格兰的纹章拼合成四分式样，并自称法兰西与
> 英格兰之王，按照佛兰德人的要求完成了自己的任务。

对于爱德华决定插手法兰西王位一事，让·勒贝尔的记载
与当时其他消息灵通人士的评估大体一致。正如让·勒贝尔所
预计的，这一事件的后果远比它的起因影响深远。[18]
佛兰德伯爵已经预见到上述协商可能产生的结果。他不惜
编造故事，圆滑地宣称，这一切都是在自己的默许下完成的，
甚至还在与布拉班特的盟约上盖下了自己的印鉴。伯爵甚至表
现出非常乐于接受将爱德华三世立为法国国王的计划。尽管如
此，对于和英格兰国王签订条约的计划，伯爵还是坚定地拒绝
了。伯爵秘密安排他还在法国的夫人给他写信，声称她已命悬

一线，需要伯爵赶回身边。路易在佛兰德议会公开宣读了这封信，并成功请辞，得以在一小段时间内离开佛兰德。之后，他迅速脱身，骑马赶往巴黎，再也没有回到佛兰德。[19]

在 1340 年的头三周里，英格兰国王依然留在安特卫普，此时，新的条约细则正在起草。英格兰人在条款中对佛兰德人作了大量的让步。爱德华不仅将三处城堡领地许诺给对方，还割让了阿图瓦（从佛兰德分裂出去已经超过一个世纪）以及图尔奈地区（从未属于佛兰德）。法国国王在佛兰德伯国颁布停圣事的权利被庄严地废弃，而之前条约中惩戒性的条款与积累的债务也同样被永久性地废除。爱德华还以英格兰国王的名义许诺佛兰德人，答应他将会把布鲁日强制性地作为输入英格兰羊毛的唯一指定城市，为期至少十五年；佛兰德商人还能在与英格兰的贸易往来中享有极大的自由和免税待遇，同时还能摆脱一些令人厌烦的约束，诸如伦敦人针对外来商人的贸易保护等。在盟约中，对于军事义务的规定显得非常细致。一支由英格兰、布拉班特和佛兰德三方以均等比例出兵的舰队，将用于保护从低地诸国到英格兰的航线免受法国人的袭击，舰队所需开销将完全由英格兰承担。在陆地上，军事行动的原则却没有写进条约。尽管如此，与会者们都在非正式场合同意，反法同盟将在 1340 年 6 月底集结军队，开始攻打图尔奈。佛兰德人同意为这场军事冒险提供 80000 人的军队，为此他们将得到 140000 镑的补贴。爱德华则承诺，绝不在未经佛兰德人同意的情况下讲和、休战或是和腓力六世展开磋商。[20]

302

1340 年 1 月 22 日，爱德华三世在安特卫普接受了新的旗帜，在旗帜上，法兰西与英格兰的纹章呈现为四分式图案。之后，爱德华和他的王后一起出发前往根特，此时王后已经接近临盆，跟随他们一起前往的包括全部王室内廷，以及布拉班特公爵、盖尔登公爵等王公贵族。1340 年 1 月 26 日，在英格兰国王抵达的当天，当地人在根特的星期五集市上举办了盛大的欢迎宴会。集市也是根特城围墙内最大的开放空间。爱德华站在一个平台上，身边飘扬的旗帜上绘制着他的新纹章。在他周围，簇拥着他宫廷中的重要名流，以及佛兰德三座主要城镇的执政官，其中就包括雅各布·范阿特维尔德。大批的根特民众挤进集市的广场，一睹欢迎宴会的盛况。爱德华大声询问人群，问他们是否承认自己是英格兰与法兰西之王，同时也问他们是否发誓会像从前服从法兰西国王一样服从自己。对此，三大城镇的执政官当场宣誓同意。那些在法国领有封地的贵族，以佛兰德伯爵的异母兄弟居伊为首，纷纷向爱德华三世效忠。爱德华手按《福音书》发誓，他将尊重自己子民的自由。除此之外，他还向当地民众大声宣读了条约中对佛兰德很有价值的商业条款。结束了上述事宜后，这一天剩下的时间被庆典与长枪比武占据。一个当时在场的佛罗伦萨商人向当地的佛兰德人发问，想知道他们对整件事做何感想。按照这名商人的说法，佛兰德人对整件事情比较客气的评论是，将这称为一场"幼稚的闹剧"。[21]

1340 年 2 月上旬，爱德华不仅从根特向佛兰德的法国人发表了一系列宣言，说明自己索取法兰西王位的情况，更将这些消息传播到了法国全境。他告诉人们，自己将恢复"我们伟大的祖先，圣路易"时代的优秀法律与习俗。自从美男子腓力时代以来，不足额的铸币被每一任法兰西国王强加到臣民身上，而这样的行为将被爱德华制止。爱德华的政府不会独断专行，而是会在参考贵族与教会的建议之后才考虑如何治理国家。[22]英格兰国王清楚地知道自己的对手腓力有什么弱点。也许腓力同样明白自己的命门。腓力不遗余力地试图防止佛兰德倒向英格兰一边：他从教皇那里获得了威胁佛兰德人的信件；他自己也恐吓佛兰德人，声称他将切断对佛兰德的谷物供应；他还提供了慷慨的价码，在一份记录中，这些价码甚至包括割让三片瓦隆语佛兰德地区城堡领地中的两片。[23]爱德华的宣言公之于众后，圣奥梅尔忠于法国的执政官们收到了宣言的副本，并将其送到了万塞讷的法国国王手中。腓力的宫廷对于英格兰国王采用的印鉴颇为好奇，印鉴上的图案显示，爱德华一手持权杖、另一手持象征法兰西的鸢尾花登上王位，而在他两侧，则有两个国家的纹章相对摆放。1340 年 2 月 24 日，腓力命令自己的官员拘捕任何携带爱德华宣言的相关人员，并将他们视为叛逆。按照命令，法国官员应当检查每座教堂的大门和每个广场的告示牌，以防宣言的文本被张贴出来。任何被发现的宣言文本必须被撕下并烧毁。法国政府将警告送达了边境各省的官员手中。此外，法国人也采取了紧急行动来防御来自佛兰德边境的威胁。加来城附近的军队被集中起来，驻守入城。在拥有大量佛兰德人口的边境小城利斯河畔艾尔（Aire-sur-la-Lys），当地的执法官被扣为人质，以保证他们对法兰西的忠诚。腓力六世变得疑虑重重、缺乏信任，在他身上已不存在任何安全感。[24]

在对待佛兰德人方面，法国政府也并没有显示宽宏大量的迹象。英格兰人与佛兰德人在根特的宴会之后没过几天，法国就开始对佛兰德实施严厉的经济制裁。到了 1 月，跨越两国国界的双向贸易已经被完全终止；法国国民尚未缴还佛兰德与布拉班特商人的债务一律遭到冻结，政府禁止清偿这样的欠款。

到了 1340 年 4 月 5 日，佛兰德领袖们惧怕的事情发生了：教皇本笃十二世发布了针对整个伯国的停圣事禁令，并关闭了佛兰德境内几乎所有的教堂。对此，根特依旧保持了令人敬佩的坚定立场，准备继续对抗下去。而在其他地方，人群出现了焦虑、不安的情绪，个别地区甚至出现了骚乱。所有那些被要求向英格兰效忠的小城镇，有一部分并非心甘情愿。法兰西国王的呼吁直接唤起了个人的忠诚与保守心态，同时也让那些试图自保的人们心有戚戚。对于那些甘愿抛弃家产追随法国国王的人们，法国政府也提供了可观的补偿。最终，在佛兰德的乡绅和贵族中，很大一批人选择了法国，1340 年全年他们始终在腓力的军中服役，对抗自己的故乡。[25]

*

304　　在英格兰，爱德华三世自称法兰西国王的新闻则没有掀起多少波澜。爱德华三世的这一举动，使得人们重温过去的记忆，想起约翰王、亨利三世以及爱德华一世等英格兰国王潜在的对于大陆的野心，无论如何，争夺大陆土地的雄心壮志属于国王本人，英格兰人对此并没有多少兴趣。爱德华很清楚这一点，因而他也希望能为自己辩护。按照爱德华的说法，他并不打算损害英格兰与英格兰人所享受的传统和自由；他之所以接过法兰西的王冠，是"因为好几个迫切的原因"，他会在以后的时间里向议会好好解释。他的这番说辞颇为虚伪，就算是与他向英格兰人所做的战争动员相比，也显得颇为失当。[26]

　　爱德华长期逗留在欧洲大陆，这导致他没法感受到英格兰国内的民意，他也就无法像以前一样娴熟地控制舆论的走向。在此期间，英格兰国王开征的税款与补给已经引发民怨，而那些他寄往国内的措辞激烈、予取予求的信函，更是使本土的情况雪上加霜。当 1340 年 1 月 19 日议会再开时，爱德华还在安特卫普为了外交颜面进行着努力，经过斯特拉特福大主教的提醒，他才注意到国内的动向。对于爱德华来说，解决资金来源，了结 1339 年 10 月尚未完成的交易，仍是日程表上最为急迫的事情。但此时的平民院可没有慷慨解囊的心情。按照平民院代表的说法，他们需要时间来考虑政府的需要，他们回复的日期将被推迟到 2 月 19 日。到了这一天，两院的会议弥漫着紧张的气氛。爱德华依旧没有出席这次会议。会上，贵族们组成的贵族院同意，对他们的谷物、羊毛和羔羊以十分之一的比例征税。但平民院却没有就税收比例达成一致，反倒是提交了一份关于各方不满的抗议书。平民院代表声称，他们愿意提供相当于 30000 包羊毛的税款，但政府必须满足他们的条件。平民院开出的价码颇为极端：这些代表不仅要求调查政府过往的挪用税款行为，还希望从他们中选出一个委员会，监督税收的使用情况，从而杜绝未来发生类似丑闻的可能性。"倘若不能对税款的使用进行监督，那么我们就拒绝纳税。"面对这一情况，在场的内阁大臣显得惊慌失措。这些大臣可没有批准类似请愿的权力，他们唯一能做的，便是将代表们不受欢迎的要求写成文件，寄送远在欧洲大陆的爱德华三世。对此，贵族院的贵族们坚持说，倘若不能马上筹集钱款的话，政府就无法聚集一支足够大的舰队来保卫英格兰的海岸。平民院最终勉强投票通过拨出 2500 包羊毛充作军费的议案，而这笔支持也就是英格兰所能提供的全部资金了。在通过这个议案后，议会在议题悬而未决的混乱气氛下结束了。[27]

此时此刻，爱德华比任何其他时候都更加亟须资金的支持。他指望 1339 年 10 月的议会投票通过更多的援助，来帮助他支付当年 8 月就应该兑现给盟友的钱款。然而，议会并没能如他所愿，因此这笔欠款早已处于到期未付的状态。1339 年 11 月 22 日，一份国王的财务状况分析指出，爱德华此时需要40000 镑才能平账。为此，政府任命了为数不少的专员四处奔走，从任何可能的地方借钱以拼凑出这笔巨款。然而，国王本人的信用恐怕难以得到他人的青睐。就算四处借钱，最终爱德华也只能筹集到 40000 镑中的一部分。在他自称法兰西国王之时，他的经济危机也到达了顶峰。护送爱德华抵达根特的弓箭手不仅没有拿到报酬，连食物都十分短缺。国王抵达根特之后的遭遇也是冰火两重天：一边是盛大的欢迎庆典，另一边则是新老债主们羞辱性的讨债言行。[28]

对于那些重要的债权人，英格兰国王作出了一个限制自己人身自由的承诺：在不清偿债务的情况下，他绝不会再踏上英格兰的国土。然而现在看来，如果爱德华无法回到英格兰，他就没法从议会那里获取补助，毕竟国王亲临才是满足议会的唯一方法。最终，英格兰国王还是从低地诸国中脱身，但他不得不接受了颜面尽失的条件。爱德华必须留下自己的王后、幼子和索尔兹伯里伯爵、萨福克伯爵充当人质，才能返回英伦。他的盟友提出了严苛的要求，限定他在 1340 年 7 月 1 日前必须带着资金和军队返回。国王在 1340 年 2 月 21 日于斯卢伊斯港登船，并在同一天就抵达了哈里奇港（Harwich）。在接下来的四个月里，爱德华不惜改变一切既有国策，试图让英格兰政府帮助自己实现许下的诺言。[29]

在爱德华踏上英格兰国土的当天，议会又一次召集代表，定于 1340 年 3 月 29 日在西敏商议国家大事。12 名颇有影响力的议员被任命为借款专员，他们以爱德华的名义四处寻找借款对象，政府甚至还提供给他们富人的名单以完成这项工作。为了获得资金，爱德华甚至不惜亲自上阵，恫吓那些有实力的贷款人。有幅画作使我们能够一窥当时的景象：画作描绘的是伦敦商会成员被召集到议会时的情景，商人们被告知，他们拿出的 5000 马克数量太少，他们应当提供一份伦敦的富人名单，以分摊一份高达 20000 镑的强制贷款。经过讨价还价，商会最终被摊派了 5000 镑。这笔钱的一部分被交给了范阿特维尔德在英格兰的代理人。当议会在 1340 年 3 月底重新召开时，爱德华不得不以更友好的姿态来达成自己的目的。他描绘了自己无法获得征税权而导致的灰暗前景。国王将会彻底丧失名誉；他名下的公国与英格兰王国都将面临灭顶之灾；届时，将没有盟友愿意伸出援手；至于国王本人，则必须回到布鲁塞尔作为债主们的人质，直到他的欠款全部还清为止。"但倘若议会能够批准一项税收的话，所有这些可怕的后果都将烟消云散，而他爱德华所进行的冒险行动也将在上帝的帮助下获得一个适当的结果，足以平息所有的不满。"爱德华显然坚信这样的论述。当平民院代表再次抛出他们的观点时，爱德华对于那些依据宪法所提出的要求显得漠不关心。他需要的是金钱，因此他并没有纠缠条款。1340 年 4 月 3 日，平民院投票通过了一款特别税，对一切谷物、羊毛和羔羊征收九分之一的税款，而每个生活在城镇中的人也要按自己动产的九分之一来纳税。[30]

在上一年秋季最黑暗的时刻之后，在某些方面，爱德华成功帮助他的政府改善了公共关系，那些旁听国王讲话的人也许被说服了，他们相信，只要再努力一下，英格兰就能在这场战争中达成目标。1340 年，英格兰空前团结且富有活力，全国上下齐心完成一个共同的使命，下次出现这样的状况要在多年以后，当英格兰人取得伟大胜利之时。此时此刻，战争的目的依旧存有诸多不确定的因素，而各方对于如何继续战争也仍然存在分歧。爱德华三世庄严地向两院请愿，他声称，倘若自己落入法兰西国王手中，希望代表们不要遵从他身陷囹圄时的要求，也决不让英格兰被其他国家吞并。有人认为，在这一届变故颇多的议会中，这次请愿才是最为值得注意的事件。[31]

*

在海峡对岸，法国为了准备战事所进行的努力带来了巨大的开销，这笔花费远超爱德华三世，而法兰西的国民却不像英格兰人那样习惯于被课以重税。只有在法国的北方诸省，地方的纳税者才严肃地对待着敌人的威胁，当地在前一年投票通过的战争补贴已于 1340 年 2 月到账。为了支持战争，政府在贵族中新增了税捐，并在不少于 32 个城镇中引入了销售税来增加收入。巴黎提供的战争补贴就超过了 20000 图尔利弗尔。经过教皇同意，法国政府从教士阶层征收了大笔金钱，用于对抗德意志皇帝这个被绝罚的异教徒的"帝国代理人"所组建的联盟。对于往年挪用十字军远征储备金的行为，腓力也不再继续隐瞒。在法国，教士出现在政府工作的各个领域，因此他们对于法兰西国王的支持，完全不亚于他们的英格兰同行对爱德华的帮助。除此之外，法国不足额铸币的情况正日趋严重，这是一种隐性的税收手段。在法国各省，坚持不懈的政府专员会以个人身份造访富人和修道院，这些专员的要求混杂着威胁与许诺，他们的办事方式与同一时期海峡对岸的英格兰爱德华三世手下的官员如出一辙。[32]

1340 年的战事情况和 1339 年一样，对腓力的财政颇为有利。即便如此，战争经费依然只是勉强够用。相比英格兰政府，法兰西政府缺乏在经济领域天马行空的即兴创作，也没有足够的手段来调控自己的信誉。法国的岁入由多年前颁布的税收法令决定，政府无法获得平稳的现金流入，这严重影响了政府的金融规划，军事策略也深受其害。1340 年 1 月，重镇图尔奈的驻军就曾"日复一日"地发出威胁，除非腓力六世本人向他们保证能够很快支付薪水，否则这些人将彻底抛弃他们的军事职责。在法国，军人能够收到合理的报酬，骑士的薪水更是可以用慷慨来形容。可一旦军队开拔，报酬便不断增加，直到军人回家为止。和英格兰军队一样，法兰西军队在传统上也要求雇主在要求他们服役时预付两个月薪水，尽管最终付款的形式或许可以灵活掌握，但总体而言，军人都希望拿到预支的报酬，现实情况也大体如此。1340 年 5 月，杜埃的士兵拒绝战斗，原因是他们的工资逾期未付，而当地的司库也早已拿不出一个利弗尔了。到了 7 月，梅肯（Macon）的执法官带着他的部下从勃艮第赶到巴黎，他宣称，倘若政府不支付薪酬的话，他和这支军队不愿再向前一步。对于如流水一般花去的资金，可怜的战争金库司库们显得惊诧莫名。[33]

对于腓力六世而言，他有两个战略性的目标需要达成。首先，他打算向埃诺伯爵进行报复，以补偿前一年中在他看来所受到的背叛。在之前的秋季战役中，伯爵在关键时刻改换门庭站到法国一边，但这并没有换来腓力的感激，反而让腓力对威廉更为蔑视。对于爱德华三世的其他盟友来说，埃诺的遭遇将是很有用的教训，因为该地毗邻法国边境，政治上又内斗严重。此外，埃诺还是通往布拉班特的入口。布拉班特本身则是

307

腓力的第二个战略目标，这个公国是英格兰之外，整个反法同盟中第二强的国家，从政治上来说更是整个同盟的关键，对此腓力一清二楚。腓力并没有打算像前一年一样，等待爱德华返回大陆之后再采取攻势，这种策略显然将会导致军队士气低落。取而代之的战略是，在爱德华三世返回之前，便将布拉班特踢出战争的舞台。至少，这样的思路将成为法国人最初的指导思想。

腓力北方战线进攻方案的关键，即斯海尔德河沿线的康布雷城，此处距离威廉伯爵的封地不到一个小时的骑程。1338 ~ 1339 年，威廉率领军队攻下了城市周边的多个城堡，此时依然占据着它们，包括布尚（Bouchain）、蒂安莱韦克、利兰根、埃斯科多夫尔以及阿斯普尔（Haspres）。1339 年末到 1340 年初的冬天，康布雷始终处于备战状态。虽然康布雷此时是一个隶属德意志帝国的城市，但到了 1339 年 11 月，法国政府正式确认了与当地市民之间长久存在的权利与义务关系。一支 600 人规模的法军驻扎在康布雷城中。腓力六世的政府承担了城防维护的责任，同时还为康布雷提供了包括 10 门火炮在内的大量的野战火器。自愿军从市民与城郊居民中被召集起来，对于市郊的兵源来说，他们的居住地与生活方式都已经毁于爱德华三世的焦土政策，因而这些人也就理所当然地进入了军队。显然，不需要任何鼓动，这些人都会急切地希望向敌人复仇。1339 年 11 月 11 日，沃尔特·莫尼的兄弟在康布雷附近遭遇埋伏而被俘虏，并在被押送通过北门时被一群暴民的私刑处死。这就是这场战争的常态，在残酷的百年战争中，军人与平民之间并没有多少明晰的区别。[34]

法军针对埃诺的威廉的渗透式打击早已开始。1339 年 12

月，康布雷驻军在得到一些市民自愿军的支援后，带着攻城武器对城市周围的城堡圈进行了一系列的猛烈打击。12 月初，法国人攻打了埃斯科多夫尔，尽管他们没有夺取这座建立在沼泽地中的老旧城堡，但彻底摧毁了城堡旁的城镇。没过多久，法军又攻击了坐落在斯海尔德河对面的利兰根，一座堡垒式的庄园。这里的驻军是 18 名弓箭手，由埃诺的让的一名私生子指挥，他们坚持抵抗，但最终精疲力竭，于是在半夜放火烧毁了整座城堡，并穿过城堡旁的沼泽逃走了。在圣诞节前的一周里，50 英里之外的锡迈（Cimay）遭到了法军十分野蛮的攻击，究其原因，此地乃是埃诺的让的封地。法军没能攻下锡迈，但摧毁了它周围五座较小的村镇。尽管连遭损失，威廉伯爵却没能从中领悟法军传递的信息。他将这一系列攻击视为自发的强盗行为，并要求腓力六世约束法国的军人。威廉建议他们在桑利斯会面，并在那里讨论双方的任何分歧。然而腓力却丝毫没有约束下属的打算。事实上，腓力还赞扬了法兰西军队的表现，尽管他确实愿意举行会面，但他的行为丝毫没有表现出他认真考虑过握手言和。1340 年 3 月，康布雷的法军再一次发动攻击，这次的进攻方向是康布雷城东南。到了 3 月 26日，法国人彻底摧毁了阿斯普尔镇，爱德华三世在前一年的 9月还曾经短期地将自己的指挥部设在这里。为了进一步向埃诺发出挑衅，法国人甚至将康布雷监狱中的囚犯带了出来，并在埃斯科多夫尔城下处死他们，这样的行为，象征着法兰西政府对埃诺伯爵的控制与权威，同时也昭示之前的攻击乃是经过精心策划的行动。[35]

　　以上这些举动的目的已经不仅限于发动进攻并摧毁敌人的财富。法国人希望能够通过一系列的攻击，清除康布雷与瓦朗谢讷之间沿着斯海尔德河谷部署的敌人，并以此打开法军向低地诸国进军的通道。此前，法兰西政府已经花了近一个冬季的时间来策划这轮攻势。3月下旬，法国北部与东部省份的骑士收到召令，命令他们赶往亚眠与贡比涅（后来改为圣康坦），集结时间定在1340年5月18日，此时，距离爱德华三世预定返回欧洲大陆还有整整六周的时间。[36]

法军的计划令反法同盟的领袖十分恐慌。在1340年春，

309 英格兰在低地诸国利益的代表是索尔兹伯里伯爵威廉·蒙塔古，他身兼数任：英格兰大使，同时也是盟军的指挥官之一，还要作为英格兰国王的抵押被扣留在债权人身边。此外，索尔兹伯里伯爵身边还有萨福克伯爵。对于他们来说，爱德华离开欧洲大陆不过两周时间，他们就得面对一场可怕的危机，而此时英格兰军队还无法返回。隶属于两位伯爵的军队则驻守在佛兰德南部，靠近图尔奈的大批法兰西驻军，要想回援的话兵力显得捉襟见肘。佛兰德的同盟军部队中，一部分是来自布拉班特公爵的骑士和骑兵，另有一些是其他德意志贵族的军队，外加少数从佛兰德和阿图瓦变节到盟军一边的法军骑士，以及伊普尔的民兵，其总数不超过200人。除此之外，一支拥有15艘船只的舰队受命将大约200名士兵带到大陆，指挥他们的是牛津伯爵与沃里克伯爵。尽管命令他们迅速行动，但舰队直到4月方才抵达，实际送抵的人数也才区区24人。索尔兹伯里伯爵必须用手头的兵力抵挡法国人。[37]

在根特的王室寓所中，反法同盟的领袖召开了一次紧急会议。在那里，英格兰王后正在休养生息，从分娩的痛苦中恢复过来。她王夫的盟友聚集在她身边，讨论着他们的计划，参会者包括：索尔兹伯里伯爵、萨福克伯爵、雅各布·范阿特维尔

德、布拉班特公爵、于利希边境伯爵，以及饱受惊吓的埃诺伯爵。在前一年秋季的战事中，埃诺伯爵抛弃了盟友拒绝作战，这次他却不得不前来求援。然而，范阿特维尔德却粗鲁地指出，对埃诺而言，此时它所受到的威胁并不会马上成真。经过讨论之后，同盟的领袖决定，对图尔奈城发动攻击，并把这次攻击作为夏季的主要军事行动。他们希望这样的举动能够将法国的注意力从埃诺引开。有人提议，从三个方向对图尔奈展开包围。雅各布·范阿特维尔德将会率领根特及其他佛兰德人城镇的士兵从北部靠近城市。包括埃诺伯爵在内的帝国王公联军则在埃诺完成集结，然后跨过斯海尔德河，从南部逼近图尔奈。与此同时，英格兰的伯爵们会率领军队大张旗鼓地分散法国人的注意力。英格兰人的计划是，从西部穿过瓦隆语佛兰德地区，并在路上佯攻里尔以引诱敌人的援军。这是个不错的计划，但执行需要三支独立军队之间的精心协作，最终，这一不可能完成的任务被证明是计划失败的主要原因。[38]

1340 年 4 月 2 日，埃诺的威廉在蒙斯正式宣布断绝和法兰西王室的关系。然而，他并没有像预定计划中那样马上向图尔奈进军，而是在他叔叔让的劝说下开拔前往相反的方向，并攻入蒂耶拉什，仿佛重复了去年的一幕。威廉之所以有如此惊人之举，是因为他相信大量的法军正集结于蒂耶拉什，因而可能对他在埃诺东部的大片私人领地产生威胁。此外，威廉也声称，倘若能击败一支法军大部队的话，他将能够在很大程度上挫败法军的计划。话虽如此，真实情况则是，这个小小的插曲并没有给反法同盟一方带来任何益处，而威廉伯爵也并未在战场上取得什么胜利。法国人确实有驻军在蒂耶拉什，但这支部

310

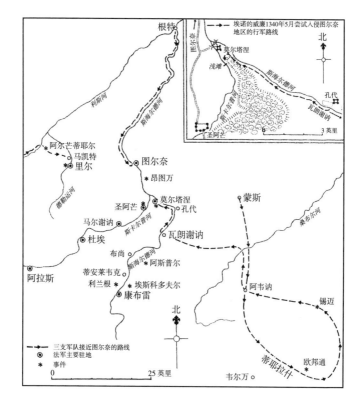

图 8　在低地诸国的战斗，1339 年 12 月～1340 年 5 月

队在规模上并不算大。这支法军的指挥官是布列讷的瓦尔特

311 （名义上的雅典公爵），此刻他离开了军队，前往瓦朗谢讷面见国王。大约在 1340 年 4 月 20 日，让与威廉叔侄二人带着埃诺军队抵达了边境，其他的德意志王公贵族也跟随前往。当发现对方在数量上占据上风之后，法军直接撤进了拥有城墙的韦尔万（Vervins）等待援军，此地位于两国边界以南数英里处。1340 年 4 月 24 日，雅典公爵受命马上返回指挥，可以肯定的是几天之后他便与驻军会合了。面对进入坚固据点的法军，埃

诺人显得畏缩不前，他们转而执行了报复式的焦土政策，之后便撤回了埃诺本土。在整个行动中，大约有 40 座法国村庄因而成为废墟。

在埃诺军队的这次行动中，主要的受害者是欧邦通（Aubenton）的居民。不走运的欧邦通是一个繁荣的小镇，拥有自己的城墙。在上一年的战事中，此地因为太靠近东部而免于遭到爱德华三世的劫掠。欧邦通城中几乎没有驻军，大多数部队都被调到了韦尔万，和其他法国边界部队集中到了一起，其余的军人面对敌人则逃之夭夭。在敌军到来时，城中只有大约 30 名碰巧路过此地的重装骑兵。在当地居民的帮助下，这些人进行了可歌可泣的抵抗，但最终，他们组成的防线还是被敌人用数量压垮，一些人战死，其余则被俘获以换取赎金。整座小镇遭到了埃诺军队的劫掠，之后便被无情的侵略者蓄意毁灭。镇中很大一部分居民躲在一座教区教堂里寻求庇护，但攻城者最终点起一把火，将其中的人全部活活烧死。在百年战争早期的岁月里，这是最为残忍的一桩罪行。教皇委派的赈济人在当年晚些时候抵达欧邦通时发现，那些幸免于难的镇民，不得不在他们住宅的残垣断壁间挣扎求生。不少于 370 个家庭因这场攻城战沦为赤贫。对于这样的结果，据说埃诺的让显得非常满意，恐怕不会有多少人同意他的观点。[39]

与此同时，在瓦隆语佛兰德地区，英格兰人率领的军队则遇到了灾难。1340 年 4 月初，索尔兹伯里伯爵和萨福克伯爵率军按期跨越了利斯河发动进攻。他们麾下的士兵包括了数百名重骑兵，以及大约 2000 名弓箭手和轻装步兵，后者中的大多数人都是从伊普尔征召的新兵。这支部队的第一个目标是利斯河畔的阿尔芒蒂耶尔（Armentières），这座城镇只有少数热那亚雇佣弩手驻守，防御薄弱。英军在 1340 年 4 月 6 日夺取并劫掠了这里。之后，两位伯爵率领军队向东进发。他们不知道，自己的行动正中法军下怀。在这片边境地区，法国一方的负责人是费伊的戈德马尔，他是一名资历丰富的行政文员，但相比待在办公室里处理文书，他反倒更喜欢骑马打仗："他是一名优秀的军人，却不是个好法官。"现在的状况倒是非常适合戈德马尔发挥特长。戈德马尔有理由相信，这次英格兰军队出击的真正目标是里尔。范阿特维尔德吞并里尔城的野心众所周知，就在不久之前，一名里尔市民便因与范阿特维尔德的通信败露而被处死。于是，里尔马上进入了应对围城战的备战状态。市郊的建筑被摧毁以避免为敌军提供遮蔽，而其中的居民则被转移到了城内。法军还封锁了城门，禁止一切人等进出，还从包括图尔奈在内的附近地区调集了数百人，以加强城防实力。

事实上，两位英格兰伯爵的行军线路正将他们的军队带往里尔的北部。1340 年 4 月 11 日，由于某种"胆大包天的愚蠢"（编年史作家亚当·穆里穆斯语），英格兰人决定侦察里尔附近的防御情况，并在城外稍事劫掠。英军把驻地建在了德勒运河（River Deule）岸边，在这之后，伯爵们骑马出发。同行的人包括：佛兰德的居伊，一名来自阿图瓦的名为欧布雷坎的佩瑟瓦尔（Perceval d'Aubrequin）的法国变节骑士，大约 30 名骑兵外加一小队骑马弓箭手。在这些人经过里尔市郊的小镇马凯特（Marquette）之后，法国人发现了他们的行踪。消息被送到了戈德马尔的副将、里尔驻军指挥手里，他在小镇的北方组织了一次针对英格兰军队的打击。在战斗中，两名伯爵被法国人孤立起来无法与其他人一起战斗。最终，英军被困在了袭击者与小镇的壕沟之间。在毫无取胜希望的情况下，这些人勇敢地下马战斗，但最终还是不敌数量上占据绝对优势的法军，夜幕落下后，激战以英军覆没告终。两名伯爵和他们的五名同伴被俘，佛兰德的居伊骑马逃脱，其余人等全部被杀。英格兰人统帅的伊普尔民兵群龙无首，很快也失去组织，离开营地回返故乡。法军的俘虏被捆起来关押在马车中，在军队护送下前往巴黎。大感快慰的腓力六世接见了他们。法兰西的叛徒佩瑟瓦尔很快被处死，腓力威胁说，两名伯爵同样也难逃厄运。不过最终，法兰西国王还是被波希米亚的约翰说服，后者更清楚战争的惯例，他告诉腓力，他们需要用伯爵们来与英格兰交换人质。于是，两名伯爵便被囚禁在了沙特莱。在温莎，爱德华三世在一场长枪比武中途得知了整件事的来龙去脉，对他来说，这是一次沉重的打击。在所有英格兰贵族中，索尔兹伯里算得上爱德华的密友之一，尽管三年来伯爵并不怎么相信国王的战争政策，他依旧忠实而高效地完成了自己在战争中的任务。[40]

最终，三支约定在图尔奈城下会合的军队，只有范阿特维尔德所部抵达。他的军队包括 2000 名根特民兵，以及其他佛兰德城镇提供的数量未知的军队，这支军队在 1340 年 4 月 7～11 日之间的某一天抵达了图尔奈北部的平原，并在斯海尔德河岸边安营扎寨。在图尔奈城内，座堂的警钟鸣响，市民按照演习预案登城防御。图尔奈守军还派人到城郊，焚毁斯海尔德河两岸的建筑，以防止敌人加以利用。对佛兰德人而言，攻城取胜的前景颇为暗淡。此时的天气十分糟糕，气温处于违反季节常规的低点。反法同盟的王公贵族统帅着一支规模庞大的军队，却在 60 英里之外，远水难解近渴，更何况这支大军正毫

313

无意义地劫掠着蒂耶拉什。在这之后，1340 年 4 月 12 日，一名索尔兹伯里伯爵的仆人抵达，将他主人的坏消息带给了范阿特维尔德。后者决定，招降图尔奈。然而，图尔奈城的回复异常坚定，这座城市依然忠于腓力六世。于是，在无能为力的情况下，范阿特维尔德率军离开了这里。[41]

范阿特维尔德刚刚率军撤走，法国人便重新夺回了战略主动。在图尔奈下游 4 英里处有一座名为昂图万（Antoing）的村庄，在这里，一座建于 12 世纪的城堡留存至今。城堡堪称壮丽，在 19 世纪时还经过了浪漫主义风格的修缮，它控扼着一个重要的河流渡口。法军拥有一条守卫着斯海尔德河以及图尔奈附近的斯卡尔普河的要塞防线，这座渡口是防线上唯一的缺口。防线上的要点包括：图尔奈、莫尔塔涅、圣阿芒（Saint-Amand）和马尔谢讷（Marchiennes），这些城市与堡垒堵住了所有通往埃诺的主要道路。指挥守卫渡口对抗法军之部队的，是埃诺伯爵的一名年事已高且眼盲的有一半血缘关系的叔叔。1340 年 4 月 30 日前后，图尔奈和里尔的守军，在勃艮第公爵、王国陆军统帅与元帅的统领下，突袭并夺取了昂图万城堡。取胜的法兰西军队进入了埃诺境内，其行军路线跨越了斯海尔德河两岸。法国人摧毁了攻击范围内的一切，根据官方报告，共有 32 座城镇在此次行军中被法军毁灭。

埃诺的统治者在诱敌时南辕北辙，最终付出了巨大的代价。他们也曾派出一支规模不小的部队试图补救。这支部队主要由埃诺人组成，也有部分布拉班特人和德意志人加入。援军沿着瓦朗谢讷所在的谷地逆流而上，在莫尔塔涅攻击了法军最为重要的设防渡口。在此次攻击的掩护下，另一支军队尝试夺取另一处位于下游 3 英里处的浅滩。然而，这两处攻势最终都告失

利。在莫尔塔涅，一支小规模的法国驻军由一位名叫维埃纳的
让（Jean de Vienne）的勃艮第骑士指挥，此人后来因为在加来
防御战中勇敢对抗英格兰军队的表现而声名大噪。在威廉伯爵
的亲自指挥下，埃诺军的进攻持续了整整 4 个小时，直到埃诺
人疲惫不堪暂时撤退为止。浅滩上的战斗则更加令人印象深刻。
区区 10 名法国士兵，利用老旧建筑物的木材构筑障碍，并在 2 个
小时的时间里屡次击败尝试过河的敌人，直到增援抵达。战斗的
结果震惊了威廉伯爵，倘若不得不撤回莫尔塔涅的话，他原本寄
希望于这个河滩还没有落入敌手。然而结果却异常残酷，10 名法
国士兵便阻止了伯爵的过河企图，而现在他们又得到了数以百计
的来自圣阿芒与附近地区士兵的增援，而且工事完善，更难攻破。
法国人得到增援之后，双方之间又爆发了一场激烈而短暂的冲突，
伤亡惨重的埃诺人不得不再次撤离。夜幕降临，埃诺军只能两
手空空地向瓦朗谢讷撤退。[42]

314

　　法国人期待已久的、针对埃诺与布拉班特的春季攻势[43]在
1340 年 5 月 18 日如期展开。这场战役的指挥官是腓力六世的
长子，诺曼底公爵让（John, Duke of Normandy）。公爵是一位
身体欠佳而缺乏自信的年轻人，时年不过 21 岁，作为父亲的
掌上明珠，他是第一次独立指挥军队。腓力派遣了自己最有影
响力的顾问努瓦耶的米莱辅佐长子，同时还投入了大批作战经
验丰富的士兵，而像阿朗松伯爵和富瓦伯爵这样经验丰富之人
也应召前来。法军的攻势始于圣康坦。1340 年 5 月 20 日，法
国人抵达了康布雷地区的卡托（Cateau-Cambrésis），在那里勃
艮第公爵、王国陆军统帅和诸位元帅率领着从图尔奈赶来的边
境驻军加入了他们。在康布雷地区的卡托发生了一件令人不快
的事情：在那里，一队埃诺士兵攻击了法国军营，并杀死了几

十名还在醉梦中的法国军人。尽管如此，法国人向北方的行军并未受到任何阻碍。埃诺伯爵对此的反应似乎显示他根本没有预料到法国人会发动进攻。埃诺的军队依旧处在野外，但并没有做出任何行动来应对入侵者。伯爵本人则径直逃往布鲁塞尔，向布拉班特公爵求援。在那里，焦急的反法同盟领袖在1340 年 5 月 20 日集合并召开了会议，考虑如何面对法国入侵的灾难。[44] 到了 22 日，即法军离开圣康坦之后四天，先头部队已经进入埃诺伯国，兵临瓦朗谢讷。

让人难以预料的是，法军正是在瓦朗谢讷开始遇到了麻烦。让公爵的行军速度太快，此时他的补给已经告急。法军的补给线沿着斯海尔德河谷穿行，途经陆路与河流，这条路线漫长而脆弱，在康布雷与瓦朗谢讷之间还有三座坚固的城堡阻挡交通：埃斯科多夫尔、蒂安莱韦克和布尚。让麾下的军队足有10000 人之多，因此对于途经地区的有限补给能力而言，这支军队产生了不小的后勤压力，所需车辆和船只也为数不少。但事实上，能够抵达法军驻地的补给少之又少，法军刚刚抵达瓦朗谢讷城下时便已感到了食物逐渐缺乏以致难以果腹。不幸的是，瓦朗谢讷并不是一座可以迅速夺取的城市。该城布局紧凑，城墙坚固，建立在斯海尔德河东岸，只有两座桥梁可以进城。这两座桥防守严密，从西岸起，跨过河流，一直延伸到对岸的陆地才与城市相连。此前，埃诺人已经通过审讯战俘获悉法军攻城的意图，[45] 因此他们拥有足够的时间准备城防。瓦朗谢讷的防务负责人是伯爵的副手，昂图万的亨利（Henri d'Antoing），一名颇有能力而仇视法国的军人。在防御事务方面，亨利还得到了沃里克伯爵以及北安普敦伯爵的辅佐，这两人作为爱德华三世的代表参与了瓦朗谢讷的城防工作。

315

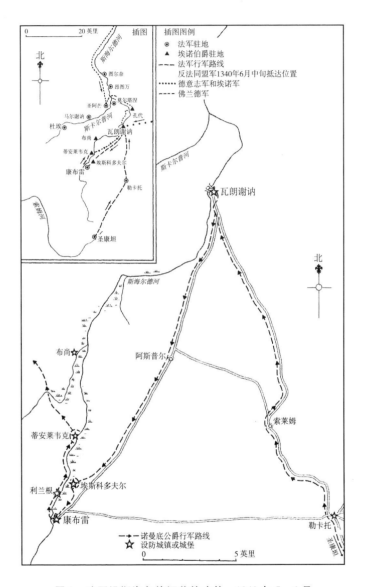

图 9　法军沿斯海尔德河谷的攻势，1340 年 5～6 月

316　　自抵达之日起，法军便开始了例行工作，开始在城郊及附近的村庄中大肆破坏与摧毁。城市周围 2 英里范围内的一切都化为灰烬，包括丰特内尔（Fontenelles）① 女修道院的大部分建筑。要知道，诺曼底公爵让的姑姑是这座修道院的院长，但此地也未能逃过一劫。之后的一天，即 1340 年 5 月 23 日的早上，让似乎尝试了一次攻城行动，因为根据记载，前一天傍晚法国人赐封了为数不少的新晋骑士。⁴⁶要是这样，这次让公爵就遭遇了敌军的先发制人。在 23 日的早些时候，城中钟声大作，守军伴随着大量武装市民涌出城门，出其不意地对法军发动了进攻，并沿着通往康布雷的道路一路追逐着混乱且只顾逃命的法军。此战之后，让的军队损失了大量装备，战死被俘的人数也相当可观。他本人也学到了关于战争这门艺术的第一课：一支法军要么拥有安全的补给线，要么始终保持移动，否则便无法长期在野外活动。公爵率军撤退到康布雷地区北部，并开始着手攻打那些阻隔斯海尔德河上游通道的埃诺城堡。1340 年 5 月 24 日，⁴⁷公爵开始率军进攻埃斯科多夫尔。

　　此时此刻，攻守双方都将各自资源运用到了极限，试图召集一支足够强大的军队来迅速扭转整个战争的局势。埃诺伯爵在布鲁塞尔、根特、布鲁日、伊普尔、登德尔蒙德（Dendermonde）和蒙斯等城镇之间奔波游说，乞求自己的盟友与附庸施以援手，可援军召集过程依旧十分迟缓。在德意志，巴伐利亚的路易在法国东部边界附近焦躁地等待着，希望能够促成一支进攻勃艮第的军队，以此将法国人从埃诺的领地

① 这是一个非常常见的法国地名，此处所指的丰特内尔位于今法国埃纳省境内。

上引开。面对反法同盟的威胁，腓力六世一方面着手应对低地诸国的援军，另一方面也开始准备防御在勃艮第的国土，为此，他从前线各地抽调驻军，并从北方各省征召了更多的重装士兵。[48]

法军很快攻下了埃斯科多夫尔。这座城堡中的驻军仅有 23 人，而外面的沼泽地区则散布着一支 10000 人的法国大军，因此驻军指挥萨西尼的热拉尔（Gérard de Sassigny）怯懦投降也在情理。费伊的戈德马尔是热拉尔的老战友，围城第三天，他出面说服后者，倘若埃诺在一周之内无法提供援军的话，便将埃斯科多夫尔交给法国人。作为交换，法国人愿意让热拉尔到蒙斯面见威廉伯爵，请求同意投降。然而，法国人给出的时间短得荒唐，伯爵甚至还没准备好如何应对，期限就到了。1340 年 6 月 3 日，热拉尔返回埃斯科多夫尔，将这座城堡交给了法军。对于热拉尔，法国人慷慨地付出了 10000 弗洛林，同时还出钱买下了城堡中为了准备长期困守而储藏的堆积如山的补给。然而，热拉尔却没机会享用他得到的巨款。刚走出法军驻地的他便被手下的士兵们抓住，送到了埃诺伯爵手中。威廉将他绑在车轮上，敲断四肢而死。①

法军摧毁了埃斯科多夫尔的城防，之后沿着斯海尔德河向下游继续行军 4 英里，开始攻打下一个目标蒂安莱韦克。在那里，防御一方的士气显得更为高涨。对于蒂安莱韦克守军而言，他们知道自己隶属于一支规模较大的军队，他们在守卫着一个坚固的堡垒的同时，援军也已经在路上了。到了 1340 年

317

---

① "broken on the wheel" 是欧洲常见的一种酷刑，在神圣罗马帝国境内常用于处死谋杀亲族的杀人犯。

6月6日，法军开始使用重型攻城器械昼夜不停地轰击城墙，并打出了几个缺口。此时，双方的增援都正在赶来。法国援军来自从默兹河流域省份、蒂耶拉什与拉昂地区（Laonnais）等地抽调的驻军，这支部队在1340年6月7日抵达。大约在6月15日，法兰西国王亲临法军驻地，还带去了一支庞大的骑兵部队。腓力将自己也置于儿子的指挥下。在蒂安莱韦克城外，总共集结了多达18000名法军。在同盟军一方，英格兰人和德意志人的联军则从两个方向逼近蒂安莱韦克城。德意志王公贵族此时已经在瓦朗谢讷城外集结起他们的军队，这支军队主要由布拉班特人组成，此时正沿着斯海尔德河东岸逆流而上。除此之外，还有一支由雅各布·范阿特维尔德统帅的佛兰德[49]大军正从西面穿过图尔奈地区赶来。

蒂安莱韦克城堡坐落在斯海尔德河西岸，而且十分靠近河水。攻城的法军直接在城堡四周扎营，并在附近营建了为数不少的浮桥以运送补给，这些浮桥距离城堡很近，并有重兵把守。对于反法同盟军而言，不幸的是，他们的作战计划指望两支军队在法军两侧同时发动攻击，佛兰德人从西面前来，而德意志人则在强渡斯海尔德河之后从东侧展开进攻。在现实中，这样的计划从未成为现实。德意志王公贵族们大约在6月20日抵达蒂安莱韦克城对岸。他们试图突袭抢占浮桥，但在激烈的肉搏战中败北。之后，他们尝试引诱法军列阵而战，但法国人只是控扼河道，并没有出击的意图。因此，德意志军队只能无所事事地在河边看着对岸的敌人。现在，一切都只能靠佛兰德军了。尽管佛兰德军人多势众，但其兵员大都缺乏经验且没有纪律。最终，这支军队也没能抵达蒂安莱韦克城下：图尔奈的法军派出一支500人的分队，在斯卡尔普河的一处渡口挡住了他们。尔后，佛兰德人试图绕远路从孔代（Condé）和瓦朗谢讷接近他们的目标。然而，当这支援军还没有抵达时，埃诺的威廉就已经决定放弃战斗了。时至此刻，蒂安莱韦克的驻军已经放弃了城堡破碎的墙体，他们躲在临时搭建的工事后，认定继续抵抗已毫无意义。1340 年 6 月 23 日夜晚，城堡建筑上燃起了火苗。法军赶忙抓起武器，迅速占领了外城以防守军逃走。然而，法国人却发现，城堡中此时早已空无一人。守军从一个无人防守的缺口溜走，然后找到地方渡河并加入了对岸的同盟军。破晓前一小时，反法同盟军的王公贵族决定向北撤退，将化为废墟的蒂安莱韦克，以及埃诺边界以南所有的斯海尔德河谷土地拱手交予敌人。于是，法军的下一个目标定在了布尚，而此地也是瓦朗谢讷以南最后一个重要的据点。

　　由于其他地方所发生的事件，布尚得以幸免。当腓力与儿子准备离开蒂安莱韦克时，新闻传来：爱德华带着他的军队于 6 月 22 日从奥韦尔坐船启程，而此时英格兰舰队已经靠近佛兰德沿海了。

318

10 斯卢伊斯与图尔奈：阿尔布雷战争，1340 年

1340 年 1 月 23 日，在西敏，英格兰御前会议与主要港口的船主们进行了磋商，并确定了年度海军的核心战略。不同寻常之处在于，在讨论这样一件关于战争运作层面的事项时，这些人所做的决策得到了当时正在召开的议会的批准。也许英格兰人当时提出了两个依旧存在疑问的假定：首先，法兰西海军大概不会去和英格兰争夺通往北海的航道，以将陆军通过北海运往其他地方，而宁愿将更多的力量投入劫掠英格兰沿海地区上；其次，对英格兰而言，既然法国人不再能够利用佛兰德港口驻扎舰队，那么受到威胁的就只是英格兰的南部海岸而已。在这次商谈中，英格兰西南部诸郡的港口表示愿意提供 70 艘超过 100 吨的战舰，并承担它们力所能及的费用。显然，这样一笔费用不可能非常多。五港同盟同意提供 20 艘同样大小的船，伦敦提供的配额则是 9 艘，其费用将由国王与地方的海事公社均摊。看起来，除了伦敦人之外，其他与会的代表似乎都作出承诺，他们将会提供比约定数量更多的船只，政府非常严肃地对待了他们的承诺。1340 年 2 月 12 日，政府命令所有船只集合在达特茅斯（Dartmouth）和温切尔西，集结时间定在了 3 月 26 日。不久之后，4 月时，两个港口里集结的舰队收到新的命令，前往拉伊湾待命，并作好准备，一旦有任何船队从英吉利海峡法国一侧港口驶出，即刻加以拦截。如此，爱德

华便能安全地使用任何来自北部海军部以及英格兰其他地区的
远洋船只，搭乘它们跨越北海，无论这些船只是大是小，都能
保证航行的安全。征集这些船只的命令发布于 1340 年 3 月 6
日。这些船中的大多数只能做运输用，在战舰方面，爱德华需
要指望雅茅斯来提供，而佛兰德人也贡献了一支规模不大的舰
队。[1]

英格兰政府又一次下定决心，打算从地中海地区雇佣桨帆
战舰来辅助作战。威尼斯共和国能够提供 40 艘，但这批战舰
需要预先支付真金白银才能获得。更何况，面对英格兰人，威
尼斯政府采取了托词的方式来回避合作。作为爱德华的代理
人，尼科利诺·菲耶斯基在阿维尼翁教廷的暂住地活动，此时
他非常关心的问题是，能否帮助英格兰从法国以南的地方雇佣
战舰，以及如何阻止腓力六世做类似的尝试。菲耶斯基工作的
具体内容不为人知，但他的努力确实引起了法兰西政府官员的
担忧。法国人打算用一次大胆而非法的行动阻碍他的工作。4
月的一个晚上，在阿维尼翁的住处，菲耶斯基被一些法国人绑
架，他们将这位衣衫不整的代理人拖到了圣安德烈要塞（Fort
Saint-André），一座位于罗讷河法国一侧阿维尼翁新城
（Villeneuve-lès-Avignon）的巨大城堡。这样的行为侵犯了菲耶
斯基的外交豁免权，并在教廷和法兰西政府之间产生了短暂而
激烈的冲突。6 月初，这位外交使节被释放，但此时雇佣地中
海桨帆战舰进行夏季作战为时已晚。[2]

对英格兰人来说，挫折固然存在，但他们另有一份无价的
收获足以安慰自己。在 1340 年的前几个月里，英格兰人进行
了一系列的突然行动，最终使得腓力六世几乎失去了全部属于
他个人的桨帆舰队。

320

　　1339 年 9 月，热那亚发生了一场平民革命。那些大贵族世家，无论是保皇党还是教皇党都遭到了驱逐，而此时的国家大权则落入了一个颇有权谋的平民政治家手中，此人名为西蒙·博卡内格拉（Simon Boccanegra）。法国政府并没有预见到此事产生的重大影响。这场革命的主要发起者，恰恰是艾顿·多里亚桨帆战舰上满腹抱怨的水手，他们在法国布洛涅发动兵变之后就返回了热那亚。因此，热那亚的新政权有充分的理由不支持法国政府，也理所当然地不愿帮助法国人补充他们损失的水手。英格兰人马上插手，以扩大法国和热那亚之间的嫌隙。1339 年冬，英法两国都在热那亚安插了代理人，以便在折冲樽俎未明之际为己方谋取利益。法国人的代表成功雇佣到了一批弩手以及一小队桨帆战舰。然而法国人不知道的是，这些战舰的船长早已被英格兰人用 1100 马克收买，因此他们不会真正采取任何行动。用于收买的资金由巴尔迪银行的佛罗伦萨分行立即兑现。这次出色（而且开销颇为经济）的对抗活动，似乎出自尼科洛·乌索马雷之手，此人是热那亚人，乃是爱德华的波尔多军事统帅。1339 年冬季，他在热那亚逗留了好几个月，并参与了英格兰政府含糊其辞的所谓"大危险、大手笔与大开销的行动"。[3]

　　截至 1340 年初，法国人自己建造的船只共计 22 艘。通常来说，这些战舰在冬季时都将在鲁昂的兵工厂入坞整修。然而，由于舰队需要在气候允许的情况下立即护送一支运输船队前往拉罗谢尔，这些桨帆战舰不得不被拖上浅滩并随时待命。[4] 1340 年 1 月初，隶属于五港同盟的英格兰水手在海上捕获了一艘来自布洛涅的船只，并将船上发现的四名商人扣为人质，索取赎金。当这些商人被带到英格兰进行问询时，他们交代，

在布洛涅港有 18 艘无人操纵的桨帆战舰停靠，看守人员不过
六人而已。于是，1340 年 1 月 14 日前后，英格兰人突袭了布
洛涅。在浓雾的掩护下，一支由五港同盟小型船只组成的舰队 321
靠近了港口，直到进港之后，当地守卫才发现了英格兰人到
来。英格兰舰队攻击并摧毁了港口内的船只以及附近的建筑，
而港口旁边城镇中的法国人则花了好几个小时才集合起军队反
击入侵者。在一场激烈的交战后，英格兰人遭受了惨重的伤亡
并被击退，但此时他们已经烧毁了全部 18 艘桨帆战舰及其全
套配备，包括储存在附近一座仓库内的划桨、帆具以及武器。
除此之外，法国人的损失还包括 24 艘商船。[5]

　　法国人在这次袭击中损失掉了大量重型战舰，同时又无法
从意大利找到可以雇佣的战舰和船员，这对他们而言无疑是一
记沉重的打击。现在法兰西海军仅剩下 4 艘属于自己的桨帆战
舰，它们在袭击发生时停靠在塞纳河口的勒尔（Leure），而非
布洛涅。在腓力六世麾下服役的热那亚船员，还能开动另外 2
艘桨帆战舰。这些热那亚人由多里亚麾下的一位船长指挥，此
人是名叫彼得罗·巴尔巴韦拉（Pietro Barbavera）的地中海海
盗，经历颇为丰富多彩，但法国将领从未真正信任过他。除了
上述战舰之外，法军手中尚有 22 艘装载能力较强但战力较弱
的划桨巴奇船。这些船的绝大多数都停靠在阿布维尔和迪耶
普。[6]这支舰队还是颇有实力的，但并不适合大规模的攻势作战
任务。英格兰军袭击布洛涅的直接结果，便是法国第一次在英
吉利海峡和北海失去了主动权，自从百年战争的海上冲突从
1336 年爆发以来，这种局面还是首次出现。从此战开始，英
格兰人在跨越海峡的掠袭行动中变得愈发自信。1340 年 1 月
底，英军袭击了迪耶普。勒特雷波尔和梅尔则在 5 月（再次）

遭到袭击。[7]而更重要的一点则是，面对爱德华三世的海上入侵，法国人因为桨帆战舰的损失，从此只能被迫进行纯防御式的战斗。此时的法军已经不能继续尝试将英军舰队封堵在英格兰本土的港口之内了，同时，在外海攻击英格兰人也不再是现实的选择，现在法国人的战略是集中全力，阻止入侵舰队进入佛兰德北部各条大河的入海口。因此，战舰的机动性变得不再重要。防御性的任务可以由武装商船来承担。事实上，英格兰人早在多年前就已在改装同类商船，将其用于军事用途。

到了 1340 年 6 月，上述决定将导致斯卢伊斯港的灾难。看起来法国人在 1 月末或 2 月初作出了这些决定，并以其特有的坚定态度与官僚体系付诸实施。腓力的谕令造就了一支庞大的海上力量。法国人征募的舰队配有 200 艘船只，这既包括了腓力所拥有的最大商船，也包括了从皮卡第和诺曼底所能搜罗来的最大船只。和英格兰政府不同，法国政府在征用船只时对于补偿款的开价颇为慷慨，而且到账迅速，其价码甚至还包括了提前一个月发放的薪水。这笔异常巨大的开销将由在诺曼底征收的一笔重税来提供。这在某种程度上意味着，法兰西王室打算从诺曼底一地征收超过 300000 图尔利弗尔的巨额税款，同时还要求诺曼底海事公社提供船只和水手（几乎占了总数的四分之三）出海作战。此外，许多诺曼底城镇与地区不得不支付大笔钱款，以豁免陆地战争中的军事义务。尽管这些要求非常苛刻，但诺曼底人依旧接受了。1340 年 2 月 12 日，征召活动正式开始。[8]

对于法军在布洛涅遭受的损失，爱德华三世多少得到了一些确切的信息。然而他没能得出正确的结论，那就是，法国舰队在英格兰南部的威胁已经大不如前了。此外，尽管反法同盟继续将间谍（主要是佛兰德人）送入法国，但迄今为止他们发回的报告却不再像 1340 年时那么有用。令人惊讶的是，直到很晚时爱德华才意识到法国人在筹划什么。英格兰人在 1340 年 1~2 月所做的安排，是将许多爱德华所拥有的最大型船只派去防守南部海岸，由于信息和判断上的延误，这一决策在当时并没有被改变。

将英军及其补给运往大陆的船队计划在 1340 年 4 月 9 日的棕枝主日（Palm Sunday）时准备就绪。这一次，英格兰军队的出发地分为两处，即奥韦尔湾以及桑威奇外海的唐斯锚地。尽管爱德华首次使用了允许一定变动的时间表，但面对欧洲大陆上迅速变化的军事进展，这些常见的困难和延迟还是使人异常沮丧。1340 年 5 月初，法国对于埃诺的削弱性袭击已经开始，求援信函不断抵达英格兰。埃诺伯爵麾下的一名骑士也到了英伦，向爱德华报告正在发生的事件。此人在英格兰所见的景象是令人沮丧的混乱以及毫无准备的军队。英格兰人的征兵工作问题重重，应征的威尔士人抵达伦敦后发现既无船只也无补给，只能被送回家。除了雅茅斯和五港同盟的船队之外，在两个出发点处就再没有其他船只抵达了。于是，出发日期被推迟到了 5 月 4 日，之后又往后推迟了两周。1340 年 5 月 16 日，恰好在诺曼底公爵的军队从圣康坦出发之前，英格兰御前会议在不祥与阴郁的气氛下召开，会议地点是伦敦的加尔默罗会女修道院。与会者希望在讨论之后，决定一个更晚、延迟也更久的出发时间。截至此时，官方的船只集结已经被推迟到了 1340 年 6 月 12 日，这意味着出航的日期大概将会定在当月的 20 日。由此看来，延期已经不可避免，但推迟出发的建议被拒绝了。[9]

323　在海峡对岸，法国海军的临战准备完全取决于从诺曼底征收钱款的情况。收取的税款以钱币的形式，由鲁昂的省司库负责运输，并直接由驮兽运至港口。从 1340 年 4 月 1 日到 5 月 20 日的七周时间里，加入法国海军的船主一共收到了 61000 图尔利弗尔，即预付的报酬。1340 年 5 月的最后一周，整个诺曼底舰队已人员就位、装备齐整，并且拿到了预期的工资。5 月 26 日舰队起锚，开往阿夫勒尔，而来自皮卡第的船只则逗留在它们所属的港口内继续等待，直到诺曼底舰队驶过当地时再行加入。这在管理层面是一项了不起的成就。法国舰队中共有 6 艘桨帆战舰、22 艘划桨巴奇船、7 艘王室帆船，外加 167 艘征用的商船，总计 202 艘战舰出海。而在这支舰队上，总共搭载了沿海地区的 19000 多人。尽管数量众多，但这些人中并没有多少拥有经验的军人，船上的弩手不到 500 人，重装士兵则只有大约 150 人。[10]

1340 年 6 月 4 日，英格兰国王再次与他的内阁成员商谈，以此来检查战争准备工作的进展。这次，他们将地点定在了伊普斯威奇。四五月份的延迟并没有得到弥补，现在，显而易见的是，倘若要满足爱德华给自己定下的时间安排，那他就得带着一队近侍先行渡海，而他的内廷卫队以及英格兰的大贵族及其扈从们，已经搭乘那些船只准备出发，至于剩下的人则应在条件允许时尽快赶上。在唐斯锚地，已经有 40 艘运输船整装待发，其运载能力允许最多运输 600 人及他们的战马和装备。于是，英格兰人决定采取上述方案，此时他们对法国新建海军的规模一无所知，也不清楚法国舰队的举动。而事实上，法国舰队刚刚驶过了加来附近的海域。[11]

庞大的法国舰队在 1340 年 6 月 8 日出现在洪特海峡。迅速而凶猛的一次攻击后，舰队占领了卡德赞德岛，并在茨温河（River Zwin）河口下锚，与斯卢伊斯港隔水相望。法军来袭的消息迅速在低地诸国传开，并在沿海城镇中掀起恐慌，还吸引了大量的好事者前往海滩观看。在伊普斯威奇，斯特拉特福德大主教接待了一名隶属于盖尔登公爵的信使。在爱德华的住处，国王和他的顾问们进行了一系列尖酸刻薄的对话。斯特拉特福德大主教坚持认为，法国舰队在斯卢伊斯港所表现的数量和实力，已经使得英格兰人运送远征军的方案成为泡影。无论此时放弃盟友的行为会导致多么严峻的后果（此时，反法同盟军正在集结并准备向蒂安莱韦克行进），也要好过国王被俘获或者身亡。爱德华回应说，取消远征可不在他的选项之内。于是，斯特拉特福德径直走出了会场。罗伯特·莫利（Robert Morley）和约翰·克拉布（John Crabbe）负责船只的安排，于是，这两人被召唤参会以备问询。他们表达了和大主教一样的观点。恼羞成怒的爱德华指控他们预先和斯特拉特福德大主教商量好并保持口径一致，随后宣布，远征军将会按照原定计划出航，他宣称："那些感到害怕的人，可以留在英格兰本土。"人们竭尽全力也只能劝说爱德华将出发日期推迟几天以寻找更多的船只，并将预定计划中的运输船队改造成作战舰队。已经上船的战马被卸下，以便腾出更大的空间给战斗人员。紧急消息被送到每个可以及时抵达的港口，索取任何载重超过 40 吨的船只，并且要求这些船只立刻前去报到。国王麾下的军官接到命令，停止任何来自内部的争论。爱德华亲自上阵，试图说服大雅茅斯的船主，此时，该地的船主所提供的舰船数量尚不足 1338 年时的一半。萨福克伯爵的儿子罗伯特·厄福德受命率领一支搭载着 100 名重装士兵的小舰队立刻出海，侦察佛兰

324

德沿岸的情况。[12]

在上述事项的执行方面，英格兰人的成果令人印象深刻。出发地附近的港口为之一空，而集结在唐斯与五港同盟港口的船只则统统被送到了奥韦尔湾（Pool of Orwell）。此外，西部海军部的大型船只也加入舰船序列，既然法国舰队已经进入了北海，那么这些船只原本承担的海防任务也就不再需要了。截至 1340 年 6 月 20 日，一支攻击舰队已经集结完毕，这支舰队的确切规模并不为人所知，但从同时代资料的估计来看，英格兰舰队拥有 120 ~ 160 艘战舰，它们都已经齐装满员并带好补给。爱德华在柯克托马斯号（Cog Thomas）上设立了指挥部。对此，斯特拉特福德大主教满口怨言，之后他递交了辞呈。[13]

在强劲的西北风助推下，英格兰舰队于 1340 年 6 月 22 日通过了哈里奇角。[14]23 日下午稍晚，舰队已经抵达佛兰德外海，就在茨温河湾的西面。在茨温河口之内，庞大的法军舰队若隐若现，那些船只的舷侧装饰、艉艎曲线和高耸的木质桅杆，看起来"如同一整排高耸的城堡"。此时的法国舰队得到了一些盟友的协助（其中包括部分忠于法兰西国王的佛兰德战舰，以及部分西班牙辅助船只），整个舰队的实力达到了 213 艘。在其中的一艘船上，法国指挥官们召开了战前会议。巴尔巴韦拉是与会者中最富有航海经验的，此时，他愈发觉得法国舰队所停泊的狭小锚地令人不安。他坚持让领军的海军将军，于格·基耶雷和尼古拉斯·贝于歇在当晚就将舰队带到外海，并在那里等待时机，一旦英格兰舰队试图卸载船上的人员，他们就从上风处发动进攻。然而，正如爱德华不愿听从海战专家的意见一样，基耶雷和贝于歇也听不进老海盗的劝告。两位海军

将军担心的是，倘若他们离开现在的位置前往外海，英格兰人
也许会从法国舰队面前溜走，并在法国舰队能够阻止他们以前
就将军队卸载到佛兰德。因此，法国人最终将舰队分为三道战
列，横跨整个河湾列阵，阵势犹如陆地上的军队一般。在第一
战列中，他们布置了 19 艘最大型的战舰，包括俘获自英格兰
的克里斯托弗号，这艘船在周围的战舰中鹤立鸡群，犹如海平
面上陡然立起的一座纪念碑。法军的三道战列中，每条战列里
的战舰都被铁链锁到一起，构成了一道敌人无法逾越的屏障。

　　相比法国，英格兰的御前会议召开时间稍微晚了一点。雷
金纳德·科巴姆（Reginald Cobham）和两名骑士被派到布兰
肯贝格（Blankenberg）附近的岸上，以侦察斯卢伊斯锚地的
情况。这几人最终提交了一份关于法军舰队战斗序列的完整报
告。在报告中，英格兰人发现了巴尔巴韦拉曾警告过他上司们
的问题，即法军所处位置的弱点。英格兰人决定暂时按兵不
动，直到第二天风向与潮汐都有利己方时再发动进攻。

　　这场中世纪大海战的战场位于茨温河口，15 世纪末，这
里便已被严重淤塞，而现在英格兰人取得大胜的战场则被重新
开垦的良田和沙丘覆盖。在 1340 年，河口则是另一幅景象：
一条入口处 3 英里宽的狭窄水道向内陆方向延伸了 10 英里，
指向布鲁日城。这条水道的东北方向是低矮的卡德赞德岛，西
侧则是一条长堤，大量佛兰德士兵在堤坝上观望着战局。布鲁
日城的外港沿着水道的西侧排列：斯卢伊斯（Sluys）、特姆伊
登（Termuiden）和达默（Damme）。和法国人一样，英格兰舰
队也按三条战线进行排列。1340 年 6 月 24 日下午稍早，英格
兰战舰纷纷开始转向，从北向南进入茨温河口。

　　法国战舰这边的情况显得诸事不顺。法国人在自己的战位

上守候了太长的时间，那些被锁在一起的战舰原本应当横跨整个河湾部署，此时它们已经漂向东方的卡德赞德岛并挤到了一起，这使得海上机动空间变得更加狭窄。在这种情况下，铁链变得徒劳无用。那些缺乏先见之明的海军将军这才开始下令，让军舰去掉铁链。之后，法国舰队试图缓缓移回西侧的位置。法军第一战列分出的单舰，勒尔的里什号（Riche de Leure）和英格兰舰队的排头舰纠缠在了一起。此时此刻，在斯卢伊斯大海战的波澜画卷中，这两艘战舰的贴身格斗仅仅是画面的一角，而画卷的主体，则是英格兰第一战列碾过对面法兰西第一战列时的恐怖景象。

双方在自己的第一战列中都部署了己方最大的战舰：在英格兰一边，是那些来自雅茅斯的船只，以及五港同盟的大船，包括爱德华三世的旗舰，柯克托马斯号；而在法兰西一边，则包括了俘获的克里斯托弗号以及圣但尼号，一艘搭载了200名水手的海上巨兽，外加其他来自王家舰队和塞纳河诸港口的大型柯克战船。当时的海战战术是，在战舰上抛出抓钩将敌舰与己方的战舰捆到一起，然后利用艏艉船楼和桅杆上的士兵射出去的箭矢杀伤敌方的甲板人员，最终登舰并扫荡残敌取胜。在这场海战中，英法双方都使用了笨重的小型投石器，以及被称为"小伙子（springald）"的大型弩炮来攻击敌人，然而这类武器在实战中的表现远不及外表那样引人注目。对英格兰舰队而言，最大的优势还是船上搭载了远多于法军的非海军人员，其中包括了经验丰富、装备良好的重装士兵和弓箭手。此战又一次证明，英格兰军队中的长弓远胜于法军及意大利援军使用的弩。长弓的精准性更好，射程也更远，更重要的是，射速非常的快。按照一名伦敦人的描述，长弓射来的箭雨在落向法国船员时"犹如凛冬的寒风一般刺来"，显得密集而迅捷；相比之下，弩在重新装填时需要放低，再用脚踏住才能费力地再次上弦。随着白昼逐渐消逝，因而不得不面对阳光，瞄准敌人对法军弩手来说变得更加的困难。

326

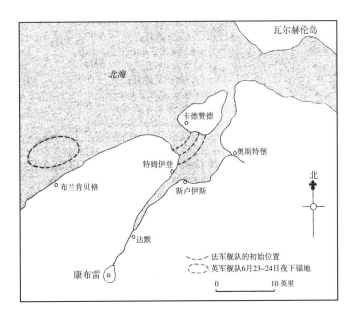

图 10　斯卢伊斯港与茨温河口，1340 年 6 月 24 日

从下午 3 时起，双方的第一战列始终处于缠斗状态。到了下午 7 时，对于法军的后排战舰而言，显而易见的情况是，他们的同袍在前方正遭受屠杀式的打击。然而，因为第一战列挡在了他们与敌人之间，后排的法军战舰此时完全无法加入战斗，而后排自身的狭小空间也使其无法转向西面。随着夜晚的到来，法军后排战舰的末日也降临了，英军战舰突破了法军前排的阵线，对它们开始了攻击。法军第二战列的船只相对较

327

小，因此英军第一战列军舰现在可以凭借更大的高度差来发挥远程武器的额外威力。在观察了战斗走向后，佛兰德人登上他们自己的船只，从斯卢伊斯和其他茨温河上的港口蜂拥而出，加入到攻击法国人的行列中，他们从法军阵列的后方发动攻击，与法军前方的英格兰人形成了合围之势。夜幕降临之际，法国的王家划桨巴奇船与迪耶普的船只带领着诺曼底商船组成的第三战列，试图从包围圈中的死胡同里逃脱。英军则尝试阻挡法军的退路，于是，双方又发生了一系列的小规模交战。大约到了晚上 10 点，战场终于沉寂下来。此时，迪耶普最大的一艘船，圣雅姆号（Saint-Jame）依旧与一艘隶属于桑威奇基督教堂修道院院长的战舰纠缠在一起。第二天，当英格兰人最终登上圣雅姆号时，他们在船上发现了多达 400 名敌军的尸体。

在斯卢伊斯，法军遭受了一次灾难性的惨败，直到近代为止，没有任何其他海战的失利能与其相比。法军参战的 213 艘战舰中，有 190 艘被英军俘获，其中包括法国人在 1338 年从英格兰夺走的克里斯托弗号与柯克爱德华号，以及另外数艘同样大小的船只。当局势明白无误地表明法军前排战舰正在失利时，巴尔巴韦拉指挥的 6 艘桨帆战舰利用速度和机动性的优势马上溜之大吉。以迪耶普为基地的 6 艘划桨巴奇船中，也有 4 艘得以逃脱。[15] 除此之外，在 1340 年 6 月 25 日的早些时候，还有另外 13 艘法国舰船逃出生天，约翰·克拉布率领雅茅斯的英军船只进行了追击，但没有成功。那些没能逃脱的法军战舰上，所有的船员都被屠戮殆尽。一旦一艘战舰遭遇登船，船上的人员便无处可逃。许多人选择跳海逃生，但他们最终的命运则是被岸上的佛兰德人捉住并被木棒活活打死。即便是傅华萨这样的浪漫主义战争诗人，对于这场"凶残而可怕"的战斗也充满畏惧。"在海上，"他如此写道，"没有撤退或者逃跑的空间，也没有幸存的希望，人们只有坚持战斗，并等待命运的判决。"[16] 向儿子通报战况时，爱德华满意地提到，每次涨潮都会有更多的尸体被冲刷到佛兰德的海岸上。此战中，法军的阵亡人数为 16000 ~ 18000 人，两名法国海军将军也未能幸免。基耶雷在他的舰船遭到登船时阵亡了。贝于歇被人认出，并被俘获以换取赎金。然而，对于劫掠破坏英格兰南部海岸的罪魁祸首来说，贵族战争的规则并不适合。爱德华三世下令绞死贝于歇，然后将他的尸体悬挂在他曾经指挥的战舰桅杆上。

328

斯卢伊斯海战的后果对法军士气产生了毁灭性的影响。那些负责"沿海战线"的指挥官，通常所拥有的只是一支小得可怜的军队，此时他们的手下马上得到了大量增援，以应对英格兰分遣队可能在诺曼底登陆所造成的威胁。仅仅在科唐坦半岛，法军就派去了 1300 人增援，而且一名法兰西元帅也受命前往领导这支军队。[17] 在腓力的宫廷里，人们争吵不休、互相拆台。战后逃生的诺曼底人怨恨地想起，巴尔巴韦拉在战斗高潮时转身逃跑，于是后者便因叛国罪而被捕下狱。到了下一年，对于这场灾难更为公正的看法揭示，倘若诺曼底人能够接受巴尔巴韦拉的建议，战斗的结果将会更为有利，此时政府才谅解了他的行为。贝于歇由于出身低微，尽管身亡也难逃骂名，他受到指控，被认为是故意不在自己的战舰上搭载重装士兵以节省开销。这一系列事件之后，贵族们从此开始将自己的坏运气归罪于底层人民的粗野与怯懦，在麻烦不断的 1340 年代，这一倾向变得越来越明显：有一派人在斯卢伊斯海战之后认为，倘若没有诺曼底港口那些不服约束的海盗参加战斗，战事的结果会好得多，而贝于歇没有付给贵族军人薪水的节约开支行为，无意中恰好帮助他们逃离了斯卢伊斯的屠宰场。至少，腓力六世并没有认同这样的看法。法兰西国王非常同情那些几乎损失了所有商船与大量人员的诺曼底沿海城镇。在幸存者中，一部分人在 1340 年 7 ~ 8 月想方设法回到了故乡，其中许多人都因伤导致的严重残疾而再也无法工作。1342 年，法国政府在勒尔设立了一个机构以收容他们。在那个时代，人们很少考虑军人的福利，而且几乎完全不会考虑那些在败仗中受伤而无法再次战斗的人，腓力的举动可以说是黑暗中的一缕微光。[18]

对此，英格兰人的回应在预料之中。

> 降临到这些蠢人头上，便是这场战斗
> 那诺曼底人不可胜数，此地喧闹不休；
> 他们前来只求一战，武装到牙齿还嫌不够
> 上帝与爱德华陛下，让他们闭嘴下海畅游。

即便是在爱德华三世的胜利消息于 6 月 28 日抵达首都伦敦之前，英格兰本土就已经有传言提及了一场大胜。对于国民而言，这意味着他们更满足于支持自己的国家，同时也在潜意识里更加排斥法国。人们普遍认为，这场海战的胜利将终结法兰西对于英格兰东南海岸的威胁，尽管这并非事实，同时也能使生活从过去两年的艰难中摆脱出来，变得看似可以忍受。在这场战役之后，英格兰又屡遭挫折，此时斯卢伊斯海战则成为多年战争中唯一的光辉回忆。三年之后，海战本身甚至成为爱德华三世在士气低落时所铸造的著名弗洛林金币的背景，金币反

面 的 周 围 刻 着 "IHC TRANSIENS PER MEDIUM ILLORUM
IBAT"，意 思 是 "耶 稣 却 从 他 们 中 间 直 行，过 去 了"（《圣
经·路加福音》4：30）①。[19]

*

在法国，斯卢伊斯大败的讯息恰好和一个预想不到来源的
坏消息一起出现。在法军准备进军斯海尔德河谷的最后阶段，
西南部传来了警报。当法国人进行战略策划时，西南方向曾经
经历了一段平静的时期，但此时政府得到的报告却带来了越发
糟糕的消息。4～7 月，对法国人而言，他们在开战之处所占
领的各个当地据点似乎开始分崩离析，而那些曾经牢牢控制经
营多年的地区也未能幸免。

这些大事件的根源来自西南部三大贵族家族的突然变化，
他们分别是阿马尼亚克、阿尔布雷和富瓦。在 1337 年开战之
初，这三大家族或多或少都站在了法国及其盟友的一边。在
1337 年的战役中，阿马尼亚克伯爵与富瓦伯爵所提供的军队
占据了王国陆军统帅麾下士兵的很大一部分，而在接下来的几
年里，在法国西南部署的军队中，这两家军队的数量有所下
降，但依然占据了不小的比例。

阿马尼亚克伯爵与富瓦伯爵素来关系不睦。多年来，两家
一直在互相压制对方的影响并争夺领地，自 13 世纪中期开始，
两家之间时不时还会私下开战，较量一番。英法之间的战争使
得两个家族之间的竞争变得更为残酷和激烈，究其原因，这主

---

① 《圣经》对这一段的描写中，当耶稣在拿撒勒的会堂宣告了救恩的真理
后，拿撒勒人却不愿接受他的教导，他们拒绝了耶稣，人群打算将耶稣
推下悬崖，他却从人群中穿行而过，是为神迹之一。

要是源于富瓦伯爵加斯东二世的个人野心与性格。伯爵是一名无情而自私自利的军阀，同时在战场上也是一名颇有能力的指挥官，他的领地能够在转眼间便为他提供数量众多的勇士。英法开战之后，富瓦伯爵已经在加斯科涅公国的南部独立进行了一系列成功的战役，在这一过程中，他将自己的势力范围延伸到了传统意义上富瓦伯爵的核心地区，贝阿恩以北的深远之地。到了 1339 年底，富瓦的加斯东的封臣和手下占据了大量分散的据点，这些据点一路延伸到了阿杜尔河谷地甚至更远的地方。在这片区域的部分地方，例如阿杜尔河上游以及朗德南部的蒙德马桑（Mout-de-Marsan）附近，伯爵军队占领的据点十分密集，以至于其控制区已经连成了面积巨大的整片领地。相比之下，阿马尼亚克伯爵的领地则集中在两个区域，分别是位于英格兰人控制的公国西部遥远的凯尔西（Quercy），鲁埃格（Rouergue）和热沃当（Gévaudan），以及紧挨着阿杜尔河上游，位于北方的狭长领地，阿马尼亚克伯爵的领土也在其中。正是在后一地区中，阿马尼亚克伯爵与疯狂扩张、贪婪成330 性的富瓦的加斯东发生了冲突。在这片土地上，发生了一系列不友好的事件。早在 1338 年末至 1339 年初的冬天，当两位伯爵还在法兰西王室旗下共同战斗时，阿马尼亚克伯爵就已经开始谋划、拉拢盟友，以备英法休战之后对付富瓦伯爵。随着事件的进展，阿马尼亚克伯爵并没有等待那么久。到了 1339 年底，当他从北方战场返回后不久，便进攻了米拉蒙（Miramont），尽管他宣称拥有这座小镇，但这个镇子事实上坐落在阿杜尔河南岸，位于加斯东的士兵控制的领地中。在这场短暂而充满血腥的暴力私斗中，发生了"极其出格的行为"。为了停止双方的战斗，王室不得不介入并将这块领地控制在国王的名下。[20]

几乎是在同时，奥利弗·英厄姆实现了他 1337 年以来的夙愿，成功将阿尔布雷领主贝尔纳 - 艾兹招到自己主人的麾下，在政治上完成了致命的一击。截至那时，阿尔布雷尚在战争中保持着模棱两可的态度。自从圣萨尔多战争以来，他就是法兰西王室的盟友，这是因为他与英格兰爱德华二世之间存在着一连串严重的继承权分歧，而当时的法兰西国王查理四世和腓力六世则作出了一系列令他满意的明智安排。尽管如此，地理上的因素还是使他成了英格兰人的天然盟友，究其原因，即他名下最重要的那些土地都位于英格兰人依旧能够牢牢控制的地区的核心地带：包括在朗德的土地，以及在阿杜尔河下游巴约讷周围的地区。1330 年代，爱德华三世和奥利弗·英厄姆两人联手，解决了爱德华二世时期与法国贵族间留下的不少纷争，于是阿尔布雷家族中的绝大多数成员都投奔到英格兰王室的旗下。在领主的姊妹中，马泰（Mathe）成了爱德华三世的盟友，而且行动积极。他的兄弟中，至少有两人曾在英厄姆的军中效力，其中一人还在抵抗腓力攻占布莱的战斗中被俘。在之前的战事中，贝尔纳 - 艾兹几乎没有参与，凭此解决了两头为难的站队问题，如此成功的举动恐怕也只有像他这样拥有巨大影响力与权势的人才能做到。1338 年时，英格兰原本计划从本土派出一支强大的援军前往加斯科涅，现在，英厄姆一度觉得自己的实力足以要挟阿尔布雷，倘若后者不愿亲自为英格兰提供帮助的话，英军将会强行占领他在朗德的领地。然而援军被取消之后，这一切计划都化为乌有，而阿尔布雷也依旧在之后的一年里于英法之间虚与委蛇。1339 年 3 ～ 4 月，一名腓力六世的信使两次抵达南方，请求他的支持。阿尔布雷得到许诺，只要支持法兰西国王，无论英格兰人在战争中从他手里夺取了什么，他的损失都将得到补偿。法兰西宫廷中的要人也写信给他，试图把他拉拢过来。"我们知道，"诺曼底公爵如此写道，"您所拥有的权势能够对我们的利益造成巨大的损失，在这一方面，您远远超过任何南方的其他贵族。"[21]

331　　以上的种种恳求，再加上法军的接连胜利，阿尔布雷的忠诚又持续了几个月。然而，到了1339年秋季，他最终还是把赌注投向了奥利弗·英厄姆一边。表面上来看，他作出这个决策的时间点颇为奇怪。阿尔布雷下决定的时候，恰恰是英厄姆运气最糟的时期。为何如此呢？事实上，阿尔布雷的部分动机与阿马尼亚克伯爵的想法有相似之处。阿尔布雷的利益同样主要集中在加斯科涅公国的南部，相比之下，富瓦的加斯东对阿尔布雷的关心并不会超过对阿马尼亚克的程度。早在1338年，在阿马尼亚克伯爵口中，阿尔布雷就已俨然成为盟友。通过联姻和共同的利益，双方建立了密切的关系。双方在某一时刻（确切时间已不为人知）签订了盟约，一起对付加斯东。一些证据表明，1339年8月，富瓦伯爵的军队占据了塔尔塔斯。这是一座朗德的小镇，尽管它被英格兰军队占据（因此属于合法的攻击目标），但法理上属于贝尔纳-艾兹。也许，正是这一事件成了双方公开对抗的导火索。显然，即便英格兰人支持的加斯科涅公国消失，阿尔布雷也无法从中获益：富瓦—贝阿恩的封地会扩张到这一敏感地带，并彻底替代英格兰人的统治。[22]

　　除此之外，贝尔纳-艾兹之所以作出决策，还缘于另一个原因。尽管伯爵和自己的兄弟们分别处于英法两方的对立阵线中，但他们多年来同样都在一心一意地争取同样的奖赏：佩里戈尔南部贝尔热拉克附近的多个价值连城的领主头衔。那里土地肥沃，同时也是法国南部的道路河流交会之处。这些头衔属于古老的吕德尔家族（Rudel dynasty），这个家族最后的后裔是个软弱的傻瓜，死于 1334 年，他的继承权在两个女人，即他的遗孀和姐（妹）间争执不下。他的（姐）妹嫁给了佩里戈尔伯爵，而他的遗孀正是阿尔布雷的马泰（Mathe d'Albret）。对吕德尔家继承权的争夺，在阿尔布雷家族和佩里戈尔诸伯爵之间，开启了法国南部豪门世仇中最为凶险恶毒的篇章，佩里戈尔伯爵在十年前就被对手称为"大敌"。这一纠纷也曾经提交至巴黎高等法院，但远在开庭宣判之前，双方就已经抛开法律而诉诸武力。佩里戈尔伯爵强行占领了贝尔热拉克，并持剑顶着守卫此地王室官员的咽喉进行威胁。阿尔布雷家族则在当地抢占了位于蒙屈克（Montcuq）和蒙蒂尼亚克（Montignac）的两座重要附属城堡，以及其他一些较小的领地，他们的士兵在战斗中杀死了佩里戈尔伯爵，而伯爵的继任者也不断受到公开战争的威胁。英法开战之后，在战略上，贝尔热拉克及其周边地区拥有非常重要的地位。显而易见的是，相比其他贵族，腓力六世将佩里戈尔伯爵视为更加值得信赖的朋友，并愈发深入地参与到伯爵的事务当中。对于腓力的恩典，伯爵也竭力报答。与墙头草贝尔纳－艾兹不同的是，佩里戈尔伯爵亲自率兵加入了法兰西军队，而他也从未在英法之间摇摆不定以求改善自己的境地。

阿尔布雷的马泰始终倾向于支持英格兰，对于她自己所拥有的吕德尔家继承权，她在 1338 年 5 月将绝大部分领地继承主张都卖给了爱德华三世，其中包括贝尔热拉克，而她仅仅保留了自己实际控制着的小片土地。她的这一行为使得高等法院

332

剩余的诉讼进程几乎变得毫无意义。1338 年 9 月，马泰去世，她控制下的一小片领地的所有权传给了贝尔纳－艾兹。突然之间，阿尔布雷领主和英格兰国王拥有了一致的利益。对此，腓力六世反应迅速。在 1338 年底和 1339 年初的几个月里，腓力派遣军官，要求贝尔纳－艾兹放弃自己所拥有的吕德尔家族遗产。由此，王室的策略逐渐清晰起来。而到了下一年，当腓力第一次确认佩里戈尔伯爵所拥有的继承主张，并将这些宣称权全部买下时，他的目的就更为明显了。贝尔纳－艾兹发现，此时他不得不在英法之间作出艰难的选择，而这样明确表明立场的行为正是他一直以来成功避免的。情感因素固然是他的一部分考虑依据，但他的家族在法国西南部的土地利益布局才是权衡利弊时更为重要的因素。[23]

整个事件的结局对三大家族产生了不同的影响。从此之后，富瓦的加斯东将全部精力投入保卫自己所获领土的事务中，对于法国政府在南部进行战争的努力，他已无法继续提供太大的贡献。阿马尼亚克伯爵则在南方的战争中保持了务实的中立态度。1340 年 5 月，两位伯爵都离开了朗格多克前往北方防线，显然，两人都很清楚对方离开老巢的举动。在接下来的五年里，两名伯爵都暂时性地接受了爱德华所派代表的提议。[24]对阿尔布雷来说，他彻底抛弃了中立地位加入英格兰一方。他的加入为英格兰提供了一张巨大的盟友关系网，他所拥有的个人扈从即两三百名附庸，这些人能够提供至少十倍于此的军队；而他的巨大财富，也曾不止一次在最黑暗的时刻拯救了加斯科涅公国脆弱的财政体系。1339 年秋，当奥利弗·英厄姆率军进入加斯科涅南部并劫掠图卢兹地区时，阿尔布雷领主已经率军一同前往了。[25]

　　安特卫普的英格兰人及其盟友比瓦朗谢讷的法兰西宫廷更能理解以上这些事件的重要性。英格兰国王在与佛兰德人讨论事务的关键时刻中止了会谈，接见了英厄姆和阿尔布雷领主的使臣。1340 年 1 月 3 日（爱德华自称法兰西国王的前一天），爱德华任命了两名代理人，以他本人的名义在加斯科涅公国行使他的所有权力。其中一人便是阿尔布雷。另外一人则是日内瓦的于格（Hugh of Geneva），一名强大的萨伏依贵族。此人的另一个身份则是雇佣兵，自从 1337 年起，他就被爱德华收为部下并为他服务了，在蒂耶拉什战役中，于格在战斗时的表现相当出众。百年战争期间，许多萨伏依和阿尔卑斯山西部地区的贵族卷入了英法之间的冲突，和他们一样，于格拥有极大的勇气，而他最基本的忠诚则取决于他的名声和报酬。他的男性家族成员，日内瓦和萨伏依的伯爵则都站在腓力六世一边，为法国而战。[26]

　　对于任何曾经在加斯科涅战斗过的英格兰人而言，1340年的加斯科涅战役都是最为野心勃勃的一次，对于业已破产的波尔多政府来说，能够进行这样一场战役，完全是因为阿尔布雷那鼓鼓的钱袋。为此，阿尔布雷拿出了不少于 45779 波尔多镑（9156 英镑）的现金，这笔钱的一大半都被交给了波尔多军事统帅，剩下的则用于支付军队中盟友和家臣的薪水与补贴。这样的一笔钱，数额相当于好年成时公国政府全部收入的四分之三。除了为英格兰人提供资金外，阿尔布雷也支持着他的许多朋友和盟友：蓬斯和里贝拉克领主（lord of Pons and Ribérac），他是圣通日的主要男爵之一；佩里戈尔的米西当领主（lord of Mussidan）；圣巴泽耶（Sainte-Bazeille）的科蒙家族，以及该家族更大范围的宗族。所有这些颇有权势和影响力的南方贵族，都经由自己的私人关系网加入了爱德华的事业。

333

事实上，贝尔纳－艾兹几乎成功地为英格兰国王获得了阿马尼亚克伯爵的效忠，倘若果真如此，他将彻底改变南部的局势。当阿马尼亚克在 1340 年 5 月北上加入腓力六世的北方军队时，他留给了贝尔纳－艾兹自己的条件，倘若能够被满足的话，阿马尼亚克将会将爱德华三世视为法兰西国王，进而宣誓效忠，并提供一支 600 名重装骑兵和 2000 名步兵的军队，为爱德华在加斯科涅的政府效力。贝尔纳－艾兹将阿马尼亚克伯爵的条款文本送到了伦敦，并成功以爱德华三世的名义签署了它们。[27]

日内瓦的于格在 1340 年 3 月初抵达加斯科涅。他在当月27 日和一支几乎完全由加斯科涅人组成的军队一起赶赴战场。与此同时，阿尔布雷的朋友和盟友则在加龙河与洛特河谷地掀起了一场迅猛而精心协作的暴动。当地的村庄和小城镇大多没有驻军，这些地方默默地随自己的封君一起改旗易帜，将法国官员拒之门外并夺取法国人的钱财和存货。在较大的驻军城镇，为了安全，法国军队也不得不被迫躲在城墙以内。某些情况下，法军甚至被包围在了城堡中难以自由进出。总体而言，受到暴动影响的地区，要么位于西阿让地区，要么是北方圣富瓦延伸过来的条状领土，这片土地跨过加龙河一线，一直进入巴扎斯地区（Bazadais）和孔东地区（Condomois）。这一区域里，有两处法兰西在西南部的主要驻地，分别是马尔芒德和拉雷奥勒。法国人依赖道路与河流组成的交通网络，在需要时集结分散在各处的军队，而这一地区在法国交通网中有着举足轻重的位置。在这里，阿尔布雷的利益颇多，但当地最有权势的则是他的盟友，科蒙领主纪尧姆－雷蒙德（Guillaume-Raymond, lord of Caumont），此人的家庭成员是这一地区多个重要城镇的封建主或共治封建主，这些城镇包括：圣富瓦、洛特河畔新城、

圣巴泽耶、拉雷奥勒、巴扎斯和孔东。此外，他的男性同族，
科蒙的亚历山大则在日内瓦的于格军中服役，并成了一名指挥
官。此时，于格的军队利用暴动的机会突入了加龙河谷中部。
1340 年 4 月 4 日，于格率军攻击了圣巴泽耶，这个小镇坐落于
加龙河畔，位于马尔芒德和拉雷奥勒之间。圣巴泽耶有一支小
规模的驻军，由一名普罗旺斯骑士指挥。守军在小镇的大门前
与入侵者进行了一场短暂而残酷的较量，最终不敌。在这之后，
进攻者进行了短暂的围城，然后便猛攻夺取了城镇，而后制造
了大量的毁坏和死伤。一队队加斯科涅士兵被派去蹂躏加龙河
以北的西阿让地区，他们扫荡了途经的所有公社。[28]

334

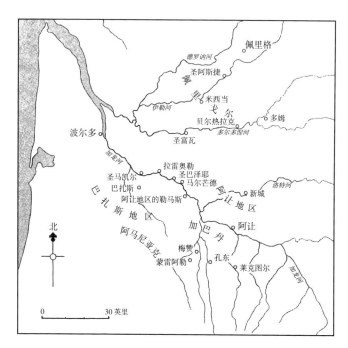

图 11　加斯科涅：阿尔布雷战争，1340 年 3～8 月

335 　　这一次，法军面临的是一个非常不利的开局。这一地区的法军高级军官是另一名萨伏依人，名为拉帕卢的皮埃尔（Pierre de la Palu）。他能力平庸，级别也不算高，在前一年曾被任命为图卢兹总管，在北方决定战事走向的事件进行时，他被留在南方执行看守性的任务。1340 年 4 月初，他大约有 7000 人可供支配，这些人中的绝大多数都在他的庞大辖区内分散为小规模的驻军。快速增援与集结这些军队几乎是不可能完成的任务。叛军和敌人占据了阿让地区的很大一部分，这彻底扰乱了他的交通线。加龙河谷中部与多尔多涅河谷的道路，只有大群的武装士兵才能通过。法国人不得不重新规划前往多姆（Domme）铸币厂和位于阿让的战争金库的路线，新的路线从东面绕行，经过卡奥尔，这产生了很大的延误。对拉帕卢而言雪上加霜的是，春雨此时已在加龙河谷倾泻而下，高涨的河水使得浅滩无法通行，还冲走了三座浮桥，这三座桥自从战争中的第一场战役打响之日起，就保障着拉雷奥勒、马尔芒德和阿让地区的勒马斯（Le Mas d'Agenais）三城的交通。于是，城中的法军陷入恐慌。在阿让，城镇中的显要人物纷纷翻越城墙加入敌军。进出城门的市民不得不自证身份；法军从那些有叛国嫌疑的家庭中带走人质，锁在堡垒中；在烛光微弱的多明我会教堂中，人们列队走过拉帕卢的皮埃尔的特派员，发下忠于王室的誓言。要知道，阿让城中，忠于王室的传统非常强大，在其他地方，情况不太可能会更为乐观。[29]

　　1340 年 6 月是法国人最为危急的时刻。此时，叛乱开始席卷整个加龙河谷地。6 月初，于阿让地区南部，英格兰军队在孔东地区和加巴丹（Gabardan）发动了一轮强大的攻势。此地土地贫瘠，人口稀少，并不具备很大的战略意义。英军之所以发动攻击，可能与爱德华三世代表和阿马尼亚克伯爵正在进行的隐秘会谈有关。倘若转换立场支持英格兰国王，伯爵势必在法国失去领地，而倘若他没有被许诺得到可观的补偿，那他就不会愿意拥护爱德华三世了。阿马尼亚克伯爵索要的主要补偿是，要求拥有蒙雷阿勒（Montréal）、梅赞（Mézin）和孔东，它们都是位于加龙河与伯爵在弗藏萨克（Fezensac）的伯国间的主要城镇。蒙雷阿勒是第一个遭到攻击的，时间也许是 6 月初。此地并没有驻军，当地居民极力抵抗，但他们的城镇还是被占领了。[30]

面对这一新的危机，拉帕卢的皮埃尔表现了远超以往的活力。他将被占领区临近地区的守军数量降至危险的水平，并从省外找来援军，依靠这些军队重新占领了蒙雷阿勒。这似乎发生在 7 月的第二周。[31]这一胜利短暂地恢复了法国人在加龙河南岸的据点，但就在此时，法国人在更北部地区的权力基础已经开始分崩离析。拉帕卢用于重新占领蒙雷阿勒的军队，绝大多数来自佩里戈尔，迄今为止，它对王室忠心耿耿。可是当佩里戈尔人的立场也开始发生转变时，伊勒河与多尔多涅河流域便同样出现了一系列经过整合的叛乱。

于佩里戈尔掀起叛乱的领导者是米西当领主蒙托的雷蒙（Raimond de Montaut）。圣萨尔多战争期间，在英格兰国王那里，此人被描述为"陛下公国中最危险的敌人"。一年之前，他还带着自己的扈从加入了法军。尽管如此，在佩里戈尔，雷蒙也是阿尔布雷的主要盟友和被保护人，佩里戈尔伯爵的恶毒敌人，同时他也拥有诸多难以真正兑现的领地宣称权。阿尔布雷向雷蒙许诺，无论后者因为加入叛乱而遭受何等损失，他都将会在加斯科涅以外的地方得到

336

大量土地与回报作为补偿。雷蒙被任命为爱德华三世在佩里戈尔联合掌权的军事主管之一。到了 1340 年 7 月初，法国官员已经无法进入佩里戈尔南部地区。8 月，蒙托的雷蒙开始率手下沿伊勒河进军。他们在圣阿斯捷（Saint-Astier）当地居民的帮助下占领了这座城镇。到了 9 月初，这支军队抵达了佩里格城郊。[32]

拉帕卢率军向北进发，在 7 月中旬重新越过加龙河以应对新的威胁。就在他完成渡河之际，英格兰人再次攻击了孔东地区，这次的地点是梅赞，一个小集市城镇，也是阿马尼亚克声称希望得到的第二个地方。1340 年 7 月 23 日，在英军的突袭之下，梅赞陷落了。一周之后，英军出现在孔东城下，这是阿马尼亚克伯爵索要的第三个地方，同时也拥有这一地区的主要集市。孔东攻城战成为这一年里南方战线的主要军事行动，而在加斯科涅公国政府的攻势开了个好头之后，孔东也成为英格兰人冒险破灭之处。法国人早在 5 月就把孔东的驻军撤走用于其他地方。尽管如此，英格兰人在攻下梅赞之后却浪费了宝贵的时间，错过了机会。伊勒的贝特朗（Bertrand de l'Isle）日后将成为法兰西一方最为积极的指挥官，1340 年 7 月 30 日，他主动将超过 50 人的队伍派驻到梅赞城中，并接过了防御的指挥权。英军在 8 月 1 日或 2 日抵达梅赞，但兵力并不足以发动突袭并夺取该城，也不够彻底包围城镇所用。拉帕卢的皮埃尔此时身在阿让，他在 8 月 3 日得知了英格兰人进军的消息，并开始从朗格多克的每个地方召集兵力。第一支援军在 8 月 9 日抵达了身处孔东的伊勒的贝特朗处，这支军队穿透了英格兰军队的防线，此后的每天都有援军加入。到了 8 月 23 日，孔东的法军至少已有 1365 人，此外还有许多抽调自附近城镇的自

愿军作为辅助。一支更大规模的援军也已经上路。英军认识到
他们已然失败，于是撤走了。[33]

337

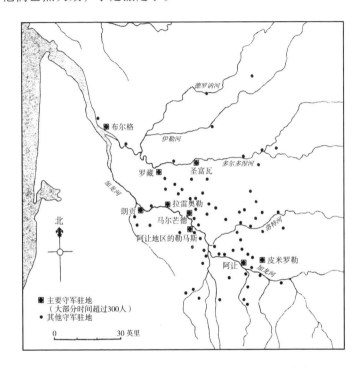

图 12　一次军事占领：法国在加龙河谷与佩里戈尔
南部的驻军，1340 年 8 ~ 9 月

　　此时，法国人已经缓过气来，并极大地增强了自己的实
力。8 ~ 9 月，法军系统性地一个一个扑灭了各个城镇的反抗。
尽管如此，并非每个被英军占领的地方都被收复。英格兰人依
旧控制着孔东地区的梅赞。在佩里戈尔，尽管到了 9 月时蒙托
的雷蒙所发动的攻势已近强弩之末，而且他也丢掉了多数的战
果，但英军依旧控制着圣阿斯捷。这场战役，英法双方都蒙受
了惨重的损失。它再次证明，英格兰人无法在没有本土大量人

338

力和金钱支援的情况下，获得长期性的战果。在战役过程中，阿马尼亚克伯爵从未加入英军一方，最终，他从腓力六世那里获得了一些英格兰人无法提供的好处。对法国人来说，镇压叛乱耗费了巨额金钱与大量的努力。在整个夏季，他们新增了超过 70 处驻军。9 月底，领取薪水的军人数量达到了顶峰，超过了 20000 人（包括驻军在内）。这样一支庞大的军队，在某种意义上显示了法国人所受的巨大威胁，因为这是他们在南方战线所部署的最大规模的军队，甚至超过了 1338～1339 年间法军发动进攻时的参战军队规模。此外，这支军队甚至不比同一时段腓力六世部署在北方的军队少多少，而北方军队所要对抗的对于腓力六世自身安全的威胁，则远比南方严重得多。这种大量转移资源的行为造成了严重的后果，原因在于，没有人预计到这一情况，也没有人能够提供大量资源转移的途径。在原定计划中，朗格多克的军队本来会用于增援北方，但这些士兵在一系列令人困惑、互相矛盾的命令下，被重新分配到了加龙河谷地的防御任务中。法兰西王室最高级别的军官，厄镇伯爵拉乌尔，以及腓力手下最有能力的指挥官西班牙的路易斯，都不得不被匆忙派往南部的圣通日，以控制住吉伦特湾北岸。当爱德华三世率军登陆佛兰德时，他们依旧逗留在那里。以上诸事，在战争的关键时刻成为法国人难以忍受的额外负担，压榨着王室本已捉襟见肘的资源。检查阿让的战争金库司库的通信便能看出问题：他们对多姆和圣普尔桑（Saint-Pourcain）的铸币厂一次又一次地提出了令人痛苦而频繁的过度索求；他们又收到了这些铸币厂的抗议，因为那里已经没有金块可用于制造金币了；此外，那些征集、接收岁入的官员也不断发来紧急的请求；再就是司库向拉帕卢与驻军指挥官的警告，这些人将不得不在拿不到薪水的情况下率军出发；司库也曾向巴黎的国库请求调拨资源，但收到的回应只是沉默。[34]

*

在斯卢伊斯海战中，爱德华三世尽管大腿上受了一处箭伤，但在战斗结束后的两周时间里，他依然留在柯克托马斯号上，并在艉楼内召开会议。雅各布·范阿特维尔德和其他根特的首脑在 6 月 30 日乘小船前来，英格兰人和佛兰德人在船上商讨并决定了接下来战役的主线计划。没有可靠的数据能够显示此时他们手中拥有多少军队，最好的估计是，爱德华身边有不超过 2000 人的英军，其中三分之二都是弓箭手。这支军队缺乏马匹、装备与补给，所有这些东西都要在接下来的几周内通过渡船跨海送来。一同前来的还包括一些援军。英格兰国王所指望的是他的盟友，他希望自己能够率领不少于 150000 名佛兰德人，再加上英格兰与王公贵族们的同盟军进行战争。这个数目显然大大夸张了爱德华的实力，但毫无疑问的是，他确实指挥着一支庞大的军队，尽管这支军队中的大部分人都是匆忙地征召自佛兰德的各个制造业城镇，而且他们缺乏训练、没有经验，同时也不骑马。

看起来，对那些聚集在柯克托马斯号上商讨的人们而言，最大的危险在于，当他们沿着斯海尔德河逐城进军，在战斗中深入法国境内时，法军可能会绕过他们的侧翼，并攻下佛兰德。在斯卢伊斯海战之后，大批法军开始集结于阿图瓦的新闻已成为实际的证明。因此，反法同盟决定，将联军划分成两支互相独立的军队。爱德华亲自指挥其中较大的一支，按照 1 月就已经决定的计划进入斯海尔德河谷并围攻图尔奈。第二支军

339

队则将会在佛兰德南部集结，进攻位于阿图瓦伯国最西部边缘的圣奥梅尔。倘若这支军队能够取胜的话，那么可能会继续进军，并试图攻占加来。此地是佛兰德人长期以来希望得到的地方，也是英格兰人显而易见的目标。爱德华任命阿图瓦的罗贝尔作为这支军队的指挥官，这项决定是在最后一刻完成的，而即便是罗贝尔自己也没有想到爱德华会将他当作人选，此时，罗贝尔绝大多数的马匹、装备和家臣都还被留在英格兰。这项任命是出于政治上的需要。爱德华被说服并相信，罗贝尔在阿图瓦有大量的追随者，而这些人将为了罗贝尔的目标效劳。尽管如此，这项决定依然是非常不利的。真相表明，罗贝尔在阿图瓦根本没有追随者。他的年龄已经很大，他的脑海也被回忆与幻觉占据。作为军事指挥官，他很勇敢却没有足够的指挥能力。罗贝尔将获得绝大多数的英格兰弓箭手，所有王公贵族的军队，以及 50000 名来自佛兰德南部的士兵，包括来自布鲁日和伊普尔的民兵。爱德华自己则准备率领数量大约在 1000 人的英格兰重骑兵，外加 100000 名来自根特与佛兰德北部的士兵。无论是南方还是北方的战线，英格兰国王都将成为法兰西内战这出戏剧的主角。[35]

腓力六世的战争计划在构思方面颇为优秀，但其执行十分糟糕。在得知了斯卢伊斯海战的结果之后，法兰西国王分兵 4000 人以掩护康布雷地区，然后继续袭扰南部埃诺。剩下的法军则向南进军，进入阿图瓦境内。1340 年 7 月 4 日，总动员令向整个法国北部地区发出。每个法国公社都受到征召，要求在月底之前将适龄男性送往阿拉斯，或者用钱免征。7 月 6 日，腓力进驻阿拉斯城，并在那里设立了指挥部。阿拉斯是法国西北部道路系统的中枢，可以监控从加来到康布雷之间 80 英里的范围。法军的防御措施显得牢不可破。法国的野战军自从该年 5 月起就在埃诺和康布雷地区作战，此时，这支军队已经现身并扎营于阿拉斯北方的平原上，具体地点则位于维米岭下朗斯（Lens）的道路旁。在第一次世界大战时，维米岭（Vimy Ridge）① 成为最重要的战场之一。贯穿整个 7 月，陆续到来的增援力量将这支军队的人数扩充到了大约 24000 人。这支军队中，八分之七的军人是骑兵，异常高的骑兵比例使得这支军队在机动性和训练方面好于他们的对手，但也使得他们在战场上成为一支脆弱而缺乏平衡的力量。在沿着法国与佛兰德边境及埃诺境内的地方，强大的法兰西驻军被部署在艾尔、圣沃南（Saint-Venant）、里尔、杜埃、莫尔塔涅、圣阿芒和康布雷。除此之外，勃艮第公爵作为阿图瓦的统治者，还在防线的西部与海岸地区保持了属于他自己的驻军。[36]

　　法军并没有预料到英格兰人会进攻圣奥梅尔，尽管如此，爱德华三世缓慢的战争准备还是给予了他们足够的警告，使他们明白之后将会发生什么。大约在 7 月 15 日，勃艮第公爵率领数千重装骑兵进入了圣奥梅尔城，开始进行清理市郊的工作。[37]此时，阿图瓦的罗贝尔还逗留在 15 英里外的卡塞勒，和他自己指挥的军队争吵不休。反法同盟缺乏足够的兵力：他们所拥有的可能只是由托马斯·奥特雷德爵士（Sir Thomas Oughtred）指挥的 1000 名英格兰弓箭手，外加 10000～15000 名佛兰德人。这些佛兰德人的数量不到预期兵力的三分之一，而且士气低落，缺乏纪律。这些人大多来自佛兰德南部较小的村

---

　　① 维米岭战役是著名的阿拉斯战役的序幕。

镇，他们可没有理由认同根特与范阿特维尔德的野心。这些人
更加担心自己家园的安危，而并不完全认同"进攻就是最好
的防御"。罗贝尔不得不好言哄骗让他们继续进军。按照罗贝
尔的说法，他的朋友已经写信给他，许诺提供支持。一旦罗贝
尔率军出现在圣奥梅尔，这些盟友就会打开城门，一切都会
很快结束。大约在 1340 年 7 月 16 日，罗贝尔的军队抵达了
利斯河与阿河（River Aa）之间的泥泞沟渠，这些沟渠标志
着边界，盟军以混乱的队列跨过它进入了阿图瓦伯爵的领土。
一部分士兵以小队的方式继续前进，结果被法国军队切断联
系，遭到消灭。其他同盟军士兵则落在后面缓慢前进，劫掠
并焚烧遇到的村庄。一天中最合适行动的时间被浪费在了摧
341　毁一个名为阿尔克（Arques）的小村庄上，而此时阿马尼亚
克伯爵正率领生力军进入圣奥梅尔以增援勃艮第公爵。在接
下来的几天里，英格兰—佛兰德联军分散在了圣奥梅尔的整
个东侧地区。腓力六世的主力部队开始缓慢地从东南部前来，
向敌人逼近。

　　1340 年 7 月 26 日，阿图瓦的罗贝尔意识到了自己的危险
境地：他可能会面临夹击，被圣奥梅尔的法军与另一支数量处
于绝对优势、由腓力六世亲自指挥的军队合作击溃。于是，他
向圣奥梅尔的守军提出了挑战。当天清晨，他小心地将自己的
军队部署在圣奥梅尔与阿尔克村废墟之间的开阔地上。罗贝尔
将自己军中的精英放在了前线：他们是英格兰重装士兵、弓箭
手以及来自布鲁日的军队。在这些人后面，罗贝尔的军队分为
三个部分，伊普尔的军队在左，弗尔讷（Furnes）和贝格斯
（Berghes）的军队居中，右侧则是来自布鲁日外围的士兵。其
他佛兰德人则留在后方，一方面作为预备队，另一方面也作为

营地的守卫。在己方军队的前面与左翼，罗贝尔下令构筑了壕沟与露天工事组成的防线，防线之外还有精心伪装的骑兵作为屏障。进行了这样的防御工作后，他等待着敌人的反应。

此时，法兰西已经有一支大军正沿着阿拉斯方向的道路前行，显然，勃艮第公爵应当无视罗贝尔的挑战，坚定地等在城墙后面。以上的做法是国王要求公爵执行的命令，但公爵的下属却从他手中夺取了决策权。大约在当天中午，罗贝尔的军队在战位上守候了 4 个小时之后，一些头脑发热的法国人突然从圣奥梅尔的东南城门出击。这些人领着公爵大多数的扈从，还有大批当地征募来的士兵跟在后面，他们径直冲到了英格兰—佛兰德联军左翼有人防守的工事前。这些法国人被击退了，然而防守障碍物的伊普尔士兵犯了一个愚蠢的错误，他们越过障碍，冲进开阔的乡间土地追击后退的敌人，而联军剩下的第二战线全军也都跟了上去。法军发现对手不再受到露天工事保护，于是调头展开反击。接下来的激战占据了下午的绝大多数时间。勃艮第公爵能够在城墙上清楚地观察一切，最终，他无法再继续等待下去。公爵与阿马尼亚克伯爵率领大约 850 人冲出城门。此时，午后已过许久。阿马尼亚克伯爵和他的分队骑马疾驰，绕过战场南部边缘，加入到中午开始的肉搏战中。伯爵的军队包括 300 名重骑兵，这支分队的到来对战局产生了决定性的影响。那些构成罗贝尔第二战线的军人，包括伊普尔与其他佛兰德城镇的士兵都被击退，并蒙受了惨重的损失，最终，他们溃散逃跑了。这些败兵逃过联军大门敞开的营地，并向等在那里的后卫部队散播着恐惧。法军跟随着他们杀进营地，并将逃跑的佛兰德人赶到阿河河湾处困住，然后屠杀了数以千计的敌军。

342

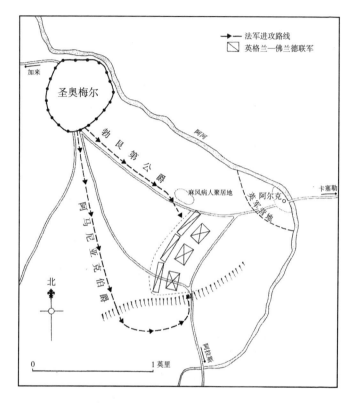

图 13　圣奥梅尔之战，1340 年 7 月 26 日

　　上述事件发生时，另一场完全独立的战斗则在其他地方进行。勃艮第公爵并没有与阿马尼亚克伯爵一起加入到敌人阵形南部侧翼的战斗中。取而代之的是，公爵率领骑兵，沿着阿尔克村的道路径直冲进了英格兰—佛兰德联军的战线前方。在这里，阿图瓦的罗贝尔与英格兰和布鲁日的军队一起，于整个下午都在野战工事后方保持不动。当联军看到勃艮第公爵的旗帜接近时，他们发动了冲锋。对此，公爵的骑兵毫无准备，法国人被数量优势的敌军压垮了。败退的骑兵撤到了圣奥梅尔东南

343

方的市郊，在那里，他们发现自己被堵在了狭窄的街巷中，既不能逃跑也无法从己方关闭的大门撤回城里。对于中世纪的城镇守军而言，最困难的行动之一便是保持城门敞开足够的时间以收容一支出击后返回的部队，然后在追击其后的敌人面前关上城门。圣奥梅尔城墙上的弓箭手集中攻击追击的敌人，而勃艮第公爵和他的手下则缓慢地挤出空间进入城中，并强行关上了背后的大门。在逐渐暗淡的黄昏光线中，公爵在城中的街道上受到了人们用火把与赞扬组成的欢迎仪式。然而事实上，公爵所部遭受了惨重的损失，他的出击成了一场羞辱性的战术失败。

无论是勃艮第公爵还是阿图瓦的罗贝尔都没有意识到，在1.5 英里以外的地方，英格兰—佛兰德联军的主力已经被阿马尼亚克伯爵摧毁了。在通往阿尔克的道路上，又发生了一场离奇的战斗。阿图瓦的罗贝尔率领的得胜之师向东前往自己的驻地；他们迎面遇到的是阿马尼亚克伯爵率领的凯旋的法军，这支军队正向西行进，准备返回圣奥梅尔。在夜幕之下，直到两军相距一根马枪的距离时，双方依旧都没有在黑夜中发现敌人。两军擦身而过，只有少数人进行了混乱而毫无组织的战斗。双方的军人都精疲力竭。直到罗贝尔回到自己的营地时，他才惊恐地发现自己剩下的部队遭遇了怎样的命运。联军的营地已遭遗弃，帐篷空空荡荡，马匹的缰绳没有约束。当 7 月 29 日的黎明到来时，人们发现，沿着通往卡塞勒的道路，可以看见大约 8000 具佛兰德人的尸体散布在几英里范围的乡间。其他跟随罗贝尔的佛兰德人没有继续停留并等待法军的到来，他们逃往卡塞勒和伊普尔。罗贝尔在稍微犹豫之后也跟着逃跑了。法军毫发无损地夺取了英格兰—佛兰德联军的营地，并缴获了大量的马匹、600 辆马车和所有的帐篷，大量的补给外加绝大部分佛兰德人的旗帜也落入法国人手中。

爱德华三世的 1340 年战役有一个糟糕的开始。数千名佛兰德人的阵亡是一个可以承受的损失。这场战斗的幸存者，包括几乎所有宝贵的英格兰弓箭手，最终都在图尔奈加入了英格兰国王的军队。尽管如此，罗贝尔所部的败北造成了更为严重的战略影响。此战之后，佛兰德南部门户大开，只能任由腓力六世的报复降临。同时，法国人也得以集中兵力，对付位于图尔奈地区的反法同盟主力。此战严重打击了同盟的威信，也削弱了同盟的凝聚力。在战斗结束后数天，伊普尔和布鲁日的代表就开始与法兰西宫廷接触，甚至在根特城中，范阿特维尔德的敌人也与法国人联系，这些人希望获得合适的条款，使自己重新和法兰西国王和平相处。[38]

*

当爱德华三世的第一支军队前往注定失败的战场时，他本人则努力着，试图让第二支规模更大、预定用于攻打图尔奈的军队免于分崩离析。英格兰国王在 1340 年 7 月 8 日离开柯克托马斯号，并于当月 18 日夜抵达根特。在那里，他在半年之后第一次见到了参加反法同盟的各位王公贵族。然而，这次会议的进程却并不和谐。[39]爱德华进攻图尔奈的决定，被作为既成事实提交给了他们。他们中没有任何一人接受了罗贝尔身边的职务任命，从这样的事实中便能看出这些人对爱德华决定的态度。事实上，三周之前，布拉班特公爵还解散了用于替蒂安莱韦克解围而集结的军队。随着爱德华三世愈发与佛兰德人接近，可以看出，公爵对战争的热情正逐渐消失。布拉班特公爵本人并不喜欢雅各布·范阿特维尔德，而同样他也不可能对佛兰德的那些城镇公社政府有什么好感。公爵的臣民非常嫉妒佛兰德的经济实力，而对英格兰将羊毛大宗贸易中心从安特卫普转移到布鲁日的行为颇有怨言。在同盟中，两派人之间存在着难以逾越的分歧：其中一派包括范阿特维尔德和（现在的）埃诺伯爵，对于继续进行战役，他们有着强烈的政治动机；另外一派也包括布拉班特公爵和部分德意志王公，他们需要对盟友保持忠诚并保护自己免于面对腓力的怒火，但战争进行到这里，他们除了获得金钱之外，也不会得到任何其他回报了。对这些人而言，除非爱德华提供津贴，否则他们甚至连资金都已缺乏。

战争到了这一阶段，爱德华的经济状况已非常困难，并且每况愈下。从 1340 年 4 月起，英格兰便开始征收议会财政援助。不过，这次征集完全是基于全新的财产评估来进行的。在乡村，将征收全部谷物、羊毛和羔羊的九分之一；而在城镇，则征收一切动产的九分之一。实物首先按照种类进行征收，然后再售出，所得资金划入政府的账上。这种特殊的税收形式是仿照教会的什一税进行的，该方法源自政府在议会中得到的建议（以代替传统上以现金方式缴纳的十分之一税与十五分之一税），因为此时农业生产已严重不振，这使得产品难以售出，现金也很难获得。然而，由于同样的原因，这样的税收数目显得很小，而且收取速度也十分缓慢。到了 1340 年 11 月，政府仅仅收到了 15000 镑税款。即便获得了期望中的税收数额，政府的情况也并不会好太多。英格兰政府希望，在 1340 年 11 月 1 日之前征集到 100000 镑，然后在次年再征集另外的 100000 镑税收。不过，在国王离开英格兰之前的六周里，第

345

一笔钱的全部和第二笔钱的大半就已经花了出去，一部分交给了大银行家，另一部分则交与军队的首脑，用于偿还 1339 年契约中欠下的部分款项。于是，爱德华三世事实上在抵达低地诸国时可以用一文不名来形容。如果不是债主们格外开恩，国王甚至无法负担他宫廷的日常花销。到了 1340 年 7 月 24 日，原本作为人质扣押在布鲁塞尔以保证部分国王所欠债务的北安普敦伯爵、德比伯爵与沃里克伯爵，被送到了梅赫伦一名债主的监狱中。英格兰方面用四名骑士换取一名伯爵，并作出了保证日后一定会返回监狱的庄严承诺后，才使得伯爵们得以被释放并参加战役。爱德华则向他的官员发布了严厉的命令，要求他们聚敛钱财。他坚信，总有手段能从英格兰获得金钱，然后便可以用下一艘船将之送到大陆。这也许是他在根特对王公贵族们的说辞。然而，这仅仅是镜花水月般的空想罢了。[40]

1340 年 7 月 12 日，当王公贵族们还在根特进行磋商时，英格兰议会再次在西敏宫绘厅召开。中书大臣致开幕辞的语调似曾相识，随之而来的便是诚恳的请求。直属于爱德华的两名伯爵和一名骑士，在 7 月 15 日从佛兰德赶来，以激起议员的热情。这些人带来了关于斯卢伊斯海战的官方报告，一同而来的还有一封爱德华的信，他在信中解释了夏季战役中打算采取的军事策略。至少对于当时在场的国王大臣们来说，这几名使者以最有说服力的方式解释了国王目前的情况。使者们强调了国王在佛兰德和法兰西北部所面临的巨大危险，以及国王与王后和那些他军队中的贵族一起感受到的可怕痛苦。然而，倘若无法找到某种方式来加速征集上一期财政援助的进程，那么这一切努力都将毫无意义。除非爱德华的盟友得到金钱，否则这些人就可能会与腓力六世单独结盟，那么国王就只能祈求敌人的仁慈了。"朕与朕的国家、孩子、贵族和朕麾下所有的臣民都将万劫不复。"政府所期望的是一笔强制性贷款，这笔钱将在 1341 年内清偿，从第二次分期付款的补贴中扣除。对此，平民院代表大多不为所动。直到 1340 年 7 月 24 日，在经历了尤为冗长的讨论之后，他们才同意提供一次 20000 包羊毛的强制性贷款。即便如此，平民院还是提出了苛刻的条件，以防止这笔钱落入那些支持战争的金融家手里，而那些金融家们此时已经和较早征募的士兵一起离开了战争的漩涡。爱德华的大臣们向国王进行了汇报，他们解释说，有必要进行灵活的行政安排来征收这笔贷款，而与羊毛商人的商谈也正在进行中。有了 1337 年末到 1338 年初冬季的灾难性状况的前车之鉴，政府并不打算把自己变成羊毛商人。取而代之的方法是，政府与一批商人财团打交道，这些商人组织同意购买羊毛，然后直接向爱德华三世在布鲁日的司库付款。1340 年 8 月 13 日，御前会议告诉国王，他们预计，在很短的时间里就能送去大笔金钱。爱德华严肃地对待了这个承诺。[41]

346

就那些待在西敏的大臣们而言，每天的工作都变得越发的困难。在 7 月末，第一次打击来自法军业已恢复的海上力量，这一情况原本可以被预料。尽管英军在斯卢伊斯海战中取得了胜利，但法军依然能够对北海上单独航行的商船进行海盗式的攻击，甚至还可以向苏格兰运送生力军与补给品。英军偶然捕获的俘虏，以及英格兰东海岸上的船只残骸，才使得爱德华的大臣们或多或少能够认识到，什么样的事情正在发生。斯卢伊斯海战之后不过十天，关于法国人在英吉利海峡对岸重建港口的消息开始在间谍的报告中出现。法兰西政府任命罗贝尔·乌德托（Robert Houdetot）为海军将军，这名精力充沛的诺曼底骑士代替了运气不佳的基耶雷和贝于歇。上任之后，乌德托马上前往塞纳河流域诸港，并开始征用船只和设备。7 月的最后一周，乌德托已经率领一支小舰队出海了：这支舰队包括 3 艘桨帆战舰和 7 艘武装巴奇船，它们大多是斯卢伊斯海战的幸存船只；除此之外，舰队中还有一支地位相当重要的分队，即一支从比斯开湾诸港口雇佣来的西班牙武装商船队。[42]

这一切恰好发生在英格兰政府计划最为脆弱的时刻。英格兰人相信他们彻底消除了法兰西海军的威胁，因此解散了绝大多数原本被安排进行海岸防御的西部海军部船舰。运载补给和装备的船只已在没有护航的情况下穿行北海，而那些运送隶属于国王的银行家与军队大亨的羊毛的船只则还处于护航之下。在英吉利海峡，英格兰从 7 月初就开始了一场重要的军事冒险，当时托马斯·费勒斯爵士（Sir Thomas Ferrers）在南安普敦出海，准备重新征服根西岛、奥尔德尼岛（Alderney）和萨克岛。费勒斯在 1340 年 7 月 12 日登上了根西岛，并控制了岛上无人防守的全部区域。17 日，他开始率领一支 330 人的军队围攻科尼特城堡（Castle Cornet）。倘若无法夺取这座城堡，那占领岛屿其他部分也就没有了意义，但攻下城堡所需要的则是从英格兰南部港口持续抵达的援军与补给。[43]

1340 年 7 月 26 日，罗贝尔·乌德托在毫无预兆的情况下突然登场。他的舰队在英吉利海峡中出其不意地袭击了一支英格兰护航船队，并夺走了 30 艘装载羊毛的商船。法军处死了船上的水手。在这之后，乌德托率领舰队转向西面，取道索伦特海峡并在 1340 年 8 月 1 日前后派兵登上了怀特岛。登岛的士兵最终被当地民兵赶回船上，但在那之前，他们已经对岛上造成了很大的破坏，也给驻军造成了严重伤亡，岛上守军的指挥官西奥博尔德·拉塞尔爵士（Sir Theobald Russell）也上了阵亡名单。法国舰队的下一个目标是波特兰岛（Isle of Portland），该岛在次日遭到了法军的焦土式打击。廷茅斯（Teignmouth）则在没有预警的情况下被烧成废墟。法国人试图在普利茅斯进行类似的袭击，它位于法国舰队西面，只有一天的航程，然而这次法国人失去了突然性的优势。法军烧毁了一座庄园的房屋并抓了一些俘虏，但他们并没有攻进普利茅斯城。到了 1340 年 8 月 5 日，这支舰队回到了基地进行补给，并开始计划对索伦特海峡附近区域进行另一次攻击。[44]

面对攻击，英格兰人显得措手不及。西部海军部开始了新一轮的船只征集，并重新拼凑出一支可以出海的舰队。伦敦、雅茅斯与五港同盟的船只被匆忙召集到唐斯。罗伯特·莫利和隶属于北部海军部的其他船只则被派往海峡群岛，以防止法军从海路解救科尼特城堡。在整个英格兰南岸，海岸民兵被动员起来，而护航船队体系也被重新启用，任何驶出英格兰的船只都要执行。这些行动虽然积极，但在时间上太晚，不过还是阻止了乌德托手下那支小小舰队的威胁。乌德托的第二次出航开始于 8 月 29 日，而这次行动完全失败了。当法国舰队离开塞纳河时，英格兰人已经集中了一支颇有实力的舰队，在温切尔西外海整装待发。到了 9 月，莫利的舰队采取攻势，这支舰队巡弋在塞纳河口与海峡群岛，并对布雷斯特（中立港口）进行了一次毁灭性的突袭。许多商船都在布雷斯特寻求庇护，以躲开敌对势力的舰队。英军的战果包括 6 艘热那亚桨帆战舰及舰上搭载的货物，这些货物的价值已然超过了 10000 镑。[45]

尽管海上战事重开的结果让英格兰人满意，但这样的战争毕竟开销浩大、耗费精力，更何况，与这件事同时发生的，还有其他索要英格兰政府提供资源的事件。在苏格兰低地地区，游击队控制了绝大多数的乡村开阔地区，根据贝里克守卫的报告，这些人"已经出现在城镇门口了"。他们劫掠偷去牲口的路线，甚至深入了诺森伯兰。1340 年 8 月中旬，苏格兰领导层决定，在秋天开始一场针对斯特灵的战役，这座城市现已成为英格兰人最北方的据点。苏格兰人的举动使得御前会议不得不下令在北方的伯爵领内征募一支新的军队，并花钱将补给与增援通过海路送抵苏格兰中部孤立的英格兰军队驻地。[46]

348　　英格兰政府开始着手在怨声载道、危机重重的岛国本土征集 20000 包羊毛的强制性贷款，但遭遇的是愤怒的抵制。7 月末，征收的份额就被分配到了每个伯爵领，份额多少则由 1337 年诺丁汉的规划决定。伯爵领一级的执行官们无处不在。然而，截至 1340 年 8 月 20 日时，尽管大批羊毛本应征集到政府手中，事实却是官员们几乎两手空空、一无所获。到了 8 月 21 日，羊毛商人出现在伦敦的御前会议成员面前，安排收购与生产分配事宜，可政府却没有羊毛可卖。所需的羊毛有 20000 包，但可供政府支配的存货不过 854 包，其中三分之二的货物都是在伦敦征集的。在其他地方，征收羊毛的活动都以失败告终。御前会议成员频繁收到国王来自图尔奈的信件，信中语气已经越发歇斯底里，因此，他们不得不拿出更为严厉的手段。他们要求在西敏的伯爵领官员自负其责，而且替换了一些官员，并威胁另一些人说，他们将会使用更可怕的惩罚手段。官员们转而将承受到的压力转移到了民众身上。此时，零星的暴力事件出现在了全国各地。在林肯郡，羊毛被人们取走，放进工事保护的仓库中，并用重兵保护以阻止征收人将其

夺走；在埃塞克斯，则出现了有组织的武装反抗；在萨默赛特
（Somerset），征收人遭到围攻并被杀死。御前会议正失去对国
家的控制，成员们相信，这一系列不幸事件叠加起来，最终将
会导致一场全国性的大叛乱。不到一个月前，他们还告诉国
王，很快就能提供给他资金，而此时他们不得不将最严重的警
告报告给爱德华。"我们不敢在已经进行的基础上做得更多，"
他们如是说，"因为我们已经面临一场即将发生的内战；人们宁
愿和我们战斗，也不愿向我们上缴他们的羊毛。"⁴⁷

＊

　　反法同盟攻击图尔奈的预定时间是 1340 年 7 月 29 日。爱
德华则在 18 日迅速动身离开根特，并在他直属的重骑骑兵以
及范阿特维尔德率领的佛兰德人护卫下，沿着斯海尔德河谷地
缓缓前行。7 月 23 日，他们在一个名为钦（Chin）的小村庄
稍作停留，此地在图尔奈北部 3 英里处，并有一座桥梁跨越河
流。在之后的一周里，埃诺与绝大多数德意志军队加入了爱德
华麾下。至于提供骑兵主力的布拉班特公爵，此时还没有他的
任何消息。到了 7 月 26 日，爱德华不再等待更多的援军，而
是赌上自己的名声开始进攻图尔奈城。英格兰国王发布了一封
夸大其词的挑战书，声称自己才是法国的合法国王，并向
"瓦卢瓦的腓力"提出一对一的比武，而如果有人认为单挑对
于他那肥胖的中年对手不甚公平的话，那么爱德华也愿意由双
方各挑选 100 名勇士，以团体比武的方式决定胜负。按照爱德
华的说法，如果法兰西不接受挑战，他就将以压倒性优势的武
力来夺回自己的继承权。法兰西国王的回复十分简单。腓力说，
他确实看到了一封写给某个"瓦卢瓦的腓力"的信件，但显然

349

这封信并不是写给他的，因此他也不会予以理会。在适当的时候，腓力会将爱德华和他的盟友彻底赶出自己的国家。腓力的回信在 1340 年 7 月 31 日送抵爱德华手中。就在同一天，英格兰国王将他的主力部队从钦村的桥梁移动到下游的图尔奈，并开始攻城。[48]

对爱德华三世而言，图尔奈在战略上并没有特别的意义。[49]占领这座城市固然可以拓展佛兰德的疆界，但并不会打开通往法国的门户。尽管如此，丢失这座城市依然会严重地打击腓力六世的威望。图尔奈横跨斯海尔德河，位于佛兰德与埃诺之间，是一座重要的宗教与制造业城市。该城控制着法国和低地诸国之间的大量进出口贸易，同时也拥有一定规模的纺织业。在欧洲，图尔奈以大理石雕刻和金属盔甲加工著称。这座城市的人口固然无法与巴黎或者根特这样的名城大邑相比，但在 1340 年，居住在城中的人数也达到了大约 20000 人，这使得图尔奈跻身法国最大的省府层级。图尔奈的部分城墙依旧存留至今，可以看出，其防御能力颇为可观。当时，图尔奈的城墙较新（1295 年才开始兴建），而且相当完善。环形城墙的位置大致与现今城市的环城大道相同，总长大约有 3 英里，墙上有 74 个防御用塔楼。[50]城中除了由费伊的戈德马尔指挥的常驻守军之外，法兰西王国陆军统帅和两位元帅也带着自己的部队入驻图尔奈。富瓦伯爵按照腓力六世的命令，率领一支偏师离开阿拉斯城外的法军主力，在 1340 年 7 月 23 日爱德华抵达钦村当天，他也率领另外 3000 名士兵进入了城中。现在，法军在图尔奈的兵力达到了接近 5800 人，其中三分之二是重装骑兵，剩下的则是颇有作战凶猛名声的比利牛斯步兵。这支军队名义上的指挥官，按级别排序是法兰西王国陆军统帅以及该城

的军事主管。不过，真正进行谋划的还是富瓦伯爵。伯爵强势
的个性容不下反对意见，而他也是此地最有能力的军人，同时
直属于他的兵力也最为众多。

350

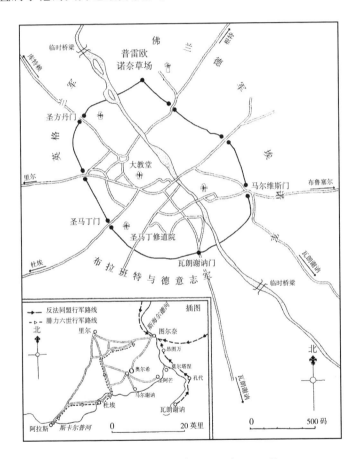

图 14　图尔奈围城战，1340 年 7～9 月

在图尔奈城西侧外墙以外的地方，英格兰国王安置了自己
的帐篷。他自己的军队，包括英格兰权贵的扈从，以及那些在
7 月底加入他的衣衫褴褛的佛兰德人与英格兰人，他们是圣奥

梅尔之战的幸存者。英格兰军队分散部署在通往里尔和图尔奈的道路附近，法军的解围军队预计会从这两个方向前来。而在河流的另一边，城墙北段之外，则是一片被称为普雷欧诺奈（Pré-aux-Nonnains）的广阔草场，该地以其中央的一座小规模

351 女修道院而得名。雅各布·范阿特维尔德和剩下的佛兰德人将他们的指挥部设在了这里。他们从修道院的钟楼上能够观察到城中守军的调动情况。埃诺伯爵以及（最后终于赶来的）布拉班特公爵所部则控制了图尔奈的东南部，包括瓦朗谢讷门。剩余右侧的城门则由德意志王公贵族们负责封锁。为了保持同盟军的通信畅通并封锁进入该城的河流，联军在斯海尔德河流经图尔奈的上下游位置分别搭建了浮桥。

在城墙之处的地面开始向上隆起的区域，同盟军安置了他们的攻城器械，这是一些安装在木质框架上的机械投石器，它们由专业木工在现场组装。19世纪时，人们使用重建出的机器进行了实验，发现这样的设备能够将一枚重25磅的球形石弹发射到差不多200码外的地方，以摧毁城墙和塔楼的顶部结构。木匠们的活动产生了巨大的噪音，尽管这对攻城者的士气不无裨益，但除此之外就没有任何价值了。图尔奈城墙的设计就是为了抵御这些攻城器械的打击。从攻城战开始直至结束，攻城器械一共只杀死了6名守卫，平均每台机器杀死的还不足一人。埃诺伯爵则尝试了一种更富有灵活性的机器，它能将爆炸性的弹药投掷到城里，但他的尝试则更为失败：那名负责制造炸弹的工程师带着自己的发明逃走了，此后再也没有人见到他。

考虑到守军的规模，进攻者倘若直接攻打城墙，势必将战斗演变成一场代价巨大且十分危险的行动。围城四周之后，同盟军方才开始尝试这样的攻击。而在一开始，他们只是在图尔

奈城外等待，希望叛变、饥饿能够帮助己方夺取城市，或者是
投射器械的打击能够击毁足够长度的一段城墙。此外，同盟军
还蹂躏了图尔奈附近的土地，以这种传统的策略试图引诱法军
主力进行战斗，他们的营地中堆满了掠夺所获，并四处攻击城
外的地区，为埃诺伯爵曾经遭受的损失进行报复。第一个牺牲
品是小镇奥尔希，它距离图尔奈城延伸出的道路有 12 英里远。
这里在 1340 年 8 月 1 日遭到攻击。奥尔希本地的首脑从镇中
出来，试图进行谈判，但就在双方会谈还在继续的时候，同盟
军便攻占并洗劫了这里。进攻者在此处抢夺了数量庞大的战利
品，并绑架了那些最富有的居民以索取赎金。在 8 月 3 日黎明
前，埃诺伯爵带着他的军队攻击了圣阿芒，此地位于伯爵的领
地边界以南 10 英里处。伯爵进攻的同时，一支来自瓦朗谢讷
的远征军则从圣阿芒的另一边发起了攻击。圣阿芒城中有一支
强大的法兰西驻军，他们先是在城外与攻击者作战，试图拖延
进攻，在失败并被赶回城中之后，他们又继续在城墙上抵抗，
但最终还是被同盟军压垮了。许多法军被杀，剩下的则被俘
获。埃诺伯爵彻底摧毁了圣阿芒城，他推倒城墙，将当地著名
的修道院拆成瓦砾，并把躲在修道院中的居民扣为人质来勒索
赎金。同盟军的战利品包括大量的黄金、牲畜以及 17 口钟。[51]
十天之后，这支攻城军队的一支分队摧毁了马尔谢讷附近的大
本笃会修道院及其附近的小镇。在那里，火焰迅速蔓延到中世
纪村镇的狭窄道路和木质建筑上。在图尔奈城墙周围 15 英里
的范围内，一切建筑都被摧毁，甚至反法同盟军举着火炬站在
西南方的杜埃城门上都能看到。

　　面对攻城者，图尔奈的守军与市民进行了英勇的抵抗。在
城墙内的修道院花园中，守军的投石机也在持续不断地抛射，

352

不过，他们的反击多多少少只是随机落入了墙外敌方营地的范围内。尽管如此，守军的投石机在战果上还是超过了同盟军的同类器械。一发抛射物击毁了普雷欧诺奈女修道院的钟楼，由此摧毁了佛兰德人的观察站。另一次轰击则打坏了一座佛兰德人的攻城器，距离雅各布·范阿特维尔德的帐篷只有不过数十码远。还有一发抛射出的弹药击中了埃诺伯爵的首席工程师，并且打掉了他的脑袋。图尔奈市民接管了城墙和城门的防卫，他们自行分配了瞭望和值守的工作。守军则是预备队，等待着应对攻城的战斗，同时也时常从城门中杀出去袭击联军。自愿军组成小规模的部队，潜行出城攻击孤立的攻城者，并夺取有价值的货物，或是劫走运输车上的补给。在一次大胆的出击中，费伊的戈德马尔的侍从率领一群人，在埃诺伯爵将圣阿芒的掳获带回时，成功夺取了伯爵的部分战利品。另一支由60名骑兵组成的小队突入英格兰人的营地，并在伯格什主教用晚餐时打进了他的帐篷。一名法国骑士已经用骑枪对准了主教本人，所幸一名富有牺牲精神的侍从用自己的身体挡住了攻击线路，承受了打击，主教才得以逃命。这些冒险者的表现，尽管有利于城内的士气，但消耗了大量的人员和马匹，在军事上也并没有造成多大的实际效果。此外，追击这些出城者的敌人，可能在城门为出城者重新打开时强行进入城内，这样的情况也是相当严重的危险。类似的情况差点就在突袭伯格什主教帐篷之后发生。因为出现了类似的事件，图尔奈城的掌权者以严厉的手段禁止了未经授权的出城攻击行动，他们甚至没收了那些过于热心战斗的城门守卫的钥匙。

对于图尔奈城而言，城中防务面临的主要问题，即食品已逐渐消耗殆尽。在这里，法国人不像1339年在康布雷那样，

有足够的时间来积累大量补给。在围城之初，防守的人们就已
经在补给方面处于困境了。当年的夏季酷热而无风，食品难以
长期保存。城墙内的牧草被迅速耗尽，而那些在夜间被放出城
吃草的牲畜则被敌人猎取后吃掉。城里的谷物储备倒是十分充
足，但由于图尔奈的磨坊主依赖郊区的风力磨坊来工作，此时
敌人控制着城外磨坊就意味着面粉的严重短缺。图尔奈拥有一
支庞大的守军，数量相当于城中人口的四分之一，再加上几千
匹战马的存在，更使得补给的状况雪上加霜。在围城之初，老
人、妇女和儿童，穷人和没有战斗力的人，都被视为"没有
用的嘴巴"而被从城中驱逐。城中的粮价上升到了天文数字。
不同寻常的是，在图尔奈并没有人试图创造"围城经济"来
牟取暴利。守军的薪水并不包括食物，因此他们不得不花钱从
市民那里购买补给，无论价格上涨到多么高都是如此。到了 9
月初，法军已经处于一个十分古怪的境地：他们只能安排一批
批重装骑兵在夜色中冒着巨大的风险穿过围城防线，将购买粮
食的钱带进城中，以保证同袍不至饿死。[52] 曾有一次，富瓦伯
爵和他所有的家眷一起用餐时，只有一条面包与一条鱼可供食
用，他威胁说，如果不能改变这样的状况，他将会放弃图尔
奈，并杀出重围。最终，伯爵成功从城市当局那里获得了一座
老旧而废弃不用的移动式磨坊，他的手下修好了它，并将其放
置在圣马丁修道院内。这座磨坊的存在在某种程度上缓解了
守军的补给压力。然而，直到围城末期，市政官员才颁布严格
的命令以控制补给和价格。可以肯定的是，法国守军的指挥官
多次想到过，是否要以无情的手段来对付他们所保卫的、自私
自利的图尔奈市民，然而最终他们并没有这样做。对于一座像
图尔奈一样的大城市而言，无论驻军的规模如何，只需要十几

名心怀不满的市民合作，敌人就能轻易夺取它。

在攻城者一方，同盟军在获得补给方面则毫无困难。他们的营地周围是欧洲北部最为富饶的农业区之一。满载补给的运输船也会定期沿着河流驶来。虽然补给充足，同盟军却面临着其他类型的问题。一场长时间的围城战令人感到厌倦无聊，这降低了士气，同时劫掠周边地区的收获也变得越来越小。到了8月的第三周，攻城部队中已现烦躁，改变策略的信号则一并显现出来。联军改变了原来的策略，不再试图让守城者逐渐挨饿直到投降，而是决定使用军队来夺取城市。第一次重要的尝试发生在1340年8月26日。一支包括2000名佛兰德人和数量未知的英格兰人的攻城部队，试图从城市最北端的圣方丹门（Porte Sainte-Fontaine）附近的城墙处登城。然而，他们被击退了，并且遭受了惨重的伤亡。1340年9月2日，同盟军又在同一地点发起了另一次尝试。这次他们将大量的灌木放到木质的城门边，并将其点燃。在城墙燃起火焰时，进攻者开始使用攻城器撞击城门。随之而来的战斗持续了将近一整天，但最后进攻方的士气还是衰落下去，并最终崩溃了。在法军这边，圣方丹门的守卫则因为他们的勇敢而得到了一桶勃艮第佳酿的奖励。

以上这些攻城尝试加重了反法同盟商谈时的紧张气氛，这不仅是因为他们遭遇了失败，还因为只有英格兰人和佛兰德人是攻城的参与者。埃诺的军队为了自己的利益，在图尔奈的另一边尚有不少动作，而德意志人和布拉班特人则完全没有任何举动。这样的情况并非无人在意。佛兰德人公开指控布拉班特人是在背叛同盟。此时发生了一件令人厌恶的事情。一名布拉班特公爵的风笛手在英格兰人负责封锁的城墙区域和一名守军对话时被当场抓住。范阿特维尔德将此人折磨得差点丢了性命，以逼迫他承认自己的行为是源于上级的指令。[53]没过多久，范阿特维尔德就在英格兰国王的帐篷中举行的一场同盟领袖会议上发表了措辞激烈的长篇演说，他指责了布拉班特公爵的怯懦和无所作为。一名公爵的骑士则告诉他，他应该回到根特专心酿造啤酒。范阿特维尔德的反应是，拔出自己的剑将这个人刺了个对穿。最后，爱德华动用了一切外交手段，才勉强阻止了公爵立刻离开同盟军。

布拉班特人和德意志王公贵族都没有理由去积极地进行战斗。雇佣兵只有在拿到薪水时才会展现价值。面对盟友的纠纷，爱德华一方面为自己开脱，同时也指出，此时他的大臣们正在英格兰本土艰难地筹集着经费与补给。尽管如此，英格兰国王私下的想法可没有他的说辞这般乐观。8 月中旬，当围城仅仅进行了两周时，他已经与法兰西宫廷进行了第一次试探性的接触。随着 9 月的到来而英格兰方面又分文未至，爱德华不得不以高达 20％ 的利息向高利贷商人贷款，从而购买足够的补给以喂饱他和他的军队。[54]1340 年 9 月的第一周结束之时，显而易见的是，倘若与法国人的和谈失败，那么爱德华就只剩下很短的时间来攻取图尔奈了，否则他就将不得不在同盟军抛弃他之前强迫敌人与他进行战斗。

*

1340 年夏季，在摧毁法兰西王位的觊觎者上，腓力拥有前所未遇的良机。他掌控着一支庞大的军队。而敌人的军队尽管在数量上多于法军，却只有少数可怕的英格兰弓箭手，毫无训练的佛兰德城镇民兵占据了不合理的巨大比例。此时，腓力优柔寡断的态度和犹豫不决的行事方式显得简直不可思议。他的军队在维米岭扎营直到 7 月 22 日或 23 日，此后才缓慢地朝圣奥梅尔方向行军，因为抵达时间太迟而没能来得及参加当地的战斗。腓力自己也跟着军队行军的足迹落在了后面。到了1340 年 7 月 29 日，他才抵达佛兰德边境的利斯河畔艾尔。法军在这里分兵 2000 人给雅典公爵指挥，这支小部队被派出以搜寻阿图瓦的罗贝尔的残余部队。但这支偏师没能攻下卡塞勒，之后便在佛兰德边境附近地区进行了一些断断续续的破坏活动，与此同时，法军主力却一直按兵不动，等待着进一步的命令。

在艾尔城外的圣安德鲁修道院中，法国的御前会议商讨了局势。两名方济会的修士被带到会议成员面前，他们穿过攻城者的防线，随身带来了守军指挥官的信函。守军指挥官在信件中报告了城市遭到彻底包围的状况，同时也汇报了城中存在的食物短缺的迹象。御前会议讨论了两种可能的策略：其一，让法军主力入侵佛兰德并劫掠那里，借此推翻范阿特维尔德的政权，也许还能吸引佛兰德军队离开图尔奈；其二，则是向图尔奈进军并解围城之困。最具有决定性的发言来自佛兰德伯爵。讷韦尔的路易慷慨激昂地反对法军入侵自己的伯国，他知道，法军入侵导致的毁灭可能意味着他将永远失去和自己封臣们和解的机会。于是，御前会议决定向图尔奈进军。

两名方济会修士赶忙带着消息返回图尔奈。然而，腓力却花了不少于五周的时间才将军队移动到杜埃。法军的延误并不能完全用组织不力进行解释。在贝蒂讷（Béthune），法国人与来自佛兰德三大城镇的范阿特维尔德敌人们的代表进行了长时间的会谈。对法国人来说，已显示的敌军正在分崩离析的迹象是无论如何无法忽视的。不过，双方的谈判并没有什么结果，反倒是腓力的进军日期被延后了一周。当腓力在 8 月的第三周终于抵达图尔奈时，又有新的求和讯息传来，这次是来自爱德华的。也许这条信息不是那么真心实意。看起来法兰西宫廷似乎对决定性的战斗十分焦虑，对此极力避免。法军在杜埃逗留了几乎两周的时间。而图尔奈城内，法军的缓慢进展使得居民和守军承受着更大的压力。1340 年 8 月 10 日夜间，两名信使秘密出城，在法兰西国王面前进行了汇报，他们讲述了城中防御与补给方面的情况。腓力在接见二人时并没有很好地掩饰住自己的焦躁情绪。他说，图尔奈防御者所要做的，便是继续坚持下去，守城的人一定会在战役结束之后得到他的奖赏。

到了 1340 年 9 月 7 日，法军终于进入了图尔奈地区，并在图尔奈西部 10 英里处的布汶（Bouvines）设立了驻地。布汶这个地名颇能勾起人们的回忆，腓力·奥古斯都在 1214 年于此与英格兰的约翰王及其德意志盟友大战并取胜，由此注定了安茹帝国（Angevin Empire）的毁灭。布汶只是个小村庄，附近有一条狭窄的石桥跨过马科河（River Marcq）。古罗马时代的道路从东西方向连接着图尔奈和埃斯泰尔（Estaires），并通过这里。在河流的两岸，河滩延伸出无法通过的沼泽。法军就等待在这道无法逾越的天然屏障后。一些志愿者穿过沼泽进入图尔奈，给城里带去奶酪、猪肉和其他美食。在城内，守军开始着手准备，打算在即将到来的战斗的关键时刻进行一次大规模的出击。城中的指挥官们与图尔奈的议员们在市政厅里进行了商谈，他们希望从市民中选出自愿军来帮助战斗。议员们则希望得到保证，让他们在军队出击之前以及战斗返回保卫城镇时都能得到现金补偿。夜幕降临，图尔奈城中的街道回荡着叫喊，号召人们拿起武器进行战斗。

356

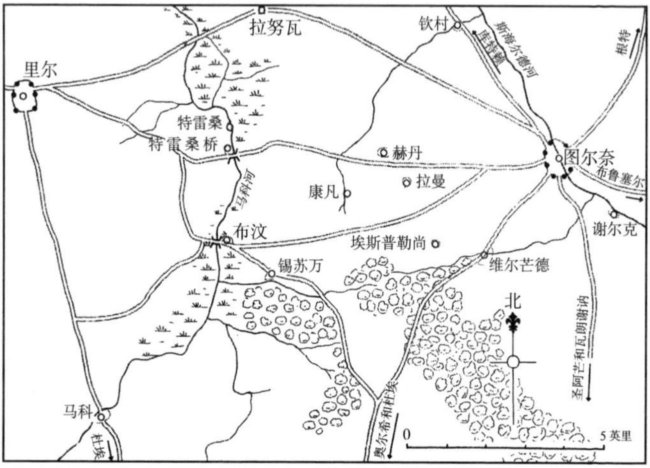

图 15 布汶，1340 年 9 月

爱德华三世也在城市周围重新部署了他的军队，他仅仅在各城门处留下了小规模的掩护部队，同时下令让所有王公贵族的军队和绝大多数佛兰德军队跨过斯海尔德河，挡在图尔奈城墙和敌人之间。布拉班特公爵负责防守南侧小村庄谢尔克的前方；埃诺伯爵和他的叔叔则负责北方；爱德华自己，在防线的中央升起了王旗。在反法同盟军阵线的前方，是大片开阔而平整的土地，他们预计法军会在那里出现。

357　　双方并没有开战。法军防守着他们的位置，并没有走出工事在开阔地上攻击严阵以待的敌军。同盟军在法军的侧翼进行了挑衅式的攻击，也无法将对方吸引出来。1340 年 9 月 8 日的早些时候，埃诺军和一些其他同盟军部队中的志愿者，在一名熟悉当地地形的强盗指引下，向法军驻地方向进行了一次战斗侦察。在清晨的迷雾中，他们迎面撞上了一支隶属列日采邑主教（Prince-Bishop of Liège）的征粮队，主教此时也在为法国战斗。在前面提到的那座桥南方的沼泽小径上，双方进行了一场血腥的前哨战，同盟军最终还是被击退了。不久之后，埃诺军又尝试从北面位于特雷桑（Tressin）的桥上跨越马科河绕过法军阵线，在那里，两军再次进行了短暂而激烈的战斗，结果以埃诺军的彻底失败而告终。对埃诺人来说，他们付出了大量的努力，到头来却依旧一无所获。

随着腓力六世的到来而激起的紧张情绪在逐渐缓解，同盟军的首脑已开始在他们的帐篷中争执不休，他们的军队也一步步走向分崩离析。迫在眉睫的战斗让人们想起，他们的报酬尚未到账。那么，他们又何必去战斗至死呢？最先开始低声讨论兵变可能的并非是那些王公贵族，而是他们麾下的士兵。在布拉班特公爵的军队中，最先发难的是从布鲁塞尔、鲁汶与安特卫普征募来的兵员，他们是公爵步兵部队的主要力量。这些人威胁说，"无论是否得到允许"，他们都将会从军队里撤走。在埃诺军中，某些颇有影响力的人物也有着同样的想法。法军抵达布汶之后不过几天时间，爱德华的盟友们就已经在与腓力六世的盟友进行试探性的对话了。爱德华被人告知了这些对话的存在，对此他也只能放任。尽管如此，英格兰国王却并没有参加任何一场类似的对话。法兰西的谈判者并没有忽略这个细节，他们向法兰西国王报告敌人的战斗意志正在衰退。也许，法国人能就此获取敌方较大的让步。[55]

法兰西国王的态度显得易变而焦躁。与前一年在拉卡佩勒的情况一样，他采纳了应当避免战斗的观点。然而，腓力对爱德华也存在着强烈的个人怨恨，他认为后者是一个傲慢而不知天高地厚的封臣，同时，他也不愿与一个入侵法国领土的人进行与领土有关的正式谈判。此外，对于掀起叛乱并被绝罚的佛兰德人，腓力也不能接受与他们进行任何交易。直到 1340 年 9 月 22 日，腓力抵达布汶两周之后，他的兄弟阿朗松伯爵和姊妹丰特内尔女修道院院长、埃诺伯爵的遗孀埃诺伯爵夫人瓦卢瓦的让娜对他进行了劝说，他才同意采取更为温和的态度。在这之后，说话直率、性格挑剔的让娜在一小队护卫的跟随下，在夜间穿过沼泽抵达了自己女婿英格兰国王的帐篷。她发现，尽管自己希望唤起爱德华更为高尚的道德意识，后者却丝毫不为所动，反倒打起了小算盘，希望能从自己这里多了解一些关于法军驻地的讯息。爱德华十分急迫地希望攻下图尔奈并挽救自己的名声，而他相信，图尔奈城中的状况已经到了投降的边缘。兰开斯特的亨利俘房了一名往返于城市与法军营地的信使。这名信使告诉了他们愿意听到的事情，声称守军已经下降到 200 人，而城中的补给也只能支撑不到两周的时间。而在爱德华这边，英格兰国王剩下的时间早已不足两周。他知道麾下的绝大多数军队并不会进行战斗，而这场战役也早就失败了。现在他需要的只是以体面的方式离开。他将同盟的领袖召集到自己的帐篷里。面对和谈的氛围，阿图瓦的罗贝尔与雅各布·范阿特维尔德两人反对任何形式的磋商提议。范阿特维尔德援引了同盟条约，以及在场人们立下的誓言加以反对；布拉班特公爵则强烈支持妥协，毫无疑问的是，整个会场中的氛围是向着他这一边的。倘若没有布拉班特公爵的军队，同盟军进行战斗的前景也将变得颇为不利。最终，范阿特维尔德也只能勉强同意和谈。

差不多在两支军队之间半路上的一个名为埃斯普勒尚（Esplechin）的小村庄外面，有着一个小礼拜堂。在那里，交战双方的全权代表们在 1340 年 9 月 23 日进行了会晤：在法国一方，出席者包括了波希米亚的约翰，列日主教——法兰西国王的兄弟阿朗松伯爵——以及佛兰德伯爵和阿马尼亚克伯爵；在英格兰一方，出席者则是亨利·伯格什，以及四名英格兰主要盟友的首脑，他们分别是布拉班特公爵、埃诺的让、盖尔登公爵以及于利希边境伯爵。法方占据了实力上的优势，随着会谈的进行，这种优势还在不断扩大。每个同盟军营地中的人都能感受到正在发生的事情。同盟军很难继续保持对图尔奈的围城行动，围城本身已几近终结。在面对城中出击的法军时，图尔奈附近的布拉班特军逐渐变得无影无踪。佛兰德人担心自己的未来，因此他们陆陆续续地进入法军营地，在腓力六世面前谦卑地乞求宽恕。[56]法国人很有技巧地利用了敌人之间的不合。到了 1340 年 9 月 24 日，交战双方终于达成了协议。

按照休战协定，双方将在 1341 年 6 月 24 日之前停止敌对行动，涉及的范围不仅限于法兰西北部，还包括苏格兰、加斯科涅、海上以及海峡群岛。协定规定，涉及的任何一方都将保有一切已经控制的地区，无论这些地区是以何种方式获得。所有战俘都应在发誓之后得到释放，誓言则需要他们保证双方重新进入敌对状态之后重新返回囚禁地。对于上述安排，同盟一方的王公贵族们显得十分满意。这样的休战协定能够在足够长的时间里保护他们免受法兰西国王的报复，让他们得以与腓力六世签订一个永久性的协议。那些征服土地的势力（事实上只有埃诺伯爵）得以暂时保有控制的土地。此外，这次休战协定还对佛兰德人作出了重大让步。腓力保证，在协定生效期

359

间，他会阻止那些逃离范阿特维尔德政权治下的佛兰德流亡者返回故乡。法兰西国王还承诺，他会安排取消针对佛兰德的教会惩戒，并不再继续利用所能动用的恶名昭彰的教皇特权向该省发布绝罚令和停圣事的教皇禁令。至于爱德华三世，我们也不能说他在埃斯普勒尚休战协定中一无所获。拉帕卢的皮埃尔与伊勒的贝特朗一起率领着一支庞大的军队，这支军队此时已经集结在了西南部地区整装待发，准备征服英格兰人控制下的加龙河谷地的剩余部分。随着协议的签署，法国人叫停并解散了这支大军。苏格兰人则取消了攻打斯特灵的计划，而他们原本也许能够夺取该城。尽管没有丢掉上述地盘，爱德华的注意力则集中在了法兰西北部的边境地区，在那里，他遭遇的是彻头彻尾的失败。英格兰国王唯一获得的是优雅撤军的自由。在双方意向达成的第二天，即 1340 年 9 月 25 日，休战协定正式签署，传令官赶往双方营地宣告敌对行动已然终止。[57]英格兰人和佛兰德人在营地里又多花了两天的时间打包自己的物品，尔后便拔营前往北方。

爱德华三世心中充满了怨恨。他认定，自己本已处于一场伟大胜利的边缘，但在紧要关头遭遇了釜底抽薪的结局。尽管他的许多追随者和绝大多数编年史作家都将失败归结于爱德华的盟友，但他本人并没有如此，因为他已经太过窘迫于自己打破的承诺了。爱德华认为，责任在于他留守英格兰的大臣，这些人无所事事、能力欠缺，要么心怀叛逆，要么也不够忠诚，这些人没能在他亟须金钱的时候送来支持，由此才导致了失败。"真的，"他在 10 月时向这些大臣们写信说，"在正确的时刻，倘若我们能有一小笔钱，我们原本能够完成自己伟大的冒险，并获得超过任何一个王公贵族的声名。"[58]他的说法显得不切实际，而且颇有些荒谬。对于爱德华的盟友们而言，他欠下的款项是如此之多，无论他的大臣们提供多少钱，这些盟友都不会热心于继续战争，他们所希望的仍旧只是安全而名誉地逃离。图尔奈守军固然面临巨大的困难，但他们的境况并不像同盟军俘获的那名信使所夸大的那样绝望。城中守卫者的士气高涨，而食品供给方面的一些困难也正在被克服。守军也许能够再坚持数周的时间。那么，倘若图尔奈陷落，战局又会怎样呢？这座城市至少会暂时性地转手于佛兰德，而爱德华此时的选项，要么是向北方撤退，要么便是部署那些并不热心战斗的盟友，并对抗一支强大的法国军队。果真如此的话，也许他会战败。不过，这样的问题从未经过事实的检验，原因在于，腓力六世安全地躲在马科河的阵线后方，而他在完全可以避免战斗的情况下，并没有冒险交战的意图。对腓力而言，这样的策略有失体面，而且错过了取胜的良机。不过，该策略也达到了必要的目的：让英格兰人建立的同盟四分五裂，并迫使英格兰国王打道回府。

360

*

1340 年 9 月 28 日，爱德华三世抵达根特，表面上他被当作法国的国王，但实际上则是他所欠下巨大债务的人质。在根特，他和同盟的王公贵族以及佛兰德伯爵一起比武宴饮、互换厚礼，与此同时，他的债权人们也从低地诸国和德意志莱茵兰地区赶到身边，加紧索取。英格兰的御前会议不得不竭尽全力满足这些债主的要求，并在筹钱的过程中愈发感到绝望和恐惧。1340 年 10 月 2 日，在西敏，经过强制传唤，成群的郡长、市长、执法官与征收人来到御前会议成员面前，他们需要解释为何无法征收到羊毛。这些人所能给出的只是些"无聊的借口",举例而言,他们会声称在征集专员抵达之前,自己所负责的伯爵领的羊毛就都被偷运走了。糟糕的消息迅速传到了身在佛兰德的爱德华耳中。此时,英格兰国王甚至已经无法支付自己的日常生活开销,更不要说还清他进行战争期间积累的欠款了。他抵达根特时借到了100镑,并用这笔钱来支付他麾下弓箭手的食物花费。在那之后,再也没有商人向爱德华贷款了。他甚至无法给自己的战马购买草料,因此不得不将属于自己的多数马匹送回本土以喂饱这些牲畜。爱德华受到的压力如此明白无误,显然此时他已经无法糊弄他的债主了,这些人的催逼也变得迫切起来。梅赫伦与鲁汶的银行财团将三名伯爵扣为人质,要求清偿。在能够得到一批羊毛作为补偿的前提下,巴尔迪和佩鲁齐银行愿意以1340年11月12日为期限还清上述欠款。然而羊毛并没有到来,于是这些意大利人就违约了。英格兰大王冠(the Great Crown of England)落入了隶属于特里尔大主教的佣兵手中,大主教为了逼债,威胁要将王冠拆毁。另一个银行财团接过了抵押业务之后,大王冠暂时避免了厄运。不过,这些银行家们也提出建议,倘若他们无法在一年之内拿到款项,拆掉大王冠抵账也是可以进一步考虑的。爱德华那些没有得到偿付的盟友变得十分愤怒,在一些情况下甚至显得粗鲁。法尔肯堡领主(lord of Falkenburg)就写下了一封"有史以来最酸"的信(爱德华语)。无能为力的现状,充满挫败的感受,使得那些德意志王公贵族变得更为愤怒。爱德华的另一些债主则占据了更为有利的位置。1339年8月,爱德华向这些更有实力的债主承诺,只要债务没有得到清偿,他本人以及他宫廷中的重要人物就都不会离开低地诸国,得到承诺的人中就有布拉班特公爵。到了 1340 年 10 月底，英格兰国王不得不在一场痛苦的会议中面对那些成为他债主的王公贵族。他提出的解决方案是，分两期提供 12000 包羊毛以清偿部分债务，这些货物在畅销的情况下相当于 100000 镑的款项。然而，债主们依旧坚持只收现金。[59]

英格兰方面并没有一分钱到账，传来的都是诸如官僚懒惰迟钝、叛乱迫在眉睫之类的新闻。大约在这个时候，爱德华从一位不知名的英格兰官员那里得到了关于本土状况的最耸人听闻的消息。按照那名官员的说法，御前会议没有压制反对意见并征集羊毛，而是在纵容抗议，并将国家所承受的负担归罪于爱德华，给叛乱推波助澜。根据这条消息来源，御前会议成员随意漠视爱德华的指令，并自己掌握了政策的导向。这样的指责当然完全是恶意中伤。尽管如此，上述言论却对英格兰国王及其周围的一小群军政官员有着不小的影响。他们的挫败感转化成为恐惧和愤怒。"我相信，"国王这样向教皇写道，"大主教希望我缺乏资金，然后死于背叛。"一些爱德华的廷臣们公开谋划，准备以叛国罪将约翰·斯特拉特福德处死。

1340 年 11 月的前两周里，爱德华以非同寻常的努力成功借到了大约 9000 镑巨款。这笔钱中，他从兰开斯特的亨利那里得到了 2100 镑，后者为此典当了他的珠宝；而 44000 弗洛林（6600 镑）则来自一名高利贷商人，此人得到了北安普敦伯爵以及盖尔登公爵的个人保证，巴尔迪和佩鲁齐银行同样作保，保证人们还提供了四名骑士和两家银行各一名合伙人作为人质，才拿到了这笔钱。人们认为，这些人质已经足以作为偿付的保障，即便对于一个财政破产的国王也是如此。这笔钱使得爱德华得以和布拉班特公爵进行商谈，并获得后者的允许返回英伦，在本土，他能够筹集到足够的钱款来支付他的债务。即便是这样，债权人们也只是勉强让爱德华离开低地，而且按条件他还要送去人质以取代他作为抵押。[60]以上这些安排并没有根特人参与，但爱德华事实上处于他们的势力范围之内。不过到了1340年11月28日的早上，爱德华给根特人留下了一封道歉信，然后便假装前往城郊骑马。他带上了八名同伴，其中包括北安普敦伯爵、沃尔特·莫尼以及他的私人秘书威廉·基尔斯比。当这些人出了根特城之后，他们迅速赶往斯卢伊斯，并乘一艘小船前往泽兰群岛中的一座岛屿。在那里，一艘船将这些人载往英格兰。

王室一行在1340年11月30日抵达泰晤士河，并在午夜时分行进到了伦敦塔的水门前。爱德华的到来没有任何预先的通知。伦敦塔总管此时甚至不在伦敦市内。伦敦塔内漆黑一片，国王不得不摸索着穿过无人值守的大门。爱德华的到来犹如惊雷一般让人猝不及防。伦敦塔候补总管双膝跪地向他问候，房间也立刻有了照明。伦敦市长、重要的战争金融家、御前会议成员以及政府的高级官员纷纷被从睡梦中唤醒召来。黎明时分，中书大臣（约翰·斯特拉特福德的兄弟罗伯特）以及国库总管才姗姗而来。这两人被当场解职。其他人则被扣留，他们抵达之后就被分开关押在房间里，以备单独质询。在法国，上述事件造成的轰动是最早的可靠证据，证明爱德华确实离开了欧洲大陆。1340年12月14日，一名信使从亚眠抵达巴黎，带去了从一名旅行者那里收集到的情报：爱德华已经在伦敦，而且他还因禁了自己的绝大多数重臣。这条消息并没有弄虚作假。此时，几乎所有留在本土的大臣和官员（除了主教），外加金融家威廉·波尔、理查德·波尔和约翰·普尔

362

特尼，以及首席法官和四名助理法官都在遭到囚禁的名单之
列。两名法官在剑桥主持巡回审判时被当场抓住。议会的内政
部高官越狱逃跑，成了亡命之徒。约翰·斯特拉特福德则像一
个普通罪犯一样，试图在他自己的座堂中避难。[61]

＊

1340 年 12 月 2 日，对于爱德华三世在低地诸国的计划而
言，两个曾经至关重要的人死了，他们的死因也许是在图尔奈
感染到痢疾。这两人是杰弗里·斯克罗普爵士，以及林肯主教
亨利·伯格什。[62] 至此，他们的计划已经彻底失败，而且这一
失败并非源自军事上的失利，而是因为战略构想的缺陷，以及
完全可以预见的执行不力的情况。1340 年 11 月之后，反法同
盟的解体已经变得理所当然。在与皇帝缔结的盟约中，爱德华
仅仅获得了对自己行为的法律许可以及 1339 年一支小部队的
支援，并在 1340 年得到了一部装饰豪华的仪式用战车，后来
被法军俘获，此外就没有任何其他援助了。帝国皇帝从未从英
格兰国王那里得到足额的补贴，而他也发现，反法同盟成为自
己与阿维尼翁教廷和解的另一个障碍，于是，他自 1341 年起
就开始了退出同盟的行动。当年 3 月，路易开始修补他与法兰
西国王因争吵产生的嫌隙。1341 年 6 月，皇帝宣布，爱德华
作为"帝国代理人"的权力被撤销了。接着，绝大多数莱茵
兰地区的德意志王公贵族也抛弃了同盟。[63] 在低地诸国，英格
兰的盟友们继续醉生梦死，虽然他们清楚战争需要目的，但直
到 1343 ~ 1347 年德意志王公贵族陆续退出联盟之时，他们依
然没能提出任何现实的战争目标。只有佛兰德依然坚持与法国
作对。尽管佛兰德是刺入法国侧翼的楔子，但直到 1380 年代，

大规模的英格兰军队才再一次进入那里作战。

三年来，爱德华将注意力集中在低地诸国，这种做法的后果使他在所有其他战区都遭受了灾难性的领土损失。对于在法国的地产来说，他丢掉了整个蓬蒂厄伯国，以及大部分他在1337年时尚且拥有的阿基坦公国的剩余领土。吉伦特湾北部的公国土地全部被法国人占领，这使得北部穿过圣通日的道路向敌人门户大开，而波尔多也由此成了一座边境城市。此外，阿让地区的最后一个战略落脚点也丢失了。阿杜尔河南岸的几乎所有领地，要么化为焦土，要么落入了富瓦伯爵的严密掌控之中。在海峡群岛，根西岛曾经落入敌手，尽管英格兰军队在1340年收复了该岛的大部分地区，但针对科尼特城堡的围困则随着休战协定消息的到来而停止。爱德华最大的损失还是在苏格兰。在那里，1333～1336年间英格兰人所获得的大多数利益都化为乌有。与法国交战之初，英格兰人控制着福斯湾以南的整个苏格兰低地地区，同时还拥有福斯湾以北的法夫地区。而到了1340年底，他们依旧控制着英格兰与苏格兰边境的几座城堡，即贝里克、罗克斯堡、杰德堡和洛赫梅本，而边界以外，则只剩下斯特灵与爱丁堡两座孤城。即便是它们，也注定不会在英格兰人手里保有很长时间。威廉·道格拉斯的游击队在1341年4月突袭了爱丁堡，并夺取了它。1341年6月初，戴维二世带着他的宫廷以及一些法国顾问在因弗伯维（Inverbervie）登陆，从而结束了他在诺曼底度过的七年流亡生涯。[64]

收复失地的可能受限于英格兰国王的破产情形。爱德华耗尽了他的信用，也掏空了他臣民的经济潜力。他在低地诸国两年的远征活动，是截至那时任何中世纪英格兰国王所进行过的

363

花费最为高昂的军事冒险行动。到了 1340 年 5 月底，这一活动总共花费了 386546 镑（尚存世文件的统计数据），而全部开销加起来恐怕会接近 500000 镑之巨。[65]当然，正如英格兰官员们经常提醒爱德华的一样，这笔开销仅仅是政府花费的一部分罢了。在三年的时间里，国王借贷了大约 400000 镑的款项，并征收了大量的税款，以至于国家的部分地区已经处于叛乱的边缘。在接下来的一年里，英格兰的金融史便是关于如何在缺乏安排的情况下，偿付那些拥有担保或是太过强大而无法冒犯的债主们的故事。德比伯爵和沃里克伯爵在梅赫伦一直被囚禁到了 1341 年 5 月。英格兰大王冠直到 1345 年才被赎回。爱德华在欧洲大陆上的一些债主，例如在卢卡的巴尔托洛梅伊银行（Bartolomei bank），直到 1360 年代还在收取还款。至于威廉·波尔，则永远没有收到全额还款。而爱德华的最大债主，巴尔迪和佩鲁齐银行的债务，则在最初的犹豫之后被拒绝履行。最终，佩鲁齐银行在 1343 年宣告倒闭，巴尔迪银行也在 1346 年步其后尘。按照乔瓦尼·维拉尼（Giovanni Villani）的看法，这样的结果是因为两家银行的"贪婪和愚蠢"所致。这一事件，标志着佛罗伦萨银行业首个伟大时代的结束，也预示着英格兰王室与意大利银行家们长达七十年亲密关系的终结。[66]

364

面对困难，爱德华自己的行为又使得情况雪上加霜。因图尔奈的失败而产生的挫败与愤怒情绪压倒了他的政治判断，从而导致了一个短暂但危险的政制危机，在 1341 年的前四个月里，这一危机使他的政府完全陷于瘫痪的境地。爱德华并不满足于清除掉中央政府中的替罪羊，他还将一切要害部门全部掌握在自己手中，仅仅和一小群顾问共享它们。这些顾问在 1340

年时都和国王一起待在欧洲大陆，并和爱德华一起经历了最糟糕的羞辱。爱德华下达命令，要求向一切未曾完成征税的地区征集1340年拖欠的九分之一税。同时，这笔税收还被国王非法强加到教士头上，而后者已经有了他们特有的税费，并在很多情况下完成了缴纳。政府开始了一系列不加区别的恶意报复行动，一开始针对的目标是各郡的官员，后来下至地位低微的地方执法官、海关官员、军需官和林务官，甚至他们手下的文书和仆役都不能幸免。"镇暴检察官（trailbaston）"手下的专员在各郡巡回，往往经过简单审讯便进行判决，并罚没了大量的财产。这些专员的工作不仅是惩罚那些渎职官员的松懈，对于普罗大众，他们也会针对多年前不遵守秩序的行为或是犯下的小错捕风捉影。根据一名严谨的编年史作家记载，无论行为多么完美无瑕，没有人能在这些法官面前全身而退；所有人都必须交出固定的罚金才能免于牢狱之灾，没有讨价还价的余地。另一名作家则记录了波及英格兰全境的"大规模囚禁"。在伦敦，塔丘（Tower Hill）爆发了叛乱。斯特拉特福德大主教本已被爱德华和他的朋友们挑选为特别的复仇对象，此时他却抓住机会利用逐渐滋长的不满情绪，在坎特伯雷大教堂的庇护所中进行了一系列攻击政府的活动。按照斯特拉特福德大主教的说法，就像上帝因为亨利二世对贝克特大主教的迫害而对前者降下天谴，让亨利丢掉了他绝大多数的大陆领地一样，爱德华三世倘若不改弦易辙，同样将会损失英格兰在欧洲大陆剩下的土地。在对外布道中，在宣传资料里，大主教对政府的强权、过分的税收以及王室的种种偏好冷嘲热讽，以精心策划的方式掀起了使得英格兰的政治共同体对抗前三代王室统治者的情绪。尽管爱德华依旧获得了多数贵族的忠诚，但斯特拉特福德的激进做法依旧引起了强烈反响，这显示在爱德华二世被废黜十五年之后，对抗王权的情绪依旧很容易在政治生活中被激发出来。瓦伦伯爵（Earl Warenne）将斯特拉特福德在御前会议中的敌人，诸如威廉·基尔斯比和国王的宫廷总管约翰·达西爵士（Sir John Darcy）等人贬斥为丑角："那些最重要的人反而被宵小排斥在外，"他当面这样告诉爱德华三世，"这样的小人们却反倒充塞于按理本应属于土地领主的位置，而原本这些领主们就能独立支撑陛下的伟大冒险。"[67]

365

＊

法国人的弱点固然不像英格兰人那样明显，而且法国内部的争端也并不像英格兰那样公开，但法兰西王室的处境也好不到哪里。腓力六世至少没有破产。他击退了针对法国北部的入侵，还在西南方向开疆拓土。按理说，他的政府本该充满自信地规划未来。但事实并非如此。

法国人的主要损失是佛兰德，事实上它已经从法兰西王国中被分割出去。腓力在埃斯普勒尚向佛兰德人作出的让步，使得诸城镇的政府实际控制了这个省份，而他还承诺会取消教皇降下的停圣事禁令。在协定中，未来佛兰德效忠的对象并没有被提及。腓力也许希望能够在爱德华遭遇失败的基础上，重新恢复自己在当地的影响力。然而，他圆滑的妥协却因为教皇本笃十二世的固执而遭遇挫折。过度利用教会惩戒来实现政治目的的做法激怒了教皇，当佛兰德使团抵达阿维尼翁，准备讨论和解事宜时，他们却被告知，必须宣誓自己将继续保持作为伯爵与法兰西国王的忠诚臣民。佛兰德人当然不会就范，于是教会的禁令也就继续有效。对这样的结果，腓力六世进行了强烈的抗议。教皇的一次行动便毁掉了腓力的一个筹码，疏远了佛兰德人和法兰西国王室的关系，并使得腓力看起来像是一个难以遵守诺言的人。在佛兰德的城镇中，腓力敌人们的地位一度因为图尔奈的失败而动摇，经过此事，他们的位置又逐渐稳固下来，同时也重新控制住了土地。佛兰德伯爵讷韦尔的路易依旧流亡法国，直到他于 1346 年战死在克雷西为止，而佛兰德则保持在英格兰的势力范围内直到 1360 年代。丢失佛兰德，意味着法国损失了最为富庶的省份，而保卫本土的负担也因此大大增加。现在，即便英格兰的威胁出现在其他地方，法国人也不得不在西北边界保留大批整装待发的军队。[68]

经历了百年战争的头四年之后，法国内部也和英格兰一样矛盾重重。防御性战争代价巨大。只有进攻者可以选择战斗的时间和地点。法国政府在抵抗爱德华三世时消耗的资源，远远大于爱德华进攻法国时所消耗的。法国人所保有的军队和舰队数倍于英格兰人，而集结的时间也更久。1339～1340 年，法国的税负比腓力统治的其他年份都更为沉重。1340 年，北方诸省共同拿出了数额巨大的款项，以支付总动员令的花销，这些税收包括一种销售税，每镑征收 4 个便士，一种对贵族资产征税 2% 的财产税，以及针对教会控制区域进行的一笔十分之一的收入税。除了这些明面上的税收之外，还有变相征收的税款：各种强制贷款，随意征集的补给以及调整之后的铸币分量。在 1337 年 2 月和 1338 年 12 月，银币有所贬值，而 1340 年又三次降低了成色，其价值已经降低到了名义价值的 60%。铸币费（monnayage，国王从银子中抽取作为铸币开销的费用）在 1340 年春季上涨了 25%。[69]

不过在法国，强行征集的情况无论是在规则完善程度上，

还是在规模上，都无法和英格兰的状况相提并论，而且法国政
府对于被征集者的回报往往也更为迅速和慷慨。因此，法国人
并没有像英格兰人那样广泛而猛烈地进行抵抗活动。尽管如
此，当法军还在野外时，其经过的地区依然会遭到毁灭性的损
失。军队需要大量的车辆，一般情况是每 50 名士兵就需要一
辆车；无论是车辆、工具和还是驮兽，其主人都依赖它们谋
生，但到来后，军队仅凭一纸借据就强制征用了这些赖以为生
的东西；谷仓和库房中的饲料和补给也被一扫而空。伊灵库尔
（Elincourt）的克吕尼修道院院长一行在前往巴黎的路上被军
人从马上拖下来，他们的座驾被征用给了阿朗松伯爵的扈从。
于是，院长开始了他的诉讼历程。然而，并不是每个人都像他
一样拥有足够进行抱怨的地位。[70]

　　法兰西国王的要求所带来的负担不甚均衡地落在了不同的
省份，在其中的一些省份里，巨大的压力带来了可怕的后果。
战争在法国北部以及西南部的部分地区导致了恐慌，但在东部
和中部，相对而言它却并非人们所关心的事情。战争的开端夸
张地展现了法国国内分裂主义的倾向，以及那些远离战乱省份
置身事外的态度。反法同盟军的入侵，并没有像法军袭击英格
兰沿海一样，给法国人带来英格兰人所感受到的全民一致的体
验，因为法兰西人不像英格兰人那样大多住在靠近海边的地
区。受战争影响最大的省份，诺曼底是其中之一，该地为了
"海上的庞大军队"提供了人员和资金；土地庞大、人口众多
的王室领地，包括亚眠、韦尔芒地区和桑利斯，阿图瓦伯国也
在其列，以上这些地区囊括了法国北方在同盟军入侵路线上的
条形地带，而且它们也负担了最大份额的税负。同样是这些省
份，首先面临战争的损害与国内的征用，并承担了以工事修筑

为主的巨额战争开销。

以上这些省份中，就包含了所谓由设防城镇组成的"丝线（silken thread）"防御体系，1339 年红衣主教们曾经告诉爱德华三世这条防线是坚不可摧的。而现实则是，这样的防御体系远没有红衣主教们所描述的那样坚固。自从 1290 年代的佛兰德危机之后，上述地区就再也没有遭遇入侵者的威胁，而法国人最后一次系统地关注该地区的防务问题也正是在佛兰德危机爆发之时。就像在英格兰一样，战争开始时的准备工作也经历了同样的过程，尽管规模要更大一些。1335 年开始，法国人对本国堡垒的情况进行了一次普查，但进度十分缓慢。普查的结果很难鼓舞人心，但直到危机来临，法国人都没有进行多少补救。腓力六世在 1339 年行经努瓦永时，被当地城墙和壕沟的可悲状况震惊。圣康坦和兰斯二城的情况也好不到哪里，它们各有一面朝向城外乡村的方向完全没有城墙保护，这是因为 13 世纪时修建者过早地放弃了建造工程。爱德华三世在 1338 年抵达安特卫普的消息对法国人的影响，就像法军洗劫南安普敦对英格兰的影响一样，催生了法国对防御体系的突击补救。被恐惧攫住的法国人进行了一项毫无协调、执行不力而且在各个方面都很不完备的工程，而埃斯普勒尚休战协定的签署又使得他们有了再度放松的借口。仅仅在阿图瓦一地，从 1337～1340 年，就有至少七处城镇和堡垒开展了大型的修建工程。其中的一部分工程涉及的领域可谓十分广大。这些工程所带来的沉重负担，在转眼间就被施加到了那些需要承担的人群身上，他们大多是城镇的领主（如果城镇有领主的话）、主教，或者是城中的市民和周边村庄的居民，后两者所需要支付的比例往往来自依据传统而来的不甚清楚的描述，以及激烈争吵与诉讼后所得到的结果。兰斯的城防建设从 1337 年一直进行到 1340 年，花费高达 10000 图尔利弗尔，相当令人不满。阿拉斯的工程也在同期进行，具体内容包括对七座城门的大量修缮工作、重挖壕沟以及在城镇一侧修建外部防御工事，共计耗资 1900 图尔利弗尔。如此规模的花销，意味着巨大的公共建设费用。对于阿拉斯而言，这可以从税收中看出：一次收取 25% 的资产所得税，仅能提供略多于工程费用一半的开销。剩下的费用只能通过财政方面各式各样的权宜之计来获得，例如预支城镇每年的收益，这样的做法会使得好几代居民都背上负担。有些城镇的财政因此一蹶不振。圣康坦的城墙修建资金大多以上述方式征收，由此给居民们带来的“沉重债务的压迫”，使得市政府在 1340 年代中有整整四年无法收取税款。[71]

　　此外，军队的到来也对这些地区造成了直接损害。在蒂耶拉什，爱德华三世 1339 年秋季造成的损害，以及次年春季埃诺的让造成的破坏均产生了深远的影响。这些毁灭性的远征在规模和系统性方面，在西欧的战场上前所未见。1340 年夏季，阿图瓦有两座边境城镇被攻陷，它们分别是艾尔和阿尔克，两地都被佛兰德军队烧成焦土。图尔奈地区的三座大城镇则在七周的攻城战中被扫荡一空，同盟军攻击其中的一座（圣阿芒）确实是为了一定的政治目的，但攻击另外两座则完全是为了战利品和娱乐。上述地区处在同盟军暴行的中心地带，而较小的损失则延伸到范围很远的地方：在斯卢伊斯海战的大屠杀中，迪耶普与其他诺曼底城镇损失了大量的成年男性；小镇欧邦通在 1340 年 4 月毁于埃诺军的袭击；兰斯和其他法国北部城市，敌人到来的消息产生了恐慌、混乱与逃亡；在 1339 年被英格兰人烧成废墟的拉卡佩勒，圣但尼修道院的财政人员记录并保

368

留了惨重的损失。并非所有的损坏都来自敌人。面对前来的敌军，圣奥梅尔、艾尔和里尔这样的城镇不得不自行摧毁市郊，而这些市郊往往都是城镇中最新也是最为富庶的区域。当英格兰国王 1338 年在安特卫普登陆时，所有法国官员都收到政府的命令，他们被要求在入侵者可能经过的路线上拆断每一座河上的桥梁，摧毁每一个堤道以阻挡敌人的行军。[72]

在上述事件掀起的情绪中，腓力六世避免会战的策略无论在战略上听起来有多么美妙，在政治上都成为严重的错误。避战策略严重削弱了法兰西国王的威望，而这种威望对于任何一位法兰西国王而言无疑都是主要的政治资产，在不同的省份里也是保持统一的一个因素。此外，法国人所遭受的严重损失也使得王室征税的目标和行为看起来毫无用处，毕竟这样的税收似乎完全是一种浪费资源的行为，而缴税的钱财原本还可以用来防御每个人自己的居所。当王室的军队，唯一能够防御入侵的国之重器，看起来全无用处之时，人们为何不为自己所在的地区考虑呢？对于那些跟随国王军队行军的骑士和贵族们来说，无所作为违背了他们的本能，在他们眼中，面对面的战斗乃是最好的战争形式，消极避战不啻败北。每一个这样的军人在返回故乡时，都带回自己在军中营火旁听到的异议和小道消息。我们不知道有多少人像一个来自奥尔良地区（Orléanais）的侍从那样，自从 1337 年就开始年年参加军队，他告诉自己的朋友们，腓力在图尔奈因为过于害怕而没有进攻爱德华。爱德华也许在战略上蒙受了惨重的失败，但对于那名侍从来说，英格兰国王才是"最勇猛的基督教国王"。爱德华的大胆使他获得了别人的青睐，来自这些人的帮助显得更有用处。在英军前往图尔奈的路上，埃斯坦布尔克（Estambourc）的城主不仅向入侵者投降，还加入了爱德华三世的军队。这样的人仅仅是小人物，但他直率的行为无疑很有代表性。毫无疑问的是，某些地位更高但行事更为小心谨慎的人也会抱持同样的观点。阿马尼亚克伯爵让是替腓力缔结埃斯普勒尚休战协定的全权负责人之一，就连他也曾在四个月之前秘密地向爱德华表示过效忠。在布汶，埃诺伯爵夫人在腓力六世的帐篷里告诉法兰西国王，他的宫廷中有许多王公贵族都很乐意背弃他，投向英格兰一边。许多人？无疑这是一种夸张的表述。但腓力早已极度恐惧背叛的行为，他十分严肃地对待了伯爵夫人的说法，以至为此大发脾气。

> 切勿轻信汝之听闻
> 欺瞒诡诈无处不在①

一位韵文诗人曾经写下了以上的句子并呈送国王。显然，腓力并不认为自己是战争的胜利者。[73]

---

① Ne croi pas tout ce qu'on te dit, Partout a fraude et tricherie.

11　布列塔尼，1341～1343 年

布列塔尼公爵让三世（John III, Duke of Brittany）是一位温和而优柔寡断的统治者，在他的治下，公国度过了将近三十年的平静岁月。公爵在从图尔奈围城的战场返回卡昂时患病，最终于 1341 年 4 月 30 日在当地去世。相比他的诸位前任，这位"好公爵让（Good Duke John）"对腓力六世的态度要友好得多。1314～1328 年，公爵自行出资加入了法国入侵佛兰德的军队，并和他的封臣一起参加战斗。尽管他与英格兰之间存在着密切的联系，他还是在 1339～1340 年参加了那些面对英格兰—德意志同盟军的作战。公爵保持了自己公国的独立性，他的权利也并不像佛兰德与阿基坦那样不断遭到侵蚀。然而，对于实质上对抗他家族所属的王朝一事，公爵心中终究还是有所愧疚：他死时没有子女，也没有合法的继承人。"于是这拉开了布列塔尼史诗的序幕，"傅华萨这样写道，"那些属于此地的伟大冒险，与功勋卓著的纹章，都将在我的书页上熠熠生辉。"[1]

布列塔尼土地上这场野蛮的内战几乎持续了四分之一世纪，并在一代人的时间里将公国变为废墟，而内战则起源于布列塔尼人继承法中模糊不清的条款，以及一场家族争吵中产生的敌意。让三世死后，家族中在世的成员，包括他的侄女庞蒂耶夫尔的让娜（Jeanne de Penthièvre），以及他的异母兄弟蒙

福尔的让（John de Montfort），后者乃是上一任公爵第二次婚姻所生。这两个人哪个更有继承权是一个很难回答的问题。支持让娜的派别声称，她的父亲居伊是死去公爵同父同母的兄弟，倘若其父活到让三世撒手人寰之后，则一定是继承爵位无可辩驳的选择。这一派别的另一个理由也许说服力不那么强，他们认为，依据布列塔尼的习惯法，让娜作为她父亲的唯一后嗣拥有其父的全部继承权。不幸的是，布列塔尼的习惯法在之前从未遇到过不得不回应这一问题的状况，而习惯法的效力恐怕则远远不及让娜律师们提交的意见书。此外，布列塔尼公爵也是法兰西贵族阶层的一员，因此，更为正确的态度并不是将这个继承问题交由布列塔尼习惯法来决定，而是让管理法兰西王位继承顺位的同类法律进行裁决。按照王室律法，女性是被排除在继承序列之外的。对蒙福尔的让而言，事情很简单：他是与上一任公爵血缘最近的人，也是唯一的男性候选继承人。　371
也许，他是对的。[2]

在这场继承纠纷中，尽管人们已经进行了大量的法理分析，但最终还是政治角力决定了结局。上一任公爵对于父亲第二次婚姻构筑的家庭并无好感。他相信，父亲对于第二次婚姻家庭成员们的补助太过慷慨；他还曾花费多年进行了声名不佳的失败尝试，想将第二次婚姻非法化，并使得这次婚姻产生的后代成为私生子女。在让三世统治时期的绝大多数时间里，他坚定地认为，蒙福尔的让不应继承他的爵位。1334 年，他甚至提议取消两名继承人，并将继承权出售给腓力六世。如此惊人的方案倘若成功，将永久性地消除布列塔尼公国的独立性，而方案本身差一点就得到了通过，不过，蒙福尔的让还是利用娴熟的手腕激起了贵族的反对，最终破坏了这一计划。方案的失败导致庞蒂耶夫尔的让娜成为唯一能够阻止蒙福尔的让获得继承权的人。公爵很清楚，一个女人在布列塔尼严酷的政治环境中显得异常脆弱，因此，1337 年他将让娜嫁给了布卢瓦的查理（Charles of Blois），沙蒂永家族（house of Châtillon）的幼子，这个显赫的家族在法国东北部拥有大片领地，并且与瓦卢瓦家族有着紧密的联系。布卢瓦的查理之母，瓦卢瓦的玛格丽特（Marguerite de Valois）正是国王的妹妹。查理当时只有 18岁，是个非同寻常的年轻人。他生活简朴，而且非常虔诚，但同时又是优秀的骑手与果敢睿智的战士，总能凭借个人魅力让人们异常忠诚地围绕在身边。几乎没有什么其他人选能够比查理更能保证让娜的继承权了。毫无疑问，这正是让三世的目的。虽然两人的婚姻协议对于公国的继承权未置一词，但似乎在让娜与布卢瓦的查理举行婚礼之后不久，查理就在让公爵宫廷的正式会议中被接纳为公国的继承人了。查理被要求发誓，在公爵离世之后将会使用布列塔尼的纹章，并尊重公国的传统。[3]

　　1340 年代初，因为一些不明原因，公爵似乎与他的异母兄弟达成了和解，并从心底改变了对于继承顺位的看法。他和最亲密的顾问经过长期考虑之后，重立了自己的遗嘱，让所有得知遗嘱内容的人惊讶的是，他将蒙福尔的让指定为自己最为优先的继承人。在他的病榻上，奄奄一息的公爵留给臣民们的遗言颇为符合他那犹豫不决的个性："看在上帝的分上，让我一个人离去，不要再让这些事情烦扰我的灵魂了。"[4]

　　尽管如此，让三世的遗言并没有多少作用。因为让三世过去的行为，布卢瓦的查理已经获得了稳固的地位。蒙福尔的让声称，他获得了平民和城镇的支持，不过毫无疑问的是，在布列塔尼，那些能够作出决策的人依旧认为布卢瓦的查理将会继

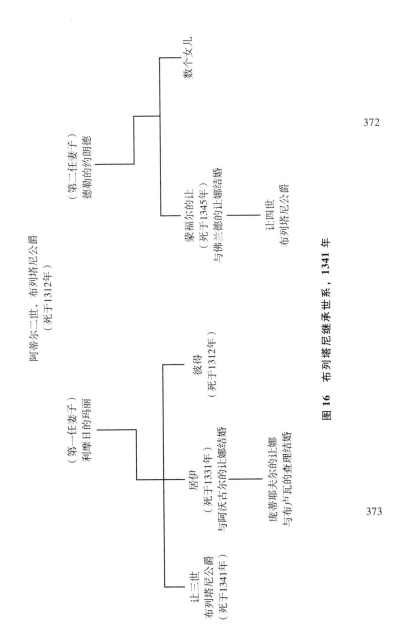

图 16 布列塔尼继承世系，1341 年

372

373

承公爵之位。在让三世死后不久，布列塔尼的显贵们进行了一次集会。主教们以七票对两票的投票结果，决定接受查理的继承权；而贵族中对他的支持更是处于压倒性优势。这样的结果完全在预料之中。它明白无误地显示，对一个法兰西的公国而言，其自治的事实固然存在，但这样一个公国的事务依旧是法国内部事务的一部分。布列塔尼的教士阶层隶属于图尔大主教区；和法国境内其他地方的教会人员一样，他们也遵循类似的法律和理念，即法兰西王室才是政治合法性的最高来源；受教育程度更高的教士们在昂热（Angers）求学（布列塔尼本地没有大学）；而那些更有雄心壮志的人，则把眼光放在了加入法国民政服务体系上，他们希望从中获得未来的晋升之路。至于当地的贵族，无论是他们的婚姻，他们在远方的地产，还是他们的语言，他们的骑士精神与他们的野心，无不体现他们是整个法兰西贵族大家庭中的一员。无论这些人对布列塔尼公国及其统治者有多么忠诚，他们依然会很自然地向法国的政治体系求助来填补公爵位置的空缺。在这一点上，布卢瓦的查理是法国官方选定的公爵人选。[5]

相比之下，蒙福尔的让对于布列塔尼而言则像个外人。在卢瓦尔河河口，他拥有盖朗德（Guérande）的领地，这里具有整个欧洲最为丰富的盐矿。[6]但除此之外，他的领地主要集中在法兰西岛（Ile de France）、卢瓦尔河谷地以及阿图瓦等处。因为在自己同父异母哥哥统治时期一直受到排挤，他几乎没有机会在布列塔尼公国内部找到同盟。我们无法得知，倘若他能获得更好机会的话，他将怎样去加以利用。不过在现实中，蒙福尔的让所做出的行动证明他是一个颇有冒险精神而富于机变的聪明人。尽管如此，在政治上，他显得不够合格，他低估了盟友的变化无常，也低估了敌人的冷酷无情。在他的阵营中，真正处于支配地位的并非他自己，而是他的妻子。蒙福尔伯爵夫人佛兰德的让娜（Jeanne de Flandre，Countess of Montfort）是一名意志坚定、富有且野心勃勃的女性，她是佛兰德伯爵的姊妹，同时也在阿图瓦和讷韦尔拥有大片领地。对于布列塔尼而言，她完全是一个陌生人，但在作为战争领袖的短暂时间里，和布卢瓦的查理一样，她同样激发起追随者们极度的忠诚。对于一个博学的编年史作家而言，毫无疑问的是，佛兰德的让娜才是 1341 年夏季她丈夫那些计划的始作俑者。[7]

1341 年 5 月初，老公爵下葬于普洛埃梅勒（Ploermel）的加尔默罗会修道院。[8]当布列塔尼贵族陆续在葬礼结束后返家时，蒙福尔的让带着 200 人抵达南特城外，然后兵不血刃地控制了该城。南特是布列塔尼的主要城市，是当地的行政与经济中心，凭借盐矿和葡萄酒的收入以及卢瓦尔河的通行费立足，该地的居民过着不错的生活。面对蒙福尔的让，市民显得有些不知所措。当时，蒙福尔的让是唯一一个在公国中声明自己继承权的人，布卢瓦的查理尚未插手。于是，市民们向让进行了有所保留的效忠。他们说，除非布卢瓦的查理被国王宣布为布列塔尼公爵，否则自己就愿意为让进行战斗。这些居民同样将法兰西王室视为所有合法性的源头。让和他的妻子一起，在南特的公爵城堡中住了下来，那里是布列塔尼的政府驻地。这对夫妇还召来了布列塔尼男爵阶层中的所有人，以及各个城镇的代表，并要求他们在自己面前宣誓效忠。为此，当地安排了为期三天的宴会。在等待布列塔尼地方首脑反应的同时，让和他的妻子竭尽所能地搜寻让三世留下的财产。这些财产中的一部分，被他们从南特大教堂圣器收藏室的安全储存处抢夺出来。

375

而剩下的绝大部分财产，则保存在利摩日，它距离布列塔尼200英里远，深入法国的心脏，是公爵手中一个颇为偏远的领地。5月中旬的某个时刻，让率领一小群士兵，对利摩日进行了一次大胆的袭击。和南特的居民一样，利摩日市民对于袭击也感到十分困惑。他们在表面上服从了这位新领主的统治，接受他的赠予，并将自己保卫的财产拱手相让。

直到让从利摩日带着现金满载而归回到南特之后，才第一次出现了与他对抗的情况。此时也许已经接近1341年5月底。到了领主与城镇代表预定宣誓效忠的日子，几乎所有人都没有前去。布列塔尼公爵的封臣中，唯一愿意将赌注押在蒙福尔的让一边的是莱昂的埃尔韦（Hervé de Léon）①，他是菲尼斯泰尔（Finistère）主要贵族家族的领袖。此人是一个自私自利的阴谋家，他相信，蒙福尔的让才是未来的胜利者。这样的观点显然有误，而埃尔韦也很快转变了立场，尽管与他的结盟时间不长，但这段经历对让而言却依然十分宝贵。埃尔韦拥有蒙福尔的让所缺乏的本地关系，此外，他本人也是个精明的政治顾问。当南特市民与那些东南部的乡绅大吃大嚼享受盛宴时，让压抑下他的不快，并策划出一场大胆的武力展演。他的目标是，在任何真正意义的反对势力出现之前，尽可能多地占领地盘。

*

布列塔尼是个宽阔的半岛，其东部边界毗邻法国，向西一直延伸到菲尼斯泰尔，延绵160英里斜插进大西洋。尽管公国

---

① 这里的莱昂（Léon）是布列塔尼的最西部，曾是布列塔尼公国辖下的一个伯国，并非西班牙境内的同名地区。

政府试图将布列塔尼统一起来，但当地社会事实上处于四分五
裂的状态，各处存在着显著的差别。布列塔尼东部，大致对应
现在伊勒和维莱讷（Ille-et-Vilaine）以及大西洋卢瓦尔
（Loire-Atlantique）两个省份（département），是一片肥沃的人
口密集的平原，土地主要是葡萄园与牧场，拥有南特和雷恩
（Rennes），它们也是布列塔尼境内唯有的真正重要的商业城
市。这里被称为高卢的布列塔尼（Gallo-Brittany），当地人说
法语，就像临近的曼恩、安茹和普瓦图等省一样，很容易发现
它属于法国，因为这些地方看起来显得十分相似。在上述地区
以西，是下布列塔尼的丘陵地区，即所谓的"布列塔尼人的
布列塔尼（Bretagne Bretonnante）"，它的景象确实迥然不同，
而且占压倒多数的民众都说布列塔尼语。下布列塔尼的主要地
理特征乃是接连不断的花岗岩与砂岩山丘，它们沿着东西走向
排列，从梅内兹（Menez）一直延绵到阿雷山脉（Arrée
mountains）。这些山丘不算太高，但山丘上覆盖着密集而难以
逾越的森林。17～18 世纪，海军船坞对于树木有着难以满足
的巨大需求，即便如此，这些山丘表面也并未因砍伐而变得光
秃裸露，而仅仅是在树林之间留下了暗淡的空隙。14 世纪时，
西布列塔尼地区由一片不适合居住的、寒冷而几乎无法耕作的
中央高原，以及高原周围狭窄的沿海地区组成。沿海地区中的
一部分能够耕种，在那里，多数人口依靠多种手段勉强度日：
他们喂养猪和山羊，种植蔬菜（即便环境恶劣），捕鱼并开采
盐矿，或者干脆干起海盗的勾当。

　　东布列塔尼会自然而然地倾向于法国所支持的候选人，这
样的情况有着显而易见的理由。东部地区在传统上即有支持法
国的倾向，而且在地理上，它面对来自诺曼底与卢瓦尔河的入

侵也显得门户大开。不过，在"布列塔尼人的"布列塔尼，情况也并非截然相反，对那里的人们而言，他们忠于谁完全取决于复杂的地理情况与封建依附关系。公国南部最西面的地区与那些沿海区域中，瓦讷（Vannes）是唯一的大城镇，而莱昂家族则是当地唯一显赫的贵族势力。当时，洛里昂（Lorient）甚至尚不存在，而布雷斯特（Brest）只不过是个小渔村而已。在这片地区里，只有一些小规模的港口与庄园，当地显然缺乏凝聚力，也没有自然形成的忠于王室的势力。西布列塔尼的其他地区，由强大的本地世袭贵族家族统治，对于蒙福尔的让所表现的野心，他们持反对态度。在中央丘陵的南面，是罗昂子爵们的领地。他们的主要权力中心是设防城镇罗昂（Rohan）、蓬蒂维（Pontivy）以及拉谢兹（La Chèze）。到那个时代为止，罗昂家族是整个布列塔尼最强大的贵族，同时，他们对于法国的支持也更为持续而坚定。丘陵地区的北面一直到海边的地区，占据了今北滨海省（Côtes-du-Nord）的大部，属于像特雷吉耶（Tréguier）和庞蒂耶夫尔（Penthièvre）这样的大贵族。这片土地是布卢瓦的查理妻子的个人领地，这些庞大的领地在过去就曾使她的父亲成为布列塔尼仅次于公爵的人物。对于蒙福尔的让来说，除非获得他现在所不具备的压倒性优势的实力，否则他不会奢望能够控制上述地区。

377　　蒙福尔的让希望控制公国东部的平原地区，与法国相连的通道地带，外加三座重要城市南特、雷恩和瓦讷，以及为公国政府日常运行提供资金支持的西部和南部的绝大部分领地。大约在 1341 年 6 月初，蒙福尔的让率军离开南特，并在身后打出了布列塔尼的旗帜。他的第一个目标是尚托索

（Champtoceaux），这是一座属于公爵的大型城堡，坐落于卢瓦尔河左岸的一小片土地上，它守护着河谷地带通往南特的道路。在派兵驻守这座城堡，保证自己都城南特的安全之后，让便开始率军向布列塔尼的第二大城市雷恩进发。

在让即将抵达雷恩城时，当地的居民产生了严重的不和。雷恩拥有一支强大的守军保卫，同时也有高大的城墙，但民众中有许多人都希望打开城门。不过，市民首脑却希望抵抗入侵的敌人。起初，守军指挥一直在拖延时间，但不久之后他在一次出击中被俘。整个城市进行了半心半意的抵抗，然后便开城投降。这样的结果对于让的事业有着神奇的影响。此后，圣欧班迪科尔米耶（Saint-Aubin du Cormier）面对蒙福尔的让，未经战斗便同样投降了。这是布列塔尼公爵在 13 世纪末期修建的一座庞大的环形堡垒，它守卫着从巴黎通往雷恩的道路。迪南（Dinan）同样也打开了城门。到此为止，让已经控制了东布列塔尼地区的所有重要城堡，除了维特雷（Vitré）和富热尔（Fougères）以外，这两座坚固的新式堡垒由充满敌意的贵族控制，让十分明智地没有攻打它们。到了 7 月初，他返回了南特。

7～8 月，蒙福尔的让似乎又控制了公国的西南海岸地区。瓦讷和埃讷邦（Hennebont）是例外，这两地都有强大的驻军守卫，城区和港口至少有壕沟和栅栏保护，防护良好的地段则拥有可以追溯到 12 世纪初的古旧庄园塔楼作为工事。那些被攻占地区的守军缺乏组织，他们对发生的事件十分困惑，不知道该效忠于哪一方。只有拉罗什佩里乌（La Roche-Périou，被入侵一方放过）与布雷斯特（遭到突袭后被攻占）进行了抵抗。到了 8 月中旬，蒙福尔的让已经控制了公国的大部分地区，尽管他在布列塔尼权贵中还缺乏支持，但看起来，他已经是争夺公爵之位的强力竞争者了。

＊

378 　　面对这些事件，腓力六世的反应颇为被动。人们看起来很难跟上他的思维。腓力肯定像布列塔尼的每个人一样，相信公国会陷入布卢瓦的查理的掌控，不过，一旦蒙福尔的让控制了领土，恐怕他也未必会像预料中的那样去支持他的外甥。到那时为止，让依旧是王室的忠实臣属，而依据法律，他对该地有着非常优先的继承权。强行将蒙福尔的让驱逐出布列塔尼并不会带来好结果。在让三世身故之后超过三个月的时间里，腓力都没有做出任何行动。根据资料，最早的那些来自查理的请求援助的信件遭到了尴尬的冷遇。[9]在某个无法具体确认的时段，也许是 1341 年夏初，对于公国继承权的争议被提交到了巴黎高等法院，在那里，预期的诉讼程序将会耗费很长一段时间。腓力的动机只能留待人们猜想，但与英格兰的脆弱关系肯定是主要原因。当蒙福尔的让占据了布列塔尼大半土地之时，英法之间的休战协定已经在加斯科涅边境被打破，而在所有对未来的预测中，英格兰对低地诸国的新一轮入侵都是确定无疑的事情。

　　两个在法兰西西南部发生的事件显示在那里的和平是何等脆弱，而政府的地位又多么的摇摇欲坠。第一个事件源于腓力六世和马略卡国王海梅二世（James II, King of Majorca）之间的小争执。海梅是一位鲁莽冲动的阿拉贡王公，他统治着法国地中海沿岸地区为数不少的领地。在其中一些地区，他是一名拥有自治权的君主，但在另一些地区，包括地中海地区的重要城市蒙彼利埃（Montpellier），他则是法兰西国王的附庸。因此，海梅在蒙彼利埃的地位与爱德华三世在加斯科涅的地位十分相似，而且他私下里也希望英格兰国王能够帮助自己动摇法兰西君主的统治地位。没人清楚地知道，从爱德华的行动中海梅受到了多少鼓舞。但他一定颇有触动。海梅的代理人们访问了波尔多的官员，并在次年早些时候进行了一些谨慎的磋商。1341 年 3 月，海梅在大群旁观者面前进行了长枪比武，以此来挑战王室禁令的权威，甚至还向朗格多克的王室代理人发号施令。在海梅骑马进入竞技场时，他的一名侍从将他的战马用英格兰纹章装饰起来，并大喊"吉耶讷（Guyenne）!"的战吼，这是属于英格兰的阿基坦公国的别名与口号。此时，腓力在南方的王室代理人是博韦主教马里尼的让，以及瓦朗斯伯爵普瓦捷的路易（Louis of Poitiers，Count of Valentinois）。1341 年 4 月，他们开始往图卢兹集中军队，到了 6 月，他们以武力强行占领了蒙彼利埃。[10]

趁法国人后方空虚之际，英格兰人重新占领了布尔格，由此弥补了他们在 1337～1340 年的最大损失。似乎是三名拉莫特家族（La Motte family）的家庭成员，通过自行进行的军事冒险完成了这致命的一击。拉莫特家族成员众多，立场不同，在这场战争中，在参战双方的阵营中都能见到他们。1341 年 6 月的第一周，那三个"拉莫特"招募了大约 60 人，这支小部队的人数甚至还不足守军数量的一半。在日出前稍早，这些人乘船来到河堤下。两名同谋帮助他们通过当地圣樊尚修道院（abbey of St Vincent）建筑上的一扇窗户进入城内：在这座城镇中，修道院已经被纳入了防御体系，而它也是其中最为薄弱的一环。一旦进入城中，入侵者们便召集居民冲向城内的堡

379

垒。守军分散在了城墙与堡垒各处，面对突袭显得措手不及。城中的守军很快被打败，而堡垒中的那些部队则尚且来得及关上大门并武装自己。这部分守军击退了进攻者，并坚持抵御了三周，然后被迫投降。国王以叛国罪指控驻军指挥，但事实上他也无法做得更好。上述进攻行为严重地破坏了休战协定，显而易见这一定是在公国政府的默许下才会发生。奥利弗·英厄姆肯定会谅解这样的行为。最终，城主的头衔被转给了拉莫特的阿马尼厄（Amanieu de la Motte），而那些领导进攻的人也获得了丰厚的回报。[11]

这一事件显示，事实上当时根本无法执行休战协定，这是因为公开的战争仅仅是叠加在大量私斗之上的一小部分冲突而已。对于当地的贵族，特别是英格兰一方的人而言，他们很难抵挡通过迅捷的致命一击（coup de main）来解决问题的诱惑：数十人在黎明集结，用一辆车堵住城市的闸门阻止其关闭，迅速解决掉毫无预警、没有武装而且半梦半醒的守军，由此，他们要么将某人祖先的财产从古已有之的敌人那里物归原主，要么把类似情况下的领地，从博韦主教新近赐予的暴发户那里夺回来，归还给主人。英格兰人将尚未征服的土地赐予他人，这种做法完全就是鼓励人们违反休战协定的约束，而那些被授予者通常也会欣然接受这样的做法。布尔格的陷落是一个信号，在此之后，加斯科涅边境地区将会爆发式地涌现大量非官方战火。一群群遭到驱逐的英格兰—加斯科涅人涌入吉伦特，并在圣通日地区烧杀抢掠。在阿让地区、贝尔热拉克附近的多尔多涅河谷地以及更北方一直到佩里格城下，都发生了激烈的战斗。1341 年 6 月底，双方政府的正规军也都加入到散兵游勇的战斗中。英厄姆匆忙地召集军队，并在 6 月 29 日率军上阵。

法国的王室代理人们，在所有南部省份颁布了总动员令。他们中的一人写信给腓力六世说，"在我这里，休战协定不过是一张废纸"。[12]

在英格兰，爱德华三世的政府正从一次野蛮的管理层肃清活动与一场政制危机中缓慢恢复过来。1341 年 4 月 23 日，议会开始开会商议，其召开时间一直持续到 5 月的最后一周。面对抗议自己过去四个月行为的大潮，国王娴熟地作出了退让。他取消了审判委员会，并撤除了在教士阶层中征收 1340 年九分之一税的尝试。他抛出提案，使得《大宪章》在针对他的大臣们与否决国家官员的任命时都有强制效力，也能用于管理对议会负责的王室内廷成员。他还同意，使用直到开战之时产生的税收发票，展开一次针对政府的审计工作。作为回报，爱德华获得了一笔来自议会的慷慨拨款，那就是 30000 包羊毛，这缓解了他在预算方面的某些更大的压力。在这样的时刻，相比他的父亲和祖父，爱德华在解读信号方面显得更有技巧。他扩大了自己的顾问圈子，并修复了和斯特拉特福德之间的争执，让那些针对大主教的指控被渐渐遗忘，然后再为其恢复了绝大多数曾经拥有的影响力。而斯特拉特福德这边，则抛弃了他小册子中的激进态度，并再次以曾经的保王党身份登台亮相。在议会解散之后几个月的时间里，国王已经充分恢复了他的权威以便能够通过王室立法来取消那些更加不受欢迎的议会章程。这些章程"有违法律和逻辑"而被强加于国王身上。直到爱德华年老衰弱之时，他也不会再像 1340 年那样，如此错误地判断英格兰的政治氛围。在前一年以伤人感情的方式行事之后，爱德华作出了让步，这使得他能够重新考虑，当埃斯普勒尚休战协定最终失效时该如何进行战争，无论这样的情况

380

有多么遥不可及。[13]

休战协定将在 1341 年 6 月 24 日失效。协议中的条款设想了为长期和平而进行的磋商，但爱德华三世对于和法国政府进行严肃谈判的想法并没有兴趣。1340 年的失利与破产只是使他变得更为坚定。"我的权力并没有被削弱到如此程度，而上帝之手也并非如此孱弱，"他在当年 4 月写信给西蒙·博卡内格拉（Simon Boccanegra）时如是说，"因此我依然将蒙主眷顾战胜敌人。"在同一个月，他已经告诉议会，预期中的战争将会持续很多年，他所要求的另一次跨海远征已经开始让贵族院的贵族们感到不快了。对于此次远征的准备工作已经在 2 月开始，预计将在 5 月底完成。在此次远征中，构想的军队规模可谓野心勃勃，计划中的总兵力高达 13500 人。这支军队里，接近三分之二的兵力将会由弓箭手组成。[14]只有当英格兰国王的战争准备遭遇不可避免的阻碍时，英格兰人才会显示与法国人进行外交接触的兴趣，他们这么做完全是出于战略考虑在短期内延长休战，而没有任何外交方面的理由。1341 年 6 月 9 日。休战协定失效两周之前，法国御前会议中的三名王公贵族，在佛兰德与英格兰—德意志同盟的首脑们进行了会晤。与会者同意将休战延长到 8 月 29 日，表面上的原因是为了让严肃谈判得以展开。在昂图万，一座位于佛兰德与埃诺边界的俯瞰斯海尔德河的城堡中，一场和平谈判顺应呼吁成为现实。然而，留给这次谈判的时间如此短暂，以至于人们很难预见到结局。谈判者预定在 1341 年 8 月 1 日在那里集合，而在英格兰，爱德华下令让入侵舰队于 8 月 15 日在出发港口准备就绪，军队则要在一周之后待命。[15]

回顾过去，英格兰国王的计划仿佛遭到诅咒一般，总是因为同盟的勉为其难与他自己国家脆弱的经济体系而陷于失败。尽管如此，在对待威胁时，腓力六世及其顾问依然像这些侵法计划的发起者一样严肃认真，此时，他们已经在全力进行战争准备了。1341年4～11月，一支包括21艘桨帆战舰在内的强大法国舰队在拉罗谢尔与比斯开湾周边属于卡斯蒂利亚的诸港口间巡弋，以防止英格兰军队在加斯科涅尝试登陆。这支舰队中的多数船只属于法国，但也包括了一些来自西班牙与葡萄牙的辅助船。法国人还征用了加来与吉伦特湾之间的所有商船，以备开战。此外，法国人与热那亚人之间的关系，也被修复到了足以从多里亚和格里马尔迪的幸存船只中雇佣桨手和弓弩手的程度。对于加强那些兵力不足的北方边境驻军，法国也有了计划。5月，休战协定失效一周前，法国人在阿拉斯进行了一次大规模征召，集中了他们的军队。

在西南部，法军已经开始进行增兵部署，以回应英格兰人破坏休战协定的行为。到了1341年6月底，朗格多克的法兰西王室代理人们已经集中了4500名武装人员，而一个月之后，这支军队的规模就增长到了接近6000人；到了8月底是7000人；9月底更是达到了12500人。[16]这些人中的绝大多数都被尽可能谨慎地用于驻防任务，不过在临近夏末时，法国人也进行了规模可观的野战行动。1341年8月，瓦朗斯伯爵率军沿着多尔多涅河北岸向西移动进入圣通日。同月25日，他甚至成功重新占领了布尔格，虽然也许只是城市，而不包括堡垒。以任何标准而言，伯爵的胜利都十分短暂。日内瓦的于格指挥着英格兰—加斯科涅联军，在利布尔讷跨过了多尔多涅河。1341年8月26日，于格指挥军队在吉特雷（Guitres）的旧本笃会修道院墙下出其不意地攻击了法军，将他们彻底击溃并向北追击了好几英里。此战中，两支军队的规模可能都不大，于格仅仅拥有不超过1200人，而法军的规模应该更小。这并非一次决定性交战，尽管如此，法国人战后还是沿着多尔多涅河谷地向上游撤退；至于已经无法继续坚守的布尔格，其驻军也于一周后弃城出走。虽然9月时法军大大增加了野战部队的规模，他们却将军队分散，以便在佩里戈尔南部进行一系列的小规模围城行动、针对英格兰支持者的治安保持以及剿灭那些藏身于孤立城镇或城堡中的强盗团伙。在边境地区，人们将这些事件视为法军受挫的信号。不少城镇赶走了法兰西驻军，并迎来了英格兰军队。[17]

382

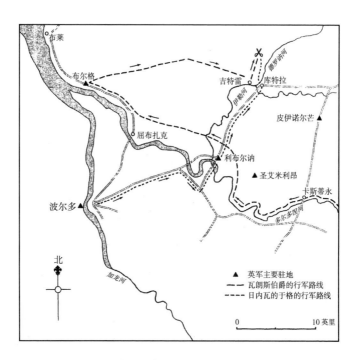

图17 加斯科涅：吉特雷之战，1341年8月26日

这些行动背后所需要付出的努力不仅占用了法兰西国王和他顾问们的时间，还消耗了他们所掌握的全部经济资源。在休战期间，法国的纳税人在当下没有危险的情况下以众所周知的勉强态度拒绝掏钱，不论是偿付以往的借款，还是出资准备未来的战争，他们都显得不为所动。1341 年，法国大部分地区政府的财政收入都处于枯竭状态。腓力不得不仰赖官员的自行发挥来筹集钱财。通过铸币获取利益的空间比例上升到了前所未有的地步。所谓的盐税（gabelle du sel），首次在短时间内出现在了法国国内的部分地区，政府在强制推行这一税收时激起了人们愤怒地反对。审计庭的官员被派出并在各省巡回，对那些贵族与教士阶层的人们连哄带骗，以在他们的辖区内根据收入进行一次征税。进行了如此多的努力之后，法国政府所得的结果却并不乐观。国库进账下滑了几乎一半之多。[18]

面对这一连串问题，腓力六世最不想面临的就是布列塔尼的内战，倘若后来的事件没有按照历史上的顺序发生的话，那么蒙福尔的让占领地盘的行为也许根本无人会干扰。然而到了 1341 年 8 月初，持续不断的流言声称，让正准备和英格兰人组成统一战线。腓力相信，蒙福尔的让准备向爱德华效忠，而他也许听到过一些更为离奇的传言，那就是背叛已经发生。倘若现在聚集在温切尔西和奥韦尔的英格兰舰队袭击布列塔尼，对法国而言，战争的前景无疑令人恐惧。我们无法准确预计，对腓力六世而言这种可能性会成为现实的准确时间，但也许他认为袭击将会在 1341 年 8 月发生，因此他在此时采取了第一个预防性的军事措施。8 月 13 日，法国全境收到了总动员令。多里亚和格里马尔迪剩下的 16 艘桨帆战舰被从干船坞中

383

拖出，并送到布列塔尼的海岸上待命。差不多在同一时间，法国人开始计划从东部攻入布列塔尼，以武力驱逐蒙福尔的让。由此，法国政府对布列塔尼继承纠纷的立场发生了彻底转变。[19]

在昂图万，和谈缓慢的进度让人痛苦，看来法国人最糟的怀疑得到了证实。英格兰代表团由亨廷顿伯爵领衔，他们直到1341年8月6日方才抵达，距离会议开幕几乎已经过了一周。到了当月10日，与会者同意，将休战协定延长，但延长的时间也不过两周而已，从1341年8月29日至9月14日。关于延长休战的讨论仍在继续，但到了8月19日，亨廷顿伯爵却突然离开，他声称自己需要从英格兰本土获取进一步的指示，因为他的缺席，会议也只能暂停。大约在1341年8月18日，休战被延长至9月中旬的消息传到了英格兰，这条消息使得英格兰军队得到命令，必须在休战到期的后一天作好登船准备。此时，英格兰南部和西部的港口中已经集结了200～250艘舰船，等待命令准备前往温切尔西的集结点；而另一支规模较小的船队则集结在奥韦尔；30艘大型船只，包括10艘桨帆战舰，已预定从巴约讷抵达英格兰。在巴黎，腓力六世已经准备好了剥夺蒙福尔的让继承权的手段。在巴黎高等法院，诉讼程序获得加速。在南特，一名王室官员将传票交给了蒙福尔的让。1341年8月20日，让匆匆离开南特赶往巴黎。[20]

在巴黎高等法院，审理结果的决定权并不在普通法官的手中，法兰西的高等贵族才是拥有审判权的人，他们有专业律师咨询建议、提供协助，并有一个受命检视证据的委员会来提供报告。在国王明确了急迫的政治需求之后，审判的程序立即全速进展。争取继承权的双方都提交了冗长的备忘录以供审理。

8 月 27 日，包括了两名主教在内的审判委员会开始听取证人们的发言。蒙福尔的让抵达巴黎时发现这座城市已充满了备战的紧张气氛。在王家宫殿里，让受到了腓力六世冷淡的接待，这样的举动已无人再会怀疑国王在感情上支持哪一方了。面对让，腓力直截了当地询问了关于他与英格兰人进行叛国交易的传言，而让则否认了这一点。在这场会面结束时，让得到了一条蛮横的命令，要求他等在巴黎直到高等法院宣判为止。这道命令所带来的暗示已经昭然若揭。对蒙福尔的让而言，当他的公国被奖赏给他的敌人时，他自己则会被作为人质，保证这一移交过程处于和平状态。1341 年 9 月伊始，让秘密地离开了巴黎并逃往南特。所有他在布列塔尼部署的守军都已受命处于临战状态。

　　在蒙福尔的让逃跑的情况被发现之后，诉讼便在混乱中暂停了，然后迅速以休庭告终。9 月 7 日，高等法院在孔夫朗，一座巴黎城外的王室城堡集合，并宣布了有利于布卢瓦的查理的审判结果。然而，法院并没有指控蒙福尔的让犯有叛国罪，也许这样做的原因是国王已经决定将自己的怀疑止步于此。不过腓力还是下令，立即没收位于法兰西岛的属于让的蒙福尔拉莫里伯国（county of Montfort l'Amuary），直到所有事实得到澄清时为止。法兰西国王的廷臣也被分散派走，去集合他们自己的扈从。法国大军预定在 1341 年 9 月 26 日于昂热集结。[21]

*

　　布列塔尼充满争议的继承状况自然而然地引起了英格兰政府的兴趣。看起来令人惊讶的一点在于，腓力六世的顾问们居然花了如此长的时间才意识到敌人的动向。对法国而言，一个控制布列塔尼的敌对势力将成为联系英格兰和加斯科涅的纽带，并摧毁吉伦特的葡萄酒贸易，同时使得法军无法防守海峡群岛。与此相对，在英格兰人看来，一个控制布列塔尼的友善势力则不仅能够保障英格兰海上交通线的安全，还能成为英军在攻击法国北部和中部地区时的桥头堡。即便是在让三世在世的时候，在 1336 年，爱德华三世就尝试过为他的幼弟迎娶庞蒂耶夫尔的让娜（他将她称为布列塔尼的"女继承人"）。在英格兰与法兰西开战之后，布列塔尼继续成为英格兰人最小心对待的对象。在施行针对敌国外侨的法律时，布列塔尼人并没有被当成法国人对待。此外，让三世几乎成为所有法兰西贵族中唯一继续被允许保有在英格兰重要地产的人。当让三世离世的消息在 1341 年 5 月传至英格兰时，英格兰政府立即采取了行动，试图搞清楚谁将会成为他的继承者。[22]

腓力六世在 1341 年 8 月所听到的传言并非空穴来风。蒙福尔的让并没有彻底效忠于爱德华三世，但他确实和后者做了交易，而这种交易所造成的关系与他作为法兰西王室封臣的地位有所冲突。在这件事上，爱德华三世才是掌握主动的人。1341 年 6 月初，他将隶属于自己的一名内廷骑士加文·科德（Gavin Corder）送往布列塔尼，与公爵之位的觊觎者接触。不幸的是，科德由于风向不顺，被迫在英格兰耽搁了很长一段时间。最终，他在 1341 年 7 月 1 日方从达特茅斯出航，和他一同出海的还有一名中书院的文书以及一支武装护送队伍。科德在 7 月 7 日踏上欧洲大陆，登陆地则是位于布列塔尼东南部盖朗德的一个小港口。7 月 10 日，他在南特与蒙福尔的让进行会面。会面时双方私下进行的讨论过程，只能从间接引用的他人回忆，以及后来的事件发展来推论。看起来，科德似乎没费多少力气就将让争取到了英格兰这边。根据让的说法，他认为腓力六世或早或晚都将会把自己驱逐出布列塔尼，同时，他也表现了与爱德华三世结成某种联盟的兴趣。让给出的印象是，假如爱德华准备帮助他的话，那么他将会重新考虑承认爱德华为法兰西国王。然而，倘若能够不借助十分危险的方式获取布列塔尼，那么让就不会正式表态投向英格兰。因此，他让英格兰的使节们等待了六周，直到他给出正式回复为止。当蒙福尔的让被毫无预兆地召往巴黎时，英格兰使节尚未得到回应。到了 1341 年 8 月 21 日，让启程之后的一天，英格兰人离开了会面地点。9 月 12 日，使节们在伦敦向爱德华三世进行了汇报。[23] 几乎是紧接着，让逃离巴黎、孔夫朗判决以及蒙福尔拉莫里伯国被没收的消息便陆续传来。

当蒙福尔的让重新回到南特时，他最早的举动之一便是让两名密友带着他的正式提议前往英格兰。很明显，这些提议反映了当时他和加文·科德谈判的内容。他需要英格兰人立即提供军事援助以对抗腓力六世；在他得到援助之后而非之前，他愿意以布列塔尼的名义向爱德华三世宣誓效忠。[24] 然而，让的信使们抵达英格兰时已为时太晚。1341 年 8 月的最后一周，亨廷顿伯爵已经从昂图万返回，根据他的报告，爱德华的盟友，特别是布拉班特公爵，不会从他们的领地上支持另一场在法国境内进行的战役。这些盟友坚持要延长休战期限。没有消息来自布列塔尼，而低地诸国的信息又不够有利，爱德华对此也无能为力，只能授权他在昂图万的代理人们，将埃斯普勒尚休战协定的生效时间延长到次年。这一决定是在 1341 年 9 月 2 日前后的一次英格兰御前会议扩大会议上作出的。决定作出

386

之后，英格兰南岸的被征用船只得到解散；来自巴约讷的桨帆战舰也离开了；军队则被遣返回家。1341年9月12日，即便科德正将他的报告递交给爱德华三世，在昂图万，英格兰的全权代表依旧将休战时限延长到了1342年6月24日。此时，想要援助布列塔尼人只能等到冬去春来之际，在此期间，英格兰人只能暂时拒绝蒙福尔的让的一切条件。[25]

对此，爱德华三世确实也进行了一些尝试加以补救。布列塔尼的效忠是个巨大的战利品，因此他必须做些事给蒙福尔的让的代表们留下深刻的印象。也许是在1341年的10月初，英格兰国王与两名布列塔尼代表签订了条约。爱德华从羊毛补贴的收益中拨出10000镑巨款，指定用于支付战争花销。10月3日命令传出，所有伦敦和布里斯托尔之间的港口的商船均被征用，它们将在朴次茅斯集结。到了1341年10月底或是11月初，第一批预定用于搭载布列塔尼远征军先头部队的船只已经准备完毕。这些船只的指挥权被交到了北部海军部海军将军罗伯特·莫利的手中，而那些在船上准备好冒险的军队则由沃尔特·莫尼和阿图瓦的罗贝尔指挥。这些命令一经发布，两名布列塔尼代表便返回了故乡。[26]

根据设想，爱德华的这次军事冒险在规模上并不算大。军队的数量有限，而且这些军人大多来自参与远征的贵族的私人扈从。爱德华并没有在各个伯爵领征募士兵的计划。即便如此，这样的尝试也毫无希望。在此之前，无论规模如何，没有任何人能在四个月的时间内使用征用的船只组成一支舰队。南英格兰的绝大多数船只，刚刚因为前往布拉班特的远征取消而从征用命令中解放。此时，正是大批船队运送加斯科涅葡萄酒的季节。许多船只早已离开港口开始了贸易运输。其他在港的

船只则激烈地抵抗海军部官员的征用。到了 1341 年 11 月中
旬，英格兰南部海岸有 87 艘船只受到征用，运送布列塔尼远
征军的先头部队，而这支部队的部分人员已经抵达了朴次茅斯
港。在这之后不久，远征却被取消了，这是基于在布列塔尼发
生的事件所下的决定。[27]

＊

在 1341 年 9 月的最后几天中，法军在卢瓦尔河距离布列
塔尼边境上游 50 英里处的昂热完成了集结。[28]根据最可信的同
时代记载估计，这支军队拥有大约 5000 名法军和一些热那亚
军队，后者的数量可能在 2000 人左右，都是来自桨帆战舰的
水手。此外，法国人还拥有一批强大的攻城器械。这支军队的
指挥权被授予诺曼底公爵让，不过他自己也处于国王最亲近的
密友，大臣努瓦耶的米莱以及腓力的侄女婿勃艮第公爵的严密
监督之下。腓力给儿子的指令很好地反映了他个人的谨慎与不
安。法兰西国王并不喜欢战争的风险，而诺曼底公爵让则被告
知，他无论如何都不该冒险。重要的一点在于，假如侦察表
明，一座城镇无法被快速夺取，那么就不应该袭击这个城镇。
如果有机会通过妥协来避免战争，那么就应当如此行动。腓力
已经准备好在法国的其他地方向蒙福尔的让提供慷慨的补偿，
甚至可以向他保证，倘若庞蒂耶夫尔的让娜死后没有后嗣，就
以蒙福尔的让作为继承人获得布列塔尼公国。腓力这样做的主
要目的是想把英格兰人挡在布列塔尼之外。只要英格兰军队登
陆，无论是白天还是夜晚，腓力都想要在第一时间得知。除此
之外，腓力还有一条有趣的附加指示。王子向他留在宫廷的妻
子写信时，无论如何也一定要提及自己军队的庞大规模，与敌

387

人军队的弱小："她听说了关于英格兰国王的一些事情……这些事把她吓坏了。"

法军原本计划直接向瓦讷进军，该地是距离南特最近的重要港口，如果英军登陆，它也是显而易见的目标。不过很快这个计划就被放弃了。这样的行军路线势必深入布列塔尼，由此会使得蒙福尔的让在南特和雷恩的守军能够轻易骚扰法军的交通线。诺曼底公爵从前一年在埃诺的愚行中学到了教训。在这场战役中，法军进行的绝大多数战斗都发生在尚托索周围，那里是任何经由卢瓦尔河谷地进军的军队所遭遇的第一道障碍，而且当地有一批洛林德意志人指挥下的、隶属于蒙福尔的让的雇佣兵驻守。1341 年 10 月初，布卢瓦的查理带着法军先头部队离开昂热，并在 10 月 10 日开始围攻尚托索。14 日诺曼底公爵也随之赶到，他带来了法军主力，以及军中的绝大多数显贵人物：负责监督他的努瓦耶的米莱，勃艮第公爵与波旁公爵，腓力六世的弟弟阿朗松伯爵，法兰西王国陆军统帅和元帅，以及法兰西舰队海军将军西班牙的路易斯。如此华丽的阵容无疑是一种炫耀。蒙福尔的让进行了一次大胆的突袭，试图用完全不成比例的小股部队替尚托索解围。他带着这支军队离开南特，并沿着卢瓦尔河南岸行军，直到抵达一个距离围城地点 3 英里的加固过的农舍才停止前进，此地名为吕莫（L'Humeau）。蒙福尔的让原本希望发现这里由他自己的人把守，但事实上，他却发现布卢瓦的查理已经抵达，甚至连他自己也差点被擒获。在经过了两天围绕农舍塔楼的战斗之后，蒙福尔的让的军队最终被诺曼底公爵逐走，但胜利者也付出了惨重的伤亡。1341 年 10 月 26 日前后，尚托索落入法军手中。[29]

事实证明，这场战斗成为整个战役的转折点。经此一役，
蒙福尔的让头也不回地逃回南特。而诺曼底公爵的军队也在几
天之后于 10 月底追逐败军抵达南特城外。南特城的护城河有
河流供水，水量充足，而靠岸的一边城墙又非常长，法军甚至
不能彻底进行包围。尽管如此，当地的市民却缺乏保卫城市的
热情。这些人听说了蒙福尔派（Montfortists）在吕莫战败。法
军以极端凶猛的进攻拿下了南特外围地区的城堡，并将他
们的俘虏斩首，人头挂在正对南特城门的地方。当地居民
提醒蒙福尔的让，他们在向他效忠时作了保留，此时这些
人便有理由拒绝战斗了。最终，这些人还是被说服支持他，
但条件是，倘若援军在一个月之内不出现的话，这位觊觎
者就必须离开城市，于野外试试他的运气，看看能否得到
好运。蒙福尔的让缺乏足够的时间，而英格兰方面又没有
任何消息传来，他不得不组织起一系列不顾一切而代价惨
重的突袭，其中一部分袭击还是由他本人凭借非凡的勇气
来领导。这些袭击中的最后一次，按计划是为了夺取一支
补给运输队，但计划最终以佣兵的突然逃跑，以及大批市
民遭到屠杀作结。同时，此次袭击还在让和莱昂的埃尔韦
之间引起了争吵，后者正是领兵逃走的人。南特的人们终
于无法忍受了。他们召集起一场大型集会，并不顾刚刚和
让签下的协议，决定要么迫使让立即和围城的法军展开谈
判，要么由他们自己去进行会谈。让没有其他选择，只能
同意。他进入诺曼底公爵的营地，并答应投降，将南特交
给自己的仇敌。这件事也许发生在 1341 年 11 月 2 日。[30] 整
场围城战持续了不到一周。在这之后，布卢瓦的查理马上
进入了他的都城，就像六个月之前接待蒙福尔的让一样，

这座城市用类似的欢迎宴会迎接了他。

此时，关于蒙福尔的让的地位问题依旧十分棘手。他可没有打算在自身安全得不到保障、自身一切弱点毫无保护的前提下将南特城拱手相让。于是，诺曼底公爵给予了他和国王谈判的展望，同时可能也使他获得了达成妥协的某种希望。作为回报，蒙福尔的让需要命令他所有位于布列塔尼境内的驻军向腓力投降，以此作为进一步考虑他继承权的保证。为此，让被允许安全地前往巴黎，并安全地返回。在达成协议后的数周里，他依然留在南特和他的敌人们在一起。此后，1341 年 12 月底，他陪着诺曼底公爵前往巴黎。当他抵达王室宫廷时，确实得到了磋商的机会。让得到的谈判条件是，只要他和他的敌人签署条约，彻底放弃布列塔尼公国以及他在公国的所有要求（claim），他就能获得一笔津贴以及在法国境内的另一块土地作为补偿。然而，他拒绝了这样的开价。于是，腓力撤销了对他的安全保证，并将他囚禁在了卢浮堡里。[31] 在布列塔尼，让从前的支持者已经逐渐将他抛弃。莱昂的埃尔韦成为领头者。在南特陷落后不久，埃尔韦成为布卢瓦的查理的一名主要顾问，并开始写信给他的朋友与有联系的人，催促他们向查理屈服。在布列塔尼东北边界，庞大的圣欧班迪科尔米耶堡垒立即投降。1342 年 1 月，让的大部分重要将领都已投降，而且还得到国王的赦免。到 1342 年 2 月，布卢瓦的查理控制了布列塔尼东部除雷恩外的所有法语地区。[32]

*

当南特落入敌手的时候，蒙福尔伯爵夫人身在 70 英里以北的雷恩。她随身带着公国大部分的财富，是蒙福尔派继续他们事业的主要财富，而当地也还有一支驻军。看起来，她丈夫的军事实力似乎无法在他遭到俘虏之后坚持太久。蒙福尔派的主力并不在让身边，而是在菲尼斯泰尔的圣勒南（Saint-Renan）扎营，等待英格兰人的到来。在布列塔尼西海岸，也有因为类似原因而部署在当地的驻军，特别是在勒孔凯（Le Conquet）和布雷斯特尤其如此。这些军队的指挥官是一些布列塔尼小领主，他们中比较重要的包括：沙泰勒的塔内吉（Tanneguy du Châtel），他是布雷斯特城堡的军事主管，以及马莱特鲁瓦的若弗鲁瓦（Geoffrey de Malestroit），此人似乎是野战军的统帅。这些人处在进退两难的巨大压力之下。他们中的一些人在布卢瓦的查理控制的领地中拥有土地，而其所属的家族也已经与查理握手言和。法兰西王室向他们提出，可以赦免他们的行为以换取他们的忠诚，这些人因而显得犹豫不决。[33]

伯爵夫人作出了一系列果断的决策。首先，她将财富送往位于布雷斯特的安全地点。其次，她离开了雷恩，这是一座坚固的城市，但当地人则效忠于不同的派别，同时该城位于内陆，因此远离援助。当年年底，她与马莱特鲁瓦的若弗鲁瓦合兵一处。伯爵夫人在雷恩留下了足够的兵力驻守，然后率军向南进发，突袭占领了勒东（Rédon），并夺取了卢瓦尔河河口的盖朗德半岛。从那里，她向西进发，并在埃讷邦建立了她的指挥所。埃讷邦控扼布拉韦河（River Blavet）河口，是布列塔尼莫尔比昂（Morbihan）沿岸的一座拥有围墙的小城，它坚固的城墙修建于 13 世纪末。在整个布列塔尼西部，也许埃讷邦是最容易进行防守的城市。从这里开始，让娜宣布接手她丈夫留下的所有驻军与野战军。他们 2 岁大的儿子被宣布为蒙福尔派名义上的领袖，如果让在巴黎被处死的话，他也将毫无争议地成为继承人。[34] 伯爵夫人任命她最有能力也是最为卓越的顾问，克利松的阿莫里（Amaury de Clisson）作为这个孩子的监护人，此人出自一个强大的布列塔尼贵族家庭，而他的哥哥奥利弗则正在为了布卢瓦的查理而战。

克利松的阿莫里于 1342 年 2 月抵达英格兰，他带着所有能够招揽进伯爵夫人集团的各路势力，同时也带着装满现金的箱子，这些钱来自公国的金库。在这个冬季，英格兰国王只能徒劳无益地在苏格兰炫耀武力，这一举动并没有什么意义，而且很早就结束了。1342 年 2 月 11 ～ 12 日，他在邓斯特布尔（Dunstable）进行了一场壮观而花费巨大的长枪比武，并在其中作为一名普通骑士和几乎所有英格兰的青年贵族一起较量。直到过了一些日子之后，国王才重新开始认真考虑是否要继续深入法国的王朝内战。2 月的第三周，贵族们聚集在伦敦，开始为战争进行筹划。对于伯爵夫人代表们的来访，爱德华作出了热情的回应。他重订了去年 10 月时与布列塔尼代理人们所签订的条约。同时，英格兰政府也准备在布列塔尼进行干涉，他们打算至少要以伯爵夫人及其幼子的名义立即控制蒙福尔派手中的土地。蒙福尔派所拥有的布列塔尼领土中位于海岸边的一切城镇、港口和城堡将被英格兰人接手。英格兰远征军的指挥权被交给了沃尔特·莫尼，他已经带着足够数量的军队在 3 月抵达了公国。一支更大的、包括 1000 名重装骑兵和 1000 名弓箭手的军队，则将在 1342 年 4 月乘船出发，这支军队的指挥官是北安普敦伯爵与阿图瓦的罗贝尔。为了保持遵守休战协定的假象，这些人也许会将自己伪装成在蒙福尔的让旗下战斗的军队。然而，当 6 月休战协定告终之后，爱德华的意图则是亲自抵达布列塔尼公国，并"以法兰西王室之名，支持公爵恢复应有的权利"。克利松的阿莫里承诺，为了支持爱德华的这次冒险，他将把布列塔尼所有的公国财富以分期借款的形式交给爱德华。从阿莫里随身带来的箱子中，爱德华当即得到了与 1000 镑等值的黄金、白银和珠宝。另外 68000 图尔利弗尔（13600 镑）的款项将会在北安普敦与阿图瓦的罗贝尔率军抵达布列塔尼之后预支出来。公国财富中剩下的部分，则会在夏季爱德华亲自抵达时支付。爱德华命令一名英格兰行政人员和阿莫里一起返回布列塔尼，以监管位于布雷斯特的金库，同行的还有一批工匠，他们受命将获得的金银铸成钱币。这些安排在 1342 年 2 月 21 日已经多多少少完成了一部分，此时，布列塔尼人也终于在条约上盖章确认。[35]

　　接下来的八个月时间内，英格兰人试图将援助带给蒙福尔的让娜，但执行起来，他们始终未能从管理与外交方面的障碍中脱身。英格兰人必须在让娜被法国压倒性优势的军事实力所击垮之前克服阻碍，才能有所作为。让娜自己则试图利用娴熟的外交技巧来拖延时间。1342 年 2 月的某天，她从埃讷邦前往布雷斯特。到了 24 日，腓力六世的一名信使马莱特鲁瓦的亨利（Henry de Malestroit）在埃讷邦找到了她。亨利是法兰西王室的一名高级审判人，他自己也是布列塔尼人，并且是伯爵夫人手下一名军事指挥官的兄弟。因此，他不得不在感情上经受忠诚的考验。亨利得到的命令是，要求伯爵夫人的散兵游勇服从法国政府，这些人中包括他的兄弟以及沙泰勒的塔内吉，同时他还受命，要求布雷斯特履行南特陷落之后蒙福尔的让与诺曼底公爵的协议安排，投降并屈服于法兰西国王。对于伯爵夫人的盟友而言，他们最初的反应是坚决抵抗。塔内吉回应说，他已经决定追随布列塔尼公爵真正的继承者，愿意保卫他至死方休。然而，那些更为明智的顾问最终还是占了上风。法国人所要求的不过是一次正式的投降，这样伯爵夫人和他的朋友们就能在事实上暂时占有现在的领土。在实力不济的时候，难道避免冲突不是更好的办法吗？于是，伯爵夫人也在这一点上作出了让步。五天之后，1342 年 3 月 1 日，她与亨利协商达成了休战协定，在 4 月 15 日前暂停军队的一切行动，而她将在事实上控制布列塔尼的西部地区。事实上，4 月 15 日恰恰是预期中北安普敦伯爵率军从英格兰抵达布列塔尼的大致时间。[36]

然而，英格兰援助的速度如此之慢，有些让人难以置信。最先抵达的帮助显得不太有效，而且并非来自官方：一批五港同盟、西南部诸郡以及巴约讷的船主得到了针对法国船运的私掠状，他们可以得到攻击商船所获战利品的三分之一。这些人被一个名叫奥利弗·斯特雷特福德（Oliver Stretford）的英格兰人招募，此人被安插在了伯爵夫人位于埃纳邦的政府中，并被称为"公爵代理人"。1342 年早春，这些私掠船的活动颇为积极，然而他们袭击受害者时丝毫不加区分，同时在报告掠获时往往又会夸大其词。[37]

392　英格兰远征军的先头部队预定搭乘在沃尔特·莫尼指挥下的舰队出航，并确保登陆地区的安全。这支军队在 1342 年 3 月准时在朴次茅斯完成集结，但由于征集船只时遇到的常见困难，离开英格兰的时间遭到了推迟。在收到征召命令的 60 艘中等大小的船只中，截至当月月底仅有 44 艘被征召人找到。有些船带着货物抵达，因此英格兰人不得不花费大量人力先行卸货；而一组船主则将自己的船只停在了半路上拒绝入港，直到拿到报酬才继续前进；还有 17 艘船完全没有响应征召。对此，莫尼毫无耐心并大发脾气。他并不是一个能够理解官僚机构局限性的人。[38]

隶属于北安普敦伯爵与阿图瓦的罗贝尔的主力军队也遭遇了延误，这并非由官员们造成，事实上，这次官员们倒是超水平发挥了。在雅茅斯，到 4 月第一周周末，100 艘船只已经准备完毕；在朴次茅斯与布里斯托尔之间的各个港口中，1342 年 4 月 1 日英格兰人才开始征召，但在一个月之内官员们已经找到了 117 艘船只。以过去五年的情况而言，这次征召行动可以说是一个令人印象深刻的成就。[39]然而，登船部队的征召却被有意延误了。造成这一延误的主要原因似乎是政治方面的因素。爱德华三世过于仓促地向布列塔尼人进行了充满雄心的承诺，他的行为太急迫，以至于没有征询盟友的意见。他与克利松的阿莫里所签订条约的主要内容是，在休战协定失效两个月之前就派遣一支军队进入法国的一个省份。英格兰国王在低地诸国的盟友被告知这一条约时的反应没有见诸史载，但无疑能够被揣测。对于爱德华建议破坏的休战协定，这些王公同样是签署人，而一旦冲突再起，他们将会成为法国潜在反击的受害者。这些人对于布列塔尼完全没有兴趣。此时此刻，英格兰与低地诸国王公贵族的同盟关系已经显得颇为紧张，而在未来，盟约将愈发成为对曾经的困境与陈年旧账的回忆。然而，爱德华却不能无视这些人的反应。他依旧有理由重视这些王公贵族在北部开阔的前线上牵制大量法军的能力。英格兰政府内部商议的结果并不为人所知。人们唯一知道的是，3 月时爱德华被说服了，他答应马上任命代表前往布拉班特的孔代，在那里参加法兰西大臣们与低地诸国王公贵族之间的又一轮和谈，会议的召开时间是 1342 年 4 月 14 日。而在巴黎，法国人的注意力也聚焦到了低地诸国。腓力花了很久才认识到，在半个世纪之后，低地诸国第一次不再是决定胜负的力量。1342 年 4 月 11日，他下令军队将在 6 月 24 日集结于阿拉斯，而这一天便是休战协定失效之日。[40]

在英格兰西部和南部，军队被告知，要在 5 月初准备好前往港口，并登船前往布列塔尼。[41]在海峡对面，法国人也并未坐以待毙。蒙福尔伯爵夫人与法兰西国王的休战协议在 4 月15 日结束之后，法军便立即攻击了雷恩，那里是蒙福尔派最靠东的前哨基地。在那里，法军的指挥权被掌控在布卢瓦的查理手中。查理的主要副手包括他的长兄布卢瓦伯爵路易（Louis，Count of Blois），以及西班牙的路易斯。后者是一名出身高贵的冒险家，在卡佩王朝的宫廷中曾颇为受宠。他原本可能成为卡斯蒂利亚国王，但政变迫使他的父亲在多年前就远离了王位的争夺，这样的情况就像波希米亚的约翰原本可以统治德意志，而布列讷的瓦尔特可能会成为希腊或是佛罗伦萨的统治者一样。由于腓力六世依旧急于维持休战，布卢瓦的查理和他的朋友们不得不自行征募自己的军队，因为这个原因，他们所拥有的重装骑兵数量也许不是很多，仅仅包括他们自己的家臣和当地忠于查理的那些布列塔尼的领主。军队中的大多数兵力由来自意大利和西班牙的水手组成。这一次，艾顿·多里亚无疑也在为查理服务，可能卡洛·格里马尔迪也同样如此。这些意大利人离开了他们存放在诺曼底的桨帆战舰，并将 2000~3000 名船员充作弓箭手和步兵。至于西班牙人，则是从一队西班牙的路易斯在卡斯蒂利亚所雇佣的桨帆战舰上抽调而来，他们在旺代（Vendée）的布尔讷夫湾（Bay of Bourgneuf）

南端，一个名为滨海的博瓦尔（Beauvoir-sur-Mer）的小港口设立了基地，以将他们的战舰拖上浅滩。从 5 月起，这些人开始大规模地出现在查理的军中。[42]

查理轻松夺取了雷恩。该城距离蒙福尔派的核心区域太远，因而难以得到增援，而城市本身的规模又太过巨大，其驻军难以进行有效的防御。到了 5 月初，市民们认为抵抗毫无希望，他们呼吁驻军指挥投降。当指挥官拒绝这一要求时，市民们将他关押起来并打开了城门。这件事发生之后，在布列塔尼东部亲法地区，蒙福尔的让的那些剩下的散兵游勇几乎全部投降了。[43]

在布卢瓦的查理进入雷恩后不久，沃尔特·莫尼终于率领英格兰军队的先头部队在布列塔尼领土另一端的布雷斯特登陆。他的军队在规模上小得可怜，仅仅包括 34 名重装骑兵以及 200 名骑马弓箭手，能发挥的作用也异常有限。这支小部队受命确保海岸边各城镇的安全，其中也包括布雷斯特在内。莫尼收到的命令是，在休战依然有效时避免攻击法兰西国王的军队。无论如何，他还是因为某种原因未能遵守这一命令。取而代之的是，他针对变节的莱昂的埃尔韦的领地进行了一次短暂的掠袭，在深入西部的地区，埃尔韦是唯一支持布卢瓦的查理的重要人物，莫尼此举无疑很好地利用了局势，使之能够为己所用。在登陆后不久，英格兰军队便攻击了菲尼斯泰尔北部位于特雷加朗泰克（Tregarantec）的一座设防庄园，埃尔韦本人就住在那里。英军在拂晓发动进攻，他们烧毁了大门，并且几乎兵不血刃地俘获了那些惊恐万状的守军。俘虏中不仅有埃尔韦本人，还包括了另外 6 名值得索取赎金的贵族，以及一大批小贵族，这些人对于莫尼的追随者而言还是颇有一些价值的。

394

难以置信的故事充满了对于莫尼的记载，甚至还有关于他在1342年夏季对法军发动大胆攻势的说法，但事实上，这些不过是渔夫之间传唱的演义罢了，素材都源自莫尼晚年虚假的回忆。真相则是，无论是莫尼还是那些蒙福尔派军队，都没有足够的实力在野战中进攻布卢瓦的查理，而在1342年5～6月的大多数时间中，英军都处于无所事事的状态。在他的公国里，布卢瓦的查理完全无视莫尼的存在。他派出自己的兄弟围攻瓦讷，而他自己则带着他的军队主力向埃讷邦进军，那里正是伯爵夫人的所在之处。[44]

此时，爱德华还在艰难地安抚他的盟友，并在与法国的休战依然有效时调整自己的姿态。因此，当法国人在布列塔尼的战役进入高潮之际，英格兰的战争准备却陷入了停滞。爱德华以奢华的方式在埃尔特姆（Eltham）宴请了埃诺伯爵，还见证了他在比武大会的角逐中负伤。爱德华还派出伦敦主教（Bishop of London）和沃里克伯爵，在位于梅赫伦的另一场同盟大会上向其他德意志王公贵族们解释情况。英格兰军队直到5月20日才收到命令准备开拔，而船主们则在五天之后才接到通知进行准备。[45]

布卢瓦的查理的军队在1342年5月末抵达了埃讷邦城，并在那里遭遇到了最为激烈的抵抗。该城的堡垒与城镇中都存放着堆积如山的补给，而守军也全心全意地为伯爵夫人而战。就在查理刚刚抵达之际，他的军队便遭遇了羞辱性的失利。大批热那亚人与西班牙人的军队，在没有命令的情况下向前猛冲，并毫无组织地在埃讷邦的城门和城墙附近游荡，在毫无纪律的情况下与一队队防卫者进行战斗。为了解救这些军队，法国人必须在准备就绪之前就对埃讷邦城进行一次全面攻击。而这次进攻的结果则是进攻者遭遇了屠杀，而后便是混乱的撤退。蒙福尔派的军队攻入了布卢瓦的查理的营地，其中多数的帐篷被烧毁了。根据让·勒贝尔的说法（很不幸的是，他对于这场战役的记载颇有些古怪），有人看到伯爵夫人骑马穿过埃讷邦的街道与郊区，并在马上向她的士兵们发表演说。此战之后，法军曾多次尝试强攻，但结局都是代价高昂的失败。于是，也许从 6 月初开始，法军扎下营地，试图等待守军因为补给耗尽而被迫出城。在 6 月下半，法军的进攻势头被大大削弱，他们的军队也在莫尔比昂沿海地区分散开来。西班牙的路易斯和罗昂子爵依旧留在埃讷邦，统帅着一支主要由西班牙人组成的小型军队。他们缓慢而稳健地使用攻城炮摧毁城墙，直到也许是 6 月底时，他们最终放弃并取消了围城。布卢瓦的查理则抵达了奥雷（Auray），并率领军中主力坐守在这座城镇之外。在更东面，瓦讷依旧在坚守。法军的小型分遣队散布在内陆丘陵地区的道路附近，杀死当地人并掠夺战利品。在中世纪布列塔尼的历史上，最为悲惨的一幕正在缓缓拉开。[46]

对于那些愿意抛弃伯爵夫人并向自己效力的人，布卢瓦的查理愿意作出慷慨的许诺。然而，蒙福尔的让被囚禁的事实对布列塔尼产生了深远的影响。腓力六世和他的朋友，以及他们的被保护人，都难以得到当地人的信任，尽管一些当地人早就应该为了利益而屈服，但此时他们依旧执意抵抗。至于这些人能够抵抗多久，就是另一个问题了。沃尔特·莫尼并不是一个躲避困难的人，但他对于蒙福尔派幸存的可能性依然十分悲观，因此，当英格兰远征军主力没能在 6 月底到达时，他向布卢瓦的查理提议休战，休战的截止时间是 1342 年 11 月 1 日，这个日期事实上意味着当年可以进行战役的季节已经结束。莫尼大约在 7 月 8 日返回了英格兰，并将他的俘虏关在安全的地方，同时也将自己的上述观点呈报爱德华三世。不过，英格兰国王对此并不认同，并立即否决了他的提议。[47]

*

在欧洲大陆，政治天平正迅速地向有利于法国的方向倾斜。生活简朴而特立独行的教皇本笃十二世，于 1342 年 4 月 25 日驾崩。本笃十二世对于交战双方的主要人物都没有多少好感，由于腓力六世与巴伐利亚的路易恢复了邦交关系，因此教皇和法兰西国王的友谊也大幅降温。5 月 7 日，红衣主教团将皮埃尔·罗歇选为继任教皇，这个消息无疑让腓力喜形于色，因为罗歇是曾经的鲁昂大主教，自从 1330 年代起便已成为腓力的重要大臣与顾问。

在教会大分裂（the Great Schism）①之前，皮埃尔·罗歇也许是最有能力的阿维尼翁教皇，但同时他的所作所为也是最没有益处的。罗歇出生在科雷兹（Corrèze），因此理应是爱德华的臣民；但对他而言，真正的故乡则是奥弗涅（Auvergne）东部的拉谢斯迪约（La Chaise-Dieu）的本笃会修道院，在那里，他在 10 岁时就成为一名僧侣。对他而言，修道院的宏伟建筑以及阿维尼翁最为高大的宫殿才是他心中不朽的丰碑。这些建筑的风格同样也在他的性格上有所体现。罗歇拥有高贵的品味与广阔的视野，是一位伟大的教会政治家。同时，他也十分关心法国的利益。这并不意味他是法兰西国王的奴仆，不过

---

① 教会大分裂指 1378~1417 年的阿维尼翁教廷与罗马教廷的对立。在整个百年战争期间，法兰西支持阿维尼翁教宗，英格兰与帝国支持罗马教宗。

在他一生中的多数时间里，他确实都服务于世俗的法国政府机 396
构。罗歇并非腓力六世反英圈子中的一员，但他依然像是一位
文雅、智慧的法国廷臣，并真诚地相信法国的利益就是基督教
世界的利益，同时也是和平的利益；相对的，爱德华三世只不
过是个叛逆者和侵略者。这种论点显得颇为有理有据。皮埃
尔·罗歇接受了克雷芒六世的称号，并于 1342 年 5 月 19 日在
阿维尼翁巨大的方济会教堂中被加冕为教皇。当时，大批法国
显贵到场，其中包括诺曼底公爵、勃艮第公爵和波旁公爵，而
他们的封臣那时正跟随布卢瓦的查理向埃讷邦进军。为教皇拉
住马缰以及晚餐时坐于他右手的荣耀被赐予了诺曼底公爵。旁
观者很快就注意到了这一点。[48]

没过多久，克雷芒对战争产生了兴趣。在登基两周之内，
他任命了两名红衣主教在英法之间斡旋。1342 年 6 月中旬，
爱德华三世收到了关于这次任命的消息。在英格兰国王看来，
教皇这样的行为无疑是试图拖延他向布列塔尼派出远征军，直
到蒙福尔伯爵夫人被打败为止，因此他拒绝与教皇合作。1342
年 6～7 月，两名红衣主教始终逗留在法国，并在腓力六世的
宫廷中得到了妥善招待。然而，当他们打算告别法国渡过英吉
利海峡并与英格兰国王进行商讨时，却得到了刻薄的回应。爱
德华说，既然两位主教已经访问过"我们法国"，那么大可不
必麻烦他们再到英伦来晋见了。[49]

与此同时，克雷芒则开始着手扩大英格兰国王与他的低地
盟友间的隔阂。1342 年 6 月 12 日，他遣使到腓力六世处，带
去了之前本笃十二世不愿交给腓力的东西。克雷芒同意解除对
佛兰德伯国的停圣事禁令，而这条禁令恰恰是佛兰德人与法兰
西政府之间敌意的源头。另一名教皇的使者则从阿维尼翁出发

并向北进发，准备与佛兰德人谈判。教皇的具体要求并没有存世，但显而易见的是，其中包括了要求佛兰德人在战争中放弃任何主动行为的条款。毫无疑问，佛兰德人对此颇有兴趣。他们希望自己能够从绝罚令的惩罚中得到赦免，并看到停圣事禁令得到撤销，不过他们更加渴望的则是保持英格兰的羊毛供应，并拿到英格兰政府在佛兰德的欠款。因此，佛兰德人的回应显得自相矛盾。最终，他们并没有和法国人达成正式协议，但他们听从了教皇的提议，同时也并没有在他们的南部边境挑起冲突。布拉班特公爵和埃诺伯爵的行为则更向前了一步。在1342 年 8 月的第三周，他们在昂图万会见了两位红衣主教，

397 并实现了一个相当于单独签署休战协定的结果。布拉班特公爵和埃诺伯爵承诺，除非腓力六世入侵佛兰德，否则他们会在向法国宣战之前，提前至少一个月通知法兰西国王。从实质上来说，这终结了英格兰—德意志同盟的存在。[50]

从军事角度而言，上述事件给予了法国巨大的机遇。由此，法兰西得以保持乃至扩张在西南部的军队规模，而原本的计划曾准备在仲夏时分便开始撤军。此外，由于反法同盟业已终结，法军也能够将原本无所事事、用于守卫脆弱北方边境的兵力集中到布列塔尼。

在加斯科涅边境，一支从当地征召的庞大法军重新占领了吉伦特以北地区，以及圣通日和阿让地区的飞地，这些飞地在前一年被英格兰军队暂时占领。[51]在加龙河谷，博韦主教和他的兄弟马里尼的罗贝尔（Robert de Marigny）也开始重新占领那些赶走法国驻军的城镇。在阿让地区西部以及巴扎斯地区，他们一个接着一个几乎扫清了所有英格兰—加斯科涅联军控制的孤立据点。达马藏（Damazan）是位于加龙河左岸艾吉永

（Aiguillon）对岸的重要设防村镇，相对其他多数据点，它的抵抗较为持久，坚持了长达三周的时间。1342 年 8 月 21 日，法国在朗格多克发布了总动员令，主教的军队也因此逐渐增加到了 10000 人。对于英格兰—加斯科涅联军而言，他们应该感到幸运，因为主教对于用兵显得十分谨慎。法军在圣巴泽耶城外扎营，并度过了作战季节剩下的时间。圣巴泽耶在上一年中驱逐了法兰西驻军，进行了激烈的抵抗，但最终还是在 1342 年 10 月初被法军占领，而这已经是过去两年中这座加龙河流域重要驻军城镇第四次易手。直到 10 月底，主教才开始减缓战争运行的速度，并为自己返回北方进行准备。[52]

　　预定在阿拉斯集结的法军在 1342 年 6 月 24 日准时抵达，尽管我们无法从现存的记录中推测这支军队的兵力，但参与其中的贵族名单显示，法军至少有 10000 人，也许有更多。一支掩护部队被留在北方，其指挥官最终被定为厄镇伯爵以及波旁公爵。至此，法军的大部分部队已被重新派往布列塔尼，增援布卢瓦的查理。与此同时，法国人在海上也开展了新一轮行动。在 6 月的最后几天里，当北方的部队前往布列塔尼时，法军撤回了军队中的热那亚人，并让他们重新操船出海。此时，两名热那亚军事主管一共拥有 14 艘可以出海的桨帆战舰。7 月时，他们的舰队航行绕过布列塔尼西北角的阿申特岛（Ushant）①，以支援陆军的行动。除了这些桨帆战舰，法国人还拥有 21 艘战力较弱的船只，这些战舰都是属于法国的桨帆战舰与划桨巴奇船。这支舰队从塞纳河口的勒尔出发，并受命巡弋在英格兰南部海岸附近，试图将英格兰远征军封锁在登船

398

————————

①　阿申特岛位于布列塔尼西北角的外海，靠近布雷斯特。

的港口内。[53]

增援布卢瓦的查理的援军在 1342 年 7 月上半抵达了布列塔尼，这支军队并没有遇到认真的抵抗。爱德华三世曾经承诺给蒙福尔伯爵夫人的军队中，此时仅有隶属于沃尔特·莫尼的至多 230 人抵达。1342 年 7 月整月，蒙福尔派被无情地驱赶到了半岛西部他们的坚固据点中。奥雷的被困守军此时只能靠战马充饥，他们最终放弃了这座城镇，并在晚上溜过法军防线，躲在内陆的森林中。在瓦讷，当一些主要城门被攻城者撞坏之后，守军选择了有条件地向法军投降。在斯科夫河畔盖梅内（Guémenée-sur-Scorff），一个通往公国西部主要道路旁的设防村庄中，当地居民迫使指挥官投降。蒙福尔伯爵夫人从埃讷邦逃到布雷斯特寻求庇护。在那里，她在 1342 年 8 月中旬被一支庞大的法军从陆上围困，而布雷斯特的海上，则有热那亚桨帆战舰进行封锁。[54]

*

对于英格兰政府而言，对布列塔尼进行一次海上入侵，在后勤方面的挑战要远远大于 1338 年与 1340 年的远征。尽管计划在布列塔尼进行战役的规模较小，但这一次，英格兰人也不能指望从盟友那里得到同样程度的支持。到此时为止，这是对英格兰国内人力与船运能力要求最高的一次作战。1342 年在布列塔尼大约有 5500 名英军参战，此外还有大约 1400 名援军在英格兰集结，但他们始终没有抵达位于欧陆的战场。这样的军队规模也许要小于爱德华三世原本的设想。即便如此，英格兰还是动用了多达 440 艘船只，其中多数都参与了一次以上的渡海行动。

　　这一次，英格兰人从他们过去的经验中学到了一些东西。在以往的行动中，他们让船只从各自遥远的母港开来组成船队，并把疲惫、饥饿而四处偷盗的士兵从乡村地区征召，集中到混乱、拥挤的出发港口，在冗长的等待中准备出发。这一次，有人提议，让多支互相独立的军队在自己的指挥官带领下登船，出发地则被分配到了肯特与德文间的六个港口。在最终计划里，英军将包括三支主要军队，之后还有多支小规模的增援部队加入。第一支军队将从索伦特海峡的港口、南安普敦以及朴次茅斯出发。北安普敦伯爵威廉·博恩（William Bohun, Earl of Northampton）获得了这支军队的指挥权，并被任命为国王在布列塔尼与法兰西的代理人，并获得了以爱德华之名继续战争的扩展权力。1330 年，他支持爱德华发动政变，同时他也参加过在苏格兰及与低地诸国的许多战役，此时这位伯爵年仅 30 岁，是一名颇有胆量的将领。在完成任务之后，运载北安普敦伯爵所属军队的船只会返回桑威奇和温切尔西，加入那些新近征用的船只，并运载另一支由英格兰国王和沃里克伯爵率领的军队。到了秋季，第三支在威尔士与英格兰西南部诸郡征募的军队将由格洛斯特伯爵和彭布罗克伯爵指挥，搭乘达特茅斯和普利茅斯两港中新征用的船只出发。在此之后，援军将以小部队的形式驶离英格兰西南部诸郡的港口。[55]

　　在英格兰人进行这些精心策划活动的同时，有人提议，应当在加斯科涅进行一次破坏活动，将尽可能多的法军吸引到布列塔尼以外的地方。1342 年夏季，奥利弗·英厄姆始终留在英格兰，一支数量不过 72 人，由英格兰弓箭手与重装骑兵组成的小部队被置于他的名下，这支部队的直接指挥官则是休·德斯潘塞，他是爱德华二世死去的宠臣小休·德斯潘塞的儿子。对于这项行动，英格兰政府许诺了一笔补贴金作为经费。而那些加斯科涅贵族更为紧迫的战争开销则得到了现金支付。1342 年 7 月后半，英厄姆和德斯潘塞从达特茅斯出航。然而，当他们搭乘的船只抵达布列塔尼半岛西南角的圣马蒂厄（Saint-Mathieu），这个传统上通往波尔多航线的经停港口时，他们被伯爵夫人在布雷斯特的薄弱防御所震惊，因此德斯潘塞同意留下，以加强蒙福尔派驻军的防守。至于英厄姆，则独自前往加斯科涅。[56]

相比之下，北安普敦伯爵的军队则遭遇了严重的延误。1342 年 7 月 8 日原本是部队最终敲定的出发日期，但当天的朴次茅斯港内并无任何船只，到了一周之后也只有 45 艘船抵达。在那之后，当整个船队准备就绪时，出发日期又因风向不顺而被推迟。北安普敦伯爵所部遇到的问题不仅是延误，其军队规模也显得过小：区区 1350 人，其中弓箭手和重装骑兵的数量大致相同。这些军队登上了 140 艘运输船，再加上雅茅斯商船改装的战舰、北部海军部的军舰和一些巴约讷的桨帆战舰，整个舰队达到了 260 艘各式舰船的规模。[57]

虽然遭遇了诸多困难，但伯爵的海上旅程显得迅速而成功。法国人派出桨帆战舰和巴奇船拦截北安普敦的船队，但为时已晚，未能阻止他离开索伦特海峡。法国舰队成功地在五年内第二次烧毁了朴次茅斯，这是一项聊以慰藉的战果，而舰队在南安普敦外海逗留了数日，还使得汉普郡的居民陷入了恐慌。不过，法国人能做的也就仅此而已了。英格兰舰队在 1342 年 8 月 14～15 日陆续出航。而到了 18 日，在海上航行了三天之后，舰队已经进入了布雷斯特锚地。庞大的布雷斯特锚地犹如内陆湖泊一般，其西侧末端经由一条长度略超过一英里

的狭窄水道与大西洋相连，而锚地内部则被从东部突入的普卢 400
加斯泰勒半岛（Plougastel peninsula）一分为二。布雷斯特则
位于锚地的北侧岸边，就在进入锚地的水道内侧。1340 年代，
此地不过是一个小小的渔村，躲藏在一座古堡的阴影里。彭菲
尔德河（River Penfeld）从城堡脚下流过，这条比小溪大不了
多少的河流逐渐收窄，在渔村的北面汇入沼泽。热那亚人的
14 艘桨帆战舰就停靠在彭菲尔德河河口，布雷斯特村的视野
范围之内。英格兰军队到来时，这些战舰显得措手不及，几乎
马上被那些速度缓慢、转动不灵但数量众多的英格兰战舰包
围。唯一逃往开阔海域的出口也被封锁了。正如斯卢伊斯海战
的情况一样，法国人部署桨帆战舰的方式缺乏机动性，而灵活
机动恰恰是桨帆战舰天生的优势。最终，只有 3 艘桨帆战舰得
以沿着埃洛恩河（River Elorn）① 河口向上游逃脱。另外 11 艘
桨帆战舰则撤退进了彭菲尔德河口，在那里，这些战舰搁浅在
了入侵者军队和城堡守军之间的泥滩上。船员们互相推挤着逃
到岸上，被他们抛弃的战舰则遭到英格兰人的焚毁。此战之
后，自从 1338 年起在法兰西旗帜下作战的那支庞大的热那亚
舰队所剩余的部分也灰飞烟灭了。对于袭击，在布雷斯特周围
扎营的法军作出了异乎寻常的反应。他们毫无预兆地突然拔
营，放弃围城并撤退了。布卢瓦的查理带着军队的主力和格里
马尔迪的热那亚水手一起撤向了属于他妻子的布列塔尼北部地
区，而西班牙的路易斯则和艾顿·多里亚带着西班牙人和热那
亚人的辅助部队快速撤退，通过布列塔尼南部地区，向布尔讷
夫湾海滩上停留的船只进发。于是，布列塔尼西部暂时性地落

---

① 埃洛恩河位于布雷斯特和彭菲尔德河的东侧，是一条较大的河流。

入英格兰人及其盟友的掌控。[58]

在上述战斗之后数天的时间里,北安普敦伯爵的军队就得到了阿图瓦的罗贝尔的增援,后者带来了大约 800 人。这批部队在南安普敦被缺乏武器和运载马匹的斜坡与栅栏所延误,不得不晚些出发。[59]在拥有了这批部队,以及那些自从同年春季就抵达布列塔尼的少数英格兰人之后,北安普敦伯爵手头一共有大约 2400 名英格兰士兵,外加数量不明的布列塔尼人。在保证了布雷斯特的安全后,他主要的目标是夺取布列塔尼北部海岸的一座港口。在未来的许多年中,这始终是英格兰的指挥官最为优先的任务。至于北部沿海地区,蒙福尔派并没有任何稳固的地盘。在实现这个目标之前,英格兰人的船只都不得不冒险开过菲尼斯泰尔与阿申特岛遍布礁石的外海。有人建议北安普敦伯爵向莫尔莱(Morlaix)进军,这是一座拥有城墙和天然良港的小城镇,位于布雷斯特东北 30 英里处。不幸的是,直到 9 月初,伯爵对这样的冒险似乎都没有兴趣,而到了那时,莫尔莱的守军早已准备就绪了。1342 年 9 月 3 日,英格兰—布列塔尼联军向莫尔莱发动了一次进攻,结果被击退并遭受了严重的伤亡。于是英军只能坐下等待,进行沉闷而耗费时间的围城战。[60]

将北安普敦伯爵及其部下运抵布雷斯特的舰队,在卸载完军队后立即离开了布列塔尼,如果一切顺利的话,这支舰队将会在 1342 年 9 月上半月把爱德华三世和沃里克及其军队运送到布列塔尼。然而,事情并不像预期的那样顺利。船主们开始心存叛变之念,他们中一些人的船只已经任凭政府征用长达三个月之久。这些人已经损失掉了一年中最适合进行贸易的部分季节,并且可能将会在紧接着的时间里错过从加斯科涅运送葡

萄酒的秋季时段。因此，当北安普敦伯爵的舰队主力在 8 月
22 日抵达英格兰时，人们发现许多船只已经逃跑。逃走的船
只包括不少于 45 艘来自达特茅斯的船，以及所有来自赫尔的
船。按照预定计划，第二支前往布列塔尼的军队应该在 1342
年 9 月 1 日起航。到了 9 月中旬，有大约 840 名重装士兵和略
少于 2200 人的弓箭手部队，在肯特和苏赛克斯的沿海地区等
待前往布列塔尼。然而，只有不到一半所需数目的船只可供使
用，而每天这些船只中的一部分都在不断逃走。负责征用船只
的官员不得不从一个港口奔走到另一个港口，搜刮出任何多余
的可用船只。此时，即便是 20 吨级的单桅小帆船（smack）
也成了考虑征用的对象。来自威尔士英军的重要分遣队被重新
派往普利茅斯，以加入格洛斯特伯爵的军队，而这样做的原因
则是由于政府已经不抱希望在英格兰东南海岸能找到供他们上
船的空间。[61]

　　颇具讽刺意味的是，虽然爱德华三世的军队被困在了英格
兰东南部地区，但对于北安普敦伯爵而言，这样的境况未必比
这支军队抵达布列塔尼要差多少。个中原因在于，法国政府的
情报搜集工作从 1337 年起有了巨大的进步，而在整个 9 月，
英军在桑威奇和温切尔西进行备战的规模都被反馈到了法国，
也许还得到了戏剧性的夸大。在法国人看来，英格兰东南部的
港口似乎并非开往布列塔尼的始发站。距离与盛行风
（prevailing winds）并不利于英格兰人的出航。因此，腓力六
世和他的顾问们推断，爱德华真正的打算一定是当法军被困在
布列塔尼交战之时，于加来海峡省（Pas-de-Calais）登陆。与
此同时，佛兰德人在阿河以北预示性的行动也指向了同样的战
略方向。于是，尽管当时布列塔尼亟须军队，法国人却将大批

军队撤离了这个地区。取而代之的是，这些军队被部署到了布洛涅到加来一线的北方前沿。留给布卢瓦的查理的是一支规模大大缩小的军队，其主力是大约 3000 名骑兵和 1500 名布雷斯特热那亚桨帆战舰上的幸存者，以及一支布列塔尼杂牌步兵。这个数目来自英军探子的侦察和谨慎估算，就算言之有理，也属于偏高的数字。[62] 当法国政府意识到他们的错误时，布卢瓦的查理已经遭受了一次失败，尽管这次失败规模不大，但颇有羞辱的意味，对士气也产生了很大的打击。

1342 年 9 月的最后一周，查理率军离开了他设在甘冈（Guingamp）的指挥部，显然，他的意图是为莫尔莱解围。9 月 29 日午后，他已经抵达了朗默尔（Lanmeur）附近，当他的出现被报告给北安普敦伯爵时，法军正位于这座城镇的东北方大约 7 英里处。为了避免被莫尔莱出击的守军与法军主力两面夹击，伯爵在夜幕降临时撤下了绝大多数他用于围城的军队，并让这些人穿过黑暗向法军逼近。9 月 30 日破晓时分，人们发现英军已经全部下马，并在距离朗默尔还有 2 ~ 3 英里的地方穿越法军战线构筑了工事。英军的一侧有密林保护，另一侧则有绿色植物掩护的壕沟与陷坑提供保障。法军发动了进攻。他们向朗默尔西部的开阔地前进，以三个连续的波次发动攻势。第一波攻击的军队主要由法国与布列塔尼的骑兵组成，指挥官为沙尔尼的若弗鲁瓦（Geoffrey de Charny），他是一位有名的勃艮第帕拉丁。若弗鲁瓦的阵线向英格兰人冲锋，但被击退了。第二波法军在稍作犹豫之后跟上，但也被击溃，士兵们直接逃往陷坑的方向。法军的损失令人震惊，仅仅骑士就有 50 人战死、150 人被俘，被俘者中也包括沙尔尼的若弗鲁瓦。法军犯下他们典型的战术错误，这个错误在 1340 ~ 1350 年的

402

十年内几乎发生在每一次激战中，克雷西之战也不例外：法军总是派出骑兵去冲击敌人下马步兵准备完毕的防御体系，而完全忽视了对己方步兵的运用。而英军到底有多么惧怕一支在部署方面颇有技巧的步兵部队呢？从会战的结局中就可以明白无误地看出这一点。英军并没有迎击仍然处于出发位置的、数量庞大而乱成一团的法军步兵，相反，北安普敦伯爵的军队带着俘虏撤进了森林，在森林中，他们被围困了几天，还因为缺乏补给而备受折磨。于是，莫尔莱之战在抱怨声中结束了，而这场会战本身在战略上也并无多少意义。事实上，莫尔莱并没有因为此战而得到解围，但同时也并未被攻克。[63]

*

在奥利弗·英厄姆一边，他所承担的破袭任务从 10 月便已开始。不幸的是，这支军队并没有得到很好的补给，而这位总管也没能从法国人手里夺取任何重要的驻军城镇。取而代之的是，英厄姆率军渡过吉伦特湾，并入侵了圣通日地区。他的主要目标似乎是占领布莱，当地的居民已经在策划，一旦英厄姆的军队出现就驱逐法兰西守军。布莱本可以是一个巨大的战利品。然而，密谋却失败了。太多人知道了秘密。于是有人背叛，向驻军指挥官告密，而策划叛乱的首脑都被关押起来。于是，英格兰—加斯科涅联军只能继续向昂古莱姆（Angoulême）行军，他们沿路造成很大的破坏，但没有占领什么有价值的地点。他们唯一一处有名的作战价值是布朗扎克（Blanzac），一座位于圣通日和昂古莱姆地区（Angoumois）交界处的城堡，联军通过强攻夺取了这里并分兵驻守。[64]

秋季战役最大的收获出现在阿让地区，在那里，英格兰人通过政治阴谋而非军事力量达到了他们的目的（多数时候都是如此）。在博韦主教离开之后，设防村镇达马藏很快驱逐了新近驻守的法国军队，并让一支英军进驻。卡斯讷伊（Casseneuil）堡垒控制着洛特河上的一座渡口，在 11 月底，这里的人们邀请英格兰军队前来驻守。奇怪的是，尽管法军在该年夏季曾经花了三周的时间围攻达马藏，而这座设防村镇还位于洛特河与加龙河这两条法国西南部大河的交汇之处，但这次他们对于达马藏的失守却显得无动于衷。另一方面，卡斯讷伊则成为双方激烈争夺的对象。在法国人能够集结军队之前，英厄姆的副手们成功地在该地派驻了拥有多达 60 名骑兵和500 名步兵的军队，要知道此地距离波尔多有 80 英里远，因此英格兰人的驻军努力可以说是一个很大的成就。在之后的一个月，公国政府冒着一定的风险，成功地通过缩减波尔多城中以及贝阿恩边境地区守军的方式，将用于增援的生力军继续送往卡斯讷伊。在新的一年年初，一支大约有 5000 人规模的法军围攻了卡斯讷伊。不过，这些军队全部都是从法国南部征募来的，也许无论如何他们也不会被用于在布列塔尼的战斗。英厄姆的声东击西甚至没能停止博韦主教率军前往加斯科涅的脚步。[65]

*

在桑威奇，爱德华三世在 1342 年 10 月 4 日登上了他的旗舰"乔治号"，经历了三周的大风天气与极度不适之后，他在当月 26 日抵达了布列塔尼。[66] 登陆之后，英格兰国王直接前往布雷斯特，并在那里会见了蒙福尔派的首脑，以及已经抵达公国的英格兰军队指挥官。在这一阶段，英格兰人最终下定决心，相信他们进行战役的主要目的在于重新占领瓦讷。在给儿子的信件里，爱德华写道，瓦讷是"除了南特之外布列塔尼最好的城市，同时，从此地开始让这片领地服从于我们也最为合适；在我们已经收到的建议中有人说，倘若我们经过瓦讷而不加以占领，那我们终将丢掉所有征服所得的地盘"。而这样的建议确实是一条忠告。瓦讷是一座拥有城墙的城镇，坐落于卢瓦尔河河口通往布列塔尼南部的主要道路上，蒙福尔派在那里集中了他们的主要力量。此外，当地也有一个遮蔽良好的港口，必要时可以通过它从英格兰获得补给和增援。因此，当爱德华三世在科努瓦耶（Cornouaille）的森林里享受捕猎"数量充足难以计数"的鹿、熊、狐狸、猴子、野猪和其他野兽的乐趣时，沃尔特·莫尼和另外两名骑士则得到了命令，去侦察瓦讷的城墙。在临近 11 月第一周结束时他们回报说，城墙上确实有一些弱点，使得瓦讷可以通过强攻来夺取。于是，英格兰军队在 1342 年 11 月 7 日前后拔营进发，而舰队也得到命令，沿着海岸跟随陆军的脚步航行。

相比陆军，舰队在海上经历了更多的事件。起初是一场兵变。兵变的理由原本可以预计：船员需要报酬，同时也绝望于毫无止境的为国服务。很多情况下，会在被征集的船只上服役几个月之久，而且在船只面临在冬季狂风中沉没的危险之后，这样的恐惧完全合情合理。当舰队准备离开布雷斯特时，英格兰人发现有半支舰队，即 186 艘船已经逃脱了将领的掌控并逃跑。剩余船只的指挥权则被交到了阿图瓦的罗贝尔手中。罗贝尔身边也许还带着跟随他前往英格兰的军队，大概有 800 人。毫无疑问的是，他并非合适的指挥人选。在 1340 年的圣奥梅

404

尔之后，罗贝尔的鲁莽轻率并没有得到纠正，而他也并未从失败中学会为将之道。他指挥舰队沿着海岸快速前进，在 11 月第二周的某个时候，他抵达了布尔讷夫湾。在那里，他执意要攻击一支停靠在博瓦尔港的卡斯蒂利亚桨帆舰队。也许，这一举动完全是出于他个人的决策。这次进攻被对方狠狠地击退了。当地的西班牙人和热那亚人拥有大量的兵力，他们不仅阻止了罗贝尔在临近城镇登陆的企图，还及时登上己方的战舰，并抢先进攻了英军。英格兰人损失了为数不少的大型战舰，并且遭受了严重的死伤。

罗贝尔并没有被吓住，他率领幸存者回到了沿着海岸航行的线路上，并进入了莫尔比昂湾（Gulf of Morbihan）。他没有等待主力部队抵达，便试图使用手头的部队，以突然袭击的方式夺取瓦讷。他几乎成功了。守军很不明智地出城，在城墙外的开阔地上进攻罗贝尔。当他们发动攻势时，英格兰人迅速旋转他们的侧翼，并夺取了法国人弃之不顾的城门。不幸的是，罗贝尔缺乏足够的军队来扩展他们已经获得的优势。到了第二天，英军遭到当地驻军和市民的驱逐，攻击他们的还有一群愤怒的女人。在战斗中，连罗贝尔自己也负了伤。伤口本身并不致命，他却死于治疗的过程。罗贝尔在驻地里卧床不起，在那里他因感染痢疾而死。他的遗体被带回英格兰，埋葬在伦敦的黑衣修会教堂（Blackfriars church）。由此，这名总是率领外国军队的大密谋者的生命走到了尽头。"不要为他祈祷"，撰写圣但尼编年史的作者如此写道。[67]

英格兰国王亲自指挥下的英格兰—布列塔尼联军，则在没有遇到重大抵抗的情况下，横扫了整个布列塔尼南部地区。在布列塔尼西部，布卢瓦的查理所拥有的唯一重要的守军位于拉罗什佩里乌，然而，这支军队未经一击便投降了。所有布列塔尼南部的主要城镇都向联军打开了大门。不过，英格兰人的好运气在瓦讷走到了尽头。阿图瓦的罗贝尔在此进行过一次笨拙的进攻，这使得联军失去了任何突然袭击的可能。法军对守军进行了增援，使兵力增加到了 300 人，并将这些人置于瓦朗斯伯爵普瓦捷的路易的指挥之下。路易是个单调乏味的人，但他十分忠诚，而且很有军事经验。此时，英格兰舰队停泊在莫尔比昂湾，没有指挥且处于叛乱的边缘。又有 29 艘船开走了。联军也没有攻城器械，由于缺乏船运的空间，他们不得不把类似的设备都留在了后方。因此，1342 年 11 月 22 日，爱德华三世下令全军在位于瓦讷以北 12 英里处的格朗尚（Grand-Champ）下锚，联军打算在停止前进的这段时间里新建攻城设备。[68]这一决定浪费了整整一周时间，造成了不幸而代价巨大的延误。到了 1342 年 11 月 29 日，英格兰人和他们的布列塔尼盟友终于抵达了瓦讷城下，并开始了攻城，但失败了。于是，爱德华不得不面临屯兵城外的局面，对他而言，这无疑是一个显著的战略性失利。

　　英格兰国王尽可能地利用了这段空闲的时间，并且有了一些收获。围城军队中被抽调出了大规模的袭击队伍，这些部队被派出，尽可能地在法军加强抵抗强度之前引诱布列塔尼东部地区屈服于爱德华的统治。到了 11 月底，英格兰军队夺取了三座内陆道路旁的重要城镇，它们分别是勒东、马莱特鲁瓦和普洛埃梅勒。这三者中，后两地进行了徒劳的抵抗，最终居民还是要支付保护费来避免可怕的洗劫。[69]在更西部的地区，北安普敦伯爵入侵了罗昂子爵的领地，后者从一开始就是布卢瓦的查理事业的支持者。蓬蒂维被英军夺取，而罗昂则更是被烧成了焦土。1342 年 12 月初，北安普敦伯爵率领沃里克伯爵、休·德斯潘塞以及 400 名重装骑兵一起出发，打算攻取南特。他们突破了卢瓦尔河上的桥梁，在南特城北方攻击了城市，并在南特周边地区散布着恐惧。12 月中旬，另一支由索尔兹伯里伯爵率领的袭击队出现在布列塔尼东北角远端，在那里，无论是英格兰人还是蒙福尔派的军队都尚未实现过突破。这支英军将迪南市郊地区和多尔（Dol）周围的村镇付之一炬，并在一小段时间里威胁到了蓬托尔松（Pontorson）与圣米歇尔山。406 并非所有类似的突袭都获得了战略性的利益，但这类行动仍然对法军士气产生了巨大的打击。小股布列塔尼显贵不断投靠蒙福尔派的行为从未停止过。

英格兰人的主要弱点在于其有限的军队规模。在这一时期，爱德华所拥有的英格兰军队还不到 5000 人。一些他指挥下的威尔士军队同意，在固定的时段内提供服役。这些人中的 400 人在 1342 年 12 月 17 日撤返英伦。除此之外，在英军中还有一批布列塔尼贵族在服役，根据法军的报告，这些人的数量不少，但其战斗力很难确定。英军中的步兵和弓箭手只能来自英格兰本土，这些兵种的缺乏十分严重，一旦法军不再保持到此时为止的状态，继续避免野战的话，那么英军就会深刻地感受到缺乏上述兵种所致的不便。按计划，几周前格洛斯特伯爵和彭布罗克伯爵就应该已经率领一支新征募的军队，从普利茅斯与达特茅斯出发，但现实是，这支军队并没能抵达。延迟的原因显得司空见惯。到了 11 月 3 日这支军队最终确定的出发时间时，英格兰人仅仅找到了 56 艘船来运载他们，而这些船只能带 600 人前往布列塔尼。即便是这 600 人也没能到达比锡利群岛（Scilly Isles）更远的地方。大西洋的狂风将他们搭乘的船只冲到了当地的岸上，到了 12 月，这些军队不得不被送回了法尔茅斯（Falmouth）和洛斯特威西尔（Lostwithiel），并等待下一次出航的机会。至于被留下的 800 人的军队，则在普利茅斯等到了次年 2 月，然后被遣散回家。只有两位伯爵和他们的私人扈从抵达了布列塔尼。1342 年 12 月 14 日，那些尚且留在英格兰的大贵族在阴郁的气氛下于伦敦进行了集会，他们确定在仲冬时节跨海送去更多部队的行为已不现实。取而代之的计划则是，由阿伦德尔伯爵与亨廷顿伯爵保证，他们将率领一支全新的总数为 6000 人的军队出发。这支军队中，五分之四都是威尔士人。出发时间被定在了最早可行的日期，即 1343 年 3 月 1 日，尽管这一时间预期也许有些太过乐观，而且很可能也太晚了。[70]

对比英军，法军处于内部作战的状态，而且走的是陆路，但他们在后勤方面所遭遇的困难也不应被低估。对于一支在冬季行动的军队而言，冬天的泥泞土地是可怕的敌人，而喂饱这样一支军队，也需要规模巨大的后勤组织。由于无法确定爱德华三世的目的地，同时也许还因为对英格兰国王可能彻底放弃布列塔尼战役的挥之不去的希望，法国人在做准备工作时显得困难重重。1342 年 11 月初，当爱德华登陆的消息传到法兰西宫廷时，法国人不得不从零开始征召一支全新的军队来应对。这支军队的补给只能从昂热的一个前沿基地筹集。尽管布列塔尼地区正在遭遇灾难性的打击，但法国军队直到 1342 年 12 月 14 日时才得以出发。和之前一样，这支军队的指挥权被交到了诺曼底公爵手中。我们无法猜测他手中军队的规模，但毫无疑问，这支军队要远比英格兰—布列塔尼联军强大得多。[71]

407

这次的战役时间短暂而平淡乏味，它以一次突然的和解而告终。大约在圣诞节前后，诺曼底的让进入了南特，恰好来得及阻止一个市民派别试图将该城交给沃里克的尝试。为了给这个希望置身事外的城市一点教训，让居民们知道保持立场的重要性，18 个南特市民被捕，并很快被处决。沃里克伯爵的军队不得不迅速撤往瓦讷附近的英军主力。1343 年 1 月，法军沿着内陆的道路进军，接连夺回了勒东、马莱特鲁瓦和普洛埃梅勒。在普洛埃梅勒，法军停了下来。此时，延绵大约 18 英里的林地与沼泽分隔开了双方的两支军队。然而，在三年多中，两军第三次避免了交战。

在当年夏季爱德华三世回绝两名红衣主教的和谈之后，两人便在阿夫朗什，一座位于布列塔尼与诺曼底交界处的教会座堂城市观望着事态的发展。此时，英格兰国王感到，鉴于自己所面临的弱势处境，他需要抽出时间来会见二人。两名主教被允许进入布列塔尼公国，并接近爱德华的军队直到抵达马莱特鲁瓦为止。也许在他们抵达那里时，法军已经在 1343 年 1 月 10 日之后的某个时间里，从英军手中夺取了这座城镇。在 1 月的第二和第三周里，主教的随从在英法两军之间，以及腓力六世设在勒东的宫廷处来回奔走，传递双方的建议和反馈。在隐藏己方弱点方面，爱德华显得小心翼翼。他怀疑教廷的官员们站在法国一边，因此从未允许这些人目睹他的部队。1 月 19 日，双方在马莱特鲁瓦的圣玛利亚马德莱娜小修道院教堂（priory church of St Mary Magdalene）达成了休战协定。协定的内容对英格兰国王显得极其有利。法方并没有把瓦讷交给爱德华，而是在休战时期内将这座城市交给了教廷保管。此外，双方都同意，在休战到期时红衣主教们会将瓦讷移交给腓力的官员。然而，布列塔尼所有剩余的部分都将归属于其目前的控制者。英格兰国王不仅能够保有他已经获得的领地，他在法兰西国王臣民中夺来的附庸关系也不会受到损害。蒙福尔的让本人也会从卢浮堡中被释放出来，尽管他个人对于卢浮堡还是念念不忘。在佛兰德、加斯科涅和苏格兰，两位国王都将继续控制此时他们所拥有的地点。[72] 在洛特河边的卡斯讷伊附近，本应用于夺回这里的法军离开并遭到解散。

休战协定预计持续到 1346 年 9 月 29 日为止。这一协定表面上的目标是英法双方的政府能够将其全权代表派往阿维尼翁，以便在教皇的主持下协商出一个永久性的和约。这样的目标也许有些不现实。爱德华三世并不希望签订任何永久性的和约，也许，只有那些法国政府不愿给予他的条款才能让他满足。休战协定所带来的短期好处才是双方愿意将其作为权宜之计的原因。在公开声明中，英法都表现出对这个休战协定十分满意。签订协定两天之后，腓力六世在写给阿拉贡国王的信中声称，法兰西军队所向之处英格兰人都不得不撤退躲避。按照他的说法，爱德华已经"在没能征服我们任何土地的情况下离开了，这带给了我们无限的荣耀"。而在爱德华这边，英格兰国王则将协定描述为"一个高尚的盟约，给他自己和他的盟友们带来了荣誉"。从表面上来说，相比腓力的表现，我们更容易理解爱德华的态度。[73]

爱德华三世所遭受到的主要损失来自苏格兰。自从戴维·布鲁斯在 1341 年 6 月返回他的王国以来，他一直急于证明自己才是苏格兰之王，同时也渴望证明他作为盟友对法兰西的价值。当爱德华正与克利松的阿莫里就布列塔尼问题讨价还价时，布鲁斯在 1342 年 2 月对诺森伯兰展开了一次凶猛的劫掠。

408

罗克斯堡是英格兰人在两国边境地区的一座重要堡垒，它在1342年3月底被一群苏格兰士兵占领。这些进攻者在黎明时将他们的梯子倚靠在城墙上，并在驻军还没得到警报时就展开了攻击。而英格兰人在边界以北的最后一座要塞斯特灵，则经历了长期的围困，并于罗克斯堡城破数天之后投降。此时，英格兰政府却还在勉力征集士兵与军队，准备入侵布列塔尼。为了保障自己的主要目标，爱德华不得不承受了这样的损失，而现在这个休战协定将使得这些损失成为既成事实。爱德华对苏格兰早已感到厌烦，正如托马斯·格雷爵士在前一年冬季描述爱德华在北方过冬时的情形，他"心中一半都是忧郁悲哀的感情"。[74]

相比之下，腓力六世所遭受的损失就更为严重了。此次休战协定首先确认了一点，那就是佛兰德的状态将和之前三年一样，保持在法国政治范围之外，同时还承认了一个作为法国重要敌人的人作为这个伯国的封君。到了1342年11月底，在布列塔尼战役进行到高潮之际，佛兰德人已经聚集到了达默并郑重地重申了他们与英格兰国王之间的盟约。[75]范阿特维尔德及其朋友们对英格兰国王的忠诚在休战协定的条款中得到了回报，协定确认了他们对于佛兰德这个省份的实际控制权。而佛兰德伯爵自己，除非得到昔日臣民的允许，是无法进入伯国的。至于那些流亡法国的佛兰德贵族中的伯爵支持者，按条款规定则根本无法返回故国。

此时，布列塔尼也被加入了爱德华能够自称国王的法国地区之中，但重要的区别在于，在布列塔尼蒙福尔派所占领的各处地区，如公国最西端瓦讷外围的南部海岸地区，以及南特以西的盖朗德半岛地带，他从未像在佛兰德那样进行直接的管辖。尽管法兰西国王在马莱特鲁瓦作出了承诺，但蒙福尔的让依然被囚禁在卢浮堡中。蒙福尔伯爵夫人的勇气保证了她的丈夫依然活着，她和爱德华三世一起前往英格兰，并在不久之后陷于疯狂。1343 年 10 月，她和她所有的个人财产都被转移到了约克郡南部蒂克希尔（Tickhill）阴沉的诺曼风格的城堡中。伯爵夫人又活了超过三十年，但从此她再也没有参与后续的事件。她年幼的孩子们寄宿于伦敦塔中，在那里，一名王室教士作为负责人，为他们建立了一个小小的家庭。[76]在布列塔尼，经过 1343 年的一系列事件之后，一个混合式的政府机构逐渐成形，这个机构部分由英格兰官员管理，部分由一个人员不断变动的布列塔尼贵族团体管理。爱德华在这个公国的代理人是北安普敦伯爵，他在 1343 年春季离开，此时距离他的主人返回英格兰也并没有经过很长时间。一开始，伯爵的职务由一系列常驻代理人取代，一名年长的英格兰骑士约翰·哈德舒尔（John Hardeshull），像他的后继者一样，和一名，有时是两名布列塔尼贵族一起担任公职。哈德舒尔掌管着一支小规模的英格兰驻军，这支部队通常从英格兰得到补给，有时也会从本土得到新近征募的雇佣兵作为增援。同时，至少在一开始的两年时间里，当地还有一支由四艘船只组成的小型海军分舰队驻守，这支舰队由巴约讷城提供，或多或少地长时间驻留在公国的南部海岸附近。在公国最西部对英格兰人而言战略地位最为重要的地区，他们建立了一个独立的军事职位，布雷斯特军事主管（Captain of Brest）。这名军官事实上独立于国王在公国的代理人，而他并没有将自己管理领土的行为掩饰成代替公爵施政，而是将这片地区直接视为英格兰的附属领地。第一任军事主管约翰·盖茨登（John Gatesden）在 1343 年 12

月接到任命，并直接管辖布雷斯特、圣马蒂厄以及莱昂子国（viscounty of Léon）与海岸之外的诸岛屿。在英格兰的大西洋战略影响下，布雷斯特从一个次要的渔港发展为一个拥有众多人口的庞大要塞城镇，并成为英格兰在布列塔尼最后的堡垒，英格兰人对此地的控制在布列塔尼内战结束以后三十多年方才终结。[77]

上述一切事务的花销，都是尽可能地出自布列塔尼当地。英格兰人带去了一个名叫库珀戈尔热（Coupegorge）的王室文书，他或许也是布列塔尼出身。在此之前，布列塔尼公爵让三世曾经雇用此人，经营他在英格兰的庄园。库珀戈尔热被任命为布列塔尼的收款总管。他以公爵之名，在布列塔尼的政府机构中开展经济活动，但事实上由英格兰的指令左右行事。有利可图的"近海收益（brefs de la mer）"允许所有人豁免于公爵的权利，攫取被海浪冲上其海滩的船骸中的财物，但在英格兰治下，这项权利收归于英格兰国王的官员。在布列塔尼城镇中，英格兰王室进行了强制性的征集与借款。税收被彻底而迅速地强加到动产上。由此获得的钱财被铸造成金币，并通过借用自英格兰和加斯科涅的不同设计体现其来源。[78]

哈德舒尔和盖茨登这样的人掌控着困难重重而责任重大的职位，而对于那些传统上指挥军队的大贵族而言，这样的职位未免有些过于低小。上述两人代表了一种全新的军人类型：他们是职业化的专家，通常出身低微，长期服役以期获得薪水与战争带来的利益，有时他们也会为了声名而奋斗。这些人的行为模式源于对钱财的贪恋以及对政策的践行，这与20世纪时一支占领军的军人可能的行为如出一辙，而他们管理的政府则往往存在着"无耻的偷盗与敲诈、暴政和贪婪"等特点：以上的评论源自爱德华三世后来的一名代理人。[79]随着战争形态越发错综复杂，交战时间变得越发持久，而双方作战范围也延伸扩展到了法兰西的各个省份，人们的战争行为变得越来越倾向于以上特征。

12 马莱特鲁瓦休战，
1343～1345年

　　腓力六世和他的大臣们并未预料到英格兰人会持久占据布列塔尼南部和西部，也没有预见到维持局面所需要的高度组织化工作。他们相信（正如腓力曾经向阿拉贡国王所说的那样），一旦爱德华三世无法继续展开战斗，他就会和1340年一样率领全部军队离开，将布列塔尼的命运留待政治手段决定。在这样的斗争中，近在咫尺的、拥有庞大实力与庇护资源的法兰西王国几乎是不可能失败的，但这是严重的误判。另一个同样重要的误判也与之相关。当腓力告诉阿拉贡国王，爱德华并未征服"我们的"任何东西时，他似乎将布列塔尼公国视为与他的王国并不接壤的岛屿。事实则证明将布列塔尼内战的动荡限制在公国内部是绝对不可能的。法兰西国王的顾问们并没有意识到在爱德华三世席卷公国期间，有多少布列塔尼人向他效忠，即使在他并未以武力征服的地区也是如此，他们也不了解其中一些人在布列塔尼之外拥有何等影响力。在休战期间给予这些人赦免，最终将导致法兰西王国在政治层面损失惨重，顾问们对此更是一无所知。

　　最为重要的变节者是克利松的奥利维耶（Olivier de Clisson），他身上的法兰西成分和布列塔尼成分必定同样的多。此人是普瓦图西北部的贵族首领。他位于克利松和蒙泰居

（Montaigu）的城堡至今依然矗立在从普瓦捷通往南特的大道旁，堪为他家族财富与力量的可观证明。有人估计他的岁入约为 20000 图尔利弗尔，这笔可观的财富不仅来自布列塔尼的领地，也源自从诺曼底南部铁矿到拉罗谢尔外围地区和遍及整个法兰西西部的诸多庄园。克利松的奥利维耶背离法兰西王室的动机难以捉摸，在布列塔尼几乎没有人会比他更拥有强大的宫廷关系。早在承继领地之前，他就曾与腓力六世在意大利并肩奋战，并被同样年轻的腓力授予了骑士资格，他还曾在加斯科涅为腓力而战。事实上，尽管家族中的其他成员，尤其是弟弟阿莫里（Amaury）确系蒙福尔派的主要成员，但在 1341 年末至 1342 年初的冬季，奥利维耶却在布列塔尼境内的法兰西国王军队中战斗。[1]

无论如何，当爱德华三世于 1342 年 11 月进抵瓦讷城外时，奥利维耶与他秘密缔结了盟约，其中似乎包括承认爱德华的法兰西国王头衔。奥利维耶本人和他庞大的附庸、受庇护者、朋友圈中的绝大部分人都向爱德华效忠。此后，整个普瓦图西北部都加入了他，其中有雷斯领主吉拉尔·沙博（Girard Chabot, lord of Retz）以及他的男性同族拉贝纳斯特领主马什库勒的吉拉尔（Girard de Machecoul, lord of La Bénaste）。这两个年轻人拥有卢瓦尔河以南、南特以西的绝大部分土地，其中还包括沿着法兰西和布列塔尼南部边界分布的一系列城堡。这两人的领地属性也同公国不相上下，雷斯领主是腓力麾下某位元帅的女婿。然而，当北安普敦伯爵和沃里克伯爵于 1342 年 12 月对南特地区发起试探性袭扰时，当地所有的领主和他们的无数封臣都越过卢瓦尔河，加入了伯爵们的军队。甚至在遥远的拉罗谢尔，作为奥利维耶附庸的驻军指挥官也试图将城

412

镇交给英格兰人，尽管他的图谋最终被发现。克利松的奥利维耶的妻子是这个战争年代中又一位强大而好战的女性，她独立指挥了针对普瓦图和沿海地区的劫掠作战。爱德华三世并未忽视上述状况的战略重要性，正如他向儿子指出的那样，普瓦图将阿基坦带入了布列塔尼。[2]

就物质层面而言，阿尔古的若弗鲁瓦（Godfrey of Harcourt）是个较小的变节者，但他拥有更漫长、更具破坏力的未来。若弗鲁瓦是圣索沃尔勒维孔特领主（lord of Saint-Sauveur-le-Vicomte），在诺曼底南部的科唐坦半岛影响力平平，在 1343 年初曾发起了针对法兰西王国的短暂而失败的战争。[3]与克利松的奥利维耶大相径庭的是，这是他出于个人仇恨和野心发起的战争，并非爱德华三世的战争。但此事也表明，一旦英格兰国王占据法国的一部分地区，他便能够被人视为可供选择的另一政府，以及一剂发动叛乱并持续冥顽不灵的刺激物。若弗鲁瓦发动叛乱的直接因素是典型的个人原因：他与布里克贝克领主罗贝尔·贝特朗（Robert Bertrand, lord of Bricquebec）因为当地一位女继承人的婚事发生争端，截至 1341 年，两人的不和已经达到了双方都征召家臣准备发起会战的地步，正如腓力在禁止二人开战时所述，"在我们本身处于战争的状况下，这件413 事既不名誉，也不恰当"。1342 年 9 月，当若弗鲁瓦与罗贝尔在宫廷中碰面时，他们在国王面前拔了剑。对王室尊严的冒犯导致两位争斗者都被高等法院传召，但若弗鲁瓦拒绝出庭，他转而在诺曼底南部的领地着手备战。在布列塔尼冬季战役期间，观察圣索沃尔城堡的间谍们报称，当地出现了集中武器和集结盟友的情形。并非所有盟友都是若弗鲁瓦的家臣或食客：其中一些人是身怀愤怒与野心的诺曼底贵族，他们拥有强大的影响力。

在马莱特鲁瓦休战达成后不久，由于阿尔古的若弗鲁瓦未能及时与爱德华三世联合行动，他转而将支持者集结到莫尔坦（Mortain）附近的森林，指挥他们向巴约主教（Bishop of Bayeux）的地产发起了破坏性进攻。主教是罗贝尔·贝特朗的兄弟，他的两座庄园遭到了攻击，其中一座被彻底破坏。王国政府发起了猛烈的反击，由若弗鲁瓦的一位同盟者以他的名义据守的圣索沃尔城堡遭到围困，在陷落后被夷为平地。到了1343 年 3 月，这场叛乱已经被彻底镇压，若弗鲁瓦本人则逃往布拉班特。

1343 年的背叛是法国西部的内部分裂和王室威望在当地衰微的惊人标志，总是对叛国威胁高度敏感的腓力六世对此残酷地施以报复。当年 7 月，克利松的奥利维耶极不明智地前往巴黎参加比武。他绝不可能料想国王会对他的所作所为一无所知，他也必定要依赖在马莱特鲁瓦达成的赦免许诺。然而，奥利维耶被逮捕了，继而因他与爱德华三世的交易遭到指控。他承认了上述指控，并于 1343 年 8 月 2 日在巴黎遭到处决。政府竭尽全力公开展示他的死亡，他被架在囚车上拖到中央菜市场（Les Halles），在那里被斩首。奥利维耶的头颅被送到南特，钉在正门上方。他已被传召应诉的妻子选择潜逃，之后在缺席的状况下被判决放逐出国。克利松的庞大财富也被国王抄没。[4]

关于阿尔古的若弗鲁瓦的行为，政府的态度起初相当温和，以近似大规模警察行动的方式处理此事，但并未就此得出更不详的结论。若弗鲁瓦本人在缺席的状况下被判犯有亵渎君主罪（lèse-majesté），放逐国外，丧失了所有财富。他的大部

分追随者很快都脱离了羁押，其中一些人甚至恢复了土地。然

414 而，这桩事在 1343 年秋季和 1344 年初的腓力心中更为重要，因为他不断听到若弗鲁瓦与英格兰人约定反叛的传言。根据此类报道，若弗鲁瓦承认爱德华三世为法兰西国王，从而换取了让他取代腓力长子成为诺曼底公爵的许诺。这些揭发可能并不真实。但在 1344 年初，当三位在布列塔尼为英格兰人而战的诺曼底人——这些人曾是若弗鲁瓦的同盟——被俘后，上述说法似乎已被证实，这三个人没有得到宽恕。他们在 1344 年 4 月被国王敕令宣布有罪，敕令传抵巴黎后三人被送到中央菜市场斩首，尸体被挂在蒙福孔的示众架上，头颅则被带回科唐坦，在圣洛（Saint-Lô）的市场上示众。[5]

科唐坦的反叛者并非克利松的奥利维耶那样的大领主，但其中一些人也是地方上举足轻重的人物。

> 据称国王被弄得大为心慌意乱：如此多的背叛、如此多人的背叛，此类事件在王国各省中传播的竟如此广泛，都暴露了。在他看来，布列塔尼公国和诺曼底公国涌动着叛贼，领导他们的却正是曾经许诺为他效命至死的贵族。他震惊了、困惑了，甚至召集了王国贵族集会，考虑怎样才能对付这场灾祸，如何才能让分裂王国的仇怨冷静下来。

不管集会上曾提出过什么建议，它们都没被记录下来，不过事实是，腓力决心向更广泛的意见群体求教，以便获得足够多的内情。此外，他在散会后采取了一些谨慎的行动，令政府的处事风格更为公开，放弃了以利用私人印玺使国家法令生效为代

表的若干做法。但腓力的亲信顾问圈子依然非常狭隘，旁人注意到了这一事实，因而产生了怨恨。即便身处他的孤立位置，腓力也必定知道人们在说些什么。早在 1330 年代中期，权力就已经过度集中在少数王亲国戚和官员手中，其中的主要人物包括：努瓦耶的米莱，一个非常强硬的老头；国王的妹夫，勃艮第公爵厄德（Odo, Duke of Burgundy）；博韦主教马里尼的让，腓力在西南地区能干且长久存在的代表；拥有王室血统的王公贵族，波旁公爵（直至 1342 年 2 月身故为止）、纳瓦拉国王和王位继承人诺曼底公爵让。"国王的秘密会议"是在 1342 年首次出现的惯用语，它来得恰到好处。此外，还有一位跛足又恶毒的王后，她与丈夫极度亲近，人们相信她的严酷观念有着相当的分量。博华萨称她是"有着报复心的妇人，充满了仇恨"。国王的小圈子并不受人欢迎。[6]

在法兰西贵族眼中，有两件事给上述人物带来了无可比拟的不利影响。第一件是他们在战争中的行为被视为胆怯、耻辱。对于那些进行了细致、明智的战略思考，以一定的技巧抵挡了爱德华三世外交攻势的人而言，这一点是不公平的。但相比于国王三次在战场上面对敌人却没有展开任何会战的事实，他们的成绩就没那么显著了。第二件不平之事更为复杂，贵族阶层面临着加剧的财政困境，这源于农业的萧条，若干应当归到政府头上的过错则加剧了困境。即便贵族们参与了作战，他们也不能完全免于征税。贵族在货币贬值中损失最为惨重。他们还要像其他所有人一样缴纳销售税。1340 年时，法国有许多地方的贵族被征收了 2% 的财产税。尽管法国骑士的报酬按照欧陆标准堪称慷慨，但即便是按时足额发放，也不足以完全负担自掏腰包的参战开支。与和平时期迥异，节俭并非贵族在

415

战时的美德。也许布列讷的拉乌尔作为厄镇伯爵兼法兰西王国陆军统帅，的确没有必要为了让自己在腓力的中书大臣婚礼上展现美好形象而破费，但考虑到战争的规模以及他的职位和地位，1330 年代和 1340 年代的大部分巨额开支是不可避免的：支付给众多扈从的薪水，战马庞大马厩的维持、养护，时常携带全部家眷行动的沉重开支，其中相当一部分（欠账）他都还得很晚，或者甚至根本没还。尽管拥有来自王国政府的慷慨薪酬、礼物和津贴，债务依然吞噬了财产，最终让他在 1344 年以破产状态辞世。厄镇伯爵是一个极端的案例，但几乎所有军事贵族都或多或少地体验过他的问题。他们出售大片土地，而这些土地通常则被拆成小块，或是出售给富足程度并未减退的教会机构、律师及行政人员。剩余的土地则被抵押，以便确保能够从高利贷者手中获得拥有灾难性利率的贷款，远远超过 21% 的法定上限。1340 年代初期，贵族们出售土地的极大规模让购买者也生出了担忧，他们疑心和平恢复后，交易所得的土地可能会物归原主。若是有人能够了解国王的内心，那必定是腓力的私人秘书，此人也忙于购买土地，并争取到王室的特许状，以防有一天"国王或他的继承人也许会仁慈地允许王国贵族恢复他们由于战争负担而卖给普通人的祖传财产，他们只需支付不超过购买金额的款项即可"。[7]

这两种怨言紧密相连。法军指挥官毫无起色的表现和国王的防卫天性，让部队丧失了使战争有利可图的大部分传统方式。西班牙的路易斯在 1342 年作为海军将军巡弋布列塔尼海岸时，曾从商船中收取了大笔保护费。有人（尚不清楚究竟是谁）也必定凭借俘获索尔兹伯里伯爵和萨福克伯爵获利颇丰。王国陆军统帅从布尔格和布莱的战利品中所得极多。然而这些只是个别的好运，战争是在无法劫掠的法兰西土地上进行的。除了布尔格和布莱以外，法兰西军队没有强攻拿下任何一座重要城镇。没有会战，也就几乎没有捕获俘虏换取赎金的机会。[8]

早在三十年前，编年史作家家巴黎的若弗鲁瓦（Godfrey of Paris）就描述过贵族们的失望与愤怒，他们曾为了1314年的佛兰德战役抵押土地购买战马，其后却由于不光彩的和平打道回府。

> 绅士们被骗了
>
> 马匹昂贵
>
> 他们的土地已经交易。[9]

法兰西国王不可能忘记，正是由于既在经济上蒙受牺牲又回避了会战，导致他父亲那一代的贵族们发起了近来最为危险的叛乱。

在上述条件下，作为购买忠诚、填平贵族开支增长与收入减少间差额的手段，政府的赞助被认为具备愈加增长的重要意义。腓力对这一点倍觉敏感。他向友人和追随者慷慨地赠予奖赏。从特许状中摘选的解释言词本身便足以说明：给这个人一份津贴，确保他维持自己的贵族地位；给那个人一笔捐助，以此偿付赎金；给另外一人一份礼物，以此代替被缴获的装备。然而，王国政府并没有消除所有贵族财务压力的来源，它自身的国库也经历着财政压力。在未能获得国王好感的外人看来，他们与国王宠臣间的反差难以原谅，政府的慷慨举动不可避免地被他们视作任性。甚至在远离宫廷的地方也能感受到这一事

417

态的后果。赠予夺取或查抄的财产，有利可图的公职，掌管市场或税卡的特许，有价值的监护权，豁免这种或那种类型的征税，乃至侵犯王公贵族管辖权却不受惩罚：这一切恩惠都足以关系到究竟是富裕还是相对贫穷。对贵族们而言，竞争十分激烈，在法国的外省地区，王室恩宠的机遇事关重大。

在科唐坦地区，贝特朗家族一度在影响力和财富上与阿尔古家族和泰松家族（house of Taisson）并驾齐驱。到了1340年代初，罗贝尔·贝特朗在效力王室时表现得体面却并不十分杰出，但他因此令所有竞争者们相形见绌。1343年，那些人的岁入各有约3000图尔利弗尔，虽然还说得过去，却不足以满足他们的自傲。而罗贝尔依靠王室赠予得到的收入必定远远超过这一数字：其中包括慷慨的薪俸，翁弗勒尔（Honfleur）和马涅维尔（Magneville）的宝贵市场，利润尤为可观的开采受到严格保护的用材林的特权，也许还有为他次子安排的一位女继承人，这一切都是王室恩典的产物。除了获得收入的赠予外，他还拥有职务带来的任免权，在特权范围内为朋友谋利的能力，以及源自管辖附近海岸、统治新近征服的海峡群岛的地位。倘若贝特朗不是王国元帅，他的兄弟就不大可能在1338年成为巴约主教，那是诺曼底最为富庶的一个教区。地方权力的突然失衡可能是阿尔古的若弗鲁瓦发动叛乱的主要因素，也是贝特朗家族首当其冲的理由，泰松家族的首领也与若弗鲁瓦联手。但罗贝尔·贝特朗远非腓力最宠爱的仆从。[10]

*

诺曼底也在极端程度上反映了高额税收导致的政治问题，对若弗鲁瓦的追随者而言，这一问题必定比新贵元帅的崛起更

为重大。与法国其他省份一样，诺曼底在战前几年享受了一段
免税假期，这让此时的重税变得更加无法忍受。下一代诺曼底
人将阿尔古的内战视为针对征税和贬值的反抗。然而诺曼底是
一个富庶的农业省份，它也是一个属于王位继承人的自治公
国，拥有强大的代表大会和可观的特权。其他省份则要更为糟
糕，北部和中部地区尤为如此。[11]

王国政府的收入越来越令人失望。政府的税收在 1340 年
达到顶峰，但随后便在愈加增长的抵制面前逐步下降。在
1341 和 1342 年还勉强有可能创造一种国家危机感，从而带来
一些金钱，但随着马莱特鲁瓦休战的消息传遍整个国家，这一
金钱流动也几乎彻底终结。每镑 4 便士的销售税变得难以征
收，有些地方甚至无法征税。腓力授权的专员们努力试图劝说
各个巨头继续在领地内支付税款，但只有最亲近王室的人才会
同意。政府曾经痛苦地与地方公社协商，希望获得若干赠予，
但其中有许多已不得不正式取消，其他则直接不予付款。在战
时条件下，零碎的税收协商进程被证明是灾难性的不合时宜。
尽管存在受地方独有利益原则影响较小的其他替代计划，但它
们只能由比腓力的政府享有更大权威、更为强力的政府执行。
这是战场上的僵局导致的又一个不幸后果。尽管政府进行过一
些尝试，但它们使得政府越发不得人心，同岁入带来的些许增
长相较，其根本不成比例。[12]

1343 年 8 月，全国三级会议（the Estates-General）在巴
黎召开，讨论那时已经成为重大财政危机的事态。就政治层面
而言，会议上提出的计划堪称高明。其中包括放弃贬值政策，
它当时已无法给王国政府继续带来利益，许诺恢复圣路易时代
享有盛誉的货币制度。作为回报，尽管休战已经取代了战争，

政府依然可以继续征收 1340 年度和 1342 年度的销售税，这是一个重要的原则性让步，也是对过去偏见的变更。它也允许政府将此类有用的税种拓展到南部，在传统上那里更倾向收取炉灶税。与会者同意这一切都需要得到每个地方公社的许可，而几乎每个地方也都给出了许可。这是一个可观的政治成就。[13]然而，实际效果还是很可怜。货币的重新估值涉及银币的币面价值降低四分之三，这还与严重的通货紧缩相关，它在 1343 年 10 月得到了全面执行。价格虽然降低，但下降速度并未达到预期。尽管名义上有着圣路易的货币制度的吸引力，1343 年的重新估值却被证明和早年的贬值一样不得人心。政府已做不了什么正确的事情。至于销售税，它们给王国财政带来的成效看来是短暂的。1343 年的收成很差，个体纳税人表现得比他们的代表更抗拒征税，币值变更导致他们既困苦又气愤。1343 年的王国政府再度诉诸堪称杂乱的一堆临时财政措施，而且只募集到了微薄的资金。[14]

尽管财政危机导致法兰西政府对驻军兵力和海军设施进行了紧急审查，[15]但它对国防的影响却在一段时间内被另一事实掩盖，同样的耗竭症状也影响到了英格兰。诚然，货币的长期贬值并非英格兰王室政策的缺点，但对英格兰经济而言，币值高估与操纵羊毛贸易几乎造成了与贬值相当的危害，税收负担造成的损害则要更高。英格兰之所以需要时间来恢复，既有政治因素也有经济因素。议会于 1340 和 1341 年表决通过了羊毛补助金，而征收一直持续到 1342 年，但随后就是国王避免要求开征任何常规战争税的两年时间。这反映的是现实主义而非慷慨大度。那时能够获取的资金都被用于偿付国王的债务，因为拒绝偿还是不明智的。意大利银行家们收到了一小部分还款；由于波尔是不可或缺的，他在那些年里得到的更多；出于外交因素考虑，德意志和佛兰德银行家，以及更为重要的低地诸国的王公贵族享有优先权，在 1344 和 1345 年拿到了应得的大部分还款。在这一漫长进程中，有一些标志了各个阶段的代表性时刻。1343 年 6 月，汉萨银行家（Hanse bankers）交出了海关的控制权；1339 年时，为了获取一笔贷款，大王冠被鲁莽地典当出去，它于 1344 年重返英格兰，次年最终完全赎回。然而，这一切都无法将国王的信用恢复到能够从银行获取新贷款的程度；留给再度开战的余地非常小。1342 年的布列塔尼战役相对而言是短暂且廉价的，它是第一轮快速的破坏性袭扰作战，此类作战日后成了英格兰战略的标志。它耗费了不足 40000 镑，较之 1339 年和 1340 年价格高得惊人又未能成功的战役，可谓相当出色。但即便如此，其开支依然高于标准的议会财政援助，最终还得由英格兰国库而非布列塔尼公国承担。政府对此战并未提供任何供应，一些率领扈从随军出战的贵族分配到了羊毛补贴，其他人则依靠长期信贷得以服役。在那之后，此类冒险已毫无可能。[16]

1343 年 1 月至 1345 年 6 月，是财政耗竭而非善意保持了和平的外表，这两年半的时间里没有发生任何大规模战役。但这是紧张的、不稳定的和平。当时会周期性地出现关于真实或想象的入侵威胁警报，法国在那时的此类警报要比英格兰更为频繁。有人目击爱德华三世私人旗帜正飘扬在加来外海一艘战舰上的报告，依然能够在法兰西国王的宫廷里制造恐慌，进而导致人们匆忙寻找士兵守卫海岸。[17]西南地区已经沦入破坏性近似公开战争的盗匪横行状态。在布列塔尼，尽管存在休战，蒙福尔派和布卢瓦派的战斗依然几乎毫无休止，尽管战斗规模

420

较小，持久程度却足以保持两派间的政治仇恨。

*

加斯科涅有着自身的独特问题。对英格兰政府而言，在努力尝试理解加斯科涅人的道路上，距离遥远、忽视和客观建议来源的短缺是严重的障碍。自从英格兰国王于 1340 年末离开大陆回返英伦以来，他就被来自受损城镇、失地地主、欠薪士兵和失望民众的请愿书淹没——夹杂着仇恨和未能实现的野心。1341 年 2 月，国王在兰利（Langley）举办了他回国后的第一场大型比武，加斯科涅贵族们群聚现场，许多人由于战争开支负债累累，要求获得来自英格兰势力于西南地区复兴的恩宠和事业。爱德华的御前会议成员私下认为这些人非常厌烦。虽然如此，国王宫廷中加斯科涅人的偏狭意见却可能是政府关于公国事务的主要信息与建议的来源。[18]

奥利弗·英厄姆老病缠身，也越发难以应付。当御前会议于 1341 年初希望在公国进行状况普查时，他拒绝前往英格兰。当时依然在加斯科涅作为爱德华代理人的阿尔布雷领主则在几个月后来到英格兰，逗留了一年以上。但他被十分正确地视为野心勃勃的自私自利之辈，政府并不信任他。在 1341 年 12 月一次关于加斯科涅事务的御前会议中，贝尔纳 - 艾兹描绘了关于公国状况的阴沉景象，许诺只要得到足够经费，便能成就大业，但御前会议拒绝支持这个计划，他们的主要结论是必须让英厄姆尽快到英格兰来。[19]英厄姆在 1342 年曾短期前往英格兰，但那时恰逢布列塔尼危机处于最高潮、国王的注意力与资源集中在其他事务上的艰难关头。当时显然进行了某种类型的形势重估，但成果并不好，不管御前会议作出了何种决议，它都要在一年后才得以执行。最终结果则是爱德华三世与他任职多年的总管分道扬镳。1343 年 4 月，英厄姆接到了尤为专横的返回英格兰的传唤。英厄姆派出波尔多军事统帅尼科洛·乌索马雷通告令人熟悉的事态：公国的全部收入都被用于偿付过去的债务或战争开支，金库空空如也。御前会议不肯轻信，它将加斯科涅军队的财务总管韦斯顿（Weston）从波尔多召来，要求他自行解释。当韦斯顿于 1343 年 7 月初抵达时，他还带来了英厄姆的一名文书，此人携有又一份令人沮丧的报告，并要求给出指示。7 月 20 日，英厄姆被解职，六个月内便与世长辞。英格兰君主的这位仆从虽然伟大却无人铭记，他的工作令兰开斯特的亨利与黑太子得以建立更为驰名的功业，在诺福克的英厄姆修道院，他的石质墓碑与雕像遗迹依然可见。[20]

英厄姆是时候离开了，但他离开的原因表明英格兰政府尚未认识到问题实质在于资源匮乏而非管理不善。尽管公国遭到了多达 20000 名法军的进攻，除了诺里奇的约翰在 1337 年带来的少数部队外，几乎没有任何英军曾在那里作战。原计划于 1338 年展开的远征转向了低地诸国，1342 年的远征则转入了布列塔尼。

在给予波尔多的穷困官员经济援助方面，英格兰政府只是稍微慷慨一些。阿尔布雷的贝尔纳－艾兹曾声称他提供的资金总计 21725 镑 8 先令 1 便士以及 600 埃居（écu），他的效劳是不可或缺的，尽管他也曾威胁要撤回支持。此人在 1341 和 1342 年收到了巨款：他从英格兰议会的财政援助中分到了超过 8000 镑，并得到了英格兰国库将在适当时期支付其余部分的许诺。尽管英格兰岁入状况不佳，但由于上述拨款，政府收入还得用来负担 1340 年加斯科涅战役的大部分花费，如果不是全部花费的话，这场战役起初则是贝尔纳－艾兹自掏腰包在维持。鉴于英格兰使加斯科涅自行维持战争的方针，此事依然被视为不可避免的特例，但它渐渐变得没那么特殊了。1344 年 6 月，另一笔多达 100000 波尔多镑（20000 英镑）的巨款被用于偿还战争开支欠账，其中一些欠款可以追溯到 1336 年。为了确保英格兰的铸币利润，这笔钱是从一家意大利银行借来的。除了上述款项，这些款项通常由政府和加斯科涅贵族的周期性危机所致，还有更为频繁的、为了达到特殊目的的小额经费支出，国王不能让他在波尔多的代理人们忽略这些：1342 年秋季曾给予英厄姆一笔战争补贴；当波尔多军事统帅无力负担在布尔格驻扎规模适当的驻军，也无法为其提供相应补给的状况变得相当明朗时，另一笔用于防守布尔格的拨款随之而来。[21]

422

1343 年 7 月，英厄姆的总管职位被解职后几个星期，军事统帅也去世了，这是重塑波尔多地区大体上已然荒废的行政机构的机会。新的总管是威尔士亲王的内廷官员尼古拉·贝什（Nicholas Beche）。曾在爱德华二世时期短暂担任英格兰财政大臣的约翰·瓦尔韦恩（John Walwain）成为波尔多军事统帅。在 1330 年代曾担任政府主要法律、外交顾问的，当时已经退休的约翰·肖尔迪奇（John Shoreditch）被召回，担任高级上诉法官。他们既不杰出，对加斯科涅也了解不多，不过最后一位可能是个例外；这三人中没有一人能够享有博得忠诚的地位或声望；也没有一人是国王的心腹。上述任命看上去似乎是临时性的，也许曾有计划让日内瓦的于格担当王室代理人，即便如此，他也不过是个威风堂堂的雇佣兵罢了。[22]

贝什至少精明得足以察觉一些主要的行政问题，不过他未能作出任何解决它们的显著贡献。他的计划包括对受赠人进行一次普查，废止不清不楚的赠予；取消所有需要以未贬值的货币偿还给特权放贷人的王室特许状；压制难以计数的各类小骗局，它们源于夸大自己的战争开支或是为自己被法军夺取的财产争取的超额补偿。他最激进的建议是一项雄心勃勃的征税计划，企图在公国的所有重要城镇开征税率高达每镑 1 先令的销售税，这相当于法国北部城镇的三倍。御前会议同意了上述所有建议。后来大概进行过一些将其建议付诸实践的尝试，但即便尝试过，最后依然失败了。对贝什的后继者而言，他发现的大部分行政问题依然如故。并无迹象表明曾对过去的赠予进行过系统的复检。销售税似乎在某个阶段被悄悄地放弃了。[23]

贝什在恢复公国内部的和平方面完全失败。作为加斯科涅贵族长久以来的特权的私斗继续毁坏着整个地区，分裂、削弱了爱德华三世的盟友。科蒙领主吉扬 - 雷蒙（Guilhem-Raymond）[①] 在 1340 年的英军战役中曾是重要人物之一，但他在两年后改投法军，这么做看上去可能是卷入与阿尔布雷家族的私斗所致。他从未与爱德华三世和好。在这一阶段，英格兰政府与它派驻加斯科涅官员的通信充斥着对贵族间内部纠纷的抱怨，也满是让争斗双方在其中一方投奔敌军之前和解的命令。在朗德和巴约讷地区（Bayonnais）南部，中央政府控制的最后遗迹在 1340 年代初消失。迪尔福的阿诺（Arnaud de Durfort）曾经获得拉布尔德（Labourde）的领地，以利于抵御

423

---

① 即前文中的科蒙领主纪尧姆 - 雷蒙德（Guillaume-Raymond, lord of Caumont）。

法兰西和纳瓦拉军队，他发动了一场贯穿这一时期的、针对阿尔布雷家族的私斗，双方都针对巴约讷市民开展了持续不断的游击战。爱德华三世起初派遣加斯科涅上诉法院首席法官（肖尔迪奇的前任）前去恢复秩序，继而尝试以没收拉布尔德的方式贯彻自己的意志。上述方法完全无效。阿诺以"屠杀、破坏和毁灭"夺回了他的土地。巴约讷的商人们依然在城市周边的水道和陆路上遭到袭击和劫掠。这一地区到处出现石塔，劫掠者在它们周围设立了营地。在直至 1343 年 9 月的两年时间里，巴约讷没有向公国上缴任何税收。由于在那里盛行的无政府状态，教士在他的账簿上记载，它已被"几乎彻底破坏了"。这是一个极端案例，但绝非独一无二。尼古拉·贝什在那段日子里带着由 40 名重装骑兵——数量两倍于他前任所需——组成的卫队走遍各地。将此类困难归咎于他是没有意义的。他职位所要求的权势要比任何行政官员所能拥有的都多。[24]

贝什为公国福祉作出的最重要贡献是强制执行马莱特鲁瓦休战，他的前任此前强制执行埃斯普勒尚休战，比起那位更好战、更阴险的人，他的工作要有效得多。贝什时代的加斯科涅边境地区有着相当数量的半官方盗匪行为，但 1343 年 2 月至 1345 年 6 月并未发生任何战役。就公国行政的恢复而言，在将近两年半时间内免于大规模战争开支是必要的，它也必定能够至少清偿一部分战争欠款。然而，没有人能够想象休战会长久持续下去，也不会有人认为战端重开后英格兰人能够像之前一样作战。当公国的要塞防御体系依然极其稀薄时，展开静态就地防御的政策是注定要在某种程度上失败的。加斯科涅城镇、堡垒城墙所需的修理方案耗时远比英格兰人可能有的时间

要多，其代价也比英格兰人所能负担的高得多。当时，防御的
唯一方式是进攻，负担战争经费的唯一方式是掠夺战利品。加
斯科涅贵族的忠诚是由大量赠送已被腓力六世夺回的土地带来
的，这些许诺不能无限期地拖延。到 1345 年为止，公国的生
存条件已经要么是国王挥师在西南部发起大规模攻势，要么是
某人能够令人信服地代替国王履行此事。

424

英格兰人在认识自身问题时自然要比腓力六世好一些。无
论如何，法兰西政府在西南地区面临的困难显然也更大。1340
年代初，尽管法军拥有数量优势，它在当地的表现还是十分难
以令人信服。无论是瓦朗斯伯爵在 1341 年的战役，还是博韦
主教在 1342 年的战役，都不过只是夺回了英军违反休战时限
攫取的少数土地。法兰西王国政府的财政危机对南方政府的
影响尤为深重。朗格多克境内并不存在依然在北方主要城镇
断续收取的销售税，南方纳税人也完全拒绝在休战时期缴纳
炉灶税。在马莱特鲁瓦休战后大约一个月，博韦主教恢复了
他作为国王代理人的职能，可他几乎立刻就面临这样的事实：
麾下的收税人遭遇了广泛的有时甚至是具有暴力性质的抗税
活动，主教毫无镇压方法。1343 年 3～5 月，主教被迫对一
个又一个地区取消了征税。除了由三级会议在 1343 年 8 月通
过的税种外，王国政府在 1343～1345 年再没有从南方征收任
何税种。[25]

从 1342 年末起，随着经济危机加剧，被遣散的士兵开始
在朗格多克泛滥成灾，忠诚危机和公共秩序严重崩溃的症状越
发引人注目。在某些情形下，秩序混乱的来源是古老的私斗现
象，但它的规模更大，也有着更为恶毒的持久性。有人在
1345 年飘扬着军旗、吹奏着军号，凭 400 名骑兵大肆破坏阿

尔比地区（Albigeois）。在加斯科涅边境，鉴于当地曾是习惯上认可私斗的阿基坦公国的一部分，它事实上已经被法兰西王国政府在和平或休战时期合法化了。第一批自治性兵匪群体（routiers）的出现则是更为凶恶的现象：这是以类似军队的方式组织，拥有正式指挥架构、纹章和名称的大规模武装集群。疯狂社（Société de la Folie）袭扰尼姆地区约有 18 个月之久，直到它的头目在 1344 年 6 月被捕并被绞死后方才结束。和大部分盗匪头目一样，此人是这个省份小贵族群体的一员，他们425 在当时因经济问题受创最重。数量颇多的此类事件导致王国政府声望不断下降，也让政府征税能力和居民缴税能力日益降低。此外，它们还激起西南部的各个公社考虑个体防御而非集体防御，也许当时的确别无选择。阿让的特权在 1341 年获得许可，即将其军事义务限制于提供足够 200 名士兵使用 40 天的补给，而且上述补给只会在战时供应加斯科涅边境地区的防务。孔东通过协商获得了非常类似的解决方式。这两个城镇都位于受困盗匪行为和私斗的地区。[26]

社会秩序的崩溃和战争逐步融合在一起。对难以控制的地方领主而言，为了获得国王的支持而将劫掠转化为政治，将私人事业转化为爱德华三世的事业再容易不过。爱德华的官员们没有理由去挑挑拣拣。在阿让地区，这已经是个长久存在的问题。由于该省一连串的领主城堡，私斗现象持续不断，因此早在开战之前，阿让地区就有着更古老的内部暴力传统，也长期暗藏着情感或利益上的亲英人选。在英格兰统治的记忆更为模糊的其他省份也出现了相同的状况，发展时间更为短暂，对未来战争进程的影响也更为重大。佩里戈尔是所受影响最剧烈的省份，但昂古莱姆地区和凯尔西的问题也很严峻。

426

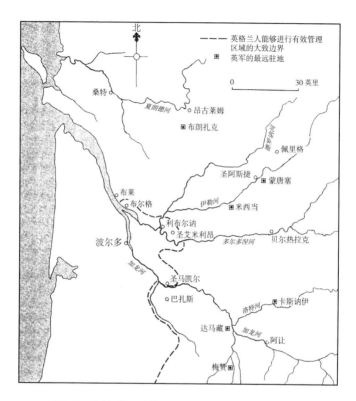

图 18　加斯科涅边境，1343 年 1 月～1345 年 5 月

　　在佩里戈尔，态度的变化非常惊人。即便是英格兰人统治的全盛时期，他们在多尔多涅河谷之外也没有多少影响力。在百年战争的初期战役中，佩里戈尔的贵族几乎在腓力六世的军队里战至最后一人。然而，让省内贵族间形成分裂的争执日益加剧，其分裂方式注定迟早会令佩里戈尔向英格兰国王的代理人敞开。尽管佩里戈尔伯爵塔列朗家族依然是当地最重要的家族，他们的权力却在衰落。贝尔拉热克领主吕德尔家族和多尔多涅河谷的地方统治者已经在 1334 年死于一场作战和私斗混杂的交手。他们的土地上充斥着来自邻近的阿基坦的富有侵

略性又贪婪成性的竞争者，阿尔布雷领主和科蒙领主在其中尤为突出；此外还有一群不安的小领主，他们在外表和野心上与阿让地区的山地领主们非常类似。作为法兰西坚定盟友的佩里戈尔伯爵自然成了他们的攻击焦点。在该省的历史上，一些小领主在 1340 年发动的叛乱堪称分水岭，它在很大程度上是由阿尔布雷家族的阴谋所致，这场叛乱带来了漫长的无政府和内战时期，波尔多政府则充分加以利用。1340年 8 月，英格兰人在伊勒河谷的圣阿斯捷部署了一支驻军，他们在当地坚持了一年，直到 1341 年秋季被法军强攻拿下为止。与此同时，"叛军和敌人"以爱德华三世的名义占据了蒙唐塞（Montencès），并于次年挡住了近七个月的围攻，直至 1342 年才被逐走。新历的创伤持续出现。就在博韦主教拆除蒙唐塞塔楼之时，英格兰军队在米西当领主的帮助下，在他的城中驻扎了又一支部队，开始重建米西当的防御设施，当地最终在英军的掌握下坚持了五年。盗匪和战争从未有过明确划分的界限。无论如何，法兰西政府在提及省府佩里格时已经将其视为边境城镇。[27]

文献记录和当地居民不加区分地用"英格兰人"称呼所有入侵者，本书也遵循这一习惯，尽管其中几乎所有人实际上都是加斯科涅人、贝阿恩人乃至来自罗讷河、比利牛斯山以外的拿着英军报酬的雇佣兵。中世纪的军队传统上以征召城镇居民和小地主为主，他们并不想过时常被小军官指挥下的游击战、武装抢劫以及偷牛所打断的长年卫戍生活。作战转而落到了自愿军头上，他们来自日益壮大的军事底层社会，由破落乡绅、难民、流浪者、闹事分子乃至罪行轻微的犯人组成。这一时期的法庭记录和赦免状上满是关于这种人一生的记载。阿诺·富科（Arnaud Foucaud）的故事可以代表其中的许多人。他来自圣通日的克利永（Clion）小村，家里似乎是富农，他曾学习过如何在马上战斗，能够使用骑枪。在富科长到十四五岁时，他卷入了村里世仇间的争斗，在战斗中杀了一名对手。此事在 1337 年发生，那是战争的第一年，法军正席卷英军据有的圣通日。当总管的官员们前来逮捕富科时，他逃到了最近的"英格兰"驻军那里，他们驻扎在距离富科家乡约 15 英里的公国飞地蒙唐德尔（Montendre）。那里的指挥官是个来自贝阿恩的声名狼藉的小贵族，他雇佣富科当了兵。富科在蒙唐德尔的生活由持续警备和周期性劫掠、焚烧村庄组成。当法军在 1338 年 7 月夺取城堡时，作为投降条款的一部分，富科得以安全离开，返回家乡。相对平静的两年过后，他前往最近的城镇容扎克（Jonzac），遇到了被他杀掉的那个人的两个亲戚，随后便有一场斗殴。富科本人受了重伤，但他的两个对手都被杀死。此事发生后五个星期，就在富科依然还在养伤的时候，他被逮捕了，不过却并未受到审判，因为总管只想将他赶走，所以让他在永远离开本省的条件下自由走动。富科去了波尔多，他在那里为让·科隆（Jean Colom）的家族效力，科隆是个富裕的城市骑士，他将富科当作骑兵使用，带着他随同奥利弗·英厄姆的军队数次出征。1341 年 6 月，科隆雇佣的另一名士兵劝说富科加入了拉莫特家族出于私人目的组建的小型武装团伙，事实证明，这个目的是大胆地夺取布尔格，它堪称波尔多政府到那时为止对埃斯普勒尚休战最厚颜无耻的破坏。富科在这一事业中英勇奋战，夺下城镇后加入了守军。但他的报酬相当微薄，军饷没有发放，分到的战利品也不过是总价值不超过 10 利弗尔的装备。此外，他还和守军指挥官发生了争执，因为后者怀疑他同情法军，试图拷问出他的供词。到了 1342 年，富科再度返回波尔多，作为打零工的士兵以出卖武力为业。他加入了波米耶领主组建的百人规模的武装团伙，执行深入圣通日的长途袭扰，但此次劫掠获利仅仅价值 50 利弗尔，还要在所有参与者中加以分配。富科在 1342 年秋季的圣通日和昂古莱姆地区战役中随同英厄姆的军队作战，参与了夺取布朗扎克的战斗，在战利品分配中获得了 10 利弗尔的现金。1343 年的某个时候，他似乎从法兰西国王在南方的代理人博韦主教那里获得了一份赦免状。但到了 1344 年秋季，富科又回到了波尔多，根据他在刑讯逼供下提供的证词（他试图收回这份证词），他随后又受雇于一个贝阿恩贵族，和其他 25 人一起劫掠了距离城市不远的一座小修道院。富科和 6 人在外面放哨，其他人则进去绑住了院长和他的仆从，将金银、马匹和一切有价值的东西洗劫一空，但首领自己拿走了大部分赃物，富科只分到了 20 弗洛林。这桩事情是富科的死亡缘由，因为他的赦免状中并未涵盖这一罪行。富科如何落入法国人手中已经不得而知，不过他可能尝试过回家。1345 年 5 月，富科被押解到巴黎，投入沙特莱，受到叛国、抢劫、谋杀罪名的指控，27 日被判有罪，次日在中央菜市场斩首。富科死的时候年仅 23 岁。对他这样的人而言，掠来的财物是顺便的奖赏，但诱使他们进入战争的并非劫掠，大部分人所得甚少。他们是社会渣滓、亡命之徒。[28]

在此类得到许可的盗匪中，即便只有少数人员在法兰西掌控的土地中的飞地上作为驻军存在，他们也在加速公共秩序崩溃，以及煽动知道有了靠山的当地人化愤怒为反抗方面有着催化剂般的影响。他们偷盗、杀戮的范围不断扩展，制造了土地

荒芜的"孤岛"和危险得难以通过的道路。没有人曾为我们
描述过 1342 年后米西当附近地区的生活状况，但这也不难想
象。1343 年春季，克吕尼修会的访客在该修会位于法国西部
的省份旅行，他们在圣通日和昂古莱姆地区南部能看到的事物
极少。那里的大部分修道院都无法进入，已遭放弃，或是无
力供养居住者。访客们反映了其中一处修道院，"他们今天
有足够的东西去吃，但他们不知道明天是否应该吃东西。驻
扎在附近的军队和雇佣兵正在把屋里的所有财富吞噬干净"。
这发生在昂古莱姆以东 15 英里的蒙布兰（Montbrun），距离
加斯科涅边境还有些距离。布朗扎克的驻军则将行军范围内
的一切变为荒芜。当地被法军占据已经有半个多世纪了，但
法兰西王国政府的声望必定依然很低。居民们多数倾向于宿
命论，在接连不断的灾难面前无能为力，对双方的政治意图
都无动于衷。[29]

　　和米西当类似，波尔多政府直接卷入了布朗扎克。惊人的
是，人们甚至愿意在名义上从不是英格兰王室大陆领地的一部
分，距离加斯科涅也远得毫无可能提供军事援助的地方，以爱
德华三世的名义挑战法兰西王国。也许他们太过乐观了，这些
男爵只拥有几个村庄。更可能的是，就像马略卡国王的侍从和
14 世纪末期效法此人的许多人那样，他们将对爱德华的武力
和战争呼吁的认知设为派系标志，这与其说是政治表述，倒不
如说是拥有类似想法的人们之间的纽带。就在流氓无赖们侵犯
他们敌人的财产，助长着私人仇杀时，这些人还呼喊着，"吉
耶讷！吉耶讷！"对 1339 年秋季"不分贵族平民"自发前来
协助爱德华军队的图卢兹人，1341 年 6 月占据距波尔多 150
英里、地处鲁埃格中心的贝尔凯尔（Belcayre）城堡的"英格

兰派"大队士兵，或是在距离波尔多 200 英里的热沃当
（Gévaudan）境内，迫使法军在同年秋季发起强攻的芒德
（Mende）小镇事件的背后人物探个究竟会相当有趣。但我们
只拥有法兰西地方政府现存的零星记录中一些短暂、偶然提及
的东西，它们可以讲述上述地点发生了什么。[30]

　　在最接近波尔多，战争破坏最大，地面上城堡、劫掠者和
退役士兵最为密集的边境乡村，法兰西王国政权的存续奇怪地
取决于当地居民并不确定的忠诚和不断改变的自身利益。1330
年代，当法军看似有可能快速取胜，投降才是获得和平的方式
时，法国拥有充足的支持。而到了 1340 年代，人们所感知到
的已完全不同，法国人似乎丢掉了机会。朗格多克三级会议
（Estates of Languedoc）① 在 1346 年将地方上各类抱怨汇总后提交
给王国政府，其中的描述对战时法兰西王国政府意味着：一连串
的特别起诉，委员和廷吏发现拥有采邑的非贵族人士；为了修理
道路桥梁向村庄征收费用；强制执行早已被遗忘的债务；提出并
不实际的兵役要求；由于琐碎原因乃至毫无原因便拒绝他人建议，
反而继续征收罚金。早在美男子腓力统治时期，就出现过非常类
似的抱怨，这里面没有一点新鲜内容。但对于自 1324 年以来被征
服的地区而言，它们同英格兰人公国的接壤边境已被隔断，它却
是全新的。在 1339～1341 年的两年法国统治期间，布尔格需要供
养一支从未少于 100 人，有时多达 500 人的法兰西驻军。郊区和

---

①　朗格多克三级会议（États Généraux du Languedoc），又译奥克语地区三级会
议、南方三级会议，与奥伊语地区三级会议（États Généraux de la Langue
d'Oïl）或北方三级会议相对。中世纪的朗格多克远大于现在的朗格多克—鲁
西永大区。14 世纪中叶，法兰西国王曾多次通过召开全国三级会议（缺少南
方代表的全国三级会议也往往被后世称为奥伊语地区三级会议）、奥伊语地区
三级会议、朗格多克三级会议征税。

外围村庄被劫掠的程度极其彻底，以致圣樊尚修道院和城镇里的许多市民陷入穷困。这也许就是教士们在 1341 年让拉蒙特团伙入城，市民也自发支持他们的缘故。当圣巴泽耶在同年晚些时候倒向英格兰时，市民们估计他们在法国占领期间损失了大约 24000 图尔利弗尔。1330 年代初的战役中，在边境地区的法占城镇中，英军即便处于命运最危险的时刻，也从不缺乏准备好在夜间开城或从错误方向敲响警钟的友人。[31]

倘若这些人认为所在地成为英格兰的边陲城镇后当地的生活会更好，他们的想法很可能是正确的。爱德华三世宣称他是法兰西国王这一点不大可能博得多少同情，但他的政府在施政手段上却必定比博韦主教的政府柔和，英格兰官员也从属于较为温和的管理传统。此外，法兰西政府是更显然的外来者。每当法军有所推进，跟随他们的廷吏、官员和移民就以损害忠诚可疑的当地居民的方式，从法兰西王室代理人手中接受馈赠。法兰西王国在西南部的代表中不仅包括了相当高比例的北方人，来自其余南方地区如普罗旺斯、萨伏依的移民比例也非常高，尽管其所占比例相对北方人依然较低。与此相比，阿基坦公爵的地方行政事务在传统上由加斯科涅人管理。阿诺·富科在沙特莱监狱的牢房中告诉他的审讯者，法兰西国王会为他在南方的官员们的傲慢付出代价。对那些向爱德华三世敞开城门的边境地区城堡和城镇，他只派出了一名家族成员作为其在加斯科涅的代表。就在富科被处决后几个月，他的预言应验了。[32]

1343 年 3 月，腓力六世将 1322 年以来从英格兰人手中夺取的所有西南部土地赠送给他的儿子诺曼底公爵让，这是腓力一系列赠予中的最后一个，他以这些收入和地位的让渡鼓励这个虚弱、不自信的 24 岁年轻人。让在官方头衔之外加上了"征服地领主

(Lord of the Conquests)"的称号。从未完全放弃约束儿子的腓力六世将大部分此类土地的管理权留在自己手中，其中也包括那些"征服地"，那里一如既往地由博韦主教和其他王国官员治理，但任命王子负责西南部并非纯粹象征性的举动。腓力能够发现他的政府在西南部地区处境艰难，尽管他未必能认识到困难的全貌。和爱德华三世一样，他也十分需要一位比任何持有官方任命状的人都更能完全代表王国的副王（viceroy）。但让缺乏判断力和经验，他缺少独立的威信必定更是有目共睹。此外，他并没有像德比伯爵在 1340 年代末或黑太子在 1350 年代和 1360 年代那样居住在西南地区。1344 年 9 月，在为期三个月的巡行法兰西南部诸省的途中，让短暂访问过阿让，在多明我会的大会堂里他接受了新臣民的效忠。仪式结束后，已经在旅行途中身患重病的公爵匆忙离开，前往罗卡马杜尔圣陵（Shrine of Rocamadour），这是边境各省在 1345 年的灾难性事件之前最后一次看到他。[33]

*

签署休战协定并未给布列塔尼带来什么变化。编年史作家们对残酷、单调、参与人数极少、没有大人物卷入的战斗几乎完全保持沉默。很少的超过几十人的小股驻军在小道上各自设下埋伏，或突袭商队的马车与驮畜；海边的村庄毫无预警地遭到海上的攻击，突袭者要么在几个小时内带着劫掠所得离开，要么就被当地人俘获，遭到无例可寻的残酷屠戮；内陆村庄要是拖欠保护费，就会被双方的军队焚烧；农舍会在凌晨发起攻击，以抓捕身着睡衣的当地贵族，劫持他们获取赎金。这一阶段的行政管理信函偶尔才会提及上述并无关联的事件。不过，局势的主线是清晰的。英格兰人就像岩石上的滨螺一样据守着他们的海岸堡垒。布卢瓦的查理的党羽从未成功地逐走英格兰人，甚至很少能够有足够强劲的实力去尝试。然而，布卢瓦派以准确的判断混合了实力和政治压力，成功地摧毁了蒙福尔派，直至英格兰人再也无法伪装成公国政府的支持者为止：他们越发明显地成了占领军。

蒙福尔派的主要问题在于缺乏作为效忠目标的布列塔尼领袖。在马莱特鲁瓦休战后的六个多月时间里，尽管法兰西国王已有许诺，蒙福尔的让依然被囚禁在卢浮堡，爱德华三世对这一背信举动大加指责。但当让最终于 1343 年 9 月 1 日获释时，释放本身对其事业已毫无作用。法兰西政府强加了严厉的条件。让只得承诺他不会返回布列塔尼，只能和平居住在他位于法国的庄园里，不论何时，一旦被传召便要立刻前往宫廷。他也需要为其良好的举止提供担保，其中包括由一位同辈亲戚提供的价值为 60000 巴黎利弗尔的巨额保证金。直至 1345 年，上述条款都得到了细致的执行。让已经自由，却不愿帮助以他的名义战斗的布列塔尼人，这一事实大伤士气，破坏程度远胜他原先遭到的因禁。[34] 可除了让以外也没有其他人选。伯爵夫人留在英格兰，她的精神错乱是严格保守的机密，她的缺席也令人费解。他俩的孩子太过幼小，连作为象征都办不到。蒙福尔派的政治领导权依然留在一小撮布列塔尼贵族手中，他们在 1341 年夏天曾是让和他妻子最亲近的顾问：马莱特鲁瓦的若弗鲁瓦与他的男性家族成员沙泰勒的塔内吉，还有克利松的阿莫里。在与该事业相联系的一群人中，有些人只是因为害怕万一落入腓力六世之手以致面临凄惨遭遇方才投身。

即便拥有更有效的领导层，维系蒙福尔派的忠诚与士气也将是艰难的。其中少数人拥有布列塔尼东部富庶地区的土地，但那里已被布卢瓦的查理占据，这部分人的数目也颇为可观，倘若既不违反休战，又不臣服于查理，他们就无法重新得到土地。在这种状况下，他们先是尝试两种选择中的一种，继而尝试了另一种。1343 年秋季，布列塔尼东南部连续发生暴力事件。其中最重要的是瓦讷的一次暴动，发起者是城镇内组织良好的派系团体。瓦讷处于教皇权力监管之下，事实上是没有防备的。教廷的城堡主管和他的小股驻军被俘，而后遭到驱逐。瓦讷是黄金般的战利品。附近的勒东也在差不多同时被拉到英格兰人一边，或许方法也如出一辙。此后的很短时间里，一支布列塔尼小部队试图抓捕布卢瓦的查理，以此作为胜利的根基。他们在从南特通往昂热的路上伏击查理，但他在那些日子里带着 80 人的贴身卫队到处活动，袭击者不但被击退，还损失惨重。法国政府大为光火，他们向作为休战的创造者兼保护人的教皇递交了严厉抗议。在针对布卢瓦的查理的袭击中，卫队抓捕的 12 名战俘被送往巴黎处决，还进行了惯常的戏剧性展示。受害者中包括马莱特鲁瓦的若弗鲁瓦和他的儿子，他们二人在蒙福尔的让的支持者中最为勇敢。[35]

在准备上述冒险事业时，蒙福尔派显然没有预先征询过英格兰政府或英军指挥官，尽管爱德华三世祝贺相关事件发生，他或许也不会全然高兴。布列塔尼的英格兰驻军数量处于低谷，军队金库空虚，英格兰与布列塔尼在 12 月的交往也相当困难。法军倘若在此刻发起反击，那将是难以抵挡的。就在圣诞节前几天，克利松的阿莫里在惊慌中抵达英格兰，请求提供援军和补给。英格兰国王在西敏接见了他，立刻发出了命令，但遵照命令执行却是另一回事。国王容许的时间短得荒谬。西部海军部海军将军要在两个星期内将 24 条船运到南安普敦和达特茅斯。加文·科德与另外两名骑士则被派了出去，他们要征召到一支大约 250 人的部队充实舰上人员。部队要到 1344 年 3 月中旬才准备完毕，直至那时也仅有 190 人。科德的小部队和几船粮食是从英格兰运到布列塔尼的仅有援助。英格兰正着手准备在夏天继之以规模远大于此的远征，但挤出资金维持远征的可能性仍十分渺茫。[36]

倘若爱德华三世担心法兰西发起 1341 与 1342 年规模的反击行动，那么他的担忧是没有依据的。像腓力六世那样，爱德华高估了对手的资源。此外，腓力真诚地渴望维持休战，至少北方是如此，他还严肃对待教皇在阿维尼翁召开和谈的长远计划。法国政府的公开立场是它不会在休战时期以金钱或士兵支持布卢瓦的查理。事实上，腓力在某一时刻提出条件，愿意以"严厉且具备威胁性的书信"向他的外甥提出建议，以阻止好战行为。[37]

即便腓力写了信，查理也没有照办。休战条约只适用于法兰西国王和他的"追随者"。布卢瓦的查理则时常否认他是"追随者"：自称打的是自己的战争，并不是腓力的。也许查理是对的，他很好地利用了自己拥有的东西。早在 1344 年 3 月，他就几乎纵贯了蒙福尔派控制下的布列塔尼，围住了坎佩尔（Quimper）。坎佩尔是布列塔尼西南部科努瓦耶地区的主要城镇。其重要性在于它位于从布雷斯特通往瓦讷的陆路主干道上。但它的城墙是薄弱的，也许状况很差。英格兰人进展糟糕。在城墙外的一次前哨战中，爱德华在公国的代理人约翰·哈德舒尔和他麾下的几名重要布列塔尼军官惨遭擒获。英格兰弓箭手伤亡惨重。尽管抵抗相当凶猛，坎佩尔还是在 1344 年 5 月 1 日遭到来自河上的攻击，继而陷落。在随之而来的屠杀中，据估计有 1400 名镇民死亡。至于战俘，英格兰人被留下来用以交换赎金，但布列塔尼人和诺曼底人则被带到巴黎，以叛国罪名加以审判。他们并不否认已经向蒙福尔的让和爱德华三世宣誓效忠，并且要求得到休战协定的保护。

434

但蒙福尔的让推翻了这一点，这些人被处决了。腓力的特别怨毒留给了马莱特鲁瓦的亨利，他原本是法兰西王室的一名军官，在1342年逃亡，随后以英格兰国王代理人的身份出现在瓦讷。由于亨利拥有圣职，他是不可以被处决的，但宗教法庭则在圣母院大教堂前的一场公开仪式中将他判处终身监禁，随后的安排让他不久就被一名暴民以私刑处死。[38]

英格兰政府在上述损失面前并非全然消极，但它没法迅速做些什么。1344年3月25日，政府对所有负载超过30吨的船只进行了总征集。就国王本人指挥一支军队在圣灵降临节登船离开普利茅斯一事，政府也制订了若干计划。但负担这支军队的经费并不存在。1344年4月，贵族和主教们在西敏会面，但没有议会什么都不能做，而议会要到6月才能召开。尽管那时的议会将十分倾向于爱德华，并且也十分慷慨，但它的财政援助的投票决定时间太迟，无法负担当年的战役。分期支付的第一笔补贴要到1344年11月才拨出。英格兰政府以预支税收的方式从德意志和意大利的银行公社中征集资源的日子也已过去。结果是，国王的命令成了一纸空文。爱德华的中书院习以为常地发出指令、提示与威胁，但这样令人烦恼的文书潮流在1344年8月时不稳定地枯竭下去，计划最终于10月初被正式撤销。[39]

435　　英格兰国王的计划到那时已经无关紧要。1344年夏天，布列塔尼的英格兰军队既缺乏领导又人数锐减，很快分崩离析，变成了穿越公国劫掠、放火、榨取保护费的小股流寇，甚至比布卢瓦的查理的士兵还令人憎恶。大量失去领导的蒙福尔派人士向布卢瓦的查理屈服，尽其所能争取最好的条件。查理尽管缺乏人手，还是能够相对轻松地席卷布列塔尼南部的许多小地方。1344年9月，布列塔尼的蒙福尔派残余核心者们向英格兰发出了最后的求救呼吁。他们派出了一位布列塔尼著名贵族和两名多明我会修士，在威尔士边境找到了爱德华，向他阐述他们的事业已几近毁灭。爱德华能够从他远征军的残部里集结一支仅有 250 人的部队，负责指挥的是克利松的阿莫里。他等待着从未实现的远征，已经在英格兰宫廷过了一春又一夏。这些人在 1344 年 10 月抵达瓦讷，也许会负责将这座城镇保持为英格兰的前哨基地。但到那时为止，的确没有其他事情可做。11 月，英格兰国王在布列塔尼的三位代理人之一，也是其中唯一一位布列塔尼人沙泰勒的塔内吉，向布卢瓦的查理臣服，以换取一份王室赦免状。西部的大部分布列塔尼首领跟随了塔内吉的脚步，其中包括 1341 和 1342 年未能战死，也没有在巴黎遭受处决的几乎所有主要人物。最终，1344 年 12 月底，就在克利松的阿莫里率领一支英格兰军队登陆公国后几个星期，他与法国人媾和了。英格兰人在公国内部实质上丧失了一切政治支持，只得退到少数几个位于海边且城墙坚固的城镇：布雷斯特、埃讷邦和瓦讷等地，他们在那里可以凭借有限的人力进行防御。正如布卢瓦的查理那样，英格兰人也了解自己的实力上限。[40]

蒙福尔的让在法兰西岛远观上述局势，无法下场搅局。倘若他打算重新赢得法兰西国王的恩宠，那他将会大失所望。蒙福尔派刚刚瓦解，王国政府便着手完成了剥夺他财产的进程。1345 年 1 月，高等法院将 1341 年孔夫朗判决未曾触及的利摩日子国（visounty of Limoges）授予布卢瓦的查理。与此同时，让开始被置于某种形式的软禁中。1345 年 3 月 25 日，他逃离软禁前往英格兰。这时的他只是个傀儡，没有朋友、金钱或政治资源，不过是又一个爱德华·巴利奥尔。腓力六世没收了担保让行为良好的保证金，并促成法院裁定他犯有叛国罪。[41]

436

*

休战的表面原因是，阿维尼翁教皇宫殿要举办外交会议，而会议要到原定时间 16 个月后的 1344 年秋季才得以举行。它的延误几乎完全源自英格兰的阻碍，一系列流程上的策略颇有说服力地反映了英格兰国王对谈判的态度，其效果堪与任何粗鲁拒绝相比。他直到 1343 年 5 月才开始任命使节，而且他虽然让德比伯爵在名义上率领最为高贵的使团，却只让最低一级的成员动身，结果是到了 1343 年 8 月，波旁公爵维埃纳多芬（Dauphin of Vienne，Duke of Bourbon）① 和"其他高级教士与显贵"发现他们坐在一个中书院文书的对面。当有人说服爱德华三世派出一名有着王室血统的贵族，以便法国代表团的王室贵族们能够与其会谈后，他派出了里辛的约翰·格雷（John Grey of Ruthin），一位籍籍无名的男爵，与王室血缘关系很远，他在 1343 年 9 月抵达教皇城，但他拿到的指示仅限于强调他主人对法兰西王冠的宣称权。格雷请求国内发来进一步指示，但拖到年底也没有新消息传来，他于是打道回府。[42]

乍看起来，1344 年可能会发生相同的事情。会议的开始时间先被延期到 1344 年 3 月，随后又拖到 6 月，而这两次会晤都没有效果。第一次只有两名英格兰使节与会，两人级别都很低，还宣称他们的主人被法兰西国王破坏休战的行为惹怒了，正在重新考虑己方的立场。第二次更为荒谬。[43]英格兰政

---

① 多芬（Dauphin）的称谓源自海豚，自 12 世纪中期起维埃纳伯爵以多芬为头衔，维埃纳伯爵的领地因此亦称维埃纳的多菲内（Dauphiné de Vienne，简称"多菲内"）。1349 年多菲内转售给法兰西王室后，多芬才成为法国王太子的专用称呼。

府在 1344 年 5 月 12 日向教皇声明，他们的代表团会在 6 月出现在阿维尼翁。到了预定时间后，德比伯爵的确出现了，但他声明只是以私人身份和出于"虔诚的理由"出席。以政府身份出席的诺曼底公爵、勃艮第公爵和法兰西中书大臣纪尧姆·弗洛特只能聆听英格兰的低级官员们解释他们并未得到的指示。不久，两位公爵便离开了，弗洛特待到 8 月初，随后也走了。

然而德比的访问并非全然浪费时间，因为他与教皇进行了许多漫长且显然具备建设性的私下商讨。在讨论期间，为了将英格兰人带到谈判桌上，克雷芒六世既提供了诱惑也给出了威胁。并没有人记载他到底说了什么，但他的话足以迫使英格兰国王御前会议在 1344 年 7 月认为有必要突破参与会谈的既有姿态。8 月初，英格兰派出了新使团，其成员也即刻出发。使团里级别最高的成员兼发言人是威廉·贝特曼（William Bateman），他是一位极具才智、非常现实的律师，职业生涯的多数时间在阿维尼翁为教皇效力，最近才成为诺里奇主教。作为剑桥三一学院的创始者，他注定名垂青史。实际上，英格兰的诸位使节里最重要的人并非贝特曼，而是国王的私人秘书约翰·奥福德（John Offord），他是使团中唯一能够私下向爱德华提供内部建议的人。一同前去的还有奥福德的弟弟安德鲁（一位中书院文书），擅长阴谋的尼科利诺·菲耶斯基以及一位名叫休·内维尔的骑士。教皇将他们视为有所欠缺的谈判团队，它实际上也是如此。法兰西国王的代表团就要令人印象深刻得多。克莱蒙主教（Bishop of Clermont）担任名誉团长兼发言人，此外还有腓力的两名主要将领，西班牙的路易斯和瓦朗斯伯爵普瓦捷的路易；高等法院第一院长西蒙·比西（Simon

437

Bucy），密切介入过法兰西国王对叛国者的迫害；审计庭庭长屈尼埃的皮埃尔（Pierre de Cugnières）则是另一位长期大权在握的官员。[44]

英格兰政府如此作为的主要原因在于它不信任教廷。马莱特鲁瓦休战的条款让教皇以"双方的共同朋友而非裁决者"的身份介入。但正如腓力六世在上述文字写下后不久评论的那样，教皇"是我自己的朋友，你懂的"。考虑到爱德华三世明目张胆地破坏休战，他关于法国破坏休战的抱怨也许带有伪善意味；即便如此，腓力六世有权将蒙福尔的让扣押在牢狱里，直到他找到保证其举止良好的担保人为止，落入法军手中的爱德华三世盟友被立刻处决，布卢瓦的查理拒绝接受休战……当英格兰人发现不管法国人的官方解释有多么虚伪，克雷芒六世依然通常乐于接收其说法时，他们还是倍觉烦躁。红衣主教团在 14 世纪以作为教皇顾问的固定会议形式存在，其中大部分是法国人，总体上极端倾向于腓力六世。这一不平衡的后果不仅体现在他们将爱德华三世视为富有侵略性、主张荒谬的外来户，也表现为在某些原则问题上作出透露内情的决定。例如，克雷芒从未给予爱德华三世继承人迎娶布拉班特公爵之女的特准。由于七代以内有共同先祖的人结婚在当时并不合法，而这两位订婚人实际上和欧洲几乎所有统治者家族一样，属于禁止结婚的亲戚范围之内，因此教皇的特准是必要的。通常情况下，这只是个程序问题，但这桩婚事在政治上的关系十分重大，教皇也曾向法兰西宫廷私下许诺不会准许此事。[45]

英格兰人视教廷为敌已是悠久传统，出于利益，他们在表达这一点上变得越发具有攻击性。在英格兰，人们广泛认为克雷芒六世从英格兰教士身上征收的费、税被用来充实腓力六世的战备资金，还觉得教皇运用任命英格兰境内空缺有俸圣职的权力，为阿维尼翁的反英官员和红衣主教提供了充裕的收入。1343 年 5 月，平民院请求彻底禁止若干教皇特许状进入英格兰。爱德华三世在写给教皇的书信中采纳了他们的目标，用词极为坦率，以致传信人在觐见后立刻逃离阿维尼翁，此人的担心并不荒谬。仅仅在四年前，尼科利诺·菲耶斯基不正是被阿维尼翁的法国暴徒们抓获并遭殴打吗？教皇城拥有不驯的暴民和拥挤的街道，有着好斗的宗教氛围，充斥着无数附属于法国红衣主教的投机者，腓力六世设于新城的巨型要塞也阴森地迫近着它，对于 1340 年代的英格兰人而言，这是个极不愉快的地方，其他英格兰外交使节的说法令人对此毫无疑问。克雷芒六世本人是个圆滑的外交家，但对他而言，面对自己曾谴责为自托马斯·贝克特（Thomas Becket）时代以来最卑劣的教会压迫者的政府，他很难表现成不偏不倚的仲裁者。[46]

议程[47]在 1344 年 10 月 22 日开始，伴随它的是在此类场合习以为常的幽默：来自教皇的一场"最令人高兴"的演说，他并未丧失任何修辞学能力；另一场亲切安抚的演说来自贝特曼主教，他向克雷芒保证爱德华国王一直希望得到公正持久的和平，主教和他的使者同伴都是"纯朴之人，和睦的爱好者"，他们将表现完全公开的待人举止。至于法国人，教皇说他已经私下与他们谈话，对他们带来达成条约的诚恳意图和实现这一目的权力甚感满意。这一切都没太大意义。双方带来的都是充满自信的指示，这在会谈开始前就注定它已失败。法兰西使节们得到了在加斯科涅边境作出有限领土让步的授权，其中包括在圣萨尔多战争中征服的地区，但这只能在公国被视为法兰西王国采邑的明确理解基础上进行。他们在那时向教皇展

439

示了上述指示，并向他确认这是绝对不变的立场。毫不奇怪的是，在爱德华三世主张的法兰西王权问题上，英方的立场也是同样的绝对化。腓力的代表们甚至都没有去讨论它。

不幸的是，英格兰国王对法国破坏休战的抱怨是贝特曼团队唯一得到谈判授权的议题。他们不能够作出任何让步。他们甚至不具备谈判对手的有限自由手段。这并不是因为爱德华认为只有他对王位的宣称权值得谈判，也不是因为他对加斯科涅的领土让步不感兴趣，而是因为他根本不想在手上虽然底牌稀少，却有许多攫取更大利益计划的阶段议和。除了无论如何都不会由腓力六世直接统治的布列塔尼西部、南部港口外，爱德华宣称的王权主张实际上只是个讨价还价的筹码，而正如他的使节们在某个直率的时刻所承认的那样，这是个很难使用的筹码。他们指出，爱德华已经宣布他为了获得整个法兰西王国而与腓力六世处于战争状态，而且公开使用了法兰西的纹章。他必然不能加入公然考虑承认腓力是他在加斯科涅的君主这一可能性的谈判，这等于是承认他"着手收复本不属于他的王国，让自己投身于不义之战"。这是英格兰人在百年战争每个阶段都会碰到的不变问题。除了最伟大的胜利偶尔导致的傲慢情绪外，英格兰国王都足够现实地认为，作为令人满意的和解的一部分，他们对法兰西王权的宣称是可以放弃的。但权威源自上帝而非人类。他们倘若围绕所有权讨价还价，就会承认它的世俗性，毁灭它的大部分价值，并损害基于它建立的许多同盟。几乎一个世纪之后，英格兰人依然面临同样的困难，并以非常类似贝特曼的语言描述它。亨利六世最能干的助手之一写道，要是国王以他的王位宣称权换取领土，"也许会在所有基督徒的土地上诉说、传播、评论这样的看法，［亨利］国王和他的

尊贵祖先们没有获得法兰西王冠的权利，他们的一切战争与征
服也只是僭位与暴政"。[48]

教皇的调解方式是把两个代表团尽量分开。除了一两次出
于某些特别因素有必要向双方同时致辞外，他总是和其中一方
单独讨价还价，另一方则在附近的一间房里等待。这样做的目
的在于，每一方"就像被密封在告解室里一样"都信任教皇，
这是促成和平必不可少的最低条件。教皇并不知道贝特曼自由
决断的空间有多小，当主教抗议称他前来谈判的只有法兰西王
位的事宜时，教皇还觉得这只是个开场姿态。英格兰人说：
"圣父，只有那些有望令我们的国王主人接受的提议才能够让
我们加以讨论，如你所知，他已经提出了自己对法兰西王冠的
宣称。"在与英格兰代表团举行了四场令人疲惫的会议后，教
皇依然毫无进展，发觉自己已越发难以抑制愤怒，克雷芒退出
了会议，把谈判任务留给了一个由两位红衣主教组成的委员
会。

红衣主教们的进展并不比教皇好，而耐心却更少。在他们
看来，既然战争都是源于阿基坦公国，那谈判就该追溯到
1325 年一切变糟的源头。英格兰人在说服下同意就加斯科涅
展开谈判，但并不会把 1325 年的休战作为基础，更不会单独
处理公国事务，他们的谈判基础是他们主人对整个法国的宣称
权。红衣主教因此变得暴躁起来。他们在那个场合发问，为何
爱德华三世曾向腓力六世宣誓效忠，并发誓遵守那个休战协
定？英格兰人回答说，国王的所作所为并没有损害其世袭权
利。他们坚决拒绝了把公国当作公国来谈判，因为在他们看
来，它是爱德华三世王国的一个省份。红衣主教随后继续发
问，英格兰人如何看待将公国恢复到圣萨尔多战争之前的版图

440

的提议。这是教廷首次试探它看来可以接受的妥协。英格兰人则回到他们的老一套议题上。他们不考虑任何将加斯科涅视为臣服于腓力六世的公国的提议。然而，他们也许能够考虑（这是英格兰使团第一次看到他们认为爱德华可能接受的妥协）将加斯科涅视为"自主"，亦即不作为法兰西国王的封建附庸，从而在事实上与王国分离。红衣主教们赞成这一点，只要封建纽带存在，任何和平都不可能长久存续。他们引用了苏

441　格兰的有趣案例进行对比。但他们显然已经对法国代表团提出了这个议题，而且惨遭拒绝。他们说自己看不到腓力六世同意将其王国分割的前景，并且认为加斯科涅人也许会反对。英格兰人则回答说，假如两位国王同意这一点，加斯科涅人也会很赞同。

　　此时，红衣主教们拿出了三个计划（或许他们的计划本是教皇的想法），所有计划都旨在用英格兰的君主完全退出法兰西去交换多少有些不切实际的各类补偿，以此切断加斯科涅的封建关系。第一个计划可能正是克雷芒在6月充满自信地向德比伯爵推荐的那个。教皇建议爱德华放弃加斯科涅，以此交换医院骑士团在英格兰的所有土地特许权以及英格兰境内的外国修道院财产。英格兰人则表示他们觉得爱德华会发现这个补偿太少，配不上这么多的努力与牺牲，此外，这也会让他个人蒙羞。红衣主教拿出下一个计划提问，"要是法兰西国王愿意向苏格兰国王施压，让他将自己的王国让给你们的国王，以此替代大陆上的补偿，你们会怎么说？"英格兰使者并不认为这是能够接受的。苏格兰无论如何都归爱德华三世所有。在这一状况下，红衣主教问，爱德华三世会对一大笔金钱馈赠作何反应？英格兰人回答他们的主人不是商店主，认为法兰西王冠是

无价的。红衣主教邀请英格兰人在三天后的 11 月 7 日重返谈判，带来深思熟虑的答案，但英格兰人在那时的回答依然一模一样。

1344 年 11 月 8 日，会谈开始后两个星期，红衣主教们又炮制出一个计划。他们说，也许爱德华可以考虑承认加斯科涅是法国的采邑，但将它转交给他的一个儿子。这样，封建附庸关系依然存在，但它并不适用于国王本人。这是红衣主教提出的最后一个建设性提议。英格兰人拒绝了它。

会谈变成了关于英格兰国王是否应当得到法兰西王位的无果争论。红衣主教说，"早在你们的主人提到他对法兰西王冠的宣称权之前，战争就在加斯科涅爆发了"，他们拿出了几封爱德华三世最近的书信，信上的日期是 1344 年"我们统治法国的第五年"。英格兰人说："愿这能让阁下高兴，战争爆发的确早在我主国王采用法兰西国王称号之前，但它之所以爆发，是因为国王拥有被称为法兰西国王的权利，这一权利早在战争开始前即已存在。"随后出现了一段短暂的附加历史陈述，其内容与年轻的爱德华由其母亲代表在 1328 年提出的王位宣称有关。红衣主教随后说道，"难道你们的国王没有为了阿基坦和蓬蒂厄向法兰西国王效忠吗？而且，他后来难道不是在盖有国玺的公开信中承诺，他的效忠应当被视为封建附庸的效忠，在那些信中难道有一个词提到任何对法兰西王冠的所谓权利吗？"这是个很难回答的问题，英格兰人回避了它："那是法国人提出的一个论点，当教皇圣座愿意听到我们对此的看法时，我们应当予以答复。"红衣主教出于不同原因赞成了这一点，"我主教皇也认为最好将这一议题留到谈判之外，无论如何，法国使者不会同意让他们主人的君权问题成为这类会谈

442

上的辩论点。他们不会商讨这个议题，就像不会领有毒的圣餐一样"。

两天后，1344 年 11 月 10 日，英格兰人回到谈判桌前，确认了他们不会考虑以放弃加斯科涅换取法兰西以外的补偿。红衣主教们则报称他们无法让法国人同意阿基坦公国与王国断绝关系，不承担封建义务。英格兰人这时回答说，会谈显然已陷入僵局。除非法国人改变立场，不然他们看不到自己继续留在阿维尼翁有什么用，还认为爱德华可能会召回使团。

英格兰使节们因他们被迫遵照的顽固立场而陷入严重困境。早在和谈正式开始前很久，就在英格兰人等待法国代表团到来时，奥福德就得出结论，除非有人说服爱德华三世更为严肃地对待和谈，不然任何宝贵的机会都有可能错过。克雷芒颇有技巧地成功安抚了他们的怀疑情绪，向他们作了漫长且友好的发言，在餐桌上款待他们并公开宣称同情他们的若干牢骚。在一系列和谈中，他甚至暗示自己认为英格兰使团的主人对法兰西王位的主张"并非完全没有事实或法律基础"。在他们的内部会谈中，教皇说法国政府也是这么想的。奥福德希望国王放弃他在冬季派遣军队前往布列塔尼的计划，盼望他扩大使节的谈判权力。他写道："我的主人，在我看来，圣父最终将您的利益放在心里。"随着会议进程的持续，英格兰使节给予其政府的报告变得越发迫切。他们提醒爱德华注意此前的建议。

443　他们说："我们惊诧于一切都没有传到我们这里来。"

爱德华事实上已经收到了奥福德要求得到进一步指示的请求，正和约翰·斯特拉特福德以及少数亲近的顾问详细考虑此事。但他并没有得出任何结论。他告诉奥福德，除非召开中书院全体会议，不然他什么都不会做。随后，不同的人陆续带着关于他立场的最新消息前往阿维尼翁。直至 10 月，中书院全体会议才得以召开。他们决心向阿维尼翁派出更多的使节：起初，级别相当低的使团会立刻离开，并宣布爱德华已经放弃冬季入侵布列塔尼的一切计划，并给予讨论强制执行全权休战的消息。更为引人注目的使团将在圣诞节后出现在阿维尼翁，包括德比伯爵、北安普敦伯爵在内，拥有尚未确定的谈判权力，而实权的大小无疑取决于贝特曼与奥福德的建议。[49]

然而，英格兰使团的悲观情绪日益滋长，他们也越发关注自己的人身安全。英格兰境内新近发生了针对教廷分配英格兰有俸圣职特权的侮辱事件，相关消息已经传到了阿维尼翁。其中包括了以最不尊重的词汇描述其中一位红衣主教的书面禁令文本，以及明确钉在圣保罗大教堂和西敏寺门上的针对教皇的大幅文书。教皇正计划派遣两位拥有诸多宗教权力的特使前往英格兰。红衣主教团内部已经出现了这样的声音：如果任何伤害落到特使身上，爱德华在阿维尼翁的代表们就可能会遭到报复。另一方面，法国人则倍受青睐。1344 年 11 月 15 日，为庆祝教皇将加那利群岛亲王（Prince of the Canary Islands）的名义头衔授予一位法国大使西班牙的路易斯，阿维尼翁举办了宴会，英格兰人被迫厕身席间。

1344 年 11 月 20 和 21 日，英格兰使团觐见教皇。他尽力劝说他们一切还没有结束。也许爱德华三世会派来某位王室成员代表他参与后续会谈。那时腓力将会被迫增加他自己的使节分量，也许那时会有给予不同指示的机会。对于这个提议，贝特曼和奥福德都没有怎么考虑。他们希望被召回国内。经费正处于短缺境地。阿维尼翁的巴尔迪银行办事处在没有得到个人担保的情况下，并不打算支付信使费用。城里的气氛也十分敌对。贝特曼致信身处国内的国王，"我在此面临着严重危险，还没能完成您的任何目的"。

休·内维尔在 1344 年 11 月的最后一周离开了阿维尼翁，于圣诞节后不久抵达英伦。贝特曼主教紧随其后。菲耶斯基因为其他外交事务动身前往意大利。教皇并没有放走约翰·奥福德，他留在了教皇城，这样克雷芒六世就可以宣称和谈依然在进行。这些英格兰人中没人相信计划中的德比和北安普敦使团会前来。1345 年 2 月，在一番迟疑后，使团被取消了。当这个消息于 3 月传到阿维尼翁后，奥福德突然不告而别，以最快速度逃往英格兰。[50]

*

至此，解决争端已经不仅是一个外交问题。尽管战争仅仅持续了八年，比成因类似的爱德华一世和美男子腓力的战争还要短一些，它却比此前的任何危机都要彻底地令两个国家陷入敌对。英法两国的骑士精神保持着一些共有价值观，双方都认为战争是乐趣与挑战，这些价值观甚至在战争中逐渐深化。但这并不是人民大众的看法。需要战争努力并影响到各类人群的不仅是偶尔发生的作战行动，还有战前庞大的财政与官员行政准备，其努力规模与影响范畴与此前的任何战争都不是一个量级，而且随着战争进行逐年增长，双方政府都尽其所能通过宣传消除臣民的怀疑，使其远离敌人。

第一种征兆是对敌国个人财产的扣押。在战争之初，英格兰政府已经将所有法国人的在英财产收入国王手中，其中只有少数幸运的例外：加斯科涅人、布列塔尼人和 1338 年后的佛兰德人。主要的受害者是法国修道院，尤其是位于克吕尼的勃艮第大修道院和位于诺曼底的本笃会各大小修道院，自诺曼征服以来，他们都是英格兰的大地产主。其中几座修道院，如诺曼底南部迪沃的圣皮埃尔修道院（abbey of Saint-Pierre de Dives），因为极度依赖来自英格兰的收入，竟在爱德华三世的军队进入之前就因为他的查抄遭遇毁灭。在教会土地方面，英格兰政府并没有彻底没收。他们只是管理地产，将收入据为己有，留给居住者，如果还有的话，仅够满足生活开支的最低配给。在英格兰和爱尔兰拥有庄园的法兰西贵族数量相对较少，他们起初得到了同样的对待。但英格兰政府这回迅速将扣押升级成没收。法兰西王国陆军统帅厄镇伯爵拉乌尔也许一开始还希望能够在危机消除后重新赢得在爱尔兰的诸多庄园，他一直保留着与英格兰国王的看守人合作的职员。但到 1340 年代初为止，爱德华已经将他的土地分配给其他人。截至 1343 年 1 月，伯爵已经将地产除名，从法国国库中获取了补偿。切断一些有影响力的法国贵族和教士同英格兰的古老关系，长远看是不幸的。除了外交渠道外，法国人当中在英格兰拥有财产，从而能够提供与爱德华三世宫廷间没那么正式又更合乎心意的沟通渠道的只有两人，那便是厄镇伯爵与现任教皇（当时还是费康的修道院院长）。[51]

445

法国政府似乎在针对法国境内英格兰地产主的处罚方面更为小心，尽管其证据十分零碎，以至于难以切实判断。坎特伯雷大教堂修道院是少数在法国拥有资产的英格兰教堂，它的资产在 1344 年的休战期间得以返还。其他一些教士就没有这么幸运了。对于更引人注目的居住在英格兰的世俗教徒，他们在法国的财产遭到王国政府的查抄，继而授予他人，但受到影响的人数不是很多。法兰西政府针对外国人举动的主要受害者是被流放到法国的英格兰人，他们的数量多得惊人。其中一些人已经在法国居住多年。他们处境艰难，既不完全属于一个国家，也不完全属于另一个国家。1338 年，他们接到了以财产宣誓的要求，还需要缴纳一次性的三分之一净资产税。许多人的答复是申请归化为法国人。[52]

与敌国进行贸易在两个国家都是非法的，尽管法律在两国都没有得到一贯执行。敌国货物在边境上的渗透一直在持续。经济战的概念当时还很原始。比起阻止从敌国进口，两国政府都对阻止向敌国出口更感兴趣，这与现代经济的成见相悖。此外，两国政府都没有纯粹战略意义上的动机。对于本国内部的短缺，尤其是食物短缺的关注至少是同等重要的；在英格兰，控制贸易主要是为了获得金钱而非伤害法国。然而结果还是一样：英格兰人与法兰西人间的传统联系松弛了，两国互相依赖的少数纽带被切断了。在战争之初，法兰西政府执行了彻底禁止与爱德华三世臣民不论在加斯科涅还是英格兰的商贸往来，并规定叛国罪惩罚适用于违反者。它不仅禁止进口，就连使用英格兰羊毛，在未获得特许状的前提下也是被禁止的。[53]英格兰人的方式更具选择性，他们的羊毛出口禁令曾在 1336 ～ 1338 年间令佛兰德屈服，以中世纪贸易战争而论，这是执行较为严酷、政治上较为成功的一场战争。但在 1338 年后，当目的已经实现后，政府放松了努力。需要出售羊毛为王国筹集资金，此外，鉴于市场并不稳固，在选择买家方面也不能太挑剔。1339 ～ 1340 年的战役最高潮时期，羊毛在加来是自由买卖的。1340 年代，英格兰政策中的经济战变得更为一贯，即便在休战时期也是如此。1343 年，英格兰政府制订了更为系统的出口控制方案，其原因各式各样：贸易保护主义、财政操纵和外交政策都有助于此。这一方案参考了此前六年里虽然已被设计出来，却只是间歇性运用的若干措施。只有某些港口允许出口谷物，而且只能出口到法国以外的特定目的地。船主们需要在装运港口的镇长或执法官面前宣誓只把货物带到许可的目的地。作为出口商良好行为的保证，他需要提供一笔保证金，保证金理论上只有在提供卸货港口政府开具的登陆证明后才能拿回。类似法规也用于羊毛、皮革和毛皮出口。这些是英格兰的主要出口货物。然而，其他货物也被周期性地添加到管控出口名单上，通常是因为觉得它们可以当作作战物资使用。船只、木材和马匹在很多时候受到了管控。这些做法不大可能成效显著。[54]

足够古怪的是，官方对个人自由移动的干涉非常少。在两个国家当中，像商人、水手或其他旅行者这样暂时位于国内的外国人和有着固定居所的外国侨民，他们之间的界限是有些随意的。属于前者的只要被人发现，就几乎一定遭到拘捕，这种举措早在 1336 年 9 月就出现在法国，较晚时才出现在英格兰。另一方面，除了认为侨民会直接威胁到王国安全的地方外，定居的侨民多数无人打扰。腓力六世的政府起初并没有重复查理四世政府在 1326 年拘留法国境内所有英格兰居民的命令。但在 1338 年 8 月，它还是命令搜查英格兰居民住所并没收他们的武器。甚至法国政府还不时把在边境地区讨生活的英格兰人送进监牢。例如，1340 年时有两个在贡比涅开酿酒作坊的英格兰人在图尔奈围城战期间被锁在城镇的钟楼里。法兰西政府的担忧并不荒谬。居住在法国的英格兰人间或扮演间谍、向导的角色。1346 年 8 月将爱德华三世带出索姆河沼泽、让他免于被困的人就似乎来自约克郡。[55]英格兰政府的政策与法国很相似。在战争的最初几年里，它禁止法国人定居或前往沿海地区。有着法国血统的人成了对间谍和内奸周期性恐慌情绪的受害者。在爱德华三世 1342 年入侵布列塔尼期间，怀疑是法国间谍的人被扣押在港口，并加以搜查，从他们身上搜出的任何文件都会送到伦敦进行细致检查。纽盖特监狱（Newgate prison）里关押着相当数目的可疑人物，其中绝大部分可能是完全无辜的。[56] 但两个国家都没有持久性的政策，也没有对外国人进行整体扣留。1340 年代初，一个英格兰年轻人为了提高法语水平给亚眠的一家人做换工（au pair），这看来是似乎令人吃惊的。但这类异常事件在英格兰极为普遍。一个皮卡第人可以在 1341～1345 年安静地居住在索尔兹伯里学习英语，另一个来自亚眠的人在 1340 年抵达索尔兹伯里，他依然能够在五年后勤奋地从事自己的工作。[57]

1345 年对海峡两岸而言是个对敌国侨民敌意加剧的时期。在英格兰政府否决了马莱特鲁瓦休战后，所有新近进入王国的法国商人都被当作敌方间谍。1345 年 9 月，政府下达了扣押他们的命令。法国政府走得更远，下达了拘捕并关押所有居住在法国的英格兰人且查抄他们财产的命令。当查理四世在圣萨尔多战争期间如此作为时，他遭到了诸多批评。但在 1345 年，政府却几乎一定是在公众舆论的压力下这么做的。在巴黎地区，人们没有等待国王的许可。开战的消息一传来，英格兰人就遭到自发的攻击与没有任何合法授权的囚禁。[58]

在两个国家，针对另一国国民的手段都助长了战争给大部分社会带来的迫害本能。腓力六世有位名叫让·泰特－努瓦（Jean Tête-Noir）的家仆，他出生在英格兰，有一位英格兰母亲和一位法兰西父亲，几乎在法国境内度过一生。但时常有人向

他施压，要求他缴纳敌国侨民特有的税种，最终让只得向国王
申请正式的免税特许状。他的感受必定与彼得·休斯（Peter
Hughes）十分相似，那是一个在赛伦塞斯特（Cirencester）定居
超过二十年的法国人，有一位英格兰妻子和孩子，他被迫在战
争之初的几周里申请王室特许状，使自己被承认为本地居民。
英格兰官员在同以下几类人打交道时最为困难：布列塔尼人和
佛兰德人，他们尽管是法国人，却免于政府的处罚；说法语的
萨伏依人，他们是帝国的臣民，但其中有许多人在法军中战
斗；说法语的加斯科涅人和海峡群岛人，他们是爱德华三世的
臣民；说法语的英格兰人，数目远比他们原本了解的要多；英
格兰人出生在法国的妻子或遗孀；来自勃艮第公国的勃艮第人
是法国人，而来自勃艮第伯国的勃艮第人实际上是法国人，但
不是法律意义上的法国人。他们应当如何界定屈桑斯的威廉
（William of Cusance）？他来自勃艮第伯国，但在巴黎有着价值
可观的财产，又在三十多年里担任了英格兰王室内廷的主要财
政官员。在开战后的短暂时期里，此人发现他在两个国家都被
当作外国人。人们不得不公开宣布他们的忠诚。在像英格兰这
样与法国语言和文化有着悠久且亲密联系的国家，这意味着许
多人要切断他们与自己过去的联系。法国人的麻烦就要少一
些。从英格兰人的语言中很容易将他们识别出来（即便在他
们讲法语时），法国过去的文化与社会结构中并没有渗入任何
英式风格。可即便如此，法国人也要开始学习如何区分苏格兰
人。多年来已经有许多苏格兰人定居在法国，近来也有人前往
对面为戴维二世效力。努瓦永的裁缝威廉·斯科特出生在特威
德河畔贝里克（Berwick on Tweed），他无法喜爱自己的绰号
"英格兰人"。这导致他在 1326 年短暂丧失了自由，让他在

1337 年后遭到收税人和官员的骚扰。但他要比居住在亚眠附近的四个苏格兰人幸运，他们被一群士兵杀死了。这些攻击苏格兰人的士兵辩称他们觉得受害者是英格兰人。他们在解释了自己的错误后得到了赦免。[59]

像这样的感受解释了为何两个国家的宣传者们都能够为其谎言和夸张找到忠实听众。法国政府和它的半官方编年史作家抓住每一个机会，让人们将爱德华三世与法国官方神话叙事中的怪物"阿图瓦的罗贝尔"联想到一起，或是用一再重复的爱德华趁索尔兹伯里伯爵被俘，强奸伯爵夫人的虚构故事抹黑他。爱德华三世则和四十年前的爱德华一世一样，指控法兰西国王试图消灭英语。人们的惧怕和憎恶被官方谣言煽动起来，例如 1346 年流传着腓力六世已经在他的意大利桨帆战舰上装满了土耳其人，在英格兰沿海村庄制造难以言状恐怖事件的奇怪故事。但真相在通常情况下也同样有效。加来水手的暴行得到了尽可能最广泛的公开传播。表明腓力六世入侵英格兰计划的缴获文件在公共场所被不断宣读，并被呈递议会。方济会和奥古斯丁会修士作为当时最主要的公开布道者，也被托以用国王事业的正义性"点燃我国忠实臣民心中火焰"的在胜利到来时大肆宣扬的任务。英格兰人心中早已潜藏的反法情绪得到了不断的鼓励与强化。当时的一些英格兰作家，如诗人劳伦斯·迈诺特（Lawrence Minot）、牛津郡文书兼编年史作家杰弗里·贝克（Geoffrey Baker），都将他们对腓力六世及其臣民的厌恶发展为凶暴的语调，这让他们的一部分作品不值一提。[60]

将怨恨和排外主义转化为对国王的战争和随之而来的沉重经济负担的支持是一次考验，爱德华三世在这次考验中要比他的对手更成功。爱德华于 1340 年 11 月从大陆返回国内后，发现自己的王国由于过去四年中的毁灭性税收已十分接近叛乱的边缘，这必定令他大为震惊。1340 年代的负担肯定要轻一些。议会的财政援助相对较少。王国政府的征用也较为缓和。爱德华采取了坚决措施阻止基层官员滥用职权，惩罚需要为过错负责的人。兵役是唯一显著增长的负担，它毫无疑问是不得人心的。征发人可能会遭到辱骂乃至人身伤害，有时连他们征来的士兵都会遭此厄运。[61]但兵役负担太过偶然，也太过无常，它不足以激起全面不满。即便是 1347 年的大军也只占英格兰成年男子中的很小一部分，而这已是爱德华三世组建的最庞大军队。对于在村庄集会中抽到征兵签，而家中没有其他人能够播种、收割的人而言，在军队中服役可能是种个人灾难。但对于大多数人而言，这并没有什么影响。有些人可能会享受取得报酬和劫掠财物的机会。

在南部和东部海岸的海事公社，战争给人们的生计带来了最糟糕的损失。海岸守卫需要部署的兵力比国王在大陆上军队的总兵力还要多很多，其休假时间也往往更加难以预测。汉普郡作为受影响最大的地方，必定存在许多像伊灵（Eling）这样的村庄，男人们时常在播种、收割时期被招去看守海岸，以至于 1340 年代初的教区土地已出现了大面积抛荒。在港口，干涉对法贸易和操纵羊毛出口造成了巨大的苦难。在兵役方面，海上服役要比其他任何种类都更频繁、更繁重。大雅茅斯是个极端案例，由于其船只数量多、体积大，是对爱德华的战争贡献最多的一个港口。1333～1347 年，除了其中一年外，它每年都有船只被用于对付苏格兰人或法兰西人。起初，城镇拥有不少于 90 条能够载重 100～300 吨的"大船"，此外还有重要的渔船队。而最终，它只有 24 条"大船"。其余的要么

450

落入敌手，要么被敌军击沉，要么失事，要么由于破损遭到除役。大雅茅斯船主的贸易利润骤降，以致损失的船只无法补充，损坏的船只则由于缺乏维修资金腐烂在海滩上。必要的港口工程无法开工，港口淤塞迫使大型船只在开敞锚地将它的货物转到船上。大雅茅斯海港周围是毫无利用价值的土地，它只有海上生计。此后不久，据称城镇有 6 位大商人丧失了几乎所有财富，数百名水手失业。英格兰南部和东部的其他港口碰到的麻烦与大雅茅斯只有程度上的区别。必定会有很多人赞同奇切斯特暴徒的行为，他们在街上攻击了主教的仆从，撕碎了他们带来的号召为国王战争祈祷的书信。[62]

在港口之外，感到战争负担最为沉重的可能是威尔士。威尔士人为战争作出了不成比例的贡献，除了承担繁重的王室征用和议会补贴负担外，1330～1340 年代，他们还向军队持续提供了非常庞大的长矛兵和弓箭手部队。1343 年 5 月，爱德华三世使其长子成为威尔士亲王，将当地的所有王国政府土地和权利都赠予他，其中包括西部地区的山地与海岸。[63] 自 1340 年代中期开始，年轻的亲王在他父亲的战争中扮演着越发重要的角色，他的军事活动越激烈，对威尔士的需求就越多。虽然距离爱德华一世终结边境战争古老特征的征服已经过去整整两代人了，但威尔士人还是从属于一个暴力从未远离日常生活表象的社会。爱德华三世军队中的威尔士部队是从西部的山地与海岸和漫长古老边界上城堡的门口征募而来，具备特有的粗鲁和团队精神（esprit de corps）。在威尔士说英语的移民被严格排除在队伍之外。他们属于战争双方里第一批穿上全套制服的士兵：黑太子来自北方的士兵穿着绿白色军装，阿伦德尔伯爵来自彻克兰（Chirkland）的士兵身着红白色军装，南方领主们的士兵则有着各自独特的色彩。他们跟随着各地首领行军，每百人有一面自己的军旗位于前方，步行跟随大军，在漫长的行军中极度疲惫，而这是大部分英格兰步兵并不知晓的，因为他们骑马前行。在英格兰军队这一时期征召的部队当中，只有威尔士部队带着自己的随军教士和军医，还带上了自己的翻译和公告人。[64]他们十分团结，以至于很容易转而针对英格兰主人，截至 1345 年，已经出现了明确的反抗迹象。在 1 月和 2 月，威尔士爆发了针对英格兰官员的尤为严重的暴动。威尔士亲王在威尔士北部的代理人在履行职责巡行时被人谋杀，郡长在他的法庭上被人砍倒。有些地区道路已经无法通行。动荡局面有很多都源自与战争完全无关，却更为古老、更为深刻的仇恨。但持续征兵的压力和发放报酬时的吝啬、弄虚作假也至少要承担一部分责任。随后几周里，在集结起来加入爱德华军队的威尔士人中出现了一连串令人困窘的混乱与兵变，其中一些人拒绝行军，或是要求只有满足他们的条件方才继续。[65]

然而，英格兰上层社会已经广泛接受了战争，将其视为不可避免的正义之战，越来越多的人甚至认为它富有魅力。几乎所有处于兵役年龄的贵族都志愿参与进攻战役，即便在像苏格兰和布列塔尼那样无利可图的地方也是如此。以德比伯爵兰开斯特的亨利为例，他经历过一场艰难而令人气馁的战争，其中还有一段时间被关进债主设于梅赫伦的监狱，但他依然公开宣称他"对军人生活的热爱"。有许多人想法与之类似，即便他们原先最接近军人生活的场合是马上比武。爱德华三世的马上比武充斥着参与者和围观者。1342 年的邓斯特布尔比武被布列塔尼使者带来的南特沦陷的消息所扰，它的参加者中包括

"所有英格兰的年轻贵族"。1343 年盛夏在伦敦史密斯菲尔德市场（Smithfield market）举办的"美妙（beautiful）"比武很快导致全国范围内到处出现模仿者。1344 年 1 月，马上比武的传统参与者以其骑士式的奢侈前往温莎城堡，和伦敦的大批市民以及"无法计量的成群"的其他人进行了持续一周的长枪比武和宴会，爱德华三世则在这个场合宣布他计划仿照亚瑟王的方式，与 300 名骑士建立新的圆桌。国王自己有理由推广这些浮华的比武竞赛。他希望"集结数量庞大、富有经验的战士，以此鼓吹士兵声望、赞扬军人职业、强化王国政府"。[66]

有足够的迹象表明爱德华取得了成功。国王与贵族的关系变得接近了，这与法国的状况形成了鲜明对比。贵族不可或缺，他们在他的各场战役中充当指挥者，是他的主要金融家，是唯一能够对他的政策发起持久连续抗拒的群体。但 1297 年的景象不会在 1330 年代和 1340 年代重复。爱德华小心地遵守了议会磋商的形式，对政府的支持得到了细致的演练。在并不合适召开议会的时候，也时常举行御前会议，参与会议的显贵数量不断增长。在爱德华从图尔奈围城战抽身回国后，1341 年关于宪法发生了恼人的争吵，几乎让爱德华丧失了对自己政府的控制力，他不得不对此加以安抚。战争之初能够看到的目标一致似乎又回来了。

1343 年 4 月，批准马莱特鲁瓦休战后不久，议会给予了国王一则承诺，如果他无法获得光荣的和平，他们会"以他们的一切力量支持他的事业"。爱德华在那时已经尝试垄断羊毛贸易，这被证明既不得人心也无利可图。他转而采取自由贸易并收取关税。议会被说服投票向其提供"特税（maltolt）"，亦即每袋 2 镑的羊毛出口补充税（在原有的 6 先令 8 便士"旧关税"之外)，"苛税"将在其后三年半时间里征收。对重新开战的支持力度令人吃惊，这在一定程度上是因为他们意识到武装休战的巨大成本和危险，它会将政治主动权留给敌国。从长远来看，一场尽快发起的成功战役可能更为廉价。一年多后的 1344 年 6 月，议会再次召开。

> 倘若不将强有力的兵力施加到敌人身上，就永远无法终结目前的战争，赢得光荣的和平条约。因此，一旦国王准备好跨过大海，就算教皇发出一切消息、提出一切抗议，也要让他去争取上帝可能赐予他的不断推进的事业，直到终结为止。

453

议会为此后两年各提供了一份财政援助，第二年的补贴是有条件的，需要国王亲自指挥军队出国作战。与此同时，正在圣保罗大教堂举行会议的教士也投票决定，在三年里贡献他们收入的十分之一。数年以来，爱德华的财政资金首次得以应付一场大战役的压力。[67]

早在阿维尼翁和谈破裂前很久，爱德华就已经下定决心要在一年后的 1345 年夏季否决马莱特鲁瓦休战。他在大陆上加斯科涅、布列塔尼、佛兰德的战略地位已经遭到了严重削弱，因此，即便他真的比历史所展现的更尊重休战，他也无法继续拖延决断。再度入侵法国的第一批详细计划在 1345 年 2 月已着手准备，阿维尼翁和谈的破裂也正是在那时变得明确。起初的计划是在初夏派遣两支军队前往大陆。国王本人则打算率领其中一支前往法国北部并未详细说明（或许根本未曾决定）的目的地。几经拖延后，分配给这支军队的人员和船只最终确定将

在 1345 年 6 月 5 日作好渡海准备。一支规模较小的军队则将在
德比伯爵兰开斯特的亨利指挥下前往加斯科涅。[68]

这种规模的计划是不可能保密的，也许甚至不值得去保
密。爱德华的活动消息鼓舞了法国境内的每一名不满分子，他
们希望以法兰西政府的耻辱构建其政治地位。蒙福尔的让在 4
月 1 日抵达英格兰。随着布拉班特公爵越发亲近腓力六世，阿
尔古的若弗鲁瓦在布拉班特的流亡生活变得越发不安，当年 5
月，让抵达英格兰后大约六周，若弗鲁瓦来到英伦，还带来了
他在诺曼底的几位密友。爱德华的间谍则在大陆上忙于唆使其
他的法兰西贵族。

爱德华一如既往地对这些人能够带给他的相关帮助有着过
高期望，流亡者则孜孜不倦地滋养他的乐观主义。1345 年 5
月 20 日，蒙福尔的让在坎特伯雷大主教位于兰贝斯
（Lambeth）的宅邸里参加了一场小型仪式，他承认爱德华三
世为法兰西国王，宣称布列塔尼公国向其效忠。阿尔古的若弗
鲁瓦不久后完成了类似的效忠行为。这两人都立刻被编入爱德
华麾下，用以作战的部队也很快组建。1345 年 4 ~ 5 月，第三
454　支军队分享了原本分配给爱德华亲率远征军的资源。北安普敦
伯爵被再度任命为爱德华三世在布列塔尼的代理人。大约 500
人由他掌控，此外还有托马斯·费勒斯爵士指挥的一小支部队，
它将用于重新占领海峡群岛。各方商定蒙福尔的让将跟随北安
普敦伯爵返回他的公国，阿尔古的若弗鲁瓦则陪伴费勒斯：想
要和科唐坦的真假朋友恢复联系，海峡群岛是个好基地。[69]

1345 年 6 月 14 ~ 15 日，爱德华告诉英格兰人，"迫于需要，
为了防卫我们的英格兰王国，为了恢复我们的合法权利"，他正
式背弃休战协定。与此同时，他向教皇和大陆盟友发出了针对

腓力侵略行径的冗长谴责书，克雷芒六世则以一定的正当理由称之为纯然的伪善。爱德华投入大陆的第一支军队事实上已经出发了。北安普敦和费勒斯在 6 月初的几天里从普利茅斯起航。德比伯爵的舰队自从 5 月底就已整装待发，只待一阵顺风。国王自己的军队则在 6 月的最后一周准备完毕。[70]

13　贝尔热拉克和欧贝罗什，
　　　1345～1346 年

　　"我们现在先说说德比伯爵，"傅华萨写道，"因为他承受的负担最重，享受的冒险投机也最多。"[1]德比伯爵兰开斯特的亨利是爱德华三世达成目标的理想选择。他是国王的堂亲，就所有实际考量而言（由于其父年老失明）都是兰开斯特家族的首领，在头衔和声望方面，都恰好符合强盗阿诺·富科对加斯科涅成功军事指挥官的要求。但德比不仅仅是像肯特的埃德蒙（Edmund of Kent）那样的权贵，肯特要为二十年前圣萨尔多的灾难负责。德比是智谋昭彰的外交家和军事战略家，此外，其个性有助于他在加斯科涅贵族中交到许多朋友：浮华、爱好炫耀、慷慨大方、喜爱女人、讲究吃喝。德比与国王合约的条款规定，他将在公国度过 18 个月，将享有总督权力，和国王代理人的头衔。然而他的军事目标完全在于他自己的判断。他要用所具备的实力，500 名重装骑兵，500 名威尔士步兵，1000 名跟他从英格兰前来的弓箭手和能在加斯科涅本地招募的所有兵力，做到"能做的任何事情"。一群杰出的军事主管伴随着他，这些行事鲁莽的主要人物包括彭布罗克伯爵、沃尔特·莫尼爵士与詹姆斯·奥德利爵士（Sir James Audley）等。

　　1345 年 2 月，爱德华三世和德比制订了计划。总管尼古拉·贝什被召回，他并未取得成功，健康状况也在恶化，被派到中世纪波尔多沼泽密布的环境中的不少英格兰人都面临这种命运。斯塔福德领主拉尔夫（Ralph，Lord Stafford）取而代之，他是个威严得多的人，一找到船只就带着少数打前站的先头部队前往波尔多。德比预计自己将于 5 月出发。[2]

1345 年法国人的全部军事灾难都源自年初时他们的决定：在西南方避免进攻战，仅仅采用维持现状的做法，主要着力于别处。这并不是说法国的大臣们不知道爱德华三世的西南线计划。最晚在 1345 年 3 月中旬，他们对主要推力的认识就准确得令人惊讶。[3]然而他们极度缺钱。除了教会的什一税与盐税（gabelle du sel）不确定的供款，唯一能够征收的重要税源是每镑 4 便士的销售税，北部和中部省份的特定城镇依然需要支付这项税款。在南方什么都征收不到。政府改善这一状况的努力于 1345 年 3 月才开始，那时候阿维尼翁和谈的崩溃似乎让战争对有些纳税人来说，如果不是全部的话，再次成了严肃的问题。然而他们随后采用了历史悠久的方法：一个又一个公社地同特派员进行零散的商谈。巴黎人在 4 月初同意了一笔慷慨的补贴，相当于供养 500 名士兵半年的开销。剩下的法国人被敦促效仿巴黎人的榜样行为，然而结果极不一致，在南方格外令人沮丧。此外，大部分同意支付补贴的人的条件都是，9 月份才开始征收这笔钱，在 1345 年的政治状况下，这种延迟非同寻常。[4]

腓力的大臣们形成了这样的观点：主要威胁将来自北方。就某种意义而言，在这一点上他们是正确的。如果爱德华没有因诸多事件挫败，主要威胁就应来自那里。因为这点，加之对北方的防御总是更为敏感的政治问题，法国北部及中部的军事资源被整体集中到那里。总动员令于 1345 年 4 月 29 日颁布。不久之后，7 月 22 日在阿拉斯，部队集结起来，整装待发。

456

不仅没有增援部队会由法国别处调到南方前线，在朗格多克征募的兵力也将被派往北方。为了增援在加斯科涅边境上的士兵，法国方面似乎令人惊讶地寄望于卡斯蒂利亚、阿拉贡和葡萄牙的政府，与它们的谈判随后相当缓慢地展开。因此，夏天里腓力六世的军力在严重地过度扩张，特别是在较早的时段内。一小支海岸守卫监视着圣通日和普瓦图海滨。整个拉罗谢尔议会都忙着为守卫城镇作准备，这里是卢瓦尔河南边的主要大西洋港口。但是那里没有能阻止德比伯爵舰船的战舰编队。被动员起来的少数船只，鲁昂兵工厂制造的桨帆战舰与在英吉利海峡各港口征用的帆船，都在北方。在内地，守军吸收了大多数可用的人力。吉伦特北部海岸的圣通日有着少量兵力，特意从巴黎派来的瓦朗斯伯爵普瓦捷的路易指挥着他们。另一股兵力由阿让总管罗贝尔·乌德托（Robert Houdetot, Seneschal of Agen）在自己的领地中募集，他被任命为朗格多克的王室代理人。围堵是这些人能采取的唯一策略。南方民众被告诫，应该投入更多努力，听从连续不断的王室宣传，这种宣传详尽描述了英格兰人即将抵达他们家园的恐怖景象。但马莱特鲁瓦休战协定依然有效。这类诉求收到的回应麻木而冷漠，大部分公社找到了规避王室特派员对资金和人员请求的理由，而有些，如卡尔卡松（Carcassonne）则断然拒绝。[5]

*

1345 年 5 月 22 日之前，兰开斯特的亨利的军队在南安普敦集结完毕，但在预定时间过后的一个星期内，这一精心备战的杰作却被变幻无常的天气毁掉了。强劲的西南风让他由 150 多艘船只组成的舰队在索伦特海峡滞留了若干周。[6]在加斯科涅，因收复失地的前景而激奋的人们已迫不及待。5月时，小股武装已经开始渗入法军占据的圣通日。1345年6月4～6日的某天，加斯科涅人袭击了蒙拉韦勒（Montravel），它是多尔多涅河北岸、卡斯蒂永附近有着护城河的巨大城堡。他们毫无预警地前来，将它占领。1345年，蒙拉韦勒法兰西守军的人数也必然不足。上游不远处的蒙布勒通（Monbreton）几天后也被占领了。这些是最早的公开战争行为，是休战协定的终止，整个法国已奉命每天都等待着它。在阿让，总管迫切请求图卢兹送来援兵。之后的几天里，随着这些新闻在官员中层层传达，在邻近省份，一个又一个地区的贵族收到了武装召唤。[7]

1345年6月下半，英格兰的总管拉尔夫·斯塔福德开启了正式的军事行动。他包围了布莱，在那儿留下了一支强有力的掩护部队，然后前往朗贡。它们是离波尔多最近的有法军驻防的重要城镇，显然也是战备周全、驻军充足的英格兰军队攻击的目标。两地都没有表现迅速屈服的任何迹象。公国的主力耐心待在布莱与朗贡城外时，强盗和冒险家组成的非正规团伙开展了运动战，他们一小群一小群地行动，侵入法国领土，毫无预警地袭击防备薄弱的地点。对手中兵力零散单薄的法军指挥官来说，分布范围广泛、令人困惑的一连串袭击极难应付，也造成了与战果很不相称的破坏。此外，不是所有战果都无关紧要。在受到最严重影响的佩里戈尔，全省范围内，不光是1340年跟随阿尔布雷家族一同起事的南部，加斯科涅入侵者同反叛的本地贵族也已联手。在佩里戈尔最北部的利穆赞边境，一名心怀不满的伯爵家族私生子带着由加斯科涅人和本地人混编的一股人马四处游荡。农特龙（Nontron）是充当本地

458

区主要市场之一的山城，原先由王室驻军守卫，于 7 月被攻克。而佩里格以东的昂斯（Ans）也在此后于 8 月陷落。佩里格本身差点被组织良好的、由一群市民和一位替英格兰军队效力的本地贵族构成的阴谋集团攻陷。要是他们的计划没有遭到出卖，这群人没准已经在 60 名重装骑兵和一支分遣队——来自米西当的英格兰—加斯科涅驻军——的协助下，夺占了皮圣弗龙（Puy Saint-Front）的城门，占领了城堡。[8]

法国人的防御与英格兰—加斯科涅人的攻击一样不协调。1345 年 8 月初，圣通日的法兰西守军为击退突袭、守卫布莱所累。察觉到威胁依然遥远，罗贝尔·乌德托在阿让地区征募的少量兵力正忙于围攻卡斯讷伊，这是他们附近唯一有英军驻守的地方。大概 40 英里之外，阿马尼亚克伯爵组建的独立武装正包围着就在孔东之外的蒙尚（Monchamp）的一支无足轻重的英格兰—加斯科涅联军。西南部最大一股法军由伊勒的贝特朗和佩里戈尔伯爵在 7 月组建起来，他们大概这时候对蒙屈克发起围攻，蒙屈克是一座位于贝尔热拉克以南的道路上、距离这座城镇不远、被阿尔布雷领主的手下占据的城堡。除了伯爵声称蒙屈克应归他所有，这一决定似乎没有更多的战略正当性。在佩里戈尔北部及朗贡附近的巴扎斯地区边境，完全没有值得注意的法军。博韦主教和普瓦捷的路易一起待在圣通日。可他不是军人，所做的将战略性秩序强加给这片混乱的努力已全然失败。[9]

腓力六世和他的大臣们被突然出现于北方的危险所迷惑。1345 年 6 月第二周，蒙福尔的让与北安普敦伯爵带领第一批到达法国的英军在布列塔尼（可能是布雷斯特）登陆。一星期内，由北安普敦的副手之一，托马斯·达格沃思爵士（Sir

Thomas Dagworth）指挥的一支快速突击队已经进入布列塔尼中部。达格沃思是地位略低的英格兰指挥官中的一颗新星，在若瑟兰（Josselin）附近的卡多雷沼泽（marsh of Cadoret）发现了布卢瓦的查理，让他承受了屈辱的失败。海峡群岛总督托马斯·费勒斯爵士（Sir Thomas Ferrers, Governor of the Channel Islands）领着一帮混编的英格兰人和巴约讷水手，几乎同时在根西岛登陆。1345 年 7 月 2 日，他们对科尼特城堡的法兰西驻军发起围攻。参与这类冒险的人数依然不多，布列塔尼有大概 500 人，根西岛有 100 人出头。[10]

在英格兰，正当兰开斯特的亨利及其军队继续登陆时，加斯科涅军队的船只依然因猛烈的西南风而在西海岸顶风转向。爱德华三世自己的军队，包括威尔士亲王与大部分英格兰高等贵族，于 6 月末在桑威奇登陆。爱德华原先大概打算在诺曼底南部登陆。然而他的计划保密得如此彻底，任何迹象都没有被法军的情报来源察觉或传进法国人耳中。因此，为了应对所有可能的情况，法国不得不在佛兰德边境安排大批守军和海岸守卫，或将它们部署在从皮卡第到科唐坦半岛的整段海岸上。1345 年 5 月底，腓力六世已经离开巴黎。整个 6 月和 7 月，他都在卢瓦尔河下游河谷度过，那里临近布列塔尼前线，到加斯科涅和佛兰德的距离相等。[11]

*

1345 年 6 月底，因为低地诸国突然出现的危机事件，不管原先是什么样子，爱德华三世对其军队的计划都被撇到一边。低地诸国不再像五年前那样，成为英格兰国王考量的中心。他终于失掉了跟埃诺伯爵的同盟关系，1343 年 4 月，伯爵与腓力六世达成和解。埃诺的让身经百战，曾是与爱德华三世过从最密的顾问之一。他失去了对爱德华事业的兴趣，很快同法兰西国王讲和，加入法军作战。爱德华的挚友和德意志王公贵族中的顾问盖尔登公爵去世了。只有在多多少少能拿到他应得钱款的时候，布拉班特公爵才保持友善，随后态度转为越发不友善的中立。许多地位略低的王公贵族还没有拿到钱，他们公开表示敌意。[12]佛兰德是 1340 年的"大同盟"中唯一幸存的重要盟友。1340 年的事件教会了爱德华，不能仅仅将佛兰德看作大量契约雇佣军的来源，甚至也不能只作为英军的登陆场，而要将它视为保有无价战略性资源的地区；它是加斯科涅和布列塔尼被占领的部分之外，唯一认可爱德华三世为王的法兰西省份；还是法国北方侧翼上的一根芒刺，能够在边境上的利斯河与阿河河谷牵制大量法国守军，迫使腓力六世把精力和金钱从要点上远远移开。

460

佛兰德至关重要，因为关于它命运的"意外消息"就足以令爱德华推迟远征。这些"意外消息"并没有被记录下来，但是可以被猜到。爱德华在佛兰德的地位完全取决于三大城镇的政府，特别是最富饶、人口最多的根特。它们的统治并非全然安稳。在农村地区和较小的城镇，统治要靠武力保障。此外，为了经济利益，大型城镇无情地运用这一点，打压竞争对手的市政自治权，用烦琐的规章和控制手段限制与其竞争的纺织工业发展。之前定期爆发于登德尔蒙德（Dendermonde）、波珀灵厄（Poperinghe）和阿尔斯特（Aalst）等城镇的反抗总能被有效地扑灭。然而这一系统天生不算稳定，还得指望三大城镇保持目标一致，而这并不能被看作理所当然。

根特的内部问题尤为严重。雅各布·范阿特维尔德的势力在那里逐渐下滑，他麻木不仁，躲在围绕着他、制服笔挺的护卫形成的障壁后与世隔绝。1340年的军事惨败削弱了他的声望，作为雄辩家与煽动者，他的价值也被日益严重的不理城镇事务和根特内部的分化暗暗破坏。1343年1月，范阿特维尔德的敌人上街示威，差点儿成功废黜了他。他之所以得救，靠的主要是布鲁日与伊普尔的民兵，而不是他自己在根特的支持者。在更近的1345年5月，又出现了更严重的事件，而这是由根特织工与漂洗工长久、激烈的产业纠纷所致。这一争执事关工资而非政治，但它导致了根特寡头政治的分裂，其成员绝大部分都公开从事某一职业或赞同某一方。1345年5月2日，在星期五市场上，五年前爱德华三世初次自称法兰西国王的现场，两大行会的成员进行了激战，数百人死亡。[13]

讷韦尔的路易和跟他一起待在法国的佛兰德流亡贵族抓住了机会。1345年5月，位于佛兰德东北部的登德尔蒙德镇宣布向伯爵效忠，摆脱了布鲁日的政府。几乎能够确定的是，这一事件与大致同时出现于阿尔斯特、格拉蒙（Grammont）和奥德纳尔德（Oudenarde）的暴力冲突背后，潜藏着路易的阴谋。一段时间里，仅仅由于马莱特鲁瓦休战协定的条款，他才被阻止重新进入领地，未能制造更彻底的混乱。南方地区休战协定的作废让他解放了。[14]1345年6月的最后一周，爱德华三世被告知，他可能很快丢掉佛兰德。他的军队本已开始登船，而在6月29日，他突然改变了命令。他的舰队，由约300艘舰船组成，搭载了2000多人，以及所有军需物资、装备、马匹，被命令首先驶往洪特河。1345年7月3日夜晚，这些船只由英格兰出发。5日早晨，他们抵达斯卢伊斯海岸。

爱德华的意图是，在继续执行原计划之前，尽可能快地处理好他在佛兰德的事务。不幸的是，谈判花费的时间比他预计的要长。1345 年 7 月 5 ~ 22 日，这两个半星期里，舰队一直停泊在岸边，人马被困在船上。

7 月 7 日，范阿特维尔德从根特抵达。他被吓坏了，表现得更像寻求庇护所的难民，而非他所在城镇的代表。很明显，他要依赖布鲁日与伊普尔提供给他的军队的保护。别的代表团来了又走，爱德华在船上接见了他们。他们的商谈没有留下记录，然而似乎很清楚，国王希望强迫讷韦尔的路易作出选择。伯爵的政府在他缺席时继续运转，而路易殚精竭虑地在领地之外扰乱它，这一法律拟制对政局产生了令人不安的严重影响。路易要么回到佛兰德，作为爱德华的附庸统治自己的领地，要么永远失去它。流言可能部分属实：要是路易选择后者，爱德华希望任命其子威尔士亲王顶替他的位置。但是如果这个提议真的出现，佛兰德人毫无疑问不会接受。他们更偏好合法的拟制，而不是非法的。布鲁日与伊普尔好像更乐意维持现状，这令人不安。问题在于根特，只有在市政当局内部发生隐秘权力争斗的情况下，它的愿望才会暴露，而此时于斯卢伊斯召开的会议正在进行。人们只知道这场斗争的结果。城镇中的少数派颇有分量，他们质疑与英格兰结盟的整个打算，但是失败了。城镇决定继续范阿特维尔德的政策，可是他本人被罢免了。他被认为过于野心勃勃，马上就能够利用与爱德华三世的亲近关系加固他的个人地位。根特的执政官断然命令他回来。1345 年 7 月 17 日，在漫长的犹豫之后，他回去了。到夜间，一位与他为敌、名叫热拉尔·德尼（Gérard Denis）的煽动家纠集了一伙暴徒，此人是范阿特维尔德敌对阵营中的新星。这些人聚集在他的住宅外。"出来，告诉我们关于英格兰国王的消息！"根据对所发生事件的最可信描述，德尼喊道。范阿特维尔德答复说已经太晚了，他明天将会给出完整的报告。"大家砸倒它！"暴徒们大喊，"杀了他！"范阿特维尔德试图从牢固的厢房逃出，到不远处的方济会教堂避难，却被抓住打死。他操纵了多年的市政当局没收了他的财富，驱逐了他的家人。

爱德华三世始终将范阿特维尔德视为英格兰—佛兰德同盟的关键支柱。此人的死讯深深打击了他。之后数年里，范阿特维尔德的家人在英格兰生活在他的保护下，从他的国库领取恤金。然而事实是，到 1345 年 7 月，范阿特维尔德已经成了佛兰德政局中的边缘因素，到访过程中，爱德华必然已经察觉了这一点。从这一事实能够明显看出，他的地位到底有多边缘：他的死亡几乎没有影响爱德华与佛兰德人关系的进展。它甚至可能令其越发顺畅。7 月第三周，三大城镇的共同决定摆到了讷韦尔的路易面前：除非他承认爱德华三世是他的君主，不然就不允许他回来。路易拒绝了。没有人试图废黜他，然而在 7 月 19 日，即范·阿特维尔德被谋害两天后，英格兰国王同三大城镇签署了协定：他们承诺不让伯爵在依然对法兰西国王腓力六世效忠的情况下重组佛兰德政府。与此同时，根特、布鲁日与伊普尔的寡头政体将继续代表他管理公共事务。爱德华答应为他们提供镇压内部任何反对派时需要的帮助。他声称自己心满意足，或许确实也是如此。那之后讷韦尔的路易在收复领地与支持者方面毫无进展，其支持者被监禁于登德尔蒙德，不久就被驱逐出境。

英格兰国王到访佛兰德是重大的外交胜利，却将他这一年的作战计划搞得杂乱无章。1345 年 7 月 22 日，他的舰船从斯卢伊斯开往秘密目的地时遭到了猛烈的夏季风暴袭击，这在两

天内将他们推向北方，然后又带回英格兰海岸。1345 年 7 月
26 日拂晓，领航的几艘船抵达唐斯。剩下的船只散落在北海
海面，接下来的几天里找到了归航的路。士兵不能再被禁闭在
船上。他们需要登陆，这项事务相当耗时，一旦完成，让他们
休整和再次登船甚至需要更多时间。与此同时需要留在肯特海
463 岸附近的不光是士兵，还有数千名水手，他们都被置于各位元
帅和海军将军麾下。爱德华前往西敏，同御前会议斟酌下一步
应该怎样做。争论持续了八天，结果是取消远征。因此，军队
被分散开来，舰船获准返回港口。最新的安排是，8 ~ 10 月将
组建两支规模小得多的新军，以增援已经输送到布列塔尼和加
斯科涅的部队。这可能并不是爱德华本人想作出的决定。虽然
御前会议在尽可能保密的情况下召开，但结果几乎不可能藏
住。它结束后短短几日，腓力六世觉得北方已经足够安全，开
始把金钱和军队调往布列塔尼和西南部。1345 年 8 月 8 日，
他将波旁公爵任命为自己在西南战线的代理人。[15]

*

1345 年 8 月 9 日，兰开斯特的亨利在波尔多完成了麾下
部队的登陆，比波旁公爵的任命晚了一天。[16]他立马彰显了自
己的存在。从中心出发，通过一系列有条理的围城战推进公国
的边界是拉尔夫·斯塔福德的谨慎策略，却被亨利迅捷地否
定。德比来晚了，他打算在尽可能短的时间里，实现最大的政
治影响。他不想因卷入一连串冗长的围城战而失去主动，也不
想给法国人集结分散军力的时间。因而他与布莱的法国城主达
成了局部休战，围攻该处的英格兰—加斯科涅联军被召回。伯
爵随后从波尔多出发，穿过加龙河谷，同其余跟斯塔福德领主

一起扎营于朗贡城外的公国军队会合。这两人相处得并不愉快。德比指责斯塔福德在围攻如此无关紧要的地方上白费力气。军队指挥官随后召开会议，他们决定放弃围城，进而转攻贝尔热拉克。

这一计划的主要制定者似乎是阿尔布雷领主。他拥有希望看到英格兰军队在多尔多涅河谷获胜的理由。在西南方开展各种军事行动的多股法军里，最大的一股正围攻着他自己位于蒙屈克的城堡。围城部队里最重要的是与阿尔布雷纠缠最久的宿敌佩里戈尔伯爵。然而，这一决定有着更充分的理由。贝尔热拉克是佩里戈尔南部有法军驻防的主要城镇，宏伟的石桥是佩里戈尔范围内横跨多尔多涅河的主要通道。就展开对北部、东部的法国领土的深入突袭来说，它是极好的前沿基地。波尔多与利布尔讷之间有着便利的水路交通，与此同时，城镇的防备也很薄弱，地势低洼，防御工事老旧且不充足：一座历史能追溯到11世纪的城堡，一条壕沟，以及城镇边缘一堵依然由相连的房屋立面组成的墙壁。

德比伯爵的军队日夜兼程，从朗贡出发，赶在消息传抵之前就到达蒙屈克。法军营地里一片惊惧，随后变成了恐慌。围城部队抛下装备逃往贝尔热拉克，背后紧追着英格兰—加斯科涅联军的骑兵分遣队。这场追逐战在平坦的沼泽地区延伸了3英里，结束在位于多尔多涅河南岸、正对着贝尔热拉克、名为拉马德莱娜（La Madeleine）的小村落里。贝尔热拉克大桥横跨河面，把村落与城镇联系在一起，堤道长约200码，十分狭窄，最南端由带护城壕的坚固碉楼把守，但最北端除了一道吊闸什么都没有。一座小礼拜堂阻塞着桥梁中段的堤道。英格兰—加斯科涅联军于傍晚抵达大桥最南端，而此时，为马匹与装

465

464

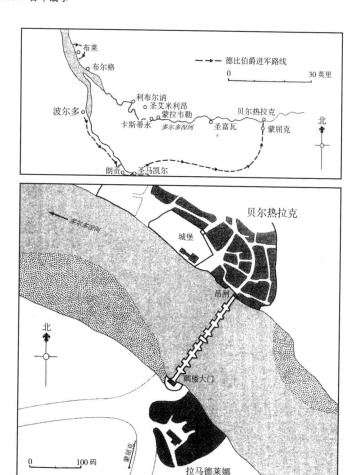

图19 贝尔热拉克战役，1345 年 8 月

备所累的法军后卫还在挣扎着通过碉楼与堤道进入城镇。城镇中的军队试图从桥梁最北端的吊闸出击，英格兰—加斯科涅联军对碉楼发起了猛烈袭击，强行突破了桥梁南端。混乱中，从蒙屈克逃来的乱军被结结实实挤在二者之间。在安全的河岸上射击的弓箭手给他们造成了大量杀伤。大屠杀结束后，英军重装骑兵下马，匆匆冲进了城镇入口。一匹惊马堵住了吊闸，阻止守城者将其放下。进攻者得以在街道上展开追杀，那天结束时，他们成了贝尔热拉克的主人。跟任何沦陷于强攻的地方一样，贝尔热拉克被交给了掠夺者。从这座城镇获得的战利品数量巨大，从败军处拿到的可能更多：足够数百名重装骑兵使用的帐篷、马匹和装备。从战争开始算起，双方都还没有抓到过这么多俘虏。战俘中包括佩里戈尔总管、十位著名的法兰西贵族以及众多较为次要的人物。

法国在西南部的军事组织此时完全失去了秩序。蒙屈克和贝尔热拉克军的幸存者被战斗分成了两半，朝南逃脱的那部分被伊勒的贝特朗重编成参差不齐的军队，然后撤退到加龙河上最坚固的一座堡垒拉雷奥勒。由阿马尼亚克伯爵指挥的另一支部队是收编从贝尔热拉克北部脱身的残军所成，他们退往佩里格，将自己关在了那里。[17]

消息传来时，法兰西宫廷的震惊可想而知。给予加斯科涅的优先权如今高于其他所有前线。此战之后不到十天，一支新军就建立起来。波旁公爵于9月到达朗格多克，承担起国王代理人的职责。整个9~10月，他都致力于征募新兵的行动。在博凯尔、卡尔卡松和图卢兹的总管辖区中能找到的全部士兵被收拢到省份北部的集结点。总部建于昂古莱姆。大部分在朗格多克征募的士兵从集结点被指引到那里。在城墙外的原野上，他们与普瓦捷的路易麾下在圣通日作战的军队、由伊勒的贝特朗指挥的贝尔热拉克战役的幸存者、从法国更遥远省份主要是勃艮第和奥弗涅征调的新兵并肩努力。军务的总体控制权被置于犹豫不决的年轻的诺曼底公爵手中。[18]

战斗结束后，德比只在贝尔热拉克停留了两个多星期，休

466

图20　德比伯爵对佩里戈尔的入侵，1345 年 9～10 月

整、分配战利品、扫荡附近有设防的地点，包括佩里戈尔南部的大多数城堡和设防村镇。一名法国官员称，这些地方的居民被吓呆了，没有人抵抗。1345 年 9 月 10 日，伯爵分割了兵力，留下 1500 人守卫贝尔热拉克，由阿尔布雷兄弟贝尔纳－艾兹和贝拉尔指挥。其余兵力，2100 名重装骑兵及 4000～6000 名步兵及骑马弓箭手由德比亲率，向北开往米西当镇，英格兰—加斯科涅联军已在三年多时间里于此处保留了一支孤立的驻军。从米西当出发，伯爵经伊勒河谷转向东方，朝省府

佩里格行军。[19]

佩里格的防御状况甚至比贝尔热拉克还要糟糕。跟法国中部、南部的许多城镇一样，佩里格是双子城，有着两个完全独立的城防体系。西边的城区（Cité）源自古罗马城镇，它由圣艾蒂安教堂（church of St Étienne，后来变为座堂）周边的几何形街道网格、佩里戈尔历代伯爵的城堡、一座古老圆形竞技场的废墟组成，护卫城区的是倾颓低矮的罗马城墙，它兴建于3 世纪，近年来仅有寥寥几处得以加固。东边的皮圣弗龙大得多，人口也更为稠密。它环绕着现在已是座堂的宏伟修道院教堂自然发展，保护它的是能够追溯到 12～13 世纪的墙体。两城之间坐落着名为双城入口（Entre-Deux-Villes）的空旷郊区。然而，在阿马尼亚克伯爵带着贝尔热拉克战役的部分幸存者逃来这一意外事件之后，守卫绵长墙体的可能性才出现，长长的墙体成了城镇的优势。德比不具备彻底围住这么一大圈城墙的兵力。他保持着松散的包围圈，派遣大规模袭扰分队在进城的道路上巡行，劫掠附近的土地，攻击周围大门紧闭的那些城堡与城镇。截至 1345 年 10 月中旬，英格兰军队已经控制了佩里格北边和东边由防御工事组成的狭长环形地带，多多少少将城市与其补给源分割开来。[20]

对法国来说，佩里格的陷落是与贝尔热拉克失守同样重大的灾难，然而很长时间后，他们才认真作出了阻止这件事的尝试。1345 年 9 月上旬，诺曼底公爵抵达昂古莱姆，让手下士兵向前行军，以宽阔的弧线环绕着德比战区北部，最终将总部设到位于安全距离的利摩日。到了 10 月，他大概领有（根据可靠的同时代估算）8000 名重装骑兵，与 "不计其数" 的步兵。[21]10 月初，他决定派出 3000 名重装骑兵和大批步兵援助佩

468

里格。这支部队的指挥权被授予普瓦捷的路易，但伊勒的贝特朗和许多在贝尔热拉克与他共同作战的人也享有指挥权。诺曼底的让亲率他手下的其余部队，以飘忽的路线跟了上来。

事件的准确顺序并不清楚。好像发生过程是，普瓦捷的路易成功解救了佩里格，迫使英格兰—加斯科涅联军的主力撤退，然后按照已经确立的法军实际经验，开始了缓慢而有条理的对周边要塞的夺回行动。德比在较为重要的要塞内留了守军，以保持对佩里格的压力，延缓法军的进展。1345 年 10 月中旬，法军对此类地点中的欧贝罗什城堡（castle of Auberoche）发动了围攻。今天欧贝罗什是佩里格以东 10 英里处，欧韦泽尔河（River Auvezère）北岸的一座小村庄。14 世纪时，它是一处大型的封建堡垒，主人是佩里戈尔的众多小贵族之一，已经（根据法国中书院的措辞）"变成了英格兰人"。英格兰军队一经到达，他就投降了。德比将防守它的任务交给科蒙的亚历山大，一位无畏的老者，军中最重要的加斯科涅贵族之一。

围城部队在欧贝罗什城堡外停留了一段时间。然后，1345 年 10 月 21 日早晨，他们遭到了德比伯爵有效的突袭。他率领麾下主力趁着夜色接近他们。法军尚未进入战斗距离，就遭受了弓箭手导致的惨重伤亡。尽管法军人数占优，一度似乎处于上风，正午之前他们却开始放弃战斗，退了回去。法军战线崩溃时，城堡中的守军出击了。德比军中的重装骑兵再次上马，两股兵力一起追击分头逃散的法军，令他们遭受了经常落在战斗中失败一方头上的可怕大屠杀。一场恶战之后，普瓦捷的路易被俘，却因伤势过重而亡。他的结局就是如此，作为将领他缺乏创见，作为法兰西国王的仆从却忠诚勇敢，自 1338 年起，他参加了每一场重要的战役。伊勒的贝特朗，这位更有能力却更自私的人物也被俘虏。被俘获时，他不愿表态投降，又因其价值太大而不能杀害，所以他被拖走囚禁起来。其他俘虏包括1位伯爵、7位子爵、3位男爵、图卢兹和克莱蒙的总管们、12位方旗领主以及教皇克雷芒六世的侄子和超出任何人所想的众多骑士。赎金的数目甚至比在贝尔热拉克得到的还要大。

根据中世纪结束之后依然充分存续的惯例，战俘与国家无关，而是俘获者的私有财产。这些人可以出售或抵押战俘，随意扣留他们，或在战争习俗、契约法规定的宽松范围内同他们讨价还价，榨取可能获得的任何东西。事情到了这种地步，以至于宣誓后获释以筹措赎金的战俘会因为其阶层的社交礼数，在自己的国家被人强制要求兑现合约，强制执行者有时甚至是他们被俘时为之效力的君主宫廷。战俘显然是最宝贵的战利品，在追逐他们时，不少情况下投入的精力和勇气比对更重要的军事目标还要多，付出的代价偶尔也更大。异乎寻常的沃尔特·莫尼是他那个时代最成功的战俘收集者，在苏格兰战争中他就已经抓到了工程师约翰·克拉布，然后将他以1000马克的价格卖给了英格兰国王。1337~1340年，他在佛兰德与法国北部又通过战俘赚了11000镑，其中包括佛兰德伯爵的私生子居伊。1342年他俘获了7名布列塔尼贵族，这些人是布卢瓦的查理的盟友，在一桩发生于菲尼斯泰尔、除抓获俘虏外毫无意义的事件中被俘。莫尼通过战俘获得了大笔私财。然而除了他这个例子，到那时为止英格兰人通过战俘赚到的钱财却相对微薄。他们获得的胜利过于稀少。贝尔热拉克和欧贝罗什的两场会战让双方都大开眼界，意识到作战胜利能带来物质报酬，失败方则会遭遇毁灭性的后果。[22]

　　一条不确定的原则是，赎金的多少应该符合情理。然而实践中公认的唯一限度是，俘虏付得起这笔钱，如果确有需要，可以在朋友、亲属和佃户的帮助下。蒙里库（Montricoux）是阿韦龙河谷（valley of the Aveyron）中的一座村庄，其领主在欧贝罗什被俘，居民不得不凑出 200 图尔利弗尔的巨款为赎金添砖加瓦，因为"不希望看到他变得赤贫"。有些耗尽了自身财力与关系的人向法兰西国王求助。半个世纪后，傅华萨记录了部分在欧贝罗什被俘的人对他们在巴黎所受接待的回忆：日复一日蹲在王室内廷官员的办公地点外，希望能够被国王接见，因为他们的钱袋已经被贪心的巴黎客栈老板榨干了。"明天再来吧，或者更好点，后天。"这是正宗的官僚口气，但对腓力六世并不公平，碰见麻烦事的情况下，他殚精竭虑地筹集保卫国家、慷慨助人所需的金钱：一项事例中为 2000 图尔利弗尔（400 镑），另一项中则为 2000 金埃居（375 镑），不少交付赎金后无力购置武器或马匹的骑士和侍从也从他那里得到了数额较小的赏赐。贝尔热拉克和欧贝罗什的赎金数额被认为格外夸张。教皇的侄子不得不付给科蒙的亚历山大巨额金钱，以至于溺爱他的叔叔称，他必须卖掉一大部分地产。事实上，有些赎金从未交付。这类俘虏在狱中吃了多年苦头，或者像利默伊领主加拉尔的让（Jean de Galard, lord of Limeuil）那样，以在英军中效力代替支付赎金，然后却发现之前的战友指控他们叛国。对德比的军队来说，收益十分巨大。可靠的说法是，通过从贝尔热拉克取得的战利品，伯爵本人赚到的 52000 马克（17333 镑）足以支付重修坐落于斯特兰德大街上萨伏依宫（Savoy Palace）的全部费用。通过在欧贝罗什获得的赎金，他又赚了 50000 镑。[23]

欧贝罗什之战标志着 1345 年法军在西南部军事行动的结束。尽管战斗进行时，诺曼底公爵只在约 25 英里外，率领的新军规模比被击败的那支还要大，可他一听到消息就放弃了努力。他手下的军队回到昂古莱姆，1345 年 11 月 4 日就地解散。公爵本人带着随从北上，在简朴的安德尔河畔沙蒂永（Châtillon-sur-Indre）城堡中制订下一年的计划。资金短缺可能是他别无选择的原因。他麾下有些军队的状况必定十分恶劣。博凯尔总管 9 月时就抱怨说，他的士兵不光没有薪水，也没有养活自己和马匹的资金。有些人干脆卖掉装备开了小差。到 10 月末，状况不大可能改善，很可能会更糟。即使如此，公爵从战场撤退的决策值得注意，它对法国在西南部的战争努力也造成了严重影响。1345 年 11 月～1346 年 3 月，没人能在战场上抵挡德比伯爵的进攻。[24]

471

*

尽管开端令人振奋，英格兰军队对布列塔尼的远征以沮丧告终。在根西岛，科尼特城堡已经于 1345 年 8 月 24 日被巴约讷水手夺占，法国守军通通被杀。这一事件标志着英格兰已全部收复海峡群岛，消除了对英格兰与布列塔尼、加斯科涅之间联系的最严重威胁。[25] 然而随后的进展大为减缓，原因有几点：北安普敦的军队质量极高，但只有几百人。此外，蒙福尔的让也享有对其行动的控制权，在自己的直辖领地内，他得以崭露头角，但被证明是完全不合适的指挥官。从 6 月达格沃思突然奔袭布列塔尼中部，到 7 月底军事行动真正开始，中间出现了漫长的耽搁。这一耽搁的原因不明，后果却令人遗憾。1345 年 6～7 月，布卢瓦的查理实力薄弱。所以 8 月时，法兰西政府意识到爱德华三世放弃了极具威胁的入侵后，开始让先前保留的布列塔尼驻军转去防守北方。许多军队被部署在诺曼底。因此和同时计划的向佩里戈尔、朗格多克的大量调兵相比，这批军队调动完成的迅速得多。8月9日之前，布卢瓦的查理已经得到了大量增援。[26]

蒙福尔的让指挥了这个夏天的主要军事行动。7月的最后几天里，他发起了对坎佩尔的围攻。坎佩尔此时是其对手在半岛南部海岸占据的唯一重要城镇。这场围城战灾难性地失败了。8月11日，让试图对脆弱的防御发起猛攻，但被赶了回去，损失惨重。布卢瓦的查理几天后到来，带着刚刚扩充的军队，给围城战画上了仓促的句号。让看起来根本没有收到查理将要前来的预警，毫无秩序地撤退了。他自己被包围在附近一座有防御设施的房子里，通过在半夜贿赂哨兵才得以脱身。不久之后，他撤回自己位于埃讷邦的城堡，在那里重病不起，死于9月26日。作为政治家他犹豫不决，作为军人又缺乏创见，始终是别人野心的工具。然而，不管让在世时多么不让人满意，他的死讯导致的问题比解决的还要严重。英格兰人需要再次围绕新象征重建蒙福尔派。1345年10月，北安普敦伯爵以英格兰国王爱德华三世和死去的让的同名儿子的联合名义，获得了幸存的蒙福尔派的效忠。但新任公爵只是个孩子，他大约5岁，在英格兰长大。前景似乎越发渺茫了。[27]

1345年10月16日，英格兰国王于西敏召集御前会议，回顾了之前发生的事件，气氛必然相当沉重。会议进行中，德比夺下贝尔热拉克的消息传来，这是唯一的亮色。眼下依然有人提议，将新征募的军队派往布列塔尼和加斯科涅，为已经投入战斗的部队提供增援。理论上，几天内他们就将离开索伦特

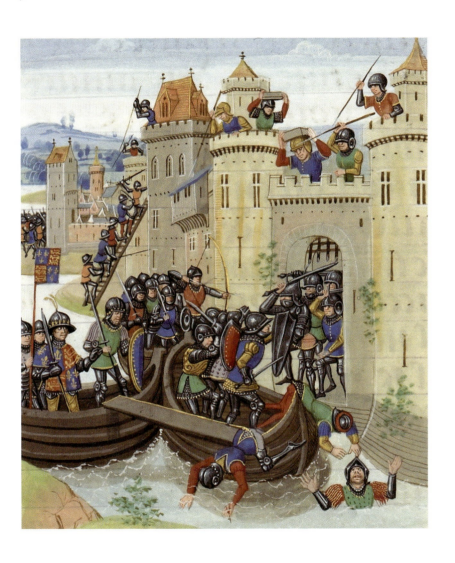

1340 年 7 ~ 9 月，爱德华三世围攻图尔奈。

1341 年，布列塔尼公爵让三世的送葬队伍。画作描绘了公爵棺椁在军队的护卫下途经一处设防城镇，从拱门下通过的场景（下图）。1341 年 4 月 30 日，让三世在卡昂撒手人寰，并且没有留下明确继承人。因此，他的侄女庞蒂耶夫尔的让娜，与他的异母兄弟蒙福尔的让之间，爆发了一场血腥的内战，即布列塔尼继承战争，上图为概括性地反映此事件的图画。

1341 年 5 月，南特居民向蒙
福尔的让宣誓效忠。

布列塔尼继承战争中的英法
军队交战。左侧为英军，右
侧为法军。西班牙的路易斯
被任命为法兰西的统帅，支
持布卢瓦的查理。

    1342年5~6月，布列塔尼公爵布卢瓦的查理率军围攻埃讷邦。在下面的画作中，右侧上部可见蒙福尔伯爵夫人，而率领法军进攻的则是布卢瓦的查理。在傅华萨的描写中，伯爵夫人成功地激起了城中防御者的勇气，尤其是女性："伯爵夫人从头到脚全副武装，骑着骏马穿行于街道，呼吁人们坚决地保卫自己。在她的号召下，包括贵妇在内的女人们撬开街上的鹅卵石并将其送至壁垒，在那里用这些石头痛击敌人。她还下令，用投石器将燃烧的沥青投掷出去以杀伤入侵者。"

布卢瓦的查理（右一）接
见一位市民。

1342年发生在根西岛附近海域的一场海战，英格兰人损失惨重。

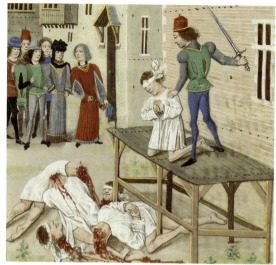

1343 年 8 月 2 日，被控犯叛国罪而遭处决的克利松的奥利维耶，以及其他布列塔尼骑士。

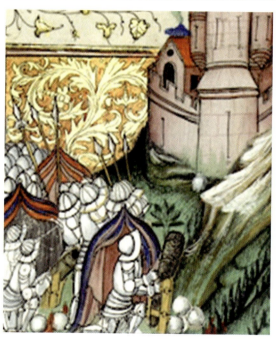

　　1345 年 10 月，法军对欧贝罗什城堡的围攻。指挥官为伊勒的贝特朗。在图中，攻城的法军不仅全身披挂盔甲、装备精良，还有火炮辅助。编年史中曾这样描述这种新式武器的巨大作用："在打击防御一方的士气方面，这些火炮比其他任何武器都有效。在六天的时间里，它们打坏了绝大多数塔楼的上半部分，不论骑士还是士兵，都不敢轻易登城防御，而只能躲在地下的掩蔽所里。"

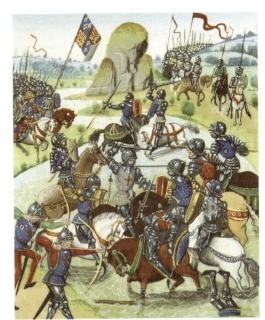

1346 年，英格兰军队（阿尔
古的若弗鲁瓦）与亚眠人作战。

一场胜负已分的战斗，胜利
者踏过流血的失败者躯体。

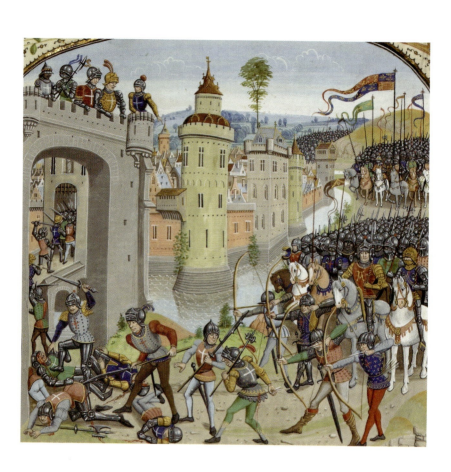

　　1346年7月12日，英格兰军队在爱德华三世的率领下登陆诺曼底，并于7月26日夺取并劫掠了卡昂，当地守军和居民有超过5000人遭杀害。沉浸于劫掠中的英军甚至将一座教堂也付之一炬。左页图是英格兰军队攻占卡昂的场景；上图是英军在瑟堡、卡昂等地烧杀抢掠的景象；下图则是登陆时的一个小插曲：在离开船只踏上法兰西的土地时，爱德华绊了一跤摔倒在地，以至于鼻子出血。在入侵的第一天，爱德华曾发布一份公告，要求所有人不得骚扰老人、妇女或儿童，不得劫掠教堂或圣坛，不得焚毁建筑物，违者可处以死刑或肉刑，但事实上这份公告并未得到切实执行。

1346 年 8 月，布朗什塔克浅滩之战。在阿布维尔下游的布朗什塔克浅滩，英格兰人面对费伊的戈德马尔率领的严阵以待的法军，强行涉渡索姆河。

在克雷西之战的战场上，爱德华三世清点死亡人数。

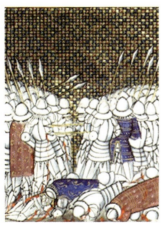

　　1346 年 8 月 26 日，克雷西之战。法军对爱德华三世紧追不舍，终于得以在克雷西和英军进行了一场面对面的战斗，但遭受了惨重的失败。上方图为战斗场景；下方左图横尸地上的戴王冠者是盲眼的波希米亚国王约翰，他在战斗的最后阶段阵亡。下方右图可见那个年代近战中所使用的多种武器：长矛、匕首、剑和战锤。

射击中的英格兰长弓手。在他们大角度的抛射之下，尖锐的穿甲箭头会犹如瓢泼大雨一般倾泻到敌军头顶，当时的甲胄很难有效防御，至于马匹则更是容易受伤乱窜，进而导致敌方的骑兵进攻陷入混乱。

这张图很好地体现了克雷西之战中对阵双方在远程武器方面的差异。左侧法军前方的是来自热那亚的弩手，右侧英军则布置了长弓手。尽管关于武器的勾画颇为正确，双方远程士兵的全身甲当属后世的美化之举。

热那亚弩手及其掩护自身的巨盾。投入战斗时，弩手的护盾由他们的"持盾手"携带，在弩手上弦时进行保护。然而在克雷西之战中，这些持盾手与对应的器械却没能及时抵达。

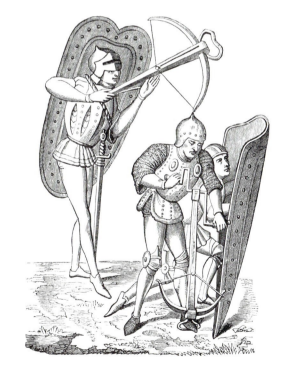

　　1346 年 10 月 17 日的内维尔十字之战，上图为战斗场景，下方右图为战前准备阶段。这一时期，英格兰为争夺法兰西王位将大量的人力物力投往法国本土，而其北方的苏格兰则在法国的支持下南下发动袭击。英格兰王后埃诺的菲莉帕（下方左图身着二分式纹章长袍者）征召本土军队，在内维尔十字之战中彻底击溃了苏格兰军队并俘虏了苏格兰国王。

1347 年 6 月的拉罗什代里安之战。此战从属于布列塔尼继承战争，布列塔尼公爵布卢瓦的查理率军围攻蒙福尔派的重要城堡拉罗什代里安，却在由托马斯·达格沃思爵士率领的英格兰援军抵达时被击败，查理本人也遭俘虏。

　　1347 年 8 月，在坚守围城长近一年之后，加来的守卫者们最终决定向爱德华三世投降。为了免遭屠城，六名加来市民作为代表，在一场屈辱性的献城仪式中向英格兰国王交出了城门钥匙：他们仅穿单衣，并且在脖子上套上象征绞索的绳子；有说法称，爱德华起初打算将他们全部处死，但最终所有人都被赦免。1884 年，著名雕塑家罗丹受加来市政府委托，根据这一场景创作了雕塑《加来义民》，最终于 1889 年完成。

海峡中的港口。这个提议从来没有得到过多少支持。它是在爱德华不得不取消入侵法国北部的计划后，7 月御前会议的漫长争论中出现的妥协方案。眼下，现实因素悄悄渗入。就算时间表能够维持下去（然而并不能），战役季节收尾时，把仅有的钱花在遣送无价值的小股军队到欧洲大陆上也不是什么聪明的事。1345 年 10 月 22 日，政府宣布取消两次远征。新一次对大陆的远征将在下一年里尽早着手进行。船主们并未获得自由，大多数情况下，他们的船只从春天起就被征用。政府仅仅授予他们贸易特许权，但是签下了协议，以保证他们在 1346 年 2 月 17 日前返回。新军的登船日期被定在了 1346 年 3 月 1 日。[28]

关于这次行动的目的地，眼下似乎还没有作出正式的决定。最可能的地点是布列塔尼。1345 年 10 月，北安普敦伯爵在布列塔尼半岛北边开始了漫长的冬季战役，作战目的非常明显：夺取同布雷斯特或瓦讷相比，与英格兰南部的往来更便捷的港口。在这部分布列塔尼地区，北安普敦面对的困难格外严重。庞蒂耶夫尔的让娜（布卢瓦的查理之妻）所在的家族控制了这里几十年，与生俱来的忠诚丝毫不比公国的其他部分逊色。在开阔地上大败布卢瓦的查理不算难，冬季战役开始时北安普敦就成功做到了。然而查理的撤退一向井然有序，北安普敦无力夺取他掌控的要塞。他没能拿下北部道路上重要的岔路口卡赖（Carhaix）。他也没能拿下布卢瓦的查理的总部甘冈，此地从 1343 年起就防御森严。北安普敦的攻城器械对它的城墙毫无影响。11 月末，他在拉尼永（Lannion）又遭受了一场难堪的失败。伯爵只成功缴获了一大批运过来的西班牙葡萄酒，它们被储藏在城墙以外。到年底时，他对特雷吉耶半岛上宽阔的若迪河（River Jaudy）入海口实现了薄弱的控制，但这

473

对他来说几乎毫无用处。主要的海港特雷吉耶除座堂的塔楼外没有任何防御设施，需要将其拆毁以免为法国人所用。英格兰人可能建立永久驻军的唯一地点是位于上游 3 英里处、名为拉罗什代里安（La Roche-Derrien）的小镇，面对镇民的顽强抵抗，英军连续多日进行了一系列进攻，才攻克了它。拉罗什代里安将是之后两年里布列塔尼战争的重点，在如此远离英格兰主要兵力中心的情况下，守住它的代价十分高昂。一支规模不小的军队被留在那里，由北安普敦的一位重要军事主管理查德·托特沙姆（Richard Totesham）指挥。但是，这处港口只能容纳载重低于 60 吨的船只，而这也只有在海浪最高时才能实现。它永远不会，当然也没有被用作大批军队的登陆点。[29]

在西敏，英格兰国王很不愉快地接见了一位教皇大使。这位使节，拉韦纳大主教尼科洛·卡纳利（Niccolo Canali, Archbishop of Ravenna），是前来调停的另外两名红衣主教的通报人。他的来意，即为那两人获取安全通行证，并让国王注意到这一事实：马莱特鲁瓦休战协定的效力还有 9 个月。爱德华的答复由一位内廷官员传达，即对法兰西国王恶行连篇累牍的指控。爱德华不会指定"任何时间或地点"来探讨永久的和平。正相反，据爱德华所述，他准备通过武装力量宣示自己的权利，而且要是教皇乐意派给他携带合理建议的红衣主教，他或许会和颜悦色地接待他们。大主教询问，红衣主教们该去哪里，回答是，英格兰国王到来的时候，整个基督教世界都会知道，毫无疑问那时教皇将明白该把消息送到哪里。这次接见以如此大言不惭的表态告终。此刻爱德华很有信心，如果他与教皇发生争执，哪怕面对着绝罚令与停圣事，英格兰的民意也会支持他。克雷芒可能也这样认为。他不敢采取这些极端手段。

大使在宫廷中待了一阵子，"因为是圣诞节，"尖刻的亚当·穆里穆斯写道，"而且因为他的开销额度是每天 15 弗洛林。"1346 年 2 月，红衣主教们再次申请安全通行证时，他们的信使被丢进了监狱。[30]

*

欧贝罗什之战后，德比伯爵改变了军事行动的方向。他不再推进对佩里格的包围，而是在城边留下一队守军，令其伺机而动，然后率军南下，前往加龙河谷，开始收复公国东部边境的领土，这支军队的处境比之前任何一支英格兰军队在那里享有的都要好。设防村镇佩勒格吕（Pellegrue）有条件地投降了。另一处设防村镇蒙赛居尔（Monségur）进行了抵抗，但遭到了攻陷和洗劫。1345 年 11 月初，伯爵抵达拉雷奥勒城外。[31]

拉雷奥勒的城防相当坚固，配备了很大一股法兰西驻军，然而正如兰开斯特的亨利曾经注意到的，任何要塞都没有坚固到足以抵御内部的敌人。拉雷奥勒城中的居民对围城战毫无兴趣，对法兰西国王也没有天生的忠诚。在圣萨尔多战争中被法军攻克前，这座城镇在英格兰人的公国中享有的地位比在法国省份中能指望的要突出很多。作为葡萄酒产地，它还享有特许出海权，以及任何法国总管都不太可能容忍的更大程度的市政自主权。市民首脑讨论了应该怎么做后，决定向伯爵献城。1345 年 11 月 8 日，英格兰军队在城镇一侧安排了一场佯攻，守望者朝驻军呼救，而其他人打开了另一侧的大门，把英军放进来。驻军运气不错，没有被困在城镇的围墙里。他们及时看到了发生的事情，抵达了堡垒，通过时在街上抓了一群猪，当作被围困时的补给。

堡垒位于城镇最西边俯瞰河流的岬角上。它是宏大的方形堡，拥有爱德华一世手下工程师建造的宽阔角楼。英格兰军队用投石机轰击却没有产生效果，翻过墙头发起的攻击也被打了回去。但是从镇内挖掘坑道的话，堡垒很容易被破坏。三周的挖掘之后（伯爵亲自在坑道里干活），驻军指挥官与围攻者达成了协议。他抵抗的时间已经够长了，足以在法兰西宫廷面前挽救自己的名誉。所以他同意遵守为期五周的休战，如果这段时间结束时援军还没有出现，他就决定投降。这类有条件的投降相当常见，要是驻军承认现实又不与敌军勾结，他们的做法也能得到战争习俗的认可。驻军指挥官将他签下的协议呈给了诺曼底公爵，请求他派来援军，然而公爵远在安德尔河畔的冬季营地里，并且什么也没有做。波旁就在附近，英格兰军队一到达拉雷奥勒，他就对朗格多克和边境省份发出总动员令，但476 响应者寥寥。为了扩充诺曼底的让刚刚遣散的那支军队，他已经竭尽全力。那些人还在横穿法国南部的回家路上艰难跋涉。12 月时，阿马尼亚克伯爵试图在自己位于鲁埃格的领地里替波旁招募兵员，然而就算他这么做，成果来得也太晚或太少。1346 年 1 月初，拉雷奥勒的驻军离开了，英军占领了堡垒。因为他们的辛苦，镇民得到了慷慨的报酬。[32]

直到 1346 年 3 月，兰开斯特伯爵（父亲在 9 月去世后，他继承了爵位）[①] 都待在拉雷奥勒的冬季营地里，麾下大部分军队也被解散了。春天之前，加斯科涅的贵族及他们的扈从分头回到家中。同伯爵前来的主要随行人员一部分返回了英格

---

① 即兰开斯特的亨利（Henry of Lancaster），他是第四代兰开斯特伯爵（1345～1361）。

475

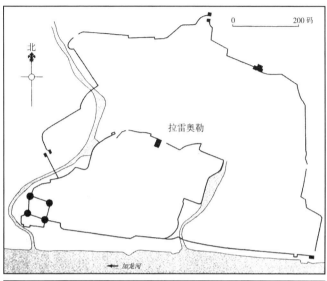

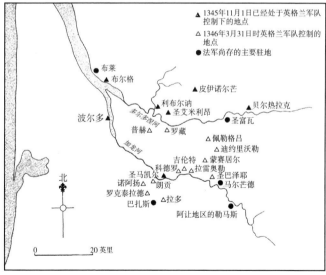

图21 英格兰军队对波尔多地区的占领，1345年末至
1346年初的冬天

兰，包括彭布罗克伯爵与詹姆斯·奥德利爵士。[33] 留下来的人致力于袭击对手防御糟糕的城镇和城堡。小股部队广布于拉雷奥勒和圣马凯尔间的加龙河谷地，深入袭击河对岸的法国领土。最惊人的战例出现于 1345 年底，英格兰人诺里奇的约翰指挥少量兵力夺下了昂古莱姆。昂古莱姆对袭击似乎毫无防备，敷衍了事地抵抗了两下就投降了。约翰并没能守城很久，1346 年 2 月他被迫撤退，可以推想，除了战利品他一无所获。事实上，这类冒险拖了法兰西政府战争行为的后腿。它们使人力物力转向防守本地。毫无疑问，图卢兹于 1345 年 12 月开展了浩大的防御工事建设，利摩日不仅开始重建防御工事而且在冬季派人昼夜看守，这些做法都是有意义的。绝大多数这类情况下，费用都直接由国家负担。众多城镇都寻求，而且通常获得了这种特权：将国家的地方税收在源头截留下来，转去支付他们劳动的报酬。征召人员在家乡以外服役，成了困难或者说不可能的事情。罗德兹主教康托布尔的吉尔贝（Gilbert of Cantobre，Bishop of Rodez）作于 1347 年 4 月约 18 个月后的记录，最清晰地表达了面临危险时地方社会分头自保的倾向。那时候战斗经历了更严重的转折，却依然没怎么触及他的主教管区（diocese）。然而这位紧张的教士提出了一整套守卫地方的计划，几乎把鲁埃格看作独立的共和国，而非法兰西王国的一个省份。从一个行政区到另一个，征召与收税都由地方首领组织，整个省份又推出一位总统帅。邻近的城镇与行政区提出了对互帮互助方案的详尽安排，但首脑们绝不会把兵带出总管辖区的边界，就算他们这样做，下属也不会听从。他们不会付出半点税款来支持发生于鲁埃格外部的军事行动，"却只会为保卫这个省份里我们的家园花钱"。由国王征收的税款被完全撤销，人们温和地请求腓力六世，用王室常规收入满足自己的需求。[34]

这些地方都远离最紧迫的危险。恐惧激励它们的居民急迫地开展努力，吓蒙了住在波尔多地区边缘的那些人，英格兰征服者很快就会到达那里。傅华萨记述了驻军指挥官与镇民代表团之间的一场对话，它是虚构的，实际上却必然在西南部众多城镇里发生。"替我们想想吧，"镇民说，"如果英格兰人夺下了镇子，我们会被杀，家园也会被践踏。""你希望我们怎么应对这些呢？"指挥官的侍从问道。"希望你们停止进攻英军，跟他们谈判。这样我们就能过上不被打扰的安稳日子，否则不管发生什么事，我们都不会安全。但要是你们没准备好这么做，为什么不至少撤进堡垒，接着打你们自己的仗，因为我们已经受够了。"这位指挥官满足了他们的要求。洞察力没那么强的指挥官或许马上拒绝了他们的请求。

> 于格爵士非常严厉［傅华萨这样写道］，他告诉那些人，此处防御坚固、补给充足，能够从容地撑上六个月，他们是在无事自扰。听说了这一点，那些人没有就此展开争论，却对他更为恭敬。然后在晚祷时，他们抓住了于格爵士，将他关进牢房，高喊道，要是不答应他们的请求，就不会放他出来。"我能问问是怎么回事吗？""你应该利用自己的权威出去，对付德比伯爵和英格兰人，这样我们就能过上安稳日子。"

在几个地方，指挥着庞大部队、精力充沛的地方指挥官能够热忱地为腓力六世的事业提供支持。大圣富瓦（Sainte-Foy-la-

Grande）的军事主管如今成了波尔多与贝尔热拉克间水路自由交通的主要障碍。他打退了针对这座城镇的猛烈攻击，这是英格兰军队吃到的不多的几场败仗。在巴扎斯，面对兰开斯特的亨利送来的劝降书，法军军事主管的答复颇具挑衅。他设法保持镇民的忠诚，准备多撑一年。这些人不算典型。朗贡的抵抗在夏季获得了成功，然而在冬季投降了。圣巴泽耶第三次被收复。此时，在波尔多和艾吉永间的加龙河上，唯一重要的一支法兰西守军便是马尔芒德的驻军。[35]

在阿让地区，每一位山地领主都在评估英格兰军队所获胜利的影响。1345 年 11 月，杜拉斯的迪尔福家族（Durforts of Duras），阿让地区北部的主要贵族家族，分布广泛的迪尔福大家族最富有的分支，转变了立场，向英格兰国王效忠。他们突然转换效忠对象的做法具体阐释了作战胜利会导致的"滚雪球效应"。八年前战争爆发时，迪尔福的艾默里克（Aimeric de Durfort）是被迫作出艰难抉择的众多西南部贵族之一。他一直支持法兰西国王，因此被剥夺了其家族位于波尔多地区的宝贵地产。然而他在阿让地区和佩里戈尔南部的更多财产被保存下来，如果他选择另一方，这些财产就要被腓力六世没收。作为补贴，他还定期获得了从波尔多政府支持者那里夺来的领地。1345 年艾默里克去世时，可能是在欧贝罗什之战中，情况已大不相同。英格兰人控制了绝大部分佩里戈尔南部地区，继而准备夺回阿让地区。艾默里克的筹划似乎没有他的弟弟，即他的继承人加亚尔那么周密，接下来的十年里，加亚尔成了西南部的一名主要政治人物。他是一位狡猾世故、愤世嫉俗的前教士，曾任图卢兹大学教会法教授，也是最成功地积累了教会圣俸的法国教士之一。但是出于家族的政治困境，加亚尔中

年时选择放弃 3000 图尔利弗尔每年的教士收入，结婚成家，
获得骑士身份，全身心地投入一场王朝战争及与其家族有关的
若干仇杀。他导致了三个兄弟、一支庞大军事扈从队伍、位于
皮吉扬和杜拉斯的主要堡垒和他的盟友以及"城镇、地方、
城堡、领主，都恢复了对我主英格兰国王的服从"。兰开斯特
保证，他们都会得到可观的赏赐。[36]

479

图 22　阿让地区与佩里戈尔南部，1345 年 11 月～1346 年 3 月

　　这是阿让地区政治风向变动的第一个迹象。除了直接由法
兰西国王派兵驻守（而非王室出资但由当地领主守卫）的地

方外，冬天里腓力六世的官员迅速丧失了对整片地区的控制。根据主要驻军城镇呈交给国王的申诉状，到了 11 月末，这片地区已经陷入无政府状态，变节者"每天"都会出现。12 月初，英格兰军队开始了行动。他们夺下了艾吉永，这座城镇控制着洛特河和加龙河的交汇处。拉尔夫·斯塔福德一出现在城镇，镇民就开始攻击守军，杀死了一部分，囚禁了另一部分，然后打开了大门。据让·勒贝尔所言，那时候兰开斯特伯爵高兴得好像"英格兰国王的财产忽然多了 100000 镑"。从送往艾吉永各位共治封建主处的礼物数量判断，这场政变是跟他们提前商量好的。夺下艾吉永之前，除了洛特河畔的卡斯讷伊，英格兰军队在阿让地区没有驻兵。接下来的三个月里，他们大体上控制了整个地区，凭借的手段主要是诱人变节而非征服。在某些地方，当地居民参与了对邻居的抢掠。有记载的唯一持续抵抗出现于蒙珀扎，那里的王室驻军很有勇气地守卫着城镇，直到镇民揭竿而起将他们杀死。到了 1346 年 3 月，法国人被压缩到主要的据点里：圣玛丽港（Port-Sainte-Marie），加龙河畔的阿让和穆瓦萨克，以及洛特河畔的卡斯特尔莫龙（Castelmoron）。[37]

整个冬天，波旁公爵把住所定在省府阿让。那里已经能体会到被包围的气氛。1346 年前三个月里，所有道路被一条条切断。英格兰军队夺下艾吉永后，圣玛丽港以下的水路被阻断。在果树主导这片地方之前，14 世纪的阿让人已经在镇后的山坡上酿出了一部分西南部最有名的葡萄酒，而那里如今散布着敌方的驻军。最邻近的巴雅蒙（Bajamont）已经被迪尔福家族收复。他们是城镇的宿敌，以此为基地，重新开始了对镇民的袭扰，这一举动在多年前由于迪尔福家族被驱逐而暂停。

480

生活在郊区的居民们带着全部家当涌进了城镇。座堂中的教士们将葡萄酒搬出葡萄园中的酿酒棚屋，储藏在围墙内。守军打开仓库，将武器分发给镇民。在从未彻底将城镇包住的围墙上，人们正着手兴建庞大的工事。北边出现了一堵新墙，人们之前还觉得那里的壕沟和水渠已足够。放任倒塌的两座塔楼得到重建，东门与河流间的建筑物被拆除，一座新塔楼在加龙河桥头拔地而起。市场上出现了宽阔的空隙，位高权重的镇民大宅曾矗立在那里，可如今它们因其主人叛逃到英格兰国王处而失去了往昔的尊荣。紧张气氛促成了为共同目的努力之感的涌现，但也引发了镇民与难民、两大阵营与波旁公爵麾下士兵间的恶毒对立。要是没沦落到身无分文、只能靠收留者相当勉强的善意过活的境地，人们就会怀疑，难民是凭借与本地商人形成竞争的价格而出售财产为生。士兵们百无聊赖、不守规矩，可能还没领到报酬，需要什么就去拿什么。1346年2～3月，当新的分遣部队，包括数百名热那亚及托斯卡纳雇佣兵，因为即将开始的战役而聚集过来时，状况恶化得更快。出现了一些丑陋的插曲，几名意大利人被私刑一一处死。尽管阿让拥有相当的财富与军队规模，它还是断然拒绝将任何的小分队派到大军当中。镇民们表示，自家人需要守卫自家的炉灶。[38]

*

1345年12月，佩里戈尔和凯尔西总管对下属的演说中，生动形象地展现了法兰西政府在南部地区经济困难的严重程度。481

我们已经听说，教会的什一税收入储藏在萨拉（Sarlat）的特定人员手中［此人告诉他手下的官员，就在那里]。国王的需求非常明确。如果想压倒敌人，他就必须拥有能拿到的一切。在萨拉有足够的钱。去找到那笔钱，不管我在哪里，都带到我这里，否则罚款 20 银马克。要是谁大惊小怪，就没收他的全部家当。[39]

这种已经在佩里戈尔其余地区造成动荡的做法并没有多少效果。明白事理的人意识到，在兰开斯特伯爵看似不可抵挡的时候，这种蛮不讲理的征收方式在政治上也是不明智的，还为变节者们提供了诱人的口实。

到当年年底，法国政府苦于不断从南方传来的噩耗，于是决心彻底改革税收系统。不管在什么时候，这项事业都足够艰巨，更不用说政治上众叛亲离、军事上危机迫近的眼下。三级会议被召集起来，分地区进行了两次大会：北部与中部的代表在巴黎，朗格多克的代表在图卢兹。总动员令的语气泄露了国王的担忧，他们明显采取着守势。国王称，他听说臣民们觉得自己深深为不得不承受的税收负担所苦，他没能约束的众多市长、廷吏、专员、包税人的严酷行径也给他们带来了同样的苦难，"对这些罪恶，我们真诚地表示歉意和心痛"。

巴黎大会首先在塞纳河左岸的奥古斯丁会大厅召开。议程持续了大概一星期，尽管没有记录保存下来，发生的事情却相当明确。政府意识到，对销售税与盐税的恐惧普遍存在，这两者起先都是权宜之计，后来却变成了常规税目。他们提议废除以上两类税收，并以直接同国王用兵所需挂钩的统一税代替。每个公社都面临评估，以在每年多达六个月的时间里供养固定数目的重装骑兵，这一制度在整场战争中都有效。政府想到的方案是：每 200 处炉灶供养一名重装骑兵，在最穷困的地方，可以改为 300 处。此外，腓力的大臣应允了一系列行政改革。
他们提议废除包税制，抑制财政官员们最恶名昭彰的胡作非 482
为，限制对大车与食品的征用，这项特权在法兰西和英格兰同
样常见。这些提案睿智而诱人，似乎得到了三级会议的欢迎。
问题在于，会议开始之前没有对这些事项展开初步讨论。它们
好像不是在大会审议过程中就是在此前不久被规划出来。因此
对代表们来说，很有必要回去征求委托人的意见。在 1346 年
春和初夏新一轮三级会议逐省召开之前，没法得出任何最终的
结论。此后在准备评估、组织收税的时候，必然出现更大程度
的延误。现在明显不是在整个法国北部与中部进行这一方案的
时机。与此同时，人们心知肚明盐税和销售税还将继续，无论
收益多么不足、征收多么困难。[40]

朗格多克拥有妨碍、抗拒税款征收的悠久传统，处事方面
也更为谨慎。1346 年 2 月 17 日，三级会议在图卢兹召开，主持
人为博韦主教，会上通过了征收炉灶税的决定，每处炉灶 10 苏
（sou）。根据王国政府推算，为了给一支 20000～30000 人的军队
提供经费，全国范围内炉灶税的定额应相当于 27 苏。因此，
朗格多克的代表准备交纳的数额只是规定的三分之一强。此
外，这笔钱在 4～6 月就可以按月分摊，已远在军事行动确定
的开始日期之后。代表们离开一段时间之后，政府呈交给巴黎
三级会议的长期建议书才送抵南方。考虑到他们的意见，另一
场会议定于 5 月召开，但就算在那时他们都没表现出多少热
情。炉灶税又增加了 10 苏，将于 7 月交付。关于税款的进一
步讨论被推迟到另一次会议，到头来它却从未召开。[41]

即便没有填补，这些税款还是缩小了王室账目收支的缺
口。它们没能解决的主要困难是，军事行动之前几周及初始阶

段所需的大笔军费开支，如购买装备，储备物资，预先向士兵发放报酬等。1346 年，这笔负担格外沉重。法兰西政府的计划雄心勃勃，需要提前好好准备。

船只与弓箭手被看作法国防御体系的主要缺陷。法国人显然不信任己方桨帆战舰与划桨巴奇船的质量，它们或许并不像热那亚人的船只那样适于航海。英格兰弓箭手的优势过于明显，这无疑是多年来困扰法国大臣的问题。莫尔莱之战是这场战争中的首次重要激战，同时它也是个阴沉的警告。欧贝罗什则是另一个。那场会战后不到一个月，腓力六世试图在阿拉贡招募弩手。另一场规模浩大的征募行动开始于意大利，那里同时是训练有素的弩手跟桨帆战舰的主要来源。斯卢伊斯海战的替罪羊彼得罗·巴尔巴韦拉（Pietro Barbavera）在 1345 年 12 月初从巴黎前往热那亚。三周后，国王的卢卡金融家斯卡蒂斯侯爵（Marquis Scatisse）和法兰西海军将军勒韦的弗洛东（Floton de Revel），以及未来的元帅布西科的让（Jean de Boucicaut）一起来到热那亚。新的一年里，他们在尼斯、摩纳哥和热那亚忙忙碌碌。

腓力的使节雇佣了至少 32 艘桨帆战舰，除 2 艘外都是全尺寸的 60 支桨大船。船员们（大部分船只都搭载超过 200 人）将组成步兵与弓弩手的有价值的预备队，他们在海上和陆上都能作战。主要负责组建这支庞大舰队的是摩纳哥的卡洛·格里马尔迪，他具备丰富的海战经验。不少船长是他家族的成员，剩下的大部分也是他的朋友和依附者。在桨帆战舰上作战的弓弩手需要分开招募。3 月时，法国官员们在尼斯市加尔默罗会的庭园中检阅了一大批杂乱无章的普罗旺斯与热那亚海军士兵。[42]

1346 年初，这些行动的开支主要来自南部的战争金库司库与朗格多克的纳税人。负责征收炉灶税的博韦主教尽力提前收齐税款。他部分减免了某些能一次性缴清税款的公社的税负。意大利放债人（再次）因强迫他人借贷而被罚款。国王向亲戚借了大笔款项，王后从各种各样的巴黎放债人处借款，把账记在了丈夫名下。波希米亚的约翰以某种方式为腓力的小金库提供了 1000 图尔利弗尔，然而政府如今的最大债权人是教皇。克雷芒六世总是尽力缓解国王的财政危机。他允许腓力在此后数年里继续以十分之一税的形式征收教会收入。1344 年 6 月，他豁免了腓力返还先前那次为流产的十字军东征募集的款项的义务，前任教皇们通常拒绝这么做。但是，除了 1343 年有记录可查的一笔 50000 弗洛林（7500 镑）的贷款，克雷芒停止了向法兰西国王借钱。人们可能认为，这与他"调解者"的角色不符。由于贝尔热拉克与欧贝罗什的余波，他的侄子被兰开斯特的一名指挥官擒获，克雷芒的顾虑消失了。1345 年 11 月～1346 年 3 月，在极度保密的情况下，擅长策划阴谋的腓力私人秘书洛里斯的罗贝尔（Robert de Lorris）第三次造访阿维尼翁，这期间他促成了来自克雷芒本人的数额为 330000 弗洛林（49500 镑）与来自教廷中的权贵和银行家的数额为 42000 弗洛林（6300 镑）的借款。这些款项十分巨大，一半左右被送去填满诺曼底公爵的战争金库，或者直接支付给他，或者在普罗旺斯港口作为预付薪水交予热那亚雇佣兵。克雷芒也为腓力六世的某些朋友和指挥官提供了贷款，包括布卢瓦的查理和波旁公爵。[43]

就算如此，在尴尬的时刻依然存在严重的资金短缺。1346 年 4 月，诺曼底公爵不得不给手下的三位财政官员下发指令，

484

没收反叛者的家产，出售赎罪券与贵族身份合法特许状，受理各类民事或刑事争端，借机征收罚款，他做了几乎所有国王在召集三级会议时书面郑重道歉的事情。"积累所有你能榨到的钱，来支持我们的战争。从你能搜刮的每个人身上拿钱，努力让每一个便士都直接送到我们的司库手中。"几乎已没有文件能更加鲜明地描述 14 世纪的法兰西政府勉强糊口的窘境。[44]

*

虽然法国政府面临着严重的财政问题，他们在 1346 年并没有因缺少金钱而遭遇挫败。和之前在西南方的部署相比，诺曼底的让指挥的军队是最大的一股。自 1339 年的军事行动算起，在加斯科涅作战的北方贵族从没有这么多，包括勃艮第公爵父子、布洛涅伯爵兼雅典公爵布列讷的瓦尔特及众多来自北部和中部的骑士。所有为王室效力的军官也参与其中，包括王国陆军统帅厄镇伯爵拉乌尔二世，两位元帅以及王室弩手总管。2 月，这些人经卢瓦尔河河谷向南进发。波旁公爵和博韦主教在图卢兹组建了第二支军队，兵员来自南部的所有总管辖区。他们收集了一系列攻城器械，包括 5 门大炮。1346 年 3 月，两支部队在凯尔西会合，开始缓慢地朝加龙河谷进发。在春天和夏天，新兵不断加入。将这支新征募军队的已知力量同先前的军队比较，可以推断在战役的顶峰，诺曼底的让指挥着 15000 ~ 20000 人的兵力，其中包括 1400 名热那亚雇佣兵。在这支队伍的前进路线上，第一座被英格兰人控制的城镇是艾吉永。1346 年 4 月 1 日前后，法军先锋抵达城下。4 月 2 日，公爵向南部发出了总动员令。4 月中旬，他本人率领后卫部队、大贵族和主要军官们抵达艾吉永。[45]

拉尔夫·斯塔福德没用几个钟头就拿下的艾吉永，在 1346 年夏天遭到了诺曼底公爵的围攻。[46]事实上，公爵在运气不佳的一刻发下誓言，表示拿不下它就不撤军。因为顽固，他饱受批评。他公开宣称，战役的真正目的是夺回拉雷奥勒，去年该城陷落，给法国对加龙河谷地的控制带来了巨大挫折。[47]尽管其本人是个糟糕的战士，诺曼底的让并不缺少内行进言。艾吉永至关重要，这一点千真万确。它控制着拉雷奥勒上游洛特河与加龙河的交汇处，要是英格兰人占有它，法国人就无法利用这两条河流。上述河流是在拉雷奥勒周边扎营的法兰西军队运输补给的必经之路，实际中没有别的方法代替。西南部的道路状况糟得惊人，还要经过混乱无序、有些地方被英格兰军队及其盟友占领的乡村。诺曼底的让对这类事态有着亲身体验。1340 年他在斯海尔德河的首次用兵之所以失败，主要是因为他尝试在未确保后方水路交通的情况下夺取城镇。然而，还存在更难以捉摸的考量。诺曼底公爵在法兰西王国是国王之下的第一人，一旦向艾吉永递交了正式劝降书，出于尊严，他就会极力争取成功的结果。著名的帕拉丁，骑士事务专家沙尔尼的若弗鲁瓦（Geoffrey of Charny）也参与了围城战。几年后他发问，在没有攻陷发誓拿下的城镇的情况下撤军，难道不是比拒绝了让军队休整的机会而直接投入战斗更不名誉吗？[48]

法军采取的首要措施之一，就是在阵地后方开挖战壕及土垒，从而防止来自后方的突袭，规避降临在欧贝罗什守军头上的不幸命运。然而，兰开斯特伯爵并不打算卷入与数量远超己方的军队的战斗。围城战几天以前，他撤到波尔多，开始重建

486

军队，召集加斯科涅贵族。英格兰本土也答应派来援军，主要是弓箭手。一些援军在5月和6月时已经抵达。[49]

艾吉永被留给拉尔夫·斯塔福德和城镇的军事主管，一个名为休·梅尼尔（Hugh Menil）的莱斯特郡骑士守卫。他们指挥着一支强大的部队，据让·勒贝尔的合理估算，包括600名弓箭手、300名重装骑兵，以及英格兰最有名的两位指挥官，埃诺人沃尔特·莫尼和加斯科涅人科蒙的亚历山大。他们需要用勇气和人数来弥补固定城防设施的不足。艾吉永这座小镇由两处逐渐合并的筑堡村镇（bourg）组成，艾吉永的吕纳克（Lunac d'Aiguillon）是一座方形的古老高卢—罗马（Gallo-Roman）城镇，有着摇摇欲坠的砖墙，西侧是低矮城堡主楼的遗迹，在东北角，领主的城堡从河上拔地而起。艾吉永的勒福萨（Le Fossat d'Aiguillon）是另一座当地家族的城堡，坐落在吕纳克南边，四周环绕着小村庄。人们已经开始修建一堵较新的、同时环绕着两处村镇的长方形围墙，它的长和宽分别为270码和170码，但始终没有完工，其中的沟壑需要用塞满石头的酒桶填平。防御设施已经荒废的一座桥梁横跨在北边的洛特河上，河对岸的桥头坐落着碉楼的闸门。[50]

法军花了很长时间才完全包围艾吉永。起先他们在两河交汇以东的平原上扎营，给城镇和拉雷奥勒之间留下了自由往来的水上通道，经过洛特河上的桥梁也可以前往北边的旷野。兰开斯特在达马藏和托南（Tonneins）留下了强大的兵力，以守卫艾吉永的西部与北部。为了在不把攻城部队拆成三部分，让它们面临被各个击破的危险的情况下占领这里，法军需要控制洛特河上最近的桥梁，它位于上游5英里处的克莱拉克（Clairac），这项任务完成得轻而易举。他们还需要在与城镇稍有距离的下游修建横跨加龙河的木桥，这项任务更加困难，大约 300 名木匠和熟练工匠在众多热那亚弩手的保护下劳作了若干周才完成。围城战最初的几周里，守军每天出击 2～3 次，试图摧毁这些设施。最后守军开始从运输船上攻击它们。在1346 年 5 月底最终落成前，加龙河大桥被毁坏了两次。占领河对岸的区域之后，法军在加龙河上拉起拦河索，不让来自西部的援军或补给到达守军驻地。[51]

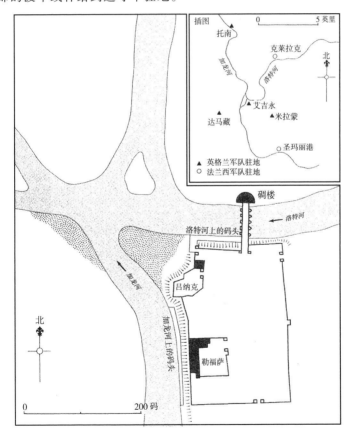

图 23　艾吉永的防御

488　　1346 年 6 月 16 日，法军试图让两艘来自图卢兹、装满补给的大型运输船经过城镇，进入加龙河下游水道。守军冒险发起了两次针对运输船的攻击，一支突击队乘着小船，从吕纳克的西墙下发起进攻。另一支队伍由科蒙的亚历山大指挥的约 100 名重装骑兵组成，他们通过远处的法军营地，沿着河流北岸杀向洛特河上的桥梁。在围城军的鼻子底下，运输船被抢下后带到城镇。这次战功值得称道，但是代价也相当惨重。桥梁北面的法军对他们这边的碉楼闸门发起了有投石机辅助的猛烈攻势，科蒙的亚历山大的队伍当时正打算从那里撤回。双方都得到了来自后方的不少增援，几个钟头的战斗后，法军成功夺下了闸门，一路杀过桥梁。为了不让他们冲进镇里，必须放下南门上的吊闸。突击队因此被切断了。许多士兵被杀，其余的则被俘，包括科蒙的亚历山大在内。他不得不支付一笔高昂的赎金，大部分由兰开斯特伯爵预付。这笔交易几乎当即完成，被俘后没几天，亚历山大就回到了战局的最激烈处。从法兰西的利益出发，更聪明的算计可能是让他在监狱里多待几天，但战俘首先属于易销商品。[52] 艾吉永夺桥之战提高了攻城军的士气，也让其中一部分人发了财。但那之后的一切并没有按照他们的意图继续发展。

14 艾吉永与克雷西，1346 年

1346 年 2 月初，英格兰所有教会及世俗权贵齐聚西敏，召开御前大会，商讨即将到来的战役。爱德华三世仅有的大陆盟友佛兰德人和布列塔尼人的代表也参与了会议。[1]但爱德华已经在 1340 年领教到盟友作用的有限。1346 年，国王的事业已很明确，将主要由英格兰军队承担，而不能依靠给予津贴换来的佛兰德人、德意志人或布列塔尼人，国王只能间接控制他们，有时则根本无法控制。这意味着在英格兰外乡征召部队的规模将是此前远征大陆时所未有的。它意味着将整支军队而非一小股英格兰分遣队运过海峡，需要征用比爱德华在 1338 和 1342 年所需规模大得多的船队。它意味着，当规模扩大后的军队和舰队停留在英格兰南部海岸等待出航，或是行经居民已经焚毁、搬空一切有用补给的法兰西领土时，英格兰需要在全国境内强买粮食与其他仓储物资，从而供给军队和舰队的长达数周之需。

在议会于 1344 年批准的两年财政援助中，第一年的份额已经用尽，第二年的尚未发放。爱德华像腓力六世一样，有必要再次从自己的臣民身上大举借款。1346 年见证了佛罗伦萨巴尔迪银行的最终崩溃，对于任何也许曾想过在没有担保状况下借款给英格兰政府的外国金融家而言，这都是个可怕的警告。国王开始向教会借款。90 名富裕教士在 1346 年 2 月被迫借款总计将近 15000 镑。城镇也被迫在逐一争吵中提供了贷款。爱德华对待其他人更为粗暴。和法兰西一样，在英格兰享有圣俸的外国教士，他们很少居住在英格兰，是个不受欢迎的弱势群体。3 月初，他们的代理人和收款人收到了御前会议传讯，接到了为英格兰的战争捐出一整年收入的"邀请"。当他490 们拒绝要求时，爱德华告诉这些人他无论如何都会拿走那笔钱。外国教士的收入被分包给约翰·韦森哈姆（John Wesenham）控制的一个金融家联合会，以换取现钱，韦森哈姆是个来自金斯林的杂货批发商，此前曾承包过一段时间的关税。像他这样的人不得人心，但随着国王的野心与需求不断扩张，他们在爱德华的王国里越发享有膨胀的影响力与权力。5 月，由两位伦敦商人沃尔特·奇里顿（Walter Chiriton）和托马斯·斯旺兰（Thomas Swanland）领导的又一个同样阴暗的联合会开始向政府借款，其规模甚至超过韦森哈姆，他们获得了当年秋季从韦森哈姆手中接管海关的承诺。这些人从伦敦、约克和其他城镇的商人手中筹集到必需的资金，他们的金融网络越发膨胀，触及英格兰的外乡地区，像征发人、收税人和征募官员所作的努力一样，它们都被用于支撑爱德华的战役。[2]

金钱只是爱德华的一部分问题，甚至只是一小部分。对他而言，只要能够克服可怕的行政困难，让自己的臣民卖命实际上比出钱给布拉班特公爵等人的战争成本还要低。英格兰国王似乎设想了一支有 15000 ~ 20000 人的入侵部队。这一次的出兵数量不仅达到 1338 年出征低地诸国时的 4 ~ 5 倍，甚至多于爱德华三世此前征召的对抗苏格兰人的军队。为了组建这支军队，他已着手施行筹备一段时日的强制兵役制。就在上一年，政府已经对世俗地主进行了调查。年收入高于 5 镑的地主按照收入分级：据评估，收入达到 5 镑的人应当作为一名骑马弓箭手服役，达到 10 镑的作为霍比拉轻骑（hobelar），达到 25 镑的作为重装骑兵，达到 1000 镑的则成为 40 名重装骑兵的首领……以此类推。这一做法的表面目的是修正古老又腐朽的兵役体系，它原是王国为抵御外国入侵而设。但在 1346 年 2 月，政府或许正如它一直期望的那样，在原来的基础上更进一步，它要求人员根据评估结果服役，不仅要参与抵抗侵略的国土防御，也要在海外军中服役。那些由于年龄或身体原因无法出国的人则要找到替代兵员或支付罚金。这是对过去传统的突然破坏。直到那时为止，强制征召的士兵在爱德华的军队里都不多，在重装骑兵中更是根本不存在，这一状况也是人们此前抵制战争时态度节制、时间短暂的一个原因。[3]

1345 年末至 1346 年初的冬季强制性征购军需是英格兰政府有史以来规模最大的此类举动。郡长的事务官征收了上千张崭新的、涂成白色的弓和上万捆箭，将它们集中到伦敦塔、格林尼治等地的中央仓库。政府征用了大量的箭囊、钉子、绳索和链子、货运斜梯和马匹围栏。然而，主要的工作还是征发粮秣：畜肉、禽肉、谷物、蔬菜和草料。相关记录虽然只有一部分保存下来，却也在一定程度上反映了规模。仅仅在约克郡，就有 10 名骑在马上的人员参与了估算、购买和征发粮秣工作，他们一般只发给征用收据，偶尔也会支付现金。约克郡的物资用车运到 7 个集中点后，在那里卸货并打包装进木桶，由船只河运到赫尔。在赫尔城外，2 座磨坊持续不断地将谷物碾成粉。政府还租用了仓库。文书们准备了存货清单和收据。装卸工们努力工作，塞满了北部海军部海军将军雇来的沿海贸易船只。赫尔仅仅输出了 4 个郡的物资：约克郡、德比郡、诺丁汉郡以及林肯郡。同样的行动也发生在英格兰中部和南部的几乎每个郡。小船从波士顿、金斯林、莫尔登、伦敦、桑威奇、布里斯托尔装载补给物资，沿着海岸运往军队在朴次茅斯登船的港口。整场行动以令人瞩目的速度与成效结束。事实上，供给的食物实在太多了，多得在变馊或腐烂前军队都没法吃光。在当年晚些时候，一些过剩补给甚至得带回英格兰出售。[4]

尽管施加于英格兰人的负担沉重，他们的反抗却很微弱。英格兰本土有着一连串的宣传。从 1346 年 1 月起，各类公告和官方鼓励的布道就通告国人，法兰西国王决心拒绝他收到的任何条件，还讲述了他针对英格兰民族语言和生活的侵略性计划。有关腓力六世海军计划的新闻一传到英伦，就在整个王国中广为传播。[5] 很难说人们有没有全盘接受这些消息的表面含义，可能大部分人的确接受了，这也无疑说服了英格兰人将战争视为生活日常状况的一部分，即便在 1346 年，大部分法兰西人也无法这么做，这样的方式缓和了新的负担与艰辛带来的影响。1340 年代中期令人满意的收成也让政府的任务变得相对轻松。作为反抗的天然焦点，议会直至 1346 年 9 月方才召开。那个时候，胜利已经在一定程度上舒缓了批评。要是军事上的态势对爱德华不利，他也不大可能消除那么多反抗。

征募目标和国王雄心勃勃的时间表均未能实现。按照预期，1346 年 2 月中旬，上一年征集的船只应当位于朴次茅斯，但当时只有很少的船停泊在那里。大风暴猛烈冲击了英格兰南部海岸，打散了正在航行途中的船只，其他船只则被关在港口里。然而，即便所有船只均抵达朴次茅斯，其数量也不够。要在一次渡海中运输爱德华设想中规模扩充后的军队，需要至少 1500 条船，这可能比英格兰整个商船业能够提供的船只还多。

英格兰一般只征用载重量超过 30 吨或 40 吨的船，但在 3 月的新一轮征用中，这一传统限制也被抛弃了。负责征用的官员得知，任何比小渔船好的船都可以凑数，即便载重量只有 10 吨也行。出航时间先是从 1346 年 3 月 1 日延迟到 5 月 1 日，后来又推了 5 月 15 日。[6]

塞满这些船的军队则要花更长的时间征召。其中一些部队要求预付报酬，不然就拒绝离开家乡出征，威尔士弓箭手和长矛手尤其如此，他们的征召数量远超以往。在根据新的土地收入普查征召的士兵中，有很多人体弱、不适合服役或是武装不足，得把他们撵回家里找到替代兵员。[7] 3～4 月时，英格兰面临的崭新安全威胁，苏格兰人和法兰西的海军活动，扰乱了征兵进程。上述因素在制订计划时均没有被纳入考虑。关于苏格兰人，爱德华在早前就决心冒险。通常情况下，亨伯河以北的各郡只能凭借自身的人力资源和来自国库的有限援助资金开展防御。卢西（Lucy）、内维尔（Neville）、珀西（Percy）、西格雷夫（Segrave）、莫布雷（Mowbray）等边境领主同意扩充他们的军事扈从队伍。爱德华也制订了各郡一接到通知便展开征兵的计划。1346 年 3 月 27 日，北方的教士与贵族齐聚约克，国王的代表们详细讲解了他的计划，允诺向他们提供一小笔捐助以供开销——相当于北方各郡议会补贴收入的一半。可即便是这么小的支出也得从已经到处列支的款项中挖出来。对英格兰南部海岸的威胁尽管多有夸张，却得到了更认真的对待。山顶上再次出现灯塔，每个沿海地区都任命了指挥官。所有居住在距离海岸 15 英里内的人都置于他们的掌控下，无法用于出征法国。上述做法必定让爱德华三世少了数千名士兵。出于这样或那样的原因，他最终组建的军队规模只相当于原本设想的一半，后来弄到的船只也只是刚好能把这些人运过海峡。[8]

*

国王竭尽全力隐瞒计划，不让法国人知晓。1345 年秋季，英格兰境内的法兰西商人遭到了普遍拘捕。港口加紧警戒。纽盖特监狱又一次塞满了因种种原因被怀疑的外国人。但完全有效的保密是不可能实现的。国王备战的规模让它们无从隐匿，他的时间表也在整个英格兰众所周知，在每个郡，征发人和征募官员都尽力按时完成工作。此外，爱德华的计划还得在一定程度上与佛兰德人分享，他们的任务是从北部发起牵制性进攻。佛兰德到处是法国间谍，其中一些人还伪装成佛兰德人渗入英格兰，在伦敦搜集有价值的传言。1346 年 2 月中旬，法国政府收到了一份"生动"的报告，其中包括 2 月 3 日的西敏爱德华御前大会会议记录，以及朴次茅斯的备战状况。[9]

法国人很晚才知道爱德华大举远征的目的地。爱德华自己不止一次改变了主意，就算他曾与友人或代理人谈及此事，他也谈得很小心谨慎。国王不仅避免了宣扬计划（像他在此前几年里通常做的那样），而且从行政记录的沉默来看，他直至最后一刻才告知那些将要执行计划的人。可能他起初打算在布列塔尼登陆，但这个想法必定很早就放弃了。爱德华正在丧失对布列塔尼的兴趣，也许是因为政治上的潜力已基本耗尽，也许是因为北安普敦伯爵未能在冬季沿北部海岸夺取任何重要的地点。1346 年 1 月，伯爵被召回英格兰，参与更为重大的事项。在 1346 年 4 月或 5 月作出最终决定前，国王在一段时间内似乎坚持认为他将前往加斯科涅。诺曼底公爵的军队进入加龙河谷后，波尔多和西敏出现了短暂的惊慌情绪，出征加斯科

涅的决定可能就是在这种心态下作出的。爱德华对兰开斯特伯
爵负有责任。他曾许诺，一旦伯爵"遭到规模庞大的敌军进
攻，他只有得到国王的帮助才能生存，那么国王就应当竭尽所
能以各种方式救援"。[10]

　　法兰西政府似乎曾预计爱德华将在已经巩固了基地的布列
塔尼或加斯科涅的某地登陆，很难说这究竟源于了解还是猜
测。他们对登陆位置的估计体现在军队的部署中，召集的大多
数部队和所有经验丰富的指挥官都在南方战场。法兰西政府将
布列塔尼防务留给了布卢瓦的查理，他可以大量征召法国贵
族，还花费巨额金钱，可能许多来自国库，从法国以外的地方
招募雇佣军。5 月，腓力六世更进一步，从诺曼底公爵的军队
中抽出来自贝济耶和卡尔卡松总管辖区的强大步兵部队，将他
们派给查理。[11]

　　在布列塔尼半岛以北，仅有的可用部队是从圣米歇尔山到
加来一线分布稀疏的海岸守卫，以及沿海和佛兰德边境上主要
城镇里的驻军。大批热那亚弩手在 4～5 月抵达，加强了守军
实力。的确存在一些在海岸线上设防的粗疏尝试。主要港口的
入口设置了木桩障碍，但法国人不可能建起一座大西洋壁垒
（Atlantic Wall）。假如英格兰人试图在法兰西东北部登陆，能
够阻止他们的只有法军舰队。

　　面对海上入侵，腓力六世对武装船只能够起到的作用有着
总体而言过分夸大的印象。他的想法可能来自自己于 1330 年
代末对英格兰南部海岸的成功袭扰，但腓力麾下水手的侦察和
导航技术有限，实际上很难在海上阻截敌军舰队。成功的拦截
要么是封锁敌方舰队的出发港口，要么是准确了解它们的目的
地。虽然如此，腓力还是展开了一次尝试。1346 年 3 月底，

494

法国开始在海峡各港口进行商船普查。较大的船只遭到了征用，船上精心改装了像城堡般拥有雉堞的木制船楼。仅在下诺曼底，就有至少 78 艘船只准备就绪。在更为重要的航运中心上诺曼底和皮卡第，必定会装备更多的船只。尽管如此，它们从未得到使用。原因是法军的防御计划要求上述武装船只作为格里马尔迪所部桨帆战舰——船上搭载着热那亚军官和弩手——的辅助部队。但 1346 年的桨帆舰队和 1338 年一样来得太晚。这些低干舷战舰一直要到 5 月才能穿过比斯开湾，根据他们的合约，预计要到 5 月 20 日才能抵达布洛涅。在这种情况下，格里马尔迪直至 5 月 6 日才离开尼斯，其他桨帆战舰船长走得更晚。此后，他们遭遇了各式各样的延误：在马略卡外海停下来劫掠，被大西洋风暴打散，在塔古斯河河口①避风。直到 7 月的第一周，桨帆舰队依然停泊在布洛涅。[12]

在法国人等待入侵的几周里，法兰西军队两条主要战线的状况都开始恶化。

在布列塔尼，一系列失败助长了英格兰军队不可战胜的神话。理查德·托特沙姆和他位于拉罗什代里安的守军在特雷吉耶半岛制造了若干事件。他们在夜间袭扰并洗劫了拉尼永镇，带走了价值可观的物资和战俘。此战因一位孤军奋战的英勇法国骑士蓬布拉克的若弗鲁瓦（Geoffrey de Pont-Blanc）而闻名，他醒来后发现敌军已经通过城门，于是堵住了一条狭窄道路，先是用剑和矛抵御英格兰人，后来更是赤手空拳战斗，直至被一支箭射中，倒地后惨遭乱棍打死为止。布卢瓦的查理的一名副手打算在托特沙姆的部队返回拉罗什代里安时加以阻截，但

---

① 塔古斯河（River Tagus）在葡萄牙语中被称作特茹河（River Tejo）。

他的部队虽然在规模上比托特沙姆的大得多，却在城镇以南的沼泽里遭遇伏击，损失惨重后被迫撤退。[13]

上述乱战发生后不久，布卢瓦的查理开始了他在夏季的主要攻势。根据来自英格兰的资料（这可能夸张了他的实力），查理手头可供指挥的军队人数已相当可观。这不仅包括他位于布列塔尼东部和北部的贵族封臣与家臣，也包含了来自帝国领土中弗里西亚（Frisia）、勃艮第[①]和萨伏依的大批雇佣兵，此外还有艾顿·多里亚的热那亚弩手，以及新近从朗格多克赶来的步兵小分队。他率领部分上述部队包围了三支英格兰军队主力，它们分别位于布雷斯特、莱斯讷旺（Lesneven）和拉罗什代里安。随后，为了将主力部队集结在身边，查理席卷了北部海岸。布列塔尼的英格兰驻军在一段时间内没有得到什么值得一提的援军，其总人数可能仅有几百人。当时出现了一些扰乱人心的迹象，表明他们的一些布列塔尼盟友发觉了危险的信号，已经作好背弃英格兰人的准备，要么作为独立指挥官存在，要么将效忠和要塞卖给布卢瓦的查理。这是英格兰在布列塔尼的地位自 1342 年以来面临的最严峻威胁。

结局来得相当突然、难以预料。驻布列塔尼公国英格兰副代理人托马斯·达格沃思爵士已经决心让被困的城镇在指挥官率领下自行防御，他本人则在半岛上的其他英军据点间快速巡行，照看各地防务。达格沃思带在身边的卫队并不强大：80 名重装骑兵和 100 名弓箭手。1346 年 6 月 9 日，菲尼斯泰尔北部圣波尔德莱昂（Saint-Pol de Léon）附近，他在日出后不久遭遇了布卢瓦的查理及所部军队。达格沃思的士兵被困住了，

496

---

① 此处并非勃艮第公国。

他们被迫抗击占据绝对优势的敌军。英格兰军队在山顶上掘壕固守，尽管三面受敌却坚持到夜幕降临，将攻方击退。法军使用下马重装骑兵、弓弩手以及一些朗格多克步兵步行攻击，这标志着英军战术的影响，也意味着布卢瓦的查理学习英格兰的战术要比其他法军指挥官早很多。针对防线的最后攻击由查理本人率领，这也是最猛烈的攻击，它发生在傍晚时分，最终失败了。查理被迫在天黑时撤退，在山坡上扔下许多死伤人员。皮卡第骑士拉厄兹的纪尧姆（勒加卢瓦）［Guillaume（Le Galois）de la Heuse］是第一波攻击的指挥官，据说他曾许诺要把达格沃思捆起来送进法军营地，但他自己反而丧失战斗力被俘。会战结束后，点名显示英格兰军队的所有重装骑兵都幸存下来，但他们几乎都受了伤，有些人伤势很重。"我向您赞誉我的部队，"达格沃思在呈递国王的战报中写道，"哪怕找遍您的整个王国，都不会有更出色的战士。"[14]

在艾吉永则是毫无进展。尽管诺曼底公爵的部队数量庞大，还拥有宏大的野战工事和河流屏障，他们甚至无法封锁这座城镇。小股英格兰、加斯科涅部队数次秘密潜入，随身带去补给。一位勇猛的加斯科涅人甚至来回了好几次。7月，兰开斯特伯爵的一支分队突破法军防线，为守军带来粮秣。显然，艾吉永是否能够坚持下去仍旧存疑，否则也不会尝试这种不顾一切的做法。但正如表现的那样，守军的状况事实上要比围城部队好。诺曼底公爵需要供养至少十倍于艾吉永军民的军队，要是把随营人员算进去，数量可能还要庞大。正如博韦主教在1339年试图夺取波尔多时发现的那样，一支庞大的围城军队难以机动，只能就地取食很短的一段时间。随着法军耗尽了周边土地上的补给，征收补给的圆形范围稳步扩大。在北面和西

面，由于佩里戈尔南部和加龙河谷下游的英格兰军队城堡排成
了紧密环状，征收粮秣变得相当困难。为了征用牛群，法军征
发人甚至得跋涉大约 200 英里，进入奥弗涅南部的欧布拉克山　497
地（Aubrac hills），或是前往贝阿恩的比利牛斯山麓的小丘，
那是整个法国最贫瘠的地区之一。根据居民的不满看法，整个
图卢兹总管辖区的谷物、酒类和食料都被剥夺一空，全为军队
所用。即便如此，围城军也开始蒙受饥饿的折磨，他们还深受
另一桩中世纪军队营地祸害的困扰，那便是痢疾。兰开斯特伯
爵率军从波尔多赶往拉雷奥勒，袭扰敌军的交通线，杀死粮秣
征发人和信使，夺取车队，攻击分派在外的法军士兵集群。

　　攻城部队将主攻方向从城镇南部转向洛特河畔的北墙，它
更为古老，但也更加低矮。法军设计了这样的计划：用运输船
装载三座特制的木塔，从塔上攻击北面的城堡。结果依然是失
败。在攻城塔投入使用的那一天，其中一座在过河时就被抛石
机的石弹命中，然后倾覆，淹死了所有人员，其他木塔则撤离
了战场。[15]

*

　　爱德华三世自 1346 年 6 月 1 日起已身在波切斯特。他可以
从古老的 12 世纪塔楼向外张望，下方便是朴次茅斯内港水域，
他的舰队将在一个多月后在此集结。陆军则驻扎在港口附近，
沿着通往温切斯特和伦敦的道路分布。截至当月底，根据最可
靠的估计，上起载重 200 吨的柯克船，下至沿海的巴奇船，港
内共有大约 750 艘船只。这些船只的总运载能力等于一支 7000～
10000 人的军队。从国王下达给征召官员的命令来看，弓箭手
占到军队总数的一半以上。此外也存在特殊人员和随营人员：

作为工兵的迪恩森林矿工、石匠、铁匠与蹄铁匠、工程师、木匠与帐篷织工、医生、数打官员及文书与内廷仆人。这些人的薪水不但均无拖欠，还额外预支半月。船只也准备了可以使用两周的食物，两周也正是驶向加斯科涅所需的时间。[16]

他们并不是注定要去加斯科涅。国王改变了心意，转而决定在法国北部登陆。通常认为这是在最后一刻作出的决定，那时军队已经登船，即将出海。但国王最亲近的军事顾问于 6 月 20 日前后召开了秘密会议，这一决定可能是在那时作出的，要比通常的说法早一些。爱德华三世的新计划是入侵诺曼底南部的科唐坦半岛。让·勒贝尔和他之后的傅华萨将该决定归结于阿尔古的若弗鲁瓦施加的影响，此人当时必定在波切斯特伴随国王。

498

> 诺曼底公国是世界上最富庶的地方之一［傅华萨让这位老牌叛国者这么说］；陛下，我以人头保证，要是您在那里登陆，将没有人敢于抵抗您。诺曼底人迄今为止尚无战争经验，法国的所有骑士都聚集在艾吉永城外跟随公爵。而且，陛下，您将在那里发现毫无城墙的大城镇，您的士兵将在那里拥有享用二十年的财富。

即便若弗鲁瓦曾吐露这一想法，对英格兰国王来说也算不上新鲜。甚至早在战争爆发之前，他就已经对作为可能选择之一的入侵地诺曼底展开讨论。1337 年，那里一度是爱德华倾向的入侵法国的落脚点，不过他后来被盟友带到了沿斯海尔德河谷从布拉班特入侵的计划上。早在他遇到阿尔古的若弗鲁瓦之前，他就曾偶尔做过煽动诺曼底混乱的尝试。1346 年选择科唐坦半岛的主要原因，或许是它在登陆地中距离朴次茅斯最近，而且当时又吹着西风。爱德华必定回忆起天气迫使他在1342 年入侵布列塔尼时拖延良久，也会记起 1345 年兰开斯特伯爵甚至要等得更久。但就算若弗鲁瓦没有设计新计划，他也很有可能与其相关。这一地区的确几乎毫无防御，这一点若弗鲁瓦很可能知道。那里也是他的家乡，他能够代表一些重要人物发言。不过若弗鲁瓦无疑夸张了他们的数量。[17]

为了扩大入侵影响并分割法军部队，爱德华三世计划在法国北部边境发起大张声势的牵制作战。一位魄力十足、雄心勃勃的诺福克骑士休·黑斯廷斯（Hugh Hastings）最近刚从加斯科涅回国，他于 1346 年 6 月 20 日被任命为爱德华在佛兰德的代理人兼指挥官。在被指派为黑斯廷斯助手的人里，有对佛兰德事务了如指掌的约翰·蒙哥马利（John Montgomery）和约翰·莫林斯（John Moleyns），还有一位名叫约翰·莫特拉弗斯（John Mautravers）的刁滑冒险家，据传他曾参与过谋杀爱德华二世，还曾在根特担任若干年爱德华三世利益的非官方代表。国王给他们提供了 18 条巴奇船、250 名弓箭手和少数重装骑兵，吩咐他们立即前往低地诸国。爱德华已对佛兰德人开展工作，三大城镇的代表先在布鲁日仔细商议，随后前往根特讨论。6 月 24 日，正当黑斯廷斯准备出征时，代表们同意给予英格兰国王他所需的一切帮助。[18]

爱德华三世并不隐瞒休·黑斯廷斯的去处，但他自己的目的地依然秘而不宣。他的中书院只知道，上帝的恩宠和风向的突变会把国王带到哪里，他便前往哪里。各船主得到了密封的命令，只有在舰队被风吹散时才能拆开，在此之前都需跟随海军将军。早在 1346 年 7 月，爱德华即已发布封闭伦敦港口的命令，他认为那里满是法国间谍，多佛、温切尔西和桑威奇的港口也在封闭之列。除了休·黑斯廷斯外，不论级别大小、地位高低，不允许任何人离开英格兰，直至舰队出航一周为止，即便是黑斯廷斯，也得搜查他的部下，以防有人不慎携带文件。[19]

法兰西政府得到了多少消息已经不得而知。但他们必定在1346年6月的最后十天里获得了一些消息，大约在那时，政府里突然出现了对北方安全的恐慌。6月底，原本在艾吉永的王国陆军统帅被召回，他还带走了诺曼底公爵的一部分军队。陆军统帅负责塞纳河口的阿夫勒尔防务，佛兰德伯爵也被派到他那里。在同一时段，似乎还从南方召回了元帅们。勒尔（Leure）、埃特雷塔（Étretat）、谢夫德科（Chef-de-Caux）的守军得到了火炮和装备。这一切都表明他们预计诺曼底北部将遭到攻击，但他们几乎在整个沿海地区都做了预防措施，当地所有兵役适龄人员都被动员。几乎与此同时，为了组建用于北方国防的新军，法国政府还下达了总动员令。[20]

处于上述困境中的腓力六世转而求诸苏格兰。"在苏格兰，"英格兰中书大臣曾于两年前告知议会，"他们极为公开地宣称只要我们的［法兰西］敌人愿意，他们就会立刻违反休战协定，向英格兰进军，竭尽所能加以破坏。"苏格兰人并未破坏休战，但他们一得知爱德华背弃休战协定，便在边境上集结部队。英格兰人相信，苏格兰人是有意与法兰西政府合作，他们的想法可能是正确的。在苏格兰政治中，与英格兰人作战是少数统一元素之一。对戴维二世而言，对英战争既有可供掠夺的财源，能够让一贫如洗的国库状况好转，也是在比他更年长、更有经验的朋友和对手面前表现出众的机会，还是对法条约规定的长期义务。然而，苏格兰人的袭扰不管对北部三郡造成了何等程度的破坏，都没有达到从爱德华的大陆冒险中显著转移资源的目的。1345 年 10 月，戴维对英格兰北部的入侵仅仅持续了六天，他的士兵们就搜刮干净了易于劫掠的财源，随后便打道回府。[21] 几乎可以肯定腓力六世曾向苏格兰施压，要求在北方发起一场更为持久的战役。1346 年 6 月，随着英格兰军队在朴次茅斯附近集结，他们的去向开始显露，法兰西国王的请求以不顾一切的外交文书形式呈现："我请求你，我尽我所能恳求你，铭记我们间的血缘纽带和友谊。在这样的危机中，你为我做什么，我便将愿为你做什么，尽快做，彻底做，因为有着上帝的帮助，你是能做到的。"[22]

500

1340 和 1342 年的类似时刻，腓力曾担忧要出现真实的或是想象的背叛。这几个月里的著名案例（cause célèbre）是贡比涅的一位富有市民西蒙·普耶（Simon Pouillet），此人的一位亲戚告发他在餐桌上宣称"英格兰人的善政要好过法兰西人的恶政"。普耶在巴黎中央菜市场被切肉斧剁成四段。此事标志着官方对待"背叛者"的残酷上升到新的程度，即使他们只在私下里口头表达不敬。"考虑到这样令人羞耻的死亡，"一位忠诚的法国人写道，"整个法国或许都可以像耶稣基督那样说：'我们的苦难现在开始。'"[23]

*

1346 年 6 月 28 日，爱德华三世登上了自己的战舰，扬帆离开朴次茅斯。一连几天，风向都妨碍他的舰队做出任何行动。他一路沿怀特岛海岸西进，直至抵达雅茅斯为止。在那里，他有必要停下来等待其他船只抢风航行穿过海峡，赶上他的旗舰。

此后，当所有船只全部抵达时，风向发生了变化。整个船队沿着索伦特海峡折返，在朴次茅斯与福尔兰角①之间重新集结。这样便浪费了两周时间。直至 1346 年 7 月 11 日，风向和潮水均达到完美状况后，英军才向南驶往诺曼底。热那亚舰队当时依然在拉罗谢尔以南，还有几日的行程才能抵达。法国政府武装的商船则处在各港口的岸上。1346 年 7 月 12 日拂晓时分，英格兰舰队已在圣瓦斯特拉乌格（Saint-Vasst-la-Hougue）以南的开阔大海滩（此地紧邻 1944 年的"犹他海滩"）下锚。[24]

倘若在海滩上出现一丝激烈抵抗，英格兰军队就可能无法登陆，但那里毫无抵抗。诺曼底的法军主力位于塞纳河以北，国王在诺曼底南部的高级代表是罗贝尔·贝特朗元帅和科唐坦半岛执法官辖区和卡昂执法官辖区的各类官员。[25] 他们手头的资源非常有限。因为报酬匮乏，自 4 月底起驻扎在拉乌格（La Hougue）的一队热那亚弩手已于三日前逃亡。贝特朗曾经
一个接一个地区地召集当地所有达到兵役年龄的男性，要求他们展示武器装备。凑巧的是，视察拉乌格地区正好和英军登陆发生在同一天，视察只得作废。当地居民一看到英格兰舰队在海湾里铺开，就立刻躲进树林和沼泽。随着消息的传播，人们逃离 20 英里范围内的城镇、村庄乃至庄园。拉乌格本身则彻底空无一人。11 条无人照看的船扔在海滩上，其中有 8 条是原本武装起来用于海防的。英格兰人烧掉了这些船。罗贝尔·贝特朗在城镇后方逗留了一整天，尽力寻找体格健壮之人进行抵抗。当天上午，他成功在身边集结了大约 300 人，对海滩发

---

① 福尔兰角（the Forland），今写作"the Foreland"或"Foreland Point"，为怀特岛最东端的海角。

起了为时短暂的进攻。但英格兰军队那时必定包括水手在内已经登陆了好几千人，贝特朗的部队被击退了，其后不久，大部分人都扔下他选择了逃亡。

大约正午时分，爱德华三世与随从登陆，攀上了海边的一座小丘。他在那里将军中的许多青年贵族册封为骑士。其中包括他 16 岁的儿子威尔士亲王，1330 年政变策划者之子，索尔兹伯里伯爵威廉·蒙塔古，还有当年政变主要受害者之孙罗杰·莫蒂默。阿尔古的若弗鲁瓦以他在诺曼底的领地向国王宣誓效忠，他的长年死敌罗贝尔·贝特朗则带着屈指可数的大约30 人向南退往卡朗唐（Carentan）。

在入侵的第一天，爱德华"出于对……他的法兰西人民悲惨命运的同情"，发布了一份公告，要求所有人不得骚扰老人、妇女或儿童，不得劫掠教堂或圣坛，不得焚毁建筑物，违者可处以死刑或肉刑。不论什么人，只要他发现英军士兵不遵守上述命令，并将违纪者带到国王的军官面前，就能拿到 40先令的赏金。但这份公告从一开始就毫无效力。王国陆军统帅和元帅负责纪律，他们派出代表和军事法庭处理劫掠、斗殴、不服从命令的人员。[26]但在没有任何清晰指挥体系的状况下，他们很难控制身边杂乱的人群。从俯瞰拉乌格的小丘上，国王本人能够看到正在乡间弥漫的火焰，它们慢慢连成一道沿着地平线的明亮红圈，在夜晚照亮了人们的脸庞。7 月 13 日，拉乌格城镇也遭焚毁。国王被迫放弃了设在那里的指挥部，转移到附近莫尔萨利讷村（village of Morsalines）的一家小旅馆。14 日，第一批英军袭扰分队兵临巴夫勒尔（Barfleur），它是该地区的主要港口，征服者威廉的入侵舰队曾于三个世纪前在此出发。英格兰军队在当地没找到多少人，他们把这些人扣为

502

勒索赎金的人质，此外还发现海岸上有更多的武装船只遭到遗弃，于是便将它们焚毁。跟随袭扰分队的水手暴徒们极其彻底地洗劫此地，以致船上的仆从们对毛皮衣物都不屑一顾。他们随后将整个城镇付之一炬。周边的乡村只出现了零星且毫无配合的抵抗。沃里克伯爵和他的士兵在接管一座旅馆时，遭遇一队隐藏在附近树林里的当地人伏击。有些村民偶尔会走出藏身之地抵抗劫掠者。大部分抵抗者都被杀害。一两天之内，所有能够携带兵器的男子都退进了附近设有围墙的城镇。难民挤满了通往南方的道路。

英格兰军队花了五天时间休整军队，让马匹登陆，从船上卸下大批补给。7 月 17 日，御前会议制订了战役计划。他们计划沿海岸向鲁昂进军，而后从塞纳河谷侵入法兰西岛。英军分成了三个部分。威尔士亲王指挥前军，北安普敦伯爵和沃里克伯爵负责指导他。后军交给了达勒姆主教，浮华、世俗的托马斯·哈特菲尔德（Thomas Hatfield）（据说教皇克雷芒六世在任命此人时说过："就算国王提名一个傻蛋，我也得提拔他。"）。爱德华本人指挥中军。舰队中有 200 艘船，据推测应是较大的船只，被挑选出来跟随军队沿海岸行进，其余船只则返回英格兰。

舰队开始绕过巴夫勒尔海角向北航行，经过一座又一座村庄，让人员登陆，摧毁距海岸 5 英里范围内的一切东西。在瑟堡（Cherbourg），城堡守军挡住了进攻，这是科唐坦半岛唯一坚守岗位的驻军，但瑟堡城镇还是被毁。由亨利一世之女玛蒂尔达（Matilda）建立的誓愿圣母修道院（abbey of Notre-Dame du Voeu）被焚，这是英格兰人在半个世纪里第三次焚毁它。[27]

1346 年 7 月 18 日，英军拔营启程，向瓦洛涅（Valognes）

进军，这是一座内陆贸易城镇，距离海岸 10 英里，旁边是一片多风的宽阔沿海湿地。瓦洛涅是一座开放的城镇，围墙无人守卫，城堡无人驻守，大门对外敞开。居民们出镇在路上迎接国王，乞求保留生命。爱德华再度颁布公告，保证诺曼底人的生命财产安全，然后占据了城镇，自己则安顿在诺曼底公爵的一处庄园里。但军队依然自取所需，次日上午，当英军沿着通往鲁昂的道路南下时，他们扔下了一座正在燃烧的城镇。

503

腓力六世没有能够在列阵会战中挑战英格兰军队，因为他只有分散的海岸守卫和驻军。诺曼底公爵的部队依然在南方，舍不得放弃夺取艾吉永的微弱希望。政府在 6 月召集，但得到 8 月初才有可能产生具备一定规模的军队。可怕的噩梦最终来临，它证明自 1337 年起，每场过早终结的加斯科涅战役都情有可原。7 月下半，法国人的一切努力都集中在延缓入侵者的推进上，与此同时还要集结一支强大到足以对抗他们的军队。法军计划在卡昂阻止英格兰军队，那是鲁昂以西设有城墙的最大城镇。卡昂位于奥恩河畔，它可能是塞纳河前方最好的天然防线。这一决定似乎由王国陆军统帅厄镇伯爵拉乌尔二世自行作出，他当时正指挥在诺曼底境内集结的最大规模的部队。他得到英军登陆的消息后，便将整支部队用船从阿夫勒尔运往卡昂。宫廷总管唐卡维尔领主默伦的让（Jean de Melun, lord of Tancarville）也与他会合。御前会议后来核准了他的决定。在随后的两周中，每个能派上用场的士兵都被派去增援，卡昂城堡里也堆积了大量粮秣。[28] 从卡昂到乌斯特勒昂（Ouistrehan）的奥恩河上满是运输补给与援军的帆船和运输船。罗贝尔·贝特朗奋力为完成战备争取时间。他并没有足够防守英格兰国王所到之处的兵力，但他在其中一些城堡留下了驻军，罗贝尔本人则时常率领从地方征集的小规模部队在英军面前稳步退却，在可以袭扰的地方发起袭击，每通过一座桥梁便将其摧毁。

休·黑斯廷斯和他的部队在 1346 年 7 月 21 日前后抵达佛兰德。法国大臣们已经得知他此行的目的，派去监视登陆的间谍们也飞快地将消息传回国内。[29] 根据命令，一部分法军部队将在亚眠集结，面对佛兰德人和英格兰援军守住索姆河一线。其余部队则前往鲁昂。腓力六世本人赶往圣但尼，于 1346 年 7 月 22 日接受金色火焰王旗。他和随从顺塞纳河谷缓慢推进，每天都有小股混乱的部队加入，军队数量在不断膨胀。短短一个月内，腓力就给苏格兰的戴维二世写了第二封信。"英格兰国王，"他说，"已经在科唐坦半岛登陆……他带着绝大部分军队到了那里，一支分队在加斯科涅，还有其他若干分队在佛兰德和布列塔尼。"在上述威胁下，腓力以幻想为慰藉。他告诉戴维，英格兰是"毫无防备的空间"。要是苏格兰人入侵英格兰北部，爱德华三世必定会放弃他的战役，带着所有部队渡返海峡。腓力宣称，当这种状况发生时，他会让自己的部队在法国的海峡港口登船，指挥他们紧跟撤退的英格兰国王杀入英伦。"我恳求你铭记我们的友谊与条约，尽可能猛烈地打击英格兰。"[30]

苏格兰人几乎不需要腓力六世给他们上战略课。任何人都能看到，英格兰北部边境的防务是一团乱麻。边境守军人数很少。政府并未遵守向他们拨付税款的承诺。贝里克守军和驻扎在边境的许多雇佣兵都威胁要逃亡。1346 年 7 月 17 日，政府代表和北方主要领主举行了一场氛围阴沉又激烈的会晤。一位与会者指向契约中的条款，"简单粗暴地"声称，要是他没有按条

款拿到款项，就会立即率军离开。苏格兰人已经在 6 月底开始
向边境集结，7 月时他们开始袭扰坎伯兰。但他们还没作好腓力
所需的大规模入侵英格兰的准备，苏格兰首脑们因世代私仇陷于
分裂。珀西和内维尔向袭扰者发起进攻，一直追击到苏格兰低地
地区。7 月底，双方达成了简短休战，它将持续到 9 月 29 日。[31]

*

罗贝尔·贝特朗自科唐坦半岛开始的战略撤退一上来就出
了问题。英格兰军队于 7 月 19 日傍晚抵达杜夫河（River
Douve）河畔的圣科姆迪蒙（Saint-Côme-du-Mont）。在圣科姆
镇外有一片开阔的沼泽，18 世纪排水系统发挥作用前，它不
仅扩展至卡朗唐（2 英里之外），甚至从卡朗唐向东朝巴约、
向东南朝圣洛延伸了 5~6 英里。桥梁已经被破坏，但木匠们
在夜间将其修复，英军全体于次日毫无障碍地通过。过河后，
士兵们被迫沿着一条两侧是水面的狭窄道路排成单列行进。法
军既没有尝试守卫城镇入口，也没有挑战英军的脆弱队列。当
英军抵达城堡后，守军中的两名诺曼底骑士立刻献城，他俩托
庇于阿尔古的若弗鲁瓦，曾在英军拿了很长时间的报酬。[32]爱
德华三世无力约束这些未经训练的部队。虽在城堡中发现了规
模庞大的食物储备，有很多却遭到劫掠，更多的食物则被放肆
地毁坏。尽管国王明确下达过命令，士兵在离开时还是把城镇
烧掉了。"没有一个殷实的男女市民敢待在城镇或城堡里，也
不敢待在附近的乡村里，"巴塞洛缪·伯格什（Bartholomew
Burghersh）在给国内的信中写道："我军在哪里出现，他们就
逃离哪里。"只有普通人留了下来，其中多数人后来在街上和
屋里被砍倒。

506

505

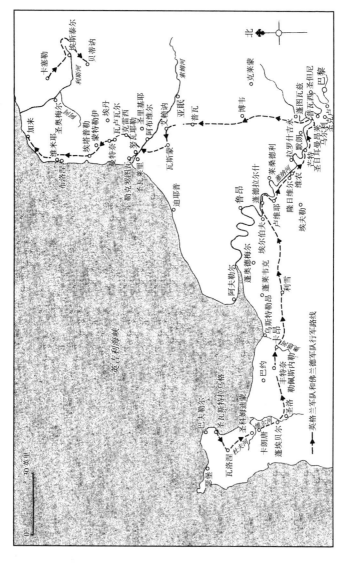

图 24　法国北部的英格兰军队，1346 年 7 ~ 9 月

英格兰军队并没有像人们可能预期的那样，从卡朗唐向东朝巴约和卡昂推进。他们沿着向南穿过沼泽的狭窄堤道前往圣洛。在距离圣洛大约 4 英里的蓬埃贝尔（Pont-Hébert），英军才在维尔河（River Vire）上遭遇已被破坏的桥梁。罗贝尔·贝特朗起初打算在维尔河展开抵抗，他破坏了蓬埃贝尔的桥梁，将所有军队投入圣洛。市民们热情地协助守军，上城参与防守，修补了一个多世纪和平生活导致的城墙缺口。不幸的是，他们并未尝试防守河流渡口。威尔士亲王在 7 月 21 日率先抵达蓬埃贝尔，他于次日率军修复桥梁过河。英军刚在河流东岸站稳脚跟，贝特朗就改变了心意，在绝望中弃守圣洛。他沿着通往卡昂的道路退却，英军未经战斗便占据了城镇。在大门上，英军发现了三位诺曼底骑士的头盖骨，他们于 1343 年在布列塔尼为爱德华三世战斗时被俘，随后以叛国罪名处决，爱德华针对法兰西国王最激烈的抱怨之一便源于此事。圣洛是一座富裕的城镇，是科唐坦半岛的主要贸易市场，也是重要的制衣中心。随后出现了大肆偷盗与破坏。大量食物、衣料、金钱和几百桶葡萄酒遭到劫掠。罗贝尔·贝特朗骤然丧失勇气，这导致居民毫无逃离时间。最富裕的居民被扣作人质，其他人惨遭杀戮。

圣洛和卡昂之间有大约 40 英里的路程，英军通过了法国最富庶的地区之一，这既是军队难以行军的地方，充斥着迷宫般的狭窄、凹陷道路，却也尽是象征诺曼底农业财富的农庄、果园和牛马。士兵们就地行动，烧出了一片宽 12～15 英里的地带。爱德华的士兵在科唐坦半岛和贝桑（Bessin）南部不顾他的命令做了什么，他舰队里的水手就蓄意对海岸上的村庄做了同样的事。他们的目标是给支撑海峡地区法兰西海军力量的

公社造成尽可能多的破坏。据爱德华的一名文书迈克尔·诺斯
507 伯勒（Michael Northburgh）估计，从瑟堡到乌斯特勒昂的奥
恩河河口，距离海岸 5 英里内的一切东西都被破坏或带走。他
们烧毁了 100 多条船，其中 61 条已经强化武装，准备用于战
争。抢到船上的物资数目极大，导致许多英军船只再也装不下
任何物品。船主们开始大面积逃亡，把船开回英格兰，将战利
品运回国内。[33]

1346 年 7 月 25 日，英军在卡昂以西大约 10 英里处扎营，
营地位于丰特奈勒佩斯内勒（Fontenay-le-Pesnel）的西多会小
修道院附近。在卡昂城内，军官和士兵们斗志高昂。他们已经
了解到敌军在身后留下的严重破坏，能够亲眼从城堡中的军营
看到大批难民，他们的车辆和牲畜挤满了街上和城堡下方。当
夜，一位英格兰修道士携带爱德华三世的书信劝降，向居民许
诺保留生命、财产和住宅。但守军议事会当即拒绝了爱德华的
要求。主持议事会的巴约主教撕毁了书信，将信使投入监狱。

卡昂是诺曼底仅次于鲁昂的大城，平时人口在 8000 ~
10000 人之间。它坐落在奥恩河与奥东河诸多分支间沼泽密布
的洼地上，河水在注入大海时或是分流或是合流，形成了如网
眼般分布的岛屿。征服者威廉的庞大城堡位于自然防御条件极
好的地方，但它下方的老城防御条件不佳。老城的固定防御设
施是 11 世纪的低矮城墙，它残缺不全、无人维护而且多处倾
塌。现代的勒克莱尔元帅大道（Boulevard du Maréchal Leclerc）
顺着奥东河的干涸河道延伸，这条河在 1346 年从南面城墙边
流过，在奥东河以南是卡昂最富裕、人口最多的郊区圣让岛
（Île Saint-Jean），它没有围墙，但完全被河水环绕，从圣皮埃
尔教堂沿埃克斯穆瓦西纳路（rue Exmoisine，现在的圣让路）

轴线延伸到奥恩河。一座设防的奥东河大桥连接着郊区和城镇。"征服者"建立的两座庞大建筑，男子修道院（Abbey aux Hommes）和女子修道院（Abbey aux Dames）都位于城镇之外，周围均设有院墙。男子修道院的围墙是非常晚近的时候才修筑的，作为法国西部最富有的教堂之一，它这次表现出了罕有的先见之明。但院墙被浪费了，因为没有足够的人手参与防御。[34] 两座建筑都被让给了敌军。在卡昂城内，厄镇伯爵和唐卡维尔领主拥有1000~1500名士兵，其中包括几百名热那亚弩手。居民尽其所能武装自身。守军则花费了若干天加固城墙，在北面和西面加筑了战壕和木栅。守军沿奥东河停泊了30条大小船只，甲板上载有弓弩手，以此强化南面城墙的防守。

508

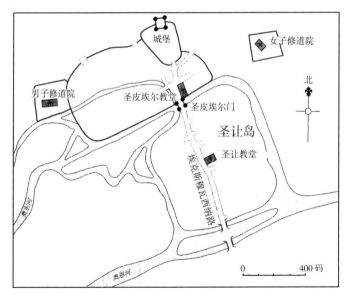

图25 卡昂

次日，亦即 1346 年 7 月 26 日上午，英格兰军队出现在城镇周围的低矮山岭顶部，长矛与军旗挤得密密麻麻，当时大约是 9 点。他们从拂晓时分开始行军，在几英里宽的范围内展开，前方则安排了随营人员，因而军队看上去更加人多势众。尽管数日来守军都预计英军将要抵达，但他们的出现还是导致城内发生大规模骚动，城防安排也产生了骤然变化。厄镇伯爵和唐卡维尔领主不再打算在老城的城墙和城门上战斗，此时转而决定放弃老城，转而守卫圣让岛的郊区。他们主张的变化相当引人瞩目，可能有很好的军事理由，但更像是城镇居民迫使指挥官作出的改变。他们的帮助对于守城至关重要。大部分人

509 的住宅和财产都在岛上，所以有大约 200 名重装骑兵和 100 名热那亚弩手留在城堡里由巴约主教指挥。指挥官们随即经圣皮埃尔桥退到岛上，也带走了老城的剩余驻军和居民。岛上的防御设施很薄弱，它仅有的固定防线是沿奥东河分布的船只防线和设防方向错误的圣皮埃尔桥。一座临时壁垒紧急动工，以便抵御敌军，守卫原本未曾设防的北面入口。南面和东面只有支流保护郊区，不幸的是，这是个干旱的夏天，水位并不高。

进攻开始得比双方预计的都早。威尔士亲王率领他的士兵绕过城镇北面，驻扎在废弃的女子修道院附近。突然，其中一些人夺取了老城的一座西门。沃里克伯爵指挥少数重装骑兵和一队弓箭手冲过城门，杀入空旷的街道，北安普敦伯爵和理查德·塔尔博特（Richard Talbot）带着一群乱糟糟的士兵紧随其后。当他们抵达圣皮埃尔教堂和教堂外的大桥后，某些士兵开始焚烧房屋，与此同时其他人冲向大桥前方的壁垒，与法军展开肉搏战。在很短的时间内，几乎所有法兰西守军都挤进了大桥后面的狭小空间里，市民们拿着木料和能够找到的其他武

器支援守军，而在另一边，越来越多的英格兰人和威尔士人加入了战斗。爱德华三世已经率领大部队驻扎在城镇的另一侧，他震惊地看到攻击已然发起，自己却没时间集结部队。他命令军队元帅沃里克伯爵发出撤退信号，但信号被忽略了。沃里克未能停止战斗，转而亲自投入激战。战斗从大桥扩展到河流沿线，弓箭手和威尔士长矛手试图面对着船上弓弩手的密集射击强行徒步过河。在进抵船只防线后，他们烧毁了两条船，攀上其他船，在船只甲板和对面的河岸上杀出一条通道。法军沿河设置的防线出现多处崩溃。随着守军撤退，依然在桥头坚持的部队发现自己遭到包抄，甚至被人从后方攻击，桥头部队包括了守军中的绝大部分重装骑兵和所有指挥官。只有少数人成功逃到老城，躲进城堡避难，其中也包括罗贝尔·贝特朗。王国陆军统帅、宫廷总管和一些士兵逃进了桥塔上层，他们下方则是弓箭手和长矛手，即傅华萨所称的"良心极少之辈"，[35]这些人正在杀戮遇到的每一个人。只有英军中的重装骑兵停下来捕捉战俘，他们的优良铠甲和纹章反映着财富与价值。法国骑士寻找具备一定级别的敌军接受投降，获取他们的保护，这既是荣誉所需，也是一种自我保护。法兰西王国陆军统帅认出了托马斯·霍兰爵士（Sir Thomas Holland），他们曾在 1330 年代的波罗的海十字军远征中并肩战斗，[36]便将自己的剑交给了他。宫廷总管则向威尔士亲王的一名家臣托马斯·丹尼尔爵士（Sir Thomas Daniel）投降。大约 100 名骑士、120 多名候补骑士和数目庞大的富有市民被活捉，他们是幸运的。当英军结束了纵贯圣让岛的横冲直撞后，街道、房屋和花园里累计已有超过 2500 具尸体，这一数字尚不包括逃到城外被杀的人。一位目击者估计法国方面总的伤亡在 5000 人左右。500 具剥去了

510

衣物和一切等级标记的法国尸体被集中埋葬到岛上圣让教堂墓地的大型公墓里。[37] 没有人记录英格兰军队的伤亡。只有一名重装骑兵战死，但步兵和弓箭手中的损失必定很大，他们发起了违背上级正确判断的攻击，但他们的勇气为爱德华赢得了这一天的胜利。

英格兰人在卡昂待了五天。他们打算夺取城堡，却未能成功，但也完成了洗劫城镇的行动。他们在营地里休息并治疗伤员。其中一些人视察了男子修道院，参谒了征服者威廉之墓，迈克尔·诺斯伯勒也在其内。爱德华本人则忙于准备随后沿塞纳河谷地的进军。国王计划在巴黎和鲁昂间过河，随后前往60英里以北的索姆河。他需要援军，尤其需要弓箭手。他下达了在英格兰某些地区征召 1200 名弓箭手的命令，尤其是要在当年春季并未征召一空的东安格利亚和东南地区征募兵员。此外还授权征发 2450 张弓和 6300 捆箭。为了补充已经逃离舰队的船只，从温切尔西向大陆运输人员和补给，还要征用 100 艘大船。爱德华希望上述所有安排在 8 月 20 日前完成。要想接收援军，就有必要夺取一座港口。爱德华让他的御前会议将船队派往勒克罗图瓦外海（off Le Crotoy），那是位于索姆河口 511 北侧的一个小港口，距离阿布维尔仅有几英里。[38]

卡昂沦陷几天后，大约 300 名战俘在奥恩河口的乌斯特勒昂登船，由亨廷顿伯爵带回英格兰。战俘被分配到各地的诸多城堡里。一些级别不高的战俘很快自行赎身，但级别较高的注定要度过几年牢狱生涯。爱德华三世比法国人更早意识到释放的战俘重回敌军的危险性。厄镇伯爵由托马斯·霍兰爵士一直囚禁到第二年，那时国王用 80000 弗洛林（12000 镑）将他买下。三年后，厄镇伯爵才得以返回法国，而且那时也是因筹集赎金而假释。鉴于他在回国后不久便被处决，赎金很有可能一直没有交付。宫廷总管唐卡维尔领主则被威尔士亲王夺走，因为俘获他的托马斯·丹尼尔爵士是亲王扈从中的一名骑士。和霍兰不一样，丹尼尔费尽辛劳却只拿到了一点小钱：一次性支付的 1000 马克（666 镑），以及 40 马克（26 镑 13 先令 4 便士）的津贴。宫廷总管的兄弟同时被俘，他在 1347 年 3 月获释返回法国，为两人筹集赎金，但唐卡维尔领主在沃林福德城堡（Wallingford Castle）一直被严厉监禁到 1348 年底。这位战俘的赎金以错综复杂的方式支付：他将几处庄园抵押给一座诺曼底修道院，修道院将价值 6000 镑的土地交给爱德华三世，爱德华继而补偿威尔士亲王。卡昂之战并不像兰开斯特的亨利在贝尔热拉克、欧贝罗什那样收获丰厚，但俘虏中包括更接近法兰西国王的人物。这些人惨遭俘虏、前途尽毁，因而造成了大得多的政治影响。[39]

*

　　发生在法国的状况影响到了英格兰的公众舆论，战俘在 1346 年 8 月初抵达英格兰既不是这方面的唯一标志，也不是最早的标志。7 月下半，始终有船主们带回战利品。在国王缺席时主持御前会议的约翰·斯特拉特福德收到了随军友人写来的几封书信，这些信多番抄写、广为流传。国王本人则在攻陷卡昂一周后致信两位大主教，信中命令他们每日组织祈祷，每周举行两次教徒列队行进，还寄去了一份关于其业绩的记载，要求将它在整个英格兰境内发行。腓力六世与诺曼底各公社在 1338 年 3 月缔结协议，在卡昂市政当局的记录中，爱德华的文书们找到了一份副本，其中包括了入侵、掠夺英格兰的详尽

512 约定。这份文档被运回英格兰，由斯特拉特福德在圣保罗大教堂向一大群伦敦人宣读。他说，国王为了让英格兰更安全，正在大肆破坏诺曼底。[40]

1346 年 7 月 31 日，英格兰军队自卡昂拔营启程。爱德华留下了一支小部队继续围困城堡，随后向东朝鲁昂缓慢推进，每天平均行进 5～6 英里。他的士兵焚毁了面前的一切，腓力六世根本无法阻挡他们。两位红衣主教一获得英军登陆拉乌格的消息便离开阿拉斯，从塞纳河谷奔赴英军驻地，英勇地尽力减缓英军推进，而他们的阿维尼翁主人则已在绝望中认定这将失败。[41]

法兰西国王在 7 月底身处维农，那时一名间谍报称来自佛兰德的第二次入侵即将开始。科唐坦半岛的防务已经让他失望了，但国王对佛兰德边境防务的安排并不能令人满意，甚至不比科唐坦好多少。北方的军队事实上并不存在，在加来只有勉强够用的守军，战争金库司库们设法弄到了一些制作火药的物资，"但除此之外什么都没发生"。加来沼泽以东，勃艮第公爵的军官已经在阿图瓦部署了一些军队，所有城镇都在征召部队以用于守卫，但当地并不存在王室驻军。入侵者，一小队英格兰弓箭手和重装骑兵，三大城镇提供的若干弩手以及大批毫无训练的佛兰德人，于 1346 年 8 月 2 日出发。名义上的指挥官是佛兰德的亨利（Henry of Flanders），他是佛兰德伯爵的叔父，① 但实际上只是根特的一名俘虏，控制军队的是休·黑斯廷斯。入侵军队在利斯河上的埃斯泰尔进抵边界，但他们被守桥部队阻挡。许多热情盖过理智的佛兰德人试图强行通过，结

---

① 佛兰德的亨利，即佛兰德伯爵罗贝尔三世异母弟洛迪伯爵佛兰德的亨利（Henri de Flandre, Comte de Lodi, 1270～1337）的第三子，亦即时任佛兰德伯爵路易一世的叔父。

果不是被砍死就是淹死。黑斯廷斯顺着河流撤退。8 月 4 日，西北部的法军指挥官们向阿图瓦的所有城堡发布命令，要求它们组建守军。10 日，黑斯廷斯已经在向东行军中甩开了法军，攻入法兰西国王的领地。[42]

在王国的另一端，随着夺取艾吉永成为目标本身，围攻艾吉永的最初战略目的已经演变为模糊的背景。诺曼底公爵坚持要在北上迎击主要威胁之前保住他的面子，他和军事顾问们因此屡屡争吵，甚至可能和他的父亲发生争执（具体事实并不清楚）。[43]一切都出了岔子。他的补给线压力日增，从高于阿让的巴雅蒙城堡出发，"大助祭"迪尔福的加亚尔（"Archdeacon" Gaillard de Durfort）多次攻入城镇郊区，攻击艾吉永与穆瓦萨克间至关重要的法军河上过道。阿让地区总管罗贝尔·乌德托已经出动了数百人与巴雅蒙守军交战，却无功而返。1346 年 7 月 18 日，公爵的政务会决定派出规模远大于前的部队援助乌德托，他们的命令格外谨慎。援军将依靠野战工事围住大助祭的军队，以饥饿迫使他屈服，此外还要在阿让的居民中每户抽一人前去增援。可结果却是令人气馁的耻辱。法军至少有2000 人之多，却在修筑野战工事之前就遭到巴雅蒙驻军袭击，继而蒙受失败。许多人丢了性命，乌德托本人被俘。这是公爵的军队参与的最后一场大规模战斗。[44]

腓力六世受到诸多问题困扰，还同时遭到三面威胁，看起来他并没有清晰连贯的战役计划。7 月 29 日，他颁布了总动员令（arrière-ban），号召所有能够动身的役龄男子前往鲁昂。相当一部分士兵已经集结到那里，但他们组织乏力、装备低劣，太多的人只是地方上征来的新兵。他们在几天之内得到了热那亚人的增援，这些人来得太晚，在海上发挥不了什么作

513

用，因而得到命令，将桨帆战舰拖到塞纳河岸边，步行随军战斗。在位于北方的剩余法兰西国王的军队中，一些人还在佛兰德边境，一些人正在巴黎或亚眠集结，还有些人依然在离家的路上。[45]

腓力的意图每天都在发生变化。起初，他打算在塞纳河以南迎击英军，于 7 月 31 日前后抵达鲁昂，8 月初过河，接着迟疑地向西进发。随后，1346 年 8 月 3 日或 4 日，腓力的战略发生了大幅变动。几乎可以肯定，变动的原因就是黑斯廷斯在佛兰德边境展开的行动。法军并未迎击正在进军的英格兰国王，而是再度撤回鲁昂，一过塞纳河就毁掉了河上的桥梁。新的作战计划是依托河流阻挡敌军。法军任由塞纳河以南的居民自生自灭。居民们只能躲在城镇里，竭尽所能准备自卫。蓬莱韦克（Pont l'Évêque）的子爵为了凑够上城防守的人数，只得将监狱里的犯人悉数释放。[46]

1346 年 8 月 3 日，英格兰国王在利雪（Lisieux）接见了红衣主教，但他们给不了国王什么。他们规劝国王罢手，抱怨偷掉了马匹的威尔士人。爱德华给他们的答案相当冷淡：只有在他打算认真考虑终结战役时，才会接受有诚意的提议。他要求他们给出代表法兰西国王提议的授权文件，在状况表明并无任何文件后，爱德华当即打发他们走人。[47]次日，英军加快了穿过肥沃的塞纳河下游盆地的步伐。8 月 7 日，英军在埃尔伯夫（Elbeuf）进抵塞纳河畔。信使们遍布乡村地区，那里燃起了火光，一直延伸到居民已经逃散的鲁昂南岸郊区。俘获法兰西王国陆军统帅的托马斯·霍兰爵士冲上了已被破坏的大桥桥头，他身边只有屈指可数的热衷自我表现的军人，他们在路上杀死了两名法国人，高呼着"圣乔治为爱德华而战！"冲过河水。腓力正在红衣主教压力下制订爱德华要求的"有诚意的提议"。他让红衣主教们带着他给出的第一份正式让步回去，并让一名法国主教跟随，在路上会见了英格兰国王。据腓力说，他愿意将蓬蒂厄和丢失的阿基坦诸省份恢复原状，但爱德华要像他的父亲和祖父那样，将上述地区作为法兰西国王的采邑，这一点始终是症结所在。腓力还提出了联姻。红衣主教将这些消息带给了爱德华三世，但他们无法掩盖自己的悲观。他们不认为腓力会作出实质性让步，在言谈中也表示了这种想法。爱德华并不感兴趣。他告诉红衣主教们，他会在日后回应法兰西国王的提议，但在讨论上述提议时不想浪费哪怕一天的行军日程。

腓力此时开始集中全部资源，准备在塞纳河上挡住英军。集结在亚眠的部队十万火急地匆忙改道南下，佛兰德边境地区只留下少数几支分遣队抵抗黑斯廷斯的部队。诺曼底公爵的希望最终被否决。腓力发出不由分说的命令，将正在艾吉永的军队召回北方。

鲁昂和巴黎地区之间的塞纳河段有四座主要桥梁，分别位于蓬德拉尔什（Pont de l'Arche）、维农（Vernon）、芒特（Mantes）和默朗（Meulan）。除了默朗外，其余三地都是位于塞纳河南岸拥有城墙的城镇，只要法军能够坚守北岸，它们就能得到无限量的援军和补给。当英格兰军队尝试突击蓬德拉尔什（这是四座有桥梁的城镇中最近的）的城墙时，该城子爵抵抗了足够长的时间，让主力部队能够从鲁昂赶来增援。[48]英军被迫在对岸法军跟随下继续沿河而上。他们先是焚毁了以布料闻名的富裕城镇卢维耶（Louviers），当地居民可能已经事先疏散，然后分散开来，在塞纳河以南 20 英里宽的范围内破

515

坏一切，与此同时向东朝巴黎缓慢推进。英军强攻了维农城外庞大的隆日维尔（Longeville）堡垒，屠戮了所有守军，但他们发觉城镇本身难以攻克，只能推进到市郊为止。在下一个有桥梁的城镇芒特，数千名法军在城墙下方已经准备好的阵地中列队待战，英军没有去打扰他们。8 月 11 日，英军迫近默朗，这是唯一位于桥梁北面的城镇。沃里克伯爵和北安普敦伯爵上前打探能否强行渡河。但他们发现大桥在北岸附近断开，南端则有一座严密设防的碉楼，在他们骑行接近它时，守军朝他们大肆辱骂。受到刺激的英格兰人发起了一次组织紊乱的攻击，但耻辱地被守军击退，几名带头的重装骑兵被弩矢射成重伤。在默朗上游方向，法军士兵站在河边大笑，朝敌人露出臀部。此次进军中唯一值得一提的是斯塔福德郡骑士罗伯特·费勒斯爵士英勇、收获颇丰却没什么实际作用的事迹，他带着几名伙伴乘坐一只小划艇过河，攻入了北岸拉罗什吉永（La Roche-Guyon）堡垒的外墙。守军指挥官认为自己遭到全体英军的进攻，非但没有率军退进塔楼，反而将整个堡垒连同麾下所有部队都交给了他。费勒斯后来有条件地释放了他们，交付赎金后，这些人逃回了南岸。一首民歌不胫而走。[1]

> 吉永的城堡被攻占后
> 鸢尾花也要凋谢

8 月 12 日，英格兰国王距离巴黎已不足 20 英里。从路边

---

[1] 　原书中给出了这首民歌的英法文对译文本，先法文，后英译，法文为"Quand le Châtel de Guyon est pris, Donc fletra le fleur de Lys"。

的高地上，他能看到塞纳河五道大湾外的城墙和塔楼，这五道河湾围绕着狩猎园地，12～18 世纪，法兰西国王在此设有诸多乡间居所和宫殿：马尔利（Marly）、普瓦西（Poissy）、圣克卢（Saint-Cloud）、圣日耳曼昂莱（Saint-Germain-en-Laye），"国王的主要居所和游乐场地，"圣但尼的编年史作家抱怨道，"因［他补充的］原因，所有的法兰西贵族都无法迫使英格兰国王离开，反而让他随意在法兰西国王的宫殿里消遣，肆意痛饮美酒，毁坏财产，这不仅是耻辱，而且堪称公然背叛。"巴黎高度惊惶不安，公共秩序开始崩溃。政府被迫将波希米亚的约翰和他的儿子麾下的 500 名重装骑兵部署在城市附近，以便加强控制。在靠近城门的街区，人们开始在拐角处修建街垒，在楼上的窗户旁边堆积石块和其他投掷物。在城外，附近的郊区已经开始准备夷平整个地区。

腓力的策略出现了新的危机，首都舆论的压力使其更为麻烦。法兰西国王的军队尽管远多于爱德华三世的军队，但还是比 1339 和 1340 年的庞大军队要小。在令人不满的步兵部队中，大部分人都是匆忙拼凑到鲁昂的，只得在沿塞纳河行军伊始时解散。热那亚水手则被分派到从卢瓦尔河到索姆河的港口和城镇内充作守军，接替原本驻扎在那里的意大利专业步兵和弓弩手，让他们加入法军主力部队。[49] 根据消息灵通的同时代人估计，腓力拥有大约 8000 名重装骑兵，6000 名热那亚人和虽然规模庞大但数量与质量均不确定的步兵。

部署上述部队是件相当困难的事情。塞纳河此前是爱德华的大问题，此时却成了腓力的问题。要想守卫位于南北两岸的巴黎，就得将他的军队充满危险地分成两只小部队。守卫巴黎以西位于普瓦西和圣克卢的两座大桥，也得冒相同的危险，因

517

516

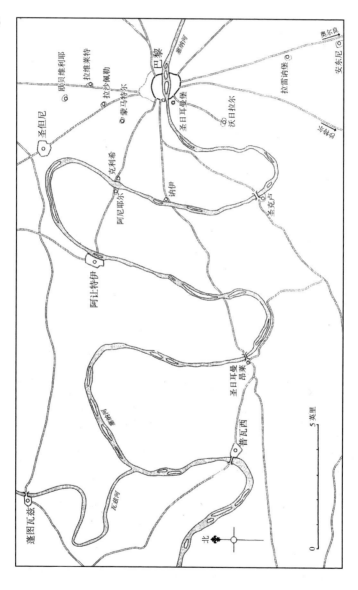

图 26 从西面通往巴黎的道路

为它们被塞纳河湾隔开：法军沿北岸要行军 40 多英里，但英军从南岸只需行进 12 英里。倘若法军指挥官是位大胆之人，他或许能抢在敌军到达这两处地点前断然过河攻击敌军。但腓力不是。8 月 12 日，他决定毁掉普瓦西桥，将居民疏散到巴黎，放弃城镇，任由敌军占领。一小队步兵留下来在北岸看守桥梁的残余部分。腓力在圣但尼的修道院建筑里建立了指挥部。他的军队绕过巴黎西北郊，驻扎在圣克卢桥附近的塞纳河右岸。

次日，即 8 月 13 日上午，英军在毫无抵抗的状况下占据了普瓦西和圣日耳曼昂莱。他们在空荡的建筑物间目瞪口呆地漫步：多明我会修女们的著名小修道院；修道院隔壁法兰西国王的崭新宫殿，爱德华三世便安顿于此；附近的旧宫殿，威尔士亲王占据了那里；有着美丽着色玻璃窗和绘画、首饰珍宝的教堂，居住者们在匆忙离开时只能扔下这些东西。

法兰西国王和他的主要官员此时依然在圣但尼，准备庆祝圣母升天节，却在此时得到英格兰军队已经开始重建普瓦西桥的消息。被释放的战俘们带回了这个消息，他们起初遭遇了嘲笑，后来则是怀疑。在腓力最终确信后，他奋力寻找部队阻止英军。当时正有一队士兵从亚眠向南开进，他们在路上碰到了腓力，随即转向普瓦西。但等到他们抵达城镇对岸时，英军木匠们已经在缺口处填入了一棵 60 英尺高的树，几十名士兵从树上过河进入北岸。河岸上发生了一场激烈交锋。大部分法军都是训练素质低下的征召来的新兵，他们在混乱中被击退了，其中一人较为机智地解开补给车队的挽马，继而三人一马逃离，其余至少 200 人的部队则在逃跑时被砍死。8 月 14 日上午，英军完成了足以让车辆通行的临时木桥。腓力六世战役的

518

战略基础已被摧毁。

当法兰西国王得知英军在塞纳河两岸站稳脚跟后，他便摧毁了圣克卢桥，将部队从曾驻扎的圣克卢撤出，向北退往巴黎与圣但尼间的平原。英军则留在河道以南。巴黎处于混乱之中。从城市南部街区可以看到圣克卢、圣日耳曼昂莱的城镇陷入火海。对手的无所作为令英军分派出的袭扰小队越发大胆，烟尘从沙特尔大道沿线的村庄升起，进而缓慢传播到城市南面。巴黎人正在考虑是否完全放弃左岸街区，是否毁掉连接左岸与西岱岛的小桥（Petit Pont）。

腓力从圣但尼向爱德华三世发出了公开挑战，要求在选定的地点进行会战，此类挑战在战争进程中时常发出，却很少为人接受。腓力建议在 8 月 17 ~ 22 日间择日决战，地点定在巴黎奥古斯都城墙（the Augustan Wall）① 东南侧，圣日耳曼堡（Bourg Saint-Germain）和沃日拉尔村（village of Vaugirard）之间的空旷大牧场，这片地方现在是巴黎第七区（VIIᵉ *arrondissement*），那时则是大学生和城市粗人间的传统斗殴场所。另一个备选地点是蓬图瓦兹（Pontoise）以西的平原。⁵⁰挑战邀请在 8 月 14 日发出，由莫城主教（Bishop of Meaux）带给英格兰国王。爱德华给了他什么答复，甚至爱德华是否曾给他答复，都是有争议的问题。爱德华没有理由去帮助腓力解决他的战略困境。但从另一方面看，他有充分的理由尝试将腓力的军队吸引到塞纳河以南。法国材料坚称，即便爱德华推迟了正式答复，他也让腓力认为将要接受挑战。这种说法与腓力此

① 奥古斯都城墙，于法兰西国王腓力二世（又名腓力·奥古斯都）时期动工修建。

后几天的行动完全吻合，因此可能就是实际发生的状况。

8 月 15 日，腓力六世让全军通过首都街道，进抵圣日耳曼修道院附近的南面城墙。元帅们和他们的副手在那里集结部队、清点人数，按技能和等级划分部队，记录马匹、武器的状况以及每人应得的报酬。腓力让他的士兵列成战斗队形。随后进至城墙以南大约 4 英里处，在拉雷讷堡（Bourg-la-Reine）、安东尼（Antony）两地葡萄园间的高地上列阵，这两个富裕的郊区村庄现在已被巴黎的工业市郊吞没。腓力选定的战场就位于村庄下方。

在巴黎之外，法军的处境也日益恶化。休·黑斯廷斯和佛兰德的亨利已经从 8 月 10 日起在瓦隆语佛兰德地区一路焚烧，于 14 日夜间抵达贝蒂讷城镇，在腓力六世通过巴黎的同一天开始围攻贝蒂讷。他们开始摧毁城镇外的村庄，对四周环状土地的破坏范围越来越大。这一地区几乎没有守军，法军只抽出了 180 人防守贝蒂讷。其中许多人是热那亚弩手，和他们在诺曼底的同胞一样，这些人没有拿到报酬，易于兵变。[51]

就在同一天，兰开斯特的亨利在贝尔热拉克军营接见了诺曼底公爵的代表团。公爵此时已经收到他父亲的命令，只能选择放弃战斗，将军队带走，巩固北面的法军防线。他只想尽可能地保住尊严。他的使节们提出，要是亨利答应局部休战，就可以"暂缓"围攻艾吉永。但亨利打算最大地利用对手的困境。他深知北方的事态发展状况。亨利召集了所有尚未参战的加斯科涅贵族，将守军数量减至最低，以此强化他的野战部队。他当场拒绝了诺曼底公爵的提议。因此，尽管法军在围攻艾吉永过程中付出了五个月的努力与苦难，还是于 8 月 20 日放弃围城。这一决定来得十分突然，执行得又非常快，以至于

没有时间将军队列成行军队列。在争相通过加龙河上的木桥
时，有的人被推进河里淹死。法军的整个营地，连同颇为贵重
520　的帐篷、马匹和装备都没能带走，仅由一些在当地征募的士兵
看管。这些人很快就被艾吉永的守军击溃，守军随后带着战利
品凯旋返回城镇，大掠夺者沃尔特·莫尼位于队列最前方。至
于公爵和依旧跟随他的士兵，他们沿着加龙河向东进抵阿让和
穆瓦萨克，在兰开斯特所部紧随其后的状况下，这些人竭尽可
能地快速行进。[52]

＊

　　1346 年 8 月 16 日，法军穿行巴黎的进军给了爱德华三世
一个好机会，他突然快速北上，扔下处于火海的普瓦西，再度
破坏了身后的桥梁。在甩开一段安全距离后，他以正式回复腓
力六世挑战的方式写了一封虚伪的书信。[53]这可能主要是为他
自己的军队准备的，书信抄件此后立刻在军中流传。爱德华
说，在英军通过普瓦西的三天里，腓力本可以在任何时候前来
会战，但既然法兰西国王什么都没做，他已经决心继续进军，
以此帮助盟友，惩罚"你称作自己臣民的叛军"。要是腓力还
想展开会战，只要他能找到爱德华，爱德华都会准备好战斗。

　　爱德华此时出现在欧特伊（Auteuil），它在大座堂城市博
韦的南面不远处。法兰西国王以不寻常的速度和决心应对爱德
华的逃离。他率领军队再度穿过巴黎，向聚集在圣但尼街上情
绪激动的人们高声宣布他被耍了。他率领部队以 25 英里每日
的一系列急行军穿过法国的北部平原，赶往已是英军和佛兰德
边境间主要天然屏障的索姆河。在索姆河一线本有一支法军，
但它依然处于集结进程，而且尽管无法准确了解其实力，可它

一定要比国王身边的军队规模小一些。[54]爱德华知道率先抵达索姆河的重要性，他尽可能多地放弃了马车队，让步兵搭乘在诺曼底和塞纳河谷缴获的大批马匹。但他无法以法军的速度行动，法军已经将乡间的补给清扫一空，英军为了养活自己，只得在距离行军路线很远的地方收集粮秣。在劫掠和勒索赎金过程中也浪费了许多时间，责任主要应归于威尔士亲王的部队。这些部队在攻击无足轻重的韦桑库尔村（village of Vessencourt）时浪费了一天时间，在即将突击博韦时被拦了下来，但这也无法阻止他们焚毁城郊以及大部分城外教堂、村庄和农场。根据傅华萨所述，有 20 名士兵在焚烧修道院时被国王发现，他们被立刻绞死。[55]但国王和他的元帅们不可能出现在所有地方。尽管爱德华下达了明确指令和惩罚威胁，博韦地区的普瓦（Poix-en-Beauvaisis）的城墙还是被挖坏了，随后便遭到公然蔑视国王命令的进攻，进攻部队还用上了火炮和云梯。结果是法军追上了英军。8 月 18 日，就在英军通过博韦西面时，腓力抵达了博韦正东面的瓦兹河畔克莱蒙（Clermont-sur-Oise）。20 日，腓力率领前哨部队进抵索姆河，次日，当英格兰军队依然位于河流以南约 25 英里时，他们与波希米亚的约翰率领的法军后卫部队短暂交战。皮卡第平原的居民们鼓起了勇气，他们开始结成武装团体，消灭落单的英军小队，这是爱德华的军队首次遭遇规模可观的平民抵抗。

英格兰国王于 8 月 21 日晚在艾赖讷（Airaines）小镇停顿下来，他从这里派出分队试探索姆河一线的防御，结果发现河流处处难以通过。法军毁掉了亚眠和阿布维尔以外的每一座桥梁，而那两地的桥梁则被筑有城墙的城市环绕，另有一些地方还有重兵把守。在水位低到足以涉水过河的亚眠以下至大海河段，处处都有法兰西驻军把守。8月22日，沃里克打算从昂日斯村（village of Hangest）强行过河，但他被击退了。在蓬雷米（Pont-Rémy），英军发现桥梁由骑兵、弓箭手和当地人组成的强大部队守卫，指挥他们的是波希米亚的约翰和埃诺的让，后者曾是爱德华三世的友人兼盟友，此时却为法军效力。沃里克伯爵在那里蒙受了惨重伤亡，而且未能夺下桥梁。在索姆河畔方丹（Fontaine-sur-Somme），英军穿过沼泽里的小径冲向河流，但在隆桥（bridge of Long）前方受挫。在附近的隆普雷（Longpré），状况与此相同。爱德华三世位于自己的领地上，直到战争爆发前，他都像父亲和祖父那样拥有蓬蒂厄伯国。但从各种迹象来看，他都被困在那里，被圈在索姆河、东面的法军主力和后方的大海之间。他的部队开始经受一整个月行军的痛苦，他们完全没有面包，很快也耗尽了其他补给。许多人已经磨坏了鞋子。

8月23日，法军从亚眠西进，沿索姆河南岸杀向英军。爱德华这时或许可以打上一仗。但他匆忙离开了艾赖讷，退往沿海地区。腓力六世的军官们吃了一顿为爱德华准备的饭，他们随后将部队列阵展开，以便将他封死在角落里。英军后方地区的主要商业城镇是瓦斯蒙（Oisemont），当地所有役龄男子都集结起来，想要堵住英格兰国王的退路。

英军在8月23日近午时分抵达瓦斯蒙。临时拼凑的守军在城门外列阵，在一次骑兵冲锋后便告溃散。大部分人在逃跑时遭到杀害。爱德华的部队在焚烧和劫掠此地时浪费了一些时间，随后转而向北前往索姆河口。夜幕降临时，他们已经抵达距离索姆河大约6英里的阿舍（Acheux）小村。法军依然与其保持一定距离。腓力六世将自己的营地设在阿布维尔城镇。

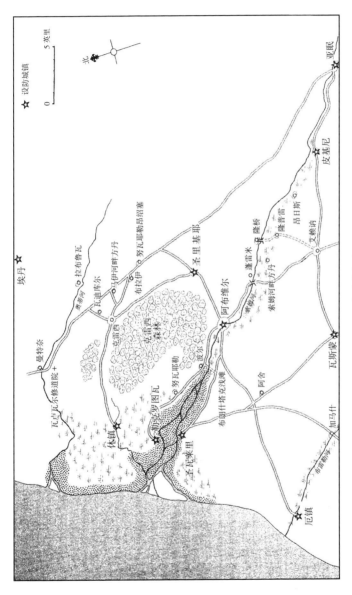

图 27 越过索姆河

在阿布维尔下游大约 5 英里处，有一处名叫布朗什塔克（Blanchetaque）的浅滩。由于阿布维尔运河要到很久后才建成，索姆河在这里变宽了，形成了约 2 英里的大形感潮沼泽（tidal marsh），这里是芦苇和沙丘遍布的荒芜景象，人只有在落潮时才能徒步涉过齐膝深的水。法军指挥官们已经预计到爱德华三世或许将赶往此处。但爱德华本人似乎要到最后一刻才知道它的存在。或许是他军营里的一名战俘向他指明浅滩位置，而后引导他过河，或许是一位居住在当地的约克郡人这么做的（这里存在相互冲突的记载）。8 月 24 日子夜过后不久，英军动身起程，在黑暗中小心翼翼地通过沼泽。

当英军抵达索姆河干流时，他们看到对岸已防御森严。作为腓力六世麾下较有经验的指挥官之一，费伊的戈德马尔已经率领大约 500 名重装骑兵和 3000 名步兵驻扎此地。此外，潮水依然高得难以通过，所以英军被迫在太阳升起、戈德马尔不慌不忙地将麾下士兵沿河岸列成三道战线之际，坐在敌军能够完全看到的地方。大约 8 点，100 名重装骑兵和大约相同数量的弓箭手开始涉水过河，率领他们的是北安普顿伯爵和雷金纳德·科巴姆，一位五十年生活也未曾削弱活力的老兵。当弓箭手接近对岸法军、进入射程后，他们朝着法军放出一阵箭雨。在弓箭手的射击掩护下，重装骑兵冲上河流北岸，占据了一片滩头，其他人紧跟他们过河。滩头阵地在不断扩大，戈德马尔的士兵尽管在河边凶猛地战斗，还是被缓慢地向后挤压，接着崩溃并逃往阿布维尔，狂喜的英军则一直追到城门口。[56] 一个半小时内，所有英军连同车辆和装备均已越过索姆河抵达北岸。这是令人印象深刻的战绩。

腓力六世已不再身处阿布维尔。他在黎明时分离开城镇南

524

下，希望在河流和大海的夹角中捕获英军。他紧跟英军脚步，直至布朗什塔克浅滩南端。但等他抵达那里时，最后一名英格兰士兵已经离开。河水正在涨潮，追击并无可能。

法军指挥官们认为爱德华三世此时会向北疾进，试图在贝蒂讷外围与佛兰德人会合。索姆河以北的主要城镇守军立刻得到了资源允许范围内的大量增援。从阿布维尔通往贝蒂讷的道路上，最重要的市镇埃丹（Hesdin）便得到了将近 300 人。[57]

*

就在英军强行通过索姆河的同一天，佛兰德人出乎意料地被打散了，放弃了他们的战役。自 8 月 14 日起，贝蒂讷富有进取心的军事主管阿内坎的若弗鲁瓦（Godfrey d'Annequin）就将佛兰德人挡在镇外。他的主要资源是城镇居民的热情。他们结清了热那亚驻军的欠款（这些人曾威胁逃亡），焚毁了自己的镇郊（城镇最富裕的街区）。[58]在围城开始时，当佛兰德人以毫无秩序的集群进抵城下时，居民对他们展开了伏击，造成了惨重伤亡。1346 年 8 月 16 日，他们击退了从黎明持续到晚祷的进攻，伤者中还包括佛兰德的亨利，爱德华三世也正是在这一天开始从普瓦西赶往索姆河。22 日，当爱德华依然位于 60 英里外的艾赖讷时，若弗鲁瓦率部出击，从城镇打到围城军队主营，毁掉了相当大的一部分营地。佛兰德人大为灰心，他们陷入内部互相争吵的境地。布鲁日人和来自西部省份的人们爆发了斗殴。终止围城的决定可能就是在这时作出的，但明确的事件顺序已难以断定。8 月 24 日，佛兰德人烧掉了他们的攻城器械，离开贝蒂讷。自登陆诺曼底以来，爱德华三世便通过信使与休·黑斯廷斯保持着相当有规律的联系。[59]爱德华的行动表明他在 8 月 24 日或 25 日得知佛兰德人的决定，也就是几乎在执行这一决定的同时。腓力六世得到消息的时间或许不会比英格兰国王晚多少。

525　　在逃出索姆河以南的包围圈后，英格兰国王最迫切的需求就是补充他的仓储物资。物资此时已经消耗到极低水准，威胁到他麾下士兵的身体健康。因此，一部分军队被分派给休·德斯潘塞指挥，沿海岸突然展开大规模的征粮行动。德斯潘塞以最大限度的暴力与效率执行命令。他在 8 月 24 日下午洗劫了滨海的努瓦耶勒（Noyelles-sur-Mer），当夜便焚毁了热那亚守军竭力抵抗的勒克罗图瓦。作为一座重要港口和粮秣集散地，勒克罗图瓦提供了大量的牲畜和粮食。来自英格兰的援军和补给本该在外海等待军队，此时却依然毫无出现的迹象。船只尚未载运，人员还在肯特集结。[60]

英法主力军队依然隔着索姆河口的潮涨潮落对望，法军正在深思是否要过河作战，英军则摆开了战线。腓力空等了两个潮汐周期也没有渡河，随后，在 8 月 25 日上午，他返回阿布维尔，在那里度过了当日的剩余时间，他的军队紧随其后。

直至 8 月 26 日亦即周六早晨，腓力才离开阿布维尔，沿着通往埃丹的道路推进，试图从北面阻止爱德华。他率领主要指挥官、军队前锋和内廷军队先行出发，法军的剩余骑兵、热那亚人和移动缓慢的步兵群则在一整天中均以混乱的间隔跟随。在 14 世纪，克雷西大森林是蓬蒂厄伯国领土的一部分，从阿布维尔下游的索姆河岸边到大约 14 英里以北的奥蒂河（River Authie）河谷，森林占据了大部分土地。腓力的士兵从圣里基耶（Saint-Riquier）和努瓦耶勒昂绍塞（Noyelles-en-Chaussée）绕过森林东侧，前往从亚眠到蒙特勒伊（Montreuil）的罗马大道。在圣里基耶以北不远处，腓力遇到了一队此前派出的侦察兵，他们报告英军已经穿过了森林，越过了马伊河（River Maye），在克雷西村外停了下来。

克雷西位于腓力所在地的西北方向，大约有 10 英里的路程。国王派出了另一支侦察队获取关于英军位置的更详尽情报，这支队伍由说法语的瑞士人亨利·勒穆瓦纳（Henri le Moine）率领的五名骑士组成。他们发现英军在克雷西村和瓦迪库尔村之间列成战斗队形等待法军。等到他们完成侦察时，法军的第一批旗手已经距离英军战线不到 3 英里。勒穆瓦纳让法军纵队停顿下来，腓力和他的指挥官们在路边商讨对策，此刻已是近午时分。国王身边的大部分人都反对继续推进，多数法军骑兵、热那亚弩手以及他们的援军的确就在不远处跟随，但他们在路上行军了几个小时，已经相当疲劳。而且，军队的其余部分还散布在直到阿布维尔的路上，这包括了大部分步兵和几乎所有辎重车队，甚至有些重要部队尚未抵达阿布维尔。在腓力的顾问中，即便像埃诺的让这样的大胆之辈，也希望他从北面绕过英军阵地，于夜间前往奥蒂河畔的拉布鲁瓦（Labroye）宿营。他们认为，一旦截断英格兰国王的推进路线，就有时间集结部队、休整士兵。但其他人看法与此相异，他们记得在 1339 年的比朗福斯（Buirenfosse）、1340 年的布汶和 1342 年的普洛埃梅勒（Ploermel）蒙受的耻辱，那时强大的法军已经进入英军战线视野范围，却未能与其交战。腓力同意后者的看法。截至 1346 年，他的声望已经承受不了一场更像是失败的僵持。因此号手们发出信号，号召每个能听到的人都拿起武器。第一批部队随即前进，进入马伊河畔方丹（Fontaine-sur-Maye）村外的空旷地带。

526

腓力将他的军队分成前后相邻的三队。他将热那亚弩手部署在第一队，和弩手在一起的是波希米亚的约翰和他的儿子查理，以及包括他们的德意志、捷克家臣在内的大约 300 名骑兵。位于第二队的是法军骑兵精锐，其中包括王国的许多大贵族。他们由国王生性冲动的弟弟阿朗松伯爵统帅。第三队由国王亲自指挥，由余下的骑兵组成。步兵（或者说能够及时赶到的步兵）可能自行列阵，部署在这三支主力部队的两翼。[61]当天下午，援军不断抵达，法军队列越发膨胀。在场的部队数量只能推测。根据可靠的同时代人估计，约有 12000 名重装骑兵，另有 6000 名热那亚人跟随国王从巴黎北上。至于编年史作家称为的"难以计数"的其他步兵，则大部分人落在后面，还在前来的路上。腓力六世麾下大概有 20000～25000 人。

在逐渐隆起的开阔地的另一端，人们可以看到英军列阵等待，他们的后方就是克雷西格朗日森林（forest of Crécy-Grange）。爱德华三世亲自部署他的部队，根据让·勒贝尔的说法，他和士兵们一起欢笑，督促每个人尽守职责，"纵然是懦夫，也使其成为英雄"。他们沿山坡排开，威尔士亲王位于前方战线，身边有沃里克伯爵、北安普敦伯爵和英格兰的贵族精英。英格兰国王在后方指挥预备队。依照杜普林荒原和哈利顿山的战斗方式，占到军队大约一半数目的弓箭手部署在两翼，位于主力战线士兵前方，为了保护他们免遭敌方骑兵攻击，弓箭手四周摆了一圈辎重车辆。在英军前方，通往战线的各条道路上已挖掘了大量较浅的陷阱。在英军阵地后方，另一圈车辆围住了马匹。所有英格兰重装骑兵都下马作战。

弓箭手位于英军两翼，爱德华在他们周围布设了车辆，车辆以下则是一定数量的火炮。英格兰人曾在对抗苏格兰人的战

527

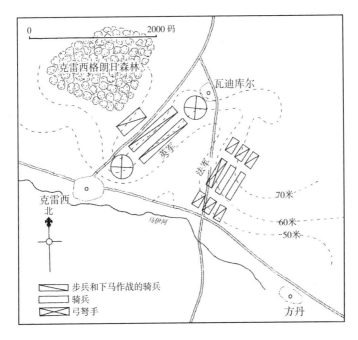

图28 克雷西之战，1346 年 8 月 26 日

役中试验此类武器，可能在 1333 年围攻贝里克时有所使用。
法兰西人则必定曾在守备、进攻设防城镇时运用火炮多年，虽
然使用规模并不太大。据我们所知，双方在此之前均未曾在会 528
战的战场上使用火炮，但正是在这种场合，它们才可能最有效
果。14 世纪早期的火炮重量轻、射程短而且也打不准。作为
器械，它们不能够射出重物，也不能取代抛石机和机械投石
器，这两者作为标准攻城装备，已经以各类改进形式存在多个
世纪。但它们能够制造噪声、混乱和恐惧。大部分英格兰器械
是"下流坯（ribald）"，亦即由若干簇枪管捆扎而成，架设在
手推车尺寸的小车上，以类似弩的方式发射箭矢，属于极端原
始的野战火炮，它们是实现上述目的的理想手段。现场有大约

100门"下流坯",此外还有数量较少、较为重型的火炮,它们发射类似葡萄弹(grapeshot)[①] 的金属弹丸。[62]

傍晚将至,天空再度乌云密布,雨也下了起来。法军就在此时(大约下午5点)发起了进攻。漫无目的的辱骂吼声突然变成了震耳欲聋的鼓号噪声。弩手们自东南方向朝英军战线推进,一边行进一边射出弩矢。在英军右翼,长弓手们开始朝着行进中的热那亚人方向,对着空中齐射。这是一场不公平的对决。长弓手在意大利人中制造了屠杀,与此同时,弩矢却在很短的距离内就落地了。意大利人通常会将巨型护盾放在身体前方投入战斗,护盾由他们的"持盾手(paviseur)"携带,但这些人依然处在从阿布维尔到战场的路上。大部分人的备用弩矢也未能运抵战场。雨水渗入了他们的器械,导致弩弦松弛。看到弩手明显萎靡不振,英格兰人加强了火力,火炮也开始射击。热那亚人向后退却,随后突然变成莽撞的溃逃,直奔己方战线寻求保护。

法军中很少有人体验过成群作战的长弓手的威力。他们不理解热那亚人身上发生了什么。骑兵队列中到处传播着抱怨:弩手是懦夫,弩手是拿着敌方报酬的叛徒。阿朗松伯爵既没有发出预警,也显然没有得到命令,便突然率领第二队法军向前冲锋,他们撞倒逃跑的意大利人,用马蹄践踏他们,用剑砍杀他们。"杀掉这些乌合之众!杀掉所有人!"据说腓力曾在后方如此喊叫,"他们什么都不成,只会挡在我们的路上"。[63]在短暂的一刻犹豫后,许多法军骑兵匆忙跟着他们猛冲过去。他

---

① "grapeshot"字面意思为葡萄弹,原指海军使用的一种重型霰弹,但英语文献中多以葡萄弹指代各类轻重霰弹,如卡莱尔的名句"一阵葡萄弹",即描述拿破仑指挥炮兵发射霰弹镇压王党暴乱。

们密密麻麻地挤成一堆冲向英军战线，杀奔威尔士亲王所在的
战线中部。随着他们进入弓箭手的射程，骑兵开始从马上摔 529
下，落到身后人的行进路线上。其他人丧失了控制力，坐骑因
弓箭和炮火陷入恐慌，拖着主人逃跑。当幸存者们抵达英军第
一条战线时，威尔士亲王身边爆发了残酷的战斗。这个时代几
乎没有人身着制服或可辨识的装束，主要的识别方式是战吼：
"圣乔治（Saint George）！"那是英格兰。"蒙茹瓦，圣但尼
（Montjoie Saint Denis）！"这是法兰西。在此状况下，毫无条理
的混战相当致命。[64]16 岁的亲王此前从未上过战场，他的高大
身材和带在身边的军旗在队列里异常突出。他"从战马间冲
过，砍杀骑手，砸碎头盔，劈断长矛，每时每刻都吼叫着鼓舞
他的部队"。人们从后方战线前移，填补死伤者留下的空隙。
亲王的军旗在某个时刻似乎就要倒下，此时卡昂的主要人物之
一托马斯·丹尼尔爵士杀入战斗最激烈的地方，再次将其立
起。[65]多年后，编年史作家傅华萨讲述了可能是虚构的著名故
事，一位骑士奉命从亲王身边的密集人群中杀出，请求集结在
国王身边的预备队提供支援。

> 然后，国王说到，我的儿子是否战死或受伤，或者是
> 否倒地？没有，陛下，骑士说，但他很难与敌军匹敌，因
> 此需要您的帮助。哦，国王说，回到他身边，回到派你过
> 来的那些人身边，告诉他们，只要我的儿子还活着，他们
> 就不要因为出现什么险况再派人到我这里来，也告诉他
> 们，得让他在这一天吃点苦头去建立功业；要是上帝乐
> 意，我愿他完成这一历程，荣誉由此归于他身边的人
> 们。[66]

直到战斗的最后阶段，爱德华才投入一部分预备队以帮助他的儿子。

截至此时，英军已经显然赢得了胜利。法军骑兵反复回转、重整、冲锋。但随着夜幕降临，人和马的尸体堆成的小垛遍布战场，攻击渐渐减少。有人告诉已经失明的波希米亚国王战场上发生了什么，他便命令自己的士兵带着他直接冲向最靠近爱德华三世的英军战线。在这场战斗中，此事令双方回忆最为频繁，这是不计后果的勇敢范例，让一位骑士成为同时代诗人描述下的英勇骑士（preux chevalier）。他们高呼约翰的战吼"布拉格！"（Prague）冲入战场中部，直至被英军包围，国王被人拉下马战而死。[67]英军将马匹从战线后方带到前线，英军重装骑兵再度上马，冲击战场上的幸存法军骑兵集群和依然在后方摆开战线的步兵。法军到处逃跑，遁入越发黑暗的夜晚。步兵主力一看到英军骑兵冲过来当场就溃逃了。腓力六世身边只剩下屈指可数的同伴、个人卫队和从奥尔良城征集的若干步兵。他短暂卷入了一场士兵间的野蛮战斗，旗手在他身边被杀，他自己有两匹坐骑死亡，脸上还中了一箭，最终是埃诺的让将他救出。让已经损失了许多扈从，至少有一匹胯下战马殒命，他带着国王在夜色掩护下离开战场，抵达几英里外的一座村庄，那里有一间筑有防御设施的屋子。王室军旗和圣但尼金色火焰王旗均被丢在了身后的战场上。[68]

次日，即 8 月 27 日破晓时分，在洛林公爵（Duke of Lorraine）指挥的一队重装骑兵护送下，至少 2000 名法军步兵误入战场。他们是腓力六世拒绝等待的部队之一，在通往阿布维尔的道路沿线有沟渠篱笆，这些人就在那里过夜。他们认为当天上午突然出现的英军骑兵是友军。北安普敦、萨福克、沃里克的伯爵们和他们的士兵仅一次冲锋便将这股部队击溃，进而越野追击逃离的幸存者，尽可能多地杀死能够追到的敌人，有若干重装骑兵免于昨晚的屠戮，但仍然处于恍惚之中，英军随即冲垮了他们。

直至近午时分，英格兰人才充分了解到他们取得了何等胜利。英军伤亡轻微，某次点名表明有40名重装骑兵失踪，步兵和弓箭手中的死伤人数必定会更高。但法军的损失是灾难性的，爱德华三世已经决心不让劫掠导致的混乱影响到主要目的。他已下达命令，既不要劫掠死者，也不要饶过生者，在战斗结束前，他都坚持拒绝撤销上述命令。27日当天，纹章官们穿梭在战场上根据纹章确认死者。在威尔士亲王的战线附近，一共清点出1542具法国骑士和侍从的尸体。还有数百名骑兵在战斗尾声或周日上午遭遇追击时战死，他们的尸体也留在自己被砍倒的地方。没有人费心去统计步兵的死亡数量，他们的装备也不值得掠夺。纹章官们事实上并没有熟练掌握他们这一行的神秘技术，他们列出的法军伤亡名单错谬百出。但其中较为著名的死者则毫无疑问。波希米亚的约翰与他的同伴们在倒下的地方被人发现。还有8位拥有王室血统的贵族得到确认，其中包括对灾难负有最大责任的阿朗松伯爵；腓力六世的外甥布卢瓦伯爵路易，也是声称拥有布列塔尼之人的兄弟；阿尔古伯爵让，他是阿尔古家族的族长，族内最著名的成员则在为英军而战；洛林公爵，他娶了腓力的外甥女；佛兰德伯爵讷韦尔的路易。他们的遗体被保留下来，埋葬在英军死者附近。归来的农民们挖掘了大葬坑，其余的尸体被随便倒进坑里。

幸免于难的法国人转而寻找应当为失败负责的人，并从外

531

国人中找到了替罪羊，这和六年前的斯卢伊斯海战如出一辙。腓力六世于 8 月 27 日上午抵达亚眠后，便下令在所有能找到热那亚"背叛者"的地方对他们展开屠杀，这是他在当地最早的行动之一。在国王怒气消失冷静下来，继而撤销命令之前，在亚眠及其附近的驻军城镇中，已有许多热那亚人遭到谋杀。[69] 较长时间后的沉思让多数法国人确信责任人不是弩手，而是法兰西重骑兵，他们在冲动中混乱地攻击英军战线，让自己被步行作战之辈和区区弓箭手击败，一位圣但尼修士愤愤不平地将弓箭手描述为"毫无价值的家伙"。较之此前完全归咎于热那亚人，他的观点虽然相当常见，却几乎同样荒谬。法军战线是认真列队排布的，尽管阿朗松伯爵所部可能冲锋过早，但大规模骑兵冲锋必然会导致混乱，没有理由认为它的混乱程度高于其他任何一次冲锋，同样在另一时刻发起冲锋的结果也不见得会更好。法军骑兵在克雷西频繁集结并重整队形，表现了并不平庸的马术与纪律。他们的战败有两个主要原因。一是英格兰军队拥有难以比拟的防御作战优势，不管法军的冲击力有多强，面对在业已准备好的阵地上战斗的下马士兵，14世纪的重骑兵通常都是无效的。腓力六世深知这一点，正因如此他在 1339 和 1340 年拒绝进攻英军，而之所以在 1346 年冒险，乃是因为公众舆论需要一战。二是长弓对弩的技术优势，这一点在此战中表现得最为明显。对腓力六世而言，尽管已有斯卢伊斯、莫尔莱与欧贝罗什之战，长弓的优势可能还是令他感到惊诧，对军队其他人来说更是不可理解。国王已经投入大笔资金，从欧洲最好的熟练弓弩手中雇佣了规模空前的弩手部队。弩是一种古老而可畏的器械，自 12 世纪以来，绝大部分欧洲军队的弓弩手都更偏爱它，当时，一位拜占庭公主①称它是"恶魔般的"，教会则禁止使用它与基督徒作战。长弓可能永远无法达到弩的冲击力和穿透力，但直至15 世纪引入钢弩臂取代 14 世纪的胶合角质弩臂前，它的射程都要比弩远很多。然而，即便在随后的几个世纪里，弩也永远无法匹敌其竞争者的主要优势，弩的射速不够。根据佛罗伦萨人维拉尼所述，在一位有经验的弩手装填一次弩箭的时间里，一张长弓可以射出三支箭。现代实验表明，射速的实际差异比这还要大。

爱德华三世和他的军队在战场上度过了 8 月 27 日整天，这是传统的占据战场胜利的象征。其后两天时间他们在曼特奈（Maintenay）附近和瓦卢瓦尔的西多会修道院中度过。在所有身着黑衣的军队指挥官、围墙和修士逃跑时搬空的圣坛围绕下，爱德华埋葬了法兰西王室的贵族。8 月 30 日，英军恢复了向北进军，行军从海边一直延伸到内陆 20 英里处。他们毁掉了一切能够烧掉的东西。自从爱德华越过索姆河以来，拥有城墙的主要城镇埃丹、蒙特勒伊和布洛涅都塞满了守军，其中一些还得到了逃离战场的重装骑兵支援。这些地方损失了收成和市郊。埃塔普勒（Étaples）遭到了突击和洗劫。附近未设城墙的城镇和村庄沦为一片焦土。长年以来，维桑都是英格兰旅行者前往大陆的传统登陆地，它被英军完全抹平。[70]

1346 年 9 月 2 日，爱德华三世和他的顾问们以及指挥官们在布洛涅北面不远处的维米耶村坐下来盘点局面。尽管取得

---

①　即安娜・科穆宁娜（Anna Comnena），她曾在《阿列克塞传》（*The Alexiad*）写道："弩是一种蛮族的武器，希腊人绝对未曾听闻……这就是弩，一种真正恶魔般的机械。弩矢的撞击极为剧烈，被它命中的人是最为不幸的，他死得毫无知觉，连被什么命中都不知道。"

了很大程度的胜利，其中一些人却必定认为他们获得的真正战略价值少之又少。"我们在敌人面前穿越了王国，"爱德华本人致信英格兰各城镇，"我们焚烧、破坏了许多城堡、庄园与城镇，杀死了许多敌人。"[71]那便是他们做到的一切。对法兰西王国政府而言，克雷西是一场政治灾难，但它的军事后果却不大，因为爱德华三世并没有足够的人力，不能在他通过的土地上完成长期占领。

关于他起初打算做什么，至少是起初打算在诺曼底做什么，人们基本没有疑问，认为那应当类似于他之前在布列塔尼的所作所为。阿尔古的若弗鲁瓦已经在英格兰向爱德华宣誓效忠，英军登陆后，他又在俯瞰拉乌格海湾的小丘上再度宣誓，这种做法的原因便在于此。它也无疑是爱德华在给军队的命令中禁止劫掠和暴力的原因。上述命令看上去只在军队位于诺曼底境内时发布。登陆后夺取的第一座大城镇瓦洛涅被"承认为处于国王的和平范围内"，可能还在当地留下了一支小规模驻军。在军队离开后，卡朗唐则必定由若弗鲁瓦麾下背叛的诺曼底人守卫。爱德华已经派出使者，在诺曼底南部的许多地方宣称他的到来"不是为了强暴土地，而是为了领有土地"。回应是形形色色的。有些使者在竭力向愤怒的村民宣讲爱德华的良好意愿时遭遇私刑，但也有许多诺曼底人接受了爱德华的说辞，在战役起始时尤其如此。数目庞大的科唐坦半岛农民曾来到爱德华位于拉乌格的营地感谢他。即便军队已经绕过了巴约，巴约人还是向入侵者派出信使，乞求他接受城镇投降和他们的效忠。爱德华的答复透露了内情。他认为自己要在夺取卡昂之后才能给予他们保护，因此拒绝了他们的提议。但正如人们很快意识到的那样，事实则是爱德华从不能保护他在法兰西的新臣民。他甚至不能保护他们免遭自己部队的侵害，在通过某地后，他也无法保护居民免遭法兰西士兵和官员的报复。所以，起初的征服战役变成了一场"骑行抄掠（chevauchèe）"，这是一种快速通过某一地区，而后骤然消失的大规模骑兵袭扰。风暴过去后，爱德华三世和阿尔古的若弗鲁瓦占据的所有地方均被法军在短期内收复。卡昂城堡中的法军包围并杀死了卡昂的英格兰驻军。英格兰人一离开，若弗鲁瓦在卡朗唐的士兵就遭遇突袭，被匆忙拼凑的地方部队俘获。俘虏们被运到巴黎，在中央菜市场处决。爱德华向北进军就决定了他们的命运。[72]

对阿尔古的若弗鲁瓦这样的人而言，战略的变化是一剂难以下咽的苦药。在效忠爱德华的法兰西反叛者中，若没有英格兰人的持续支援，很少有人具备能够维持下去的资源或地方支持力度。和大部分心怀不满的法兰西贵族一样，若弗鲁瓦的眼界要比爱德华更为地方化。在维米耶作出的决定是要夺取加来港口，占据它附近的海岸地区。[73]比起其他任何诺曼底港口，加来都是前往法兰西的更好通道，从英格兰向加来输送补给和援军也都更容易。它还距离佛兰德人更近，这些人依然是爱德华在大陆上的最可靠盟友。此后不久，若弗鲁瓦本人离开英军，逃往布拉班特宫廷，在那里找到朋友调解自己与法兰西王国政府的矛盾。12 月，尽管人们曾普遍认为他启发了爱德华三世的诺曼底战役，若弗鲁瓦却以脖子上套着缰绳，嘴里说出祈祷文的模样出现，得到了腓力六世的赦免，重获他的诺曼底土地。[74]

534

15　加来围城战，1346～1347年

　　加来是阿图瓦伯国的一个小城镇，它有一座港口，可那里的沙洲妨碍航行，相当别扭，它有7000～8000人，主要依靠渔业和海上劫掠过活。它既不是迪耶普那样的大商港，也不是布洛涅或圣奥梅尔那样的地区主要贸易市场。对越过海峡的旅客而言，它连重要落脚点都算不上，他们几乎一成不变地沿海岸行进10英里，在维桑登船或上岸。但因为加来距离佛兰德边界只有几英里远，它已成为西北地区的主要要塞之一。这座城镇外部形状是矩形的，内部街道则是规整的网格，防御设施设计良好，可以追溯到13世纪。它完全被水包围，北面朝向大海，港口也坐落在那里，连成一线的城墙、一条单层护城壕以及一条漫长、低矮、设有防御工事的堤坝将港口和城镇分隔开。在其他方向，城镇由高耸的城墙和宽阔的双层护城壕保护。在城镇西北角有一座宏大的城堡，它包括一座圆形塔楼和庞大的方形外墙，四周环绕着独立的壕沟和护墙体系。在城镇后方的人造防御设施外面，广阔荒凉的平坦沼泽地延伸了几英里远，难以计数的小河和堤道在沼泽里纵横交错，随着泥沙堆积，它们的走向时常发生变化。土地十分松软，这导致攻方无法在城墙下方打洞，甚至不能架设攻城器械。[1]

　　加来曾被长期视为英格兰军队的潜在目标。自这年年初起，它就拥有一支强大的守军和充足的仓储物资，还包括了投

石机和火炮。7~8 月，对城镇安全的担忧越发加剧。身处佛兰德的间谍发回报告，表明已经垂涎加来多年的佛兰德人正试图说服爱德华三世攻击此地，而且正在自行准备围城战。腓力六世并没有严肃对待此类报告，但当地指挥官展开了认真应对。尽管巴黎对此吹毛求疵，他们还是在 8 月为守军补充了大量人员和物资。指挥权交给了两位忠诚且能力都极为突出之人，他俩和阿图瓦的统治者勃艮第公爵厄德合作紧密。其中一位是勃艮第骑士维埃纳的让（Jean de Vienne），另一位是当地骑士，人称博洛的昂盖朗（Enguerrand de Beaulo）。1346 年 8 月 14 日，阿图瓦的两位副总督之一福瑟的让（Jean du Fosseux）抵达加来，亲自指挥城堡防务。9 月 4 日，当第一批英格兰士兵出现在沼泽另一边时，加来守军已经准备充分。[2]

即便是最粗略的审视也能看出立刻进攻城墙绝无可能。英格兰人并没有尝试直接攻击，面对显然将要长期化的围城战，他们开始有条不紊地准备攻击。英军将主要营地设在城镇南部大约半英里处，即圣彼得教堂周围的一片硬地上，营地边上是堤道，从布洛涅到格拉沃利讷（Gravelines）的道路便位于堤道上。英军抵达加来的第二天，第一批英格兰舰船出现在海港外。当爱德华三世率军通过皮卡第时，这些船只正向温切尔西和桑威奇集结，随后带走了御前会议能够在英格兰境内凑齐的大部分援军。它们抵达城镇附近的海滩后，必定将英军的数量提升到 10000~12000 人。英军在城墙朝向陆地的三面排开，开始掘地固守，在堤道和小路上开挖堑壕，并且在桥梁附近修筑了临时堡垒，以防遭到后方的攻击。[3]在随后的数周内，英格兰人开始在防线内部沿着堤道路线修筑临时城镇，并称之为阿尔迪新城（Villeneuve-la-Hardie），其中包括了国王、主要官员

537

536

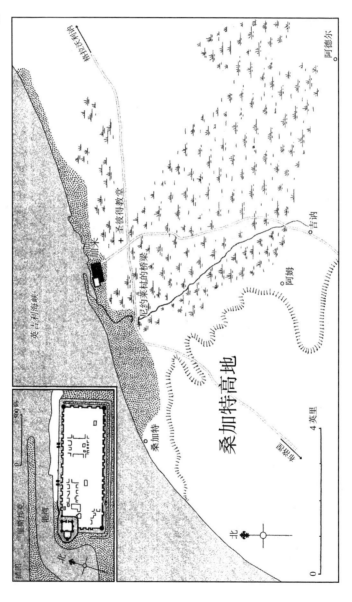

图 29 加来

和贵族们的木结构宅邸，市场，公共建筑，马厩以及成千上万间用树枝和茅草搭建的棚屋。

直至7月底，英格兰军队都依靠在法国乡村并无把握的劫掠所得过活，他们在进抵加来时已经饥肠辘辘，还缺少衣物和鞋子。供给他们度过漫长的围城战堪称行政努力和商贸组织的奇迹。阿尔迪新城养活的人口要多于英格兰的所有外乡城镇，也比法兰西的大部分外省城镇要多。大部分补给物资从佛兰德经格拉沃利讷运来，尽管法军定期尝试切断这条路线，但它在围城期间始终保持畅通。令人吃惊的是，还有大量物资是由英格兰从海上运来。在英格兰东部和东南部的每个城镇，都有人宣读政府公告，呼吁批发商将他们的货物带到加来。全国所有原本将要出口的谷物都被截留下来，供给海峡另一侧的军队。征发人和威尔士亲王的官员在威尔士北部和英格兰西南部诸郡也征购了大量物资。奥韦尔、桑威奇和普利茅斯成为主要仓储中心，食物在那里入库，也在那里装载到征用来的数百条船上。这一行动取得了令人印象深刻的成功。截至仲冬时节，从围城战线归来的士兵表示，新城的肉类、衣料集市与阿拉斯或亚眠的一样。[4]

加来围城战持续了11个月，它从英格兰人身上汲取的资源多于14世纪的其他任何一场战役，在卡昂、克雷西取胜后，公众对战争的支持度急剧上升，若非如此，加来围城战也不可能完成。1346年9月13日，议会在西敏召开。代替国王致辞的官员们绘声绘色地描述了战役进程。"法兰西军队均已被击败，"他们说，"国王们、高级教士们、公爵们、伯爵们、领主们、骑士们和他们王国里有势力的人们已然战死、被俘或遭到洗劫。"在卡昂发现的文档暴露了法兰西国王征服英格兰的

538

计划，它再一次得到了宣读。加来水手的海盗行为也被详细列举。军中主要人物也写来书信，呼吁国内人士付出特别努力，大方对待军队。平民院对此前的错误措施和连续征召的负担颇有微词，但还是投票通过了明后两年的财政援助款项。贵族院则同意给予每名骑士 40 便士酬金，以纪念威尔士亲王受封骑士。他们并不希望加来成为下一个图尔奈。其中眼光较为短浅的人产生了如下希望：既然他们已经为结束战争花费了足够的金钱，就不该再和战争扯上什么关系。爱德华的代表告诉他们，爱德华已经将他的荣誉系于夺取加来，打算在那里待到城镇陷落为止。英格兰国王向未来的和平促成者发出了同样的消息。两位红衣主教自 7 月开始就不断在军队间徘徊，他们在爱德华抵达加来后不久来到英军阵营，但国王拒绝接见他们。他们向南前往亚眠，腓力六世从会战后的第二天上午就待在那里。他后来也没有接见他们。[5]

*

1346 年 9 月是腓力六世治下最悲惨的月份之一。这是个多雨又冷得不合时令的月份。随着法兰西王室贵族的遗体从瓦卢瓦尔修道院起出，改葬在更合适的环境里，一连串国葬因而出现。波希米亚国王的送葬队伍穿过法国北部抵达他位于卢森堡的墓地，墓边环绕着 50 名与他一同战死的骑士纹章。阿朗松伯爵的棺椁运过了巴黎的街道，最终安葬在多明我会教堂。[6]克雷西之战后，腓力六世在死马的恶臭中停顿在亚眠长达两周。他在这里一如既往地反复无常、摇摆不定，作出了一系列考虑欠周的决定。尽管他在阿图瓦的指挥官们看法坚定，也接到了准确的情报，腓力起初还是不相信爱德华会对加来展开漫长的围城。他似乎认为英格兰国王要冲入佛兰德。9 月 5 日，亦即围城第二日，他解散了大部分部队。此后，他在 7 日离开亚眠，前往瓦兹河畔他最喜爱的居所蓬圣马克桑斯（Pont-Sainte-Maxence）。他的儿子诺曼底的让在路上碰到了他，让在挥师通过利穆赞地区时得知了克雷西的灾难，他带来了自己在加龙河畔彻底失败的战役细节，也说明了几天前解散军队的详细状况。从加来则传来了进一步的消息，提到英军显然要在那里有详尽复杂的安排，这必定是一场气氛阴郁的会谈，结果是作战计划彻底改变，决定于 10 月 1 日在巴黎以北的贡比涅集结新军，计划从那里出兵，在冬季来临前解救加来。上述命令于 1346 年 9 月 9 日发布，此时距离指定集结日期仅有三周。没什么比这更清楚地表明法兰西领袖那毫无头绪的恐慌。[7]

在 1346 年秋季，帮助加来守军的唯一打击是被鄙视的热那亚人的杰作。9 月初，腓力六世再度动用桨帆战舰，这支舰队在抵达后便搁置在塞纳河中。17 日，桨帆战舰发现了围城开始后第一批越过海峡运输粮秣的船队，在它们正接近加来时舰队突然发起攻击。全部 25 艘英格兰运输船均被击毁，水手也被杀死。此次打击不仅令饥饿的英军士气受损，也极大增加了此后船运货物的成本。英军需要给运输船队配备大批护卫舰船，在每条船上部署由弓箭手和重装骑兵组成的强大卫队。[8]

然而在陆地上，法军 9 月初自相矛盾的命令造成了灾难性的后果。在整个 9 月里（后来表明 10 月也是如此），英军都完全掌握了战场。在南方，面对兰开斯特伯爵，根本就没有任何有组织的防御。法国政府将他们手中的每一个人都分配到加来沼泽周围以及佛兰德边境一线的驻军中，然而，北方防线依然存在巨大的空隙。

540　佛兰德人在三大城镇招募了许多士兵，与刚从贝蒂讷退回的乌合之众会合后，他们便涌入阿图瓦乡间，一路烧杀，直奔设防的大城镇圣奥梅尔。沃里克伯爵率领数百名英格兰士兵离开加来，出现在圣奥梅尔城下，佛兰德人在那里与他会师。联军在身后留下足够的士兵阻遏圣奥梅尔守军，随后南下大约 8 英里远的著名集市所在地泰鲁阿讷，这是一座古老的教会城镇，当时正在举办集市。泰鲁阿讷实际上毫无防御设施。雷蒙·萨凯主教（Bishop Raymond Saquet）正带着一大支军事扈从队伍待在城镇里，但萨凯在有关宫廷的行政、外交事务中度过一生，显然不是一位军人。他对倾颓的罗马城墙毫无信心，便集结了士兵和许多城镇居民，率领他们出城在开阔地带迎击敌军。结果是他匆忙拼凑的部队惨遭屠戮，他本人受了重伤。从集市上虏获的战利品塞满了一支庞大的车队，城镇建筑物遭到了彻底洗劫，几个月后幸存者才有勇气回来重建家园。夺取泰鲁阿讷发生在 1346 年 9 月 19 日，在战利品的鼓舞下，在几乎毫无抵抗的激励下，英格兰—佛兰德联军在阿图瓦西北部铺开，从布洛涅一直延伸到阿河，不到一个月时间他们就已摧毁了一切，可能已经准备好去焚烧设防城镇（walled towns）与主要城堡的外侧。9 月底，佛兰德人判定他们的做法已经足够。他们停止了袭扰，放弃围攻圣奥梅尔，返回家乡。[9]

　　腓力六世和他的大臣们悲观地看待局面。战败耗尽了税款，失败让人们尽其所有修复城墙。施政手段反映了法兰西政府内部日益滋长的绝望情绪，即便只能压榨出少量金钱，也必须施以残酷手段。军队的征发人们不携带资金便开展工作，他们开始在不付款的状况下直接拿走粮秣、车辆和马匹，在北方的城镇中激起了愤怒与暴动。较为富裕的教堂被迫交出它们的珠宝和金盘银盘。仅圣但尼修道院就交出了 130 件金银珠宝，价值超过 1200 巴黎利弗尔。若非基座周围刻有将劫掠者悉数绝罚的铭文，官员们可能会拿走修道院的著名十字架，它是 200 年前教皇犹金三世（Pope Eugenius III）赠送的，带有耶稣像也饰有珠宝。在地方各省，若干执法官和总管展开了一场狠辣的充公运动，他们征收代役金，搜刮适用于修理堡垒、支付报酬的物品与金钱。肖蒙执法官（bailli of Chaumont）表示，国王对部队的需求至关重要。圣通日的总管则说在公众利益面前不容任何抵抗，要是士兵拿不到报酬，他们就会逃亡。[10]

541

＊

很难说清腓力六世和他的大臣们对西南地区正在发生事情的了解程度。诺曼底的让从艾吉永撤退的直接后果便是法军在佩里戈尔南部和大部分阿让地区的地位骤然崩溃。他们坚守着加龙河谷的据点：有着强大驻军的圣玛丽港和阿让，以及法军在艾吉永下游的孤立据点马尔芒德。但英军在 8 月底牢牢掌握了洛特河畔新城以下的整个洛特河谷，也占据了从那里到多尔多涅河间的大部分法军残余据点。兰开斯特伯爵不费吹灰之力便挥师纵贯这一地区，各个城镇不战而降。[11]

为法兰西王国保留在西南地区些许存在的任务交给了阿马尼亚克伯爵让。他被任命为王室代理人，但他事实上没有任何部队，他的金库空虚，他筹集金钱、募集士兵的尝试则时常受到国王与他相悖命令的阻碍。任命不到三个月后，他就威胁要辞职。"我不能也不愿作为代理人兼指挥官为这样一位国王做事，"他写道，"他并不顾及我为了持续战争而下达的命令，却代之以相反的命令。"[12]

1346 年 9 月 4 日，英格兰—加斯科涅联军首脑齐聚拉雷奥勒城堡，计划下一步行动。考虑到敌军缺乏有组织的抵抗，他们决心将自己的部队分为三部。"大助祭"迪尔福的加亚尔和阿让地区的领主们留下来守卫自己的省份，并对东部的土地展开袭扰。剩余加斯科涅扈从中的大部分人被置于阿尔布雷的贝拉尔和贝尔纳－艾兹麾下，前去收复加龙河以南的巴扎斯地区。较之缓慢收复失地，兰开斯特本人对政治影响更感兴趣，他计划向北发起长距离袭扰。1346 年 9 月 12 日，他率领 1000 名重装骑兵和数目不详的骑马步兵离开拉雷奥勒，他们士气高昂。加斯科涅人答应在不发饷的情况下服役一个月，这表明他们希望在一位值得高度尊敬的指挥官麾下收取赎金和战利品。

542　　兰开斯特的目标是收复圣通日和从北面通往波尔多的道路。他以典型的大胆方式实现这一目标。他计划向争夺地区以北很远处发起猛烈攻击，切断援军来源，瓦解守军士气，直至他们准备好不做激烈抵抗进而投降为止。至于为何选择普瓦捷为主要目标，掠夺战利品可能是个原因，毕竟那是法国中部最富庶的城市之一。

英格兰—加斯科涅联军马不停蹄地行军八天，自加龙河进抵夏朗德河。9 月 20 日，他们抵达新堡（Châteauneuf）①，距离昂古莱姆仅有 10 英里。伯爵在此停顿下来修理桥梁，当地居民在英格兰军队迫近时将其破坏，此外，沃尔特·莫尼的一桩越轨行为也让伯爵偏离了他的原定目标，这位鲁莽的军人不断以冒险搅浑战争进程，这既不是他的第一次也不是最后一次。莫尼已从诺曼底公爵处获得了安全保证，允许他和 20 名

---

① 新堡的全名是夏朗德河畔新堡（Châteauneuf-sur-Charente）。

同伴穿过法国，加入爱德华三世在北方的军队。莫尼曾在艾吉
永城外的前哨战中俘获了公爵的一位朋友，他实际上用豁免他
赎金的方式"买"到了保证文书。这是一桩典型的 14 世纪交
易，也是一桩处于公私事务边缘的非正规交易。然而，并不是
所有人都愿意按照字面意思接受文书。莫尼等人在波尔多—巴
黎大道上行进时，被一队法军士兵抓获，然后被带到了圣让当
热勒（Saint-Jean-d'Angély）城镇投入监狱。莫尼本人和两位
朋友成功逃脱，但直到兰开斯特伯爵得知他们的处境时，其余
人等依然在受苦。圣让当热勒位于新堡西北约 40 英里处，两
地间是奥尼斯平原（plains of Aunis），是当时法国最富裕的葡
萄酒产区之一。圣让当热勒是个筑有城墙的小城镇，也是重要
的地方交易市场和河港，一座本笃会修道院的遗址笼罩着它，
遗址中有一尊施洗者圣约翰的头像，这让圣让当热勒成为前往
圣地亚哥德孔波斯特拉（Santiago de Compostela）朝圣路上的
一个重要歇脚处。它的城墙和塔楼在十年后被人描述为多处破
损与坍塌，1346 年的状况可能更糟。当英军毫无预告地于
1346 年 9 月 22 日抵达时，城镇在第一次攻击中便告陷落。它
遭到了猛烈洗劫。修道院以及商人的大部分仓库和居所都被抢
个精光。根据兰开斯特伯爵的命令，幸免于难者要交付沉重的
赎金与赔款，还要向他们的新君主宣誓效忠。反抗者被关入牢
狱，逃亡者则会发现他们离开后财产已被抄没。但并没有很多
人逃亡。圣让当热勒的人们被突然遭受的打击吓蒙了。大部分
人没有反抗，多少保留了一些东西。用兰开斯特的话说，他们
"变成了英格兰人"。[13]

9 月 30 日，兰开斯特的军队恢复了 20 英里每日的高速行
军，但因为需要留下足够部队驻守圣让当热勒，他的实力已经

544

543

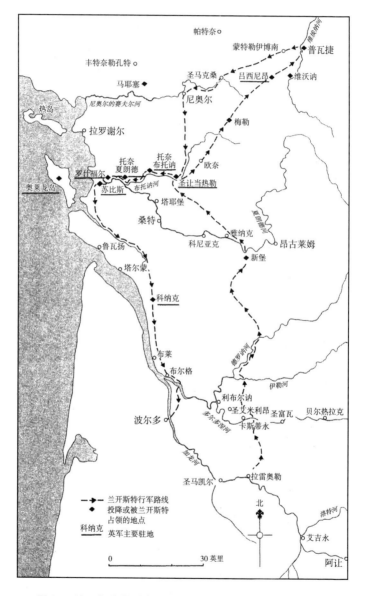

图 30　兰开斯特伯爵在普瓦图和圣通日，1346 年 9 ~ 10 月

有所削弱。1346 年 10 月 2 日或 3 日，他们突击了普瓦捷西南不远处的吕西尼昂（Lusignan）小镇。镇民的抵抗三心二意，尽管城堡修得很坚固，里面也满是携带家眷逃亡的地方乡绅，它还是没有展开任何抵抗。守军派出使者携带钥匙会见英军。吕西尼昂人就和圣让当热勒人一样，很快就顺从于爱德华国王的代理人政府，在随后几周里回到家乡，发现家园已成废墟，还得从已经洗劫他们的士兵手中买回财产。[14]

吕西尼昂的状况还要好过普瓦捷。这座庞大的教会城市的教堂里满是财宝，不仅有教堂的财产，还有附近地区诸多修道院的财富，随着德比的行动消息广为流传，教士们登上车辆，加入了涌进城市的逃难大军。尽管普瓦捷位于两条河流交汇处的半圆形悬崖上，防守态势看似强大，它的城防实际上却很薄弱。其中一部分地段根本没有修筑城墙，只有土木工事和堑壕控扼道路。即便在有城墙的地段，城墙也已老朽不堪，有些地方甚至有如废墟一般。[15]短期内只能用某些当地贵族的佃农和仆从拼凑守军。

兰开斯特的士兵在 10 月 3 日傍晚抵达城市外围。他们立即发起了进攻，却遭遇了失败。但他们在第二天上午发现了城防的薄弱点，在城市东部的圣拉德贡德教堂（Church of St Radegonde）附近，由于一座水力磨坊的需求，护墙已经在很久以前被凿穿了。英军占据了缺口，涌入城镇，一路上纵火杀人，展现了一场恐怖的屠杀。所有能够出逃的人都带着能带走的一切东西前往城市的另一端，挤进拥挤的街道，穿过城门逃到外面。逃亡者中包括了主教和四五名负责城防的贵族。当英格兰和加斯科涅士兵最初的破坏欲发泄殆尽后，他们沿街道分散开来，闯入教堂和其他建筑物，搜刮到足够的战利品，塞进

545 他们手头的每一辆车里。"圣器、长袍、圣杯、带有耶稣像的十字架、一切金银器物",座堂教士在清点损失时如是宣称。沙鲁(Charroux)的修士们失去了所有财宝,还丢掉了他们带进城里保存的许多契据。约有 600 人不幸遇难,其中大部分是劳工和小商贩。重要人士在被认出后得以幸免,但俘获他们的人却索要高得离谱的赎金,让这些人倾家荡产。而且当他们回到家后,某些情况下需要等到好几个月之后,人们时常发现房屋和家具已被烧毁,农庄里则住着穷困、凶悍的抢占者。[16]

像普瓦捷这样的城市竟会对这场灾难毫无准备,实际上并不难理解。尽管它的财富和居民众多,自 13 世纪初以来,却已是政治上的边远地区。它距波尔多 100 多英里。尽管战争已经进入了第十个年头,来回拉锯的战线却始终远离普瓦捷。市政当局能力很薄弱,而且没有任何实质上的征税权力。城防管辖权在城市执政官和三位教会所有人间游移不定地分配。这一点并没有什么特别。圣让当热勒的市民们就谁出资修复城墙缺口爆发了长时间的争吵,其后英军便从这个缺口攻入。在法国境内,多数拥有城墙的城镇均存在此类问题。周遭地区就和省府一样疏于防备。在十年前战争爆发时,普瓦图地区曾对当地王室城堡的状况进行了调查,但并无迹象表明此后进行过任何的大规模修缮。1346 年 9 月,腓力六世已经给普瓦图总管下达了紧急命令,要求他修复普瓦图西部地区的三座城镇,尼奥尔(Niort)、圣马克桑(Saint-Maixent)和丰特奈勒孔特(Fontenay-le-Comte)的城墙,以它们作为当地居民的避难所。但这来得太晚了,他的书信必定和兰开斯特伯爵几乎同时抵达。[17]

若干年后,巴黎举行了一场叛国罪行审判,对正处于英军

推进路线上的外省小城镇而言，庭审中提交的证据栩栩如生地
描绘了它们此时胆怯的恐慌与无助。被告是马耶塞主教（Bishop
of Maillezais），那是一座位于普瓦特万沼泽（marais Poitevin）
边缘、拉罗谢尔东北方向的小型贸易城镇。马耶塞没有驻军，
城墙状况也很差，但它跟兰开斯特的行军路线有一定距离，河
流和沼泽也将它保护得相当好。当英军战役的第一批报告传至
城镇时，市民们和本笃会修士们开始训练如何使用兵器。他们
自行组织警戒，以倒班的方式昼夜工作。但到了 10 月，人们
的情绪发生了变化。主教在修道院里向面前的修士们发出呼
吁。他描述了圣让当热勒和普瓦捷的命运，告诉听众他们城镇
的防御比上述地方中的任何一处都要薄弱，在无法阻挡的敌人
面前展开抵抗是愚蠢的。此外，他还说，难道上帝不是显然在
为英格兰人创造奇迹吗？祂难道没有清楚表明爱德华三世就是
他们的合法国王吗？他们自己的教堂难道不是爱德华的先祖建
立的吗？他们的忠诚难道不应当归于英格兰国王吗？与其在城
墙上展开全然无用的战斗，让自己面临征服者的报复，倒不如
穿上最好的法衣、带上城镇的钥匙，在路上列队迎接兰开斯特
的军队。主教随后将市民召集到跟前，向他们发表了一通类似
的演说。他建议市民应当募集资金购买一件合乎兰开斯特伯爵
地位的礼物，并且许诺他自己会出最大的一份。在马耶塞，有
人表示爱德华三世将是比腓力六世更好的主人，这种说法也已
经流传了一段时间。他们中的两个人被派去寻找兰开斯特伯
爵。他们赠给他一只苍鹰和两只灰狗，邀请他前往马耶塞，他
们说将在那里用荣誉和欢乐接待伯爵。兰开斯特许诺他会前
往，还发给他们有着自己标记的徽章，让他们把徽章别在衣服
上。城镇开始准备欢迎，市民们在修道院里某位 11 世纪的阿

546

基坦公爵坟墓上放置了金色布料，用点燃的蜡烛环绕着它。修士和市民在自己提出的证据中声称，他们在愤怒中否决了主教的建议，拒绝执行与他计划相关的任何事情。但关于这一点存在相当大的疑问。真相似乎是他们支持了主教，至少在危机过去前对此心照不宣，但在危机过去后，他们便陷入了怨愤和自私自利的非难。主教被宣告无罪。有趣的是，他的辩护词（据推测它被接受了）与完全否认相去甚远。他说，事实被他的私敌们夸张了。但他并没有对自己倾向于与英格兰人媾和提出质疑。他的观点在于，在 1346 年秋季的状况下，没有人应当受到指责。他指出当兰开斯特的亨利入侵普瓦图时，当地事实上没有任何有组织的法兰西军队，也没有任何关于他到来的预警，当地没有足够武装居民的武器，包括马耶塞在内，各城镇的城墙都无力阻挡坚决进攻。这一地区的其他城镇和城堡都以它们所能得到的条件与英军媾和，它们难道还有别的办法吗？[18]

547 英格兰军队在 1346 年 10 月 12 日前后撤离普瓦捷，向圣通日和波尔多进军，一路上劫掠、破坏、纵火。各地的抵抗并无配合，程度也参差不齐。有些地方，像马耶塞、梅勒（Melle）和维沃讷（Vivonne），过分殷勤地向撤退中的指挥官献降。少数地方抵抗激烈，比如普瓦捷西侧的蒙特勒伊博南（Montreuil-Bonnin）的王室铸币厂工人，当英军进攻此地时，许多人在城墙上丧生。9 月时指定的两处避难所尼奥尔和圣马克桑则击退了伯爵的所有攻击，最终幸免于难。[19]

兰开斯特并无占据普瓦图的意图。除了城堡选址极佳、城镇较小、相对易于守备的吕西尼昂外，他在该省没有留下任何驻军。100 名重装骑兵和若干步兵、弓箭手被留在那里，由凶残成性的蒙特费朗的贝特朗（Bertrand de Montferrand）和他的两位兄弟指挥。他们将当地变成了有组织的盗匪中心，占据普瓦图西部和中部大片土地多年。像这样的守军，与其说是打算控制土地，倒不如说是要制造混乱与不安，使数倍于此的敌军束手束脚。更为认真的长期占领尝试出现在更南面的圣通日和奥尼斯。圣让当热勒设有规模很大的驻军：200 名重装骑兵和600 名步兵。英军也在这座城镇收缴正税（regular taxes），但这要比之前给法兰西国王缴纳的重很多，他们带进来的加斯科涅官员和法官也着手管理周边地区。[20]在 1346 年 10 月下半，英军占领了自圣让当热勒至大海的整个布托讷河谷地，将罗什福尔（Rochefort）的大城堡和港口以及奥莱龙岛（island of Oléron）囊括在内，大大拓展了这块公国飞地。然而，兰开斯特急于返回波尔多，并不具备征服布托讷河与吉伦特河之间所有土地的时间或资源。[21]凭借拿下较易攻取的城堡、强化较大的农场和农村修道院防务的手段，大部分地区被或多或少地置于波尔多政府的控制之下。这些地方只得到了少量驻军，通常是由倾向于英军的地方贵族指挥。但法兰西王国政府显然没有被逐出圣通日。法军守住了波尔多—巴黎大道一线的主要据点，其中包括省府桑特和自北岸俯瞰夏朗德河渡口的塔耶堡（Taillebourg），后者也是该地区最坚固的要塞之一。此外，法军将大部分守军沿吉伦特河北岸分布，据点包括了布莱、塔尔蒙和鲁瓦扬（Royan）。[22]因此，兰开斯特的"骑行抄掠"只取得了有限度的成功。

　　出现僵持结果的原因应当归结于在整个省份中，双方的相邻城堡间都持续进行着令人衰竭的游击战，这一状况已经导致布列塔尼和加斯科涅东部和南部诸多地区几近毁灭。人口减少作为首要征兆出现得非常快。在普瓦图与圣通日边境，像拉罗谢尔、尼奥尔这样的城镇正以惊人的速度流失居民，24小时保持警戒、为宏大的要塞计划出力让他们感觉负担沉重，道路上的战斗则使得贸易枯竭。圣让当热勒的英格兰驻军和欧奈（Aulnay）的法兰西驻军在绵延10英里的中间地带展开充斥着伏击、谋杀、纵火和破坏的频繁战争。在桑特，当市民们请求拨款修建一座钟塔时，他们宣称警戒、训练和拿起武器已经是他们现在日常生活中的例行公事。危险和不安在持续，随之出现了排外和偶尔发生的歇斯底里，人们毫无理性地怀疑任何可能为另一方刺探情报的陌生人，害怕背叛，而这又因拷打下获取的供词更为夸张。承认自己是间谍的人会被吊死，嫌疑人则会在前额烙上鸢尾花印记。城镇城墙间无遮无挡的乡村遭到双方劫掠者的蹂躏，一份同时代的赦免状以引人注目的细节描绘了一对堪称典型的无名加斯科涅兄弟：满载掠夺所得的轻装骑兵，包里塞满了战俘支付赎金的保证书。这两人在从圣让当热勒沿路赶往波尔多时遭遇攻击，其中一人战死。这样的人后来学会了大规模团伙行动。渐渐的，这个肥沃省份的主要城镇和道路旁的广阔土地变得无人耕种。在沿海地区，依靠多年辛劳才从海洋手中夺得的土地被丢弃给不断侵蚀的沼泽，人们说，面对进攻，比起硬地和人工驻守的城墙，沼泽才是更好的防御设施。[23]

法国政府收复失地的特殊方法加剧了人民的苦难。由于政府在西南地区没有野战军可用，在短期内也没有希望组建新的野战部队，便开始向劫掠者发布特许状，只要他们能够凭借自身力量夺回英占土地，就将土地授予他们。这样的特许状时常是有特定时间限制的，比如在收复后的一年时间内，但也有些

是毫无限制的。这一方法取得了重大胜利。例如奥莱龙沦陷数
月后，便在鲁瓦扬领主（lord of Royan）的个人努力下获得收
复。但这一实践在其他任何方面都是不幸的。它让夺回被占领
土的人互相为敌，也让收复者和原本拥有那些土地的家庭为 549
敌，导致或许可以并肩奋战的人们陷入恶劣的地方战争。它也
是那些自治私军的源起之一，私人军队只对某个政府怀有微薄
的忠诚，它们在 1350 年代从它们的角度助推着战争，比起爱
德华三世的周期性远征，私军给法兰西乡村居民带来了更大、
更持久的痛苦。[24]

兰开斯特伯爵的军队在 1346 年 11 月初返回波尔多，他本
人已开始准备返回英格兰，但由他点燃的星星之火已经在远处
开始了新的燃烧。兰开斯特在 9 月中旬将迪尔福的加亚尔留在
阿让地区指挥当地领主，此后不久，加亚尔便发起了自己的长
距离作战。他的一些部队忙于袭击凯尔西，突入洛特河谷，几
乎远抵卡奥尔。[25]加亚尔本人指挥的 400 名骑手转而北上。在 9
月的最后十天里，他们突然出现在遥远又多山的科雷兹，夺取
了这一地区的主要贸易城镇蒂勒（Tulle）。此事震惊了附近的
奥弗涅省，对该省而言，收税人和兵役征召人原本只是一场在
别处进行的战争导致的遥远后果。消息在 1346 年 9 月 30 日传
到了蒙特费朗，此后几天里，兰开斯特伯爵洗劫圣让当热勒的
情况也陆续传来。尽管蒙特费朗距离蒂勒有 80 英里，距离圣
让当热勒有 180 英里，但被吓坏了的市民们向各个方向送出消
息：去里永（Riom）比对报告状况；去巴黎撤回援助加来的
请求；去普瓦捷探察兰开斯特伯爵离开圣让当热勒后前往何
处；立刻向邻近的王室执法官寻求帮助。城墙和壕沟也得到了
急切的检查。城镇存储多年的弩被搬出仓库。一座谷仓被拆

毁，用以建造投石机。奥弗涅三级会议在里永召开，商讨筹集资金、组建军队以备防御，会议此后断断续续召开了六周。危机过去后，阿马尼亚克伯爵召集了他曾在朗格多克组建并用于增援国王的部队。11 月中旬，他与奥弗涅、利穆赞两地征召的军队会合，对蒂勒展开围攻。圣诞节前后，闯入者有条件地投降了。他们的性命得以保留，但全部被俘，需要缴纳赎金。[26]

这是一场得不偿失的胜利。加斯科涅人以不可思议的极小代价，将数以千计的法军士兵牵制在并不重要的蒂勒城镇，在长达三个月的时间内，剥夺了腓力六世的部分军队，令法国中部和南部王国政府的行政陷入混乱。正当阿马尼亚克伯爵受困于科雷兹问题，夺取少到几乎没有的战利品之际，英格兰人和他们的盟友加强了对阿让地区和佩里戈尔南部的控制，横扫了波尔多东南面的巴扎斯地区。巴扎斯城镇曾在欧贝罗什之战后英勇地抵抗兰开斯特的亨利，此时也通过谈判获取了有利的商贸条件，于 1347 年 1 月 3 日向英军开城。即便在法兰西王国政府官员牢固掌握的地区，也出现了一轮背叛浪潮，这标志着当地对政府在南方战争中行径的幻灭与不满已达到最高：地中海畔艾格莫尔特的一位守军指挥官，图卢兹地区圣帕普勒（Saint-Papoul）的一名主教，这些人无法通过与英格兰人谈判获利，他们选择背叛只能是因为确信瓦卢瓦行将灭亡。[27]

*

苏格兰于 1346 年 10 月 7 日发动多年以来[28]投入兵力最多、组织最完备的远征，那也是普瓦捷陷落后的第三天。这是对爱德华三世法兰西战役的直接回应：国王的缺席提供了劫掠、复仇的良机，这也是苏格兰国王对腓力六世急切呼吁援助的迟到答复。苏格兰军队似乎包含少数在夏季抵达苏格兰的法国骑士。[29]根据合理可信的英格兰官方估计，苏格兰远征军一共约有 12000 名士兵。英格兰观察者灰心丧气地注意到，其中一些部队配备了新式法国武器与铠甲，这要比苏格兰军队通常携带的装备好得多。

戴维二世从卡莱尔以北的西部边境攻入英格兰。虽然并不缺乏勇气，戴维还是很快表明自己是一位缺乏经验的平庸指挥官，对麾下士兵罕有控制。苏格兰人不但没有在英格兰人组织防御之前展开推进，反而在围攻利德尔堡寨（Peel of Liddell）时浪费了好几天，那是一座埃斯克河（River Esk）上的边境要塞，自然条件十分适合防御。要塞被撞击了三天，随后苏格兰人以强攻将其拿下。在苏格兰国王面前，守将沃尔特·塞尔比爵士（Sir Walter Selby）未作临终忏悔便被处死。10 英里以南的卡莱尔可能连三天都撑不下去，它的城墙和城门护养状况很差，仓储物资也很少。[30]所以他们缴纳了十分沉重的赔款，换取了局部休战。绕过卡莱尔城镇后，苏格兰人转而东进，对准了达勒姆和约克郡的富裕教堂和庄园，自 12 世纪以来，苏格兰军队的主要入侵目标就是它们。就像爱德华在法国北部所做的那样，他们展开了宽阔的战线，焚毁面前的一切。洗劫赫克瑟姆的大修道院耗去了三天时间。此后，在 10 月 16 日亦即战役的第十天，苏格兰军队抵达达勒姆城外，在博勒佩尔（Beaurepaire）扎营，这是座城西不远处座堂院长们的奢华乡间别墅。修士们提出缴纳 1000 镑保护费，预计在 10 月 18 日支付。苏格兰人于是就此等待。

腓力六世错误地将英格兰北部描述为"毫无防御的空间"，

551

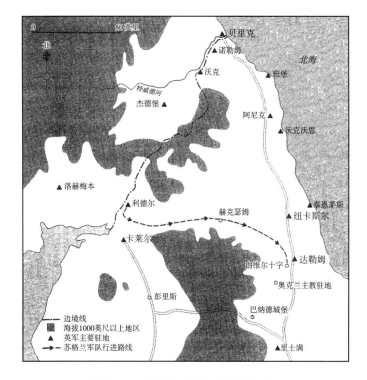

图 31 苏格兰人的入侵，1346 年 10 月

尽管防御的确很薄弱。苏格兰人多年来持续不断的袭扰，让坎伯兰、威斯特摩兰和诺森伯兰的人口锐减，再度将它们变成了加斯科涅、布列塔尼或佛兰德边境的耕种状况参差不齐的荒地。仅在坎伯兰一地（它可能是受影响最重的郡），调查表明1345～1346 年有一百多个公社陷入贫困。面积较大、防御较好的诺森伯兰可能要稍微让人满意一些。边境的防务由三人掌握：长年担任英军边境指挥官的亨利·珀西（Henry Percy）与拉尔夫·内维尔（Ralph Neville），以及东部边境看守兼约克大主教拉朱什的威廉（William de La Zouche，Archbishop of

552

York），他是一位世俗化的教会政客。英格兰间谍自 8 月起就在苏格兰忙个不停，这三人获知苏格兰人的计划大纲至少已有六周。士兵早已整装待发，等待他们的命令。因此，当苏格兰人越过边界时，英军部队集结得非常快。在约克郡北部里士满进行的集结由约克大主教管理。但他的军队虽然组建迅速，规模却不大。即便在实力最强时，也可能只包括不足 3000 或 4000 名坎伯兰、诺森伯兰和兰开夏郡的士兵。另有 3000 名约克士兵已在南方更远处集结，正在行军的路上。特伦特河以南已无人可用，当地依然为正在加来的军队搜刮新的援军。[31]

10 月 14 日，大约就在苏格兰军队通过赫克瑟姆之际，大主教决心不再等待约克郡的军队，率领其余北方军队跨过里士满以北的荒野，前往巴纳德城堡（Barnard Castle）。为了此后向达勒姆进军更加便利，他在这里将部队分成三股。苏格兰人的首脑并没有预计到敌军的反应效率。他们直至 10 月 17 日黎明才纯属意外地得知英军存在。由威廉·道格拉斯指挥的一队苏格兰士兵当时正在达勒姆以南劫掠，在浓密的晨雾中突然遭遇了大主教所部的两支后卫分队。这是一场激烈的交锋。苏格兰人战败，损失惨重且被击退。

当戴维二世从幸存者处得知英军相当接近后，他唤醒了军队，率领他们面对敌军。他让军队在一处名叫内维尔十字的地方，当地有一块古老的盎格鲁—撒克逊石制十字，占据高地列阵。和英军一样，戴维将自己的军队分成三队，但他在选择交战地点时极不老练，当地沟渠、围墙纵横交错，部队的机动自由受到极大限制。苏格兰人对杜普林荒原和哈利顿山之战记忆犹新，只要有可能便不会选择进攻。因此，当英格兰军队在近午时分抵达内维尔十字后，苏格兰军队并未离开阵地。双方在

553

几个小时内毫无动作。此后，在下午 3 点前后，英军向前推进，使敌军战线进入弓箭射程之内，继而开始倾泻箭矢。苏格兰人无法忍受屠戮，被迫发起攻击。第一队步行冲击英军战线，他们低着头，用头盔和肩甲挡住弓箭。正在他们如此推进之际，围墙和沟渠打乱了阵形。许多苏格兰人从未进抵英军战线。那些的确触及英军的人则被部署在前方的重装骑兵击退。看到这一状况，由罗伯特·斯图尔特和边境伯爵指挥的第二队，也是规模最大的一队苏格兰军队调转方向逃跑，扔下戴维二世和他自己的一队面对全部英军。他和麾下士兵以凶悍的勇气奋战。国王被一支射中面部的箭打成重伤。战至傍晚，苏格兰人最终失败，随后调头溃逃。戴维本人遭遇突袭被困，他拒绝投降，尽管多处受伤，依然在被制服前击碎了两名捕获者的牙齿。苏格兰军队余部在暮色中被追击了 20 多英里，一路逃过了达勒姆郡。

伦敦郡长做得很好，他雇到了一条巴奇船，将此战的第一批相关传言带到加来。比起克雷西之于法兰西，这场惨败对苏格兰而言后果更为糟糕。这个小国在仅仅一天内就损失了几乎所有领袖和许多经验丰富的士兵。马里伯爵约翰·伦道夫（John Randolph, Earl of Moray）率部发起了攻入英军战线的第一轮勇猛冲锋，他和大部分部下一起阵亡。苏格兰王国陆军统帅、元帅和宫廷总管都战死了。除了戴维二世之外，俘虏中还包括苏格兰技艺最娴熟、战斗最持久的游击战行家威廉·道格拉斯以及四名伯爵。英格兰政府在法国了解到这种抓获大量战俘事件的政治价值。两位此前曾向爱德华宣誓效忠的苏格兰伯爵，亦即法夫和门蒂斯（Menteith）的伯爵，均被指控犯有叛国罪，其中门蒂斯被开膛破肚、绞死并肢解成四块。至于其他战俘，爱德华三世并不准备看到他们以任何赎身价格获得释放。他发布命令，要求将战俘集中到伦敦塔，置于国王的监管之下。除非获得御前会议的准许，没有人可以缴纳赎金获释。这些专横的命令导致抓捕人员相当不满，他们将战俘视为自己的财产，可以自行处置，这从法律角度而言是正确的。有些捕获者将战俘藏起来，避开国王的专员。有些人和战俘达成秘密交易，随后共同谋划战俘"逃跑"。然而，大部分人还是在战后的几个月里，将他们的俘虏送到伦敦塔总管手中，爱德华最终也承诺补偿他们的赎金损失。抓住戴维二世的人获得了非常丰厚的津贴，500 镑每年，贵族头衔被提升至方旗领主。戴维是这场战争中迄今为止价值最高的俘虏。他被监禁在班堡城堡长达数周，与此同时还接受来自约克的理发匠兼医生的治疗，并从伤势中恢复过来。此后，在 1347 年 1 月初，他在重兵监视中南下伦敦。他被放到一匹高大的黑色战马上，以便让所有人看到，接着在首都街道上游街示众，在此之后，他被关进了伦敦塔。戴维将在监狱中继续待上十一年。[32]

554

*

内维尔十字的灾难过去十天后，法兰西政府在冬季之前解围加来的计划也在令人羞耻的混乱中失败了。法国军事阶层对计划的反应既迟缓又乏力。截至官方集结日期 10 月 1 日，几乎没有部队抵达贡比涅。此后，随着日子一天天过去，兰开斯特伯爵在圣通日和普瓦图的作为逐渐传来，10 月初，普瓦捷陷落的消息也传到了。法国大臣们可能高估了兰开斯特的实力，他们的第一印象是他正挥师北进。对他们而言，似乎英军有同时从两个方向攻击法军的大战略。惊慌失措之下，一连串决定在贡比涅作出。1346 年 10 月 13 日，诺曼底公爵宣称他要在月底率领新锐部队抵抗兰开斯特伯爵。通过撤回在贡比涅集结的士兵的方式，公爵组建了部分军队，余下的则以发布最紧急军事动员令的方式征集。新的动员令要求所有尚未前往贡比涅的应征人员转而奔赴奥尔良，待到公爵南下进军，便会在那里碰见他们。作战计划是在都兰讷（Touraine）的卢瓦尔河以南挡住英格兰—加斯科涅联军，那里也是西南地区延伸出的主要道路交会处。上述安排导致政府征兵进程出现新的错位，尤其是在兰开斯特伯爵再度转向南方，奥尔良集结就此取消之后。10 月的最后十天，抵达奥尔良的士兵们只能转而北进。[33]

截至 10 月底，身处贡比涅的元帅们依然仅有 3000 人出头的重装骑兵。[34]此外还必须加上从奥尔良改道的部队，已经部署在加来沼泽周边环状驻军城镇中的守军，以及数目不定的步兵，总人数可能在 6000～10000 人。尽管腓力的官员们诉诸各类有效手段，不顾一切地筹款，战争金库中仍然没有足够让这支规模不大的军队开拔的费用。腓力六世发现他的战役即将崩溃，转而选择保全面子的外交交涉。他授权波希米亚的查理（Charles of Bohemia），亦即勇敢的约翰之子，着手与爱德华三世沟通。英格兰国王当即拒绝，腓力转而求诸红衣主教们。他告诉他们，他终究还是愿意指派使节与敌人谈判。这来得太晚了。爱德华虽被说服派出使节，但他的文书们尚未制定完正式文件，腓力便于 1346 年 10 月 27 日突然终止了法国北部除主要驻军城镇外的一切海陆军事行动。位于贡比涅的部队甚至尚未离开城镇便告解散。新来的军队当即折返。热那亚桨帆战舰在 10 月 31 日被拖到阿布维尔的索姆河河岸，一周后，法国桨帆战舰也上岸了。[35]

　　这是法国政府内部存在严重政治危机的信号，在某些方面，它与爱德华三世于 1340 年从图尔奈撤退后的英格兰政府内部危机有相似之处。腓力像爱德华一样将责任归咎于臣属。由于未能在布朗什塔克挡住英军，费伊的戈德马尔丧失了权力与地位；出现在会战现场的元帅之一蒙莫朗西的夏尔（Charles de Montmorency）惨遭解职。腓力对他的财政官员下手严厉，贡比涅崩溃的责任被推给了他们。他对需要金钱时却弄不到钱的理解水平不会超过爱德华，都认为原因只会是无能或腐败。埃萨尔的皮埃尔（Pierre des Essarts）是审计庭的一位重要官员，曾在法国政府核心位置待了二十多年，在 1346 年 10 月底，他被立即解职并遭逮捕。他被指控挪用了 100000 图尔利弗尔公款，这一数目极不精确。11 月 11 日，王国的全部财政事务落入三名专员手中，他们是圣但尼、马穆捷（Marmoutiers）和科尔比（Corbie）修道院的三位院长。他们不仅为控制支出采用了严苛的管理方式，也对政府中的财政部门进行了整肃，开除了许多大小行政人员，一些人还遭到公诉。[36]

　　在国王的中书院内部，掌权者没有变化，但怀有深切恶意的相互指责导致他们产生了分裂。诸多详细旁证表明与腓力关系恶化的人中包括他的儿子诺曼底的让。腓力在 8 月毫无意义地阻止他夺取艾吉永，因为让也没有及时赶去参加克雷西之战。让·勒贝尔认为，这一因素对于他们间的争吵无足轻重，这一看法可能是正确的。沃尔特·莫尼逃离圣让当热勒的监狱后，在 10 月初通过奥尔良时再度被捕，他被带到巴黎，根据国王的命令关押在卢浮堡里。拒绝兑现对莫尼的安全通行承诺激怒了爱德华三世，导致他对关押在英格兰的法兰西战俘采取

556

了报复手段，有些人被置于并不合乎身份的严厉监禁中。给出前述安全通行承诺的是让，他和爱德华一样愤怒，尽管让最终能够设法令莫尼获释，他却似乎一连几个月没有出现在宫廷里，而且的确产生了自己可能会被剥夺继承权的猜疑（虽然这必定是有所夸张的）。国王与勃艮第公爵，亦即让的岳父和导师间的关系也变得冷淡。公爵以他妻子名义统治的阿图瓦封地现已成为主要战场，阻止腓力在当地直接行使权力的诸多法律细节令人既厌烦又沮丧。政府越发倾向于无视法律细节，自行任命官员和军官，这种状况不仅发生在加来边境，也出现在内陆腹地的主要城镇。1346 年 12 月，腓力勒令公爵的阿图瓦政府停止运作，开始免去大量官员的职务。[37]

在传统上团结一致的法兰西王室，出现了令人棘手的、并不寻常的裂痕。腓力六世作为战争领袖屡遭失败，导致其中一些人以明确方式与其拉开距离。纳瓦拉的让娜是昂古莱姆女伯爵（Countess of Angoulême），也是路易十世的女儿，人们认为她令人痛苦、心怀怨气，她甚至发展到与兰开斯特伯爵订立私人休战协定的地步。这份令人瞩目的文件大约在 1346 年 11 月得以执行，它未能保存下来。但它表明她为自己的昂古莱姆伯国争取了保护，作为回报，她给予英格兰—加斯科涅联军自由通过领地的权利，并保证既不在这一地区修建新堡垒，也不让法兰西王国驻军在既有堡垒里。腓力六世不可能喜欢这一安排，但他被迫默许。腓力的处境致使他不能像对待阿图瓦那样，径直接管昂古莱姆。[38]

国王御前会议中的专业人员以粗暴的活力投身到为次年财政打下良好基础的工作中。在此后多年里，1346 年末至 1347 年初的冬天因饥荒、混乱和收税人与包税人的横征暴敛为人铭

记。他们屡次尝试强制征收盐税与销售税。政府计划按照各个
公社的人口比例估算其所需负担的重装骑兵开支，这是在三级
会议上提出的做法，本是用于替代盐税、销售税，此时却成为
上述税种的额外补充。法国教会被迫再缴纳一次什一税，这是
得到教皇授权的，但此外还有各类多少有些不合法的负担，它
们并未得到授权。但这些手段获取金钱很慢，随着作战季节的
迫近，政府只得如过去面对此类状况时那样，选择各式各样的
权宜之计。1347 年 1 月，政府开始再度操纵铸币，这引发了
高度不满。外国人和其他不受欢迎的少数群体被处以他们所能
负担的最高罚金。2 月，政府抄没了法国境内所有意大利放债
人的资产，其中包括了他们的贷款投资，国库将在日后偿还
（无息）。居住在法国以外的教士也被王国政府罚没了收入来
源，这一手段可能是直接效仿爱德华三世去年在英格兰的所作
所为。抗议遭到了漠视。腓力告诉教皇，每个人都有职责保卫
王国，都有义务为了公共利益将财产与人身交由王国政府处
置。按照王后的想法，腓力或许会走得更远，对贵族恢复多年
以来未曾在法国实施的强制无偿兵役制。腓力拒绝了这一建
议，他至少在一定程度上了解自己的权力界限。[39]

557

*

在冬天的几个月里，加来附近的战争僵局令双方精神不
振。英格兰军队不能在海上封锁城镇，这导致补给和新征援军
不断涌入加来。11 月的第二周，就在糟糕天气到来前夕，法
军设法将一支由征用商船组成的运输队送入港口，船队装有足
以令守军坚持到次年春季恢复运输的食物。[40]另一方面，英军
从佛兰德获得了稳定的陆上补给，法军冬季的兵力不足和阿图

瓦境内守军的士气消沉让补给输送畅通无阻。阿图瓦各城镇间时常交换时事新闻，有时一天竟要传递数次，就连仅仅发生在几英里外的也可映衬他们的挫败感，暴露他们恐惧、愤怒和绝望交替的情绪。无知与混乱笼罩着报告，有人报称爱德华三世已经放弃围城，撤离加来。爱德华退往哪里？较为可靠的报告认为他依然在加来，而且就在同一天上午，英军再度尝试攻击城镇。德比伯爵和斯塔福德伯爵即将对阿图瓦发起猛烈侵袭。

558 他们有多少士兵？五万人。他们选择哪条路线？"尽管我们和其他人给我们的国王发出了一切预警，"圣奥梅尔政务议员们在 1347 年 2 月底写道，"他没有给我们提供任何帮助，也没有与敌军发起会战。"[41]

　　爱德华三世打算趁敌军实力尚在低谷，认真发起打破僵局的尝试。1346 年 11 月中旬，英军制订了高度详尽的突击加来计划，打算将一支小艇组成的船队送入护城河，用放在甲板上的梯子攀登城墙。该计划需要投入大量精力和才智。根据命令，从英格兰运来了 50 条乘员规模特别大的渔船；船上安放了长为 25 ~ 40 英尺的梯子。在南部各郡，木匠被强制服役。木制投石机和至少 10 门配备火药与炮弹的火炮也被运过海峡。当贡比涅的法军解散后，此前已经停顿在肯特的援军奉命越过海峡，更多的士兵则离家入伍。上述援军大多在 12 月下半抵达加来。但对城墙的反复攻击均告失利。已知的最后一次尝试发生于 1347 年 2 月 27 日。[42]

　　除了这些激动人心的时刻与偶尔发生的深入内地猛烈袭扰外，潮湿和雨水中的英军待在沼泽附近，随着潮汐侵蚀他们的硬地"岛屿"，军人们只能定期移动自己的军帐和棚屋。疾病削弱了军队实力，减少了官兵人数。因为士兵们发现了搭乘粮秣运输船回国或穿过佛兰德逃亡的方法，逃亡也成了严重的问题，在弓箭手中状况尤为突出。有些人偷走钱或盘子，把它们带回家里，还有人私放有价值的战俘。在英格兰，郡长和市政议员们忙于核对逃亡者的漫长名单。有些逃亡人员被发现，遭到了惩罚。其中许多人要么受了伤，要么病得太厉害，已经无法继续参加战斗。[43]

*

法国政府知道，到了春天，好天气会回归，英军战舰也将再度出现，向加来提供补给会变得越发困难。不幸的是，他们不再拥有控制海洋的手段，甚至连局部控制的手段都没有。热那亚人的桨帆战舰本是控制加来附近一定距离内海域的理想工具。但要么是法国人没有意识到这一点，要么是热那亚人只签订了在 1346 年效劳的合约，并不打算在腓力麾下多待一年。考虑到热那亚同胞在克雷西之战中遭受的对待，这两种说法都不会令人吃惊。不论原因如何，格里马尔迪的船主和船员们在 1346 年 11 月结清了账单。法国政府买下了依然适于航行的热那亚桨帆战舰，将它们搁置不用，随后转而诉诸风帆而非划桨，求诸西班牙而非意大利。在 1346 年末到 1347 年初的冬季，卡斯蒂利亚的阿方索十一世（Alfonso XI）和他的海军将军吉莱斯·博卡内格拉［Giles Boccanegra，他是热那亚总督（Doge of Genoa）的兄弟］提出了一项生意计划。卡斯蒂利亚当时正在成为极为重要的大西洋强国，它拥有强大的常备舰队，还有以最大船只的长度和高度闻名的商船队。他们似乎在自己能力范围内向法国政府提供了一支雇佣舰队，包括多达200 艘大型帆船，每条船上配足了水手，还加上 100 名武装士

559

兵和 25 名弩手。博卡内格拉在 1347 年 1 月到访万塞讷，向法兰西国王极力推荐这个主张。合约于 25 日签订。但西班牙人不比热那亚人守时。支付高昂的动员、开拔费用也可能有困难。结果是，法军既没法用意大利人，也不能用卡斯蒂利亚人，只能回头动用自己的海军资源。[44]

英格兰人去年在诺曼底南部的破坏大大减少了法军可用的船只数量。但法军还是有效运用了剩余船只。勒韦的皮埃尔·弗洛特［"弗洛东（Floton)"］自 1345 年 3 月以来担任法国海军将军，向加来输送粮秣便由他组织。他并不是水手，却是聪明能干、精力充沛的行政管理人员，是 14 世纪最著名的官僚统治家族后裔。1347 年 2 月，征发人们在法国西北部搜索补给，将它们用马车沿河运送到海岸上的两处主要集结点。从诺曼底和皮卡第南部弄到的补给被运往迪耶普；索姆河盆地和法兰西岛北部的则用内河运输船带到阿布维尔，随后运到索姆河口的圣瓦莱里。在迪耶普和圣瓦莱里，人们将补给物资装到向北航行的大型远洋船只上。在布洛涅，这些船只配足了士兵，组成运输船队，由桨帆战舰和武装帆船护送。数目庞大的船只参与了此类行动：投入的沿海商运和内河运输的船只远超过 60 条，帆船则超过 24 条，法国桨帆战舰或划桨巴奇船有 12 条，此外还有一条在去年各战役中幸存的孤独的意大利桨帆战舰。这表明了王国政府和诺曼底、皮卡第沿海城镇投入的巨大努力与开销。在迪耶普，几乎所有的航海业城镇都参与其中，甚至包括女性在内，超过 300 名妇女志愿用缆索将船只拖出港口。第一批成果令人高度满意。两支大型船队成功抵达。迪耶普护航编队由 5 条载货船和大约 15 条护航船组成，它们于 1347 年 3 月中旬抵达加来。圣瓦莱里护航编队约有 30 条船，其中有 6 条载货，它们于 4 月初进入港口。英军并未造成显著阻碍，途中仅有一条船在风暴中沉没。必定已有至少 1000 吨仓储物资输入这个被围困的城镇。[45]

＊

腓力六世于 1347 年 3 月 18 日在圣但尼打出金色火焰王旗。他曾计划让军队在 4 月底准备完毕，继而在 5 月初宣布出兵讨伐英军的意图。但他所得到的政府准备进度信息错得离谱。征兵比去年 10 月还要缓慢与零碎。当腓力抵达亚眠时，当地只有很少的士兵。1347 年 5 月第二周，他并没有气馁，离开亚眠挥师北上，"行程很短，以便给予部队集结时间"。在抵达阿拉斯后他才开了眼界。腓力发出了急切的增兵要求，士兵在 5 月缓慢流入，6 月的速度则稍快一些。直到两个多月后的 7 月，法军才能发起重大军事行动。即便在那时，行动规模也要小于腓力最初制订的作战计划。[46]

此时的事态与克雷西战前的法军组织特征完全不符，它是这场战败的后果。这场会战是对瓦卢瓦王朝权威的沉重打击，程度远超实际的战略重要性。它的后果比四十年前的库特赖之战糟糕得多。腓力的官员们在冬季充满干劲的收税努力大体上以失败告终，这是普遍的冷漠和抗拒造成的。1347 年 3 月，法兰西政府又尝试了一种较为柔和的方式。为了与国王的大臣们商讨处理方式和手段，各地召开了一系列三级会议。朗格多克各城镇在 4 月向巴黎派出代表。皮卡第各城镇与韦尔芒地区执法官辖区（baillage of Vermandois）召开了一场乏人参与的会议，当代表们发现他们并无权力决定任何重要事务后，会议只得宣告延期。4～6 月，法国北部和中部各省的地方三级会议陆续召开，它们认真考虑相关事宜。结果是地方税种的大杂烩，通常还包括了与一个又一个公社的吃力后续谈判。许多地区许诺提供特定限额的士兵经费开支。在巴黎、奥尔良和桑斯（Sens）三地，贵族同意自行负担作战开支。法兰西岛出现了财产税。大部分北方城镇都在某种程度的威吓或其他手段下继续缴纳销售税。诺曼底同意上缴炉灶税。征税进程非常缓慢。远离加来的公社对此漠不关心，靠近战场的则希望把钱花到自己的城墙上，有些地方甚至只会为巩固自身城防而征税。以兰斯为例，从 1346 年 10 月到 1347 年 7 月，这座充斥着布料制造商和教会王公的富有城市在城防上花费了大约 5000 图尔利弗尔。1347 年 5 ~ 6 月，开销在每月 1000 图尔利弗尔以上，它耗尽了市民能够腾出来的所有人力资源和物资储备。他们不会向国库缴纳任何税收，也不会向他的军队派出部队。这一案例并不特殊，他们选择的优先级别也难以诟病。在 1346 年，那支令人印象深刻的野战军对卡昂和普瓦西毫无用处。[47]

比王国政府陷入贫穷更严重的是，军队所仰仗的贵族陷入贫困。过去十年里，法兰西贵族在作战装备上花费了巨额开支，而且已经一连失败了两年。战败不仅令人灰心丧气，也代价高昂。腓力的大臣们认为，征召军队的主要困难在于贵族们遭到沉重债务负担的压迫，放债人将利率定得过高。他们可能是正确的。对意大利放债人贷款的国有化有过大量记录，它们反映了许多贵族家庭的经济状况相当恶劣。朗达的让（Jean de Landas）以及他的妻子和父亲一共欠阿斯蒂的银行家斯卡兰皮家族 5275 图尔利弗尔：总数大约相当于兰斯城在克雷西之战后一年中用于城防的全部开支。债务中有三分之二是利息累积所致。让的姻亲兄弟在加来围城期间担任阿图瓦军事总

561

督，他的意大利人债务极重，因而只得在 1346 年请求国王援助。他获得了如下许可：自费出动 30 名重装骑兵在 1347 年服役三个月，以此抵销大部分债务。曾在 1340 年参与圣奥梅尔之战，于 1346 年 8 月协助贝蒂讷抵抗休·黑斯廷斯的当皮埃尔领主沙蒂永的让（Jean de Châtillon, lord of Dampierre）欠下了 1400 图尔利弗尔，其中大部分是利息。这一定程度上是购买马匹所致，此类案例司空见惯。努瓦耶的米莱是国王的大臣，他奢华的生活方式在战争导致的财务彻底崩溃前便已深陷债务，为了归还利息，给儿子筹措赎金，他向巴尔迪家族借了 2000 图尔利弗尔。考虑到上述人士都是需要维持浩大名声的大人物，梅瑟朗的皮埃尔（Pierre de Messelan）可能是最令人震撼的案例，他只是个来自加蒂地区（Gâtinais）的乡绅，相对而言并不出名。在战死在克雷西之前，这个人就在向意大利人的借贷中毁了自己，债务累积已不少于 14565 图尔利弗尔。他的继承人们竭尽全力与国库交涉，而后将庄园出售给一位贪得无厌的律师，陷入了徒有上流社会之表的贫穷生活。梅瑟朗的皮埃尔负上了沉重债务，又为国王战斗至死。在战败后，像他那样的人变得对国王的军事事业漠不关心。有些人再也不能负担作战开支，有些人则看不到意义在哪里。[48]

　　有些人转向背叛。爱德华三世的军队在加来城外枯等了 11 个月，在此期间，身居高位的法兰西贵族向他提出了诸多效劳请求，数目超过此前任何时期。此外，他们提供的协助第一次具备了确切的军事价值。1346 年 11 月，勃艮第伯国爆发了一场严重的叛乱，它针对的是国王的妻弟勃艮第公爵厄德。伯国在法律层面是帝国的一部分，但因语言、情感和封建从属关系而归属于法兰西，这是一个政治效忠关系无常的地区，拥有贵族叛乱的悠久传统。在加来围城战开始两天后，领导1346 年叛乱的勃艮第贵族同盟即向英军营地派出代表，与爱德华三世商讨协同作战计划。他们从英格兰国库中获得了45000 弗洛林（6750 镑）的补贴，这笔钱花得很值。叛军破坏了伯国的很多地区，耗尽了公爵的资金，让王国最大的封臣与其绝大部分家臣、追随者在几乎整个 1347 年里都停留在法兰西东部。[49]1347 年 3 月出现了另一起严重事件，腓力六世的官员们当时破获了一起将香槟与法兰西岛边界上的拉昂献给英军的阴谋。组织者之一是巴黎高等法院的一名律师，在完成准备之前，他被一名同谋出卖，继而遭到逮捕。其他人逃到城外几英里的博斯蒙城堡（castle of Bosmont），在一位名叫韦尔万的让（Jean de Vervins）的与环境格格不入的怪人指挥下坚守。像勃艮第人一样，韦尔万的让曾在冬季暗中进入英军营地。密谋者与爱德华的大臣间的通信也被截获。在叛乱事业未获成功后，人们在博斯蒙守军中发现了 60 名英格兰弓箭手。此次冒险拖住了一支本可用于增援腓力六世的小部队。它也几乎必定是香槟各城镇在向加来派兵时表现迟疑的原因之一。5 月，博斯蒙城堡遭到拉昂、韦尔芒地区执法官与鲁西伯爵（Count of Roucy）的围困。它的守军最终有条件地投降了。在尽可能久地坚守城堡后，他们交出了韦尔万的让，听凭法兰西国王报复，换取了自身的安全通行保证，随后离开。[50]

这是最引人瞩目的案例。还有其他并不著名的案例，它们难以引起英格兰军队的兴趣，也无法助爱德华三世一臂之力。巴黎有位金匠由于密谋引敌入城，在 5 月被绞死，尸体被分成四块，他可能只是个不满的大嘴巴而已。[51]审讯中的拷打也可能给实际上只是抱怨的无心谈话加上了大量周遭的环境细节。

这样的事件导致拥挤在北方城镇里的居民变得越发紧张，由于担心会出现更糟糕的情况，这迫使他们对内部敌人的威胁高度关注。

＊

截至此时，在让腓力不能将资源投入到主要目标的诸多事端中，最严重的是佛兰德居民们的所作所为。新的佛兰德伯爵在他父亲战死于克雷西一周后，亦即法国的运数落到最低点时，便以他的领地向法兰西国王宣誓效忠。马勒的路易（Louis de Mâle）是个聪明、狡猾的人，他具备其父所缺乏的诸多政治技能。他将成为一个多世纪以来最能干的佛兰德统治者。但路易在 1346 年秋天年仅 16 岁，他完全没有政治经验，在统治的第一个年头，权力更强的政坛人物操纵着他：认为他是稳定前景与合法性代表的佛兰德人领袖；视他为恢复法兰西政府在佛兰德权威一个的手段；此外还有英格兰人，他们明确认为，只要伯爵还是佛兰德名义上的统治者，还是腓力六世的封臣，爱德华对法兰西王位的宣称就只不过是个套话。克雷西战后不久，腓力向佛兰德三大城镇提出了慷慨的条件：提供谷物补给，将它们作为法国羊毛原料生产的首要地区，在法国布料市场上为它们设有保留地位，并给予一系列财税和经济特权，以及归还美男子腓力夺走的三处瓦隆语佛兰德地区城堡领地。上述提议大体表明腓力已经意识到佛兰德人与英格兰联合的因素。这些提议遭到了坚定拒绝。在英格兰国王于 1346 年10 月前往佛兰德修复同盟关系后，佛兰德人正式恢复了同盟。[52]

尽管腓力未能争取到佛兰德寡头集团为其效力，爱德华也

在争取伯爵上彻底失败。出于各自的目的，三方都催促新伯爵
返回佛兰德，1346 年 10 月初，公众热烈庆祝他的最终归来。
564　但操纵者不允许路易行使任何真正权力。很快，他就像自己的
父亲那样成为自己臣民的囚徒。他只能自行挑选两名随从。20
个人昼夜不停地监视着他，让·勒贝尔写道，"看管很紧，导
致他几乎无法私下小便"。他的政务会中充斥着三大城镇提名
的人员，条约、特许状和政府文件均在他们的命令下签署。为
了让他公开承认自己效忠于爱德华三世，路易被人施加了难以
忍受的压力。他们希望路易与爱德华的长女伊莎贝拉结婚，以
此确保同盟稳固。

　　路易竭尽所能拒绝上述要求。他说，自己永远不会成为杀
父凶手的女婿。但在 1347 年 3 月中旬，他似乎要被迫结婚了。
爱德华三世返回了佛兰德，在伯国西南部一个生产布料的小镇
贝格斯（Berghes）会见了年轻的伯爵。在那里，被根特、布
鲁日和伊普尔代表们包围的路易正式与伊莎贝拉订婚。他还要
率领一支佛兰德人的军队攻入法国协助英格兰军队完成大业，
并从英格兰国库获得补贴。贝格斯会晤过后大约两周，就在华
丽的婚礼准备工作即将完成，伯爵也用尽了拖延婚礼的各类借
口时，他外出放鹰狩猎，以找回一只鸟为由脱离看守，冲向南
方逃进法国。[53]讷韦尔的路易的私生子，也就是路易的异母兄
弟留在了后方，他试图依靠法国的金钱和若干佛兰德支持者在
根特发起暴动。私生子在暴动安排完毕前即遭逮捕，继而被斩
首。根特的恐惧正在变为仇恨，其激烈程度足以与巴黎比拟。
要不是于利希边境伯爵适时干预，寡头们就要把他在广场上公
开折磨致死。边境伯爵说，鉴于他的血统，人们必须给予一定
程度的尊重。[54]

佛兰德的西部边境对双方而言都变得至关重要。假使像圣奥梅尔这样的重要城镇陷落，这将给予腓力六世耻辱性的打击。此外，正当他尽力劝说王国北部省份提供金钱、人员时，让长途奔袭的敌军在边境上任意纵横也是不可想象的。然而，法兰西国王的动机并非全盘防御。佛兰德西南角是解救加来的一个关键之地，爱德华三世已经清楚认识到这一点，腓力也同样意识到了。法军要么得突破英军设在被围城镇四周沼泽的据点，要么就得以饥饿迫使英军撤离，前者是困难而危险的作战行动，后者则需要控制加来以北的道路，那是英军获得大部分补给物资的通道。爱德华三世的军队在夏季得到来自英格兰的补充，为它提供粮秣的负担也越发增大，他对上述道路的依赖注定要加剧。保持道路畅通是可观的战略胜利，尽管几乎所有功劳都要归于佛兰德人。由于法军通常情况下要比佛兰德军队更有经验、装备更好、指挥更得力，佛兰德军队往往在战斗中处于下风，因而蒙受了惨重伤亡，付出了极大的代价才赢得胜利，他们只能纯粹依靠数量优势与坚持不懈。

565

由于马勒的路易离开了佛兰德，一个声名狼藉的法军叛徒获得了佛兰德军队的指挥权，他名叫朗蒂的乌达尔（Oudart de Renti），是个来自阿图瓦西部的高贵法国家族的私生子，因犯下某些罪行被逐出法国，他暂时将运气押在佛兰德人身上。很难对他的军队规模进行可靠估计，但它必定相当可观。截至 1347 年 3 月底，仅布鲁日一城就出动了大约 5000 人。来自整个佛兰德的兵力必定至少达到布鲁日的三倍，4～6 月期间，后续部队还将持续抵达。[55]

该地区的法军部队由艾尔、圣奥梅尔、贝蒂讷、里尔和图尔奈的大规模驻军及重要性较低的若干地方的小股驻军组成。

1347 年 4 月初，法军获得了大批援军，在艾尔和圣奥梅尔附近建立了由数百名骑兵组成的机动边境守卫部队。其中一部分是从在布洛涅密集布防的驻军和更南面的其他驻军中抽调的兵力，另一部分则源自腓力六世在亚眠和阿拉斯痛苦地集结的野战部队。士兵们抵达那里刚拿到预支酬金，旋即被送往边境。佛兰德的整个西部边境都被置于西班牙的卡洛斯（Charles of Spain）① 指挥之下，他是未来的法兰西王国陆军统帅。在好战的家族中，他也是最有能力的人物之一。在 21 岁那年，卡洛斯行使了他的第一份重要指挥权。[56]

1347 年 4 月中旬，随着英格兰、佛兰德军队派出分遣队联合进攻圣奥梅尔，战役由此展开。两支军队误算了抵达时间，被各个击破。佛兰德人从东面碰巧路过新福瑟（Neuve Fosse），在城镇外侧被骑兵击溃，损失了数百人。大约一星期后，英格兰人出动 500 名骑兵从西面出现，又发现他们人数上明显处于下风。英军沿着通往加来的道路退却，被追击了几英里，一直退到图尔讷昂村（village of Tournehem）附近，才背朝河流展开抵抗，但英军还是战败了，蒙受了若干损失。

567　　这次事件过去后没几天，西班牙的卡洛斯于 1347 年 4 月底发起攻势。他的第一个目标是卡塞勒，位于阿河以北约 15 英里处的重要路口城镇，但他的部队实力还不足以夺取此地。在一次失败的强攻尝试后，他退往圣奥梅尔。另一场冒险在此次过后不久继续展开，它更为大胆，却同样毫无成果，其目的在于破坏地处圣奥梅尔以北的瓦唐（Watten）的阿河堤坝，从而淹没瓦唐和格拉沃利讷的布尔堡低地（flats of Bourbourg），

_____

① 西班牙的卡洛斯，西班牙语写为 " Carlos de España"。

566

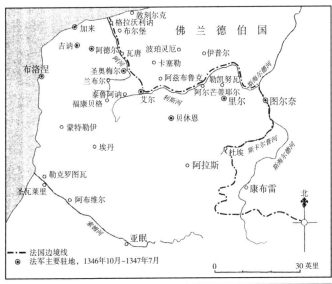

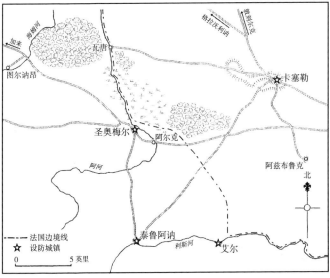

图 32 佛兰德边境，1347 年

切断至关重要的补给道路。它几乎取得了成功。法军毫无预警地接近堤坝，骑兵穿过了哈姆森林（forest Ham），步兵则自圣奥梅尔乘船抵达。堤坝已被法军夺取，随军出征的工匠们也开始凿堤。但不幸的是，指挥官菲耶讷的莫罗（Moreau de Fiennes）对英军的反击深感不安，在完工前就发出了撤退命令。因此，除了洗劫附近的本笃会修道院外，此次作战行动纯属空耗努力。

佛兰德人在 5 月再度集结士兵，将作战方向转移到更东面，企图对阿图瓦东部和瓦隆语佛兰德地区的法国省份发起一系列"打了就跑"的袭扰。此类尝试无一成功，大部分甚至是血腥的失败。在第一次尝试中，当士兵们正要展开袭扰时，他们在阿兹布鲁克（Hazebrouck）小镇附近的集结点遭遇攻击。当法军抵达时，佛兰德人已经列成若干队在小镇前方迎击。然而，尽管他们表现得高于法军预期，却还是被击溃了，大部分人被杀。此次夭折远征的目的地可能就是贝蒂讷。

两周过后，佛兰德人再度尝试奇袭里尔，可结果也没好到哪里。他们在夜间于城镇以北大约 8 英里处渡过利斯河。但在次日拂晓时分，正当佛兰德人通过德勒河畔勒凯努瓦村（village of Le Quesnoy-sur-Deulle）时，里尔守军发起攻击，将他们消灭干净。这是朗蒂的乌达尔最后一次为佛兰德人效劳，几天过后，他就改换了阵营，设法弄到了赦免状，开始了他作为佣兵首领为法军效力的漫长生涯。法军没什么理由珍视他的作战技能，可就算他无法赢得胜利，也基本不可能给法军造成后续的损害。只要他率领一大群人出现在漫长边境上的某个不确定地点，就会拖住宝贵的法军部队，迫使他们进行代价高昂的分兵行动。最终将他击败的里尔守军约有

800 人，由前元帅蒙莫朗西的夏尔指挥，这件事本身便足以说明状况。[57]

*

失败令腓力六世的财力和人力资源干涸，胜利则让爱德华三世能够在更深层面上采掘臣民的财富矿藏。爱德华的代表们号召仍处于英格兰的教会和世俗阶层的重要贵族于 1347 年 3 月 3 日前往西敏。代表十分直白地告知他们，国王需要即刻得到一大笔钱。他们说，要是国王收不到钱，从去年年初开始支出的一切就都白费了。贵族们再度面临图尔奈的忧虑，他们同意授权一笔 20000 袋羊毛的强制贷款，除了最贫穷的世俗教徒外，王国的每个人都是征收的对象。根据 1337 年的模式，英格兰建立了更加垄断性的羊毛贸易体系，这些措施是该体系的预备动作。政府的主要银行家们组建了商人财团，它们负责处置羊毛、支付现金并以此获得出口专卖权。御前会议随后和水手代表们坐下来考虑问题，为了将人员马匹、装备物资运过海峡，就需要动用庞大的海运资源。除了以通常方式征用的运输船外，政府还计划组建一支拥有 120 条战船的舰队，每条船载重在 150 吨以上，装载 60 名水手和 20 名弓箭手。出口物品被征收了一笔合法性可疑的沉重附加关税，以此负担海运开支。一场规模宏大的借款运动几乎立刻用到了上述的税款收入。沃尔特·奇里顿的商人财团以 66666 镑购得整笔羊毛贷款，较之整体价值，购买价格打了相当大的折扣，而且还是在若干个月的时间内分期支付。人们还能发现其他各类债权人。大王冠以 20000 镑的价格（又一次）抵押给伦敦葡萄酒商亨利·皮卡德（Henry Picard）组织的商业财团。大笔资金的流入在短期内满足了国王的需求。[58]

1347 年 4 月下半，爱德华三世终于成功地完全包围了加来。4 月初，第二支法军粮秣运输船队进入港口。此事发生后不久，英军占领了里斯邦克（Rysbank），它是自南方延伸出来的狭窄沙嘴，位于港湾朝向大海的一面。在沙嘴末端，亦即城镇正对面，英军修建了一座木堡，在堡垒里架设了火炮和其他投射器械，部署了由 40 名重装骑兵和 200 名弓箭手组成的守军。英格兰各海港承诺提供 120 艘大型战船，到了 4 月下半，其中大约三分之二已经出现。它们被置于沃里克伯爵指挥之下。至此，英军近乎完全控制了加来与肯特和苏塞克斯海岸间的海峡。[59]

569　　至于增援部队，其进程则要慢不少。御前会议将 1347 年 4 月 2 日定为运输船队的集结日期。据预计，一周后的 4 月 9 日，部队将在三座港口登船：桑威奇、多佛和温切尔西。然而，除去少数贵族的私人扈从，没有一名援军士兵在一个月内抵达法国。增兵进程被各类因素延误了，政府雄心勃勃的计划规模则恶化了一切。部队征募直至 2 月才展开，在春季各月都进展不畅，直至 5 月底，征兵仍然远未完成。在港口囤积粮秣的工作几乎与征兵同时展开，它还要慢得多。国王的财政问题看似在 3 月得到解决，却在 5 月底再度出现，当时，来自威尔士和英格兰各郡的船主和应征士兵要求发放应得的酬劳，但国王的银行家和收税人还是没能筹到资金。[60]

腓力的进展消息渐渐传进了英军阵营，出于放大的恐惧和对法国高效军事组织——在过去这无疑是法军的特点——的敬畏，英军出现了若干紧张时刻。腓力六世打出金色火焰王旗后，英军在 3 月底出现了恐慌，当他返回瓦兹河畔的行宫后，恐慌才得以平息。5 月则是海峡两岸都出现严重恐慌的月份。在 14 日获知腓力离开亚眠后，英军预期法军将于 20 日发起攻击。一周后，当他抵达阿拉斯时，英军预期攻势将出现在 27 日。[61] 在英格兰，御前会议竭力加快搜集资金的速度。紧急出口税本来应当直接交给军队出纳，此时则以折扣价出售给伦敦和布鲁日的银行家，以此换取现金。又一轮强制借贷出现了。御前会议传召了整个英格兰境内的著名商人，要求他们提出计划缓解国王的困难。专员们赶到一个又一个郡，从修道院榨取金钱。现款一运到西敏，人们就立刻把它们装到驮畜身上，然后运到港口用于发放人员的薪酬。兰开斯特的亨利得到了粗暴的命令，不论他是否已经准备完毕，都立刻带着每一个能够上阵的士兵越过海峡。在 5 月的最后几天里，他离开了伦敦，带着仅有几千人的一部分援军登船。被扔在后面的剩余军队则在 6 月和 7 月分批渡海跟随。爱德华三世对敌军的困难一无所知，他只是对自己面临的困难有着并不完备的了解。[62]

腓力的主要困难在于，虽然佛兰德人在 4～5 月遭遇失利，指挥官也变节了，但他们并没有因此气馁。与此相反，他们从手工业城镇征召士兵，稳步增强阿河、利斯河一线的兵力。蒙莫朗西的夏尔刚从里尔出发便击退一支佛兰德袭扰部队，另一支规模更大的部队就出现在阿图瓦东部，兵临贝蒂讷。他们的兵力可能比以往任何时期都要强。

腓力希望召回大部分守军以扩充军队，尔后向加来进军。但事实证明他两者都做不到。要是他在海岸地区与英军对垒，佛兰德人就能够任意蹂躏他后方的省份，接着从他身后发起攻击。国王的顾问们在阿拉斯热烈争论他的困境。直到争论尾声，先入侵佛兰德西南部，而后从北面攻击英军的计划才成为

优先解决方案。这一计划有几点值得赞赏推荐。它将使法军来
到爱德华三世的主要补给线上，也很可能让佛兰德人远离法国
边境。困难在于法军自己的补给线将不得不通过佛兰德南部，
除非夺取行军路线沿途的主要据点，并将其牢固控制下来，不
然补给线就会高度脆弱。法军也必须清剿位于自己后方的佛兰
德军队的主要集结点。

因此，位于阿拉斯的法军在 6 月初组建了两支大规模特遣
队。第一支由博热的爱德华（Edward de Beaujeu）指挥，他是
腓力宫廷中冉冉升起的新星，在克雷西表现出色，深受国王恩
宠，很快就会成为元帅。他在圣奥梅尔与西班牙的卡洛斯会
合。他的部队则越过阿河攻入佛兰德，再次尝试攻击卡塞勒，
这是法军在两个月内的第二次攻击。卡塞勒建在一个并不寻常
的地点，在佛兰德西部的平原上一座山突然跃升了大约 500 英
尺，它便位于这座点缀着磨坊的大山山顶。尽管它的城墙在过
去三十年中被法军两度破坏，而且只得到了零星修缮，它依然
是一座坚固的自然要塞。相当一部分佛兰德边境守军集中在这
里，陪同他们的还有一小队英格兰弓箭手。当卡洛斯的军队于
1347 年 6 月 8 日早晨抵达山脚时，他们发觉就在山顶周围的
栅栏后方，佛兰德人已经在准备就绪的阵地上等待法军。法军
沿着山坡推进，他们的弩手走在前面，朝着守军的狭窄防线发
射弩矢。随后法军重装骑兵步行冲击佛兰德人，踏平了栅栏，
迫使守军进行持续数个小时的肉搏战。大约正午时分，正当山
上的佛兰德人开始溃退之际，城镇的指挥官投入了他留作预备
队的一支新锐部队，他们是来自佛兰德和德意志的雇佣兵。生
力军的抵达是决定性的。法军被击退了，他们在山脚下重整部
队，随后发现己方伤亡十分惨重，弩手也用尽了弩矢，于是便

571

选择退却，返回圣奥梅尔。

第二支法军特遣队进展较好，但未能实现腓力所需要的粉碎佛兰德人的目标。这一次，法军指挥官是圣沃南领主沃兰的罗贝尔（Robert de Waurin, lord of Saint-Venant, 此人也是一名元帅）和拉马什伯爵波旁的雅克（Jacques de Bourbon, Count of La Marche）。两人挥师前往阿图瓦东北地区首府贝蒂讷。尽管贝蒂讷依然处于法军手中，它周边的整个地区却已被佛兰德人蹂躏，佛兰德大军也依然停留在城镇附近等待时机。圣沃南与波旁刚抵达贝蒂讷，便着手将大部分边境部队集结到身边。其中包括贝蒂讷的驻军，蒙莫朗西的夏尔原本在里尔附近的东段边境，此时也被召回，西班牙的卡洛斯则率领艾尔和圣奥梅尔地区的大部分军队抵达。1347 年 6 月 13 日，会合后的法军着手攻击佛兰德人。佛兰德人的侦察相当粗疏，他们并没有获得任何进攻预警，当法军在夜间攻入军营时，他们还在沉睡。但大部分人还是在黑暗与混乱中逃入附近的原野，并且由于佛兰德人更熟悉当地环境，他们能够再度集结部队，发起猛烈反击，大肆破坏法军队列，导致许多敌人阵亡。随后，佛兰德人缓缓消失，撤过了利斯河，任由法军对本国民众大肆发泄可怕的复仇欲望，这些人是阿图瓦东北地区的村民，他们并没有与佛兰德入侵者战斗，而是选择屈服。

在阿拉斯，国王身边依然有些人倾向于从佛兰德迫近加来。但博热发起的战役结果有喜有忧，佛兰德人依然占据卡塞勒的事实便足以令大部分人却步。法军指挥官们决定应当从南面攻击英军，他们承担了佛兰德人从背后发起入侵的风险。腓力迟疑了很长一段时间，"内心倍受焦灼（en grant destreche de cuer)"，最终还是赞成了他们的意见。边境部队和驻军在阿拉斯与国王会合。因此，腓力与他的军队在 1347 年 6 月 20 日前后向海岸进军。23 日，腓力的指挥部进至加来以南 50 英里的埃丹。[63]

*

当腓力在前往埃丹的路上时，他在布列塔尼的事业遭遇灾
572 难，那里此时只投入了很少的兵力，几乎没有得到任何人的注意。法兰西政府在布列塔尼没有任何直属部队，不过布卢瓦的查理自己还是雇佣了几百名来自法国其他省份的军人和一些热那亚人。至于爱德华三世，他有时将布列塔尼视为附属品（重要的自治要塞布雷斯特除外），它只有在不花费金钱便可获取的情况下才有用处。爱德华秉持的处理方式是将作战行动留给独立作战的各支军队的军事主管负责。按照约定，这些人动用自己的家臣，自负开支，以自己的方式展开战争。他们不限期地为英格兰国王效力，但仅仅是在名义上服从王国政府的领导。他们获得了近乎无限的民政和军政权力，得到了公国的全部常规岁入，和岁入一起交予他们的还有战争收入和一大笔一次性费用。"最省心、最有利可图的安排方式，"爱德华三世如是称呼，"鉴于守卫这一地区曾让我们花费了庞大乃至骇人听闻的费用。"

在布列塔尼，上述军事承包人中首屈一指的是托马斯·达格沃思爵士和拉乌尔·勒卡乌尔（Raoul le Caours），这两人都在 1347 年 1 月获得任命。他俩都不是传统上被指派去行使如此广泛权力的大贵族，不过达格沃思还是比勒卡乌尔更接近大贵族模板一些。达格沃思是萨福克的一名骑士，他以迎娶女性

显贵埃莉诺·博恩（Eleanor Bohun）的方式成为重要人物，埃莉诺则是赫里福德伯爵和北安普敦伯爵的姊妹。在 1345 年前往布列塔尼时，北安普敦在他的随员中带上达格沃思，次年初，当他被召回英格兰时，又留下达格沃思担任代理。因此，在他获得任命时，达格沃思已经断断续续地在公国行使了 18 个月的权力，在此期间，他表明自己既是一位有效率的行政管理人员，也是一位勇敢的、有才干的指挥官，在战场上曾两度击败布卢瓦的查理。达格沃思的军队规模一直都不大。他可以呼吁公国占领区内的布列塔尼领主与他们的佃户及家臣出兵——有时数目相当可观。但他的雇佣军队核心则由 300 名重装骑兵和 200 名弓箭手组成，是一支签有长约的部队；这是他组建的混合武装团伙，一部分源自他在英格兰的友人、亲属和家臣，一部分是赦免的罪犯和在大陆上，主要是从佛兰德招募的雇佣兵。在这样的军队当中，很少有人是绅士，与在国王麾下军队中的表现相比，他们在国内的阶层、等级几乎派不上什么用场。这些人是职业士兵，"为了私利发动战争，"正如达格沃思的一位继任者描述的那样，"既不是骑士也不是候补骑士，而是没什么价值的人，没有一天 12 个便士，没有一年 40 个马克，他们就啥都不干。"[64]

达格沃思的版图遍及整个布列塔尼，包括了布雷斯特及其附近地区，但并没有卢瓦尔河口以南的地理上属于普瓦图却是公国组成部分的地区。上述地区以及向南直抵尼奥尔、远达塞夫尔河畔的土地被分配给拉乌尔·勒卡乌尔，他是一位鬼头鬼脑的冒险者，出身与达格沃思类似，但既没有好婚事的弥补，也没有骑士声望，更没有他对英格兰王国的基本忠诚。拉乌尔来自布列塔尼南部的盖朗德半岛，拥有旺代地区的若干中等规模庄园。他至少背叛过两次，在 1342 和 1343 年为蒙福尔的让而战，在 1344 年从属于布卢瓦的查理，在 1345 和 1346 年英军胜利后又重返蒙福尔派的事业。他的任命条件或许和达格沃思类似。很久之后，他获得许可，在自己作为雇佣兵首领任内征服的土地上征收每年 1000 镑。这是像拉乌尔这样的人真正希望得到的东西：不是像莫尼或达格沃思那样发财回家，而是要在他家族一直居住的地区成为头面人物，将大规模扩张土地的收益置于对任何国王的忠诚之上。[65]

拉乌尔·勒卡乌尔是一位无情的军人，作战技能却不是特别出众，他的资源甚至比达格沃思还少。除在法国中书院例行程序中记载的"过分的暴行、叛乱、谋杀、强奸和纵火"之外，他对 1347 年英格兰战争所作努力的唯一书面记载贡献便是对一栋房屋发起突袭，腓力六世在普瓦图北部地区的代理恰好待在那里，夜半时分，此人便在自己的床上被俘。这位代理人是图阿尔子爵路易（Louis, Viscount of Thouars），他值得一大笔赎金，但从其他方面来看，这只是桩小事，给法国人造成的尴尬多、损害少。[66]

这桩事情过后几天，亦即 1347 年 5 月末尾，布卢瓦的查理开始围困拉罗什代里安。理查德·托特沙姆（Richard Totesham）掌管着北部海岸地区这座坚持很久的英军据点，他也是一位布列塔尼事务老手。托特沙姆与自己的妻子和新生的孩子一起待在那里，身边有着规模相当大的常备驻军，但他的掌控并不稳定。尽管他似乎赢得了城镇居民的支持，却远离后方支援，周边乡村居民也颇为厌恶英军的存在。对于他们来说，这意味着持续不断的骚扰与抢劫，还意味着当地人被迫修筑外国人巩固地位所需的建筑与堡垒，承担繁重的劳役（corvée）。

布卢瓦的查理的真实意图或许是让达格沃思卷入战斗。要是能歼灭达格沃思那支小部队中的任一重要部分，整个布列塔尼西部（布雷斯特除外）就将落入他的手中。比起围困一座小城镇所需的人数，查理的军队规模要远大于此。其中包括 1200 名重装骑兵、2000 名弩手以及大约 600 名其他步兵，此外还有来自附近地区人数众多、仅仅配备木棒和石头的自愿军，他们在查理抵达后加入他的军队。查理所部一直部署到距离市镇一英里以外的地方，周围修筑了堑壕与土木工事。9 台攻城器械有条不紊地轰击着城墙与建筑，其中一台毁掉了托特沙姆的半栋房子。

达格沃思花了将近三周时间踏入圈套。这当中的多数时间可能是从他手下分散的据点集结部队所需；他最终弄到了 700 名士兵，其中有 300 名骑兵和 400 名弓箭手。1347 年 6 月 19 日，他们进抵一座废弃的西多会修道院，制订了作战计划，那里距拉罗什代里安不到 10 英里。对法军围城战线的细致侦察表明，尽管查理的军队规模要比达格沃思所部大得多，它却分成了四个相互隔绝的部分。法军部署在面对城墙的不同地段，林地、沼泽和水道将各个部分隔开。查理自己指挥最大的一部分，和他们一起驻扎在城镇东面。达格沃思决心派出若干随营人员携带大车和牲畜绕到城镇西面，展开伴有喧闹声的牵制，他自己和其余部队则进攻查理所处的地段。为了获得突袭的便利，英军在半夜开始行军。

尽管达格沃思的部队早在 20 日拂晓前即已抵达拉罗什代里安，他们那时却发现查理的侦察兵们已经发现了自己的行踪。法军整夜都在列阵，每支部队都位于自己的攻城地段，火

574

把、蜡烛和黎明前的暗淡日光照耀着他们的铠甲。随营人员在西面的牵制遭遇失败，查理已经告知他的士兵这是佯攻，让他们坚守在阵地上，直到的确遭到攻击为止。在东面，英军步行突破了法军围城工事，冲向查理的部队。

半黑的环境下发生了一场混乱又血腥的肉搏战。起初，英军的状况很糟。他们被击退了，数人惨遭生擒，其中还有达格沃思本人。但当阳光强到足以区分两军战线后，托特沙姆的驻军就冲出门外，此外还有 300~400 名装备斧头和自制兵器的居民跟随。他们从后方攻击查理的军队，将其击溃。达格沃思被解救出来，一队佛兰德雇佣兵认出了布卢瓦的查理，将他挤到一座风力磨坊附近。查理战斗得很凶猛，受伤七次后才向一位布列塔尼骑士屈服，这名骑士穿过混战的人群前来受降。14世纪的贵族不愿向地位比自己低太多的人投降。就在这一切发生的时候，另外三队法军士兵依然遵照查理的命令，面对着不同地段的城墙，停留在己方相互隔绝的阵地上。其中没有一队实力能够与查理指挥的那一队相比。英军逐个攻击，将他们击败。待到日出时分，一切均已结束。

法军此战的伤亡数字很高。黑夜使俘获敌军变得困难而危险。在城镇守军突围后不加区分的杀戮中，许多人在被斧头砍伤后死亡。死者中包括了查理一方最为显赫的布列塔尼贵族，其中有罗昂子爵，拉瓦勒（Laval）、沙托布里昂（Château-briand）、马莱特鲁瓦（Malestroit）和鲁热（Rougé）的领主，此外还有 600~700 名骑士与侍从，这占到查理军中重装骑兵的一半以上。在稍有地位的人群中，幸存下来的几乎所有人都被俘了。布卢瓦的查理是价值几乎难以估量的战俘。英军对待他极其小心，以防此人被救出。查理先被带到拉罗什代里安，然后从一座城堡秘密转移到另一座城堡，最终进入南海岸的瓦讷堡。[67]他在那里停留了几个月养伤。1348 年秋季，当他健康得足以长途移动后，达格沃思将他用船运往英格兰，以 25000 埃居（3500 镑）的价格卖给爱德华三世，在当时的状况下，这是个相当节制的价格。查理在伦敦塔里碰到了苏格兰的戴维二世，还遇到了在卡昂、克雷西和内维尔十字被擒的重要战俘。他们这些讨价还价的筹码或是被留下来索取几乎无法支付的赎金，或是用来交换法国的政治让步。[68]

查理战败被擒的消息导致位于埃丹的法军出现惊恐。腓力解救加来的战役正处于微妙状态，国王此时却还要被迫付出时间、金钱和珍贵的部队以维持他自己在布列塔尼的地位。腓力任命克朗的阿莫里（Amaury de Craon）担任当地的王室代理人，这是一位年仅 21 岁的年轻人，他的家族在布列塔尼边境的曼恩地区颇具影响力，与查理的事业关系密切。1347 年 7 月初，阿莫里率领一支小部队匆忙赶往布列塔尼：600 名弩手与不到 100 名重装骑兵。6 艘自冬季起上岸闲置的意大利桨帆战舰重新投入现役。它们配备了 1000 多名从诺曼底和皮卡第强征的桨手，后来又满载士兵立刻开往布列塔尼。经过劝说，依然居住在法国的艾顿·多里亚接过了战舰指挥权。

拉罗什代里安之战并没有改变布列塔尼的军事平衡，英格兰军队因为人数太少，无法盘算横扫布列塔尼的北部与东部地区。事实上，尽管布卢瓦的查理在三周内都未能夺取拉罗什代里安，这座城镇却在三天内屈服于克朗的阿莫里麾下规模较小的军队。[69]但此时除非法兰西王国政府大举远征，不然已经没有任何希望将英军及其盟友逐出他们牢牢控制的布列塔尼土地。布卢瓦家族的事业已经损失了领袖，这桩事业一直以来都高度依赖着他的鼓动。它也损失了这一代的主要支持者,他们中有的被杀,有的被关押,有的因支付赎金的负担在经济上损失惨重。在所有主要参与者都离开事发地后,布列塔尼内战演变成了前所未有的杂乱战斗,充斥着小股武装团伙乃至地方上的仇恨与野心,包括了袭扰、突击、盗匪行为以及越发加剧的荒芜和贫穷,战略上的实际情况则在多年中基本未曾改变。

*

在加来城内,可怕的匮乏正折磨着守军。从 4 月初算起,他们的仓储便未曾补充过,已经临近耗竭。城内几乎没有任何谷物、酒类或肉类。人们正在食用猫、狗和马。一些守军沦落到啃自己马鞍上皮革的地步。夏日渐长,水井开始干涸,淡水变得相当宝贵,疫病在守军中肆虐。[70]

自从英军夺取里斯邦克后,法军曾在 5 月发起一次尝试,计划将一支食物运输船队强行送入港口。船队一直开到了布洛涅,但当他们的指挥官看到停在海岸外的英军舰队实力后,他终止了尝试,转而向南航行。截至 6 月底,鉴于法兰西王室军队正在埃丹附近的森林扎营,政府也在与布列塔尼的危机搏斗,水手们发起了另一次更为坚定的尝试,可最终以灾难告终。一支大型运输船队在塞纳河口组建:10 艘帆船和 1 艘载货的巴奇船装满了粮秣,负责护送的是另外 10 艘桨帆战舰和 21 艘武装商船,一共有 50 多艘船参与此行。1347 年 6 月 25 日,就在船队通过塞纳河口时,他们遭到了规模远大于己方的英军舰队袭击,英军战舰上遍布着弓箭手和重装骑兵,其中有英格兰的两位海军将军,还有彭布罗克伯爵和北安普敦伯爵。随着敌舰迫近,法军船队作鸟兽散。桨帆战舰逃离战场。粮秣运输船船员一开始把他们的贵重货物扔进水里以加快船速，后来则跳进海里，让他们的船只漫无目的地漂流、搁浅。

当天夜间，维埃纳的让坐在桌边给腓力六世起草了一份语气沉郁的报告。"现在除非我们吃人肉，不然就无法在城内找到食物。"他如此写道。他说，没有一位守军军官忘记腓力坚持到再也无法战斗的命令。他们一致认为与其投降，不如冲出城门，突入英军包围线，直至人人战死为止。"除非找到其他解决方法，这就是您从我这里收到的最后一封信，因为城镇将要沦陷，我们所有人都在里面。"这封信被托付给一位热那亚军官。次日破晓时分，他带着几名随从乘坐两条小船试图逃出港口。英军看到了他们，随即发起追击。热那亚军官自己的船在城镇南面搁浅，落在包围线之内。在被俘之前，他将书信系在一柄斧头上，竭尽所能将它远远扔进海里。但英格兰人在落潮时把它打捞上来，交给了爱德华三世。爱德华读了信，用自己的私人印玺盖了章，然后转交给腓力六世。

面对请求，法兰西国王竭尽所能回应维埃纳的让。水手们以不寻常的英勇与坚持再度开工。又一支运输船队在迪耶普组建。7 月中旬，8 艘巴奇船载货出航，船上满是武装士兵，却显然没有护航舰船。他们希望在不引起注意的状况下突入加来。但还是被发现了，整支船队均被俘获。[71]

当加来城内的指挥官们意识到无法获得补给后，他们搜罗了城镇里看起来在守城中派不上用场的每一个人：妇女、儿童、老人、伤员和体弱人员，一共大约 500 人，将他们送到城门外。在漫长围城战的最后阶段，这是"无用人口（useless mouths）"的普遍命运。战争律法并没有要求围城方对这些不幸者承担任何责任。守军已经一连数月否决了国王的投降要求。当他们要摆脱负担，竭力维持粮食配给时，难道这些人就能免于道德困境吗？英军不会容许"无用人口"通过防线，他们将这些人驱赶到城墙下；在两军目睹中，这些人在城镇的护城壕内饥饿至死。[72]

自 5 月底开始，来自英格兰的新征募的部队已经涌入海滩，英军实力大为增长，解围的希望则更为渺茫。在英军兵力最多的时候，或许是 7 月底，爱德华三世身边有 5300 多名重装骑兵，大约 6600 名步兵和 20000 名弓箭手，共计大约 32000 人。这是英格兰截至 16 世纪末派出的最大规模海外远征军。一支庞大的船队用于从英格兰南部运输人员、马匹和仓储物资：699 艘征用船只来自从班堡到布里斯托尔的 83 个英格兰港口，37 艘雇佣船只来自巴约讷、卡斯蒂利亚和低地诸国。共有超过 15000 名水手，其中许多人可以（已经）参与陆战。除了爱德华自己的部队外，还有佛兰德人，他们此时由于利希边境伯爵威廉指挥。据估计，约有 20000 名佛兰德人集结在阿河以外的海岸地区。[73]

法军于 1347 年 7 月 17 日离开埃丹北上。从派往敌营边缘游荡的间谍口中，英军几乎立刻得知这一消息。关于敌军行动更进一步的消息则来自若干英格兰骑士，他们是获得假释的战俘，曾前往埃丹谈判赎金事宜。在英军营地内部，爱德华的指挥官们开始部署军队。此前率领大军深入皮卡第展开征粮袭扰的兰开斯特伯爵被召回。于利希边境伯爵和他的佛兰德军队越过阿河，加入英军战线。腓力的推进速度缓慢，每日只行 6 ~ 8 英里。在圣奥梅尔附近的兰布尔（Lumbres）小镇，军队停顿下来，与此同时，依然守卫着佛兰德边境的部队和屯驻在阿图瓦北部的守军已撤离驻地前来会合，以便扩充军队数目。在距离加来大约 7 英里的吉讷（Guines），这一年中沿英军南翼驻扎很久的守军与法军主力会合，此外还有从皮卡第城镇征召的步兵。关于法军兵力并没有可靠的证据。佛罗伦萨编年史作家维拉尼拥有良好的资料来源，对统计相当谨慎，他报称法军有 11000 名骑兵，维拉尼没有提供所估的步兵数量，但鉴于法军分成六队，而所有步兵都集中在其中一队里，其数量不可能非常多。腓力手下可能有 15000～20000 人。1346 年 7 月 27 日，法军出现在桑加特高地（heights of Sangatte）上，这是在加来沼泽南缘突兀的一列明显的断崖，位于城镇以南大约 6 英里处。城镇守军可以在城墙上清楚地看到他们的旗帜。[74]

腓力和他的随从们看到身下的景象，便因失望不能自持。一支规模远大于己方的军队遍布在沼泽的广阔区域。通往英军战线的仅有可行途径是从东面或南面出发，或是沿着海边的海滩、沙丘，或是从横跨沼泽的两条狭窄道路发起攻击。哈姆河在两军之间蜿蜒流向大海，它距离法军所处的断崖并不遥远。河上只有一座位于尼约莱小村庄（hamlet of Nieulay）的桥梁可供使用。英军已经充分利用了上述自然障碍赋予的优势。海滩上修筑了栅栏，载满弓箭手和投射器械的战船从桑加特排布到加来。在尼约莱桥后方，兰开斯特的亨利指挥数千人把守着已经准备完毕的阵地。英军在桥梁以南主要通道附近的一座塔楼周围挖掘了战壕，塔里满是士兵。在此地以北兰开斯特的亨利的战线后方，可以看到英格兰和佛兰德军队的营地，每一块能够通过的条状土地上都有土木工事和堑壕保护。[75]

随着两军彼此进入对方视线，外围部队间的前哨战随即展开。护卫通往尼约莱桥道路的塔楼很快便被法军夺取，塔中的所有士兵均被杀死。从此地出发，法军派出部队侦察英军阵

579

地。侦察人员在 7 月 27 日傍晚返回，他们的报告十分令人沮丧。他们说，在靠近英军战线的各条通道里，想要突破其中任意一条，都需要经历一场比克雷西还糟糕的屠戮。地形是骑兵所能想象的最坏状况。在腓力抵达后的几个小时内，他便得出无法解救加来的结论。他让自己的部队在桑加特高地上停留将近一周，这段时间完全用于寻求缓解耻辱的若干变通外交手段。就像腓力和爱德华在过去类似处境下所做的那样，腓力转而求助于两位红衣主教，他们离战线一直不远。当天夜间，红衣主教们穿过法军阵地，进至尼约莱桥，在那里递交书信，要求与合适级别的人物对话。兰开斯特伯爵和北安普敦伯爵与国王协商，率领一小队官员前去会见他们。红衣主教们告知这些人，腓力极度渴望讨论和平，他已经制订了若干计划，爱德华"出于一切理由都应当认为可以接受"。

英格兰人非常警觉。他们认为红衣主教不值得信任，也害怕达成某些卑劣妥协。但他们愿意接受持续三天的短期休战。次日上午，在恰好位于英军战线内部的沼泽边缘，两座大帐篷拔地而起。兰开斯特伯爵、北安普敦伯爵、于利希边境伯爵、沃尔特·莫尼、雷金纳德·科巴姆和爱德华的宫廷总管巴塞洛缪·伯格什代表英格兰一方。法兰西代表团包括波旁公爵、雅典公爵、中书大臣纪尧姆·弗洛特和著名的帕拉丁沙尔尼的若弗鲁瓦，他曾是北安普敦关在英格兰的战俘。谈判一开始，法国人就清楚地表明他们认为加来已经丢失。他们的主要关注点是尽力为守军和市民争取合理条件，确保他们生命得以保全，愿意离开城镇的人能够带走他们的全部动产。在大为犹豫后，他们补充说自己也获得了缔结永久和约的授权。但他们提出的条款并没有吸引力。腓力愿意归还整个阿基坦地区，但要求以爱德华一世拥有阿基坦的条件为基础，亦即将其作为法兰西王国的封地。法兰西国王早在克雷西战前三周就已提出此类条件。爱德华的代表们甚至不愿讨论上述问题。他们说加来无论如何都是自己的，至于交还阿基坦，"鉴于他们的辛劳"，那看起来是"太过渺小的报酬"。

1347 年 7 月 31 日，在一再重复却毫无结果的四天讨论过后，另一个代表团带来了一份挑战书。他们提议英军应当动身离开边境地区，双方各出四名骑士组成八人联合委员会，选择一块"合适的地方（fitting place）"展开会战。这一计划旨在挽救腓力的颜面。倘若身处爱德华的强势地位，没有一位明智人士会去接受它，但像他那样有声望的人也不能在人们的注目下公然置之不理。财富、蛮力和狡诈直至 16 世纪才被普遍承认为军事上的优点。事实上，英格兰国王后来声称他"信仰上帝和我方的正义"，接受了腓力的挑战，甚至向四名法国骑士发出了安全通行保证。法国人则否认这一点。事实真相晦暗不明，考虑到腓力身上发生的状况，或许也已不再重要。城镇守军再也坚持不下去了。他们曾以旗帜、篝火和号声庆祝腓力大军的到来。他们不可能知道在尼约莱桥畔发生了什么，腓力的延迟则是他们无法忍受的。1347 年 8 月 1 日傍晚，守军手持火把进入一座塔楼顶部，向桑加特高地上的军队发出信号，表示他们打算投降。当天夜间，法军焚毁了帐篷和装备，破坏了己方的仓储，在破晓前便已远离。[76]

守军指挥官派出一名信使进入围城军队战线。他指名要求与沃尔特·莫尼会谈，或许因为他是一位拥有侠义名声的埃诺人，可以寄希望于他同情守军的处境。莫尼带着国王的另外三名顾问越过无人区，来到城门前谈判。但他带来的信息毫无希

581

望。爱德华不会给予守军任何条件。他会把城镇内的一切据为
己有，是杀死某人还是勒索赎金全凭他的个人喜好。"你们抗
拒他太久了，"那个英格兰人说，"消耗了太多的金钱，损失
了太多的生命。"根据让·勒贝尔的说法，维埃纳的让回复
称，他的士兵"却是竭尽忠诚为他们的君主效劳的骑士与侍
从，假使你们身处他们的境地，也会表现一样"。爱德华的粗
野使其军队的指挥官们蒙羞。他们返回己方战线，向他提出抗
议。让·勒贝尔描述了他们的论述，这些话非常有趣。一天，
莫尼指出，他们自己或许会处于同样境地。"以圣母起誓，要
是您将这些人处死，我们就不会如此心甘情愿地为您效劳，因
为那时就算我们只是尽自己职责，也会被他们处死。"莫尼阐
述了应当允许绅士赎身而非施加杀戮的原则，没有其他说法会
比这一点更清楚，这对双方而言都是习以为常的。和诸多骑士
惯例一样，它建立在阶层内部团结和共同个人利益基础之上。
当索尔兹伯里伯爵和萨福克伯爵于 1340 年 4 月落入腓力六世
手中时，类似的论述说服他放了他们。爱德华习惯性地更关
注战俘的政治价值而非经济价值，骑士惯例也很少使其偏离自
己的目的。但他同样对坚持自行其是的政治代价相当敏感。"我
的朋友们，我不愿意独自反对你们所有人。"他答道。加来守军得
以免遭死罪，但没有获得自由和财产。此外还要从该城最著名的
市民中挑选六名例外。"他们应当身着衬衫，脖子上绕着套索，带
着城镇钥匙来到我面前，他们要任我支配，由我随意处置。"

8 月 3 日，亦即爱德华三世开始围城整整 11 个月之后，加
来最终投降了。中世纪最著名的场景之一便发生在此时。让·
勒贝尔的记载写于大约十年之后，它包括生动的细节，但仍然
可能是大体准确的。六位"加来义民（Burghers of Calais）"

携带城镇钥匙，着装符合爱德华的要求，从一座城门走出。整支英军在城墙前列队迎接，爱德华三世与王后，以及他的顾问、盟友、指挥官一起坐在中间的台子上。六人在国王面前自投于地，乞求宽恕。然而，爱德华希望用抗拒自己的凄惨后果教训其他城镇。他召来了刽子手，命令立刻将他们六人在部队面前斩首。台上出现了争论。他的顾问们大为震惊，他们吵吵嚷嚷地提出抗议，指出要是国王冷血地杀死六人，会给自己的名誉造成相当大的损害。但直至王后开始请求，爱德华才勉强同意撤回命令，允许六人自由离开。

　　仪式结束后，军队元帅们进入了城镇。他们在城垛上升起了爱德华的旗帜，旗上四分之一是英格兰的纹章，其余则是法兰西的，将市民兜捕起来驱赶到门外。爱德华稍后在鼓号合奏下穿过空荡街道进入城堡。城镇中的所有动产均被分给军队作为战利品，就像当地已被洗劫一样。每一栋建筑物都被仔细搜刮干净，金钱、货物和贵重物品被人从中挑选出来，运到中部的一处仓库，在元帅们监督下分配，其价值超出一切预期。加来尽管不是一座重要贸易城镇，却是海峡沿岸的主要劫掠中心。人们发现它的房屋里充斥着多年来累积的赃物。"绝没有任何一个英格兰女人不喜欢卡昂、加来和其他地方的战利品。"托马斯·沃尔辛厄姆（Thomas Walsingham）写道，"在每栋房屋中都能看到大衣、毛皮、被褥以及各类家用物品、桌布、项链、木碗、银杯、亚麻布和衣料"。守军中的骑士成为国王的战俘。但只有其中最富裕、最重要的几个人被扣下来要求赎身，其中也包括维埃纳的让。他们被送去英格兰，融进伦敦塔和其他城堡中日益增长的战俘人群。其余人等则获准离开。英军仓库给市民施舍了面包和酒。此后，市民们中只有少数例

582

外的幸运儿未被逐走，其余人只得自行寻找能够安家的场所。

这些难民的命运令腓力六世大为震动，他们是其军事耻辱的流动广告。一份王室敕令给予这些人在王国任何城镇定居并获得市民资格的权利。国王向他们许诺了金钱，还要从抄没的意大利放贷人家产中抽出一部分给予补助，这是从该项收入中得益的第一批人。市民中符合条件的人获得了王国政府各部门岗位的候补权，一旦出现空缺便可递补。只有在条件允许的状况下，国王才有可能间歇性地信守承诺。尽管如此，在 1347年后的很多年里，某个由原加来市民组成的协会依然保留着一份有需求的伙伴名单，一旦得到国王的慷慨赠予便将它分配。这一进程持续到 1360 年代。[77]

583 爱德华并不打算作为法兰西国王统治加来，而是让英格兰人住进此城，将它变为殖民地，阿基坦则从未被这样对待。普尔特尼、波尔和其他著名英格兰商人被邀请在此经营，王国政府期望旁人会效仿他们。在 8 月和随后几个月里，英格兰各地发行了呼吁人们越过海峡定居、在加来获得免费土地和房屋的公告。定居者从 9 月起抵达此地。在夺取该城镇后的十周内，有将近 200 人响应号召。[78]

*

腓力六世满以为英格兰国王在拿下战利品后会率军回国，在加来留下一支驻军守卫，让法国西北部居民在相对和平的环境下生活。他或许是正确的。加来刚刚陷落，就有大批英军士兵解散，其中包括国王本人的一部分内廷军队和威尔士亲王的若干部队。佛兰德人也结清了军饷。在上述事件发生时，法兰西政府无疑得知了所有相关内容，他们轮换了沿佛兰德边境部

署的军队和阿图瓦、皮卡第北部的城镇驻军。军队其余部分则
沿来时的道路向南撤退。法军于 1347 年 8 月 7 日抵达埃丹，
腓力随即将军队遣散。[79]

这是一桩愚行。在观察到对手解除武装后，爱德华三世抓
住了机会。他立刻中止了一切后续撤军，还派出信使追赶已经
离开的军队，尽快将其召回。英军发起了深入法国内陆的力度
强劲的破坏性袭扰。威尔士亲王亲自指挥其中一支大规模骑行
袭扰分队攻入阿图瓦。另一支则在兰开斯特的亨利指挥下夺取
了加来以南 30 英里的福康贝格（Fauquembergues），而法军在
五天前刚刚离开此地。英军烧毁了福康贝格，阿图瓦军事总督
在高度惊惶中于 8 月 15 日离开阿拉斯北逃，还带上了他能够
找到的所有部队。[80]

这与腓力一年前在克雷西之战后犯下的错误如出一辙，也
造成了同样的后果。在 8 月 18 日前的某个时间点，腓力六世
抵达蓬圣马克桑斯。但疲劳后的他并没有在那里休养，而是被
迫主持一场新的大规模传召。据要求，新的军队要在不到两周
后的 9 月 1 日于亚眠集结。爱德华一如既往地及时得知了法兰
西国王的计划，决心尽快发动一场深入法国的大规模"骑行
抄掠"。他宣称要在 9 月初率军离开加来。[81]事实证明，这些雄
心勃勃的计划超越了双方的能力限度。

腓力六世离开蓬圣马克桑斯，在 9 月上旬抵达亚眠，发现
集结状况很糟糕，战争金库也很空虚。士气尤为低落。即便是
在邻近加来受到入侵者直接威胁的省份，征召工作也需要依靠
对贵族和平民的监禁与罚款来支撑。在诺曼底，新军队的开销
导致当地开征炉灶税，此举遭遇了强烈抵制，在某些地方甚至
需要通过武力弹压。腓力将集结日期延后了一个月，拖到

584

1347 年 10 月 1 日。[82]

英军士气相对较高，但爱德华三世为"骑行抄掠"设定的期限在无所举动中度过。他自己的武装力量和支撑它的资源都与法国人一样消耗颇多。他的士兵此时已经连续进行了长达 15 个月的征战，他们面对的困难开始滋长。天气非常炎热，淡水很难获取。食物依然充足，但后续补给并不确定。在收获时间推迟的英格兰境内，征发人们在购买谷物中碰到了麻烦，他们此前的征发规模已经导致某些地方出现严重的粮食短缺。在这些麻烦与不便之外，还有诸多爱德华制订计划时通常会低估的行政负担问题。让士兵在返回家乡后再快速返回加来，事实证明这一进程迟缓而困难。支付士兵的酬金则是甚至更为严重的问题。议会在 1346 年决定支付财政援助，但第二个年头的援助金才刚刚开始征收。曾出现用新一轮强制贷款预支援助金的尝试，这是六个月内的第三轮强制贷款，结果极为糟糕。[83]

1347 年 9 月初发生的两件事削弱了爱德华军队的信心，减少了他们长途袭扰的兴趣。第一桩事挫败了沃里克伯爵。他当时正率领大队英格兰、佛兰德士兵在圣奥梅尔周围抄掠，城镇守军此时则在市民协助下杀出城门，骤然猛攻英军。英军猝不及防。在其后的战斗中，沃里克损失了 180 名士兵。其余部队一路径直逃跑，一直被赶回加来。大约与此同时，一支拥有 10 艘船的船队在毫无护航的情况下自英格兰驶往加来，船上装载着粮秣、马匹和前来与军营中的丈夫们相会的妻子。在距离加来城镇不远处，他们遭到一位名叫马朗（Marant）的法国私掠者袭击，他是一位著名人物，原本是来自布洛涅的海盗，在战时则是腓力六世麾下较有进取心的一名船长。他俘获了整支船队，将其中一半凿沉，另一半作为战利品拖进阿布维尔。

这是不受欢迎的信号，显示了法国人的持续抵抗能力。这两件　　585
事都在相当程度上得益于个人的主动性，实际上与他们政府对
事务的指导并无关联。[84]

　　1347 年 9 月初，当红衣主教们继续他们的工作时，他们
发现尽管双方公开表现了好战情绪，实际上却都愿意谈判。大
家提出了一个休战协定，时间持续到 1348 年 7 月 7 日。和马
莱特鲁瓦休战类似，谈判条件都是由红衣主教们拟定的。他们
的文书辛勤奔波在加来与亚眠之间，以迁就两位国王的牢骚与
保留意见。双方代表于 9 月 28 日会晤，表明他们正式同意谈
判条件。条件自然有利于位据胜利优势的一方。爱德华三世和
他的盟友在加来边境地区，在佛兰德、布列塔尼、阿基坦和普
瓦图，在苏格兰，甚至在勃艮第伯国，当地的贵族反叛联盟被
认定为英格兰的同盟，处处维持着现有的地位。佛兰德人不仅
保住了独立地位，也获准在法国境内完全自由地旅行和经商，
而在法国流亡的佛兰德保守派人士则被禁止返乡。双方都发誓
不向另一方的同盟施加阴谋诡计，不去劝诱或威胁他们，这一
誓言对法兰西国王而言极具灾难性，因为这阻止他去惩罚
1346 和 1347 年的叛国者，甚至都不让他与他们和解。较之此
前的任何休战文书，1347 年 9 月的文本都更为明确地承认了
爱德华三世在法国内政中的权限。[85]

　　在英格兰军中，人们以复杂的感受面临休战的消息。一些
人认为他们本已稳稳获得压倒性的胜利，这将使他们用能够提
出的任何条件终止战争。有些人认为上帝青睐爱德华，使他赢
得了胜利，休战是对他事业的背叛。有些人追悔本可以在计划
中深入法国境内的"骑行抄掠"里获得的战利品。但不满分
子只看到了在战场上维持一支军队所需的一小部分努力。爱德

华和他的顾问们更为现实。休战相当短暂，只会持续九个月。占据加来会让再度发动战争更为容易，让挑选战争时机更为简便。英格兰公众舆论对于此前赢得的胜利已经相当满意。编年史作家说道，它"如同旭日初升"。[86]

休·黑斯廷斯爵士的墓地位于诺福克的埃尔辛教区教堂（Elsing Parish Church），很少有纪念物能够比它更能唤起上述胜利带来的自信。战争将黑斯廷斯从来自偏僻地区的良家子弟变成一位名人，正如它曾施予诸如奥利弗·英厄姆、托马斯·达格沃思等其他东安格利亚人的那样。他曾在爱德华三世麾下在斯卢伊斯和图尔奈作战，在兰开斯特的亨利手下参加贝尔热拉克与欧贝罗什的战斗。他曾在克雷西战役期间指挥北部边境的佛兰德军队。他在加来陷落前四天逝世，可能是在加来军营中感染疾病所致。[87]他的铜制纪念牌描绘了他身着配有头盔与面甲的全套板甲，让·勒贝尔在1337年对身着此类铠甲的英格兰人印象深刻。他的灵魂被天使托举到一座骑马披甲的圣乔治像上，他是军人与骑士精神的主保圣人，简而言之，还是嘉德骑士团的庇佑者，圣人的名字①成了英格兰国王的战吼。在铜匾四周，休爵士的战友们哀悼他的辞世：爱德华三世，兰开斯特伯爵，沃里克伯爵和彭布罗克伯爵，斯塔福德领主拉尔夫，圣阿芒领主阿莫里。他代表着1340~1350年代理想化的英格兰战士形象：展示财富，自豪于世袭的出身，喜好战争，自信于所参与战争的正确无疑。至于失败与失望之情则依然遥在远方。

①　指圣乔治。

北

大西洋

布鲁日
加来
根特
佛兰德
阿图瓦
里尔
阿拉斯
列日
莱茵河
洛
林
迪耶普
鲁昂
皮卡第
瑟堡
卡昂
博韦
拉昂
兰斯
梅斯
南锡
库唐斯
诺曼底
桑利斯
阿夫朗什
埃夫勒
塞纳河
巴黎
香
槟
富热尔
阿朗松
沙特尔
佩尔什
奥尔良
特鲁瓦
布列塔尼
曼恩
布卢瓦
第戎
勃艮第公国
(法兰西境内)
勃艮第伯国
(德意志境内)
昂热
安茹
图尔
贝里
布尔格
卢瓦尔河
南特
都兰
波旁地区
(法兰西境内)
普瓦图
普瓦捷
拉
马什
梅肯
罗讷河
利摩日
里昂
昂古莱姆
维埃纳
多菲内
波尔多
佩里戈尔
多尔多涅河
奥弗涅
卢瓦尔河
吉耶纳
阿让地区
加龙河
加斯科涅
塔尔塔斯
图卢兹
阿尔比克
尼姆
阿维尼翁
尼斯
蒙彼利埃
普罗旺斯的艾克斯
巴约讷
纳瓦拉
贝亚恩
富瓦
朗格多克
贝济耶
纳尔榜
地中海

比斯开湾

- · - · - 法兰西王国
0   100   200 英里

I 法兰西各省，1328 年

II 法国西南部地区

Ⅲ 英格兰、威尔士及海峡群岛

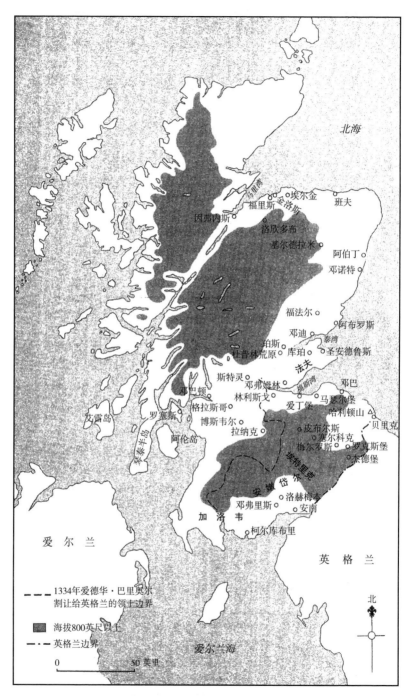

北海

马里湾
福里斯 ◦金洛斯 ◦埃尔金 ◦班夫
因弗内斯
洛欣多希 ◦
基尔德拉米 ◦
阿伯丁 ◦
邓诺特 ◦

福法尔 ◦
邓迪 ◦ 阿布罗斯 ◦
珀斯 库珀 泰湾 圣安德鲁斯
杜普林荒原 法夫
斯特灵 邓弗姆林 ◦邓巴
邓巴顿 林利斯戈 福斯湾 ◦马瑟尔堡
格拉斯哥 爱丁堡 ◦哈利顿山
罗塞斯 博斯韦尔 ◦ 皮布尔斯 ◦贝里克
艾雷岛 拉纳克 塞尔科克 罗克斯堡
琴泰半岛 梅尔罗斯 木德堡
阿伦岛 埃特里克

安嫩岱尔
洛赫梅本
邓弗里斯 安南
加洛韦
柯尔库布里

爱 尔 兰

英 格 兰

北

———— 1334年爱德华·巴里奥尔
割让给英格兰的领土边界

▓▓▓ 海拔800英尺以上

—·—· 英格兰边界

爱 尔 兰 海

0 —————————— 50 英里

Ⅳ 苏格兰

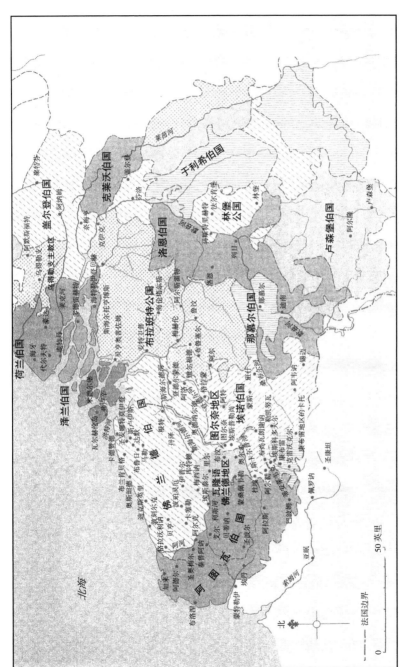

V　低地诸国,1337～1347 年

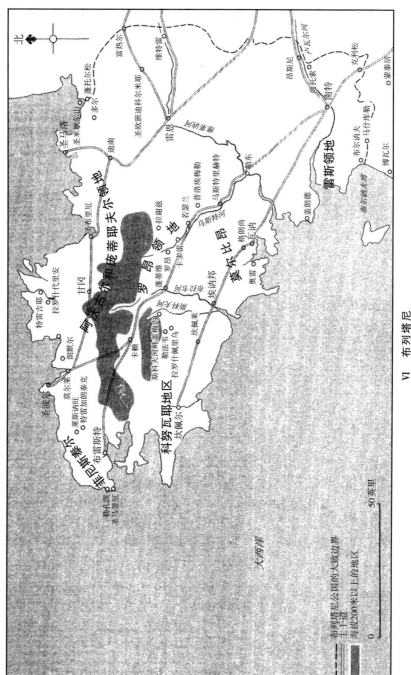

VI 布列塔尼

缩略语

注释和参考文献中使用的缩略语。

ABSHF	*Annuaire-Bulletin de la Société de l'Histoire de France*
AD	Archives Départmentales
AHG	see *Archives historiques . . . de la Gironde*
AHP	see *Archives historiques du Poitou*
AHSA	see *Archives historiques de la Saintonge . . .*
AHVF	see *Atlas historique des villes de France*
AN	Archives Nationales (Paris)
AP	see *Actes du Parlement de Paris*
BEC	*Bibliothèque de l'École des Chartes*
BIHR	*Bulletin of the Institute of Historical Research*
BL	British Library (London)
BN	Bibliothèque Nationale (Paris)
BPH	*Bulletin philologique et historique du Comité des Travaux Historiques et Scientifiques*
CCF	see *Corpus chronicorum Flandriae*
CCR	see *Calendar of close rolls*
CFR	see *Calendar of fine rolls*
CIM	see *Calendar of inquisitions miscellaneous*
CPR	see *Calendar of patent rolls*
DCG	see *Documents relatifs au Clos des Galées*
EHR	*English Historical Review*
GEC	see Cokayne, G. E.
HGL	see Vic, C. de and Vaissète, J.
JT	see *Journaux du Trésor*
KOF	see Froissart, *Œuvres*, ed. Kervyn de Lettenhove [All references are to the documentary appendices]
LC	see Philip VI, 'Lettres closes'
LE	see *Lettres d'état*
MA	*Le moyen age*

PRO	Public Record Office (London)
RBP	see *Register of Edward, the Black Prince*
RDP	see *Reports from the Lords Committees . . .*
RF	see *Foedera . . .*
RH	*Revue historique*
RP	see *Rotuli Parliamentorum*
RS	see *Rotuli Scotiae*
RSG	see *Rekeningen der Stad Gent*
TR	see *Treaty rolls*
TRHS	*Transactions of the Royal Historical Society*
WBN	see *Wardrobe book of William de Norwell*
WSS	see Chaplais, P., *War of Saint-Sardos*

注 释

已出版资料（参考文献中的第二、第三部分）依标题或作者名／编者名加标题的方式标注引用。二手资料（参考文献中的第四部分）依作者名标注引用。

带 ∗ 号的地方表示所引文献有重要的文件附录。

1. 1328年的法兰西

1 *Louanges de Paris*, 52.
2 *Itinerarium Symonis Semeonis*, ed. M. Esposito (1960), 28–30.
3 *Chron. anon. Par.*, 135–40.
4 Dion, 225.
5 *Layettes du Trésor des Chartes*, iv, ed. E. Berger (1902), no. 5439.
6 Froissart, *Chron.*, i, 117.
7 G. Duby, *L'économie rurale et la vie des campagnes dans l'occident mediévale* (1962), 223–4; Pirenne, i, 263; Fourquin, 106–7.
8 H. van Werveke, 'La famine de l'an 1316 en Flandre', *Revue du Nord*, xli (1959), 5–14; H. S. Lucas, 'The Great European Famine of 1315, 1316, and 1317', *Speculum*, v (1930), 343–77; Desportes, 209–11; Higounet-Nadal, 144–5.
9 H. Laurent, *Un grand commerce d'exportation au moyen age* (1935), 121–2.
10 Laurent, *op.cit.*, 124–6; H. Dubois, *Les foires de Chalon* (1976), 296–309.
11 Joinville, *Hist. de S. Louis*, ed. N. Wailly (1868), 267; *Itinerarium Symonis Symeonis*, ed. M. Esposito (1960), 31; *La Divina Commedia, Inferno*, XXIX:123, ed. N. Sapegno, i (1955), 335n.
12 *Summa curiae regis*, ed. H. Stebbe, *Archiv für kunde osterreichiche Geschichtsquellen*, xiv (1855), 362.
13 Jean de Jandun, *Louanges de Paris*, 60.
14 *Rec. Hist. Fr.*, xxiii, 788–98 (1304); ∗J. Petit, 395–400 (1323); Contamine (2), 65–74 (1326–40).
15 *Rec. Hist. Fr.*, x, 612.
16 *Coutumes*, ii, 23.
17 E. Martène, *Thesaurus Nov. Anec.*, i (1717), 1331.
18 Digard, *Philippe le Bel et le Saint-Siège*, i (1936), 284.
19 Moranvillé, 'Rapports'; Bautier, 106–7.
20 R. Fédou, *Les hommes de loi Lyonnais* (1964), 34.
21 Lot and Fawtier, ii, 337–8.
22 J. Leclercq, 'Un sermon prononcé pendant la guerre de Flandre', *Revue du moyen age latin*, i (1945), 165–72, esp. 170.
23 Cuttler, 142–6.

24 Henneman, 348; Harriss, 148, 523–5.
25 Henneman, 348.
26 De regimine judaeorum, ed. A. P. d'Entrèves, Selected Political Writings (1965), 92.
27 Strayer and Taylor, 41.
28 Guilhermoz, 284, 289–99.
29 Strayer and Taylor, 41.
30 E. Petit, Rec. Anc. Mem., 213.
31 Grandes Chron., viii, 299–301.
32 Strayer and Taylor, 58–9.
33 Miskimin, 42–3; Henneman, 331–53.
34 Contamine (1), 137–8, 142–3; Beaumanoir, Coutumes, ii, 234; E. Petit, Rec. Anc. Mem., 202; E. Perroy, 'Social Mobility among the French Noblesse in the Later Middle Ages', Études d'histoire mediévale (1979), 232–5.
35 H. Arbois de Jubainville, Hist. des ... comtes de Champagne, iv (1865), 803–11; Guilhermoz, 231–4.
36 Le mémorial de Robert II duc de Bourgogne, ed. H. Jassemin (1933), pp. x–xi, xv–xviii; J. Richard, Les ducs de Bourgogne et la formation du duché (1954), 317, 364–5, 384–6; J. Petit, 322–5; Cazelles (1), 397.
37 Fourquin, 138–40; Hist. de la France rurale, ed. G. Duby and A. Wallon, i (1975), 566–9.
38 A. Brun, Recherches historiques sur l'introduction du français dans les provinces du Midi (1923), 29, 31.
39 E. H. Kantorowicz, The King's Two Bodies (1957), 250.
40 Jones, 'Documents', 23.
41 P. Jeulin, 'Un grand honneur anglais. Le comte de Richmond', Annales de Bretagne, xlii (1935), 265–302; G. A. Knowlson, Jean V, duc de Bretagne (1964), 13–15.
42 Lloyd, 6–7, 13, 25–39, 74–5, 99–115.
43 Pirenne, i, 342n.

2. 爱德华三世的英格兰

1 Hist. des ducs de Normandie, ed. Francisque-Michel (1840), 99–100.
2 Louis: Trokelowe, Chron., ed. H. T. Riley (1866), 79. Glastonbury: R. S. Loomis, 'Edward I, Arthurian Enthusiast', Speculum, xxviii (1953), 114–27. Pope: RF, i, 932–4. Language: RF, i, 827.
3 Froissart, Chron., i, 306.
4 Higden, Polychron., ed. C. Babington, ii (1869), 157–63.
5 Bel, Chron., i, 47.
6 Lloyd, 64–5, 123. Chron. mon. Melsa, iii, 48.
7 Froissart, Chron., i, 215.
8 Red Book of the Exchequer, ed. H. Hall, iii (1896), 960.
9 Fortescue, Governance, 119.
10 Prestwich (1), 206–8.
11 E. B. and N. M. Fryde, 457–8.
12 Documents Illustrating the Crisis of 1297–98, ed. M. Prestwich (1980), 159.
13 Mirror of Justices, ed. W. J. Whittaker (1895), 155.
14 Froissart, Chron., i, 214; Fortescue, Governance, 141.
15 Maddicott (1), 22–3; Vita Edwardi, 29.
16 N. Saul, 69, 266; Smyth, i, 304.
17 Chron., i, 257.
18 Philips, 242–5.
19 Song of Lewes, l.872, ed. C. L. Kingsford (1890), 28.

20 *Statutes*, i, 15.
21 Maddicott (1), 329–30.
22 Willard and Morris, i, 102–3; N. Saul, 174–5.
23 *Vita Edwardi*, 38.
24 Guisborough, *Chron.*, 289–90.
25 *Statutes*, i, 159.
26 Gilles le Bouvier, *Le Livre de description des pays*, E.-T. Hamy (1908), 119–20.
27 *Ann. Waverley*, ed. H. R. Luard, *Ann. monastici*, ii (1865), 409.
28 Bel, *Chron.*, i, 49.
29 *Vita Edwardi*, 55–6.
30 *Chron. Lanercost*, 242–4; *Brut*, i, 218.
31 *RS*, i, 208.
32 Morris (5), 77–93; Morris (3).
33 Powicke, 189–94.
34 Petrarch, *Le familiari*, XXII:14, ed. V. Rossi, iv (1942), 138; Bel, *Chron.*, i, 155–6; Richard of Bury, *Philobiblon*, ed. M. Maclagan (1960), 106.

3. 加斯科涅

1 Dion, 365–83; James, 9–10; *RP*, ii, 296.
2 Froissart, *Chron.*, xii, 206; *RF*, i, 554.
3 Renouard (2), 225–8; Boutruche, 81n.
4 Dion, 380–4, 391–2; Renouard (2), 60–3; Champollion-Figeac, *Lettres*, i, 387–8.
5 Guisborough, *Chron.*, 219; *Rôles Gascons 1307–17*, 573; Harriss, 523.
6 *TR*, i, 37–40; *Registrum epistolarum . . . Johannis Peckham*, ed. C. T. Martin, i (1882), 5; *Purgatorio*, VII:130–2.
7 *RF*, i, 571, 672.
8 *Hist. de St. Louis*, ed. N. de Wailly (1867), 678–9.
9 Trabut-Cussac, 32–4.
10 Gavrilovitch, 69–70, 78–82; Trabut-Cussac, pp. xxi, xxiv.
11 Gardelles, 28–30, 32 and Map II.
12 *Black, 523.
13 Trabut-Cussac, 42–4, 49–52; *RF*, i, 602–3 (notaries); Tucoo-Chala (2), 61–75.
14 *Textes rél. à l'hist. du Parlement*, 121, 145–9; *Rôles Gascons*, iii, pp. xxxii, lv; Renouard (2), 123–4.
15 *Gascon Reg. A*, 206–17.
16 *Olim*, ii, 3–19; *RF*, i, 800; J. Petit, 27–8.
17 *RF*, i. 794–5, 800; Champollion-Figeac, *Lettres*, i. 406–8, 424–9; Chaplais (2), 272; Rishanger, *Chron.*, ed. H. T. Riley (1865), 137–8; Guisborough, *Chron.*, 241–3.
18 Prestwich (1), 171–2.
19 *Rôles Gascons*, iii, pp. cxxxiii–clxvi.
20 Rothwell; *Chaplais (1), 210–1; G. Digard, *Philippe le Bel et le Saint-Siège*, i (1936), 304–7.
21 *Black, 523.
22 Nangis, *Chron.*, i, 324–5; *RF*, i, 952–3; Renouard (2), 206–7.
23 Trabut-Cussac, 111–2, 116–7. Mauléon: *RF*, ii, 4. Saintonge, Landes, Bordelais: *Gascon Reg. A*, 38–65, 245–67, 276–311. Defections: *Rôles Gascons*, iii, nos 4059–60. 'No king': PRO, SC1/55/23.
24 Burnell: *RF*, i, 665. Martel: Cuttino, 'Memorandum Book', 96–100.
25 Chaplais (4), 139–40.
26 *TR*, i, 166–7; *Déprez (1), 20n; Chaplais (4), 144–5, 153–4.
27 Cuttino (2), 87–100; Chaplais (2), 280–4.

28 Chaplais (5), 454, 459–60, 465–6, *469; *Gascon Reg. A*, 679–80; *Doc. rél. à l'Agenais*, ed. E. Langlois (1890), 299–300.

29 *Doc. Pontificaux*, i, 207–11, 213–5; *RF*, ii, 176–7; *AP 1254–1328*, nos 5823–4, 7265; *Textes rél. à l'hist. du Parlement*, 187–98; Champollion-Figeac, *Lettres*, ii, 46–7.

30 Champollion-Figeac, *Lettres*, ii, 40, 54; Gavrilovitch, 102; *RF*, ii, 270.

31 *WSS*, 38–9; *RF*, ii, 334.

32 *CCR 1318–23*, 715–6, 721, 722; *AP 1254–1328*, no. 6781.

33 *Rôles Gascons 1307–17*, nos 713–15, 734–5, 797–800, 1081, 1169, 1185; *TR*, i, n. 204–5; PRO SC8/9418, 11657, 11659; Marquette, 420–57.

34 Tucoo-Chala (2), 73–4, 159–60.

35 Gardelles, 217; *WSS*, 91–2, 149–50.

36 *Rôles Gascons 1307–17*, nos 1131–4; *Doc. Pontificaux*, i, 69–71, 119–20; *RF*, ii, 418, 547–8; *Livre des Bouillons*, 169–71. Seneschals: T. F. Tout, *The Place of the Reign of Edward II in English History* (1934), 394–6.

37 *WSS*, pp. x–xi, 253–6; *AP 1254–1328*, ii, nos 5466, 6498, 6980.

38 *WSS*, pp. xi, 1, 8, 36.

39 *WSS*, 3–6, 8, 9, 11–12.

40 *WSS*, 11, 15–17, 22–4, 26–38, 39–41, 186.

41 *RF*, ii, 547; *WSS*, 25, 181–4.

42 *Cal. Pap. R. Letters*, ii, 454; Cheyette, 'Professional Papers', 407–9; *WSS*, 184–7; *RF*, ii, 554–5.

43 *WSS*, 188n.

44 *CPR 1321–4*, 425, 426, 427; *WSS*, 189–92; Cheyette, 'Professional Papers', 410–11; Phillips, 233–4; *RF*, ii, 558–9, 563.

45 *WSS*, 5, 21–2, 49–52, 61–5, 81–2, 101, 153; *RF*, ii, 583–4, 600; Nangis, *Chron.*, ii, 57–9; *Chron. anon. Par.*, 94–6.

46 *WSS*, 131, 151, 154–5, 156–7, 160–2.

47 Coville (2), 266.

48 *WSS*, 195–6; *Cal. Pap. R. Letters*, ii, 463–4. On Isabella and Mortimer: *RF*, ii, 569; Baker, *Chron.*, 15–16, 17; *Fr. Chron. London*, 48; *Chron. Lanercost*, 254; *Vita Edwardi*, 135.

49 *WSS*, 209–10, 222.

50 *WSS*, 202–3; *CPR 1330–4*, 91; *RF*, ii, 601–3.

4. 继承危机

1 Chaplais (4), 156n; *RF*, ii, 603–4, 605–8; Murimuth, *Chron.*, 44.

2 *WSS*, 243–5, 267–9; Murimuth, *Chron.*, 45–6; Baker, *Chron.*, 20; *Vita Edwardi*, 142; *RF*, ii, 615–6, 623, 630–1.

3 *Vita Edwardi*, 143; *RF*, ii, 615, 622–3, 630, 631; Bel. *Chron.*, i, 12–13.

4 *Chron. anon. Par.*, 104–7; AN JJ 74/577; *RF*, ii, 638.

5 *KOF, ii, 502–3; Chronographia, i, 280.

6 Pipewell chron. quoted in M. V. Clarke, *Medieval Representation and Consent* (1936), 183; Nangis, *Chron.*, ii, 78–9; *Chron. anon. Par.*, 111; Walsingham, *Hist.*, i, 178; *Cal. Pap. R. Letters*, ii, 479; *HGL*, ix, 439–41, 443–4; x, 662–7*; *RF*, ii, 700–1 (treaty).

7 Nangis, *Chron.*, ii, 82–4; *Grandes Chron.*, ix, 72–3, 330–1; Viollet, 125–54; *Confessions*, 46–7, 48 (Flemings).

8 *Chron.*, i, 303.

9 Cazelles (1), 44.

10 Cazelles (1), 71–2.

11 Miret y Sans, 'Negociacions', 327.

12 *KOF, xviii, 246; Murimuth, *Chron.*, 94; *RF*, ii, 743; *CPR 1327–30*, 338; Nangis, *Chron.*, ii, 105; *Grandes Chron.*, ix, 338.

13 Nangis, *Chron.*, ii, 106; *Grandes Chron.*, ix, 339; Froissart, *Chron.*, i, 90–2; *RF*, ii, 760.

14 *RF*, ii, 761, 765; for the assurances, see the proceedings of April and May 1330, *ibid.*, 791–2. Tournament: *Chronographia*, ii, 12.

15 *RF*, ii, 775, 783, 784, 789; *LE*, no. 25; *Annales Londinienses*, ed. W. Stubbs, *Chronicles of the Reigns of Edward I and Edward II*, i (1882), 247–9.

16 *RF*, ii, 793–4, 797; Mirot and Déprez, *Ambassades*, no. 15.

17 Mirot and Déprez, *Ambassades*, nos 16–17; *CCR 1330–3*, 153; *RF*, ii, 798–9.

18 Nangis, *Chron.*, ii, 122.

19 *Chrons. Abrégées*, in *KOF*, xvii, 2.

20 *RP*, ii, 52–3; Gray, *Scalacronica*, 157.

21 *RF*, ii, 799.

22 Tout (1), v, 247–50.

23 Déprez (1), 71; *RF*, ii, 805–6, 813; Mirot and Déprez, *Ambassades*, no. 21; *CCR 1330–3*, 298; *CPR 1330–4*, 90–5; PRO C47/28/5, 6, C47/30/2(4); Murimuth, *Chron.*, 63.

24 *RF*, ii, 815–8; PRO C47/28/2(10); Murimuth, *Chron.*, 63; *Chron. anon. Par.*, 145; Miret y Sans, 'Negociacions', 69–71; Nangis, *Chron.*, ii, 143.

25 *RP*, ii, 60–1.

26 *WSS*, 130, 176; *RF*, ii, 791, 899; *CPR 1330–4*, 90.

27 BN Ms Lat 3293, fol. 244vo.

28 Cuttino (2), 29–61.

29 Chaplais, *Dipl. Practice*, 306.

30 *RP*, ii, 65; *CPR 1330–4*, 223–4; John XXII, *Lettres*, nos 4109, 5321 (col. 126); PRO C47/28/5 (17, 18, 36, 41, 44, 50), C47/28/9(2), C47/30/7(9) (memoranda).

5. 在苏格兰的战争，1331~1335年

1 *Anglo-Scottish Relations, 1174–1328: Some Selected Documents*, ed. E. L. G. Stones (1965), 161–70; Nicholson (1), 54–6; *Brut*, 251 (tears).

2 Fordun, *Chron.*, i, 354.

3 Nicholson (1), 72–90.

4 *Chron. Lanercost*, 267; *Chron. Melsa*, ii, 362–3; Baker, *Chron.*, 49; *Brut*, 275; Capgrave, *Liber*, 167–8; *RF*, ii, 833, 847–8.

5 *RP*, ii, 66–7; Nicholson (1), 92–4, 96–7.

6 *RF*, ii, 847–8.

7 *Illustrations of Scottish History*, ed. J. Stevenson (1834), 50–4; Gray, *Scalacronica*, 161; *RP*, ii, 67.

8 Nicholson (1), 103–4.

9 *RP*, ii, 69; Gray, *Scalacronica*, 162.

10 *CCR 1333–7*, 109, 113, 129–30, 173–4, 294–5; Tout (1), iii, 56–63.

11 Nicholson (1), 119–38.

12 Murimuth, *Chron.*, 68.

13 Wyntoun, *Cron.*, ii, 404.

14 *RF*, ii, 876–8, 888; Murimuth, *Chron.*, 71; Nicholson (1), 162.

15 Nicholson (1), 139–40.

16 Minot, *Poems*, 1; *Ann. Paulini*, 358–9.

17 Viard (12); Déprez (1), 99; Delaville le Roulx, *La France en Orient*, i (1886), 86–102; Nangis, *Chron.*, ii, 130–1, 134–5, 144, 145.

18 *RF*, ii, 860. 第一封信据推测是于1333年1月在约克收到的，因为一位可能携带回信的使者于1333年2月7日启程前往巴黎：PRO E372/178, m. 42（Corder）。

19 *Déprez (1), 91n; *RF*, ii, 860.

20 Nangis, *Chron.*, ii, 139–40; *DCG*, ii, no. XXIX.

21 PRO SC1/37/134; *Grandes Chron.*, ix, 134.

22 *Ann. Paulini*, 359; *Exch. R. Scot.*, 449, 464; *Grandes Chron.*, ix, 140–1; Nangis, *Chron.*, ii, 141–2.

23 *RF*, ii, 883; PRO E372/179, m. 34 (Stratford); *Grandes Chron.*, ix, 142–3; *Chronographia*, ii, 23; *Cal. Pap. R. Letters*, ii, 584.

24 *Exch. R. Scot.*, i, 449, 450, 456, 464, 465, 466, 479, 506.

25 Baker, *Chron.*, 55–6; *Grandes Chron.*, ix, 143; Benedict XII, *Reg.* (France), no. 90.

26 Cuttino (1); Cuttino (2), 101–10. New commissioners: PRO C47/28/3(11), C47/30/3(15); *RF*, ii, 887.

27 *RF*, ii, 609–10; PRO C61/46, m. 2, C47/30/3(10–12), C47/32/15; cf. PRO C47/27/13(40) (Sept. 1335).

28 *Déprez (1), 407.

29 *CRP 1330–4*, 94. Earlier restraint: PRO C47/30/2(4), C47/28/3(3).

30 Wyntoun, *Cron.*, ii, 414–17; *Chron. Lanercost*, 278; Gray, *Scalacronica*, 164.

31 *RS*, i, 276; *Bridlington Chron.*, 119–20; *Chron. mon. Melsa.*, ii, 372; Gray, *Scalacronica*, 164; Fordun, *Chron.*, i, 357–8.

32 *CFR 1327–37*, 342, 354, 355, 365 (duties); *CCR 1333–7*, 7, 51; Nicholson (1), 115; Harriss, 224.

33 Lay subsidy: *RP*, ii, 447; *Ann. Paulini*, 362; *CPR 1334–8*, 38–40; Willard (2), 345; Willard and Morris, ii, 205–6. Clerical subsidy: *ibid.*, ii, 229–30. Bardi: *CCR 1333–7*, 345, 446, 456–7.

34 *Chron. Lanercost*, 223, 278–9; *Chron. mon. Melsa.*, ii, 373; *Ann. Paulini*, 362–3; *Bridlington Chron.*, 120–1. Reinforcement: *RS*, i, 296, 304–5, 316, 321. Numbers: Nicholson (1), 174–81.

35 *Chron. mon. Melsa*, ii, 374; *RF*, ii, 899; *Nicholson (1)., 240–1; *Cal. doc. Scot.*, v, no. 734. Bp Avranches: Cazelles (1), 137–8.

36 *Bridlington Chron.*, 121; Fordun, *Chron.*, i, 358; Baker, *Chron.*, 56; *RS*, i, 322–3, 327, 334; *RF*, ii, 904.

37 Fordun, *Chron.*, i, 358; Wyntoun, *Cron.*, ii, 421; *Exch. R. Scot.*, i, 435 *et seq.*

38 *CCR 1333–7*, 468, 469–70; *RS*, i, 352–4.

39 *RS*, i, 350; Fordun, *Chron.*, i, 358.

40 *Bridlington Chron.*, 122; Baker, *Chron.*, 56; *RF*, ii, 908.

41 Nicholson (1), 196–206.

42 Cazelles (1), 93–4, 115–22, 412–3.

43 *Chron. anon. Par.*, 164–5; Nangis, *Chron.*, ii, 145–8; *Grandes Chron.*, ix, 148–50

44 Benedict XII, *Reg.* (France), no. 90 (col. 55); *CPMR*, 92–3; *Chron. anon. Par.*, 164; *Bridlington Chron.*, 124–6.

45 *Exch. R. Scot.*, i, 449, 464. Grants: David II, *Acts*, nos 23–4. Supplies: *RS*, i, 320–1, 322; *CCR 1333–7*, 414, 425.

46 *RF*, ii, 912–3; *CCR 1333–7*, 462, 484–5, 620.

47 *RS*, i, 363–7, 371–4; *RF*, ii, 911–2, 915, 917, 919; *CCR 1333–7*, 411, 426, 434, 435, 521; *CPR 1334–8*, 163, 206, 208.

48 *Chron. Lanercost*, 283.

49 *RF*, ii, 920; *RS*, i, 378; *Chron. Lanercost*, 283.

50 *Bridlington Chron.*, 123–4; Fordun, *Chron.*, i, 359; *Chron. Lanercost*, 282–3; *RF*, ii, 923.

51 Avesbury, *G. Edwardi*, 298–300; *Chron. mon. Melsa.*, ii, 376; Gray, *Scalacronica*, 166; *RS*, i, 381, 388.

52 Nicholson (1), 218–24.

53 Fordun, *Chron.*, i, 357, 359–60; Wyntoun, *Cron.*, ii, 398, 417; *RF*, ii, 856.

54 *RS*, i, 384–7; *RF*, ii, 925, 928, 930, 930–1, 933.

55 Fordun, *Chron.*, i, 359–60; Wyntoun, *Cron.*, 422–7; *Chron. Lanercost*, 284
56 Fordun, *Chron.*, i, 360; Wyntoun, *Chron.*, ii, 428, 436; *RF*, ii, 930–933.
57 *RS*, i, 280–1; *RF*, ii, 924; Nicholson (1), 223, 225–6.
58 *RS*, i, 409; *Chron. Lanercost*, 284.

6. 外交的失败：来自海上的威胁，1335~1337年

1 John XXII, *Reg.* (*France*), no. 4173.
2 Mollat, 77; Benedict XII, *Reg.* (*France*), nos 44, 103.
3 John XXII, *Reg.* (*France*), no. 90.
4 Benedict XII, *Reg.* (*France*), no. 89, *Reg.* (*Autres pays*), nos 467–73. Hugh: John XXII, *Reg.* (*France*), nos. 3934, 3939, 3989–90, 4238, 5503, 5519, 5542–3; *RF*, ii, 601; *WSS*, 191–2, 197, 204–7; *Cal. Pap. R. Letters*, ii, 455, 462–7, 469–71, 474–9, 481–2 (he was bishop of Orange until 1328).
5 * Déprez (1), 118n; *RF*, ii, 925–6, 928, 930–1; *RS*, i, 390, 393, 394–5.
6 *Chron. Lanercost*, 284–5; *Bridlington Chron.*, 127; Knighton, *Chron.*, 477; Fordun, *Chron.*, i, 360. Movements of negotiators: *RS*, i, 395–6, 397–8; *RF*, ii, 930.
7 *RF*, ii, 936, 1110; Benedict XII, *Reg.* (*France*), no. 167; Knighton, *Chron.*, 477. Subsidy: Murimuth, *Chron.*, 77.
8 *Vitae paparum*, i, 221; Ellis, *Orig. Letters*, i, 30; Benedict XII, *Reg.* (*Autres pays*), no. 786, *Reg.* (*France*), no. 210; *Vat. Akten, no. 1812; Grandes Chron.*, ix, 153.
9 Ellis, *Orig. Letters*, i, 30; AN P2291, p. 219; AN JJ74/74; E. Petit, *Rec. Anc. Mem.*, 204–10.
10 Roncière, i, 189–210, 333–63, 403–9; *DCG*, 27, 31–2 and nos 122, 124, 126.
11 Roncière, i, 390.
12 E. Petit, *Rec. Anc. Mem.*, 204–10.
13 *RF*, ii, 936; BL Cotton Nero C.VIII, fols 240–241, 259–260.
14 *Chron. Lanercost*, 285–6; BL Cotton Nero C.VIII, fol. 276vo.
15 BL Cotton Nero C.VIII, fol. 251; *RS*, i, 411, 414, 416, 417; Ellis, *Orig. Letters*, i, 33; Gray, *Scalacronica*, 166; Wyntoun, Cron., ii, 422–3.
16 BL Cotton Nero C.VIII, fol. 276vo; *RS*, i, 420–5; Ellis, *Orig. Letters*, i, 30–2.
17 *Actes normands*, 142, 144, 146–51; ANJJ74/74; *Chron. anon. Par.*, 165; *RF*, ii, 941; *Exch. R. Scot*, i, 451, 453, 454
18 Coinage: *Ordonnances*, ii, 42, vi, pp.* i–ii; *Rec. doc. monnaies*, i. 49, 219; *Chron. anon. Par.*, 169. Benedict XII, *Reg.* (*France*), no. 240; Henneman, 111–2, 350–1
19 *RF*, ii, 940; BL Cotton Nero C.VIII, fols 241–242vo, 243, 243vo–244, 259; Ellis, *Orig. Letters*, i, 34–8; *Cal. doc. Scot.*, v, no. 758; Fordun, *Chron.*, i, 360–1; Baker, *Chron.*, 57; *Chron. Lanercost*, 286–7; Murimuth, *Chron.*, 77; Gray, *Scalacronica*, 166; Wyntoun, *Chron.* ii, 428–31; *Chron. mon. Melsa*, ii, 377; *Anonimalle Chron.*, 7; Knighton, *Chron.*, i, 477.
20 *RF*, ii, 944–5.
21 Scotland: Ellis, *Orig. Letters*, 1, 38–9; BL Cotton Nero C.VIII, fol. 240; *Chron. Lanercost*, 287; Fordun, *Chron.*, i, 361. Embassy: *RF*, ii, 941–2; PRO E101/311/120. Galleys: *RS*, i, 438, 440–1, 442.
22 Usomare: *CPR 1307–13*, 378; Lodge, 230–1. Fieschi: *CCR 1313–18*, 589; *CPR 1317–21*, 10. Nicolino: AN J497/11; *RF*, ii, 937, 941, 947; *CPR 1334–8*, 328–9; *CCR 1333–7*, 733.
23 Chaplais, *Dipl. Practice*, 779–80; *RF*, ii, 944–5.
24 *CCR 1337–9*, 43–5; *RS*, i, 450–1, 453.
25 PRO E372/184, m. 39 (Say); PRO E101/19/35; *RS*, i, 419, 427, 438, 440–1, 442, 446, 451.
26 Chaplais, *Dipl. Practice*, 780–1; BL Cotton Nero C.VIII, fols 241–242vo.

27 RS, i, 443, 455, 459–60, 463.
28 Taxes: CCR 1337–9, 16–17, 118; Chron. Lanercost, 287; Knighton, Chron., i, 477.
   Loans: CCR 1337–9, 4, 9–10, 14; CPR 1334–8, 322, 332; E. Fryde (9), 48. Crews,
   levies: RS, i, 454–5. Crusade chests: Déprez (1), 131–2; Bridlington Chron., 128;
   Murimuth, Chron., 78.
29 Bautier, 'Inventaires', no. 202; RF, ii, 948.
30 Chron. Lanercost, 287–8; Gray, Scalacronica, 166–7; BL Cotton Nero C.VIII, fol. 243;
   Fordun, Chron., i, 361–2, 363; Wyntoun, Chron., ii, 438–9.
31 RS, i, 455–6, 457, 466, 467; RF, ii, 946, 947; CCR 1333–7, 724–5.
32 RS, i, 442–3, 452, 457–8, 469–70; E372/184, m. 39 (Say); PRO E101/19/35.
33 RF, ii, 953; CIM, ii, no. 1588; RS, i, 467–8.
34 PRO C47/28/4(4, 6), C47/28/5(46), C47/30/5(14, 17–9), C47/32/14. Blanquefort: RF, ii,
   936; AHG, iv, 91–5. La Sauve: AP 1328–50, no. 1246. Saintes: PRO C61/48, m. 5.
   Blaye: PRO C61/46, m. 8, C61/47, m. 4; BN Coll. Moreau 649, fol. 67. St-Macaire: PRO
   C61/49, m. 40.
35 AP 1328–50, nos 915, 1699, 1709; PRO C47/28/4(8–11), C47/28/5(45–6), C47/30/
   5(1); Chron. Norm., 37–8; Chronographia, ii, 25–6.
36 Foix: AN J332/17; AD Pyr.-Atl. E392. Saintonge: Dupont-Ferrier, v, no. 20061.
37 PRO C61/48, m. 7; Gardelles, 42–3.
38 Benedict XII, Reg. (France), no. 240, 251–2, 260, 264, 280.
39 Chron., i, 100.
40 Nangis, Chron., ii, 111, 124, 126–30, 132–3; Grandes Chron., ix, 126–8, 132; Chron.
   anon. Par., 156–9; Chron. Norm., 37; Récits d'un bourgeois, 156; Cazelles (1), 75–90,
   101–2; Lucas, 126–8.
41 Bel, Chron., i, 107–8; *KOF, ii, 523, xviii, 31; CPR 1334–8, 322, 327; CCR 1337–9,
   24, 36, 42.
42 Benedict XII, Reg. (France), no. 242; *Déprez (1), 414–5.
43 RF, ii, 963; *HGL, x, 795–6; Chron. Lanercost, 288; LC, no. 69.
44 Jusselin, 'Comment la France se préparait', 234–6.
45 Brooks, 138–9, 148–53.
46 Prestwich (1), 138–9; RF, ii, 313.
47 RS, i, 115, 116–7; Nicholas, i, 339; CPR 1330–4, 258.
48 BL Cotton Nero C.VIII, fols 264–264vo; RS, i, 409, 424, 442; CCR 1333–7, 692. PRO
   E403/282, m. 14 (Cog Edward).
49 Cinque Ports: Brooks, 79–120; PRO SC1/40/89; CCR 1341–3, 263. And Yarmouth:
   Prestwich (1), 142–8; WBN, 366–8, 379–82; CIM, iii, no. 14.
50 CIM, iii, no. 14.
51 RS, i, 474–5, 476–8; CCR 1333–7, 737; RF, ii, 956.
52 RF, ii, 958; CPR 1334–8, 341; CCR 1337–9, 48; RS, i, 482, 483, 484.
53 RS, i, 482.
54 RS, i, 483, 485; Bridlington Chron., 128; Fordun, Chron., i, 362; Chron. Lanercost,
   288; Chron. mon. Melsa, ii, 378; Wyntoun, Cron., ii, 435.
55 Subsidy: RDP, iv, 460–1; Chron. Lanercost, 288, 288–9; RS, i, 486–7. PRO C61/49, m.
   22vo (terms); CCR 1337–9, 118.
56 RF, ii, 799–800.
57 Ann. Paulini, 354–5.
58 Willard and Morris, i, 341; Nicholson (1), 246–54; Morris (5), 93–4.
59 Morgan, 45.
60 Lucas, 182–3.
61 Bel, Chron., i, 155–6; Henry of Grosmont, Livre, 72, 77.
62 Chron. Lanercost, 288; Chron. mon. Melsa, ii, 379; Bridlington Chron., 128;
   Murimuth, Chron., 78; Ann. Paulini, 366; CPR 1334–8, 400, 416–8, 426; Tout (1), iii,

63n; Gray, *Scalacronica*, 167; *RDP*, v, 27–9 (quotation).
63 'Itin. Philippe VI'; *RF*, ii, 966, 995. *Arrière-ban*: *HGL*, x, 764–5; *Arch. admin. Reims*, ii, 782.

7. 大战略，1337~1338年

1 Pirenne, ii, 65.
2 Froissart, *Chron.*, i, 369; Pirenne, ii, 94 (brutes).
3 Lucas, 113–24, 145–66 (Brabant); Benedict XII, *Reg. (France)*, nos 178, 280.
4 PRO C47/30/4(12, 16–18).
5 CCR 1337–9, 44–5; *Chronographia*, ii, 42; *RF*, ii, 948.
6 *RF*, ii, 943, 954–5; *CPR 1334–8*, 315, 333, 337, 340, 351; Lloyd, 144–5; Lucas, 200–2, 219–20.
7 Offler, 615–6; Lucas, 196; Dubrulle, 279–81.
8 Viard (7); Lucas, 196; *KOF*, xviii, 137; *Récits d'un bourgeois*, 74–5; Froissart, *Chron.*, i, 366.
9 John: CCR 1333–7, 37–8, 77–8, 200, 265, 345. Juliers: Bock, *Quellen*, nos 36, 44, 100, 106, 128, 153. Woume: *KOF*, xviii, 50–5; CCR 1333–7, 110–11, 366, 732; CPR 1334–8, 416; PRO E372/182, m. 46 (Woume). Thrandeston: CPR 1334–8, 167; *KOF*, xviii, 154–65. Others: e.g. *TR*, ii, 19–20.
10 *KOF*, xviii, 154–8; *RF*, ii, 952, 955; *WBN*, 218–19; *Trautz, 424–5 (Maldon). Expenditure: CCR 1333–7, 640; CCR 1337–9, 14–15; Bock, *Quellen*, no. 504.
11 Benedict XII, *Reg. (France)*, no. 341; *Récits d'un bourgeois*, 74–5.
12 *Chronographia*, ii, 32; *Récits d'un bourgeois*, 158; *KOF*, xviii, 158–9.
13 *KOF*, xviii, 158; Bock, *Quellen*, no. 180; CPR 1334–8, 416; *RF*, ii, 966–7. Burghersh: Knighton, *Chron.*, ii, 17; Murimuth, *Chron.*, 120.
14 CIM, ii, no. 1580; CCR 1337–9, 63, 86; *RF*, ii, 968; Bel, *Chron.*, i, 124–5; Klerk, *Van den derden Eduwaert*, 311–12.
15 Bel, *Chron.*, i, 126; *Chronographia*, ii, 32; *Istore de Flandre*, i, 360; *Gedenkwaardigheden Gesch. Gelderland*, i, 368–9; *KOF*, xviii, 30–3. Robert's knight: CPR 1334–8, 416.
16 *Chronographia*, ii, 43–4; *Récits d'un bourgeois*, 159. Letter: AN J440/54.
17 LC, no. 71; *Arch. admin. Reims*, ii, 781–4; BN Fr. n.a. 7413, fol. 172 (Eu); *KOF*, xviii, 34–7.
18 *Chron. Lanercost*, 291; *Bridlington Chron.*, 124; Walsingham, *Hist.*, i, 198; CPR 1334–8, 513, 579; CCR 1337–9, 172; PRO E372/182, m. 48 (Ambrose Newburgh); Lennel, i, 79.
19 *TR*, ii, 4–5, 7–8, 8–9, 10, 11–12.
20 Bel. *Chron.*, i, 125; *TR*, ii, 16–18; *KOF*, xviii, 18–19; *RF*, ii, 959, 966, 974–5; PRO E101/20/16. Recruitment: PRO C61/49, mm. 23, 27, 28.
21 *Vat. Akten*, no. 1831; *Trautz, 425.
22 S. Riezler, 'Urkunden zur bayerischen und deutschen Geschichte, 1256–1343', *Forschungen zur deutschen Geschichte*, xx (1880), 268–71; Schwalm, 'Reiseberichte', 345; *Gedenkwaardigheden Gesch. Gelderland*, i, 361; *TR*, ii, 1–2. 这些内容表明存在一份较早的协议，在法兰西，它于6月28日前为人所知（*Cordey, 286）；在英格兰，它于7月12日前为人所知（*TR*, ii, 2–4）。
23 *TR*, ii, 2–4, 5–7, 13–15; BL Cotton Nero C.VIII, fol. 263. Oath: *Chronographia*, ii, 34.
24 *TR*, ii, 1–4, 5–7, 12–5, 18–9, 23–7, 27–9, 30–1.
25 *KOF*, xviii, 38; Bock, *Quellen*, no. 505; *TR*, ii, 2–4, 5–7; Riezler, *op.cit.* (n. 22), 268–71.
26 Roncière, i, 396; *RF*, ii, 977, 981–2, 983; PRO C61/49, mm. 18, 21, 22, 22d, 29d; PRO E372/182, m. 42 (Roos); *KOF*, xviii, 52; CCR 1337–9, 159; *Lit. Cant.*, ii, 158–9.

Army: BL Cotton Nero C.VIII, fols 246vo, 263–263vo.

27 GEC, vii, 58–60; Knighton, *Chron.*, ii, 1; PRO SC1/38/176 (jail); *WSS*, 50, 148, 260–6; Walsingham, *Hist.*, i, 178; PRO C61/43, m. 10 (reappointment).

28 *WSS*, 80, 217–8; PRO C61/42, m. 9, C61/46, m. 7; *RF*, ii, 963.

29 PRO E101/166/11, 12, E101/167/3, E404/508.

30 BN Coll. Périgord 10, fols 190–1.

31 PRO C61/52, mm. 7, 2, C61/54, m. 23, C61/55, m. 10, C61/57, m. 6; *RF*, ii, 1236; Guinodie, ii, 482.

32 PRO C61/45, m. 6.

33 Saintes: *RF*, ii, 816–17, 821, 832; PRO C61/46, m. 1; *Grandes Chron.*, ix, 156–7; no garrison pay recorded in PRO E101/166/11. Talmont: PRO C61/50, m. 5; BN Fr. 32510, fol. 140. Montendre: *Confessions*, 165–6, 167. Bourg: PRO C61/50, m. 3. Blaye: *AHG*, iv, 95–7; PRO C61/49, mm. 5, 39, C61/50, m. 12, E101/166/11, mm. 13, 41.

34 *WSS*, 50, 104; PRO C61/49, m. 4. Englishmen: PRO C61/45, m. 6; C61/46, m. 1.

35 PRO C61/49, mm. 38, 38d, 37, 36, 36d; *RF*, ii, 974. Burghersh: *CPR 1334–8*, 403. Opposition: PRO C47/28/5(41).

36 PRO C61/49, mm. 40d, 38d, 34, 34d, 33d, 32d, 31d, 29, 22; *RF*, ii, 974.

37 PRO C61/49, mm. 28, 27, 26d, 23, 23d, 22d. Norwich: GEC, ix, 762–5; McFarlane, 165–6.

38 *Cordey, 286.

39 AN J635/10.

40 BN Fr.n.a. 7413, fols 190–214; BN Fr. 20685, pp. 247–57; BN Coll. Doat 164, fols 154–155. 21,000: Jusselin, 'Comment la France se préparait', 226–8.

41 Villeneuve: AN J880/14; BN Fr. 20685, p. 256 (not previously in English hands: *WSS*, 261, 264, 265). Puymirol: *Chron. Norm.*, 207–9; *AHG*, xxxiii, 91–2; AN JJ73/93.

42 St-Macaire: *Chron. anon. Par.*, 170–1; BN Coll. Doat, 164, fol. 158; *HGL*, x, 827–8; PRO C61/50, m. 1. Tastes, Pommiers: BN Fr. 20685, p. 256; the latter was under siege on 3 and 26 Aug., *Ordonnances*, iv, 39, AN JJ71/32. Civrac: AN JJ82/332.

43 BN Coll. Doat 164, fols 158–9, 164, 165–7; *HGL*, x, 821–2; *KOF*, xviii, 37–8; *LC*, no. 73; *RF*, ii, 1009.

44 PRO C61/49, mm. 21, 20, 18, 17, 16, 15, E101/19/39, m. 1., E101/166/11, m. 1. Assertion of Froissart, *Chron.*, i, 380–8 and *Chron. Norm.*, 38 也许阿图瓦的罗贝尔在加斯科涅参战的说法仅仅出于法兰西王室的宣传，事实上并无此事。倘若罗贝尔在场，他的级别将会高于诺里奇的约翰，然而事实上后者在当地是毋庸置疑的二把手，地位仅次于英厄姆：PRO C61/49, m. 16; *RF*, ii, 1023。在英格兰的编年史和任何翔实的记载中，都没有提到罗贝尔参加过任何一场加斯科涅的战役，而法兰西的记录则与书面证据产生了大量冲突。诚然，对于罗贝尔而言，他的行踪在1337年5月~1338年11月是个谜，但此后的记载中他的行动则完全不符合前往加斯科涅的情况：*WBN*, 217, 223, 424。

45 *HGL*, ix, 497n, *x, 827–8; *AHG*, ii, 343.

46 Henneman, 119–20.

47 BN Coll. Doat 186, fols 114–116, 119vo–121; 164, fol. 168; *DCG*, no. 173; Benedict XII, *Reg. (France)*, nos 368–9; *AHG*, ii, 130.

48 *RF*, ii, 990; Gray, *Scalacronica*, 167–8.

49 BL Cotton Nero C.VIII, fols 246vo, 263–263vo; PRO E101/388/5, m. 23. Returns: e.g. PRO C61/49, m. 16.

50 E. Fryde (1), 12–15; *CCR 1337–9*, 148–50; *CPR 1334–8*, 480–2. Pole: E. Fryde (5), 4–7; E. Fryde (9), 44–7.

51 PRO C61/49, mm. 15, 15d, 14, 13, 12; *Ann. Paulini*, 366; Murimuth, *Chron.*, 80; *RF*, ii, 997; *CRP 1334–8*, 530–6; BL Cotton Nero C.VIII, fols 246vo, 263–263vo; PRO E101/388/5, mm. 19–23.

52 PRO E101/388/5, mm. 20, 23; Knighton, *Chron.*, ii, 2.
53 *RF*, ii, 997; PRO E101/388/5, m. 22. Border: *Chron. Lanercost*, 305–6, 307–8; Gray, *Scalacronica*, 168; *RS*, i, 499, 501–13; PRO E101/388/5, mm. 19–23.
54 *Cordey, 287–9; LC, no. 78. Spies: BN PO 998 (Deuilly, 2); Froissart, *Chron.*, i, 404.
55 Benedict XII, *Reg. (France)*, no. 370. Thames: *CCR 1337–9*, 197.
56 Nangis, *Chron.*, ii, 159; *Grandes Chron.*, ix, 161; *Chronographia*, ii, 56; BN Fr. n.a. 7413, fol. 214vo.
57 *Chron. anon. Par.*, 171; Nangis, *Chron.*, ii, 157; AN JJ74/195.
58 PRO E101/388/5, mm. 20, 23; Muisit, *Chron.*, 112; *Grandes Chron.*, ix, 163; *Chron. anon. Par.*, 172; *Chronographia*, ii, 44–5; *RF*, ii, 1123; *KOF, xviii, 297–9.
59 *Gedenkwaardigheden Gesch. Gelderland*, i, 371–4; Cuttler, 145–6; *Chron. anon. Par.*, 171–2.
60 *Vitae Paparum*, i, 200; *RF*, ii, 1002–3, 1006; *CPR 1334–8*, 546; *Chronographia*, ii, 55–6; Murimuth, *Chron.*, 81.
61 Chaplais, *Dipl. Practice*, 287–8; Walsingham, *Hist.*, i, 222; Benedict XII, *Reg. (France)*, nos 305–35 (powers); *RDP*, iv, 488–91; *RF*, ii, 1007, 1009.
62 PRO E101/388/31, m. 3; Lloyd, 149–50; Lucas, 246; E. Fryde (2), 17–23; Chaplais, *Dipl. Practice*, 293–4.
63 Chaplais, *Dipl. Practice*, 288–91.
64 Sturler, 353–4; Bel, *Chron.*, i, 135–6.
65 *RF*, ii, 989–90, 994–5; Grandisson, *Reg.*, i, 300–2.
66 Benedict XII, *Reg. (France)*, no. 389; *Lit. Cant.*, ii, 158–9; Gray, *Scalacronica*, 168; E. Fryde (7), 257.
67 Murimuth, *Chron.* 82; Knighton, *Chron.*, ii, 3; *TR*, ii, 44–5, 46–9, 50–62, 62–3, 72–3, 73–4; E. Fryde (7), 260–1; *Déprez, 418.
68 *Ménard, ii (*Preuves*), 103; *CCR 1337–9*, 391.
69 *Ménard, ii (*Preuves*), 103–4.
70 AN JJ73/194–5, 197, 200; *Ordonnances*, xii, 61.
71 E.g. PRO C61/47, m. 6, C61/48, m. 2, C61/49, m. 12; *Doc. Durfort*, nos 631–2, 637.
72 BN PO 226 (de la Baume-Montrevel, 2); AN JJ71/170, 230, 382, JJ72/456, 497, 517.
73 *AHG*, iv, 98; *HGL*, ix, 497–501.
74 *Doc. Durfort*, nos 617, 721, 749–51, 759, 789, 792, 817–18, 1021–2; *CPR 1338–40*, 25.
75 Tholin, 19–30; M. J. de Bourrousse de Lafforre, *Nobiliaire de Guienne*, iv (1883), 289–90; *HGL*, ix, 497–50; AN JJ71/77, 229, 230, 317. For his changes of allegiance in 1340s: AN JJ74/754; BN Clairambault 7/385; PRO C61/67, m. 15.
76 Geaune, Aire: BN Coll. Doat 186, fols 160–161vo, 162–162vo; *HGL*, ix, 500–1, 506n, 512; AN JJ73/38; *AHG*, iv, 101. Cazaubon: PRO E101/166/12, m. 11vo; AN JJ71/60.
77 AN JJ71/45, 246; AD Pyr.-Atl. E511.
78 AN JJ71/47, 49, 79, 92, 182, JJ72/4, JJ73/333.
79 Knighton, *Chron.*, ii, 3; Hemingburgh, *Chron.*, ii, 315; Nangis, *Chron.*, ii, 158; *Bridlington Chron.*, 135; *DCG*, no. 185; *CCR 1339–41*, 479; *RF*, ii, 1027–8, 1042, 1067; *TR*, ii, 171–2; Godfray, 'Documents', 31.
80 PRO C61/50, m. 7; *RF*, ii, 1055; *TR*, ii, 101, 102–103, 162–4; *CPR 1338–40*, 180–1; *CCR 1339–41*, 226; Hewitt, 6–11.
81 Grandisson, *Reg.*, i, 301; PRO C61/50, m. 8d; *TR*, ii, 172; compare *TR*, ii, 172–4 and *WBN*, 358–60.
82 Jusselin, 'Comment la France se préparait', 233–4.
83 *Chron. Norm, 210–3; *Doc. Monaco*, 219–30, 286; *Cron. D. Alfonso XI*, 285. 1340 年，腓力拥有22艘法兰西桨帆战舰：*DCG*, no. XXVIII(331–3, 468, 503). Pay stop: *JT*, no. 5661。
84 PRO E356/8 (enrolled customs accts). *CPR 1334–8*, 578–9; *CCR 1333–7*, 643–4;

CCR *1337–9*, 90, 229–30, 557; PRO E372/182, m. 48 (Reppes).

85 *Chronographia*, ii, 42–3; Bel, *Chron.*, i, 132–3. Pensions: *RF*, ii, 1034; *JT*, nos 5337, 5602.

86 Kervyn, iii, 172–5; Lucas, 224–7, 260; *Chronographia*, ii, 46.

87 *KOF*, xviii, 53.

88 Lucas, 263–8.

89 *Grandes Chron.*, ix, 164.

90 Brussel, 824n (summons). Kervyn, iii,. 188–9; Lucas, 269–72; *KOF*, xviii, 54; Bel, *Chron.*, i, 131–2; *Grandes Chron.*, ix, 164–5. Terms formally executed on 10 June 1338: *TR*, ii, 117–20.

91 Lucas, 273–9; Muisit, *Chron.*, 113–4; Nangis, *Chron.*, ii, 159; *Grandes Chron.*, ix, 162–3, 165–6; *Chronographia*, ii, 43–4, 52–4; *KOF*, xviii, 62–3, xxi, 208–11. Impressment: *Inventaire AD P.-de-Calais*, ii, 23.

92 Froissart, *Chron.*, i, 403–5; *Chronographia*, ii, 38–40. 写信的日期（1337年10月19日）与爱德华的行程和议会的开会安排相吻合，但编年史作家所说的信件呈交日期（1337年11月1日）是错误的。1337年10月10日~11月19日，腓力六世不在巴黎（'Itin. Philippe VI'）。据说曾看过信件的纳瓦拉国王位于布洛涅（BN Fr. n. a. 7413, fol. 214vo）。已知的伯格什的动向排除了他在1338年3月之前访问巴黎的可能性（PRO E101/311/31; *KOF*, xviii, 53–4）。计划于1337年11月发动的入侵行动被取消可能是信件被送来的原因。信件最有可能的呈递日期在1338年5月6日前后（当时爱德华拒绝接受非正式休战）（*TR*, ii, 91–2）和1338年5月21日前后（当时腓力六世在召集军队时提到了它）（*Chron. anon. Par.*, 174）。

93 *WSS*, 92; Benedict XII, *Reg. (France)*, no. 432; PRO C61/50, mm. 1, 2, 4d, 13, 14, 16; *AHG*, lv, 22–4, 25; PRO E101/21/3, E101/166/10.

94 *DCG*, no. 173, 180, 186; PRO E101/166/11, mm. 32, 33; *Cron. D. Alfonso XI*, 285. Bayonne fight: PRO C81/240/10405; PRO C61/50, m. 5; *RF*, ii, 1005. Talmont fight: PRO C61/50, m. 16, C61/51, m. 3.

95 James, 15, 32; PRO E101/166/11 (Exchequer subsidy: m. 7). J. of Norwich: CCR *1337–9*, 318, 323; PRO E101/166/11, m. 19. Riots, desertion: PRO C61/50, mm. 1, 3d.

96 Scotland: Prince (1), 358–60; *RS*, i, 501–12, 521–2. Low Countries: *TR*, ii, 61–4, 66–72. Gascony: *RF*, ii, 1018, 1020; PRO C61/50, mm. 3, 4, 6.

97 PRO C61/50, m. 4; *RF*, ii, 1012, 1022, 1033, 1038; *AHG*, ii, 126–7; Marquette, 478–81.

98 *HGL*, ix, 502.

99 Plans: *DCG*, no. 180, 186. Savary: Anselme, viii, 763; *Rec. doc. Poitou*, ii, 159n. Blainville: Anselme, vi, 758. Blaye, Montlaur: PRO E101/166/11, mm. 11, 22; *Trés. Chartes Albret*, i, 530. Montendre: *ibid.*, i, 530–1; BN Fr. 2598, fol. 50; BN Clairambault, 31, p. 2305, 54, p. 4123, 87, p. 6887; *Confessions*, 165–6.

100 PRO C61/50, mm. 4, 8, 10, 12d, C47/2/30; CCR *1337–9*, 355; *TR*, ii, 93, 82–3.

101 *Chron. Lanercost*, 297–8; Fordun, *Chron.*, i, 362–3; Gray, *Scalacronica*, 168.

102 Walsingham, *Hist.*, i, 222–3; CCR *1337–9*, 499; PRO E101/166/10 (for 'July' read 'June').

103 *AHG*, iv, 98–101, 102; BN Coll. Doat 186, fols 123–125vo; LC, nos. 92, 94, 97–100.

104 *RF*, ii, 1047; *AHG*, ii, 127–30; AN JJ71/46; BN PO 24 (Albret 2, 3).

8. 康布雷和蒂耶拉什，1338~1339年

1 *RF*, ii, 1050; *TR*, ii, 73–4, 82–3; Bel, *Chron.*, i, 137. Numbers: *WBN*, 325–86. Pay: Powicke, 210–12.

2 *TR*, ii, 145–8; *RF*, ii, 1045; Murimuth, *Chron.*, 83; PRO E101/311/36; Benedict XII, *Reg. (France)*, nos 472, 481, 495, 538.

3 LC, nos 91–100; *AHG*, ii, 127–30, 131–2; *Cordey, 292; *Lescot, *Chron.*, 215–16; *Chron. anon. Par.*, 176; Muisit, *Chron.*, 115, 116, 117; Benedict XII, *Reg.* (*France*), nos 464–7; 'Itin. Philippe VI', 527–8; Contamine (3), 34.

4 PRO E101/311/35, 36.

5 PRO C81/250/11439; *WBN*, 240.

6 *TR*, ii, 80, 104–9, 113, 116, 117, 156–62; *RF*, ii, 1031–2; *Déprez(1), 418–19; *WBN*, 363; *KOF, xviii, 64–5; E. Fryde (6), 1149–50, 1160–1; E. Fryde (9), 86.

7 Bel. *Chron.*, i, 137–8; Baker, *Chron.*, 61–2; Murimuth, *Chron.*, 83–4.

8 E. Fryde (6), 1154–7; *TR*, ii, 156–62; *KOF, xviii, 64–5.

9 *CCR 1337–9*, 511–2, 526; *RF*, ii, 1051; *TR*, ii, 193–202, 203–15, 220–25.

10 Bel. *Chron.*, i, 139–42.

11 Schwalm, 'Reiseberichte', 350–2; *WBN*, 417. Negotiations with France: AN J918/25, J919/13; LC, no. 99; Benedict XII, *Reg.* (*France*), 496.

12 *WBN*, 69, 85–91, 212, 219, 221–3, 242–4, 417, 446; Murimuth, *Chron.*, 84–5; *Récits d'un bourgeois*, 165–6; Knighton, *Chron.*, ii, 5–6. Vicariate: Bock, *Quellen*, nos 530–2; *KOF, ii, 548–9.

13 Bock, *Quellen*, nos 533–4; Hocsem, *Chron.*, 282; Bel, *Chron.*, i, 148–9; *WBN*, 246; Knighton, *Chron.*, ii, 6–7; Benedict XII, *Reg.* (*France*), no. 518, *Reg.* (*Autres pays*), 2082–93.

14 Bel. *Chron.*, i, 138–9; *CPR 1338–40*, 187; *WBN*, 241–2, 247, 248–9, 251, 252.

15 PRO E101/311/35, 36; *WBN*, 278, 282, 460; *RF*, ii, 1065; *Chronographia*, ii, 1064–5; *Chron. anon. Par.*, 177; Benedict XII, *Reg.* (*France*), no. 588.

16 Dispersal: *Chron. anon. Par.*, 177; BN Coll. Doat 186, fols 161vo–162. Winter dispositions: *Chronographia*, ii, 60–4; **Chron. Norm.*, 214–16; Jusselin, 'Comment la France se préparait', 228–9.

17 BN Fr. 2598, fol. 50. Spies: PRO E101/166/11, m. 36; *WBN*, 60; PRO E101/311/35. Edward's supplies: e.g. *TR*, ii, 204–5, 218–19; *WBN*, 218.

18 *RF*, ii, 969; *TR*, ii, 171–2; *Chron. anon. Par.*, 173–4; PRO E372/191, m. 52 (Ferrers); *Chronographia*, ii, 28; *French Chron. London*, 74; *Actes Normands*, 217, 219.

19 PRO E372/191, m. 55(Weston), C62/115, m. 5.

20 *WBN*, 213, 363; PRO C81/249/11331; Nangis, *Chron.*, ii, 161; *Chron. anon. Par.*, 178; Murimuth, *Chron.*, 87; Baker, *Chron.*, 62, 69; Minot, *Poems*, 8–9.

21 *RF*, ii, 1060; *TR*, ii, 252, 297.

22 *TR*, ii, 226, 252, 297–300, 313–4; *DCG*, nos. 221, 223; *RF*, ii, 1070; *CPR 1338–40*, 149–50, 180–1; *CPR 1340–3*, 4, 572, 579; *CPR 1345–8*, 298–9; *CCR 1337–9*, 183, 184, 286; *CCR 1339–41*, 104, 143, 477–8; *CFR 1337–47*, 97; Murimuth, *Chron.*, 87; Baker, *Chron.*, 62–3; *Chronographia*, ii, 93–4; Platt, 108, 111–12.

23 *DCG*, nos 218–23; *TR*, ii, 228, 231–5, 305, 307–8; *RF*, ii, 1061, 1062; *RS*, i, 552; *French Chron. London*, 74; *CCR 1337–9*, 537; *Cal. Letter Books*, F, 1, 16, 28; *Cal. Plea Mem. R*, 176–7.

24 *RP*, ii, 104; *Nicholas, ii, 469–73; *CCR 1337–9*, 199, 339; *TR*, ii, 181, 228, 310; PRO E372/184, m. 50 (Stephen de Padyham); *RF*, ii, 958; *WBN*, 385; *RS*, i, 515; Tinniswood.

25 *RF*, ii, 947, 1008, 1058, 1066, 1104; *WBN*, 3, 428.

26 *CPR 1338–40*, 190, 195; *RF*, ii, 1066–7; *Doc. Monaco*, i, 270–1.

27 Brown et al., 589, 592–3, 638–9, 724–5, 779, 788–9. Pevensey: *CPR 1338–40*, 208, 236–7. Winchester: *TR*, ii, 311; *RF*, ii, 1077; *CCR 1337–9*, 579. Dover: PRO C76/14, m. 10. Chichester: PRO C76/14, mm 10, 11. Southampton: PRO E101/22/7, 11, 12, 34, 77; *CPR 1338–40*, 237; *CFR 1337–47*, 129–30; *RF*, ii, 1077; PRO C76/15, m. 31; SC1/41/177 (E. of Warwick).

28 Murimuth, *Chron.*, 88–9; Maddicott (2), 50–2.

29 Maddicott (2), 31, 53–9, 66.

30 E. Fryde (7), 258–64; E. Ames, 'The Sterling Crisis of 1337–9', *J. Econ.H.*, xxv (1965),

496–522; Maddicott, 48–50, 62–4, 69. Disorder: Bridlington Chron., 138; Chron. mon. Melsa, ii, 387; Rot. Parl. ined., 268–9.

31 Tout (1), iii, 90–8; *E. Fryde (1), 77.

32 E. Fryde (7), 262–3; Year Books 14–15 Edward III, ed. L. O. Pike (1889), 258–62; French Chron. London, 87; Aspin, Political Songs, 112.

33 Rot. Parl. ined., 269; Knighton, Chron., ii, 3; E. Fryde (7), 262–3; Aspin, Political Songs, 105–15; RF, ii, 1070; Gray, Scalacronica, 168.

34 Doc. Durfort, no. 811; AN JJ68/35; HGL, ix, 508; AHG, xxxiii, 93–4.

35 Bock, Quellen, nos 538, 541; Benedict XII, Reg. (France), nos 553, 555; Chron. anon. Par., 179; Muisit, Chron., 117–18; Muevin, Chron., 470; Chronographia, ii, 62; *E. Petit (2), 259; BN Fr.n.a. 9236, p. 26. Spies: PRO E101/311/35; WBN, 228.

36 Doc. Durfort, no. 762; AHG, xxxiii, 93–4; BN Fr.n.a. 9236–7, pp. 28, 88, 350, 755; PRO E101/166/11, mm. 14, 23, 29–30; AN JJ71/169, 174, 220, JJ72/52.

37 Contamine (2), 68; BN Fr.n.a. 9237, pp. 705–7, 750, 751, 769–74.

38 Penne: BN Fr.n.a. 9236, pp. 74–88 (arrivals at Penne). Caumont: BN Fr.n.a. 9237, pp. 574–5, 584, 708, 750; PRO E101/166/11, m. 35. Puyguilhem: BN PO 1120 (de Fays, 2), PO 1172 (Foix, 9), PO 2188 (la Palu, 2, 3, 5), PO 2739 (Sussa, 2); BN Fr.n.a. 9237, p. 781.

39 Penne: BN Fr.n.a. 9237, pp. 549–51, 755, 756; PRO E101/166/11, m. 23. Bourg, Blaye: PRO E101/166/11, mm. 21, 22, 32, C61/52, m. 3; Chron. anon. Par., 180; BN Fr. 2598, fol. 50vo; *Chron. Norm., 220; AN JJ72/63 (epilogue); BN Fr.n.a. 9237, pp. 678–97 (garrison).

40 Devaluation: Boutruche, 265–7. Gordon: PRO C61/52, m. 20. Quotation: SC1/38/174.

41 Actes Normands, 196–9, 212–13, 218–21; DCG, nos 229–45; RF, ii, 1072.

42 'Ancient Petitions' ayant trait aux îles de la Manche, 67–9; PRO E372/191, m. 52 (Ferrers); BN Fr. 2598. fol. 50.

43 RF, ii, 1078; Murimuth, Chron., 88; Baker, Chron., 63; PRO C81/254/11807.

44 RF, iii, 76; AN J210/4, 5, 7; Ordonnances, vi, 549–50; Nangis, Chron., ii, 162.

45 RF, ii, 1078; DCG, no. 248. Articles: Murimuth, Chron., 257–61.

46 CPR 1338–40, 206, 212, 279; CCR 1339–41, 19, 40, 55, 71, 79, 87, 106, 121, 190, 233, 236; RF, ii, 1076, PRO C76/14, mm. 18d, 11, 10d, 8, 8d; PRO E101/21/32, mm. 3–7.

47 May raids: Murimuth, Chron., 89–90; Baker, Chron., 63–4; Knighton, Chron., ii, 8–9. I. of Wight: PRO E101/21/32, m. 7. Hastings: CPR 1338–40, 258, 287; CCR 1339–41, 215, 293–4, 298, 333.

48 PRO C76/14, mm. 12d, 13d. Cinque Ports: PRO E372/184, m. 42 (E. of Huntingdon).

49 Chron. anon. Par., 180; CPR 1338–40, 372–3, 491–2; CPR 1340–3, 319; WBN, 216, 258; PRO C76/14, mm. 8, 7, 7d, 6; PRO E101/22/8. Crabbe: Cal. doc. Scot., iii, nos 417, 673, 1086, 1090; Exch. R. Scot., i, 64, 311; CCR 1337–9, 223–4; CCR 1339–41, 11, 139; Bridlington Chron., 109.

50 DCG, nos 254, 257; Actes Normands, 205–8; Knighton, Chron., ii, 9; CCR 1339–41, 452, 650; Roncière, i, 432; Guesnon, 'Documents', 226.

51 Giorgio Stella, Annales Genuenses, ed. G. P. Balbi (1975), 128–9; DCG, nos 249–50, 265, 275; Actes Normands, 221–8. Grimaldi paid off: AN JJ72/72. Doria's treason: CPR 1340–3, 330; PRO C49/7/15.

52 Chronographia, ii, 67; Nangis, Chron., ii, 163; Cart. S. Michel du Tréport, pp. xlix–l; AN JJ73/72; CIM, iii, no. 14 (p. 6) (Poitou); C. Guibert, Méms. p. servir à l'hist. de Dieppe, ed. M. Hardy, i (1878), 24.

53 PRO C76/14, mm. 11d, 10d, 5, 5d, 4. Convoys: ibid., mm. 5d, 4d; PRO E372/184, m. 42 (Swanlond); *Hughes, 242.

54 RF, ii, 1080; Harriss, 244n.

55 Captaincies: E. Petit, Rec. Anc. Mem., 63, 174–6, 177–8; Inventaire AD P.-de-Calais, ii,

28 (Boulonnais); *DCG*, no. XXVII(140); BN Fr. 9501, fols 153–153vo (S. of Seine); *Rec. doc. Poitiers*, 343, 345 (Poitou). Reinforcements inland: Guesnon, 'Documents', 224; *Inventaire AD P.-de-Calais*, ii, 28.

56 This section: E. Fryde (6), 1157–75, 1194–1216; E. Fryde (4), 17; E. Fryde (9), 121–9; and other references below.

57 *RF*, ii, 1080.

58 *Hughes, 243.

59 Benedict XII, *Reg.* (*France*), no. 531; AN JJ71/352–3.

60 *RF*, ii, 1080.

61 Jusselin, 'Comment la France se préparait', 228–32; Henneman, 153, 350, 355. Normandy: *RF*, iii, 76. Paris, *arrière-ban*: Timbal, *Registres*, 54–7.

62 Ménard, ii (*Preuves*), 110; *LE*, no. 117; *Chronographia*, ii, 66–7.

63 BN Fr.n.a. 9236, pp. 71, 140; cf. pp. 37, 38, 43, 46, 86. Bordeaux: *ibid.*, 197, 263–4, 266.

64 *Cal. doc. Scot.*, iii, no. 1307; *RS*, i, 557–70; Fordun, *Chron.*, i, 364; Bower, *Supp.*, ii, 330; Wyntoun, *Cron.*, ii, 451–2; *Chron. Lanercost*, 317–18.

65 *KOF*, xx, 414–18; E. Fryde (6), 1173–4; BN Fr. 2598, fol. 50.

66 Benedict XII, *Reg.* (*France*), nos 560, 588, *Reg.* (*Autres pays*), nos 2184, 3401; Stengel, *N. Alemanniae*, i, 388–90; Schwalm, 'Reiseberichte', 352–4, 359; *RF*, ii, 1088; *WBN*, 417.

67 Robert: *RF*, ii, 1066; *WBN*, 216–7, 223, 268, 424; PRO E101/311/36 (conspirators); Benedict XII, *Reg.* (*France*), no. 603; *Trautz, 285, 340; Bock, *Quellen*, no. 551; *CCR 1339–41*, 288, 291. Philip: *Lescot, *Chron.*, 220.

68 *Chron. anon. Par.*, 181; Walsingham, *Hist.*, i, 225–6; *AHG*, iv. 102–3; BN Fr.n.a. 9236–7, pp. 37–286, 343–502, esp. 87–8, 189, 263–4, 343, 533, 678–97, 779, 781; PRO E101/166/12, mm. 7, 7d.

69 Fordun, *Chron.*, i, 364; *RS*, i, 571; Bower, *Supp.*, ii, 330–1; Wyntoun, *Cron.*, ii, 452–6; *RF*, ii, 1094. Relief force: *RF*, ii, 1093; PRO SC1/42/94A, E372/184, m. 45 (Bp of Carlisle); *CCR 1339–41*, 289.

70 *WBN*, 282, 284, 285, 460; PRO E101/311/35, 36; *RF*, ii, 1084; Benedict XII, *Reg.* (*France*), 620, 644.

71 E. Fryde (6), 1168–9, 1173; *RF*, ii, 1085, 1088; *WBN*, 232; Bock, *Quellen*, nos 549–51; *Gedenkwaardigheden Gesch. Gelderland*, i, 399–402; *Actes . . . intérressant la Belgique*, 130–8; Murimuth, *Chron.*, 91; Avesbury, *G. Edwardi*, 307.

72 Bel. *Chron.*, i, 151–3 (place and dates wrong); *Lescot, *Chron.*, 206; Bock, *Quellen*, no. 551.

73 *Lescot, *Chron.*, 223–4.

74 Campaign of Sept.–Oct. 1339: (a) English official record, *KOF*, xviii, 84–93; (b) Edward III's letter to his son (1 Nov. 1339) in Avesbury, *G. Edwardi*, 304–6; (c) itineraries of Edward III (*Lescot, *Chron.*, 206) and Philip VI ('Itin. Philippe VI'); (d) principal chroniclers, Bel, *Chron.*, i, 153–65, *Chronographia*, ii, 62, 68–85; (e) minor chroniclers, Hocsem, *Chron.*, 288–90; *Récits d'un bourgeois*, 167–70; Muisit, *Chron.*, 118–19, Baker, *Chron.*, 64–6, BN Fr. 2598, fols 50vo–51; (f) other chroniclers are substantially based on (a), (b) and (d) and unreliable so far as they add to them, but some material is supplied by Murimuth, *Chron.*, 101–3, Gray, *Scalacronica*, 169, Lescot, *Chron.*, 49, Nangis, *Chron.*, ii, 163–5; (g) accts of papal almoners in Carolus-Barré, 'Mission charitable'; (h) other references below.

75 Finance: *KOF*, xx, 54–6, 413–31; E. Fryde (6), 1171, 1174; *RF*, ii, 1091.

76 Benedict XII, *Reg.* (*France*), no. 648.

77 Denifle, 10.

78 Froissart, *Chron.*, i, 162.

79 Numbers: *RP*, ii, 103 (Edward's estimate); Prince (1), 360–1, whose figures do not include allied contract armies.

80 *RF*, ii, 1092.

81 BN PO 226 (Baume, 5, 6).
82 AN J624/31; *KOF, xviii, 38.
83 *Ordonnances*, iv, 239.
84 *WBN*, 216.
85 AN JJ72/318.
86 Froissart, *Chron.*, i, 179.
87 PRO E101/166/12, m. 10; Knighton, *Chron.*, ii, 14; *RF*, ii, 1101; Johnson, 'An Act'.
   French numbers: Contamine (2), 68; BN Fr.n.a. 9236–7, pp. 429, 432, 441–7, 659, 660,
   762, 807–8.
88 *RP*, ii, 103–6; *RF*, ii, 1091, 1098; E. Fryde (7), 266–7.
89 Jousts: *Chronographia*, ii, 85. Pope: *RF*, ii, 1103.

9. 佛兰德联盟与斯海尔德河战役，1339~1340年

1 *RF*, ii, 1117; Bock, *Quellen*, no. 596.
2 Wright, *Political Poems*, i, 1–25; *Chronographia*, ii, 35–8; Bel, *Chron*, i, 119–20, 124;
   Froissart, *Chron.*, i, 359–60.
3 F. H. Russell, *The Just War in the Middle Ages* (1975), 131–47; Honoret Bonet, *The Tree
   of Battles*, tr. G. W. Coopland (1949), 128–9, 139, 171; E. Chaplais, 'Some Documents
   Regarding . . . the Treaty of Brétigny', *Camden Miscellany*, xix (1952), 51–78, esp. 70–8.
4 BN Fr. 2598, fol. 49vo (France); Oxford, MS Bodley 462 (England).
5 Faucogney: *WBN*, 282; U. Plancher, *Hist. de Bourgogne*, ii (1741), 192–3; E. Petit (1), vii,
   225–6, 228–9. Henry: CPR *1338-40*, 454. Guy: *RF*, ii, 1123. 'Various': *WBN*, 298.
6 Gray, *Scalacronica*, 167.
7 *RF*, ii, 966, 994; *Urkundenbuch für die Geschicte des Niederrheins*, ed. T. Lacomblet, iii
   (1855), 247.
8 *TR*, ii, 1–2, 33, 40–3, 118; CPR *1334-8*, 551, 557, 561; CPR *1338-40*, 5, 7, 13, 29, 30;
   CCR *1337-9*, 327, 360, Defiance: Froissart, *Chron.*, i, 404.
9 *TR*, ii, 145–8; *RF*, ii, 1051, 1065–6; Benedict XII, *Reg.* (*France*), no. 560. Arras debate:
   ibid., no. 644; *RF*, ii, 1107; Murimuth, *Chron.*,91–100.
10 E.g. *WBN*, 214, 247, 261, 272–3, 274, 416, 444, 446; CPR *1338-40*, 280, 372–3, 387;
   CCR *1339-41*, 105.
11 *WBN*, 268, 275, 278, 279, 280; CPR *1338-40*, 189, 196; CCR *1339-41*, 105; PRO
   E101/311/35 (chaplain).
12 *Chronographia*, ii, 85–6.
13 Lucas, 309–14, 316, 319–22, 325–6, 339–45.
14 *KOF*, 11, 549–51.
15 Hocsem, *Chron.*, 290–2; *Arch. S. Quentin*, ii, 122; RSG, i, 306, 403, 471–5; *WBN*, 260,
   286; *Chron. Norm.*, 42. Louis: *Chronographia*, ii, 85–6; RSG, i, 402, cf. 383, 396, 402, 428.
16 *WBN*, 288; Avesbury, *G. Edwardi*, 306; RSG, i, 403–4; *RF*, ii, 1097. Louis: Lucas, 346.
17 *KOF*, iii, 492–4.
18 Bel, *Chron.*, i, 166–8; *WBN*, 268; *RF*, ii, 1106; Benedict XII, *Reg.* (*France*), nos 677–82.
   Cf. Bock, *Quellen*, no. 597; *RF*, ii, 1117; Murimuth, *Chron.*, 103.
19 *Chronographia*, ii, 88–9; RSG, i, 431; Guesnon, 'Documents', 218–20.
20 *KOF*, xviii, 110–29, ratifying earlier agreement, see *RF*, ii, 1107. Land operations: Bock,
   Quellen, nos 596–7; *Récits d'un bourgeois*, 170.
21 *WBN*, 455; Bock, *Quellen*, no. 596.
22 *RF*, ii, 1108–9, 1111; *Chronographia*, ii, 91–3.
23 Benedict XII, *Reg.* (*France*), nos 677–82; Budt, *Chron.*, 326.
24 Guesnon, 'Documents', 218–20, 221–2, 225–6; *Inventaire AD P.-de-Calais*,ii, 28, 29, 30,
   31, 32.
25 Economic sanctions: Bock, *Quellen*, no. 596; *E. Petit (1), 282; AN JJ73/110; Guesnon.

'Documents', 220–1. Interdict: Lucas, 367–70, 372–3. Appeal: AN JJ72/285; Muisit, *Chron.*, 122; *KOF*, xxi, 211–47.

26 *RF*, ii, 1115.

27 *RP*, ii, 107–8; *Harriss, 518–20.

28 *CPR 1338–40*, 398, 408–9; PRO C76/14, mm. 3, 2; *Déprez (1), 419–20; *RF*, ii, 1109; *Gedenkwaardigheden Gesch. Gelderland*, i, 413–16.

29 *RF*, ii, 1100, 1115; *French Chron. London*, 73; *Chron. mon. Melsa*, iii, 43.

30 Loans: *RF*, ii, 1116; *Cal. Letter Books* F, 43–50; *Cal. Plea Mem. R*, 120. Parlt.: *RP*, ii, 112–16; *CCR 1339–41*, 468.

31 *Chron. Lanercost*, 333.

32 Grants: AN P2291, pp. 549–52, 809–12; Doc. *Parisiens*, ii, 81–3; Henneman, 141–53. Crusade: Benedict XII, *Reg. (France)*, 708, 713. Devaluation: *Ordonnances*, vi, p.* vii; *Rec. doc. monnaies*, i, 15, 37, 236.

33 Henneman, 153. War wages: Contamine (2), 95–6. Non-payment: BN Fr.n.a. 9239, fols 271vo–272, 273.

34 *Ordonnances*, vi, 356–7; BN Fr.n.a. 9238, fols 89vo–117vo (garrison); *Chron.Norm.*, 214–6; *Chronographia*, ii, 95.

35 *Récits d'un bourgeois*, 168, 171–2, 173; *Chronographia*, ii, 86–7, 95; Bel, *Chron.*, i, 170–1; *KOF*, xviii, 138–9; *Chron. Norm*, 216.

36 Benedict XII, *Reg. (France)*, nos 708, 713 (cols 434, 439); LC, nos 122–3; *Actes Normands*, 265.

37 *WBN*, 266, 326–7, 328, 362, 440; PRO C76/15, m. 32, E101/22/39.

38 *Chronographia*, ii, 96–7.

39 *KOF*, xviii, 136–40; *Chronographia*, ii, 104–6; *Récits d'un bourgeois*, 173–5; Bel, *Chron.*, i, 171–2; *Grandes Chron.*, ix, 174; BN Fr. n.a. 9239, fol. 210; Carolus-Barré, 'Mission charitable', 185–6.

40 *WBN*, 328; *Chronographia*, ii, 98–104; BN Fr. 2598, fol. 51; Bel, *Chron.*, i, 168–9; Baker, *Chron.*, 67–8; Murimuth, *Chron.*, 104–5; *French Chron. London*, 73–4; Knighton, *Chron.*, ii, 17. Armentières: *E. Petit (1), vii, 244. Godemar: Dupont-Ferrier, ii, no. 6821. Fate of prisoners: BN Fr.n.a. 9239, fol. 269; *KOF*, iii, 485.

41 Muisit, *Chron.*, 121–2; *Chronographia*, ii, 97–8, 102–3; *RSG*, i, 482–9.

42 *Chronographia*, ii, 107–8; BN Fr. 2598, fol. 51; BN Fr.n.a. 9239, fol. 273.

43 *Chronographia*, ii, 108–20; *Récits d'un bourgeois*, 175–80; Muisit, *Chron.*, 123–5; Bel, *Chron.*, i, 172–7; *Grandes Chron.*, ix, 178–80; Hocsem, *Chron.*, 294–5; BN Fr. 2598, fol. 51; BN Fr. 9239, fols 272vo–274 (abstract of correspondence of Ch. des Comptes); *ibid.*, fols 127–129vo, 172, 210vo–235 (numbers and chronology of advance); and other references below.

44 *RSG*, i, 419.

45 Froissart, *Chron*, ii, 197.

46 BN Fr.n.a. 9239, fol. 211.

47 E. Petit (1), vii, 277.

48 Count: *RSG*, i, 419–20; *Récits d'un bourgeois*, 175; PRO E372/194, m. 45 (Stury). Louis: Bock, *Quellen*, no. 601.

49 *RSG*, i, 495–501.

10. 斯卢伊斯与图尔奈：阿尔布雷战争，1340年

1 *Cal. Letter Books*, F, 41; *RP*, ii, 107(5), 108(11–13); PRO C76/15, mm. 32, 31, 29, 28, 27; *WBN*, 297–8.

2 Venice: *Cal. State Papers Venice, 1202–1509*, ed. R. Brown (1864), 8–9. Fieschi: *RF*, ii, 1111, 1126; Benedict XII, *Reg. (France)*, nos 715, 720–2, 727–8, 730, 734; *Vitae Paparum*, i, 205–6, 213–14.

3 *Doc. Monaco*, i, 270–1; AN P2291, pp. 549–52; Bock, *Quellen*, no. 282; CCR *1339–41*, 410, 431.

4 DCG, nos 278, XXVII (331–3, 468, 503).

5 *Chron. mon. Melsa*, iii, 43; Murimuth, *Chron.*, 103–4; Baker, *Chron.*, 67; Nangis, *Chron.*, ii, 165; *Grandes Chron.*, ix, 174; BN Fr. 2598, fol. 51; DCG, no. XXVII (502–3).

6 DCG, no. XXVII (329, 331–3, 394–401, 423, 432–3, 441–2, 468, 473, 475, 477).

7 BN Fr. 2598, fol. 51; *Cart. S.-Michel du Tréport*, pp. l–li.

8 DCG, no. XXVII (12, 647); *Actes Normands*, 264–8; *Ordonnances*, vi, 549.

9 PRO C76/15, mm. 29, 29d, 28d, 26, 25d, 23, C62/117, m. 6, E101/22/25. Hainault knight: *WBN* 266.

10 DCG, no. XXVII (12–20, 166–505, 617–41); BN Fr. 2598, fol. 51vo.

11 Murimuth, *Chron.*, 105; Avesbury, *G. Edwardi*, 310.

12 Avesbury, *G. Edwardi*, 310–2; Walsingham, *Hist. Angl.*, i, 226–7; Gray, *Scalacronica*, 170; *RF*, ii, 1130; PRO C76/15, mm. 22, 19.

13 Avesbury, *G. Edwardi*, 311; *RF*, ii, 1129.

14 斯卢伊斯: （a）爱德华三世的信件, *RF*, ii, 1129, 1130, *'KOF*, xviii, 166–7; （b） 英格兰编年史, Murimuth, *Chron.*, 105–7, 109, Baker, *Chron.*, 68–9, Avesbury, *G.Edwardi*, 312, Knighton, *Chron.*, ii, 17–8, *French Chron. London*, 76–7, *Chron. mon. Melsa*, iii, 45, *Chron. Lanercost*, 333–4; （c）欧洲大陆的编年史, *Chronographia*, ii, 121–4, Nangis, *Chron.*, ii, 168–70, *Grandes Chron.*, ix, 180–4, *Chron. Quatre Valois*, 10–11, BN Fr. 2598, fol. 51vo, *Chron. Norm.*, 44–5, Villani, *Hist.*, XI. 109, cols 836–7。法兰西舰队的情况: 根据爱德华三世一方的数据, 法兰西有190艘船被俘, 23艘逃走, *'KOF*, xviii, 167; 相比之下, 根据法兰西战争金库的记录, 共有202 艘舰船领取报酬, DCG, no XXVII（166–449）; 两者的数量差距也许意味着法军中 存在一部分法国盟友的船只, 而并非数据有误; 关于这一方面, 可以参考 Murimuth, *Chron.*, 106（Spanish）, and PRO C76/15, m. 10d（Flemish）。

15 French survivors: DCG, no. XXVII (331–5, 394, 397–8, 401, 468, 525–9, 531, 534, 536–8).

16 Froissart, *Chron.*, ii, 37.

17 BN Fr. 9501, fols 153–154vo, Fr.n.a. 7413, fols 296–302, Fr. 32510, fols 178–178vo; AN K43/14bis.

18 *Actes Normands*, 268; AN JJ74/694, JJ81/202; Froissart, *Chron.*, ii, 226.

19 Minot, *Poems*, 17; Avesbury, *G. Edwardi*, 312; Raine, *N. Reg.*, 379–80. Coin: *Chron. mon. Melsa*, iii, 45; C. Oman, *The Coinage of England* (1931), 170–2.

20 BN Coll. Doat 186, fols 248–50 (alliances); BN PO 1839 (Marchi, 2); *'HGL*, x, 896–7; *AP 1328–50*, no. 2330.

21 *AHG*, ii, 126–7 (misdated); BN Coll. Doat 186, fols 251–4; Marquette, 479.

22 BN Coll. Doat, 186, fols 248–250, 187, fols 114–115. Tartas: Marquette, 487–8.

23 Marquette, 281–327, 485–6; AD Pyr.-Atl. E799 ('capital enemies'); BN Coll. Doat 243, fols 75–76vo (*lèse-majesté* pardoned).

24 BN Fr.n.a. 9239, fols 228, 231. Overtures: Armagnac: BN Coll. Doat 187, fols 194–195vo (1340), 114 (1341); Foix: PRO E101/167/3, m.6 (1342).

25 Knighton, *Chron.*, ii, 13–4.

26 Knighton, *Chron.*, ii, 13; *WBN*, 265; *RF*, ii, 1105. Hugh: *RF*, ii, 975; *WBN*, 315, 328–9; P. Duparc, *Le comté de Genève* (1955), 279–81.

27 Money: PRO SC1/38/73, E101/166/12, mm. 2d, 3, 6. Allies: Marquette, 490–1. Armagnac: BN Coll. Doat 187, fols 194–195vo.

28 PRO E101/166/12, mm. 9d, 12. Caumont: BN Fr.n.a. 9237, p. 792, Ste-Bazeille: AN JJ73/51; BN Fr.n.a. 9237, pp. 587, 763–4. Gontaut: AN JJ74/683; BN Fr.n.a. 9237, pp.576–7. Monségur: AN JJ71/374, JJ73/203.

29 Communications: BN Fr.n.a. 9237, pp.772–3, 782–3. Agen: *ibid.*, pp. 765, 766, 778, 779.

30 BN Coll. Doat 187, fols 194–195vo. Montréal: AN JJ73/171, 294, JJ74/183.

31 BN Fr.n.a. 9237, p. 468; *HGL*, ix, 523.

32 AN JJ73/234–5; BN Fr.n.a. 9237, p. 701. Raymond: *WSS*, 220; BN Fr.n.a. 9237, p. 451; AD Pyr.-Atl. E626; BN Coll. Périgord 10, fol. 39vo; PRO C61/55, m. 5, SC1/38/73.

33 Mézin: *Lacabane (2), 120–2, 124. Condom: AD Herault A4/110–1; BN Fr.n.a. 9237, pp. 772, 818–21; AN JJ73/190, 212.

34 Armagnac: Auvillar, Lectoure and Lomagne promised by Edward III (BN Coll. Doat, fols 194–195vo) and granted by Philip VI (AN J293/12). Garrisons, troops: BN Fr.n.a. 9237, pp. 528–705; Contamine (2), 68–9. Languedoc diversions: *HGL*, x, 864–6. Eu: BN Fr.n.a. 9237, p. 796, Fr.n.a. 7413, fols 248–249vo. Louis: BN Clairambault 43/3235, 97/7549. Correspondence: BN Fr.n.a. 9237, pp. 772–3, 812, 815.

35 *Lescot, *Chron.*, 207; *RSG*, i, 422. *RF*, ii, 1130; PRO C76/15, m. 17; *Grandes Chron.*, ix, 185–6; *Chronographia*, ii, 124–5.

36 *Chron. Norm.*, 45–6; 'Itin. Philippe VI'; *Arch. S.-Quentin*, ii, 141. Numbers: Contamine (2), 69.

37 A. Giry, 'Registre', 250–1. Campaign of S.-Omer; *Grandes Chron.*, ix, 187–97; *Chronographia*, ii, 127–35; Gray, *Scalacronica*, 171; Murimuth, *Chron.*, 108; Bel, *Chron.*, i, 188–90; BN Fr.n.a. 9239, fol. 274 (Ch. des Comptes, abstract of correspondence).

38 BN Fr.n.a. 9239, fol. 274; G. Canestrini, 'Alcuni documenti', *Archivio Storico Italiano*, series I, vii, 358.

39 *Grandes Chron.*, ix, 185; *Récits d'un bourgeois*, 183.

40 *RP*, ii, 103–4(4); E. Fryde (9), 146–7; Harriss, 276–8. Penniless: *KOF, xxv, 343–4.

41 *RP*, ii, 117–22.

42 N. Sea: CR 1339–41, 560, 629. Houdetot; *DCG*, nos XIX, XXVII (133, 138, 140–65, 525–47, 604, 609, 635, 650); *CPR 1340–3*, 476; PRO C76/15, mm. 17, 10d.

43 N. Seas: CCR 1339–41, 503–4. Ch. Islands: PRO E372/191, m. 52 (Ferrers); CCR 1339–41, 499; CPR 1340–3, 20.

44 BN Fr.n.a. 9239, fol. 274; PRO C76/15, mm 10d, 9, 8, 7d; Baker, *Chron.*, 70; Murimuth, *Chron.*, 109n; CCR 1339–41, 637, 641.

45 PRO C76/15, mm. 17, 10d, 9, 8, 7, 7d, 6, 6d; *RF*, ii, 1133, 1156, 1185, iii, 1; *DCG*, no. XXVII (140).

46 *Cal. doc. Scot.*, iii, no. 1338, v, no. 809; *RS*, i, 600–2.

47 PRO C76/15, mm. 16, 15, 14, 14d, 13; *RP*, ii, 120(18); Lloyd, 157–8. Enforcement: Harriss, 279–81; CRP 1340–3, 96; CCR 1339–41, 532, 536; *French Chron. London*, 83 (quotation).

48 *Récits d'un bourgeois*, 183; *Lescot, *Chron.*, 207; *KOF, xxv, 344; *RSG*, i, 502–5, ii, 87–8. Challenge: *RF*, ii, 1131.

49 Siege of Tournai: (a) two chronicles of Tournai in *KOF, xxv, 344–65; (b) other continental chronicles, Muisit, *Chron.*, 127–36, Bel, *Chron.*, i, 191–212, *Chronographia*, ii, 135–62, *Grandes Chron.*, ix, 200–11, *Récits d'un bourgeois*, 181–5, Hocsem, *Chron.*, 295–6; (c) English chronicles (less well informed), *French Chron. London*, 77–82, Baker, *Chron.*, 70–1, Murimuth, *Chron.*, 109–16, Avesbury, *G. Edwardi*, 314–7; (d) Ch. des Comptes, abstract of correspondence at BN Fr.n.a. 9239, fol. 274–274vo. Philip's movements: 'Itin. Philippe VI'. Numbers: Contamine (2) 69 (French Army); BN Fr.n.a. 9238–9, fols 44–77vo, 127vo–177vo, 211–4, 231vo, 232vo (Tournai garrison).

50 *KOF, xxv, 365.

51 *Suppliques Clément VI*, no. 1016; AN JJ72/178, JJ73/189, 327.

52 BN Fr.n.a. 9238, fol. 140.

53 *Cart. des Artevelde*, 235–8.

54 PRO C81/269/13359; Fowler, 35.

55 BN Fr.n.a. 9239, fol. 274vo; Benedict XII, *Reg.* (*Autres pays*), no. 2926.

56 Bock, *Quellen*, no. 603.

57 *RF*, ii, 1135–7, **KOF*, xviii, 176–7.

58 Déprez (1), 356.

59 Jousts: *Grandes Chron.*, ix, 209. Council: *CCR 1339–41*, 625–7; PRO C76/15, m. 6. Distress: Déprez (1), 355n, 357. Borrowing: Fowler, 35–7; *CCR 1339–41*, 639–40; E. Fryde (6), 1165–6. Falkenburg: Déprez (1), 357n. Ghent conference: *ibid.*, 356.

60 **Varenbergh, 346–7; *French Chron. London*, 83–6. Stratford: Benedict XII, *Reg.* (*Autres pays*), no. 2981; *Vitae Arch. Cantaur.*, 20. Borrowing: *CCR 1339–41*, 649; CCR 1341–3, 225, 231, 286–7. D. of Brabant: **KOF*, xx, 56–7.

61 *RF*, ii, 1141; *French Chron. London*, 83–6; Murimuth, *Chron.*, 116; Avesbury, G. *Edwardi*, 323–4; *CPR 1340–3*, 110–1; BN Fr.n.a. 9239, fol. 274vo (French report).

62 *Vitae Arch, Cantaur.*, 21.

63 *Chronographia*, ii, 155–6; **KOF*, xviii, 186–8; *Actes intérressant la Belgique*, 146–8; *RF*, ii, 1166, 1167; Trautz, 313.

64 Ch. Islands: PRO E372/191, m. 52 (Ferrers). Scots: Fordun, *Chron.*, i, 365; BL Add. Chart. 4147.

65 Tout (1), iv, 104–9; the charges of the allies must be added to Cusance's account of 1340–1.

66 E. Fryde (6), 1142, 1165–6 and Table B; E. Fryde (4), 23; Villani, *Hist.*, XI: 88.

67 *French Chron. London*, 84–90; Murimuth, *Chron.*, 118–9; *Vitae Arch. Cantaur.*, 20–38.

68 Benedict XII, *Reg.* (*France*), nos 830, 843–4, 852.

69 Henneman, 339–40.

70 Timbal, *Registres*, pp. 73–4, 81–6, 89–103.

71 Surveys: AN P2291, p. 767; BN PO 2525 (de Rogne, 2); *Arch. admin. Reims*, iii, 246. Noyon: Timbal, *Registres*, 175–9. Reims: Desportes, 528–9, 540–1. St-Quentin: *Arch. S.-Quentin*, ii, 99–104, 117, 122–4, 138–40, 142–3, 192. Artois: *Inventaire AD Pas-de-Calais*, i, 111, 111–12, ii, 22, 24, 27, 28, 29, 30, 31.

72 Desportes, 539–40 (Aubenton); BN Fr.n.a. 2598, fol. 50vo (La Capelle); Giry, 'Registre', 250–1 (S.-Omer); Timbal, *Régistres*, 185–8 (Lille); *Inventaire AD P.-de-Calais*, ii, 29 (Aire); *ibid.*, ii, 24 (bridges).

73 AN JJ73/145 (squire); *KOF, xxv, 346 (castellan); *Chronographia*, ii, 158 (temper); Coville (2), 265 (verse).

11. 布列塔尼，1341～1343年

1 *Chron.*, ii, 86.

2 Jones, 'Documents', 15–70.

3 Nangis, *Chron.*, ii, 144; *Chron. anon. Par.*, 161. Marriage: *Duchesne, 118–20; Jones, 'Documents', 49–50.

4 Jones, 'Documents', 18, 52–3; Morice, *Preuves*, i, 1398.

5 B. d'Argentre, *Hist. de Bretagne*, 3rd edn (1618), 355; Jones, 'Documents', 27, 50.

6 Morice, *Preuves*, i, 1457.

7 Froissart, *Chron.*, ii, 318; *Chronographia*, ii, 167.

8 John's conquest of Brittany, May-Aug. 1341: Bel, *Chron.*, i, 248–59 (much exaggerated); *Chronographia*, ii, 166–75, 193; *Chron. Norm.*, 48–9. Nantes treasury: *RF*, ii, 1164. Champtoceaux: *Istore de Flandre*, ii, 2. St-Aubin: *Chron. Norm.*, 50. PRO E372/187, m. 48 (Swaffham) reveals John's presence in Nantes on 10 July.

9 *Duchesne, 120; *Chronographia*, ii, 176–80.

10 HGL, ix, 528–30, 536–7; Bock, *Quellen*, nos 561, 563; *Lecoy, ii, 296, 306–8. Occupation: BN Fr.n.a. 9236, pp. 193–6, 211–17.

11 *Confessions*, 167–9; *CPR 1345–8*, 546; PRO E101/166/12, m. 16, C61/54, mm. 18, 7, C61/59, m. 10; *RF*, ii, 1167. Date: BN Fr. 9237, pp. 628–97 (French garrison pay

records). Treason: AN X2a/4, fols 82, 82vo. La Motte family: PRO C61/52, mm. 20, 17; AN JJ72/457, JJ76/395.

12 BN Coll. Doat, 187, fols 202–204vo; BN Fr.n.a. 9237, p. 766; *Trés. Chartes Albert*, i, 529.

13 REP, ii, 126–34; *Bridlington Chron.*, 38–41; *French Chron. London*, 89–90; RF, ii, 1177.

14 *CFR 1337–47*, 258; *RP*, ii, 126–7. Expedition: *RF*, ii, 1150, 1151; PRO C76/16, mm. 28, 28d, 27, 26d, 19, 16; PRO C47/2/33; Prestwich (2); *CCR 1341–3*, 302 (Antwerp destination).

15 *RF*, ii, 1160, 1165; Déprez (1), 378n; *Cart. Hainault*, i, 139–41. Ships, troops: PRO C76/14, mm. 19, 18, 17, 16.

16 H. Lot, 'L'avocat du Breuil', *RH*, 5th series, iv (1863), 137. Garrisons: Jassemin, 'Papiers', 193–7. Ships: *DCG*, no. XXVII (59–109, 571, 594–5, 652–3). Summons: *Rec. doc. Poitiers*, 351., South: Contamine (2), 68.

17 *Petit Chron.* Guyenne, 398–9; Gray, *Scalacronica*, 181–2; BN Fr.n.a. 9237, 696, 697, 752, 759; *Très Chartes Albret*, i, 529. French garrisons expelled; Bazas: *RF*, ii, 1188; PRO C61/54, m. 32; Ste-Bazeille: PRO C61/54, m. 22d; Damazan, Vianne, Durance: *HGL*, x, 904–6; AN JJ68/234.

18 Henneman, 155–62, 340, 350; AN P2291, pp. 565–7.

19 *Chronographia*, ii, 180; *Anselme*, vii, 912–3 (misdated 1342) ; *DCG*, no. XXVII (573–4, 652–3)。集合部队的时间被定在了9月26日（BN Fr.n.a. 7413, fol, 452）; 通常而言，等待答复的时间有6周。

20 会议：PRO E101/311/40; Muisit, *Chron.*, 136–7; *Cart. Hainault*, i, 147–51; *RF*, ii, 1175。英格兰人的准备：PRO C76/16, m. 14d; *Déprez (1)*, 382n。船只数量：在伦敦和布里斯托尔之间征集到了213艘，时间为4月3日~5月26日（PRO E101/22/39）, 这个数量因为有船只逃跑而减少，又因为五港同盟船只的加入而增多。巴约讷：*RF*, ii, 1173。会议进程：*Chron. Norm.*, 49; *Chronographia*, ii, 180; Bel, *Chron.*, i, 260–1; Jones, 'Documents', 15–16, 70–1; PRO E372/187, m. 48（Swaffham）。

21 Jones, 'Documents', 15–70, 75–8; BN Fr. 22338, fols 117–55; Morice, *Preuves*, i, 1421–4; *Grandes Chron.*, ix, 219–20; *Chronographia* ii, 181–2; Bel, *Chron.*, i, 261–4; *RF*, ii, 1176. Army: BN Fr.n.a. 7413, fol. 452.

22 *RF*, ii, 929, 1159; *CFR 1337–47*, 37–8; *CCR 1337–9*, 89–90, 94, 169, 171, 185; *CCR 1339–41*, 429; *CCR 1341–3*, 356; *CPR 1334–8*, 479; *CPR 1338–40*, 93; Borderie, iii, 404–7.

23 PRO E372/187, m. 48 (Swaffham), E101/23/5; *RF*, ii, 1176.

24 Murimuth, *Chron.*, 121; PRO C76/16, m. 7d.

25 PRO C76/16, m. 10d; *RF*, ii, 1175, 1177; *Cart. Hainault*, i, 152–3.

26 Jones, 'Documents', 72 (recital); PRO C76/16, mm. 8d, 7, 7d, 4, 3, E403/323, m. 17; *RF*, ii, 1177, 1181.

27 PRO E101/22/39, C76/16, mm. 5d, 4, 3.

28 Brittany campaign, Sept.–Nov. 1341: *Chronographia*, ii, 183–95; *Chron. Norm.*, 51–3; Bel, *Chron.*, i, 264–71; *Grandes Chron.*, ix, 220–1. Army: *DCG*, nos 396, XXI, XXII. Instructions: LC, no. 143. Other references below.

29 Dates: BN Fr.n.a. 7413, fols 417, 419; JT, no. 4723.

30 Date: cf. *DCG*, no. XXII.

31 Morice, *Preuves*, i, 1426–8; AN J241/43bis.; Murimuth, *Chron.*, 131 (recital in truce of Malestroit). Imprisonment: *Grandes Chron.*, ix, 220–1; *Chron. Norm.*, 53.

32 *Grandes Chron.*, ix, 21; Bel *Chron.*, i, 270; *Chron. Norm.*, 53; Morice, *Preuves*, i, 1429–30; AN J241/42 (pardons).

33 Morice, *Preuves*, i, 1428, 1429–30, 1431; AN J241/42.

34 Bel, *Chron.*, i, 271–2; *Chronographia*, ii, 195.

35 Jones, 'Documents', 72–4; PRO C76/17, mm. 47, 47d, 44, E101/22/39, C62/119, m. 10;

RF, ii, 1187, 1189; *CFR 1337–47*, 270. Tournament, council: Murimuth, *Chron.*, 123–4.

36 AN J241/41, 43, 43bis.; Morice, *Preuves*, i, 1430, 1431.

37 CCR 1341–3, 536, 545–6; CPR 1340–3, 451, 454.

38 PRO E101/22/39, C76/17, mm. 43, 44; CCR 1341–3, 504, 505.

39 PRO C76/17, m. 43, E101/22/39.

40 *RF*, ii, 1190, 1191; PRO E36/204, p. 161. French summons: *Cordey, 298.

41 PRO C76/17, m. 44d.

42 Genoese: ANJJ74/685; *Chronographia*, ii, 196–7; Bel, *Chron.*, i, 307, 311, 323. Spaniards: *Cart. Rays*, i, pp. xxv–xxvi; *Chronographia*, ii 196–7; Bel, *Chron.*, i, 307, 311, 321, 323, 327.

43 Bel, *Chron.*, i, 306–7; *Chron. Norm.*, 50–1.

44 Murimuth, *Chron.*, 125; Knighton, *Chron.*, ii, 23–4; Morice, *Preuves*, i, 7; *Grandes Chron.*, ix, 221–2. Dates, numbers: PRO E36/204, p. 210; Hervé's capture known in Paris by 2 June: *KOF, iii, 524–6. Vannes: *Denifle, 21n.

45 Tournament: Murimuth, *Chron.*, 124. Conference: PRO E36/204, p. 161; *RF*, ii, 1196; Muisit, *Chron.*, 137. Orders: *RF*, ii, 1195; PRO C76/17, m. 40.

46 *Grandes Chron.*, ix, 222–3; Bel, *Chron.*, i, 307–15, 319–20 (partly fictional); Charles was still at Hennebont on 13 June, Maitre, 'Repertoire', 247.

47 Murimuth, *Chron.*, 125; Knighton, *Chron.*, ii, 24; PRO E36/204, p. 210.

48 *Vitae Paparum*, i, 263; Lescot, *Chron.*, 57.

49 Clément VI, *L. Cl. (France)*, nos 94–6; PRO E403/326, m. 15; Murimuth, *Chron.*, 125–6; Lescot, *Chron.*, 58; *Grandes Chron.*, ix, 226–7.

50 Clément VI, *L. Cl. (France)*, no. 157, *Lettres*, no. 567; *Cart. Hainault*, i, 180–2; Muisit, *Chron.*, 138; Lescot, *Chron.*, 58; *Grandes Chron.*, ix, 226–7.

51 BN Fr. 25996, no. 189.

52 Agenais: AN JJ68/234, JJ77/5; BN Fr. 7877, fols 219–219vo, 232; BN Clairambault 70/5479, 5744; *HGL, x, 916–7. Ste-Bazeille: PRO C61/54, m. 22d; BN PO 2215 (Paule, 3); BN Clairambault: 26/1877, 35/2615, 54/4085, 56/4251, 69/5401, 70/5479, 103/177, 113/25, 114/119. Numbers: Contamine (2), 69.

53 Army: BN Fr.n.a. 7413, fols 453vo–456vo; BN PO 750 (du Chillot, 2). Covering force: BN Fr.n.a. 20025, fols 140–3; *Chronographia*, ii, 200. Ships: DCG, no. XXVII (571, 599, 653). Blockade: *RF*, ii, 1210; CPR 1340–3, 562, 575, 579.

54 Bel, *Chron.*, i, 322–5; Murimuth, *Chron.*, 126; DCG, no. XXVII (653).

55 兵力: E36/204, pp. 211–40, 此数目并不包括阿图瓦的罗贝尔麾下的兵员，而船只数量也不包括8月时一同航行但后来逃走的那些船。增援: PRO E372/190, m. 41（Watenhull）。威廉·博恩（Bohun）: *RF*, ii, 1206。

56 PRO E403/326, mm. 15, 16, 17, 29, C61/54, m. 5, E36/204, p. 211; CCR 1341–3, 562–3, 571, 653; CCR 1343–6, 209–10; CPR 1340–3, 567–8, 591.

57 PRO E372/187, m. 48 (Baddeby), C76/17, mm. 35d, 32, 31, E204/36, p. 211; Murimuth, *Chron.*, 125.

58 Portsmouth: *RF*, ii, 1210; CPR 1340–3, 562, 575, 579. Brest: Murimuth, *Chron.*, 126–7. Charles went to Guingamp: DCG, no. XXVI. Louis' retreat: see below.

59 PRO C76/17, m. 33; Déprez (2), 63–4. Numbers: CCR 1341–3, 564; PRO E36/204, pp. 211–20.

60 Murimuth, *Chron.*, 127; CPR 1343–5, 33 (wrong date, see PRO C81/287/15131). Morlaix topography: AHVF *Morlaix*; Leguay, 174–5, 252.

61 PRO C76/17, mm. 30, 28, 22, 19, 17, 16, 16d, 15, 14, E36/204, pp. 211–20, E403/327, m. 17; CCR 1341–3, 597–8, 621–5, 628–31, 651–2, 646, 686–90; CCR 1343–6, 70; Murimuth, *Chron.*, 227.

62 *Chronographia*, ii, 199–200; Murimuth, *Chron.*, 127–8; RSG, ii, 152–3, 204, 207, 254; Kervyn, iii, 275. Troop movements: BN Fr.n.a. 7413, fols 456vo–458vo; BN Clairambault 7/369, 10/617, 41/3109, 44/3249, 76/5937.

63 Knighton, *Chron.*, ii, 25–6; Murimith, *Chron.*, 127, 128–9; Baker, *Chron.*, 76; *Doc. Monaco*, 315–6; *CPR 1343–5*, 130.

64 AN JJ74/53, 118; *Confessions*, 169; *Bertrandy, 280n; *AHP*, iv, 424.

65 PRO E101/167/3, mm. 8, 9, 15, 16, 18; BN Clairambault 6/275, 326, 7/323, 27/2017. French numbers: Contamine (2), 69.

66 Brittany campaign, Oct. 1342–Jan. 1343: (a) itineraries, Edward's reconstructed from PRO E36/204, pp. 65–84 and *Lescot, *Chron.*, 207–8, and 'Itin Philippe VI'; (b) Edward's letter to his son in Avesbury, *G. Edwardi*, 340–4; (c) English chroniclers, Murimuth, *Chron.*, 127–35, Knighton, *Chron.*, 26–7, *French Chron. London*, 91–2; (d) accounts of French spy Jobelin in *Lescot, *Chron.*, 228–30; (e) French chroniclers (unreliable in detail), *Chronographia*, ii, 196–204, *Chron. Norm.*, 54–9, Venette, *Chron.*, ii, 192, Lescot, *Chron.*, 58–9, *Grandes Chron.*, ix, 227–30, Bel, *Chron.*, ii, 10–21; (f) other references below. Mutinies of English fleet: CCR 1343–6, 128–33; PRO E372/192, m. 29 (Montgomery).

67 Death of R. of Artois: cf. *RF*, ii, 1215; Déprez (2), 65–6.

68 Artillery: cf. PRO E36/204, pp. 164, 220; *RF*, ii, 1213, 1215.

69 Protection money: PRO E36/204, p. 34.

70 PRO E36/204, p. 211, C76/17, mm. 20, 19, 18d, 17, 16, 15, 14d; *RF*, ii, 1213. Gloucester, Pembroke: E101/23/22, E372/190, m. 41 (Watenhull); *CPR 1343–5*, 494; *CIM*, ii, 489. Dec. plans: *RF*, ii, 1216, 1218; PRO C76/17, mm. 15d, 13, 13d, 12, 11, 11d.

71 AN K43/23; BN PO 1757 (Toubert, 8); BN Fr.n.a. 7413, fol. 466.

72 Murimuth, *Chron.*, 129–35; Avesbury, *G. Edwardi*, 343; Lescot, *Chron.*, 59, *230; *Grandes Chron.*, ix, 230; AN J636/18, 18bis (custody of Vannes).

73 Miret y Sans, 'Lettres closes', no. 11; *RP*, ii, 136(8).

74 Gray, *Scalacronica*, 299; Fordun, *Chron.*, i, 365; *Cal. doc. Scot.*, iii, no. 1383.

75 PRO E36/204, pp. 82–4; *RF*, ii, 1220.

76 Murimuth, *Chron.*, 135; PRO E372/203, m. 41 (Fraunkes, Haukesden); Borderie, iii, 488–91.

77 Hardeshull: *Bel, *Chron.*, ii, 334; CCR 1343–5, 131. Victuals: *RF*, iii, 3. Drafts: PRO C76/18, m. 4, C76/19, m. 23, E101/24/10. Galleys: PRO C76/19, m. 20. Brest: *RF*, ii, 1240; PRO C76/27, m. 13; Jones (1), 144–5.

78 Coupegorge: CCR 1337–9, 393; CCR 1339–41, 334; *CPR 1338–40*, 30; *CPR 1340–3*, 147, 162; *CPR 1343–5*, 351; PRO C76/19, m. 23. Brefs: *RF*, ii, 1241; PRO C61/56, mm. 7, 5d. Impositions: *RF*, ii, 1242; *KOF*, xviii, 342. Coinage: Planiol, iii, 388–9.

79 *KOF*, xviii, 339.

12. 马莱特鲁瓦休战，1343~1345年

1 Moranvillé, 'Rapports', 388; AN JJ75/135, 141, JJ76/338; *AP 1328–50*, no. 4176.

2 Avesbury, *G. Edwardi*, 140; *Confessions*, 151–2, 153–4; *Chronographia*, ii, 205–6. On Retz and Machecoul: A. Guillotin de Corson, 'Les grandes seigneuries de Haute Bretagne', *Bull. Soc. Arch. Nantes*, xxxvii, 201, 208–9; Touchard, 10–13. La Rochelle: AN X2a/5, fols 4vo, 7. Wife: *Chron. Norm.*, 61; AN X2a/4, fols 107vo, 113vo.

3 *Grandes Chron.*, ix, 236–7; Lescot, *Chron.*, 60, *230; *Delisle, 87–8, 95–106, 109–12; *AP 1328–50*, nos 4871–2; *Actes Normands*, 288; BN Fr.n.a. 7413, fol. 468; other references below.

4 *Confessions*, 151–2, 153–4; *Grandes Chron.*, ix, 242.

5 *Chronographia*, ii, 202–3, 208; *Grandes Chron.*, ix, 247–8; *Confessions*, 154–5.

6 *Grandes Chron.*, ix, 248. Seal: Bautier, 328. Council: Cazelles (1), 120–4. Queen: Froissart, *Chron.*, iii, 249.

7 Henneman, 152, 223; *Doc. Par.*, ii, 27; Cazelles (1), 394–8.

8 Daumet (2), 41 (Louis); *Chron. Norm.*, 220 (Eu).

9 Geoffroy de Paris, *Chron. Métrique*, ed. A. Diverres (1956), 208.
10 *JT*, nos 5399, 5650, 5942; *Cart. de . . . Bricquebec*, ed C. Breard (1908), 289–95; AN JJ66/837, J211/24. Taissons: Moranvillé, 'Rapports', 388.
11 Coville (1), 43–54, 58; Bois, 198–9, 218–20; *Chron. Quatre Valois*, 8–9.
12 AN P2291, pp. 599, 791, 793; Henneman, 167–9; Cazelles (1), 163.
13 *HGL, x, 933; Coville (1), 58; Cazelles (1), 165–6; Henneman, 171–6.
14 *Ordonnances*, ii, 191; *Grandes Chron.*, ix, 245; BN Fr. 2598, fol. 53. Sales taxes: Henneman, 177–9.
15 AN P2291, pp. 585–8.
16 Hansa: E. Fryde (3), 2–3. Crown: *CCR 1343–6*, 292, 373–4; *Ancient Calendars and Inventories of the Exchequer*, ed. F. Palgrave, i (1836), 156. Breton campaign: Tout (1), iv, 111; PRO E403/327, 328, 331, 332, *passim*.
17 BN PO 1675 (de Laye, 4); *LC*, no. 165.
18 Baker, *Chron.*, 73; *RF*, ii, 1222.
19 *RF*, ii, 1145, 1183; PRO C49/7/15; Murimuth, *Chron.*, 121–2.
20 1342: PRO E403/326, mm. 15, 16, 17, 29, C61/54, m. 5; *RF*, ii 1204. 1343: *RF*, ii, 1222, 1229; PRO E101/167/3, mm. 8, 10; *CCR 1343–6*, 128; GEC, vii, 60.
21 Albret: *CPR 1340–3*, 255, 263; PRO E101/507/22. June 1344; *CCR 1343–6*, 389. Special grants: *CCR 1341–3*, 455, 562–3; *CCR 1343–6*, 128; PRO C61/54, m. 23.
22 *RF*, ii, 1229, 1236; PRO E403/331, m. 6 (Hugh).
23 PRO SC8/293/14603, 14613, C61/55, mm. 8, 7; *RF*, ii, 1235.
24 Caumont: AN JJ74/750; *AHG*, iv, 108–9. Bayonnais: *RF*, ii, 1149, 1180, iii, 23; *CCR 1341–3*, 548–9; PRO C61/53, m. 12, C61/56, m. 7d, E101/167/3, m. 1. Escort: *RF*, iii, 8.
25 Henneman, 167–77; *HGL*, ix, 546n.
26 Private war: AN JJ78/45 (Albigeois); *Ordonnances*, ii, 61–3. Routiers: *Ménard, ii, 126–8; *HGL*, ix, 546n. Agen, Condom: 'Chartes d'Agen', 113; *Ordonnances*, iii, 234–6.
27 St-Astier: BN Fr.n.a. 9237, pp. 752, 759. Montencès: *Inventaire AC Périgueux*, 78–9; *Maj. Chron. Lemovicensis, Rec. Hist. Fr.*, xxi, 788; AN JJ75/346. Mussidan: PRO C61/54, m. 29. Périgueux: AN JJ74/257.
28 *Confessions*, 164–72.
29 *AHP*, iv, 413–24, esp. 422, 424.
30 'Guyenne!': AN X2a/5, fols 204vo–205. Toulousain: *RF*, ii, 1101; Johnson, 'An Act'. Belcayre: *Inventaire AD Aveyron (Ser. G)*, 189. Mende: BN Fr.n.a. 9237, p. 759.
31 *HGL, x, 988–97. Bourg: BN Fr.n.a. 9237, pp. 678–97; PRO C61/54, mm. 23, 21, 16. Ste-Bazeille: PRO C61/54, m. 22d.
32 *Confessions*, 170.
33 'Chartes d'Agen', 139–45; Viard (3), 362n; Cazelles (1), 195–6; *HGL*, ix, 563–4, 566–7, 571–3.
34 *RF*, ii, 1224; Murimuth, *Chron.*, 148; Jean du Tillet, *Recueil des guerres et des traitez* (1618), 235; *Grandes Chron.*, ix, 243; AN JJ76/248 (sureties).
35 Vannes: *RF*, ii, 1242, iii, 54; Clément VI, *L. Cl. (France)*, no. 2726 (col. 219). Redon: *RF*, ii, 1242 (it had been in French hands in Jan. 1343: 'Itin. Phillipe VI', 551). Ambush: *Chronographia*, ii, 206–7; *Istore de Flandre*, ii, 10; *Chron. Norm.*, 61; *Grandes Chron.*, ix, 245–7; BN Clairambault 68/41 (place).
36 *RF*, ii, 1242, iii, 1; PRO C76/19, mm. 23, 22, E403/331, mm. 29, 30, 36, E101/24/10.
37 *KOF*, xviii, 204–5.
38 *RF*, iii, 54; Knighton, *Chron.*, ii, 29; *Chronographia*, ii, 208–9; *Mon. procès de canonisation*; Morice, *Preuves*, i, 7–8; *Chron. Norm.*, 62; BN Fr. 2598, fols 53, 53vo; *Confessions*, 154–5, 156.
39 *RF*, iii, 11, 15, 16, 17; PRO C76/19, mm. 16, 5, SC1/56/8; Murimuth, *Chron.*, 158, 159–60.
40 PRO C76/19, mm. 15, 2d, E403/332, mm. 24, 25. Vannes: PRO E403/332, mm. 25, 27;

*KOF, xviii, 238. Submissions. AN JJ75/148–61, 235–6.

41 Morice, *Preuves*, i, 1442–7, 1452, 1457; BN Fr. 2598, fol. 53vo; Murimuth, *Chron.*, 164, 243; AN JJ68/219, JJ75/421, 471, JJ76/248, 260, JJ77/4.

42 Murimuth, *Chron.*, 136–8, 143, 148–9; *RF*, iii, 54; PRO E101/312/3,7.

43 Clément VI, *L. Cl. (France)*, nos 593–4, 743.

44 Derby embassy: PRO C70/20, m. 2; Clément VI, *L. Cl. (France)*, nos 864, 899, 1155–8; *RF*, iii, 54; *Grandes Chron.*, ix, 248–9; JT, no. 165; Murimuth, *Chron.*, 158–9. Bateman embassy: *RF*, iii, 18–19; Clément VI, *L. Cl. (France)*, no. 1039. French: *KOF, xviii, 226.

45 Miret y Sans, 'Lettres closes', 68. Bias: Clément VI, *L. Cl. (France)*, no. 743; *KOF, xviii, 203; *RF*, iii, 54. Marriage: *RF*, ii, 1140, iii, 32, 35; Clément VI, *L. Cl. (France)*, nos 1308, 1327, 1701; cf. similar assurances by Benedict XII in 1339, Benedict XII, *Reg. (France)*, no. 624.

46 Murimuth, *Chron.*, 138–40, 142–3, 149, 175, 229–30; *RP*, ii, 141, 143–5, 162; *RF*, ii, 1232, 1233–4; *KOF, xviii, 204, 206–7, 229–33.

47 Conference, diary of proceedings: *KOF, xviii, 202–72.

48 J. Stevenson, *Letters and Papers Illustrative of the Wars of the English in France during the Reign of Henry VI*, ii (1864), 577.

49 Murimuth, *Chron.*, 159–60; *KOF, xviii, 229, 230; PRO C70/20, m. 2; *RF*, iii, 25.

50 *RF*, iii, 32; Clément VI, *L. Cl. (France)*, nos 1574, 1590, 1591; Murimuth, *Chron.*, 163.

51 Knighton, *Chron.*, ii, 2–3; *RF*, ii, 982; CFR 1337–47, 26, 27, 28–36, 37–8, 144, 175–7, 191, 206, 207, 222, 235; on the change of policy, *ibid.*, 254, 258, 259, 261, 267, 268, 269, 271–5; CCR 1343–6, 48–9. Cf. *Actes Normands*, 344–5 (Dives); AN JJ74/74 (Eu).

52 Confiscations: *Lit. Cant.*, ii, 271; *CIM*, ii, no. 1763; AN JJ68/46, JJ72/7, 296; *AP 1328–50*, no. 5504. Expatriates: *Chron. anon. Par.*, 175; *Arch. St.-Quentin*, ii, 122; *Doc. Par.*, ii, 107.

53 *AP 1328–50*, nos 2653, 4192, 4671; AN X2a/4, fols 119vo, 121; AN JJ72/285, JJ74/122, 454, JJ78/252; A. Thierry, *Recueil des monuments inédits de l'histoire de tiers état*, i (1850), 475.

54 CCR 1343–6, 82, 207, 267–8, 410–1, 428–9; CPR 1345–8, 30, 97. Calais: *Inventaire AD P.-de-Calais*, ii, 26, 29. Ships: *RF*, ii, 1138; PRO C76/18, m. 13; CPR 1343–5, 92. Timber: *RF*, ii, 1223. Horses: *RF*, iii, 30.

55 Bautier, 'Inventaires', no. 202; *Chron. anon. Par.*, 176; *Arch. St.-Quentin*, ii, 122. Somme: *Chron. mon. Melsa*, iii, 57.

56 *RF*, ii, 1061, 1190, 1213; CCR 1339–41, 458; CCR 1343–6, 158; *RP*, ii, 161(27).

57 *Doc. Amiens*, i, 441–3; *CIM*, ii, no. 1990.

58 AN X1a 31, fols 155–6; AN JJ78/60, 67.

59 France: *Doc. Par.*, ii, 106–7; AN JJ68/353, JJ74/577, JJ78/85, 149. England: CCR 1337–9, 94, 167, 169; CCR 1343–6, 511; CPR 1334–8, 488; *RF*, ii, 989; CPR 1340–3, 312; *CIM*, ii, no. 1763; 'Ancient Petitions' . . . *ayant trait aux Iles de la Manche*, 66. Cusance: CCR 1337–9, 165; CPR 1345–8, 89; *Doc. Par.*, ii, 34–5.

60 Salisbury: Gransden. Language: *RP*, ii, 147; *RF*, iii, 67, 72. Turks: *RBP*, i, 5. Invasion plans: Murimuth, *Chron.*, 211–12; *RP*, ii, 158. Preaching: *RF*, iii, 72, 81.

61 CPR 1343–5, 293–4, 513; CPR 1345–8, 112–13.

62 Eling: *Nonarum inquisitiones in curia scaccarii* (1807), 126. Yarmouth: CPR 1345–8, 213, 397; *CIM*, iii, no. 14. Chichester: CPR 1340–3, 587.

63 *RDP*, v, 43–4.

64 Davies, 80–4; Evans, 46–70, 75–7, *102–5; Willard and Morris, i, 342–3; *RBP*, i, 13, 14–15, 49–50, 55–6, 68, 80; *RF*, ii, 1216–17; *Cal. A. C. Wales*, no. XLII: 118.

65 *Cal. A. C. Wales*, nos LIV: 53, 102.

66 Lancaster: *RF*, iii, 5. Tournaments: *ibid.*; Murimuth, *Chron.*, 123, 146, 155–6, 231–2; J. Vale, 172–4.

67 CCR 1343–6, 190, 217; *RP*, ii, 136–8, 140, 147–8; Murimuth, *Chron.*, 156.

68 PRO C76/20, mm. 35, 32, 31, 30, 29, 27, 23, 22, 21, 13.
69 Montfort: Murimuth, *Chron.*, 243. Harcourt: PRO C76/20, m. 16; *RF*, iii, 44. Others: *RF*, iii, 35, 44. Third army: *RF*, iii, 36, 37, 38–9, 42; PRO E101/25/6, m. 1 (Harcourt).
70 *RF*, iii, 44, 45, 53–5; Murimuth, *Chron.*, 165–8. Armies: *RF*, iii, 44, 50; PRO E101/25/6, m. 1, E101/25/7, E101/25/9, mm. 4, 5; Murimuth, *Chron.*, 164, 168, 169–70.

13. 贝尔热拉克和欧贝罗什, 1345~1346年

1 *Chron.*, iii, 44.
2 Fowler, 222–4, *230–2; *RF*, iii, 32, 34–5, 37–8.
3 *HGL*, ix, 572.
4 Henneman, 181–4, 187–8.
5 Arras army: AN P2291, pp. 833, 841–3 (postponed in June to 8 Aug., *Grandes Chron.*, ix, 254); BN Fr. 25998/437. Spain, Portugal: *HGL*, x, 971; *Arch. admin. Reims*, ii, 949–51; Daumet (1), 10–17, *132–47. La Rochelle: *LE*, no. 240. Ships: *DCG*, nos 421, XXXII (21, 22); Roncière, i, 472, 474. Saintonge: BN Clairambault 5/229, 21/1501, 1675, 46/3419, 65/5023, 76/5937, 5981, 87/6889, 6895. Agenais, Languedoc: *HGL*, ix, 572, 580; Dupont-Ferrier, iii, no. 13671. Funds: *Bertrandy, 23n; *HGL*, ix, 572–3, 573n, *x, 969–72.
6 PRO E372/191, m. 54 (Lancaster); *RF*, iii, 58.
7 *Bertrandy, 24n; *Jurades d'Agen*, 21; AN JJ78/60 (Monbreton); *HGL*, ix, 580; BN Clairambault 212/9435.
8 Blaye: *Chronographia*, ii, 214. Langon: *Chron. Bazas*, 43. Périgord: AN JJ68/187, 199, 428, JJ78/148; AD Pyr.-Atl. E608; *Bertrandy, 50n.
9 *Chron. Norm.*, 66; *HGL*, x, 973; *Bertrandy, 32n; *Chron. Bazas*, 43. Bishop: BN Clairambault 5/229; *JT*, nos 910, 2751.
10 *RF*, iii, 44; Morice, *Preuves*, i, 8; PRO E101/25/6 (Ferrers).
11 PRO E372/191, m. 54 (Lancaster). Defence: *JT*, no. 185; *LE*, nos 244, 247; BN Clairambault 29/2121, 41/3099, 71/5507. 'Itin. Philippe VI'.
12 Lucas, 493–505, 509–11.
13 Lucas, 481–93; Werveke, 87–95.
14 Lucas, 511–7. Edward's visit to Sluys, death of van Artevelde: *RF*, iii, 50, 53, 55–6; Murimuth, *Chron.*, 169–70; *Récits d'un bourgeois*, 198–201; *Chron. Com. Flandrensium*, 216–17; *RSG*, ii, 391–3; *CPR 1374–7*, 508 (Appendix); *Chronographia*, ii, 211–12; *Chron. Norm.*, 63–5; *Istore de Flandre*, ii, 32–3; Villani, *Hist.* XII: 46, col. 926; Lucas, 519–27. Artevelde's family: PRO E403/336, mm. 10, 12, 15, 16, 20–1, 27, 33.
15 *RF*, iii, 55–6; Murimuth, *Chron.*, 170. Bourbon: *Ordonnances*, iii, 160.
16 Bergerac campaign: *Chron. Bazas*, 43–4: *Petit Chron. Guyenne*, 400; *Chronographia*, ii, 214–5; *Chron. Norm.*, 66–7; Murimuth, *Chron.*, 189; Knighton *Chron.*, ii, 118. Topography: *AHVF Bergerac*.
17 *Chron. Bazas*, 43; Knighton, *Chron.*, ii, 32.
18 *HGL*, ix, 579–81; E. Petit (1), viii, 4–5; *Titres Bourbon*, no. 2418; *LE*, nos 248–50, 258–60, 262, 264, and lists of French combatants at Auberoche in *Petit Chron. Guyenne*, 401, and Murimuth, *Chron.*, 190, 249–50.
19 S. Périgord: *Bertrandy, 33n, 36n, 44n; *HGL*, x, 973. March to Périgueux: Villani, *Hist.* XII: 46, col. 927; Knighton, *Chron.*, ii, 32; *Bertrandy, 97n (Maurens), 72n, 75 (St.-Astier); Murimuth, *Chron.*, 251 (St-Front de Pradoux, Sourzac); Avesbury, *G. Edwardi*, 356 (St-Louis, Lisle, Montagrier).
20 Avesbury, *G. Edwardi*, 356; *Rec. titres Périgueux*, 251, 253. Murimuth, *Chron.*, 251 (Biras, Bonneval); AN JJ68/428 (Ans); *Bertrandy, 77n, 105n (St-Privat, St-Raphaël). Topography: Higounet-Nadal, 25–7, 31–9; *AHVF Périgueux*.
21 *HGL*, ix, 581. Auberoche campaign: Bertrandy, 16; Villani, *Hist*, XII: 46, col. 927;

Chron. *Bazas*, 44; *Petit Chron. Guyenne*, 401; Murimuth, *Chron.*, 190, 249–50; Avesbury, *G. Edwardi*, 356–7; Clément VI, *L. Cl. (France)*, nos 2608–10. On occupation of Auberoche by English: *Bertrandy, 105n; AN JJ68/157, JJ80/699.

22 Keen (1), 156–74; Timbal, *Registres*, 305–74; *CPR 1345–8*, 468 (courts). Mauny: PRO E403/270 (Crabbe); *RF*, ii, 1123 (Guy, etc.); Knighton, *Chron.*, ii, 24, and *KOF, iii, 525 (Bretons).

23 Montricoux: *Bertrandy, 51n, 117n; *HGL*, ix, 575–6; Anselme, ii, 195. Nephew: Clément VI, *L. Cl. (France)*, no. 2608. Galard: AN JJ68/79. Derby: Knighton, *Chron.*, ii, 118; Villani, *Hist.* XII:46, col. 927.

24 Villani, *Hist.* XII:46, col. 927; Bertrandy, 265–71; *JT*, nos 2265, 2270, 3187, 3368, 3649, 4311, 4535; E. Petit (1), viii, 5n. Seneschal: *HGL*, x, 973.

25 PRO E101/25/6.

26 BN Fr. 25998/437; *JT*, no. 278.

27 BL Add. Chart, 3323–4; Morice, *Preuves*, i, 8, 113; *Grandes Chron.*, ix, 255–6; Murimuth, *Chron.*, 189.

28 *RDP*, iv, 556–7; Murimuth, *Chron.*, 176–7; PRO C76/21, m.4.

29 *Grandes Chron.*, ix, 260–4. Guningamp: Leguay, 43. Roche-Derrien: Touchard, 324.

30 Murimuth, *Chron.*, 190–2; *Bertrandy, 64n; *Chron. Bazas*, 45.

31 *Avesbury, G. Edwardi*, 356: *Bertrandy, 64n; *Chron. Bazas*, 45.

32 Chron. Bazas, 44; *Chron. Norm.*, 69–70; *Grandes Chron.*, ix, 259; *AHG*, i, 302–3. Bourbon: *Doc. Millau*, 82; BN Col. Doat 189, fol. 183. Topography; *AHV La Réole*. *Rewards: *Bertrandy, 168n; RF*, iii, 125; PRO C61/57, m. 2, C61/59, mm. 12, 10, 9, 8, 7, 6, SC8/243/12141, 12154–55.

33 PRO E372/191, m. 54 (Pembroke), E372/202, m. 37 (Audley), E101/24/20.

34 Angoulême (not an error for Agen or Aiguillon): *Chron. Norm.*, 70–1; *Bel, Chron.*, ii, 43–4, 50–4. Toulouse: AD Hérault A1/12, 16, 17, 19, 20; Bertrandy, 298–9. Limoges: *Bertrandy, 223n; *LE*, no. 296. Rouergue: Débat, 'Trois lettres', 73–6.

35 Froissart, *Chron.*, iii, 77, 303. Ste-Foy; *Chron. Norm.*, 67. Bazas: *JT*, no. 1366; *Chron. Bazas*, 43. Langon: Knighton, *Chron.*, ii, 32. Ste-Bazeille: Bel, *Chron.*, ii, 40. Other conquests: Murimuth, *Chron.*, 251.

36 *Doc. Durfort*, pp. xxvii–xxx, nos 918–19, 931, 947, 949–54.

37 Anarchy: *Jurades d'Agen*, 31. Tonneins, Damazan, Villefranche de Queyran: *Chron. Norm.*, 69; Bel, *Chron.*, ii, 43. Castelsagrat, Beauville, Balamont, Montclar, Montagnac: *Jurades d'Agen*, 60. Miramont, St-Sardos, Pressas: Murimuth, *Chron.*, 251. Villeneuve: Muisit, Chron., 151. Montpezat: *Bertrandy, 227n; *Chronographia*, ii, 217; *Chron. Norm.*, 68; Bel. *chron., ii, 42*. Castelmoron: *Jurades d'Agen*, 98. Moissac: *Doc. Durfort*, no. 929. Port Ste-Marie: *Bertrandy, 317n.

38 *Jurades d'Agen*, 32–8, 40–7, 53–4, 60, 68–9, 72, 79–80; 'Chartes d'Agen', 150–1, 153–5; Tholin, 25–8; *AHVF Agen*.

39 *Bertrandy, 295n.

40 Guesnon, 'Documents', 233–6; *Arch. admin. Reims*, ii, 977, 1019; *Grandes Chron.*, ix, 265; *Ordonnances*, ii, 238–41; *H. Hervieu, *Recherches sut les premiers États-Généreaux* (1879), 244–5; AN P2291, pp. 55–8; Henneman, 191–202.

41 *HGL*, x, 976–80, 984–7.

42 Aragon: *LC*, no. 175. Ships, bowmen: *DCG*, XXII (34, 81, 84–791, 1016–17, 1022, 1041–2); *Doc. Monaco*, i, 330–1; AN P2291, pp 553–7; Roncière, i, 474–6; *JT*, nos 2198, 4874.

43 Compositions, forced loans: Henneman, 189, 206–7. Queen: AN J357/14bis; *JT*, no. 268. John: BN Chairambault 67/5245. Pope: Clément VL, *L. Cl. (France)*, nos 1852, 2180; *Bertrandy, 292n, 293n, 294n; *HGL*, x, 1019–20; 'Inventarium instrumentorum', 71–2, 76; *Faucon, 572–4.

44 *HGL*, x, 980–2.

45 BN Fr. 32510, fol. 185–7; *LE*, nos 272–428; E. Petit (1), viii, 6–7; *Jurades d'Agen*, 60; *HGL*, ix, 583, 585n, 586–8; Anselme, vi, 701–2; *JT*, no. 380; Bertrandy, 309–10; *DCG*, no. XXXII (1016). Siege train: *HGL*, ix, 583; Lacabane, 43. *Arrière-ban*: AD Hérault A4/178.

46 Siege of Aiguillon, to June: *Chron. Norm.*, 71–3; *Chronographia*, ii, 220–1; *Istore de Flandre*, ii, 35–7; Villani, *Hist.*, XII: 46, col. 928; Bel, *Chron.*, ii, 49–50, 56–64; Knighton, *Chron.*, ii, 40; Murimuth, *Chron.*, 249; Baker, *Chron.*, 78. Other references below.

47 AD Hérault A4/178.

48 Keen (1), 131–3.

49 Lancaster: Fowler, 264. Reinforcements: PRO E101/25/9; *RF*, iii, 77.

50 Topography: Gardelles, 83–4; *Rôles Gascons 1307–17*, no. 1709; *Bertrandy, 365n; Knighton, *Chron.*, ii, 41; Bel, *Chron.*, ii, 62.

51 Chain: *Jurades d'Agen*, 70.

52 Ransom: Bertrandy, 326–7.

14. 艾吉永与克雷西, 1346年

1 *RDP*, iv, 556–7; 'Compte de P. de Ham', 244–5 (Flemings); PRO E403/336, m. 40 (Bretons).

2 *CCR 1346–9*, 46–7, 72–4, 186–7; *CFR 1337–47*, 463–5; E. Fryde (3), 3–8, 11–16.

3 *CPR 1343–5*, 414–16, 427–8; PRO C76/22, mm. 2, 13, 16, 34d; *RF*, iii, 77–8; *RP*, ii, 160; *CPR 1345–8*, 112–13; Murimuth, *Chron.*, 192–3, 198.

4 Hewitt, 54–8, 64–6, 68–9; *CCR 1346–9*, 44; *CPR 1345–8*, 113; *CFR 1337–47*, 486; Murimuth, *Chron.*, 245; Knighton, *Chron.*, ii, 32.

5 *RF*, iii, 67, 72.

6 *RF*, iii, 71, 78; PRO C76/22, m. 6.

7 *RF*, iii, 67–8; PRO C76/22, mm. 3, 3d, 16; *Cal. A. C. Wales*, nos LIV:53, 93.

8 Border: *RS*, i, 680–1; *Baldwin, 483–4. Coast: *RF*, iii, 72, 77, 81; PRO C76/22, mm. 10, 12.

9 Aliens: *CIM*, ii, nos 1946, 1990; *RP*, ii, 161(27). Spies: 'Compte de P. de Ham', 244–5, 246–7; *Bel, *Chron.*, ii, 338.

10 Northampton: Prince (1), 370–1. Gascony: *Fowler, 232; Murimuth, *Chron.*, 200.

11 *Jones (2), 637.

12 Crossbowmen: *Acta bellicosa*, 159. Piles: *Chron. anon. Cant.*, 187. Merchant ships: *DCG*, no. XXXII(76); *JT*, no. 1959; Avesbury, *G. Edwardi*, 358, 359–60; Roncière, i, 475–6. Galleys: AN P2291, pp. 553–6; *DCG*, nos 427, XXXII (84–758); *Lecoy, ii, 354.

13 *Grandes Chron.*, ix, 265–9; Lescot, *Chron.*, 69–70.

14 Galbraith, 'Hist. aurea', 213–14; *Jones (2), 637–9.

15 Bertrandy, 329–30, 332–3, *334n, *341n; Knighton, *Chron.*, ii, 40–1; *HGL*, x, 1002; Bel, *Chron.*, ii, 62–4.

16 Murimuth, *Chron.*, 198; PRO C76/22, mm. 10d, 17, 18; *RF*, iii, 78.

17 Baker, *Chron.*, 79; Froissart, *Chron.*, iii, 131（据Berners, i, 277所载翻译）; 这一决定可能与派遣黑斯廷斯前往佛兰德的决定同时作出, 见下文。此前在诺曼底的利益: *KOF*, xviii, 38; *CPR 1338–40*, 454。

18 *RF*, iii, 83, 86; PRO C76/22, m. 25, C76/23, m. 23, E372/191, m. 49 (Wendyngburgh); 'Compte de P. de Ham', 247; Knighton, *Chron.*, ii, 34–5. Mautravers: *RF*, iii, 56; *KOF, xxii, 189. Flemish deliberations: *RSG*, ii, 492; Muisit, *Chron.*, 151; Lucas, 547–8.

19 *Bel, *Chron.*, ii, 337–8; *RF*, iii, 85; Murimuth, *Chron.*, 201; Baker, *Chron.*, 79; Villani, *Hist.* XII:62, col. 944.

20 BN Fr.n.a. 7413, fols 472–5; *DCG*, nos 431–2, XXXII(1016); *Acta bellicosa*, 159.

21 *RP*, ii, 147; *RS*, i, 664–7; *CIM*, ii, no. 2051; *Chron. Lanercost*, 341; Walsingham, *Ypod. Neustr.*, 285; Murimuth, *Chron.*, 189; *Anonimalle Chron.*, 19.

22 Text in Hemingburgh, *Chron.*, ii, 420–2.

23 Noyal, 'Fragments', 253; AN JJ75/425; Muisit, *Chron.*, 171; *Grandes Chron.*, ix, 269–70.

24 *Bel, *Chron.*, ii, 337–8; *RF*, iii, 85; *Acta bellicosa*, 157–8; Murimuth, *Chron.*, 198–9, 200; Avesbury, *G. Edwardi*, 360. Genoese: DCG, no. XXXII(105).

克雷西战役，1346年7~9月：（a）*Acta bellicosa*，一份截至8月20日的详细目击记录；（b）爱德华三世所写的两封信（1. PRO C81/314/17803，御前会议摘选、编辑，参见*Chron. Lanercost*，342–3，*KOF*，xviii，285–7，*RF*，iii，89–90；2. *Chandos Herald，The Black Prince*, ed. H. A. Coxe，1842，351–5），以及来自军人及其家属的书信，如Thomas Bradwardine，Michael Northburgh和Richard Wynkeley（Murimuth，*Chron.*，200–4，212–17，Avesbury，*G. Edwardi*，358–63，367–72）；（c）爱德华的路线见*Baker, Chron.*，252–7；（d）英格兰编年史，Baker, *Chron.*，79–86，*Chron. anon. Cant.*，187–92，Knighton，*Chron.*，ii，32–9，*Eulogium hist.*，iii，206–11，*Chron. Lanercost*，341–4，*Anonimalle Chron.*，*Vie*，51–9，*Chron. mon. Melsa*，iii，55–60；（e）法兰西编年史作家，*Chron. Norm.*，75–83，*Chronographia*，ii，223–35，*Istore de Flandre*，i，23–6，39–46（对战前准备工作很有价值），Lescot，*Chron.*，71–5，Venette，*Chron.*，196–203，*Grandes Chron.*，ix，270–85（重要）；（f）"中立的"编年史作家，Bel，*Chron.*，ii，70–110（一份主要基于埃诺的让记述此战的重要欧陆记录），Muisit，*Chron.*，151–66（简明，非常准确），*Récits d'un bourgeois*，214–36，Villani，*Hist.* XII：62–7，cols 944–52（可能并非基于热那亚人的记载，而是根据来自伦敦和布鲁日的佛罗伦萨人的消息，而他们又依靠来自英格兰军队的消息）；（g）'Itin. Philippe VI'。其余参考资料见后文。

25 *JT*, nos 1959, 2583.

26 *RF*, iii, 89; *Acta bellicosa*, 160. Courts: cf. in an earlier period, *Cal. doc. Scot.*, ii, no. 822; Guisborough, *Chron.*, 246.

27 Denifle, 36; *JT*, nos 1963, 3736.

28 BN Fr.n.a. 7413, fol. 472, Fr. 20363, fol. 175; *JT*, no. 1539.

29 Hastings: PRO E372/191, m. 49 (Wendyngburgh); 'Compte de P. de Ham', 247.

30 Text in Hemingburgh, *Chron.*, ii, 422–3.

31 *RS*, i, 672–3; *Baldwin, 483–4; *Chron. Lanercost*, 341; *Anonimalle Chron.*, 19; Knighton, *Chron.*, ii, 32–3; Raine, *N. Reg.*, 387–9.

32 Norman knights (Roland de Verdon, Nicholas de Grouchy): PRO E403/336, mm. 21, 26, 30, E403/339, m. 46, E403/340, m. 7; Cazelles (1), 152.

33 Desertions: PRO C76/23, m. 21.

34 Topography of Caen: Prentout, 20–5; AN JJ68/220; Denifle, 37n.

35 *Chron.*, iii, 147.

36 Holland's Baltic crusade (Bel, *Chron.*, ii, 82) is confirmed by *Cal. Pap. R. Letters*, iii, 252.

37 AN JJ68, fol. 439 (struck out).

38 Reinforcements, supplies: PRO C76/23, mm. 22, 22d, 21, 20, 19; *RF*, iii, 87. Le Crotoy: PRO C81/314/17803.

39 Eu: *RF*, iii, 126; Avesbury, *G. Edwardi*, 414. Tancarville: *Accounts Chamberlains of Chester*, 126; *RBP*, i, 28, 33, 45, 48, 60, 62, iv, 14; AN JJ77/216, JJ79A/32; *JT*, nos 1018, 1245, 2640, 2651, 2935.

40 *RP*, ii, 158–9; Murimuth, *Chron.*, 211–12.

41 Cardinals: Clément VI, *L.Cl. (France)*, nos 2726, 2760; *RF*, iii, 88.

42 'Compte de P. de Ham', 248; *Inventaire AD P.-de-Calais*, i, 115; PRO E372/191, m. 49 (Wendyngburgh); Muisit, *Chron.*, 151–2; Knighton, *Chron.*, ii, 34–5; *Chron. Com. Flandrensium*, 219.

43 Bel, *Chron.*, ii, 63–4.

44 'Chartes d'Agen', 152; *Jurades d'Agen*, 71, 73, 75–6, 88–9, 90–3; *JT*, no. 4358.
45 *Arrière-ban: Arch. admin. Reims*, ii, 1124. Genoese: cf. *DCG*, XXXII(106).
46 Pont-l'Évêque: AN JJ79A/14.
47 Call for authority: Oxford, MS Bodley 462, fol. 28vo.
48 Cf. *Actes Normands*, 347.
49 热那亚人：*DCG*, no. XXXII（611，768）。支出账目表明，在桨帆战舰的船员中仅有5%的人员伤亡；因此，他们不可能在克雷西作战：*DCG*, no. XXXII（84–768）。
50 *KOF*, iv, 496–7.
51 Genoese: *Inventaire AD P.-de-Calais*, i, 115.
52 Avesbury, *G. Edwardi*, 372–3; Knighton, *Chron.*, ii, 40–1; Bel, *Chron.*, ii, 117; Baker, *Chron.*, 78; Murimuth, *Chron.*, 249. John's itinerary after Aiguillon: AN JJ77/313; BN Coll. Doat 189, fol. 263.
53 *CPR 1345–8*, 516–17.
54 Somme army: *JT*, nos 806, 936, 2276, 3206, 3340, 3370, 4433, 4527, 4540.
55 Hangings: Froissart, *Chron.*, iii, 151–2.
56 Gates: cf. AN JJ77/384.
57 *Inventaire AD P.-de-Calais*, i, 115.
58 Townsmen: *Inventaire AD P.-de-Calais*, i, 115; *Ordonnances*, iv, 143–5; Loisne, 'Ordonnances', 708–10.
59 Runners: PRO E372/191, m. 49 (Wendyngburgh).
60 Noyelles: *LE*, no. 467. Crotoy: cf. AN JJ100/151. Reinforcements, supplies: PRO C76/23, mm. 19, 19d, 18, 18d, 14d.
61 因此，贝克（Baker）认为有9支分队（turmae），*Chron.*, 82。
62 Tout (2), 237–9, 254, 258–62. Berwick: Nicholson (1), 121–2.
63 Froissart, *Chron.*, iii, 177.
64 War-cries: Contamine (2), 666 (French); *Récits d'un bourgeois*, 220 (English).
65 Holland: *RBP*, i, 45.
66 *Chron.*, iii, 183 (tr. Berners, i, 300).
67 Cf. Léger, 'Poème tchèque', 326–7.
68 Cf. Moranvillé (1); Clément VI, *L.Cl. (France)*, no. 2790.
69 Cf. JJ107/310.
70 Wissant: *Suppliques de Clément VI*, no. 1470.
71 *RF*, iii, 89.
72 Valognes: *Acta bellicosa*, 161. Carentan: *Grandes Chron.*, ix, 271, 290; *Lescot, *Chron.*, 71n. Runners: AN JJ76/393. Peasants: Murimuth, *Chron.*, 200. Bayeux: Avesbury, *G. Edwardi*, 360. Caen: *Chronographia*, ii, 225–6.
73 Muisit, *Chron.*, 166.
74 *Grandes Chron.*, ix, 290; *Delisle, 109–11; *CFR 1337–47*, 490, 495.

15. 加来围城战，1346~1347年

1 P. Bougard and C. Wyffels, *Les finances de Calais* (1966), 11, 198–221; Brown et al., 423–50; Patourel (2); Baker, *Chron.*, 89.
2 *JT*, nos 661–3, 854, 893, 1922, 1935, 2239–42, 4614, 5025; 'Compte de P. de Ham', 246–8; *Inventaire AD P.-de-Calais*, i, 115. J. de Vienne: Anselme, vii, 806.
3 Venette, *Chron.*, ii, 203; Muisit, *Chron.*, 166.
4 *RF*, iii, 89–90; *RBP*, i, 57–8, 85; PRO C76/23, mm. 17d, 15d, 12d, 8, 7, 5, 4, 3, E403/339, mm. 24, 27, 33; Avesbury, *G. Edwardi*, 369; Bel, *Chron.*, ii, 112; *Grandes Chron.*, ix, 285–6; Lescot, *Chron.*, 75; *Istore de Flandre*, ii, 61; Baker, *Chron.*, 89.
5 Parlt.: *RP*, ii, 157–63(5–14, 18–19, 45). Cardinals: Muisit, *Chron.*, 166.
6 *Grandes Chron.*, ix, 286–7.

7　*DCG*, no. XXXII (792–921); *JT*, nos 420, 750, 796, 806, 936, 1771, 2269, 2276, 3206, 3340, 3370, 4433, 4527, 4540, 4635, 5030; 'Itin. Philippe VI'; *Recits d'un bourgeois*, 237; *Arch. St.-Quentin*, ii, 198; AN P2291, p. 779; *Arch. admin. Reims*, ii, 1124.

8　Muisit, *Chron.*, 167; Murimuth, *Chron.*, 217; *RF*, iii, 91; PRO C76/23, mm. 18, 17, 14d; *DCG*, no. XXXII(37).

9　*Chron. Norm.*, 83–4; *RSG*, iii, 121–30; Muisit, *Chron.*, 164–7; *Chron. Com. Flandriae*, 219–20; *Istore de Flandre*, ii, 58–9; Knighton, *Chron.*, ii, 39; *Récits d'un bourgeois*, 240; *JT*, no. 672; AN JJ68/329.

10　*Arch. St.-Quentin*, ii, 199; *JT*, no. 290; *Grandes Chron.*, ix, 288; Viard (2); Timbal, *Registres*, 63–4, 67, 97–8.

11　Avesbury, *G. Edwardi*, 373; Murimuth, *Chron.*, 217.

12　*HGL*, ix, 595–8.

13　Avesbury, *G. Edwardi*, 373–4; Bel, *Chron.*, ii, 118–19; Muisit, *Chron.*, 167–8; *Grandes Chron.*, ix, 287; Bertrandy, 377; *CPR 1345–8*, 562; *Reg. St.-Jean d'A*, i, 134–6, 138; *Ordonnances*, xviii, 690–1; Clément VI, *L. Cl. (France)*, no. 2901.

14　Avesbury, *G. Edwardi*, 374; *Chron. Norm.*, 69; *Istore de Flandre*, ii, 60–1; *Rec. doc. Poitou*, iii, 1–3.

15　*Rec. doc. Poitiers*, ii, 90–1, 94–5, 97–8; Favreau, 150–1.

16　Avesbury, *G. Edwardi*, 374; Bel, *Chron.*, ii, 123–4; *Rec. doc. Poitou*, ii, 332–5, 356–8, 370–5, 429–34, iii, 58–60; *Chartes . . . de l'abbaye de Charroux*, ed. D.P. de Montsabert, *AHP*, xxxix, 308–9; Favreau, 153.

17　S.-Jean d'A.: *Chron. Quatre Valois*, 12–13. Survey: BN Clairambault 163/4765. Refuges: *Cartulaire de N.D. des Chatelliers*, ed. L. Duval, *Mems. Soc. Stat. Sci. et Arts Deux-Sèvres*, 2e serie, vii (1867), 134–5, 137.

18　*Rec. doc. Poitou*, ii, pp. xxx–xxxvi.

19　Avesbury, *G. Edwardi*, 374; *Chron. Maillezais*, 166–7; Bel, *Chron.*, ii, 122–3; *Rec. doc. Poitou*, ii, p. xxxv.

20　Avesbury, *G. Edwardi*, 373–4; *Chron. Maillezais*, 167; PRO C61/60, mm. 36, 39 (S.-Jean d'A.); AN X2a/5, fols 180, 189 (Lusignan).

21　Tonnay-Charente: AN JJ76/321, JJ86/37; PRO C61/60, mm. 1, 3, 19, 20, 41. Soubise: PRO C61/60, mm. 12, 16, 41; *Rec. doc. Poitou*, ii, 331. Tonnay-Boutonne: PRO C61/60, m. 17. Rochefort: *CPR 1345–8*, 560. Oléron: *AHSA*, vi, 229–30; AN JJ77/192.

22　Coiron: *AHSA*, xli, 244–6. Conac: PRO C61/60, m. 7; *CPR 1345–8*, 546. Cheray: Denifle, 33. Saintes, Talmont: Bertrandy, 380. Taillebourg: *Rec. doc. Poitou*, ii, 331.

23　La Rochelle: AN JJ77/80, 194. Niort: *Rec. doc. Poitou*, ii, 343. Aulnay: *LE*, nos 527, 629. Saintes: AN JJ77/233. Spies: AN JJ76/321; *Inventaire AC Périgueux*, 80. Freebooters: AN JJ76/380. Marsh: *Reg. S.-Jean d'A.*, i, 116–30; *JT*, no. 241.

24　*Rec. doc. Poitou*, ii, 329–30; *AHSA*, vi, 230.

25　AN JJ76/303; *Doc. Durfort*, nos 943–6.

26　*Inventaire AC Clermont-F.*, i, 368–9; *Doc. Durfort*, no. 946; *HGL*, ix, 598; *JT*, no. 3649; Baluze, 199, *717–18; *Jurades d'Agen*, 94.

27　Bazadais: *Jurades d'Agen*, 98; Bertrandy, 181–3, 185. Treasons: *HGL*, ix, 598–601.

28　Neville's Cross campaign: *CIM*, ii, no. 2051; *CCR 1346–9*, 448–9; *Chron. Lanercost*, 344–51; Baker, *Chron.*, 86–9; *Anonimalle Chron.*, 23–8; Murimuth, *Chron.*, 218–19, 252–3; Knighton, *Chron.*, ii, 41–4; Letters of Thomas Samson (*KOF*, v, 489–92) and Prior of Durham (Raine, *N. Reg.*, 387–9, 392–5); Fordun, *Chron.*, i, 367; Bower, *Chron.*, ii, 339–40, 341–3; Wyntoun, *Oryg. Chron.*, ii, 470–7. Other references below.

29　Cf. *RS*, i, 685.

30　*Cal. doc. Scot*, v, nos 802–3.

31　Spies: *RS*, i, 673–4. Numbers: Morris (5), 98–9.

32　Barge: PRO E403/339, mm. 17–18. Prisoners: *RS* i, 675–6, 677–9, 680, 684, 685, 688; *RF*, iii, 99, 102–3 ; *CCR 1346–9*, 332–3; *CPR 1345–8*, 225; Morris (5), 102.

33 AD Hérault A1/15; *Baluze, 717–18; BN Fr.n.a. 9421, fols 95, 102–54; JT, no. 373.
34 BN Fr.n.a. 9241, fols 102–54; Arch. admin. Reims, ii, 1124n.
35 Ludewig, Reliquiae, v, 465–7; RF, iii, 92; DCG, no. XXXII (34, 84, 947).
36 Godemar: Froissart, Chron., iii, 437 (derived from J. of Hainault). Montmorency: Cazelles (1), 178. Financial officials: Grandes Chron., ix, 288–9; Cazelles (1), 181–9, *460–3.
37 John, Mauny: Bel, Chron., ii, 128–9; Muisit, Chron., 168; Récits d'un bourgeois, 243–4; RBP, i, 33; Ludewig, Reliquiae, v, 450–1; Cazelles (1), 201–5. D. of Burgundy: Cazelles (1), 196–201; LE, no. 502.
38 BN Coll. Périgord 13, fol. 298; AN JJ76/380; RF, iii, 157. Cf. LC, no. 203.
39 Venette, Chron., ii, 204–5; Lescot, Chron., 75; Grandes Chron., ix, 291; Ordonnances, ii, 252–7, 262–3; HGL, ix, 602; Rec. doc. Poitou, ii, 361–3; Viard (9), 169n; LC, no. 185.
40 DCG, nos 441, XXXII(1032, 1156, 1199, 1239, 1243–4); JT, nos 2302, 2913, 3134.
41 Guesnon, 'Documents', 237–40.
42 *Bel, Chron., ii, 338–40; RF, iii, 93–5, 98; Knighton, Chron., ii, 39; Tout (2), 241–2, 259–60, 261; PRO E372/191, mm. 11, 7 (Surrey, Sussex, Essex) (ladders), E403/339, m. 33 (troops), C76/23, m. 8 (carpenters); Guesnon, 'Documents', 239–40.
43 RF, iii, 94, 96; CPR 1345–8, 308–9; PRO C76/23, mm. 4d, 3d, 3.
44 DCG, nos XXXII (1126bis–1152); AN J602/46–7; JT, nos 1981–3.
45 JT, nos 1157, 1163, 1207, 1752, 1898; DCG, no. XXXII (922–46, 950–9, 1008–9, 1020–1, 1025–9, 1034, 1038–9, 1048, 1153–1301); Récits d'un bourgeois, 245; Knighton, Chron., ii, 46–7.
46 Grandes Chron., ix, 291; Arch. admin. Reims, ii, 1124n, 1152–4; LC, nos 182, 185; Viard (9), 168n, 169n; 'Itin. Philippe VI'; JT, nos 1035, 1097, 1372, 1749, 1799, 2236, 2250, 3098, 4526, 4529, 4534, 4541, 4681, 4728, 4753.
47 Taxes: Henneman, 216–27; Ordonnances, ii, 262; Arch. admin. Reims, ii, 1145, 1151; LC, nos 181–2; Actes Normands, 322–5, Reims: Arch. admin. Reims, ii, 1153; Desportes, 541–4.
48 AN X2a/5, fol. 97. Landas: AN JJ68/262; Anselme, vi, 166. Châtillon: AN JJ68/324; Duchesne, 380. Noyers: E. Petit (2), 279. Messelan: AP 1328–50, no. 8479; AN JJ76/225.
49 Burgundy: CPR 1345–8, 517; Bock, 'English Register', 366; E. Petit (1), viii, 17–24.
50 Muisit, Chron., 172–3, 174–5; Grandes Chron., ix, 293–6; Chronographia, ii, 241; Noyal, 'Fragments', 253–4; Moranvillé (2); AN JJ77/183, JJ80/396; Arch. admin. Reims, ii, 1153–4.
51 Grandes Chron., ix, 296.
52 Avesbury, G. Edwardi, 383; Muisit, Chron., 168.
53 AN JJ77/42; Bel, Chron., ii, 136–9; Muisit, Chron., 169–70; Venette, Chron., ii, 208–9; Chronographia, ii, 237–9; Chron. Com. Flandriae, 222; Chaplais, Dipl. Practice, 503–7.
54 Récits d'un bourgeois, 247–8; Muisit, Chron., 176.
55 Muisit, Chron., 171; Chron. Norm., 86.
56 LE, nos 456–7, 462–3, 472–3, 475; JT, nos 332, 761, 2093, 2219, 2725, 3291; Philip VI, 'Nouvelles LC', 177–8; Récits d'un bourgeois, 249; Chron. Norm., 86.
57 Istore de Flandre, ii, 51–2, 53–4, 61, 63–5; Muisit, Chron., 173–4, 176; Chron Norm., 86, 87–8; Chronographia, ii, 240–1, 242–3; RSC, iii, 133–6; JT, no 562 (Renti).
58 Councils: RDP, iv, 562–3; CFR 1347–56, 1–10; RF, iii, 112–13, 115; RP, ii, 166(11); CPR 1345–8, 264. Loans: CCR 1346–9, 290–1; E. Fryde (3), 11–12; RF, iii, 102; Harriss, 450–1.
59 Bel, Chron., ii, 152, *344–5; Knighton, Chron., ii, 47.
60 PRO C76/24, mm. 23, 18, 16, 15, 14, 11, 8d; RF, iii, 114, 121; *Bel, Chron., ii, 344–8.
61 RF, iii, 114, 120; RBP, i, 81; *KOF, xviii, 301–2.

62 RDP, iv, 563–5; RF, iii, 122, 124 –5; *Bel, Chron., ii, 346–7; Knighton, Chron., ii, 47. Lancaster: RBP, i, 81; PRO C81/319/18383B.

63 RSG, iii, 136–41, 244–9; Kervyn, iii, 325; Muisit, Chron., 178–9; Istore de Flandre, 66–8; Recits d'un bourgeois, 251–2; Avesbury, G. Edwardi, 384; 'Itin. Philippe VI'.

64 GEC, iv, 27–8; *Prince (1), 370–1; RF, iii, 100, 169; *Bel, Chron., ii, 340–1; PRO E101/25/19; *KOF, xviii, 340–1; Avesbury, G. Edwardi, 389, and Lescot, Chron., 80n (Flemings); Jones (1), 144–5.

65 RF, iii, 100–1, 168; AN JJ75/154; Rec. doc. Poitou, iii, 26–30.

66 AN JJ80/8; Grandes Chron., ix, 296; LE, nos 479, 529; JT, no. 381.

67 Avesbury, G. Edwardi, 388–9 (Dagworth's report); Grandes Chron., ix, 298–306; Lescot, Chron., 77–81.

68 *Bel, Chron., ii, 353–4; CCR 1346–9, 570.

69 JT, no. 2226, 2228; DCG, no. XXXII(1011); Grandes Chron., ix, 306–9.

70 Avesbury, G. Edwardi, 386; Chronographia, ii, 244–5, 245n.

71 Istore de Flandre, ii, 65; Avesbury, G. Edwardi, 384–6; Knighton, Chron., ii, 47–8; DCG, nos. 453–5, 457; Muisit, Chron., 180.

72 Knighton, Chron., ii, 48; cf. Bel, Chron., ii, 113.

73 Champollion-Figeac, Lettres, ii, 82–92; Morris (5), 97–8; RSG, iii, 72; Muisit, Chron., 179–80; Istore de Flandre, ii, 69; Villani, Hist. XII: 95, col. 973.

74 Istore de Flandre, ii, 68–9; Knighton, Chron., ii, 49–50; Coll. gén. doc. français, 73–4; Doc. historiques inédits, ed. L.-A. Champollion-Figeac, ii (1843), 181–3; JT, nos 371, 419. Numbers: Villani, Hist. XII:95, cols 973–4.

75 Bel, Chron., ii, 156; Villani, Hist. XII:95, cols 973–4.

76 Bel, Chron., ii, 157–9; Chron. Norm., 89–90; Avesbury, G. Edwardi, 392–3; Knighton, Chron., ii, 50–1; Baker, Chron., 90–1; Récits d'un bourgeois, 257; Muisit, Chron., 182; Anonimalle Chron., 29.

77 Bel, Chron., ii, 161–9; Récits d'un bourgeois, 258–60; Chron. Norm., 90; John of Reading, Chron., 105. Spoil, prisoners: Bel. Chron., ii, 168; Avesbury, G. Edwardi, 396; Muisit, Chron., 274; Knighton, Chron., ii, 53; Istore de Flandre, ii, 70; Villani, Hist. XII:95, col. 974; Walsingham, Hist., i, 272. Citizens: Ordonnances, iv, 606–9; AP 1328–50, nos 8921, 9016; Molinier, 'Documents'.

78 RF, iii, 130; *Bel, Chron., ii, 349; CPR 1345–8, 549, 563–8; Venette, Chron., ii, 207.

79 RF, iii, 130; Knighton, Chron., ii, 52; Villani, Hist. XII:95, Cols 974–5; Bel, Chron., ii, 169–70; JT, no. 375, cf. nos 1009, 1021, 1282, 1372, 1389, 1446, 2896, 3174, 4176, 4507, 4529–30, 4534; DCG, no. XXXII(40); 'Itin. Philippe VI'.

80 RF, ii, 130; Knighton, Chron., ii, 52; Muisit, Chron., 186; Guesnon, 'Documents', 241.

81 'Itin. Philippe VI'; Récits d'un bourgeois, 261–2; Guesnon, 'Documents', 242; Arch. admin. Reims, ii, 1159–61; RF, iii, 130.

82 Arch. admin. Reims, ii, 1159–61; *Delisle, 114–15; Actes Normands, 351–2; JT, no. 375.

83 RF, iii, 130–5; CFR 1347–56, 44–5; Knighton, Chron., ii, 53. Shortages: PRO C76/25, mm. 26d, 24, 23.

84 Knighton, Chron., ii, 53; Muisit, Chron., 187–8.

85 Clément VI, L.Cl. (France), no. 3486; RF, iii, 136–8.

86 Wright, Political Songs, i, 53–8; Walsingham, Hist., i, 272.

87 GEC, vi, 352–4.

参考文献

一　手稿

London: Public Record Office

Chancery
C.47/27–32 Chancery Miscellanea (Diplomatic documents)
C.49/6–7, 45–6, 66–7 Council and Parliamentary Proceedings
C.61/32–3, 35–60 Gascon Rolls [1317–49]
C.62/114–24 Liberate Rolls [1337–49]
C.70/15–23 Roman Rolls [1337–48]
C.76/14–25 Treaty Rolls [1339–48]
C.81/179–236 Chancery Warrants [1337–48]

Exchequer
E.30 Treasury of Receipt (Diplomatic documents)
E.36/204 Wardrobe account (Richard Eccleshale), 12.7.1342–1.4.1344
E.101 Accounts Various
    E.101/18/28–25/34, 531/23: Army, navy and ordnance [1327–48]
    E.101/89/17–8: Channel Islands, Keepers' and lieutenants' accounts [1338–40, 1345]
    E.101/166/10: Gascony, account of John Ellerker, receiver of victuals [1338]
    E.101/166/11–167/3: Gascony, Constables' and Controllers' accounts [1338–43]
    E.101/309/36–312/29: *Nuncii* [messengers and diplomatic agents] [1327–47]
    E.101/388/1–391/20: Wardrobe and household [1337–47]
E.372 Pipe Rolls (enrolled accounts)
E.403/282–339 Issue Rolls [1335–48]
E.404/508 Debentures and vouchers, Constable of Bordeaux

Special Collections
SC.1/37–42, 51–6 Ancient Correspondence
SC8 Ancient Petitions

London: British Library

Cotton Nero C.viii, fols 179–325:
    Wardrobe Book (Richard Ferriby), July 1334–August 1337
Additional Charters
    1–208 (Collection Courcelles)
    232–505, 1397–1516, 2028–4578 (Collection Joursanvault)
    11318–12468

Oxford: Bodleian Library

Ms. Bodley 462, fols 21–34
    Fragments of Latin chronicle of England, 1129–47

Paris: Archives Nationales

Série J   Trésor des Chartes, Layettes
  240–6: Bretagne
  292–4: Guyenne
  497: Genoa
  519–20: Hainault
  521: Camrai
  Guelders and Juliers
  601–2: Castile
  624: Fiefs and homages
  635: Angleterre
Série JJ   Trésor des Chartes, Registres
  65A–79B Principal series [1328–50]
  259 Supplementary registers, Dettes et créances de Raoul, comte d'Eu
Série K   Cartons des Rois
  42–5: Philippe VI
Série P   Chambre des Comptes
  2291–2: Mémoriaux B, C [1330–58]
Série X   Parlement de Paris
  X1a/31, fols 155–156: Parlement civil, Jugés et arrèts [1383]
  X2a/2–5: Parlement criminel, Régistres [1319–50]

Paris: Bibliothèque Nationale

Collection Clairambault (Titres scellés)
Collection Doat (Languedoc):
  164: Counts of Foix
  186–9: Houses of Foix, Armagnac and Albret [1336–46]
  243: Counts of Périgord
Collection du Périgord:
  9–10: Counts of Périgord
  13: Périgueux
  15: Various seigneurial archives
  47: Mussidan
  87: Miscellaneous acts
Manuscrits français:
  2598: Continuation of Chronicle of Guillaume de Nangis
  7877, fols 217–66: War Treasurers' accounts, Gascony, 1341–3
  9501, fols 153–154 vo: War accounts (Robert Bertrand, 1340)
  20685, pp. 247–74: War accounts (Count of Eu)
  22338, fols 117–55: Proceedings against John de Montfort (1341)
  25996–8: Quittances et pièces diverses
  32510: War accounts (various)
  n.a. 7413: War accounts (various)
  n.a. 9236–7: War Treasurers' accounts (Barthélémy du Drach and François de l'Hôpital),
    Guyenne, 1338–41
  n.a. 9238–9: War Treasurers' accounts (Barthélémy du Drach), northern France, November
    1339–October 1341
  n.a. 9240: War Treasurers' accounts (Jean du Cange), northern France, 1340
  n.a. 9241, fols 95–161: War Treasurers' accounts (Barthélémy du Drach), armies of
    Compiègne and Orléans, October 1346

n.a. 20025, fols 140–3: War accounts (Count of Eu)
Pièces Originales [PO]

Montpellier: Archives Départmentales de l'Hérault

Série A 1–16, 231–43:
Administrative orders (seneschalsies of Beaucaire and Toulouse)

Pau: Archives Départmentales des Pyrénées-Atlantiques

Série E:
13–236: Albret
237–87: Armagnac
288–367: Béarn
391–484: Foix
600–881: Périgord, Limousin

二 已出版资料

Accounts of the Chamberlains and Other Officers of the County of Chester, 1301–1360, ed. R. Stewart-Brown (1910)

Actes du Parlement de Paris, 1e série, de l'an 1254 à l'an 1328, ed. E. Boutaric, 2 vols (1863–7); *2e série, de l'an 1328 à l'an 1350*, ed. H. Furgeot, 3 vols (1920–75)

Actes du Parlement de Paris. Parlement criminel, règne de Philippe VI de Valois, ed. B. Labat-Poussin, M. Langlois and Y. Lanhers (1987)

Actes et documents anciens intérressant la Belgique conservés aux Archives de l'État à Vienne, ed. H. Laurent (1933)

Actes Normands de la Chambre des Comptes sous Philippe de Valois, ed. L. Delisle (1871)

Actes royaux des Archives de l'Hérault, i, 1151–1422, ed. A. Caramel (1980)

'Ancient petitions of the Chancery and the Exchequer' ayant trait aux îles de la Manche, Société Jersiaise (1902)

Archives administratives de la ville de Reims, ed. P. Varin, 5 vols (1839–48)

Archives anciennes de la ville de Saint-Quentin, ed. E. Lemaire, 2 vols (1888–1910)

Archives historiques de la Saintonge et de l'Aunis, 50 vols (1874–1967)

Archives historiques du Département de la Gironde, 58 vols (1859–1932)

Archives historiques du Poitou, 61 vols (1872–1982)

Bautier, R.-H., 'Inventaires de comptes royaux particuliers de 1328 à 1351', *BPH* (1960), 773–837

Benedict XII, *Lettres closes et patentes interressant les pays autres que la France*, ed. J.-M. Vidal and G. Mollat, 2 vols (1913–35)

Benedict XII, *Lettres closes, patentes et curiales se rapportant à la France*, ed. G. Daumet (1920)

Bock, F., 'An Unknown English Register of the Reign of Edward III', *EHR*, xlv (1930), 353–72

Bock, F., *Das deutsch–englische Bundniss von 1335–1342*, i (*Quellen*) (1956)

Calendar of Ancient Correspondence Concerning Wales, ed. J. G. Edwards (1935)

Calendar of Close Rolls, 45 vols (1892–1954)

Calendar of Documents Relating to Scotland, ed. J. Bain, 5 vols (1881–1988)

Calendar of Entries in the Papal Registers Relating to Great Britain and Ireland. Papal Letters, ed. W. H. Bliss and C. Johnson, 14 vols (1894–1961)

Calendar of Fine Rolls, 22 vols (1911–63)

Calendar of Inquisitions Miscellaneous, 7 vols (1916–69)

Calendar of Letter Books of the City of London, ed. R. R. Sharpe, 11 vols (1899–1912)

Calendar of Patent Rolls, 70 vols (1891–1982)

Calendar of Plea and Memoranda Rolls of the City of London, 1323–1364, ed. A. H. Thomas (1926)

Carolus-Barré, L., 'Benoit XII et la mission charitable de Bertrand Carit dans les pays devastés du nord de la France ... 1340', *Mélanges d'archéologie et d'histoire*, lxii (1950), 165–232

Cartulaire de l'abbaye de Saint-Michel du Tréport, ed. P. Laffleur de Kermaingent (1880)

Cartulaire des comtes de Hainault, ed. L. Devillers, 6 vols (1881–96)

Cartulaire des sires de Rays (1160–1449), ed. R. Blanchard, AHP, xxviii, xxx (1898–9)

Cartulaire historique et généalogique des Artevelde, ed. N. de Pauw (1920)

Catalogue de comptes royaux des règnes de Philippe VI et de Jean II, 1328–1364, ed. R. Cazelles, 1ère partie (1984)

Champollion-Figeac, L.-A., *Lettres de rois, reines et autres personnages des cours de France et d'Angleterre*, 2 vols (1839–43)

Chaplais, P., *English Medieval Diplomatic Practice*, i, *Documents and Interpretation* (1982)

Chaplais, P., *The War of Saint-Sardos (1323–1325). Gascon Correspondence and Diplomatic Documents* (1954)

'Chartes d'Agen se rapportant au règne de Philippe VI de Valois (1328–1350)', ed. G. Tholin, *AHG*, xxxiii (1985), 75–177

Cheyette, F. L., 'Paris B. N. Ms. latin 5954. The Professional Papers of an English Ambassador on the Eve of the Hundred Years War', *Économies et sociétés au moyen age. Mélanges offerts à Edouard Perroy* (1973), 400–13

Clément VI, *Lettres closes, patentes et curiales se rapportant à la France*, ed. E. Deprez, J. Glenisson and G. Mollat (1901–61)

Clément VI, *Lettres closes, patentes et curiales interressant les pays autres que la France*, ed. E. Déprez and G. Mollat (1960–1)

Clément VI, *Lettres de Clément VI (1342–1352)*, ed. P. van Isacker and U. Berlière (1924)

'Compte de Pierre de Ham, dernier bailli de Calais (1346–1347)', ed. J.-M. Richard, *Mems. Comm. Dep. des Mons. Hist. du Pas-de-Calais*, i(3) (1893), 241–58

Confessions et jugements de criminels au Parlement de Paris (1319–1350), ed. M. Langlois and Y. Lanhers (1971)

Cuttino, G. P., 'Another Memorandum Book of Elias Joneston', *EHR*, lxiii (1948), 90–103

David II, *The Acts of David II, King of Scots*, ed. B. Webster (1982)

Débat, A., 'Trois lettres de Gilbert de Cantobre pour la défense du Rouergue, 18 et 20 avril 1347', *Procès-verbaux Soc. Lettres, sciences et arts de l'Aveyron*, xliv (1983), 66–77

Documents historiques ... rélatifs à la seigneurie de Monaco, ed. G. Saige, i (1905)

Documents inédits concernant la ville et le siège du baillage d'Amiens extraits des registres du Parlement de Paris et du Trésor des Chartes, ed. E. Maugis, i, XIVe siècle (1296–1412) (1908)

Documents Parisiens du règne de Philippe VI de Valois (1328–1350), ed. J. Viard (1899–1900)

Documents pontificaux sur la Gascogne. Pontificat de Jean XXII, ed. L. Guérard, 2 vols (1896–1903)

Documents rélatifs au clos des galées de Rouen et aux armées de la mer des rois de France de 1293 à 1418, ed. A. Chazelas, 2 vols (1977–8)

Documents sur la maison de Durfort, ed. N. de la Pena (1977)

Documents sur la ville de Millau, ed. J. Artières, *Arch. Hist. Rouergue*, vii (1930)

Ellis, H., *Original Letters Illustrative of English History*, 3rd series, 4 vols (1846)

Exchequer Rolls of Scotland, ed. J. Stuart et al., 23 vols (1878–1908)

Foedera, conventiones, literae et acta publica, ed. T. Rymer, n.e. A. Clarke et al., 7 vols (1826–69)

Gascogne (La) dans les registres du Trésor des Chartes, ed. C. Samaran (1966)

Gascon Calendar of 1322, ed. G. P. Cuttino (1949)

Gascon Register A (Series of 1318–1319), ed. G. P. Cuttino, 3 vols (1975–6)

Gedenkwaardigheden uit de Geschiedenis van Gelderland, ed. A. Nijhoff, 7 vols (1830–75)

Géraud, H., *Paris sous Philippe le Bel* (1837)

Giry, A., 'Analyse et extraits d'un registre des archives de Saint-Omer', *Mems. Soc. Antiquaires de Morinie*, xv (1876), 65–316

Godfray, H. M., 'Documents rélatifs aux attaques sur les îles de la Manche, 1338–1345', *Bull. de la Soc. Jersiaise*, iii (1897), 11–53

Grandisson, John de, *The Register of John de Grandisson, Bishop of Exter (A.D. 1327–1369)*, ed. F. C. Hingeston-Randolph, 3 vols (1894–9)

Guesnon, A., 'Documents inédits sur l'invasion anglaise et les états au temps de Philippe VI et Jean le Bon', *BPH* (1897), 208–59

Inventaire des Archives Communales de la ville d'Aurillac antérieures à 1790, ed. G. Esquier, 2 vols (1906–11)

Inventaire des sceaux de la Collection Clairambault à la Bibliothèque Nationale, ed. G. Demay, 2 vols (1885–6)

Inventaire-sommaire des Archives Communales antérieures à 1790. Ville de Clermont-Ferrand. Fonds de Montferrand, ed. E. Teilhard de Chardin, 2 vols (1922)

Inventaire-sommaire des Archives Communales antérieures à 1790. Ville de Périgueux, ed. M. Hardy (1897)

Inventaire-sommaire des Archives Départmentales antérieures à 1790. Aveyron. Archives ecclesiastiques. Série G (Evêché de Rodez), ed. C. Estienne and L. Lempereur (1934–58)

Inventaire-sommaire des Archives Départmentales antérieures à 1790. Basses-Pyrénées, ed. P. Raymond, 6 vols (1863–76)

Inventaire-sommaire des Archives Départmentales antérieures à 1790. Pas-de-Calais. Archives Civiles, Série A, ed. J.-M. Richard, 2 vols (1878-87)

'Inventarium instrumentorum camerae apostolicae', ed. E. Göller, *Romische Quartalschrift, Geschichte*, 65–109

'Itinéraire de Philippe VI de Valois', ed. J. Viard, *BEC*, lxxiv (1913), 74–128, 524–94, lxxxiv (1923), 166–70

Jassemin, H., 'Les papiers de Mile de Noyers', *BPH*, Année 1918 (1920), 174–226

John XXII, *Lettres secrètes et curiales . . . rélatifs à la France*, ed. A. Coulon and S. Clémencet (1900–in progress)

Johnson, C., 'An Act of Edward III as Count of Toulouse', *Essays in History Presented to Reginald Lane Poole*, ed. H. W. C. Davis (1927), 399–404

Jones, M., 'Some Documents Relating to the Disputed Succession to the Duchy of Brittany, 1341', *Camden Miscellany*, xxiv (1972), 1–78

Journaux du Trésor de Philippe VI de Valois, ed. J. Viard (1899)

Jurades de la ville d'Agen (1345–1355), ed. A. Magen (1894)

Jusselin, M., 'Comment la France se préparait à la guerre de cent ans', *BEC*, lxxiii (1912), 209–36

Languedoc (Le) et le Rouergue dans le Trésor des Chartes, ed. Y. Dossat, A.-M. Lemasson and P. Wolff (1983)

'Lettres d'état enregistrées au Parlement de Paris sous le règne de Philippe de Valois', *ABSHF*, xxxiv (1897), 193–267, xxxv (1898), 177–249

Literae Cantuarienses, ed. J. B. Sheppard, 3 vols (1887–9)

Livre des bouillons (Archives municipales de Bordeau, i) (1867)

Livre des coutumes, ed. C. Barckhausen *(Archives municipales de Bordeau, v)* (1890)

Loisne, Cte de, 'Ordonnances inédites du roi de France Philippe VI rélatives au siège de Béthune de 1346', *Bull. Hist. de la Soc. des Antiquaires de la Morinie*, x (1902), 703–10, 742–50

Ludewig, P. de, *Reliquiae manuscriptorum*, v (1723)

Maître, L., 'Répertoire analytique des actes de Charles de Blois', *Bull. Soc. Arch. Nantes*, xlv (1904), 247–73

Miret y Sans, J., 'Lettres closes des premiers Valois', *MA*, xx (1917–18), 53–88

Miret y Sans, J., 'Negociacions diplomatiques d'Alfons III de Catalunya-Arago als el rey de Franca per la croada contra Grenada (1328–1332)', *Institut d'Estudis Catalans*, Anuari 1908

Mirot, L. and Déprez, E., *Les ambassades anglaises pendant la guerre de cent ans. Catalogue chronologique (1327–1450)* (1900)

Molinier, E., 'Documents rélatifs aux Calésiens expulsés par Edouard III', *Le cabinet historique*, xxiv (1878), 254–80

Monuments du procès de canonisation du bienheureux Charles de Blois duc de Bretagne, 1320–64, ed. F. Plaine (1921)

Moranvillé, H., 'Rapports à Philippe VI sur l'état de ses finances', *BEC*, xlviii (1887), 380–95, liii (1892), 111–14

Morice, P. H., *Mémoires pour servir de preuves à l'histoire ecclesiastique et civile de Bretagne*, 3 vols (1742–6)

Olim, ou registres des arrêts rendus par la cour du roi, ed. Beugnot, 3 vols (1839–48)

Ordonnances des rois de France de la troisième race, ed. D. Secousse *et al.*, 22 vols (1729–1849)

Petit, E., Gavrilovitch, M., Maury, P., and Teodoru, C. *Essai de restitution des plus anciens mémoriaux de la Chambre des Comptes* (1889)

Philip VI, 'Lettres closes, lettres "de par le roi" de Philippe de Valois', ed. R. Cazelles, *ABSHF*, Années 1956–7 (1958), 61–225

Philip VI, 'Nouvelles lettres closes et "de par le roi" de Philippe VI de Valois', ed. P. Gasnault, *BEC*, cxx (1962), 172–8

Raine, J., *Historical Papers and Letters from the Northern Registers* (1873)

Recueil de documents concernant la commune et la ville de Poitiers, ed. E. Audouin, ii, *1328–1380*, *AHP*, xlvi (1928)

Recueil de documents rélatifs à l'histoire des monnaies frappées par les rois de France, ed. L. F. J. C. de Saulcy, 4 vols (1879–92)

Recueil des documents concernant le Poitou contenus dans les registres de la Chancellerie de France, ii, *1334–8*, iii, *1348–69*, ed. P. Guérin, *AHP*, xiii, xvii (1883–6)

Recueil de titres et autres pieces justificatives employées dans le Mémoire sur la constitution politique de la ville de Périgueux (1775)

Register of Edward the Black Prince, 4 vols (1930–3)

Registres de l'échevinage de Saint-Jean d'Angély, ed. D. d'Aussy, 3 vols, *AHSA*, xxiv, xxvi, xxxii (1895–1902)

Registres du Trésor des Chartes. Inventaire analytique, iii, *Règne de Philippe de Valois*, ed. J. Viard and A. Vallée, 3 vols (1978–84)

Rekeningen der Stad Gent. Tijdvak van Jacob van Artevelde, 1336–1349, ed. N. de Pauw and J. Vuylsteke, 3 vols (1874–80)

Reports from the Lords Committees . . . Touching the Dignity of a Peer, 5 vols (1820–9)

Rôles Gascons, ed. F. Michel, C. Bémont and Y. Renouard, 4 vols (1885–1962)

Rotuli Parliamentorum, 7 vols (1767–1832)

Rotuli Parliamentorum Angliae hactenus inediti, ed. H. G. Richardson and G. O. Sayles (1935)

Rotuli Scotiae, ed. D. Macpherson *et al.*, 2 vols (1814)

Schwalm, J., 'Reiseberichte, 1894–1896 (ii)', *Neues Archiv des Gesellschaft für altere deutsche Geschichtskunde*, xxiii (1898), 291–374

Statutes of the Realm, ed. A. Luders *et al.*, 11 vols (1810–28)

Stechele, W., 'England und der Niederrhein bei Beginn der Regierung Konig Edwards III', *Westdeutsche Zeitschrift für Geschichte und Kunst*, xxvii (1908), 98–151, 441–73

Stengel, E. E., *Nova Alemanniae*, i (1921)

Suppliques de Clément VI (1342–1352). Textes et analyses, ed. U. Berlière (1906)

Textes rélatifs à l'histoire du Parlement depuis les origines jusqu'en 1314, ed. C.-V. Langlois (1888)

Timbal, P.-C., *La guerre de cent ans vue à travers les registres du Parlement (1337–1369)* (1961)

Titres de la maison ducale de Bourbon, ed. A. Huillard-Bréhollés, 2 vols (1867–74)

Treaty Rolls, 2 vols (1955–in progress)

Trésor des Chartes d'Albret, ed. J. Marquette, i, *Les archives de Vayres* (1973)

Vatikanische Akten zur deutschen Geschichte in der Zeit Kaisers Ludwigs des Baiers, ed. S. Riezler (1881)

Wardrobe Books of William de Norwell, 12 July 1338 to 27 May 1340, ed. M. Lyon, B. Lyon and H. S. Lucas (1983)

Wrottesley, G., *Crécy and Calais from the Public Records* (1897)

三 已出版的叙述和文学资料

带*号表示有重要的文件附录

Acta bellicosa . . . Edwardi regis Angliae, ed. J. Moisant, *Le Prince Noir en Aquitaine* (1894), 157–74, corrected by Barber, R., *Edward, Prince of Wales and Aquitaine* (1978), 253–4, from Cambridge Corpus Christi College Ms. 370

Annales Paulini, ed. W. Stubbs, *Chronicles of the Reign of Edward I and Edward II*, i (1882), 255–370

Anonimalle chronicle, 1333–1381, ed. V. H. Galbraith (1927)

Anonymous of Canterbury: *see* Reading, John of

Aspin, I. S. T., *Anglo-Norman Political Songs* (1953)

Avesbury, Robert of, *De gestis mirabilibus regis Edwardi tertii*, ed. E. M. Thompson (1889)

Baker, Geoffrey le, *Chronicon*, ed. E. M. Thompson (1889)

Beaumanoir, Philipppe de, *Coutumes de Beauvaisis*, ed. A. Salmon, 2 vols (1900)

*Bel, Jean le, *Chronique*, ed. J. Viard and E. Déprez, 2 vols (1904–5)

Bower, Walter, *Joannis de Fordun Scottichronicon cum supplementis et continuatione Walter Boweri*, 2 vols (1759)

Bridlington Chronicle, ed. W. Stubbs, *Chronicles of the Reign of Edward I and Edward II*, ii (1883), 23–151

Brut (The), ed. F. W. D. Brie 2 vols (1906–8)

Budt, Adrian de, *Chronicon Flandriae*, CCF, i, 261–367

Chandos Herald, *La vie du Prince Noir*, ed. D. B. Tyson (1975)

Chronicon anonymi Cantuariensis: see Reading, John of

Chronicon Comitum Flandrensium, CCF, i, 34–257

Chronicon de Lanercost, ed. J. Stevenson (1839)

Chronicon monasterii de Melsa, ed. E. A. Bond, 2 vols (1866–8)

Chronique anonyme Parisienne de 1316 à 1339, ed. A. Héllot, *Mems. Soc. Hist. Paris*, xi (1885), 1–207

Chronique de Bazas, AHG, xv (1874), 1–67

Chronique de Maillezais, ed. P. Marchegay, BEC, ii (1840–1), 148–68

Chronique des quatre premiers Valois (1327–1393), ed. S. Luce (1862)

Chronique Normande du XIVe siècle, ed. A. and E. Molinier (1882)

Chronographia regum Francorum, ed. H. Moranville, 3 vols (1891–7)

Corpus chronicorum Flandriae, ed. J. J. de Smet, 4 vols (1837–65)

Cronicas del rey don Alfonso XI, ed. F. Cerda y Rico, *Biblioteca de autores espanoles*, lxvi (1875)

Eulogium historiarum, ed. F. S. Haydon, 3 vols (1858–63)

Fordun, John, *Chronica gentis Scotorum*, ed. W. F. Skene, 2 vols (1871)

Fortescue, Sir John, *The Governance of England*, ed. C. Plummer (1885)

French Chronicle of London, ed. G. J. Aungier (1844)

Froissart, Jean, *Chroniques de J. Froissart*, ed. S. Luce, 15 vols (1869–1975) [all citations of the text are to this edition]

*Froissart, Jean, *Œuvres de Froissart. Chroniques*, ed. Kervyn de Lettenhove, 25 vols (1867–77)

Froissart, Jean, *The Chronicle of Froissart Translated out of French by Sir John Bourchier, Lord Berners, annis 1523–25*, 6 vols (1901–3)

Galbraith, V. H., 'Extracts from the Historia Aurea and a French Brut (1317–47)', *EHR*, xliii (1948), 203–17

Grandes chroniques de France, ed. J. Viard, 10 vols (1920–53)

Gray, Sir Thomas, of Heton, *Scalacronica*, ed. J. Stevenson (1836)

Guisborough, Walter of, *Chronicle*, ed. H. Rothwell (1957)

Hemingburgh, Walter of, *Chronicon*, ed. H. C. Hamilton, 2 vols (1948–9)

Henry of Grosmont, Earl of Lancaster, *Le livre de seyntz medecines*, ed. E.-J. Arnould (1940)

Higden, Ranulph, *Polychronicon*, ed. J. R. Lumby and C. Babington, 9 vols (1865–86)

Hocsem, Jean de, *La chronique de Jean de Hocsem*, ed. G. Kurth (n.d.)

Istore et croniques de Flandres, ed. Kervyn de Lettenhove, 2 vols (1879–80)

Jandun, Jean de, *Traité des louanges de Paris*, ed. Le Roulx de Lincy, *Paris et ses historiens* (1867), 33–79

Klerk, Jean de, *Les gestes des ducs de Brabant*, ed. J.-F. Willems and J.-H. Bormans, 3 vols (1839–69)

Klerk, Jean de, *Van den derden Eduwaert, coninc van Engelant*, ed. J.-F. Willems, *Belgisch Museum*, iv (1840)

Knighton, Henry, *Chronicon*, ed. J. R. Lumby, 2 vols (1889–95)

Léger, L., 'Un poème tchèque sur la bataille de Crécy', *Journal des Savants* (1902), 323–31

*Lescot, R., *Chronique*, ed. J. Lemoine (1896)

Minot, Laurence, *The Poems of Laurence Minot*, ed. J. Hall (1887)

Muevin, Jacob, *Chronicon*, *CCF*, ii, 455–71

Muisit, Gilles li, *Chronique et annales*, ed. H. Lemaître (1906)

Murimuth, Adam, *Continuatio chronicorum*, ed. E. M. Thompson (1889)

Nangis, Guillaume de, *Chronique latine de Guillame de Nangis de 1113 à 1300 avec les continuations de 1300 à 1368*, ed. H. Géraud (1843)

Noyal, Jean de, 'Fragments inédits de la chronique de Jean de Noyal', *ABSHF*, Année 1883, 246–75

Petit chronique de Guyenne, ed. V. Barckhausen, *Archives municipales de Bordeux*, v (1890), 395–402

Reading, John of, *Chronica Johannis de Reading et Anonymi Cantuariensis, 1346–1367*, ed. J. Tait (1914)

Recits d'un bourgeois de Valenciennes (XIVe siècle), ed. Kervyn de Lettenhove (1877)

Recueil des Historiens des Gaules et de la France, ed. M. Bouquet *et al.*, 24 vols (1734–1904)

Venette, Jean de, *Continuatio Chronici Guillelmi de Nangiaco*, in Nangis, G. de, *Chronique*, ii, 178–378

Villani, Giovanni, *Historia universalis*, ed. L. A. Muratori, *Rerum Italicarum scriptores*, xiii (1728)

Vitae archiepiscoporum Cantuariensium, ed. H. Wharton, *Anglia sacra*, i (1691), 1–48

Vita Edwardi secundi, ed. N. Denholm-Young (1957)

Vitae paparum Avenionensium, ed. S. Baluze, n.e. G. Mollat, 4 vols (1916–22)

Walsingham, Thomas, *Historia Anglicana*, ed. H. T. Riley, 2 vols (1863–4)

Walsingham, Thomas, *Ypodigma Neustriae*, ed. H. T. Riley (1876)

Wright, T., *Political Poems and Songs*, 2 vols (1859–61)

Wyntoun, Andrew of, *Orygynale cronykil of Scotland*, ed. D. Laing, 3 vols (1872–9)

四 精选的二手资料

带*号表示有重要的文件附录

Alban, J. R., 'English Coastal Defence: Some Fourteenth-Century Modifications Within the System', *Patronage, the Crown and the Provinces in Late Medieval England*, ed. R. A. Griffiths (1981), 57–78

Anselme, Le P., *Histoire généalogique et chronologique de la maison royale de France*, 3rd edn, 9 vols (1726–33)

Artonne, A., *Le mouvement de 1314 et les chartres provinciales de 1315* (1912)

Atlas historique des villes de France (1982–in progress)

*Baldwin, J. F., *The King's Council in England During the Middle Ages* (1913)

*Baluze, S., *Historiae Tutelensis libri tres* (1717)

Barber, R., *Edward Prince of Wales and Aquitaine* (1978)

Barnie, J., *War in Medieval English Society. Social Values in the Hundred Years War, 1377–99* (1974)

Bautier, R. H., 'Recherches sur la Chancellerie royale au temps de Philippe VI', *BEC*, cxxii (1964), 89–176; cxxiii (1965), 313–459

*Bertrandy, M., *Étude sur les chroniques de Froissart. Guerre de Guienne, 1345–1346* (1870)

*Black, J. G., 'Edward I and Gascony in 1300', *EHR*, xvii (1902), 518–25

Bois, G., *Crise du féodalisme* (1976)

Borderie, A. le Moyne de la, *Histoire de Bretagne*, 6 vols (1905–14)

Boutruche, R., *La crise d'une société. Seigneurs et paysans du Bordelais pendant la querre de cent ans* (1963)

Brooks, F. W., *The English Naval Forces, 1199–1272* (n.d.)

Brown, R. A., Colvin, H. M. and Taylor, A. J., *The History of the King's Works*, i, *The Middle Ages* (1963)

*Brussel, N., *Nouvel examen de l'usage générale des fiefs en France* (1750)

Burley, S. J., 'The Victualling of Calais, 1347–65', *BIHR*, xxxi (1958), 49–57

Burne, A. H., *The Crécy War* (1955)

Campbell, J., 'Scotland and the Hundred Years War in the 14th Century', *Europe in the Late Middle Ages*, ed. J. Hale, R. Highfield and B. Smalley (1965), 184–216

Cazelles, R. (1), *La société politique et la crise de la royauté sous Philippe de Valois* (1958)

Cazelles, R. (2), 'Quelques reflexions à propos des mutations de la monnaie royale française (1295–1360)', *MA*, lxxii (1966), 83–105, 251–78

Cazelles, R. (3), *Nouvelle histoire de Paris de la fin du règne de Philippe Auguste à la mort de Charles V, 1223–1380* (1972)

*Chaplais, P. (1), 'English Arguments Concerning the Feudal Status of Aquitaine in the Fourteenth Century', *BIHR*, xxi (1948), 203–13

*Chaplais, P. (2), 'Règlements des conflits internationaux franco-anglais au XIVe siècle (1293–1377)', *MA*, lvii (1951), 269–302

Chaplais, P. (3), 'Le traité de Paris de 1259 et l'inféodation de la Gascogne allodiale' *MA*, lxi (1955), 121–37

Chaplais, P. (4), 'Le duché-pairie de Guyenne. L'homage et les services féodaux', *Annales du Midi*, lxix (1957), 5–38, 135–60

*Chaplais, P. (5), 'La souveraineté du roi de France et le pouvoir legislatif en Guyenne au début du XIVe siècle', *MA*, lxix (1963), 449–69

Cokayne, G. E., *The Complete Peerage*, ed. V. Gibbs *et al.*, 12 vols (1910–59)

Contamine, P. (1), 'The French Nobility and the War', *The Hundred Years War*, ed. K. Fowler (1971), 135–62

Contamine, P. (2), *Guerre, état et société à la fin du moyen age. Étude sur les armées des rois de France, 1337–1494* (1972)

Contamine, P. (3), *L'Oriflamme de St.-Denis aux XIVe et XVe siècles* (1975)

Contamine, P. (4), *La vie quotidienne pendant la guerre de cent ans* (1976)

Contamine, P. (5), 'Les fortifications urbaines en France à la fin du moyen age: aspects financiers et économiques', *RH*, cclx (1978), 23–47

Contamine, P. (6), *La guerre au moyen age* (1980)

*Cordey, J., *Les comtes de Savoie et les rois de France pendant la guerre de cent ans* (1911)

*Coville, A. (1), *Les états de Normandie. Leurs origines et leur développement au XIVe siècle* (1894)

Coville, A. (2), 'Poèmes historiques de l'avènement de Philippe de Valois au Traité de Calais (1328–1361)', *Histoire Littéraire de la France*, xxxviii (1949), 259–333

*Cuttino, G. P. (1), 'The Process of Agen', *Speculum*, xix (1944), 161–78

Cuttino, G. P. (2), *English Diplomatic Administration*, 2nd edn (1971)

Cuttler, S. H., *The Law of Treason and Treason Trials in Later Medieval France* (1981)

*Daumet, G. (1), *Étude sur l'alliance de la France et la Castille au XIVe et au XVe siècles* (1898)

Daumet, G. (2), 'Louis de la Cerda ou d'Espagne', *Bull. Hispanique* (1913), 38–67

Davies, R. R., *Lordship and Society in the March of Wales, 1282–1400* (1978)

*Delisle, L., *Histoire du château et des sires de Saint-Sauveur-le-Vicomte* (1867)

Denholm-Young, N. (1), *The Country Gentry in the Fourteenth Century* (1969)

Denholm-Young, N. (2), 'Feudal Society in the Thirteenth Century. The Knights', *Collected Papers* (1969), 83–94

Denifle, H., *La guerre de cent ans et les désolations des églises, monastères et hôpitaux en France, i, Jusqu'à la mort de Charles V (1380)* (1899)

*Déprez, E., (1), *Les préliminaires de la guerre de cent ans. La papauté, la France et l'Angleterre (1328–1342)* (1902)

*Déprez, E. (2), 'La mort de Robert d'Artois', *RH*, xciv (1907), 63–6

*Déprez, E. (3), 'La double trahison de Godefroi de Harcourt (1346–1347)', *RH*, xcix (1908), 32–4

Déprez, E. (4), 'La conférence d'Avignon (1344)', *Essays in Medieval History Presented to Thomas Frederick Tout* (1925), 301–20

Desportes, P., *Reims et les Remois aux XIIIe et XIVe siècles* (1979)

Dessalles, L., *Histoire du Périgord*, 3 vols (1883–5)

Diller, G. T., *Attitudes chevaleresques et réalités politiques chez Froissart* (1984)

Dion, R., *Histoire de la vigne et du vin en France des origines au XIXe siècle* (1959)

Drouyn, L., *La Guyenne militaire*, 3 vols (1865)

Dubrulle, H., *Cambrai à la fin du moyen age (XIIIe–XVe siècle)* (1903)

*Duchesne, A., *Histoire de la maison de Châtillon-sur-Marne* (1621)

Dupont-Ferrier, G., *Gallia Regia ou état des officiers royaux des baillages et des sénéchaussés de 1328 à 1515*, 7 vols (1942–65)

Evans, D. L., 'Some Notes on the Principality of Wales in the Time of the Black Prince', *Trans. Hon. Soc. Cymmrodorion* (1925–6), 25–110

*Faucon, M., 'Prêts faits aux rois de France par Clément VI, Innocent VI et le comte de Beaufort (1345–1360)' *BEC*, xl (1879), 570–8

Favreau, R., *La ville de Poitiers à la fin du moyen age* (1978)

Fourquin, G., *Les campagnes de la région Parisienne à la fin du moyen age* (1964)

*Fowler, K., *The King's Lieutenant. Henry of Grosmont Duke of Lancaster, 1310–1361* (1969)

*Fryde, E. B., (1), 'Dismissal of Robert de Woodhouse from the Office of Treasurer, December 1338', *EHR*, lxvii (1962), 74–8

Fryde, E. B. (2), 'Edward III's Wool Monopoly: A Fourteenth-Century Royal Trading

Venture', *History*, n.s., xxxvii (1952), 8–24

Fryde, E. B. (3), 'The English Farmers of the Customs', *TRHS*, 5th series, ix, (1959), 1–17

Fryde, E. B. (4), 'The Last Trials of Sir William de la Pole', *Econ. Hist. Rev.*, xv (1962), 17–30

*Fryde, E. B. (5), 'The Wool Accounts of William de la Pole', *St. Anthony's Hall Publications*, no. 25 (1964)

Fryde, E. B. (6), 'Financial Resources of Edward III in the Netherlands, 1337–40', *Revue Belge de philologie et d'histoire*, xlv (1967), 1142–1216

Fryde, E. B. (7), 'Parliament and the French War, 1336–40', *Essays in Medieval History Presented to Bertie Wilkinson* (1969), 250–69

Fryde E. B. (8), 'The Financial Policies of the Royal Government and Popular Resistance to them in France and England, *c.*1270–*c.*1420', *Revue Belge de philologie et d'histoire*, lvii (1979), 824–60

Fryde, E. B. (9), *William de la Pole, Merchant and King's Banker (d.1366)* (1988)

Fryde, E. B. and N.M., 'Public Credit With Special Reference to North-Western Europe', *Cambridge Economic History of Europe*, iii, ed. M. M. Postan, 430–553

Fryde, N., *The Tyranny and Fall of Edward II* (1978)

Funck-Brentano, F., *Les origines de la guerre de cent ans. Philippe le Bel en Flandre* (1896)

Gardelles, J., *Les châteaux du moyen age dans la France du sud-ouest* (1972)

*Gavrilovitch, M., *Étude sur le traité de Paris de 1259* (1899)

Gransden, A., 'The Alleged rape by Edward III of the Countess of Salisbury', EHR, lxxxvii (1972), 333–44

Guilhermoz, P., *Essai sur les origines de la noblesse en France au moyen age* (1902)

Guinodie, R., *Histoire de Libourne*, 3 vols (1845)

*Harriss, G. L., *King, Parliament and Public Finance in Medieval England, to 1369* (1975)

Henneman, J. B., *Royal Taxation in Fourteenth-Century France. The Development of War Financing, 1322–1356* (1971)

Hewitt, H. J., *The Organisation of War Under Edward III, 1338–62* (1966)

Higounet, C., 'Bastides et frontières', *MA* (1948), 113–30

Higounet-Nadal, A., *Périgueux aux XIVe et XVe siècles. Étude de démographie historique* (1978)

Holmes, G. A., *The Estates of the Higher Nobility in Fourteenth-Century England* (1957)

*Hughes, D., *A Study of the Social and Constitutional Tendencies in the Early Years of Edward III* (1915)

James, M. J., *Studies in the Medieval Wine Trade* (1971)

Jones, M. (1), *Ducal Brittany, 1364–1399* (1970)

*Jones, M. (2), 'Sir Thomas Dagworth et la guerre civile en Bretagne au XIVe siècle: quelques documents inédits', *Annales de Bretagne*, lxxxvii (1980), 621–39

Jones, M. (3), 'Bons bretons et bons francoys. The Language and Meaning of Treason in Late-Medieval France', *TRHS*, 5th series, xxxii (1982), 92–112

Jones, M. (4), 'Edward III's Captains in Brittany', *England in the Fourteenth Century. Proceedings of the Harlaxton Symposium*, ed. W. M. Ormrod (1986), 99–118

Jones, M. (5), 'Sir John Hardreshull, King's Lieutenant in Brittany, 1343–5', *Nottingham Medieval Studies*, xxxi (1987), 76–97

Keen, M. (1), *The Laws of War in the Late Middle Ages* (1965)

Keen, M. (2), *Chivalry* (1984)

Keeney, B. C., 'Military Service and the Development of Nationalism in England, 1272–1327', *Speculum*, xxii (1947), 534–49

*Kervyn de Lettenhove, *Histoire de Flandre*, 6 vols (1847–50)

Kicklinger, J. A. (1), 'French Jurisdictional Supremacy in Gascony: An Aspect of the Ducal Government's Response', *J. Med. Hist.*, iii (1979), 127–34

Kicklinger, J. A. (2), 'English Bordeaux in Conflict: The Execution of Pierre Vigier de la

Rousselle and Its Aftermath, 1312–14', *J. Med. Hist.*, ix (1983), 1–14

King, D. J. C., *Castellarium Anglicanum*, 2 vols (1983)

Lacabane, L. (1), 'De la poudre à canon et de son introduction en France', *BEC*, 2e série, i (1844), 28–57

*Lacabane, L. (2), 'Mémoire sur les deux prétendues delivrances de Condom en 1369 et 1374', *BEC*, 3e série, ii (1851), 97–130

*Lecoy de la Marche, A., *Les rélations politique de la France avec le royaume de Majorque*, 2 vols (1892)

Leguay, J.-P., *Un réseau urbain au moyen age: les villes du duché de Bretagne aux XIVe et XVe siècles* (1981)

Lehugeur, P., *Histoire de Philippe le Long, roi de France (1316–1322)*, 2 vols (1897–1931)

Lennel, F., *Histoire de Calais*, 3 vols (1908–13)

Lewis, N. B. (1), 'The Organisation of Indentured Retinues in Fourteenth-Century England', *TRHS*, 4th series, xxvii (1945), 29–39

Lewis, N. B. (2), 'Recruitment and Organisation of a Contract Army. May to November 1337', *BIHR*, xxxvii (1964), 1–19

Lloyd, T. H., *The English Wool Trade in the Middle Ages* (1977)

Lodge, E. C., 'The Constables of Bordeaux in the Reign of Edward III', *EHR*, 1 (1935), 225–41

Lot, F. and Fawtier, R. (ed.), *Histoire des institutions françaises au moyen age*, 3 vols (1957–62)

Lucas, H. S., *The Low Countries in the Hundred Years War, 1326–1347* (1929)

Luce, S., 'Les préliminaires de la bataille de l'Écluse', *Bull. Soc. Antiq. Normandie*, xiii (1885), 3–41

Maddicott, J. R. (1), *Thomas of Lancaster, 1307–1322* (1970)

Maddicott, J. R. (2), *The English Peasantry and the Demands of the Crown, 1294–1341*, Past and Present, Supplement no. 1 (1975)

Marquette, J.-B., *Les Albrets* (1975–9)

McFarlane, K. B., *The Nobility of Later Medieval England* (1973)

McNeill, P. and Nicholson, R., *An Historical Atlas of Scotland* (1975)

*Ménard, L., *Histoire civile, ecclésiastique et littéraire de la ville de Nîmes*, 7 vols (1744–58)

Miller, E. (1), *War in the North. The Anglo-Scottish Wars of the Middle Ages* (1960)

Miller, E. (2), 'War, Taxation and the English Economy in the Late 13th and Early 14th Centuries', *War and Economic Development. Essays in Memory of David Joslin*, ed. J. M. Winter (1975), 11–31

Miskimin, H., *Money, Prices and Foreign Exchange in Fourteenth-Century France* (1963)

Mollat, G., *Les papes d'Avignon*, 10th edn (1964)

Moranvillé, H. (1), 'Philippe VI à la bataille de Crécy', *BEC*, 1 (1889), 295–7

Moranvillé, H. (2), 'La trahison de Jean de Vervins', *BEC*, liii (1892), 605–11

*Morel, O., *La grande Chancellerie royale* (1900)

Morgan, P., *War and Society in Medieval Cheshire, 1277–1403* (1987)

Morris, J. E. (1), 'The Archers at Crécy', *EHR*, xii (1897), 427–36

Morris, J. E. (2), *The Welsh Wars of Edward I* (1901)

Morris, J. E. (3), 'Cumberland and Westmorland Military Levies in the Time of Edward I and Edward II', *Trans. Cumberland and Westmorland Archit. and Archaeol. Soc.*, n.s., ii (1903), 307–27

Morris, J. E. (4), *Bannockburn* (1913)

Morris, J. E. (5), 'Mounted Infantry in Medieval Warfare', *TRHS*, 3rd series, viii (1914), 77–102

*Nicholas, N. H., *A History of the Royal Navy*, 2 vols (1847)

*Nicholson, R. (1), *Edward III and the Scots* (1965)

Nicholson, R. (2), *Scotland. The Later Middle Ages* (1974)

Offler, H. S., 'England and Germany at the Beginning of the Hundred Years War', EHR, liv (1939), 608–31

Palmer, J. J. N. (ed).), Froissart: Historian (1981)

Patourel, J. Le (1), The Medieval Administration of the Channel Islands, 1199–1399 (1937)

Patourel, J. Le (2), 'L'occupation anglaise de Calais', Revue du Nord xxxiii (1951), 228–41

Patourel, J. Le (3), 'Edward III and the Kingdom of France', History, xliii (1958), 173–89

Patourel, J. Le (4), 'The King and the Princes in Fourteenth-Century France', Europe in the Late Middle Ages, ed. J. Hale, R. Highfield and B. Smalley (1965), 155–83

Patourel, J. Le (5), 'The Origins of the War', The Hundred Years War, ed. K. Fowler (1971), 28–50

Pena, N. de la, 'Vassaux Gascons au service du roi d'Angleterre dans la première moitié du XIV siècle', Annales du Midi, xxxviii (1976), 5–21

Perroy, E., The Hundred Years War (1945)

*Petit, E. (1), Histoire des ducs de Bourgogne de la race Capétienne, 9 vols (1885–1905)

*Petit, E. (2), Les sires de Noyers (1874)

*Petit, J., Charles de Valois (1270–1325) (1900)

Phillips, J. R. S., Aymer de Valence, Earl of Pembroke, 1307–1324 (1972)

Pirenne, H., Histoire de Belgique, 4th edn, 6 vols (1947)

Planiol, M., Histoire des institutions de la Bretagne, 5 vols (1921–4)

Platt, C., Medieval Southampton (1973)

Power, E., The Wool Trade in English Medieval History (1941)

Powicke, M., Military Obligation in Medieval England (1962)

Prentout, H., 'La prise de Caen par Edouard III, Mems. Acad. Nat. Caen (1904)

Prestwich, M. (1), War, Politics and Finance Under Edward I (1972)

Prestwich, M. (2), 'English Armies in the Early Stages of the Hundred Years War: A Scheme in 1341', BIHR, lvi (1983), 102–13

Prestwich, M. (3), 'Cavalry Service in Fourteenth-Century England', War and Government in the Middle Ages. Essays in Honour of J. O. Prestwich, ed. J. Gillingham and J. C. Holt (1984), 147–58

Prince, A. E. (1), 'The Strength of English Armies in the Reign of Edward III', EHR, xlvi (1931), 353–71

Prince, A. E. (2), 'The Importance of the Campaign of 1327', EHR, l (1935), 299–302

Prince, A. E. (3), 'The Payment of Army Wages in Edward III's Reign', Speculum, xix (1944), 137–60

Renouard, Y. (1), 'Conjectures sur la population du duché d'Aquitaine en 1316', MA (1963), 471–8

Renouard, Y. (2), Bordeaux sous les rois d'Angleterre (1965)

Richardson, H. G., 'Illustrations of English History in the Medieval Registers of the Parlement of Paris', TRHS, 4th series, x (1927), 55–85

Rigaudière, A., 'Le financement des fortifications urbaines en France du milieu du XIVe siècle à la fin du XVe siècle', RH, cclxxiii (1985), 19–95

Roncière, C. de la, Histoire de la marine française, 6 vols (1899–1932)

Rothwell, H., 'Edward I's Case Against Philip the Fair over Gascony in 1298', EHR, xlii (1927), 572–82

Saul, A., 'Great Yarmouth and the Hundred Years War in the Fourteenth Century', BIHR, lii (1979), 105–15

Saul, N., Knights and Esquires. The Gloucester Gentry in the Fourteenth Century (1981)

Scammell, 'Robert I and the North of England', EHR, lxxiii (1958), 385–403

*Sibertin-Blanc, C., 'La levée du subside de 1337 en Rouergue et l'hôpital d'Aubrac au début de la guerre de cent ans', BPH (1963–4), 301–38

Smyth, J., The Lives of the Berkeleys, ed. J. Maclean, 2 vols (1883–5)

Strayer, J. R. and Taylor, C. H., Studies in Early French Taxation (1931)

Studd, R., 'The *Privilegiati* and the Treaty of Paris, 1259', *La 'France Anglaise' au moyen age. Actes du IIIe congrès nationale des sociétés savantes* (Poitiers, 1986), *Section d'histoire médiévale et de philologie*, i (1988), 175–89

Sturler, J. de, *Les rélations politiques et les échanges commerciaux entre le duché de Brabant et l'Angleterre au moyen age* (1936)

Templeman, G., 'Edward III and the Beginnings of the Hundred Years War', *TRHS*, 5th series, ii (1952), 69–88

*Tholin, G., *Ville libre et barons. Essai sur les limites de la juridiction d'Agen* (1886)

Thrupp, S. L., *The Merchant Class of Medieval London* (1948)

Tinniswood, J. T., 'English Galleys, 1272–1377', *Mariners' Mirror*, xxxv (1949), 276–315

Touchard, H., *Le commerce maritime breton à la fin du moyen age* (1967)

Tout, T. F. (1), *Chapters in the Administrative history of Medieval England*, 6 vols (1920–37)

Tout, T. F. (2) 'Firearms in England in the Fourteenth Century', *Collected Papers*, ii (1934), 233–75

Tout, T. F. (3), 'The Tactics of the Battles of Boroughbridge and Morlaix', *Collected Papers*, ii (1934), 221–5

Trabut-Cussac, J. P., *L'administration anglaise en Gascogne sous Henri III et Edourd I de 1254 à 1307* (1972)

*Trautz, F., *Die Konige von England und das Reich, 1272–1377* (1961)

Tucoo-Chala, P. (1), *Gaston Fébus et la vicomté de Béarn* (1959)

Tucoo-Chala, P. (2), *La vicomté de Béarn et le problème de la souveraineté* (1961)

Vale, M. G. A., 'The Gascon Nobility and the Anglo-French War, 1294–98', *War and Government in the Middle Ages. Essays in Honour of J. O. Prestwich*, ed. J. Gillingham and J. C. Holt (1984), 134–46

Vale, J., *Edward III and Chivalry* (1982)

*Varenbergh, E., *Histoire des rélations diplomatiques entre le comte de Flandre et l'Angleterre au moyen age* (1874)

Viard, J. (1), 'Les ressources extraordinaires de la royauté sous Phillippe VI de Valois', *Rev. quest. hist.*, xciv (1888), 167–218

*Viard, J. (2), 'Geoffroy de Nancy', *Bull. Soc. Hist. et Arch. de Langres*, iii (1887–92), 430–76

Viard, J. (3) 'La France sous Philippe VI de Valois, État géographique et militaire', *Rev. quest. hist.*, lix (1896), 337–402

Viard, J. (4), 'Henri le Moine de Bâle à la bataille de Crécy', *BEC*, lxvii (1906), 89–96

Viard, J. (5), 'La Cour (Curia) au commencement du XIVe siècle', *BEC*, lxxiv (1916), 74–87

Viard, J. (6), 'Philippe de Valois. La succession à la couronne de France', *MA*, xxiii (1921), 219–22

Viard, J. (7), 'L'Ostrevant. Enquêtes au sujet de la frontière française sous Philippe VI de Valois', *BEC*, lxxxii (1921), 316–29

Viard, J. (8), 'La campagne de juillet-août 1346 et la bataille de Crécy', *MA*, 2e serie, xxvii (1926), 1–84

Viard, J. (9), 'Le siège de Calais: 4 septembre 1346–4 août 1347', *MA*, 2e série, xxx (1929), 9–189

Viard, J. (10), 'La Chambre des Comptes sous le règne de Philippe VI de Valois', *BEC*, xciii (1932), 331–59

Viard, J. (11), 'Philippe de Valois. Le début du règne', *BEC*, xcv (1934), 259–83

Viard, J. (12), 'Les projets de croisade de Philippe VI de Valois', *BEC*, xcvii (1936), 305–16

*Vic, C. de and Vaissète, J., *Histoire générale de Languedoc*, 16 vols (1874–1905)

Viollet, P., 'Comment les femmes ont été exclués en France de la succession à la couronne', *Mems. Acad. Incr. et Belles Lettres*, xxxiv(2) (1895), 125–78

Werveke, H. van, *Jacques van Artevelde* (1942)

Willard, J. F. (1), 'The Scotch Raids and the Fourteenth-Century Taxation of Northern England', *University of Colorado Studies*, v. (1907–8), 237–42

Willard, J. F. (2), *Parliamentary Taxes on Personal Property, 1290 to 1334* (1934)

Willard, J. F. and Morris, W. A. (ed), *The English Government at Work*, 3 vols (1940–50)

Wood, C. T., *The French Apanages and the Capetian Monarchy* (1966)

以下页码为原书页码，即本书页边码。

图书在版编目（CIP）数据

百年战争.第一卷,战争的试炼:全2册/（英）乔
纳森·萨姆欣（Jonathan Sumption）著;傅翀,吴畋,
王一峰译. -- 北京:社会科学文献出版社,2019.1（2023.4重印）
　书名原文:The Hundred Years War Ⅰ:Trial by
Battle
　ISBN 978 - 7 - 5201 - 2149 - 1

　Ⅰ.①百… Ⅱ.①乔… ②傅… ③吴… ④王… Ⅲ.
①百年战争（1337 - 1453）- 研究 Ⅳ.①K565.3

中国版本图书馆 CIP 数据核字（2017）第 328218 号

百年战争（第一卷）（上、下）
——战争的试炼

著　　者／［英］乔纳森·萨姆欣（Jonathan Sumption）
译　　者／傅　翀　吴　畋　王一峰

出 版 人／王利民
项目统筹／董风云
责任编辑／张金勇　陈旭泽
责任印制／王京美

出　　版／社会科学文献出版社·甲骨文工作室（分社）（010）59366527
　　　　　地址:北京市北三环中路甲 29 号院华龙大厦　邮编:100029
　　　　　网址:www.ssap.com.cn
发　　行／社会科学文献出版社（010）59367028
印　　装／三河市东方印刷有限公司

规　　格／开本:880mm × 1230mm　1/32
　　　　　印张:29.5　插页:1.25　字数:673千字
版　　次／2019 年 1 月第 1 版　2023 年 4 月第 2 次印刷
书　　号／ISBN 978 - 7 - 5201 - 2149 - 1
著作权合同
　　　　　／图字 01 - 2015 - 5550 号
登 记 号
定　　价／148.00 元（上、下）

读者服务电话:4008918866